Anonymus

Geschichte der Stadt Düsseldorf

Anonymus

Geschichte der Stadt Düsseldorf

ISBN/EAN: 9783743317628

Hergestellt in Europa, USA, Kanada, Australien, Japan

Cover: Foto ©ninafisch / pixelio.de

Manufactured and distributed by brebook publishing software (www.brebook.com)

Anonymus

Geschichte der Stadt Düsseldorf

Geschichte der Stadt Düsseldorf

in zwölf Abhandlungen.

Festschrift

zum 600jährigen Jubiläum.

Herausgegeben
vom
Düsseldorfer Geschichts-Verein.

Düsseldorf 1888.

Druck und Verlag von U. Kraus, Düsseldorf.

Inhalts-Verzeichniss.

	Seite
Zur ältesten Geschichte des Stadt- und Landkreises Düsseldorf. Von Professor J. Schneider	1
Politische Geschichte des bergischen Landes, insbesondere der Stadt Düsseldorf. Von Dr. Hermann Forst	19
Zur Verfassungsgeschichte der Stadt Düsseldorf. Von Dr. H. Eschbach	51
Geschichte der katholischen Gemeinde Düsseldorfs. Von Dr. Ludwig Küpper	65
Geschichte der evangelischen Gemeinde Düsseldorfs. Von Adelbert Natorp, k. Consistorialrath und Pfarrer der ev. Gemeinde	105
Geschichte der jüdischen Gemeinde Düsseldorfs. Von Rabbiner Dr. Abr. Wedell	149
Entwickelung des Schulwesens zu Düsseldorf. Von Gymnasiallehrer G. Kniffler	255
a) Zur Geschichte der bildenden Kunst in Düsseldorf. Von E. Daelen	295
b) Buchdruck und Buchhandel in Düsseldorf. Von L. Merländer	321
Die Baugeschichte von Düsseldorf. Von Ottomar Moeller, Königl. Baurath	351
Theater und Musik. Von Dr. G. Wimmer	385
Geschichte der militärischen Verhältnisse der Stadt Düsseldorf. Von Hauptmann Kohtz	419
Die Abtei Düsselthal	454
Handel und Industrie der Stadt Düsseldorf. Von Handelskammer-Sekretär P. Schmitz	459

ndem die Stadt Düsseldorf durch Beginn eines neuen Jahrhunderts, des siebten seit ihrem Bestehen als Stadt, Veranlassung bekommt, rückwärts zu blicken und sich zu vergegenwärtigen, wie sie zu dem geworden, was sie jetzt ist, welche Schicksale und Wandelungen, welche Förderungen und Hemmnisse, welcher Glanz und welche Leiden, welche Bestrebungen und welche Errungenschaften ihre Geschichte bilden, ist der Düsseldorfer Geschichts-Verein in erster Linie dazu berufen, eine solche Rückschau zu eröffnen. Dies zu thun hat er zeitig genug für eine ehrende Pflicht erkannt und hat Sorge getragen, innerhalb und ausserhalb des Vereins Kräfte zu finden, welche die erforderliche Fähigkeit und Bereitwilligkeit besässen. Es wurde beschlossen, den dritten Band der Jahrbücher des Vereins in Form einer Festschrift[1]) zu veröffentlichen, welche den Zweck haben sollte, auf Grund wissenschaftlicher Forschung in allgemein verständlicher Fassung und, soweit es nicht unentbehrlich, mit Ausschliessung alles gelehrten Beiwerks ein Bild von der geschichtlichen Entwickelung der Stadt bis auf die

[1]) Der Geschichts-Verein beabsichtigte ausserdem eine historische Ausstellung zu veranstalten; allein der Plan, dem schon zu Anfang des Jahres 1887 näher getreten werden sollte, scheiterte damals an der ablehnenden Haltung der Stadtverordneten-Versammlung. Die grössere Bereitwilligkeit der Kunsthallen-Verwaltung ermöglichte unlängst das Zusammentreten eines Comités aus Bürgern der Stadt und damit bis zu einem gewissen Grade das Zustandekommen des ursprünglichen Planes.

heutigen Tage sowohl in politischer als auch ganz besonders in culturhistorischer Beziehung zu bieten. Dieser Zweck schien erreichbar durch eine Reihenfolge von zwölf Abhandlungen, in welchen die Vorgeschichte von Stadt und Land, die politische Geschichte, die Geschichte der städtischen Verfassung, der katholischen, evangelischen und israelitischen Gemeinde, der Schulen, der Kunst und Literatur, der Architektur, des Theaters und der Musik, ferner die militärischen Verhältnisse und endlich Handel und Industrie zur Darstellung kämen. Die Ausarbeitung dieser Abhandlungen übernahmen bereitwilligst die Herren Professor Dr. J. Schneider, Dr. Hermann Forst, Dr. H. Eschbach, Dr. L. Küpper, Consistorialrath Ad. Natorp, Rabbiner Dr. Abr. Wedell, Dr. Tönnies, Professor Th. Levin und L. Merländer, Baurath O. Moeller, Dr. G. Wimmer, Hauptmann M. Kohtz und Handelskammer-Sekretär P. Schmitz. Nachdem dann die Stadt gegen Ueberlassung einer grösseren Anzahl von Exemplaren der Festschrift einen Beitrag zu den Herstellungskosten bewilligt hatte, und da auch der Verleger grosses Entgegenkommen zeigte, war eine reichere Ausstattung mit artistischen Beilagen möglich, als ursprünglich beabsichtigt war. Alsbald aber begannen ungeahnte und schwer zu überwindende Schwierigkeiten sich zu erheben. Es genügt hier zu bemerken, dass es erst spät gelang, für die Geschichte der Schulen an Stelle des verstorbenen Herrn Dr. Tönnies den Gymnasiallehrer Herrn Gust. Kniffler und an Stelle des erkrankten Herrn Professor Th. Levin den Maler Herrn Ed. Daelen für die kunstgeschichtliche Abhandlung zu gewinnen. Dass nach diesen und zahlreichen anderen Schwierigkeiten die Festschrift mit allen zwölf Abhandlungen entsprechend dem anfänglichen Plane rechtzeitig erscheinen kann, gereicht dem Verein und den Mitarbeitern zu grosser Freude; ganz besonders aber empfindet diese Freude der Vorstand, indem er die Schrift den Vereinsmitgliedern, den Bewohnern Düsseldorfs und Allen, die sich für Düsseldorfs Geschichte interessiren, nunmehr übergeben kann. Dabei hat er die Zuversicht, dass es den Herren Mitarbeitern gelungen ist, in ihrem getrennten Zusammenwirken den Freunden Düsseldorfs und seiner Geschichte eine umfassende Rückschau über die Vergangenheit der Stadt im Ganzen wie in den einzelnen hervorragenderen Richtungen zu ermöglichen, und erfüllt mit Freude die Pflicht, den Dank für die Bereitwilligkeit, mit der auch von Nichtmitgliedern die Ausarbeitung der einzelnen Abhandlungen übernommen und zu Ende geführt ist, öffentlich auszusprechen.

Möge das Werk der Stadt zur Ehre gereichen, dem Vereine aber alte Freunde erhalten und neue gewinnen!

Düsseldorf, im August 1888.

Der Vorstand des Düsseldorfer Geschichts-Vereins:

Dr. **K. Bone**, Vorsitzender.   Rabb. Dr. **A. Wedell**, stellvertretender Vorsitzender.

G. **Bloos**, Hofjuwelier.   Dr. med. **Hucklenbroich**.

M. **Kohtz**, Hauptmann.   O. **Moeller**, Baurath.

C. M. **Seyppel**, Maler.

Zur ältesten Geschichte des Stadt- und Landkreises Düsseldorf.

Von J. Schneider.

Ueber die älteste Geschichte unserer Gegend besitzen wir nur äusserst wenige schriftliche Nachrichten, und wir müssen versuchen, die grossen und zahlreichen Lücken durch Hinzuziehung der ältesten Denkmäler wenigstens einigermassen zu ergänzen.

Gehen wir in die frühesten Zeiten zurück, so finden wir in unserem Kreise noch die Spuren jenes grossen Handelsweges, der einst von der Küste des Mittelmeeres nordwärts nach dem Rheine bei Basel, und dann in zwei Armen, links- und rechtsrheinisch, stromabwärts in der Richtung nach der Nordsee geführt hat.[1]) Nachdem der griechische Geograph und Mathematiker Pytheas von Massilia (Marseille) aus, um die Mitte des 4. Jahrhunderts vor Chr. Geb., zu Schiffe die westlichen und nördlichen Küsten entlang bis zur Elbemündung gelangt und Kunde von den bis dahin fast ganz unbekannten nördlichen Gegenden gebracht, setzten sich die Massilioten, um die gefährliche Küstenfahrt zu vermeiden, auch zu Lande mit dem Norden in Verbindung, und zum Zwecke des sich entwickelnden Handelsverkehres, bei welchem die Auffindung des Bernsteines die Hauptrolle spielte, entstand zunächst der grosse Handelsweg, der von Marseille aus in nördlicher Richtung bis zur Wesermündung ging und später in einem beträchtlichen Theile von den Römern zu Kriegszwecken ausgebaut wurde.[2]) Ein zweiter Handelsweg lief von der durch die Massilioten gegründeten Kolonie Nicäa (Nicia, Nizza), wovon der rechtsrheinische Arm, wie bereits oben erwähnt, auf eine kurze Strecke auch unsere Gegend durchlief; da dieser Weg später von den Römern in seiner ganzen Ausdehnung kunstmässig

---

[1]) J. Schneider, die alten Heer- u. Handelswege der Germanen, Römer und Franken im deutschen Reiche, 4. Heft. Leipzig 1885.
[2]) Die alten Heer- und Handelswege etc. 1. Heft. Düsseldorf 1882.

ausgebaut worden, so konnte er bis zu Ende aus den hinterlassenen Ueberresten mit Sicherheit ermittelt werden.[1] Derselbe ist vom Mittelmeer bis zum Rheine bei Basel, und von hier dem rechten Rheinufer entlang bis Kastel (bei Mainz) seit längerer Zeit als Römerstrasse bekannt, und von hier ab auf Grund der noch vorhandenen Reste des Strassendammes rheinabwärts von dem Verfasser untersucht worden. Da von Kastel an die mehrfach dicht an das Rheinufer herantretenden Thalgehänge dem Verkehre hinderlich waren, so ging von da aus der Weg über das Gebirge, und zwar über Wiesbaden, Limburg, Altenkirchen bis Siegburg, von hier unter dem Namen „Mauspfad" (Muspad) bis Immigrath, überschritt bei Opladen die Wupper, und trat nördlich von Richrath in den Kreis Düsseldorf.[2] Der Weg durchläuft den Kreis zunächst über Hilden und Unterbach, überschreitet gegenüber Haus Morp das Thal der Düssel, und zieht durch die Waldungen und über die Höhen östlich an Gerresheim vorbei, bis Ratingen und Lintorf, von wo er dann zu Essenberg, gegenüber Duisburg, sein Ende erreicht. Hier lag das uralte Asciburgium, wahrscheinlich eine griechische Schiffsstation, von welcher aus zuletzt der Wasserweg bis zur Nordsee eingeschlagen wurde.[3] Damals lag Asciburgium, wie sich noch aus dem ältesten Rheinbette erkennen lässt, auf der rechten Rheinseite; dasselbe war später noch, als es bereits, wie jetzt, auf dem linken Ufer lag, eine römische Niederlassung, und 4 Kilom. davon, auf dem Burgfelde bei Asberg, befand sich das römische Lager, das nach dem Römerorte benannt wurde.[4]

In jenen vorgeschichtlichen Zeiten fanden auch Völkerwanderungen von Westen nach Osten, von Gallien her, über den Rhein statt, und hieraus erklären sich wohl so manche in unserer Gegend und überhaupt am Niederrhein vorkommende Ortsbenennungen, die sich nur aus den keltischen Mundarten ableiten lassen. In späterer

[1] Die alten Heer- und Handelswege etc. 3. Heft. Leipzig, 1884.
[2] J. Schneider, neue Beiträge zur alten Geschichte und Geographie der Rheinlande. 6. Folge. Düsseldorf, 1871.
[3] Die alten Heer- und Handelswege etc. 4. Heft.
[4] Schon vor den Griechen hatten die Phönizier zu Wasser und zu Lande Handelsbeziehungen mit dem Norden geknüpft, allein da die meisten über das Abendland handelnden Schriften der damaligen Zeit verloren gegangen, so besitzen wir nur sehr spärliche Nachrichten über den, durch Handelsreisen erweiterten, damaligen Völkerverkehr. Vgl. auch Genthe, über den Antheil der Rheinlande am vorrömischen und römischen Bernsteinhandel, in Pick's Monatsschrift für rheinisch-westfälische Geschichtsforschung und Alterthumskunde II, 1 ff.

Zeit kehrte sich das Verhältniss um, indem einzelne Völkerschaften von der rechten Rheinseite auf die linke hinüberwanderten und sich dort festsetzten. Aber erst durch Jul. Cäsar erhalten wir nähere Nachricht über die am Niederrhein um die Mitte des 1. Jahrhunderts v. Chr. vorhandenen Völkerschaften: es werden uns die Sigambern genannt, die von der Lippegegend rheinaufwärts das rechte Ufer innehatten,[1] und wir können mit Sicherheit annehmen, dass sie auch unsere Gegend bewohnten. Die Sigambern werden uns als wild und kriegerisch geschildert;[2] sie wohnten auf einzelnen Höfen, auch in Dörfern, und trieben Ackerbau;[3] in ihren Wohnsitzen werden Bergwaldungen und Sümpfe erwähnt.[4] Hiermit stimmt die physische Beschaffenheit unseres Landstrichs völlig überein, wo die Gebirge ehedem in höherem Masse als jetzt mit Waldungen bedeckt waren, die sich auch streckenweise durch die Rheinebéne hinzogen, und die letztere durch Ueberfluthungen des Rheines und seiner Arme eine sumpfige Beschaffenheit erhielt. In jener Zeit, und bis in's 14. Jahrhundert hinein, floss nämlich der Rhein von Grimlinghausen an Neuss vorbei und in einem weiten Bogen nach Düsseldorf, wobei er das Bestreben hatte, nach Osten das Land zu überfluthen und einzelne Arme auszusenden, von denen der bedeutendste in seinem jetzt ausgetrockneten Bette noch wohl zu erkennen ist. Dieser vorgeschichtliche Rheinarm kömmt aus der Gegend von Benrath, läuft dem Fusse des Höhenzuges entlang über Grafenberg, wo das alte Bette besonders deutlich ist, und endet am Rheine in der Gegend von Wanheim. Von Grafenberg ging an Flingern vorbei ein kleinerer Wasserarm nach dem Rheine ab, den man nebst der nördlichen Fortsetzung des Hauptarmes in neuester Zeit mit Unrecht als den Hauptstrom zur Römerzeit angesehen hat.[5] Die häufigen Ueberschwemmungen, denen jene Wasserarme ihre Entstehung verdanken, waren auch die Ursache, dass der obgenannte vorgeschichtliche Handelsweg, der bis dahin näher dem Rheine durch die Ebene lief, bei Unterbach die Höhen erstieg, und dann stets über das Gebirge, weiter vom Rheine entfernt, bis jenseits Ratingen zog.

---

[1] Caesar bell. gall. IV, 16, 35.
[2] Die Belegstellen finden sich bei Ukert, Germania S. 353.
[3] Caecar b. g. IV. 19.
[4] Ukert a. a. O.
[5] Pick's Monatsschrift für die Geschichte Westdeutschlands, VII. Jahrgang.

In der Rheinebene konnte in jenen entfernten Zeiten, bei ihrer sumpfigen Beschaffenheit, ebenso wie in den Bergwaldungen, nur eine geringe Bevölkerung vorhanden sein, und wir besitzen daher auch, ausser den Gräbern, nur wenig Denkmäler, die sich, wenigstens theilweise, auf jene Zeiten zurückführen lassen. Die in unserem Kreise aufgefundenen und im historischen Museum der Stadt Düsseldorf aufbewahrten Gegenstände, die zum Theil einer sehr frühen, zum Theil aber auch einer späteren Periode angehören können, bestehen aus fünf Steinbeilen, von denen je eines in Wersten, Lintorf, im Tannenwäldchen, bei Heiligenhaus und in Düsseldorf gefunden worden, ferner aus einer Lanzenspitze aus Feuerstein, gefunden bei Ratingen, und einem bearbeiteten Hirschgeweihrest, gefunden am Schwarzbach bei Ratingen. Ausserdem befindet sich in der Sammlung des Hrn. Guntrum zu Düsseldorf ein Steinbeil, gefunden bei Flingern, und eine Steinwaffe, gefunden zu Oberbilk, im Museum zu Bonn. Germanische Gräber, welche theilweise den ältesten Zeiten angehören, theilweise aber auch bis zum frühesten Mittelalter hinabreichen können, sind gefunden worden zu Flingern, Pempelfort, Icklach, Düsseldorf, Oberbilk, bei Stoffeln, am Tetelberg, im Aaper-Wald, an der Fahnenburg, bei Waldesheim, zu Lintorf, Grossenbaum, Hilden; das bedeutendste Gräberfeld aber zieht sich vom Kaiserhain über die Golzheimer Heide hin und hat in der neuesten Zeit eine grosse Ausbeute an germanischen Graburnen und einigen anderen Gefässen geliefert.[2] Auch wurden in den Gräbern eine Münze von Augustus, eine bronzene Knopfnadel, einige Bronzeringe und Thonperlen mit Bronzeplättirung gefunden.[3] Sämmtliche Thongefässe zeigen den gemeinsamen Typus, dass sie aus freier Hand geformt und am Feuer gebrannt sind. Die mit Asche und Knochenresten gefüllten Urnen, fast immer ohne weitere Beigaben, sind von verschiedener Form und Grösse, und zuweilen noch mit einer flachen Schüssel gedeckt. Sie finden sich häufig

---

[1] Rheinische Provinzialblätter. Bd. II. S. 3 ff.
[2] Die erste Nachricht über dieses Gräberfeld haben wir gegeben in d. neuen Beiträgen etc. VI, 9 u. in Pick's Monatsschrift I, 98.
[3] Ein Theil der an den verschiedenen Orten aufgefundenen Urnen befindet sich in dem historischen Museum, in den Sammlungen des Hrn Guntrum, des Realgymnasiums und auf der Fahnenburg. Wir machen insbesondere auf ein in dem hist. Museum befindliches germ. Grab nebst Leichenbrandstelle aufmerksam, welches durch Hrn. C. Koenen so wieder hergestellt ist, wie es bei einer auf der Golzheimer Heide durch den Düsseldorfer Geschichtsverein unter Leitung des Hrn. O. Rautert stattgehabten Ausgrabung blossgelegt wurde.

unter kleinen aufgeworfenen Hügeln oder auch in ebener Erde, und daneben trifft man zuweilen die Reste des Scheiterhaufens an. Auch kommen die Gräber sowohl wie auch die obgenannten Steinwerkzeuge fast nur an den alten Wegen vor.[1])

Als um die Zeit von Chr. Geb. durch die Kriegszüge der Römer die am Ufer des Niederrheins wohnenden Völker allmälig zurückgedrängt worden, entstand, zumal durch die Uebersiedelung eines grossen Theils der Sigambern von der rechten auf die linke Rheinseite unter Tiberius, dem rechten Rheinufer entlang ein von Bewohnern leerer Landstreifen, der sich nach und nach von der niederländischen Gränze bis über das Siebengebirge hin ausdehnte.[2])

Diesen leeren Uferstrich, der auch unsern Kreis umfasste, behielten die Römer, auch nachdem sie ihre Eroberungspläne in Deutschland völlig aufgegeben, in ständigem Besitz und benutzten ihn hauptsächlich zu Weideplätzen für die Pferde der linksrheinischen Besatzungen,[3]) dann auch zur Anlage von Ziegelbäckereien, wie aus mehreren Ziegelstempeln hervorgeht.[4]) Ausserdem besassen sie auf der rechten Rheinseite Steinbrüche bei Dünwald und B.-Gladbach, und am Virneberge bei Rheinbreitbach Kupferbergwerke. Es war aber dieser Uferstrich noch von besonderer Wichtigkeit für den Schutz des linken Rheinufers gegen die Einfälle der Germanen, sowie für die freie Schifffahrt auf dem Rheine, und welchen Werth die Römer hauptsächlich aus diesem Grunde auf den Besitz desselben legten, geht aus der Hartnäckigkeit hervor, mit welcher sie jede Bewohnung desselben durch die benachbarten Germanen verweigerten, und die wiederholten, bald durch Unterhandlungen, bald durch Gewalt bewirkten Versuche derselben, das un-

[1]) Unter den Urnen der Golzheimer Heide ist noch ein im historischen Museum befindliches Gefäss hervorzuheben, das die Form eines geflochtenen Korbes zeigt, und in seinem Innern angebrannte Knochen und ein Bronzeringelchen enthielt.
[2]) Tacit. annal. XIII, 54, 55.
[3]) Tacit. a. a. O.
[4]) Auf Ziegeln z. B. zu Aachen gefunden befinden sich Stempel, nach denen diese Ziegel „trans Rhenum" hergestellt sind, während andere die Bezeichnung „tegula transrhenana" tragen. Einzelne dieser Ziegel sind zugleich mit dem Namen der 1. und der 10. Legion versehen, von denen wir wissen, dass sie im 1. Jahrhundert n. Chr. am Niederrhein gelegen haben. S. Lörsch in d. Zeitschrift des Aachener Geschichtsvereins VII. Bd. 3. u. 4. Heft S. 159 ff. Ausserdem wurden den ganzen Niederrhein hinab von Bonn bis Xanten zahlreiche Ziegel bloss mit der Bezeichnung „transrhenana" (sc. tegula) gefunden. (Auch in der Guntrum'schen Sammlung befindet sich ein solcher Stempel.)

bebaute Land in Besitz zu nehmen, gewaltsam abschlugen[1]. Auch werden die Römer diese Zeit nicht unbenutzt gelassen haben, um durch die Krieger der linksrheinischen Besatzungen einen Theil der Erdwerke auszuführen, deren Reste sich noch bei uns erhalten haben. Dahin gehört der oben genannte alte Handelsweg, der nunmehr als Erddamm mit Seitenwällen kunstmässig erneuert wurde, ferner der zweite Arm der Rheinstrasse, der später von Kastel ab ganz nahe dem Rheine, ebenso wie die Römerstrasse des linken Ufers, zuweilen durch die Felsen gebrochen wurde.[2] Derselbe überschreitet bei Bergheim die Sieg, hierauf bei Reuschenberg die Wupper und tritt alsbald in den Kreis Düsseldorf. Hier führt er an Langenfeld und Benrath, dann dicht östlich an Düsseldorf vorbei über Huckingen weiter, und endet zuletzt am Rheine bei Utrecht.[3] Dieser Strassenarm, der ebenfalls aus einem Erddamme mit zwei Seitenwällen bestand, war mit zahlreichen Warthügeln zum Signalisiren besetzt, wovon sich ebenfalls noch einige Ueberreste in unserm Kreise erhalten haben. Ausser einem weniger bedeutenden Reste bei Benrath finden wir eine solche Hügelwarte noch deutlich am Biegerhof und weiter abwärts bis zur niederländischen Grenze noch deren acht. Ferner treffen wir die Ueberbleibsel eines römishem Marschlagers an dieser Strasse, nämlich bei Gr. Winkelhausen, wovon ein Theil des inneren Einschlusses noch wohl erhalten ist.[4] Auch einzelne Fortsetzungen der von der linken Rheinseite über den Strom führenden Römerstrassen werden dieser Zeit zuzuschreiben sein. Wenn man daher in unserer Gegend so manche Ueberreste von Erdanlagen findet, welche die Forschung als römische Strassen und Schanzen bezeichnet, so ergibt sich aus dem angeführten Umstande,

---

[1] Tac. ann. XIII., 54, 55. — Der Einfluss, welchen die Römer damals in den rechtsrheinischen Gebieten ausübten, wird auch durch den Umstand bezeugt, dass sie bei verschiedenen germanischen Völkern Truppen aushoben (Tac. Agric. 28, 32). Es war überhaupt festgestellt, wie weit die Germanen vom Rheinufer entfernt wohnen durften. (S. die Belegstellen b. Ukert, Germania S. 271). Noch im batavischen Kriege (71 n. Chr.) beklagen sich die Tenktern bitter über den gehemmten Verkehr mit dem jenseitigen Rheinufer. Eine in der Guntrum'schen Sammlung befindliche und bei Flingern gefundene Urne mit einer Erzmünze des Nero (54—68 n. Chr.) mag aus der Zeit jenes Krieges (69—71) herrühren, als die benachbarten Tenktern in den leeren Uferstrich eingedrungen waren.
[2] Pick's Monatsschrift f. d. Geschichte Westdeutschlands IV. Jahrgang.
[3] Die alten Heer- und Handelswege etc. 3. u. 5. Heft.
[4] Neue Beiträge zur alten Geschichte und Geographie d. Rhide. 6. Folge

dass die Römer, auch nachdem ihre frühere Herrschaft in Deutschland aufgehört, doch das rechtrheinische Uferland in Besitz behielten, zur Genüge, dass dieselben während des 1. Jahrhunderts n. Chr. Zeit und Gelegenheit genug hatten, solche Werke in dem unmittelbar dem rechten Rheinufer angrenzenden Landstriche auszuführen.

Um dieselbe Zeit verliessen die in dem südwestlichen Winkel zwischen Rhein und Donau wohnenden Germanen, durch die Nähe der Römer beunruhigt, ihr Land und zogen gegen Osten. Das leere Gebiet besiedelten allmälig herübergewanderte Gallier, und um die Bevölkerung vor plötzlichen Ueberfällen der Germanen zu schützen, zogen die Römer den limes, d. i. eine durchflochtene Palissadenwand mit dahintergelegenem Banketwall und vorliegendem Graben, dem sog. Pfahlgraben, der in kurzen Entfernungen mit steinernen Wartthürmen besetzt war.[1]) Ganz entsprechende Einrichtungen finden wir nun auch am Niederrhein, nur war hier die Construction der limites verschieden von derjenigen am Oberrhein: statt der Pfahlwand finden wir hier einen starken Erdwall, der auf seiner Krone mit schwer durchdringlichem lebendigem Gehölz, sogenanntem Gebück, bewachsen war, davor einen durch zwei schmälere Wälle gebildeten Graben, und hinter dem Hauptwall ebenfalls ein Banket (Weg). Gleich den Wartthürmen am Pfahlgraben waren diese sogenannten „Landwehren" in kurzen Abständen mit aus Erde aufgeworfenen Warthügeln besetzt, die wahrscheinlich, wenigstens theilweise, einen hölzernen Thurm trugen. Diese niederrheinischen Schutzwehren laufen der Art, dass sie in Verbindung mit dem Rheine und unter sich einzelne Gebietstheile einschliessen, die sich von Holland aus dem Strome entlang aufwärts bis über das Siebengebirge hinaus erstrecken, wo zuletzt ihre Construction in die des hier beginnenden Pfahlgrabens übergeht.[2]) Hiernach fallen die von diesen Schutzwehren eingeschlossenen Landestheile genau mit dem oben erwähnten leeren Uferstrich zusammen, und es drängt sich unabweislich die Annahme auf, dass jener leere Landstrich in einer gewissen spätern Zeit allmälig besiedelt und dann durch die Gränzwehren ebenso geschützt wurde, wie der ehemals leere

---

[1]) Die Pfahlmauer diente gegen Angreifer zu Fuss, der Graben gegen Reiterei und das Banket als Weg für die Wächter, um die befestigte Postenlinie zu beschreiten.
[2]) Ueber die Landwehren ist ausführlich gehandelt in den neuen Beiträgen etc.

Landstrich am Oberrhein durch den Pfahlgraben. Die Einrichtung der Landwehren ist eine urgermanische, wir finden sie in ihrer ältesten Form durch ganz Deutschland bis in den fernsten Osten vor. Diese Art von Wehranlagen wurde aber später von den Römern übernommen, und unter ihrer Anordnung und Leitung wurden, nach den Zeugnissen der alten Schriftsteller,[1]) zahlreiche Landwehren am Rheine und in Westfalen errichtet, die meistens noch das römische Profil aufweisen, und von dem Kundigen sich leicht von den weiter östlich gelegenen unterscheiden lassen. Auch waren diese Wehranlagen, ebensowenig wie der Pfahlgraben, eigentlich militärische Werke, sondern zu denselben Zwecken bestimmt, für welche sie auch den Germanen gedient, nämlich die Gebietsgrenzen zu überwachen und vor feindlichen Ueberfällen zu schützen. Sie erfüllten auch diesen Zweck zu einer Zeit, wo die Völker am Niederrhein nur sehr wenig mit metallischen Werkzeugen versehen waren, um das dichte Gebück zu durchbrechen, eben so vollkommen, wie der zu demselben Zweck angelegte Pfahlgraben am Oberrhein. Unser Landkreis liegt nun ebenfalls in dem Einschluss einer solchen Landwehr, und wir werden zu prüfen haben, in wie fern einstens auch eine Besiedelung unserer Gegend stattgefunden, und in welchem politischen Verhältnisse diese Ansiedelungen zu dem römischen Gebiete jenseits des Rheines gestanden haben. Hierbei kommt uns ein altes Schriftstück zu Hülfe, das in der neuesten Zeit sehr verschiedenartige Auslegungen gefunden, aber noch nicht in seiner ganzen Bedeutung hinreichend gewürdigt ist, nämlich ein um die Mitte des 4. Jahrhunderts n. Chr. abgefasster Anhang eines Verzeichnisses der Provinzen des römischen Reiches.[2]) Wir geben unsere Erklärung dieser merkwürdigen Urkunde, soweit sie unsere Gegend betrifft, anspruchslos und in aller Kürze, aber gestützt auf die Erforschung der Denkmäler, die hier besonders in Betracht kommen.[3])

Zunächst wird uns, als auf der rechten Rheinseite gelegen, eine Anzahl römischer Gaue (civitates) genannt,

---

[1]) Tacit. annal. I, 50; II, 7. — Vellej. Pat. II, 120.
[2]) Zuerst herausgeg. i. J. 1743 v. Scip. Maffei, dann von Th. Mommsen in d. Abhandl. d. K. Akademie d. W. z. Berlin 1862.
[3]) Die Urkunde mit den Ergänzungen lautet folgendermassen: „Nomina civitatum trans Rhenum fluvium quae sunt: Usipiorum, Tubantum, Tenetrensium, Chattuariorum (Amsivariorum?), Chasuariorum. Istae omnes civitates trans Rhenum in formulam Belgicae primae redactae. Trans castellum Montiacesenam LXXX leugas trans Rhenum Romani possederunt. Istae civitates sub Gallieno imperatore a barbaris occupatae sunt."

aus deren Namen schon hervorgeht, dass sie von dem
durch den Pfahlgraben eingeschlossenen Gebiete gänzlich
verschieden waren. Diese Gaue, deren Völkerschaften
hauptsächlich in den Gegenden des Niederrheins ansässig
waren, konnten nur vom Pfahlgraben an rheinabwärts
dem Strome entlang gelegen haben, und wenn wir des
oben besprochenen ehedem leeren Ufergebietes gedenken, das genau in der genannten Strecke sich aus-
dehnt, so ergibt sich sofort die Folgerung, dass jene
römischen Gaue durch eine spätere Besiedelung des längere Zeit leer gelegenen Landstriches entstanden sind.
Diese Ansiedlungen fanden aber, der Unsicherheit der
Gegend wegen, nicht wie am Oberrhein durch herübergewanderte romanisirte Gallier, sondern durch eingewan-
derte Germanen statt,[1] denen unter gewissen Bedingungen
die schon früher von den Germanen in Anspruch genommenen Ländereien zur Bebauung übergeben wurden.
Dadurch erreichten die Römer den doppelten Zweck,
einerseits dass ihre Oberhoheit auch am Niederrhein auf
einen bewohnten rechtsrheinischen Landstrich ausgedehnt
wurde, wie es schon am Oberrhein der Fall war, und
dass anderseits auch ihre Besitzungen auf dem linken
Rheinufer dadurch einen erhöhten Schutz erhielten. Hierbei darf man nicht annehmen, dass ganze Völkerschaften
in diese Gaugebiete aufgenommen wurden, sondern nur
solche Theile derselben, die sich freiwillig den römischen
Bedingungen zu unterwerfen und die römische Herrschaft
anzuerkennen geneigt waren. Die besiedelten Landestheile wurden dann, wie am Oberrhein durch den Pfahlgraben, so hier durch ebendieselben Landwehren eingeschlossen, mit deren Anlage bereits Drusus und Tiberius begonnen hatten. In dem angeführten Schriftstück
wird uns zuerst genannt der Gau der Usipier. Nun wissen
wir mit Bestimmtheit,[2] dass in der augusteischen Zeit
Usipier am Niederrhein und zwar nördlich der Lippe-
mündung wohnten, später finden wir Usipier am Oberrhein als die westlichen Nachbarn der Chatten. Sei es nun,
dass die am Niederrhein wohnenden Usipier, unter Zu-
rücklassung eines Theiles, später an den Oberrhein zu
den Chatten gezogen, oder, wie Andere wollen, bei der
Auswanderung zur Zeit Cäsar's ein Theil des Volkes in
seinem ursprünglichen Sitze am Oberrhein zurückgeblieben
und nur ein Theil an den Niederrhein gelangt war, jedenfalls befand sich der spätere Usipiergau in dem früheren

[1] Dies bezeugt der Umstand, dass weder römisches Mauerwerk, noch Gräber in dem besagten Landstrich gefunden worden sind.
[2] Caesar bell. gall. IV, 16. Florus IV, 12. Tac. ann. XIII 55.

Gebiete der Usipier am Niederrhein, gleichwie sich der dahintergelegene Gau der Tubanten in das benachbarte Holland (Twente) hineinerstreckte. Dann folgt den Rhein aufwärts der Gau der Tenktern, hinter diesem landeinwärts nach der mittleren Ruhr (Hattingen) der Gau der Chattuarier und zuletzt dem Rheine entlang bis zum Pfahlgraben der Gau der Chasuarier. Wir haben nun früher[1]) die alte Landwehr, welche den Usipiergau umgrenzte, ihrem Laufe nach in der Art bestimmt, dass dieselbe vom alten Rhein bei Hauberg beginnend in einem grossen Bogen bis zum Rheine bei Wälsum lief,[2]) und hier schloss sich der Gau der Tenktern an, dessen Grenzen ebenfalls durch die ihn umschliessende Landwehr angegeben werden.[3]) Dieser Gau schloss auch den heutigen Stadt- und Landkreis Düsseldorf ein, der hiernach in römischer Zeit, nachdem er eine längere Weile unbebaut gelegen, von den Tenktern besiedelt worden war.[4])

Die nahen Beziehungen, in welchen damals das rechtsrheinische Uferland mit dem linksrheinischen Römerlande gestanden, werden durch die grosse Menge römischer Alterthümer, welche in seiner ganzen Ausdehnung sich vorfinden, vollauf bestätigt. Dahin gehören zunächst die zahlreichen römischen Münzen, welche sowohl in wie ausserhalb der Gräber gefunden werden und auf einen lebhaften Verkehr mit den Römern hinweisen. Dann die vielen Bruchstücke römischer Dachziegel, welche bezeugen, dass die germanischen Bewohner öfters statt der hergebrachten Stroh- und Schindelbedachung sich in römischer Weise der Ziegel bedienten; ferner die vielen römischen Geräthe und Schmucksachen, die meistens in Gräbern gefunden werden. Hauptsächlich aber sind die

---

[1]) S. Neue Beiträge etc.

[2]) Wir finden in der Karte bei v. Ledebur „Das Land und Volk der Beukterer", den Gau der Usipier am Niederrhein fast genau in derselben Begrenzung gezeichnet, wie es dem Laufe der in ihren Resten noch erhaltenen Landwehr entspricht.

[3]) Ein Arm der Gränzwehr schloss sich bei Hittorf dem Rheine an; ob dies der Hauptarm, oder aber die von der Dukenburg weiter über Rennbaum, Altenberg und Bechem laufende Landwehr, wird durch fernere Untersuchungen rheinaufwärts zu bestimmen sein.

[4]) Die Tenktern hatten ihre Wohnsitze im Bergischen und aufwärts bis zur Sieg; von ihnen sagt Tacitus (Germ. 32), dass sie ausser dem gewohnten Waffenruhm sich auch durch eine trefflich geübte Reiterei auszeichneten, sodass selbst das chattische Fussvolk nicht berühmter sei, als die Reiterei der Tenktern. Die Bezeichnung „Tenctrenses" in dem Veroneser Fragment statt der gewöhnlichen „Tencteri" kann auffallen; ob damit vielleicht ein mit den Tenktern verbundener kleinerer Stamm gemeint sei, mögen die Philologen entscheiden.

reichverzierten Schüsseln aus terra sigillata zu erwähnen,
die aus römischen Fabriken herstammen und den Bewohnern als Graburnen gedient haben; die Zahl derselben
ist so gross, wie selbst nicht in den linksrheinischen
römischen Besitzungen. Wir führen hier nur die vorzüglicheren römischen Funde auf, welche in unserm
Stadt- und Landkreise bis jetzt vorgekommen und zu
unserer Kunde gelangt sind. Zu Düsseldorf in der Thalstrasse kamen beim Häuserbau zwei verzierte Schüsseln
aus terra sigillata zum Vorschein.[1] Auf dem Alexanderplatze daselbst wurden verschiedene römische Antikaglien
ausgegraben, darunter einige Bronzefiguren.[2] In Unterbilk fand man Aschenurnen nebst Gefässstücken aus
terra sigillata, sowie einen goldenen Ring mit geschnittenem Onyx.[3] Am Zusammentreffen der Duisburgermit der Nordstrasse wurden mehrere kelchförmige Näpfchen aus feinem Thon in der Erde gefunden, die
gemeinlich für römisch gehalten werden.[4] An der
Römerstrasse am Fusse des Iaberges (b. Hilden) wurde
ein goldener Ring mit einem geschnittenen Onyx im
Boden gefunden.[5] Zwischen Düsseldorf und Flehe kam
aus einer Tiefe von 1,5 m ein gegossenes römisches
Bronzestück zum Vorschein, das die Inschrift: „Utere
felix" trägt und wahrscheinlich einem Waffenstück angehört hat.[6] An der Eisenbahnstation Rath fand man in
einem Grabe mehrere verzierte Schüsseln aus terra sigillata, in einer derselben ein Glasfläschchen, dann zwei
Gefässe aus Bronze und verschiedene eiserne Geräthschaften nebst einer geschlagenen Messingplatte.[7] In
Oberbilk wurde eine grosse verzierte Schüssel aus terra
sigillata nebst mehreren anderen Gefässen gefunden.[8]
Am Hofe Leuchtenberg fanden sich in Gräbern reich-

---

[1] Die Schüsseln befinden sich als Geschenk des Hrn. W.
Herchenbach im historischen Museum.
[2] Neue Beiträge etc. VI S. 7.
[3] Bonner Jahrbb. XXXVI. 88.
[4] Die Gegenstände befinden sich im hist. Museum. — Der
römische Ursprung der in der Altstadt gefundenen Gefässstücke
ist zweifelhaft; wenigstens sind die in der Altstadt gefundenen
Gefässscherben, welche der Verf. in der Guntrum'schen Sammlung
gesehen, nicht römisch (Bonner Jahrbb. XXXIX. 155). Der Fundort
eines früher in Düsseldorf (jetzt in Mannheim) befindlichen Legionsteines ist ungewiss.
[5] Neue Beiträge etc. 6. Folge. Pieper in Pick's Monatsschrift
IV S. 647.
[6] Das Bronzestück befindet sich in der Guntrum'schen
Sammlung.
[7] A. Fahne. Beiträge z. limes imp. rom. etc. S. 5.
[8] Fahne a. a. O.

verzierte Schüsseln aus terra sigillata.[1] In Kl. Eller sind so zahlreiche mit Schmuck versehene Schüsseln aus terra sigillata ausgegraben worden, wie es bis jezt an keinem andern Orte der ganzen Provinz vorgekommen ist.[2] Wenn man nun bedenkt, wie viele römische Funde bloss in den letzten Jahrzehnten in einem so verhältnissmässig kleinen Bezirke gemacht wurden, so kann man sich vorstellen, wie vieles in einem Zeitraum von anderthalb Jahrtausenden zu Tage getreten, aber unbeachtet verloren gegangen, und in welch lebhaftem Verkehr und innigem Zusammenhang hiernach der rechtsrheinische Uferstrich mit dem linksrheinischen Römerreiche gestanden haben muss.

Ein ferneres Zeugniss liefern die zahlreichen Strassen mit den Resten der darangelegenen Verschanzungen, welche in der Zeit der römischen Oberhoheit in unserm Lande angelegt wurden. Diese Strassen stehen mit den Römerstrassen der linken Rheinseite in innigem Zusammenhang, und greifen ebenso unter sich in strengster Planmässigkeit ineinander, so dass wir das Strassennetz der rechten Rheinseite mit dem römischen auf der linken derartig in Uebereinstimmung finden, dass beide als ein einziges vom Rheine durchschnittenes Ganze anzusehen sind, und sowie auf der linken Rheinseite die Römerstrassen von den römischen Alterthümern begleitet werden, so sind auch alle Funde römischer Alterthümer an den Fortsetzungen dieser Strassen auf der rechten Rheinseite gemacht worden.[3] Unter den an den Römerstrassen der rechten Rheinseite gelegenen Verschanzungen heben wir ein römisches Lager hervor, das an der bei Bürgel den Rhein überschreitenden, über Hilden und Mettmann nordwärts führenden Strasse im Neanderthale unweit

---

[1] Neue Beiträge etc. IX. Eine der Schüsseln erhielt der Verf. durch Güte des Hrn. Rittergutsbesitzers Lanz in Lohausen, die übrigen durch Ankauf von den Findern.

[2] Ein Theil (vier Stück) befindet sich im hist. Museum, ein anderer ist nach Aussen gelangt. In einer der ersteren Schüsseln befinden sich ausser Knochenresten Gefässstücke aus Bronze, Theile eines Lederriemens und geschmolzene Stücke gelben, weissen und braunen Glases. Ferner enthält die Sammlung des Hrn. Ph. Braun eine ebendaherrührende Schüssel aus terra sigillata, worin sich einige Bruchstücke einer zweiten Schüssel, Knochen und Bronzestücke befinden. Aus demselben Funde enthält die Sammlung eine verzierte schwarze, mit einem künstlichen Ueberzuge versehene Urne, ähnlich den bei Darzau (Hannover) gefundenen. Vgl. Hostmann, der Urnenfriedhof von Darzau. Braunschweig 1874.

[3] S. die alten Heer- und Handelswege etc. 1. 5. Heft. Leipzig 1882—86.

Düsseldorf, gelegen ist.[1] Dasselbe befindet sich auf einem Bergvorsprung, der an zwei Seiten von der Düssel, an der dritten von dem Mettmanner Bache begrenzt wird, und führt den Namen „die alte Burg". Die obere Bergfläche ist an drei Seiten von schroffen Abhängen begrenzt, und am Rande in Form eines Rechtecks von einem noch wohlerhaltenen Graben umgeben; an der Südwestseite ist auch noch ein Theil des Lagerwalles erhalten. An der Südseite läuft die Höhe in eine Bergzunge aus, welche einige Schritte tiefer durch einen Quergraben abgeschnitten ist; ein zweiter spitz auslaufender Berggrat zieht sich von der Südwestseite in's Thal, auf welchem man nur schwache Spuren eines Grabens bemerkt, und an der Südostseite der Bergfläche, wo die Abhänge weniger steil sind, trifft man unterhalb des Hauptgrabens noch einen zu verstärktem Schutze angelegten doppelten Graben an. In dem östlichen Theile des Lagerraumes befand sich früher eine weite Vertiefung, die wahrscheinlich als Pferdetränke gedient, und nahe dabei liegt der schön gemauerte, 25,6 m tiefe Brunnen, der noch jetzt im Gebrauche ist. Das Lager ist, ebenso wie das schon oben genannte, als Marsch- oder Etappenlager aufzufassen, wie sich deren in Westfalen noch mehrere erhalten haben. Wir finden auch hier die Eigenthümlichkeit, die der Verfasser bei vielen andern Lagern und Kastellen sowohl auf der linken wie rechten Rheinseite beobachtet hat, dass sich die Römerstrasse, zu welcher das Lager gehört, bevor sie dasselbe erreicht, in zwei Arme theilt, von denen der östliche Seitenarm beim Hause Schlickum abgeht, dann nach der Düssel hinabzieht und die Berghöhe an der Südseite ersteigt, hierauf das Lager an der Nordostseite verlässt und nach dem Blixberg (Blicksberg) geht; hier lag wahrscheinlich eine Warte, um den Uebergang über das enge Thälchen des Mettmanner Baches zu überwachen, worauf dann die Strasse, die Höhe hinansteigend, sich beim Herrnhofe wieder mit dem Hauptarme vereinigt.[2]

---

[1] Die Oertlichkeit liegt dicht an der Grenze im Kreise Mettmann, und zwar bei der Eisenbahnstation Neanderthal, so dass sie von Düsseldorf aus in kurzer Zeit leicht erreicht werden kann.

[2] Die in dem Kreise Düsseldorf erforschten Strassen sind von dem z. Vorsitzenden des Düsseldorfer Geschichtsvereins, Hrn. W. Herchenbach, und einigen Vorstandsmitgliedern theilweise begangen, hierauf die Schanzen und Strassen von dem z. Vorstandsmitgliede Hrn. Falkenbach in ihrer Gesammtheit an Ort und Stelle eingesehen worden, und hat Hr. F. in zwei Vereinssitzungen über die Ergebnisse ausführlichen Bericht erstattet. S. Beiträge z. Geschichte des Niederrheins 1. Bd. 1886.

Gleichwie am Oberrhein die vom Pfahlgraben begrenzten Gebiete zu der Provinz Obergermanien gehörten, so werden auch am Niederrhein die von den Landwehren eingeschlossenen Gaue zu der Provinz Niedergermanien zu rechnen sein. Sie waren, wie unsere Urkunde besagt, „in formulam Belgicae primae redactae", wozu vor Allem die Verpflichtung zum Kriegsdienste gehörte. Ferner wird ein Tribut an Vieh- und Getreidelieferungen bestanden und den Bewohnern obgelegen haben, die Warten, Landwehren und Strassen in Stand zu halten, neue Erdwerke dieser Art anzulegen, sowie auf den Warten der Strassen und Wehren Wachtdienste zu verrichten. Und hiermit stimmt der Befund der Denkmäler in diesen Gebieten vollständig überein: während am Oberrhein in dem Dekumatenlande zahlreiche römische Niederlassungen gegründet wurden, finden wir am Niederrhein keine Spur von römischen Gebäuden, und während dort der Gränzwehr und den Strassen entlang römische Standlager und Kastelle angelegt waren, kommen an den Landwehren solche militärische Anlagen nirgends vor; statt wie am Oberrhein den römischen Kriegern, war am Niederrhein der Schutz der Gränzen und Strassen den eingesessenen Germanen anvertraut, und diesen lag gleichzeitig die Anlegung der Strassen und Wehren mit ihren Erdschanzen ob. Wenn man alle diese Verhältnisse in Betracht zieht, so dürften auch die Unklarheiten und Zweifel verschwinden, die bei Manchen über die grosse Zahl von Zweigstrassen entstanden, von denen die Spezialforschung in dem rechtsrheinischen Uferlande Kunde gibt. Denn gleichwie in dem linksrheinischen Römerlande in den langen Friedensjahren des 2. Jahrhunderts n. Chr. das vielverzweigte Strassennetz durch die römischen Provinzialen allmälig vervollständigt wurde, so wird in derselben Zeit auch in dem rechtsrheinischen Uferlande sowohl das Landwehr- wie das Strassensystem unter Anordnung und Leitung der Römer durch die ansässigen Germanen seine Vollendung erhalten haben. Wir werden daher alle jene Erdanlagen der rechten Rheinseite, deren Reste so offenbar den römischen Charakter tragen, und von denen namentlich die Strassen fast sämmtlich nichts anders, als die Fortsetzungen der Römerstrassen der linken Rheinseite sind, als römisch-germanische Anlagen zu bezeichnen haben.

Ueber den Zeitpunkt, von welchem aus die Besiedelung des rechtsreinischen Uferlandes stattgefunden, besitzen wir keine schriftlichen Nachrichten, nur so viel ist gewiss, dass dieselbe zu der Zeit, als Tacitus seine

Germania schrieb, noch nicht stattgefunden hatte, da hier noch der Rhein die gallisch-germanische Grenze bildet.[1] Aber es ist sehr wahrscheinlich, dass bald darnach, und zwar durch den Kaiser Trajan (98—117 n. Chr.) bei seiner Anwesenheit am Niederrhein die Kolonisation und politische Organisation des früher leeren Uferstriches bewirkt worden ist. Dagegen besitzen wir sichere Nachricht über das Aufhören der römischen Oberhoheit in unserem Landstrich, indem die angeführte Urkunde besagt, dass unter dem Kaiser Gallienus (259—268 n. Chr.) die Barbaren die römischen Gaue auf der rechten Rheinseite in Besitz genommen haben. Anderthalb Jahrhunderte stand demnach das rechtsrheinische Uferland unter römischer Oberhoheit, im Norden geschützt durch das Kastell auf dem Eltenberge, im Süden durch das Kastell bei Niederbiber, im Osten durch die Landwehren und im Westen begränzt durch den Rhein mit seinen zahlreichen Befestigungen, deren Besatzungen stets bereit waren, feindlichen Einfällen in kürzester Frist auf den zahlreichen nach der rechten Rheinseite führenden Strassen zu begegnen. Als aber nach einer langen Friedenszeit der römisch-germanische Uferstrich, der bis dahin zugleich eine starke Schutzwehr für das linksrheinische Römerland gebildet, von den Franken in Besitz genommen war, wurde der Rhein wiederum die Grenze des unteren Germanien's, in welches nunmehr immer häufigere Einfälle stattfanden, wodurch die römischen Heere noch oftmals auf deutschen Boden geführt wurden.[2] Noch im J. 388 n. Chr. waren die Franken plündernd und verwüstend in Gallien eingedrungen, wurden aber bei ihrem Rückzuge nach dem

---

[1] Nach der „Germania" schrieb Tacitus die „Geschichtsbücher", die von dem Regierungsantritt Galba's bis zu Domitian's Tode reichen, und er sagt in der Einleitung: „Wofern ich das Leben friste, habe ich die Herrschaft des göttlichen Nerva und die Regierung Trojan's, als reichhaltigern und sichereren Stoff, für mein Greisenalter aufgespart". Aber wir besitzen von den Geschichtsbüchern nur die vier ersten und einen Theil des fünften Buches; die Regierungszeiten des Domitian, Nerva und Trajan fehlen gänzlich.

[2] Bemerkenswerth ist eine hierauf bezügliche Stelle in „Incerti Panegyr. Constantino dict." (Panegyrici latini rec. Baehrens, Lipsiae 1874. p. 164), worin es heisst: „Quid loquar rursus intimas Franciae nationes jam non ab his locis quae olim Romani invaserant, sed a propriis ex origine sui sedibus atque ab ultimis barbariae litoribus avulsas, ut in desertis Galliae regionibus collocatae et pacem Romani imperii cultu juvarent et arma dilectu?", worin wir einen neuen Beleg für das ehemalige Vorhandensein des rechtsrheinischen Römerlandes am Niederrhein finden, indem unter demjenigen Theile des Frankenlandes (Franciae), welchen ehedem die Römer in Besitz genommen hatten, nur unser rechtsrheinisches Uferland am Niederrhein verstanden werden kann.

Rheine geschlagen, und der römische Feldherr Quintinus setzte zu ihrer Verfolgung bei Neuss über den Strom. Er durchzog auf einer der dortigen Strassen, vielleicht auf derjenigen, die von Volmerswerth her durch das bergische Land führt und an welcher das oben erwähnte römische Waffenstück mit Inschrift gefunden wurde,[1] unsere Gegend, liess sich aber von den Franken vom Wege ab in Wälder und Sümpfe verlocken, wobei das ganze römische Heer, mit Ausnahme Weniger, aufgerieben wurde.[2] Dies ist die letzte geschichtliche Nachricht, welche wir aus dem Alterthum über unsere Landschaft besitzen.

Nach dem Untergange der Römerherrschaft am unteren Rheine, gegen die Mitte des 5. Jahrhunderts n. Chr., gehörten die Bewohner unserer Gegend zu den ripuarischen Franken, welche unter eigenen Königen auf beiden Ufern des Rheines wohnten. Unter dem salfränkischen König Chlodowech (481—511) wurde das Land mit dem neuen Frankenreiche vereinigt. Von dem Christenthum finden wir unter Chlodowech's Nachfolgern, den Merowingern, nur wenig sichere Spuren in unserm Lande; erst als um das Jahr 690 die christlichen Missionäre aus England herüber kamen, unter ihnen der h. Suitbert, wurde von diesem (i. J. 693) bei den benachbarten Boruktuariern eine christliche Gemeinde gegründet, die aber in Folge eines unglücklichen Krieges mit den Sachsen wieder zerstreut wurde. Der h. Suitbert erhielt darauf von dem Majordomus Pipin die damalige Rheininsel Kaiserswerth zum Wohnsitz angewiesen; hier gründete derselbe ein Kloster, von wo aus das Christenthum mit Erfolg weiter verbreitet wurde, und man kann annehmen, dass unter Karl d. Gr., zu Anfang des 9. Jahrhunderts, die Christianisirung des Landes vollendet war.

Während der heidnischen Zeit, unter der wirren Herrschaft der Merowinger, waren die Kulturzustände unseres Landes nicht viel weiter fortgeschritten, als in der fränkischen Zeit vor der Völkerwanderung, zumal bei den vom Ende des 6. bis zu Anfang des 8. Jahrhunderts sich stets wiederholenden Einfällen der Sachsen, die jede ruhige Entwickelung unmöglich machten. Es werden daher die bereits im Alterthum errichteten Wehr-

---

[1] Diese Strasse ist in der Karte des 5. Heftes der alten Heer- und Handelswege etc. nur bis südlich von Unna gezeichnet; dieselbe ist nunmehr bis zu ihrem Ende verfolgt worden, und läuft von der Fr.-Wilh.-Höhe weiter über Fröhmern, südlich von Ostbüren durch den Schelkwald, und mündet kurz vor Werl, bei Büderich, in den grossen Hellweg.

[2] Sulpitius Alexander ap. Gregor. Turon. hist. Franc. II, 9.

anlagen nicht bloss im Gebrauche geblieben, sondern noch weitere Verschanzungen für die Bewohner nothwendig geworden sein, indem diese nicht, wie in der römisch-germanischen Periode, bei plötzlichen Ueberfällen auf sofortigen militärischen Beistand zu rechnen hatten. Wir finden daher ausser den ältesten noch eine Anzahl kleinerer Landwehren, die nur aus einem beiderseits von einem Graben begleiteten Walle bestehn, und ebenfalls mit Warten und Zufluchtsörtern zur Aufnahme der Bewohner mit ihren Viehheerden besetzt waren.[1] Auch die Gefässe zeigen noch meistens wie im Alterthum nur eine sehr geringe Kunstfertigkeit; bei den Gräbern herrscht ebenso noch der Leichenbrand vor.

Eine Erinnerung an das Heidenthum bewahrt noch der jetzt unter dem Namen „Grafenberg" bekannte Höhenzug unweit Düsseldorf, welcher in Urkunden des Mittelalters „Gudesberch", sowie der dortige Wald „Gotzbusch" und „Gudisbusch" genannt wird. Es kann kein Zweifel sein, dass die Namen „Godesberg" und „Godesbusch" eine altgermanische Kultusstätte des Gottes Wodan bezeichnen.[2]

Erst mit der Verbreitung des Christenthums wurden die Bewohner von der früheren unsteten Lebensweise zu einer grösseren Sesshaftigkeit geführt, fester an das übrige schon christliche Reich angeschlossen und wandten sich, statt den Erwerb wie früher in Raubkriegen zu suchen, eifriger dem Ackerbau und der Viehzucht zu. Es bildeten sich festere Niederlassungen, wodurch die Rodungen vermehrt wurden, namentlich durch Klostergründungen, welche der Bodenkultur immer mehr Raum verschafften. So finden wir am Ende des 8. und zu Anfang des 9. Jahrhunderts Dörfer und Höfe urkundlich aufgeführt; hervorzuheben

---

[1] Hierher gehören grossentheils die in den neuen Beiträgen etc. als Landwehren 3. u. 4. Ordnung bezeichneten Wälle; die in unserem Kreise liegenden Schanzen aus dieser Zeit sind in den neuen Beiträgen etc. 6. F. und in Pick's Monatsschrift I, IV, V u. VI beschrieben und durch Pläne erläutert. Da auch die späteren Einfälle der Normannen und Ungarn solche Wehranstalten nothwendig machten, so kann man annehmen, dass diese Landwehren mit ihren Schanzen vom Anfang des 7. bis zum Ende des 10. Jahrhunderts hinabreichen. Da einige derselben deutlich die sächsische Befestigungsmethode aufweisen, so ergibt sich, dass damals ein Streifen sächsischer Bevölkerung durch unsere Gegend zog, oder hier eine von Franken und Sachsen gemischte Bevölkerung sass.

[2] S. Harless und Crecelius in d. Zeitschrift d. bergischen Geschichtsvereins 7. Bd. S. 205 und 315. — Westlich nicht weit vom Fusse des Berges lag, von Sumpfland umgeben, ein fränkischer Zufluchtsort, der grösste in unserem Kreise, wovon wir einen Plan in d. neuen Beiträgen etc. 6. F. gegeben haben. Jetzt sind fast alle Spuren der Befestigung verschwunden, jedoch sind in der Generalstabskarte v. 1861. Sect. Düsseldorf, noch die Umrisse gezeichnet.

ist die um das Jahr 870 zu Gerresheim durch den fränkischen Ritter Gerrich erfolgte Gründung eines Frauenklosters, das aber bereits im J. 917 durch die Ungarn zerstört wurde.[1] In diese Zeit, wenn nicht schon früher in die Zeit der Normannenzüge, fällt die Errichtung des noch vor einigen Jahren bei Hilden vorhandenen grossen Ringwalles, welcher zum Schutze der dortigen Bewohner mit ihrer Habe gedient hatte.[2] Im J. 970 waren Kloster und Kirche zu Gerresheim wieder hergestellt.

Wir schliessen hiermit diese kleinen Beiträge zur ältesten Geschichte unseres Kreises, die wir an der Hand schriftlicher Quellen und der Denkmäler bis in's 10. Jahrhundert fortzuführen versucht haben. Es geschieht in diesem Zeitraume von Düsseldorf noch keiner urkundlichen Erwähnung; erst im Jahre 1159 wird der Ort als ein Dorf genannt, das im Jahre 1288 Stadtrechte erhielt und befestigt wurde. Die Stadt nahm, nachdem sie ein Kollegiatstift und den Zoll erhalten, bald auch die zeitweilige, später die beständige Residenz der Landesherren geworden, im Laufe der Jahrhunderte an Bedeutung immer mehr zu; aber erst unter dem Scepter der **Hohenzollern** ist Düsseldorf zu Dem geworden, was es jetzt ist, — eine der blühendsten Städte des Deutschen Reiches.[3] Möge unsere gute Stadt dessen stets eingedenk bleiben!

[1] S. Kessel, der selige Gerrich, Stifter d. Abtei Gerresheim. Düsseldorf 1877.

[2] Die Oertlichkeit führt seit alters den Namen „das Holterhöfchen" (der Name „Heidenburg" ist neueren Ursprungs). S. Pick's Monatsschrift I 378, wo auch ein von dem K. Regierungs- und Baurath Hrn. Lieber aufgenommener Plan mitgetheilt ist. Die Verschanzung zeigt dieselbe Konstruction, wie die altsächsische „Hünenburg" bei Emsbüren. Hr. C. Koenen, welcher die in dem Walle aufgefundenen Gefässe untersucht hat, setzt dieselben in das 9.—10. Jahrhundert. Der an dem noch vorhandenen Wallstück befindliche Baurest gehört dem späteren Mittelalter an. Die ganze Verschanzung, welche in der Rheinprovinz einzig in ihrer Art ist, und von welcher kurz vor ihrer Zerstörung noch ein besonderer Plan aufgenommen wurde, soll bei einer späteren Gelegenheit ausführlicher erörtert werden.

[3] Vor hundert Jahren hatte Düsseldorf 8764 Einwohner; im Jahre 1816, nachdem es 1815 an die Krone Preussen gekommen, zählte es noch 14100, jetzt hat es ca. 130,000 Einwohner. Die jährliche Bevölkerungszunahme betrug in den letzten Jahren durchschnittlich über 4000 Personen.

Politische Geschichte des bergischen Landes, insbesondere der Stadt Düsseldorf.

Von

Dr. Hermann Forst.

ie politische Geschichte Düsseldorfs ist untrennbar mit der Geschichte des bergischen Landes verknüpft. Weder aus einer römischen Niederlassung, noch aus einer kaiserlichen Pfalz oder einem Bischofssitze ist die Stadt hervorgegangen; sie ist vielmehr die Schöpfung eines Landesherrn, der seinem Gebiete die unmittelbare Betheiligung an dem Rheinhandel sichern wollte. Ihre weitere Entwickelung aber bis zum Beginn unseres Jahrhunderts beruht darauf, dass Düsseldorf allmählich die Hauptstadt des Landes, der Mittelpunkt der Verwaltung, der Sitz der Fürsten und der beständige Gegenstand ihrer Fürsorge geworden war. Wohl nur dadurch ist es im Stande gewesen, gleichalterige und zeitweise bedeutendere Orte, wie z. B. Wesel, zu überholen. Daraus aber erklärt es sich auch, dass Düsseldorf in politischer Hinsicht niemals andere Bahnen eingeschlagen hat, als das Territorium, dem es angehörte.

Wenn nun in einer zur Feier des 600jährigen Bestehens der Stadt herausgegebenen Festschrift der politischen Geschichte Düsseldorfs ein besonderer Abschnitt gewidmet wird, so kann der Bearbeiter desselben nicht umhin, die Gesammtgeschichte des bergischen Landes und seiner Fürsten dem Leser übersichtlich vorzuführen, allerdings mit besonderer Hervorhebung der Düsseldorf unmittelbar berührenden Begebenheiten. Er muss dabei auch die Geschichte des Landes vor dem Jahre 1288 in seine Darstellung aufnehmen. Der Schlusspunkt der Erzählung ergiebt sich von selbst mit dem Jahre 1814, der Einverleibung in den preussischen Staat. Denn der An-

Das deutsche Reich zerfiel damals in fünf grosse Herzogthümer. Der Keldagau müsste nun seiner Lage nach entweder zu Franken oder zu Lothringen gehört haben. Die Frage lässt sich jedoch nicht entscheiden, da die Konradiner damals in beiden Ländern herzogliche Gewalt besassen. Kaiser Otto der Grosse sah sich in Folge der Aufstände von 938 und 953 veranlasst, beide Herzogthümer in eine Anzahl kleinerer Gebiete aufzulösen. Infolgedessen steht am Ende des 10. Jahrhunderts der Keldagau ebenso wie der nördlich angrenzende Ruhrgau (mit Duisburg) unter den zu Aachen residirenden lothringischen Pfalzgrafen.

Der Gau umfasste hauptsächlich das zwischen Rhein, Anger und Wupper gelegene Gebiet; doch gehörte auch ein Stück des linken Rheinufers, das Kirchspiel Lank, dazu. In östlicher Richtung erstreckte er sich wahrscheinlich bis nach Elberfeld und Solingen. So weit nämlich reichte im Mittelalter der rechtsrheinische Sprengel des Dekans von Neuss, und man nimmt an, dass die kirchlichen Dekanate ihrem Umfange nach in der Regel mit den Gauen zusammenfielen. Der bedeutendste Ort des Keldagaues war Kaiserswerth mit dem um das Jahr 700 gegründeten Stifte; ferner Gerresheim. Bilk wird schon im Jahre 799 als Pfarrdorf genannt; Himmelgeist erscheint 904 unter dem Namen Humilgis. Einen bedeutenden Theil des Gebietes nahmen königliche Domänen ein, die sich an die beiden Höfe Rath und Mettmann anschlossen. Einen zwischen Rhein, Ruhr und Düssel gelegenen Wald schenkte Heinrich IV. im Jahre 1065 dem Erzbischof Adalbert von Bremen; doch hat dieser sich nicht im Besitze zu behaupten vermocht. Seinen Namen führte der Gau wohl von dem Ketel-, jetzt Kittelbache, der bei Kaiserswerth in den Rhein mündet. Die Hauptgerichtsstätte war wohl schon in jener Zeit, wie später, auf dem Kreuzberge bei Kaiserswerth.

Die lothringischen — später rheinischen — Pfalzgrafen, unter deren Herrschaft der Keldagau nebst den benachbarten Gebieten stand, waren ursprünglich die Verwalter der zu der Kaiserpfalz Aachen gehörigen Domänen. Dadurch nahmen sie im 10. Jahrhundert unter der weltlichen Aristokratie des Herzogthums Lothringen die erste Stelle ein. Die lothringischen Herzöge waren damals sehr geneigt, dem Kaiser Opposition zu machen, zumal da sie immer an Frankreich eine Stütze fanden; es lag daher im Interesse der Krone, ihnen in ihrem eigenen Lande ein Gegengewicht zu geben. Dazu eigneten sich die Pfalzgrafen besonders. Indem die Krone ihnen nach und nach die Verwaltung ganzer

Gaue übertrug und sie zugleich, wie es scheint, von den Herzögen völlig unabhängig machte, hob sich die Stellung der lothringischen Pfalzgrafen so, dass sie am Ende des Jahrhunderts unter den ersten Grossen des Reiches erscheinen. Pfalzgraf Erenfrid oder Ezo heirathete 990 die Schwester des Kaisers Otto III. Sein und seiner Nachfolger Gebiet reichte auf der linken Rheinseite von Aachen bis zur Nahe, allerdings vielfach durchbrochen von den Besitzungen der kölnischen und trierischen Kirche; auf dem rechten Ufer beherrschte er den Ruhrgau, Keldagau, Deutzer Gau und Auelgau (an der Sieg).

Die Mitte des 11. Jahrhunderts bezeichnet einen Wendepunkt in der Geschichte der Pfalzgrafen. Bis dahin waren sie durch gemeinsame politische Interessen mit den Erzbischöfen von Köln im Kampfe gegen das übermächtige lothringische Herzogthum verbunden gewesen. Jetzt war dieses endgültig vom Rheinufer abgedrängt und nicht mehr zu fürchten. Anderseits kreuzten sich bei der grossen Ausdehnung der kirchlichen Besitzungen die Ansprüche und Interessen der Erzbischöfe so vielfach mit denen der Pfalzgrafen, dass es nicht an Anlass zum Streit fehlte. Im Jahre 1058 ergriff Pfalzgraf Heinrich die Waffen gegen den Erzbischof Anno; er unterlag jedoch im Kampfe und starb zwei Jahre später geisteskrank. Sein Sohn, gewöhnlich Heinrich von Laach genannt, war damals noch unmündig; später wurde er Pfalzgraf und zeichnete sich in den Bürgerkriegen der Folgezeit als treuer Anhänger Kaiser Heinrichs IV. aus; aber als er 1095 starb, erlosch mit ihm der Mannesstamm seines Geschlechtes. In seine reichen Besitzungen theilten sich die Erben; die schon verkleinerte Pfalzgrafschaft erhielt sein Stiefsohn Siegfried. Sie verblieb seitdem nicht mehr erblich in einer Familie, sondern wurde von den Kaisern jeweils an besonders getreue Männer verliehen. So erhielt sie 1142 Hermann von Stahleck, der Schwager Konrads III. Er ist der letzte rheinische Pfalzgraf — diese Bezeichnung war jetzt gebräuchlich —, der urkundlich als Herr des Keldaganes genannt wird. Da er die Verwaltung hier nicht selber führen konnte, so hatte er sie, wie aus einer Urkunde vom Jahre 1148 hervorgeht, an Hermann von Hardenberg übertragen.

Die drei anderen obengenannten Gaue waren damals bereits, wahrscheinlich seit 1095, den Pfalzgrafen entzogen und standen unter besonderen Herren. Im Deutzer Gau waltete schon die Familie, deren Nachkommen später alle diese Gebiete beherrschen sollten: die Edlen von Berg, so genannt nach ihrer Burg bei Odenthal. Ahnherr des

Geschlechtes ist wohl Hermann, der seit dem Jahre 1003 Schirmvogt der Abtei Deutz war und, wie es scheint, dasselbe Amt bei der Abtei Werden bekleidete. Einer seiner Nachkommen, Adolf, führt als Vogt von Werden 1068 zum ersten Male den Familiennamen „vom Berge". Im Jahre 1101 erscheint ein Adolf von Berg, wohl der Sohn des vorigen, zum ersten Male als Graf. In jener Epoche wurden vielfach die alten Gauverbände aufgelöst und die Verwaltung der einzelnen Theile verschiedenen Familien übertragen, welche nun alle den Grafentitel führten. Die so entstandenen neuen Grafschaften erhielten ihren Namen von dem Stammsitze des regierenden Geschlechts. So erscheinen im Deutzer Gau neben den Grafen von Berg damals auch Grafen von Hückeswagen, deren Gebiet später mit Berg wieder vereinigt worden ist.

Graf Adolf und sein Bruder Eberhard gründeten im Jahre 1139 auf ihrem Stammsitze ein Cistercienserkloster, die spätere Abtei Altenberg; sie selbst erbauten sich ein neues Schloss, Burg an der Wupper. Adolfs Sohn Adolf II. sah sich um das Jahr 1160 veranlasst, die bedeutenden Besitzungen seiner Familie unter seine zwei Söhne zu theilen. Der ältere, Eberhard, bekam die um Altena gelegenen Güter, aus denen später die Grafschaft Mark hervorging; der jüngere, Engelbert, behielt die rheinischen Gebiete.

Engelbert ist als der eigentliche Begründer der Grafschaft Berg zu betrachten, da es ihm gelang, den Keldagau an sein Haus zu bringen. Pfalzgraf Hermann von Stahleck hatte, einem strengen Verbot Kaiser Friedrichs I. zum Trotze, die Waffen gegen Erzbischof Arnold von Mainz ergriffen; er wurde dafür 1155 so hart bestraft, dass er seine Würden niederlegte und in ein Kloster trat, auch bald darauf starb. Da er keine Kinder hatte, erhielt Konrad, der Stiefbruder des Kaisers, die erledigte Pfalzgrafschaft. Ob nun gleich bei dieser Gelegenheit der ehemalige Keldagau davon abgetrennt und dem Grafen Engelbert unterstellt wurde, oder ob Konrad, der meist auf seinen Stammgütern am Neckar weilte, sich erst später der entlegenen und schwer zu verwaltenden niederrheinischen Gebiete entäusserte, können wir nicht feststellen; jedenfalls erscheinen die Grafen von Berg um das Jahr 1180 als Herren des ganzen Gebietes südlich von der Ruhr.

Düsseldorf, ein kleiner Ort, dessen Name zum ersten Male in einer Urkunde vom Jahre 1159 genannt wird, gehörte in jener Zeit dem Edelherrn Arnold von Teveren. Dieser scheint keine Kinder gehabt zu haben; denn um das Jahr 1189 kaufte Graf Engelbert ihm seine sämmtlichen rechtsrheinischen Besitzungen, darunter Düsseldorf, ab. Gleichfalls durch Kauf erwarb Engelbert die von dem Erzstift Köln lehnsabhängigen Ortschaften Hilden und Elberfeld.

Als treuer Kampfgenosse des Kaisers Friedrich I. starb Engelbert 1189 auf dem Kreuzzuge. Sein ältester Sohn und Nachfolger, Adolf III., fiel 1218, ebenfalls auf einem Kreuzzuge, vor Damiette in Aegypten. Er hinterliess nur eine Tochter Irmgard, welche mit Heinrich, einem jüngeren Sohne des Herzogs von Limburg, vermählt war. Zunächst übernahm Adolfs jüngerer Bruder Engelbert, Erzbischof von Köln, die Verwaltung der Grafschaft Berg und vereinigte letztere dadurch für einige Zeit mit dem Erzstifte. Engelbert war ein energischer, hochstrebender Kirchenfürst, engverbunden mit dem jungen Könige Friedrich II. Als dieser 1220 zur Kaiserkrönung nach Italien zog, ernannte er Engelbert zum Reichsverweser. Aber die Strenge, mit welcher Engelbert die Interessen seiner Kirche vertrat, machte ihm viele Feinde, und im Jahre 1225 fiel er durch Mörderhand. Es war einer seiner Neffen aus der altenaischen Linie, Friedrich Graf von Isenburg, der das Attentat leitete; er musste dafür auf dem Rade sterben; doch auch die beiden Bischöfe von Osnabrück und Münster, Friedrichs Brüder, erschienen der Theilnahme verdächtig und verloren ihr Amt.

Mit Engelbert erlosch die rheinische Linie des Hauses Berg und ihre Besitzungen gingen auf die Tochter Adolfs III. und deren Gemahl Heinrich von Limburg über. Erst unter diesem neuen Geschlechte wurde der rothe Löwe im silbernen Felde das Wappenschild der Grafschaft; die alten Grafen hatten zwei gezahnte Querbalken im Schilde geführt. Heinrich von Limburg und seine männlichen Nachkommen haben etwas über ein Jahrhundert lang das bergische Land beherrscht. Heinrichs Sohn Adolf IV. schloss sich der Fürstenempörung gegen die Hohenstaufen an und erhielt dafür von dem Gegenkönige Wilhelm von Holland die Reichshöfe Rath und Mettmann zum Geschenk. Sein Nachfolger Adolf V. ist für uns dadurch besonders interessant, dass unter ihm Düsseldorf zur Stadt erhoben wurde. Dieses Ereigniss stand im engsten Zusammenhange mit den politischen Kämpfen, die sich damals am Niederrhein abspielten; wir müssen deswegen etwas näher auf dieselben eingehen.

Seit dem Ende des 12. Jahrhunderts waren die Erzbischöfe von Köln die mächtigsten Fürsten am Niederrhein und im südlichen Westfalen. Da jedoch weder ihre

Besitzungen noch ihre Hoheitsrechte genau bestimmte Grenzen hatten, so sahen die Erzbischöfe sich in zahlreiche Streitigkeiten mit den benachbarten Grafen und Herren verwickelt. Sie mussten infolgedessen darnach streben, jene Nachbarn allmählich in völlige Abhängigkeit von dem Erzstifte zu bringen, sie womöglich zu unterwerfen. Mit einigen ist ihnen das auch geglückt, namentlich seit dem Untergange der Hohenstaufen, als keine Reichsgewalt mehr die Schwachen schützte. Kräftigen Widerstand dagegen fanden sie an den Grafen von Jülich. Diese hatten die ehemals pfalzgräflichen Gebiete zwischen Rhein und Maas mit ihrem Stammlande vereinigt. Der einst zwischen Pfalzgraf Heinrich und Erzbischof Anno geführte Kampf wiederholte sich jetzt; aber der Ausgang war anders. Als Erzbischof Engelbert II. im Jahre 1266 persönlich an der Spitze seines Heeres in das Jülicher Land einfiel, wurde er von dem Grafen Walram im Gefecht überwunden und als Kriegsgefangener auf das Schloss Nideggen gebracht; erst nach vier Jahren erhielt er seine Freiheit zurück.

Gleichzeitig war den Erzbischöfen im Mittelpunkte ihrer Macht ein anderer gefährlicher Feind erwachsen. Zur Durchführung ihrer politischen Pläne bedurften sie bedeutender Geldmittel und suchten dieselben theils durch Anlage von Zollstätten an den Handelsstrassen, theils durch indirecte Steuern zu beschaffen. Dies traf den Handel und die Industrie der mächtigen Stadt Köln besonders empfindlich; die Stadt widersetzte sich daher. Um ihren Widerstand zu brechen, erlaubten die Erzbischöfe sich Eingriffe in die Stadtverfassung, setzten städtische Beamte willkürlich ab und suchten die Verwaltung ganz in ihre eigenen Hände zu bringen. Da brach in Köln der Aufstand aus; 1261 wurde die erzbischöfliche Besatzung vertrieben, und die Stadt schloss Bündnisse mit den benachbarten Grafen von Jülich und Berg, sowie mit anderen Dynasten.

Auch die Grafen von Berg fühlten sich durch die Bestrebungen der Erzbischöfe vielfach bedroht und in ihren Rechten verletzt. Graf Adolf V. erhob namentlich Erbansprüche auf die Schirmvogtei über das Stift Essen, welche dem Erzbischof Engelbert II. auf Lebenszeit übertragen war. Engelbert starb 1274; sein Nachfolger Siegfried erwarb nach langen Bemühungen jene Schirmvogtei zwar nicht für sich selbst, aber für einen seiner Anverwandten, und stand seitdem auf feindlichem Fusse mit Graf Adolf.

So gespannt und unsicher waren die Verhältnisse, als im Jahre 1280 der Herzog von Limburg, Adolfs Oheim, starb. Er hinterliess nur eine Tochter, Irmgard, welche mit dem Grafen Reinald von Geldern vermählt war. Reinald folgte zunächst dem Schwiegervater in der Regierung. Aber Irmgard starb kinderlos 1282, und nun beanspruchte Adolf als nächster Agnat die Erbfolge für sich. Reinald wollte nicht weichen, und Adolf, der sich zum Kampfe zu schwach fühlte, trat seine Ansprüche gegen eine Entschädigung an den Herzog Johann von Brabant ab. Reinald fand Hülfe bei Erzbischof Siegfried und dem Grafen von Luxemburg; dafür verbündeten sich die Grafen von Jülich und Mark, sowie die Stadt Köln mit Brabant und Berg. Der Krieg zog sich von der Maas an den Rhein. Am 5. Juni 1288 trafen die beiden Heere, in denen sich fast der gesammte niederrheinische Adel befand, bei Worringen auf einander, das eine von Herzog Johann, das andere von Erzbischof Siegfried und dem Grafen von Geldern persönlich geführt. Bei dem Herzoge stand Graf Adolf mit dem bergischen Aufgebot und den Kölner Bürgern in Reserve; sein rechtzeitiges Eingreifen, als der Sieg sich schon auf die Seite des Erzbischofs zu neigen drohte, entschied den Kampf. Am Abend war das feindliche Heer vernichtet, der Erzbischof selbst Adolfs Gefangener; er wurde auf das Schloss Burg geführt und musste nach langem Sträuben auf die von dem Grafen gestellten Bedingungen hin Frieden schliessen, um seine Freiheit wiederzuerlangen.

Schon längst hatte Graf Adolf gewünscht, auf seinem Gebiete eine Stadt unmittelbar am Rheinufer zu gründen und so das bergische Land direct am Rheinhandel zu betheiligen. Bisher war dies an dem Widerstande der Erzbischöfe wie auch der einflussreichen Kaufleute von Köln gescheitert. Jetzt benutzte Adolf die Gunst der Umstände. Zur Ausführung seines Planes wählte er den Ort Düsseldorf. Unter dem 14. August des Jahres verlieh er, in Gemeinschaft mit seiner Gemahlin Elisabeth, dem Orte Stadtrecht. Zugleich wurde bei der Kirche ein Collegium von Canonichen gegründet. Es wäre zum Aufblühen der Stadt sehr förderlich gewesen, hier eine Zollstätte, an welcher alle vorbeifahrenden Schiffe anlegen mussten, zu errichten. Dies konnte Adolf jedoch mit Rücksicht auf die verbündete Stadt Köln nicht wagen, sondern musste es seinen Nachkommen überlassen.

Acht Jahre später, am 28. September 1296, starb Adolf. Die in Chroniken des 15. Jahrhunderts sich findende Erzählung, er sei von Erzbischof Siegfried hinterlistiger

Weise gefangen und in raffinirter Art zu Tode gemartert
worden, ist mit den urkundlichen Zeugnissen über seine
Regententhätigkeit nicht in Einklang zu bringen und muss
als Sage betrachtet werden. Adolfs Bruder und Nachfolger Wilhelm setzte es 1306 durch, dass die Stiftung
des Canonichen-Collegiums an der Düsseldorfer Kirche von
dem Erzbischof Heinrich von Köln bestätigt wurde, was
bis dahin nicht geschehen war. Wilhelms Nachfolger,
Adolf VI., erhielt zwar 1324 von König Ludwig dem
Baiern die Erlaubniss, den bisher bei Duisburg erhobenen
Rheinzoll nach Düsseldorf verlegen zu dürfen; doch wurde
dies später wieder rückgängig gemacht.

Mit dem Tode des kinderlosen Adolf VI. erlosch 1348
das limburgische Haus. Adolfs Schwester Margarethe,
Gräfin von Ravensberg, hatte eine gleichnamige Tochter,
die mit Gerhard, dem älteren Sohne des Markgrafen
(späteren Herzogs) Wilhelm I. von Jülich vermählt war.
Gerhard erbte dadurch zuerst die Grafschaft Ravensberg,
dann nach Adolfs Tode auch Berg. Es schien, als solle
Berg schon jetzt mit Jülich vereinigt werden. Allein
Gerhard, der auch die Herrschaft Hardenberg erworben
hatte, fiel noch bei Lebzeiten seines Vaters 1360 in einer
Fehde. Das Herzogthum Jülich kam daher an seinen
jüngeren Bruder Wilhelm, während Gerhards Sohn, gleichfalls Wilhelm genannt, Berg und Ravensberg erbte.

Dem jungen Wilhelm gelang es 1362, sein Land durch
die Erwerbung der Herrschaften Blankenberg und Löwen-
berg (am Fusse des Siebengebirges) zu vergrössern. Im
Jahre 1371 unterstützte er seinen Oheim Wilhelm von
Jülich und den Grafen Reinald von Geldern in einer
Fehde gegen den Herzog von Brabant; die Brabanter
wurden bei Baesweiler am 22. August entscheidend geschlagen. Kaiser Karl IV. vermittelte einen für Jülich
günstigen Frieden. Das Haus Jülich schloss sich nun
eng an den Kaiser an. Als 1378 das bekannte kirchliche
Schisma ausbrach und Karls Nachfolger, König Wenzel,
sich für den in Rom residirenden Papst entschied, trat
der Herzog von Jülich dem zum Schutze dieses Papstes
geschlossenen Bunde bei. Wahrscheinlich hat Wilhelm
von Berg dasselbe gethan; denn bald darauf, am 24. Mai
1380, erhob König Wenzel ihn zum Herzoge und die
Grafschaft Berg zum Herzogthum.

Wilhelm scheint eine besondere Vorliebe für Düsseldorf gehegt zu haben, denn er war eifrig bemüht, das
Aufblühen der Stadt zu befördern. Er baute das Schloss
am Rhein, vergrösserte die alte Kirche durch Gründung
neuer Canonicate, zog die Ortschaften Golzheim, Deren-

dorf, Bilk und Hamm in den Stadtverband und erweiterte die Stadtmauer bis zum südlichen Düsselarme. Ausserdem errichtete er in Düsseldorf eine Münzstätte und erwarb endlich auf die Dauer das Recht, hier von allen vorbeifahrenden Schiffen einen Zoll erheben zu dürfen. Des Herzogs Lebensende war wenig glücklich. In einer Fehde gegen den Grafen von Cleve wurde er am 7. Juni 1397 bei Cleverhamm geschlagen und mit dem grössten Theile seines Heeres gefangen. Auf die Nachricht davon bemächtigten sich seine Söhne des Schlosses zu Düsseldorf und liessen sich als Landesherren huldigen. Als Wilhelm, gegen schweres Lösegeld aus der Gefangenschaft entlassen zurückkehrte, musste er ihnen einige Gebiete zu selbständiger Verwaltung überlassen. Anderseits war er genöthigt, zur Zahlung seines Lösegeldes grosse Anleihen aufzunehmen; dies erbitterte die Söhne von neuem, und der älteste von ihnen, Adolf, liess 1403 den alten Vater zu Monheim gefangen nehmen. Zwar erlangte der Herzog durch die Hülfe eines Dieners seine Freiheit wieder und fand bei seinen Verwandten Unterstützung; aber vor offenem Kampfe scheute er zurück, schloss vielmehr 1405 einen Vertrag mit Adolf, worin er letzterem den grössten Theil des Landes überliess, für sich nur Düsseldorf und einige Aemter behaltend. Als ein gebrochener Mann starb er hier am 25. Juni 1408.

Die Regierung seines Nachfolgers Adolf ist hauptsächlich durch zweierlei bemerkenswerth. Um sich seinem Vater gegenüber auf das Land stützen zu können, ertheilte Adolf sowohl der Ritterschaft wie den Städten ausgedehnte Vorrechte; so bewilligte er der Stadt Düsseldorf die Accise, das Braugerechtsam und die Fischerei in den Stadtgräben. Ferner aber erfolgte unter ihm die politische Vereinigung des Herzogthums Jülich mit Berg, die von da an bis 1801 bestanden hat. Herzog Reinald von Jülich starb 1423, und Adolf erbte sein Land, nachdem er sich mit einem anderen Verwandten, Johann von Heinsberg, gütlich auseinandergesetzt hatte. Dagegen gelang es Adolf nicht, auch das Herzogthum Geldern zu gewinnen. Dieses war seit 1373 mit Jülich vereinigt; jetzt aber, nach dem Aussterben des Jülicher Mannsstammes, erkannten die Stände von Geldern einen anderen Prätendenten, Arnold von Egmont, als Herzog an. Dieser behauptete sich im Besitze, obwohl Kaiser Sigismund die Ansprüche Adolfs unterstützte. Der Streit war noch nicht entschieden, als Adolf am 14. Juli 1437 starb.

Sein Neffe Gerhard, der ihm in der Regierung folgte, hatte zunächst vollauf damit zu thun, die von Adolf

gemachten Schulden abzutragen; er musste sich daher
anfangs jeder Unternehmung auf Geldern enthalten. Dabei fand er jedoch Mittel, im Jahre 1443 in Düsseldorf
ein Kreuzbrüder-Kloster zu stiften. Trotz seiner Fried-
fertigkeit wurde er 1444 von Herzog Arnold von Geldern
unvermuthet angegriffen, schlug den Feind aber entscheidend am Hubertustage (3. November) bei Linnich;
zum Andenken dieses Sieges stiftete er den noch heute
in Bayern bestehenden Hubertusorden. Die Thatkraft, die
Gerhard hier bewiesen hatte, zeigte er später nicht mehr;
wenigstens liess er sich, da seine Ehe mit Sophie von
Sachsen anfangs kinderlos zu bleiben schien, im Jahre
1451 bewegen, das Herzogthum Berg testamentarisch dem
Erzstift Köln zu schenken. Der energische Erzbischof
Dietrich von Köln hoffte dadurch den Schaden, den er
in seinem unglücklichen Kriege gegen die Stadt Soest
erlitten hatte, wieder zu ersetzen. Die Verschreibung
wurde jedoch hinfällig, als Sophie einige Jahre später
einen Sohn und dann noch mehrere Kinder gebar.
Dietrichs Nachfolger Ruprecht verzichtete 1469 endgültig
auf die Ansprüche an Berg. Damals führte bereits Sophie
allein die Regierung des Landes, da Gerhard seit 1460
geisteskrank war. Als Sophie 1473 starb, übernahm der
älteste Sohn Wilhelm die Regentschaft; durch den Tod
des Vaters wurde er 1475 wirklicher Herzog. Wilhelm
hatte bereits 1474 seine Ansprüche auf Geldern dem
mächtigen Herzog von Burgund, Karl dem Kühnen, abtreten müssen. Um diese Zeit war Erzbischof Ruprecht
von seinem Domcapitel abgesetzt und an seiner Stelle
Hermann von Hessen erwählt worden; als nun Karl der
Kühne für Ruprecht Partei ergriff, 1475 in das Erzstift
eindrang und Neuss belagerte, zog der Kaiser Friedrich III.
mit einem Reichsheere der Stadt zu Hülfe und bewog
Karl zum Abmarsch. Herzog Wilhelm konnte sich an
dem Kriege nicht activ betheiligen, da Jülich von den
Burgundern, Berg aber von den Truppen des Kaisers
besetzt war. Karl der Kühne fiel zwei Jahre später bei
Nancy; seine einzige Tochter Maria heirathete des Kaisers
Sohn Maximilian und brachte diesem die Niederlande,
darunter auch Geldern, als Mitgift zu. Die Stände von
Geldern empörten sich jedoch gegen Max und wählten
Karl von Egmond, einen Nachkommen Arnolds, zum
Herzoge. Gegen diesen verbündeten sich die Herzöge
von Jülich-Berg und von Cleve mit Max, der unterdessen
den Kaiserthron bestiegen hatte; es gelang zwar nicht,
Karl zu vertreiben, wohl aber seine Angriffe zurück-
zuweisen.

In Cleve regierten damals die Nachkommen jenes Eberhard von Berg, der bei der Brudertheilung 1160 die um Altena gelegenen Besitzungen der Familie erhalten hatte. Es war Eberhard und seinen Nachfolgern gelungen, ihr Erbe im Laufe des 13. Jahrhunderts ansehnlich zu vergrössern und daraus die Grafschaft Mark zu bilden. Ausserdem traten sie in verwandtschaftliche Verbindungen mit den benachbarten Grafen von Cleve, die ihren Stammbaum bekanntlich auf den Schwanenritter Elias Grail zurückführten. Als nun 1368 der letzte männliche Sprosse dieses Geschlechtes, Graf Johann, kinderlos starb, folgte ihm in Cleve sein Neffe Adolf von der Mark. Dessen gleichnamiger Sohn vereinigte im Jahre 1398 beide Gebiete und setzte es 1417 durch, dass Kaiser Sigismund Cleve zum Herzogthum erhob. Herzog Adolfs Enkel, Johann II., der seit 1481 regierte, hatte mit Wilhelm von Jülich-Berg das obenerwähnte Bündniss gegen Geldern geschlossen. Das gemeinsame politische Interesse rief den Gedanken an eine Familienverbindung wach. Wilhelm hatte ausser einer Tochter Maria keine Kinder; diese Tochter musste also Jülich und Berg erben und ihrem Gemahl zubringen. Sie wurde daher, obwohl erst fünf Jahre alt, am 25. November 1496 mit Johanns ältestem auch erst sechsjährigen Sohne Johann verlobt und zugleich bestimmt, dass Jülich, Berg und Ravensberg nach dem Tode der beiden regierenden Herzöge mit Cleve und Mark unter einem Fürsten vereinigt werden sollten. Diese Uebereinkunft widersprach allerdings den Ansprüchen des Herzogs Albrecht von Sachsen, der im Jahre 1483 von Kaiser Friedrich III. die Anwartschaft auf Jülich und Berg erhalten hatte; Wilhelm und Johann setzten es jedoch durch, dass Kaiser Maximilian 1509 diese Verfügung seines Vaters zurücknahm und jene Eheberedung bestätigte. Im folgenden Jahre wurde die Hochzeit gefeiert, und als Wilhelm im September 1511 starb, folgten Johann und Maria ihm zunächst in Jülich-Berg. Zehn Jahre später, am 15. Mai 1521, starb auch der alte Herzog von Cleve, und als darauf Maximilians Nachfolger, Kaiser Karl V., am 22. Juni desselben Jahres den jungen Johann als Herzog zu Jülich, Cleve und Berg, Grafen zu der Mark und zu Ravensberg anerkannt hatte, waren die niederrheinischen Territorien unter dem Scepter des alten, dem Deutzer Gau entsprossenen Geschlechtes vereinigt.

Johanns Regententhätigkeit wurde hauptsächlich durch die kirchliche Frage in Anspruch genommen. Es ist bekannt, wie Luthers Auftreten damals ganz Deutschland erregt hatte; der grössere Theil der Nation stand auf seiner Seite, während der Kaiser und die Mehrzahl der Fürsten sich der Bewegung abgeneigt zeigten. Herzog Johann war durch seine Stellung zu den Niederlanden auf ein freundschaftliches Verhältniss zu dem Hause Oesterreich hingewiesen; anderseits erkannte er die Nothwendigkeit kirchlicher Reformen an. Er und seine Räthe: der Kanzler Gogreve, der Propst Vlatten und der als Erzieher des Thronfolgers angestellte junge Gelehrte Konrad von Heresbach waren der Ansicht, dass man durch Abstellung der schreiendsten Missbräuche, sowie durch wissenschaftliche und sittliche Hebung des geistlichen Standes das Volk befriedigen, im Uebrigen aber die alten Kirchenformen beibehalten könne. Man wollte also über den Parteien stehen. Von dieser Ansicht ging der Herzog auch nicht ab, als seine Tochter Sibylla 1527 den protestantischen Kurprinzen Johann Friedrich von Sachsen heirathete. Da aber die sehnlichst gewünschten Reformen weder vom Kaiser noch vom Papste zu erlangen waren, so beschloss der Herzog, selbständig vorzugehen. Nach mehreren vorbereitenden Edicten erliess er 1533 für sein Land eine Kirchenordnung, welche die dogmatischen Streitigkeiten umging. Bald aber musste auch diese vermittelnde Richtung gegen Umsturzversuche vertheidigt werden, als sich von den Niederlanden her die Sekte der Wiedertäufer über Westdeutschland verbreitete, mit ihren religiösen Lehren zugleich communistische verbreitete und endlich in Münster durch eine politische und sociale Revolution ihre Zukunftsträume zu verwirklichen suchte. Unter den ersten Fürsten, welche dem Bischof von Münster Hülfe leisteten, war Herzog Johann; auch in seinen eigenen Landen ging er streng gegen die wiedertäuferischen Agitatoren vor.

Die enge Verbindung, in welcher Johann mit dem Kaiserhause stand, löste sich gegen Ende seiner Regierung, um unter seinem Nachfolger in offene Feindschaft umzuschlagen. Den Anlass dazu gab das Herzogthum Geldern. Dort regierte noch immer Herzog Karl, der Feind Oesterreichs; aber er war alt und kinderlos. Er hatte 1528 in einem Vertrage versprechen müssen, dass nach seinem Tode Geldern an den Kaiser fallen solle. Trotzdem versuchte er, das Herzogthum dem Könige von Frankreich zu übertragen. Aber die Stände von Geldern verweigerten ihre Zustimmung und wählten, da sie weder österreichisch noch französisch werden wollten, den Jungherzog Wilhelm von Jülich-Cleve-Berg, Johanns Sohn, zum Nachfolger Karls. Johann und Wilhelm nahmen die Wahl an und ergriffen nach Karls Tode 1538

Besitz von Geldern; doch gelang es ihnen nicht, die Zustimmung des Kaisers zu gewinnen; dieser hielt vielmehr seine Ansprüche aufrecht. Noch während der Unterhandlungen starb Johann am 6. Februar 1539. Wilhelm, der, kaum 22 Jahre alt, die Regierung übernahm, sah sich vor die Frage gestellt, ob er Geldern dem Kaiser gutwillig abtreten, oder mit Waffengewalt behaupten wollte. Er wählte das letztere, in der Hoffnung, dabei von den deutschen Protestanten, sowie von England und Frankreich unterstützt zu werden. Denn der Kurfürst von Sachsen, Johann Friedrich, war sein Schwager, ebenso König Heinrich der VIII. von England; dieser hatte noch 1539 Wilhelms zweite Schwester Anna geheirathet. Mit Frankreich endlich wurde im Juli 1540 ein Schutzbündniss abgeschlossen; Wilhelm verlobte sich mit der Nichte des Königs, der Prinzessin Johanna von Navarra. Der Krieg brach im Jahre 1542 offen aus. In Cleve sammelte der Marschall Rossem mit französischem Gelde ein Heer und fiel in die Niederlande ein; dagegen streiften kaiserliche Truppen verheerend im Herzogthum Jülich. Es half nichts, dass sie im März 1543 bei Sittard geschlagen wurden; denn nun rückte der Kaiser mit einem italienisch-spanischen Heere durch Süddeutschland den Rhein hinunter, alle Vermittlungsvorschläge der deutschen Fürsten zurückweisend. Am 24. August erstürmte er die tapfer vertheidigte Stadt Düren; dieselbe wurde von den Spaniern geplündert und völlig niedergebrannt. Es zeigte sich, dass die Verbindung mit Frankreich unserm Herzog mehr Schaden als Nutzen brachte; denn der Kurfürst von Sachsen wollte nicht an der Seite des Reichsfeindes gegen den Kaiser kämpfen; der König von England aber hatte bereits mit Karl V. ein Bündniss gegen Frankreich geschlossen. Von seinen Freunden verlassen, musste Wilhelm sich dem Kaiser unterwerfen und auf Geldern verzichten. Seine Verlobung wurde aufgelöst und im Jahre 1546 heirathete er eine Nichte Karls, Maria, die Tochter des Königs von Böhmen und nachmaligen Kaisers Ferdinand I. Diese Ehe kettete ihn wieder enge an das Haus Oestereich. Trotzdem gab er den Gedanken, zwischen den beiden grossen Religionsparteien eine vermittelnde Stellung zu behaupten, nicht auf. Während des schmalkaldischen Krieges blieb er neutral; als der Kaiser dann einer neuen Erhebung der Protestanten unterlag, die Krone zu Gunsten Ferdinands niederlegte und dieser im Augsburger Religionsfrieden 1555 den lutherischen Reichsständen Gleichberechtigung mit den Altgläubigen zugestand, hatte Herzog

Wilhelm wieder freiere Hand. Er duldete in seinen Gebieten die Priesterehe und die Austheilung des Abendmahls unter beiderlei Gestalt an die Laien; seine älteren Töchter wurden von evangelisch gesinnten Lehrern erzogen. In Düsseldorf konnte Johann Monheim, der bei den Altgläubigen als Ketzer galt, das 1545 von Wilhelm gegründete Gymnasium leiten. Erst um das Jahr 1570 begann eine Aenderung einzutreten. Viele protestantische Niederländer waren damals, um dem Schreckensregiment des Herzogs Alba zu entgehen, in die jülich-clevischen Gebiete geflüchtet; Alba fürchtete sie und begünstigte, um nach dieser Seite gesichert zu sein, die Bildung einer spanisch-katholischen Partei unter den Räthen*) am Düsseldorfer Hofe. Diese Partei gewann allmählich bei dem seit 1566 an den Folgen eines Schlaganfalls leidenden Herzog überwiegenden Einfluss, zumal da Wilhelm wünschte, seinen zweiten Sohn Johann Wilhelm durch den Papst zum Bischof von Münster erheben zu lassen. Daher erhielten sowohl Johann Wilhelm wie sein älterer Bruder Karl Friedrich streng katholische Lehrer. Karl Friedrich, der begabtere von beiden, wurde 1571 zu seiner weiteren Ausbildung nach Wien und von da nach Rom gesandt; dort aber starb er plötzlich 1575 an den Blattern. Es war ein Unglück für das Land; denn nun ging die Thronfolge auf den geistig und körperlich schwachen Johann Wilhelm über. Als dieser 1585 die eifrig katholische, in München erzogene Prinzessin Jakobe von Baden heirathete, schien die spanisch gesinnte Hofpartei unter Führung des Marschalls Schenkern, des Hofmeisters Ossenbroich und des Vicekanzlers Hardenrath die Herrschaft in der Hand zu haben. Dagegen jedoch erhob sich eine namentlich unter den Landständen stark vertretene evangelische Fraction, geleitet von dem Grafen Wirich von Dhaun und dem Kammermeister Werner Paland von Breidenbend. Herzog Wilhelm, dessen Kräfte immer mehr abnahmen, schwankte haltlos zwischen den Parteien hin und her. Noch schlimmer wurde es, als 1590 bei dem Jungherzog die Geistesschwäche in offenen Wahnsinn überging, sodass man ihn in Gewahrsam setzen musste. Es ist bemerkenswerth, dass er durch seine Mutter ein Urenkel der wahnsinnigen Johanna von Castilien war, und dass ausser ihm noch zwei Urenkel derselben, der Infant Don Carlos von Spanien und der deutsche Kaiser Rudolf II., geisteskrank gestorben sind.

---

*) Als „Räthe" bezeichnete man damals die Gesammtheit der höchsten Hof- und Regierungsbeamten, also nach moderner Ausdrucksweise das Ministerium.

Unter den obwaltenden Umständen war aus Johann Wilhelms Ehe mit Jakobe keine Nachkommenschaft mehr zu erwarten, und die Frage erhob sich, wer nach dem Erlöschen des Mannesstammes die niederrheinischen Lande erben sollte. Herzog Wilhelm hatte vier Töchter: die älteste, Maria Eleonore, war mit dem Herzoge Albrecht Friedrich von Preussen vermählt, die zweite, Anna, mit dem Pfalzgrafen von Neuburg, die dritte, Magdalene, mit dem Pfalzgrafen von Zweibrücken; alle drei waren protestantisch, die vierte dagegen, die noch unvermählt in Düsseldorf lebende Sibylla, eine eifrige Katholikin. Nun hatte Kaiser Karl V. bei der Vermählung seiner Nichte mit Herzog Wilhelm ausdrücklich bestimmt, dass die aus dieser Ehe hervorgehenden Töchter und deren Nachkommen beim Erlöschen des Mannesstammes in erster Linie erbberechtigt sein sollten. Die drei verheiratheten Schwestern thaten auch alsbald Schritte, um zur Sicherung ihrer Ansprüche die Bildung einer von ihnen abhängigen Regentschaft durchzusetzen. Dem widerstrebte aber die katholische Partei, gestützt auf Spanien und den Kaiser Rudolf II.; man wollte das Land nicht unter protestantische Herrschaft kommen lassen. Jakobe selbst, eine leidenschaftliche Natur, hielt sich für berechtigt, an Stelle ihres kranken Gemahls zu herrschen; da Schenkern mit seinen Genossen dies aus Eigennutz nicht zulassen wollte, so näherte Jakobe sich plötzlich den Protestanten und setzte es durch, dass 1591 ihr ein massgebender Einfluss auf die Regierung eingeräumt wurde. Dabei blieb es auch zunächst, als Herzog Wilhelm endlich am 5. Januar 1592 starb. Aber Jakobe vermochte ihre Stellung nicht zu behaupten. Ihr Vetter, der Kurfürst Ernst von Köln, bewog sie, mit ihm ein geheimes Bündniss zur Unterdrückung der Protestanten zu schliessen; sie hoffte damit die Gunst des Kaisers zu erlangen und von diesem förmlich als Regentin eingesetzt zu werden. Ein von ihr persönlich beleidigter kaiserlicher Gesandter verrieth das Geheimniss den protestantischen Landständen, und nun verloren diese das Vertrauen zu Jacobe, ohne dass es derselben gelang, sich mit Schenkern und dessen Genossen aufrichtig zu verständigen. Schenkern fand eine Stütze an der Prinzessin Sibylla, die persönlich mit Jakobe tief verfeindet war. Diese Streitigkeiten lähmten die Verwaltung der öffentlichen Angelegenheiten; zugleich war die Regierung tief verschuldet und musste beständig mit neuen Steuerforderungen vor den Landtag treten; dabei zeigte sie sich unfähig, Frieden und Recht zu schützen. Obwohl sie sich nicht an dem zwischen Spanien und den

Niederlanden geführten Kriege betheiligte, vermochte sie
nicht zu verhindern, dass die Truppen beider Theile
brandschatzend und verheerend die jülich-clevischen Gebiete
durchzogen. Bei all dieser Noth gab Jakobe selbst
durch ihre prunkvolle Hofhaltung Anstoss, und bald
erzählte man, dass sie mit einem jungen bergischen Edelmanne,
Dietrich von Hall, in einem unerlaubten Verhältnisse
stehe und nur aus diesem Grunde ihren Gemahl
gefangen halte. Dies benutzte Schenkern zu einem
Staatsstreich. Am 23. Januar 1595 traten die Stände von
Jülich und Berg in Grevenbroich zusammen und verlangten
sofort, dass der Herzog persönlich an den Verhandlungen
theilnehme. Als Jakobe dies für unmöglich
erklärte, eilte Schenkern mit dem Grafen von Dhaun und
achtzig Soldaten in der Nacht vom 26. zum 27. nach
Düsseldorf, besetzte das Schloss und bemächtigte sich der
Person des Herzogs. Für Jakobe erhob sich Niemand;
sie wurde verhaftet und von Schenkern und Sibylla beim
Kaiser des Ehebruchs angeklagt. Man wollte eine Scheidung
der Ehe durchsetzen, um den Herzog anderweitig
verheirathen zu können. Dabei stellten sich jedoch
juristische Schwierigkeiten heraus; der Prozess zog sich
in die Länge. Ueber drittehalb Jahre sass Jakobe in
Haft; da fand man sie eines Morgens, am 3. September
1597, todt in ihrem Bette. Einer der wenigen Zeugen,
welche die Leiche zu sehen bekamen, glaubte Spuren
einer gewaltsamen Erstickung zu bemerken. Der Verdacht
wurde dadurch bestärkt, dass Schenkern, ohne den
Freunden der Herzogin weiteren Zutritt zu gestatten, die
Verstorbene in aller Stille in der Kreuzkirche zu Düsseldorf
beisetzen liess. Zeitgenössische und spätere Geschichtschreiber
haben ihn direct des Mordes beschuldigt.

Unterdessen war es einem aus Holland berufenen
Arzte gelungen, den Zustand des Herzogs einigermassen
zu bessern, und die Räthe suchten nun sofort eine neue
Gemahlin für ihren Herrn. Denn nur wenn Johann Wilhelm
selbst Nachkommenschaft erzielte, liess sich die gefürchtete
protestantische Erbfolge abwenden. Man wählte
endlich Antonetta, die Tochter des Herzogs von Lothringen.
Die Hochzeit fand am 20. Juni 1599 zu Düsseldorf statt.

Die Lage des Staates blieb nach wie vor traurig.
Ohne die Neutralität des deutschen Reiches zu achten,
überschritt im Herbst 1598 der spanische General Mendoza
mit seinem Heere bei Wesel den Rhein und bezog in
Westfalen Winterquartiere. Die verwilderten Soldaten
begingen gegen die Landbevölkerung unerhörte Grausamkeiten.
Eine Abtheilung überfiel das Schloss Broich an

der Ruhr, auf welchem Wirich von Dhaun wohnte; nach kurzem Kampfe musste sich der Graf ergeben und wurde, obwohl der spanische Oberst ihm feierlich das Leben zugesichert hatte, von einigen Soldaten ermordet. Erst im April 1599 verliess Mendoza mit der Hauptarmee das deutsche Gebiet wieder.

Die Erfolge, welche Prinz Moritz von Oranien im Jahre 1600 in Flandern erfocht, zogen die spanischen Streitkräfte grösstentheils dorthin, und so kam für die geplagten Rheinlande eine Zeit der Ruhe. Antonetta von Lothringen, ehrgeizig wie Jakobe, aber klüger, setzte es im Jahre 1600 durch, dass sie vom Kaiser und den Landständen als Regentin anerkannt wurde. Dann erschien sie plötzlich mit Truppen vor der Festung Jülich, deren Kommandant Schenkern war, entzog diesem den Befehl und nöthigte ihn, das Land zu verlassen und nach Köln zu flüchten. Zugleich wurde gegen ihn ein Prozess eingeleitet, der jedoch nicht zum Austrage kam, da Schenkern an das Reichskammergericht in Speyer appellirte.

Der Zustand des Herzogs wurde indessen immer trauriger. Ein Versuch, die vermeintlich in dem unglücklichen Manne hausenden bösen Geister durch zwei als Teufelsbeschwörer berühmte Jesuiten austreiben zu lassen, war erfolglos. Auch blieb die zweite Ehe so unfruchtbar wie die erste. Am 25. März wurde Johann Wilhelm durch den Tod von seinen Leiden erlöst; mit ihm erlosch das alte Grafengeschlecht, welches im Laufe von 600 Jahren schliesslich drei Herzogthümer und zwei Grafschaften unter seinem Scepter vereinigt hatte.

Nach dem kaiserlichen Privileg von 1546 hätte nun zunächst Herzog Wilhelms älteste Tochter Maria Eleonore in der Regierung folgen müssen. Sie war jedoch schon 1608 gestorben. Aus ihrer Ehe mit Herzog Albrecht Friedrich von Preussen waren nur Töchter hervorgegangen. Die älteste derselben, Anna, hatte den Kurfürsten Johann Sigismund von Brandenburg geheirathet, und dieser beanspruchte nun die Nachfolge in den rheinischen Landen, sandte auch sofort Bevollmächtigte aus, welche in seinem Namen von den Städten und Schlössern, u. A. Cleve und Düsseldorf, durch Anschlagen des brandenburgischen Wappens Besitz ergriffen. Dagegen protestirte jedoch der Gemahl der zweiten Tochter Wilhelms, der Pfalzgraf von Neuburg, aus dessen Ehe ein Sohn, Wolfgang Wilhelm, entsprossen war. Der Pfalzgraf behauptete, dass männliche Nachkommen den Vorrang vor weiblichen hätten; daher gebühre die Nachfolge seinem Sohne. Hiergegen erhoben sich wieder mehrere andere Prätendenten.

welche Theile der Erbschaft beanspruchten, namentlich Sibylla und der Kurfürst von Sachsen. Sibylla hatte sich noch in vorgerückten Jahren mit dem Markgrafen von Burgau, einem Verwandten des Kaisers, vermählt und wurde daher von Spanien begünstigt. Sachsen endlich stützte seine Ansprüche hauptsächlich auf die kaiserlichen Verleihungen aus dem 15. Jahrhundert. Der Kaiser, von den Parteien zum Schiedsrichter angerufen, beschloss, die Herzogthümer vorläufig in Sequester zu nehmen. Sein Vetter Erzherzog Leopold, Bischof von Passau, begab sich nach Jülich, rief spanische Truppen aus den Niederlanden herbei und besetzte damit die Festungen des Herzogthums. Offen trat die Absicht zu Tage, beide protestantische Fürsten von den niederrheinischen Landen auszuschliessen. Dieser Gefahr gegenüber einigten sie sich, um ihr Recht gemeinsam zu wahren. Der von dem Kurfürsten als Statthalter nach Cleve gesandte Markgraf Ernst schloss mit Wolfgang Wilhelm zu Dortmund am 20./10. Juni 1609 einen Vertrag, wonach Brandenburg und Pfalz-Neuburg zunächst die Regierung gemeinsam führen sollten. Der spanisch-österreichischen Macht gegenüber waren sie jedoch auf fremde Hülfe angewiesen; sie fanden dieselbe bei den vereinigten Niederlanden und bei König Heinrich IV. von Frankreich. Denn dieser, einst das Haupt der Hugenotten, war trotz seines Uebertritts zur römischen Kirche der Beschützer aller von Spanien bedrohten Protestanten geblieben. Ein holländisch-französisches Heer vertrieb die Truppen des Erzherzogs Leopold aus Jülich. Nach kurzer Zeit jedoch brachen zwischen Wolfgang Wilhelm und dem Kurfürsten neue Streitigkeiten aus. Der Pfalzgraf heirathete am 10. November 1613 Magdalena, die Tochter des streng katholischen Herzogs Maximilian von Bayern, und trat im folgenden Jahre in Düsseldorf öffentlich zum katholischen Glauben über. Er gewann damit die Hülfe Spaniens; ein spanisches Heer unter Spinola rückte heran und nöthigte die brandenburgischen Besatzungen, das Herzogthum Jülich zu räumen; selbst Wesel wurde genommen. Unter holländischer Vermittelung ward zwar im November 1614 zu Xanten ein Vergleich geschlossen; derselbe zeigte sich jedoch undurchführbar. Die Brandenburger behaupteten sich mit holländischer Hülfe in Cleve und Ravensberg; die Spanier wagten es nicht, weiter vorzudringen, um nicht den zwischen ihnen und der Republik der Niederlande seit 1609 bestehenden Waffenstillstand zu verletzen. Erst mit dem Ablauf desselben im Jahre 1621 begann der offene Krieg hier von Neuem. Zu grossen Feldschlachten kam es dabei nicht; jeder Theil suchte nur dem anderen möglichst viel Städte und feste Schlösser abzunehmen. Das Land aber litt schwer unter der Anwesenheit beider Heere. Um diesem Zustande ein Ende zu machen, einigten der Kurfürst und der Pfalzgraf sich über einen Vertrag, welcher am 11. Mai 1624 zu Düsseldorf von den beiderseitigen Bevollmächtigten abgeschlossen wurde. Darnach sollte der Kurfürst Cleve, Mark und Ravensberg, der Pfalzgraf aber Jülich, Berg und Ravenstein vorläufig behalten. Dieser „Provisional-Tractat" ist die Grundlage der späteren Theilung geworden.

Die ersehnte Ruhe brachte er zunächst noch nicht. Bereits hatte sich der im Jahre 1618 in Böhmen ausgebrochene dreissigjährige Krieg nach Norddeutschland gezogen; der bayrische Feldherr Tilly stand in Westfalen und kam den Spaniern gegen die Holländer zur Hülfe. Wolfgang Wilhelm erklärte sich zwar neutral, vermochte aber die Spanier nicht zum Abzuge zu bewegen; ebenso blieben die Holländer in Cleve. Als dann die kaiserlichen Waffen siegreich bis nach Holstein vordrangen, glaubte Kaiser Ferdinand II. auch die jülich-clevischen Lande gewinnen zu können. Er sprach das Sequester aus und liess sie durch Tillys Truppen, soweit es ging, besetzen. Dagegen schloss Wolfgang Wilhelm mit Brandenburg 1629 und 1630 neue Theilungsverträge, welche den von 1624 näher ausführten. Das Vorrücken des Schwedenkönigs Gustav Adolf nöthigte Tilly zum Abzuge; auch die Spanier verliessen allmählich das rechte Rheinufer.

An dem dreissigjährigen Kriege hat Wolfgang Wilhelm keinen thätigen Antheil genommen. Er blieb neutral und suchte bei allen kriegführenden Mächten die Anerkennung seiner Neutralität durchzusetzen. Damit konnte er jedoch nicht verhindern, dass seine Länder abwechselnd von schwedischen, kaiserlichen und französischen Truppen durchzogen wurden und dabei schwer litten. Als er selbst, um einem solchen Einfall der Schweden zu begegnen, im Jahre 1634 Soldaten warb, wollten seine Landstände die dazu nöthigen Steuern nicht bewilligen und verklagten ihn beim Kaiser. Dieser nahm die Klage an und befahl dem Pfalzgrafen, die neu errichteten Regimenter aufzulösen oder in das kaiserliche Heer einzustellen; nur 800 Mann zu Fuss und 100 zu Pferde sollte er für sich behalten. Als Wolfgang Wilhelm darauf nicht einging, erliess der Kaiser 1638 ein Mandat, welches den Ständen Recht gab. Der Pfalzgraf berief dagegen 1639 Vertreter der Landgemeinden (denn die Bauern hatten auf dem Landtage keine eigene Vertretung) nach Düsseldorf und setzte es durch, dass diese ihm die verlangten Steuern bewilligten. Aber Ritterschaft und Städte erklärten diese Bewilligung für nichtig und klagten aufs Neue beim Kaiser. Daraus entspann sich ein Prozess, der erst 1649 seine Entscheidung fand, nachdem der westfälische Friede dem Lande die ersehnte äussere Ruhe gebracht hatte.

Einen Conflict anderer Art verursachte die Kirchenpolitik Wolfgang Wilhelms. Seit 1609 waren in den Herzogthümern zahlreiche protestantische Gemeinden hervorgetreten und hatten es durchgesetzt, dass man ihnen das Recht freier Religionsübung gewährte. Als nun der Pfalzgraf 1614 zur katholischen Kirche übertrat und damit die Hülfe Spaniens gewann, verlangten seine neuen Bundesgenossen, dass er den Protestantismus in seinen Gebieten unterdrücke. In der That wurden da, wo die Spanier hinkamen, den Protestanten die Kirchen entzogen und ihre Prediger vertrieben. Wolfgang Wilhelm stimmte dem zu, da nach damaliger Anschauung die Confession des Landesherrn für alle Unterthanen bindend war. Aber Brandenburg als Mitbesitzer des Landes nahm sich der bedrängten Evangelischen an; die holländischen Truppen übten Repressalien an den Katholiken der von ihnen besetzten Gebiete. Mehrfache Verträge über diesen Punkt erwiesen sich unausführbar. Die Streitigkeiten dauerten auch nach dem Ende des Krieges fort. Im Jahre 1651 liess der grosse Kurfürst Friedrich Wilhelm von Brandenburg, gereizt durch eine Verletzung des zuletzt geschlossenen Vertrages, seine Truppen in Berg einrücken; sie drangen bis Düsseldorf vor. Wolfgang Wilhelm rief dagegen lothringische Schaaren herbei, die ihrerseits in die Grafschaft Mark einfielen. Unter kaiserlicher und holländischer Vermittelung kam dann ein neuer Vertrag zu Stande, der den Streit jedoch nicht zu endigen vermochte.

Im Uebrigen bethätigte Wolfgang Wilhelm seine katholische Gesinnung durch genaue Beobachtung der kirchlichen Vorschriften und durch Einführung neuer Orden, darunter der Jesuiten, in seine Lande. Persönlich war er nicht unduldsam; seine zweite Gemahlin, die protestantische Katharina Charlotte von Zweibrücken, hat er gegen alle Bekehrungsversuche geschützt. Ein hervorstechender Zug in seinem Wesen ist die Vorliebe für italienische Bildung; er zog italienische Musiker und Architecten an seinen Hof und bediente sich selbst im Verkehr mit fremden Fürsten und Diplomaten gerne der italienischen Sprache.

Die Ausführung des 1651 mit Brandenburg geschlossenen Vertrages scheiterte namentlich daran, dass Wolfgang Wilhelms Sohn, der Erbprinz Philipp Wilhelm, lebhaft widerstrebte und zu gewaltsamen Massregeln gegen Brandenburg drängte. Die Streitigkeiten waren noch nicht geschlichtet, als der alte Pfalzgraf am 20. Mai 1653 starb und Philipp Wilhelm den Thron bestieg. Philipp Wilhelm war von Jesuiten erzogen, daher noch eifriger katholisch als sein Vater; dabei besass er Ehrgeiz und gefiel sich in grossen politischen Combinationen. Als der durch Cromwells siegreiche Waffen aus England vertriebene Stuart Karl II. im Jahre 1654 seinen Wohnsitz in Köln nahm, lud Philipp Wilhelm ihn zu einem Besuche in Düsseldorf ein und empfing ihn dort (im October) mit königlichen Ehren. Der englische Minister Clarendon, der seinen Herren auf der Flucht begleitete und in seinen Memoiren diesen Besuch in Düsseldorf näher beschreibt, nennt den Pfalzgrafen einen der gebildetsten Fürsten Deutschlands, einen Mann, der die feinen Umgangsformen der Franzosen mit dem ernsten Wesen der Deutschen verbinde. An diesen Besuch knüpfte Philipp Wilhelm einen weitgreifenden Plan. Mit Hülfe des Papstes wollte er einen grossen Bund der katholischen Mächte zu Stande bringen, der mit vereinten Kräften die puritanische Repu blik in England stürzen und Karl II. auf den Thron zurück führen sollte. Im Jahre 1655 sandte er den Jesuiten Anton nach Rom, um diesen Entwurf dem Papste vorzulegen. Das Projekt erwies sich als unausführbar, da Spanien und Frankreich, die noch im heftigsten Kriege mit einander lagen, sich nicht einigen liessen. Eben so wenig Erfolg hatte Philipp Wilhelm mit dem Bestreben, den Kaiser zu energischem Vorgehen gegen Brandenburg zu veranlassen. Erbittert darüber, wandte der Pfalzgraf sich ganz auf die Seite Frankreichs und trat 1657 der von mehreren westdeutschen Fürsten unter französischem Schutze ein geleiteten Verbindung, welche später den Namen „rhei nische Allianz" erhielt, bei. Damals musste nach dem Tode Ferdinands III. ein neuer Kaiser gewählt werden; die Verbündeten bemühten sich, die Wahl auf Philipp Wilhelm selbst oder auf den Kurfürsten von Bayern zu lenken. An dem Widerspruch Brandenburgs und Sachsens scheiterte dieser Plan, und die Kaiserkrone blieb dem Hause Oesterreich erhalten. Ebenso fruchtlos blieben Philipp Wilhelms Bemühungen, sich zum Könige von Polen wählen zu lassen; auch hier trat ihm der Branden burger, damals mit Polen gegen Schweden verbündet, in den Weg. Nur einen bleibenden Gewinn brachte dem Pfalzgrafen das französische Bündniss: in dem 1659 zwi schen Frankreich und Spanien geschlossenen pyrenäischen Frieden wurde bestimmt, dass die spanischen Truppen die noch von ihnen besetzte Festung Jülich räumen und dem Landesherrn übergeben sollten. Philipp Wilhelm aber sah ein, dass er seinem brandenburgischen Gegner weder politisch noch militärisch gewachsen war; er suchte daher eine Verständigung. So kam am 19. September 1666 zwischen beiden der Vertrag von Cleve zu Stande, der die Theilungsfrage endgültig entschied. Darnach behielt der Kurfürst Cleve, Mark und Ravensberg, der Pfalzgraf Jülich und Berg; doch sollten beide Fürsten Titel und Wappen der sämmtlichen Länder führen, die Länder überhaupt ein Ganzes bilden. Die Entscheidung über Ravenstein blieb besonderer Verständigung vorbehalten; sie erfolgte erst 1670, indem der Kurfürst dieses Gebiet dem Pfalzgrafen überliess mit der Bedingung, dass es nach dem Erlöschen des Hauses Neuburg an Brandenburg zurückfallen solle. Die kirchlichen Verhältnisse endlich wurden durch einen 1672 geschlossenen Vertrag dahin geregelt, dass die Katholiken in dem brandenburgischen, die Protestanten in dem neuburgischen Theile freie Religionsübung erhielten und jeder Fürst das Schutzrecht über seine im Gebiete des andern wohnenden Glaubensgenossen ausübte; alljährlich trat eine gemischte Commission zusammen, um die etwa vorgebrachten Beschwerden zu untersuchen.

Nicht bloss Gründe der äusseren Politik hatten den Pfalzgrafen nachgiebiger gegen Brandenburg gestimmt; auch nach innen, seinem eigenen Lande gegenüber, war seine Stellung dadurch gesicherter geworden. Seit 1658 lag er in heftigem Streite mit den Ständen von Jülich und Berg. Diese hatten sich geweigert, die Kosten für den Unterhalt der von Philipp Wilhelm angeworbenen Truppen weiter zu zahlen, und verlangten Verringerung des Heeres, während der Pfalzgraf dies nicht zugeben wollte. Jahr für Jahr wiederholten die Stände ihre Beschwerden; als dies nichts half, erhoben sie beim kaiserlichen Hofe Klage, und es war zu befürchten, dass sie schliesslich Hülfe bei dem Brandenburger suchen würden. Durch den Vertrag von 1666 war diese Gefahr für Philipp Wilhelm beseitigt. Der Streit mit den Ständen selbst wurde endlich im Jahre 1672 durch einen Vertrag, den sogenannten Hauptrecess, dem 1675 noch ein „Erläuterungsrecess" folgte, beigelegt.

Die Absicht, eine grosse Rolle in der europäischen Politik zu spielen, hatte Philipp Wilhelm noch nicht aufgegeben. Im Jahre 1668 bewarb er sich zum zweiten Mal um die polnische Königskrone; aber obwohl Brandenburg ihn diesmal unterstützte, hatte er auch jetzt keinen

Erfolg. Seitdem war er bemüht, sich durch Familienverbindungen eine angesehene Stellung zu verschaffen. Seine zweite Ehe mit der zum Katholicismus übergetretenen hessischen Prinzessin Elisabeth Amalie war, wie die erhaltenen Briefe bezeugen, überaus glücklich. Aus ihr gingen 17 Kinder hervor, von denen sechs Söhne und ebensoviel Töchter den Vater überlebten. Der älteste Sohn, Erbprinz Johann Wilhelm, unternahm zu seiner Ausbildung 1679 eine grössere Rundreise an den europäischen Fürstenhöfen. Charakteristisch für die Zeit ist es, dass er dabei zuerst Ludwig XIV. in St. Germain besuchte, obwohl das deutsche Reich damals mit Frankreich im Kriege lag und französische Truppen im Herzogthum Jülich standen. Von Frankreich ging er nach Italien, verweilte dort etwa ein Jahr und kehrte über Wien nach Hause zurück. Unterdessen hatte Kaiser Leopold nach dem Tode seiner Gemahlin um die älteste Tochter Philipp Wilhelms, Eleonore Magdalene, geworben; im Dezember 1676, wenige Monate nach Johann Wilhelms Rückkehr, fand die Hochzeit statt. Drei Jahre später, im October 1679, heirathete Johann Wilhelm selbst die Stiefschwester des Kaisers, Erzherzogin Maria Anna. So war das Haus Neuburg doppelt mit der kaiserlichen Familie verschwägert. Es mag gleich hier bemerkt werden, dass eine zweite Tochter Philipp Wilhelms später Königin von Portugal, eine dritte Königin von Spanien wurde.*)

Bei den Unterhandlungen über Johann Wilhelms Vermählung hatte man österreichischer Seits hervorgehoben, dass eine kaiserliche Prinzessin nur einen regierenden Fürsten heirathen könne. Philipp Wilhelm entschloss sich deswegen seinem Sohne Jülich und Berg abzutreten. Dies that er durch Patent vom 1. August 1679, während er für sich selbst Neuburg behielt. Johann Wilhelm übernahm die Regierung unter schwierigen Verhältnissen. Beide Herzogthümer waren durch den eben beendeten Krieg mit Frankreich tief erschöpft. Der junge Fürst entschloss sich auf Andringen der Stände im Jahre 1680, einen Theil der Truppen zu verabschieden; aber 1682 machte die dem Reiche von den Türken wie von Frankreich drohende Gefahr neue Rüstungen nothwendig. Dies führte wieder zu Streitigkeiten mit den Landständen, welche die von Johann Wilhelm geforderten Summen nicht bewilligen wollten; doch setzte Johann Wilhelm seine Absichten endlich durch. Dann erlosch 1685 die in Kurpfalz regierende Linie, und Philipp Wilhelm als

*) Letztere ist die Heldin von Victor Hugos Drama: „Ruy Blas".

nächster Erbberechtigter wurde Kurfürst. Aber Ludwig XIV. beanspruchte einen Theil der pfälzischen Länder für seine Schwägerin, die Herzogin von Orleans, Elisabeth Charlotte; gleichzeitig bemühte er sich, die Wahl seines Parteigängers Wilhelm Egon von Fürstenberg zum Erzbischof von Köln durchzusetzen. Als dies an dem Widerstande des Kaisers und des Papstes scheiterte, fielen 1689 französische Truppen in die Rheinlande ein, und nun begann jener Krieg, in welchem namentlich die Pfalz so grauenhaft verwüstet worden ist, dass man z. B. am Heidelberger Schlosse noch jetzt die Spuren jener Zerstörung sieht. Auch unser Land hatte schwer zu leiden: die Franzosen besetzten die damals noch zum Erzstift Köln gehörige Festung Kaiserswerth, drängen von Bonn aus nach Siegburg vor und brandschatzten die Umgegend. Erst mit Hülfe der Brandenburger gelang es, den Feind zu vertreiben. Im folgenden Jahre, 1690, starb der alte Philipp Wilhelm, und Johann Wilhelm wurde Kurfürst. So vollzog sich die Vereinigung von Jülich-Berg mit Kurpfalz, die über ein Jahrhundert lang bestehen sollte.

Obwohl die niederrheinischen Gebiete dadurch ein Nebenland des Kurstaates wurden, so blieb doch auch nach wiederhergestelltem Frieden 1697 Düsseldorf die Residenz Johann Wilhelms und der Sitz der Regierung, da die pfälzischen Lande durch den Krieg zu sehr erschöpft waren, um die Kosten einer prunkvollen Hofhaltung aufbringen zu können; eine solche aber hielt der Kurfürst für unerlässlich zur Behauptung seiner Würde. Wie hoch seine politischen Absichten sich verstiegen, bewies er 1697. Damals erschien in Düsseldorf ein armenischer Flüchtling, Israel Ory, und legte ihm einen Plan zur Befreiung Armeniens von der türkischen Herrschaft vor. Johann Wilhelm ging darauf ein unter der Bedingung, dass die Armenier ihn selbst zum Könige wählten und zugleich zur römisch-katholischen Kirche überträten. Mit den nöthigen Schreiben versehen, reiste Ory nach Armenien, gewann mehrere angesehene Häuptlinge für den Plan und kehrte im September 1699 nach Düsseldorf zurück. Er schlug vor, dass ein aus pfälzischen und kaiserlichen Truppen bestehendes Corps durch Polen und Russland nach Armenien gesandt werden sollte, um sich dort mit den Streitkräften der Eingeborenen zu vereinigen. Johann Wilhelm sandte ihn darauf nach Rom zum Papste und von da nach Russland an Peter den Grossen, um von beiden Unterstützung zu erlangen. Die weitere Verfolgung des Entwurfes wurde jedoch durch den Ausbruch des spanischen Erbfolgekrieges gestört. Der

Kurfürst von Köln, Joseph Clemens, war mit Ludwig XIV. verbündet; wieder rückten französische Truppen in das Erzstift ein, besetzten Neuss und Kaiserswerth. Dagegen ergriff Johann Wilhelm die Partei des Kaisers. Am 26. Dezember 1701 liess er einen für die Franzosen bestimmten Transport von Lebensmitteln und Kriegsbedarf, welcher auf 44 Schiffen rheinabwärts geführt wurde, bei Grimlinghausen durch seine Truppen abfassen und nach Düsseldorf bringen; zugleich rief er ein brandenburgisch-holländisches Heer zur Hülfe herbei. Kaiserswerth wurde im April 1702 eingeschlossen und nach harter Belagerung am 15. Juni zur Uebergabe gezwungen. Joseph Clemens rächte sich durch einen verheerenden Zug, den er persönlich leitete, von Beuel aus in das bergische Land. Das Vorrücken der Verbündeten, die jetzt auch durch englische Truppen verstärkt wurden, zwang die Franzosen endlich, den Niederrhein zu verlassen; Joseph Clemens selbst floh nach Frankreich. Es war der letzte Krieg, den ein rheinischer Pfalzgraf gegen einen Erzbischof von Köln geführt hat.

Schon oben ist erwähnt, dass Johann Wilhelm infolge der seit 1682 unternommenen neuen Rüstungen in Streit mit seinen Landständen gerathen war. Seine Theilnahme an den beiden Reichskriegen gegen Frankreich, sowie die Bedürfnisse seines Hofes, die bei dem traurigen Zustande der kurpfälzischen Lande hauptsächlich von Jülich und Berg getragen werden mussten, zwangen ihn zu immer neuen Geldforderungen. Die Stände zeigten sich zu weiteren Bewilligungen wenig geneigt und glaubten sich durch die Recesse von 1672 und 1675 gegen die Erhebung unbewilligter Auflagen geschützt. Aber Johann Wilhelm, durchdrungen von dem Gefühl seiner souveränen Würde und in der absoluten Regierungsweise Ludwigs XIV. sein Vorbild sehend, setzte sich über die Recesse hinweg, schrieb eigenmächtig Steuern aus und liess sie gewaltsam eintreiben. Als die so gewonnenen Mittel nicht zureichten, wurden Domänen veräussert, dann 1705 eine Bank gegründet, welche Schuldscheine (das Papiergeld jener Zeit) ausgab, endlich eine Anleihe in Holland gemacht. Die Stände widersetzten sich diesen ohne ihre Zustimmung vorgenommenen Finanzoperationen und verklagten den Kurfürsten beim Kaiser; doch zog sich der Prozess, wie gewöhnlich, in die Länge und wurde erst nach Johann Wilhelms Tode beendet.

Trotz dieses Verfassungsconflictes verstand Johann Wilhelm sich bei seinen Unterthanen beliebt zu machen. Die Pracht seines Hofes kam doch in vieler Beziehung wieder dem Lande, namentlich der Stadt Düsseldorf, zu Gute. Für letztere hat er überhaupt viel gethan. Er erweiterte sie durch Gründung der Neustadt; dort wollte er auch ein neues, grosses Schloss aufführen; der Plan dazu ist noch erhalten. Bekannt ist es, dass die Gemäldegallerie ihm ihren Ursprung verdankt und dass er eine italienische Oper hielt. Dabei verschmähte er auch nicht, persönlich an einem Schützenfeste theilzunehmen.

Sein Familienleben war nicht sehr glücklich. Zwei Kinder, welche seine Gemahlin zur Welt brachte, lebten nicht lange. Maria Anna selbst starb 1689, und der Kurfürst heirathete darauf eine Tochter des Grossherzogs von Toscana, Anna Maria Loisia. Jedoch b'ieb diese Ehe kinderlos. Dabei quälte die leidenschaftliche Italienerin ihren Gemahl mit Eifersucht; man erzählte, sie schleiche Abends verkleidet in den Strassen umher, um seine Liebeshändel auszuforschen.

Der Glanz Düsseldorfs fand ein jähes Ende, als Johann Wilhelm am 8. Juni 1716 starb. Sein Bruder Karl Philipp, der ihm in der Regierung folgte — die anderen Söhne Philipp Wilhelms waren theils todt, theils gehörten sie dem geistlichen Stande an — löste den Hofstaat auf, entliess die von Johann Wilhelm angestellten Künstler und verlegte den Sitz der Regierung nach Heidelberg, später nach Mannheim. Die niederrheinischen Gebiete hat er als Kurfürst nie betreten, hauptsächlich deswegen, weil die hier bestehende landständische Verfassung seinem absolutistischen Sinne nicht zusagte; in der Kurpfalz, wo es keinen Landtag gab, fühlte er sich wohler. So wurden Jülich und Berg von ihm nur als Nebenlande behandelt. Bald aber tauchte die Frage auf, ob sie überhaupt bei Kurpfalz bleiben würden. Von Karl Philipps Kindern starben die meisten im zartesten Alter; nur eine Tochter, Elisabeth Auguste, blieb am Leben und heirathete 1717 einen Verwandten, den Erbprinzen Joseph Karl von Pfalz-Sulzbach. Dieser musste also die pfälzischen Lande erben; Karl Philipp aber wünschte ihm auch Jülich und Berg zu übertragen. Es war fraglich, ob der Vertrag von 1666 dies zuliess oder ob nicht nach dem Aussterben des Neuburgischen Mannsstammes diese Gebiete an Brandenburg — seit 1701 bekanntlich das Königreich Preussen — zurückfallen müssten. Die Frage wurde noch verwickelter, als die Erbprinzessin 1728 starb und keine Söhne, sondern nur drei Töchter hinterliess. König Friedrich Wilhelm I. von Preussen war geneigt, sich mit Berg zu begnügen, Jülich dagegen dem Erbprinzen zu überlassen: er schloss 1728 mit dem

Kaiser Karl VI. einen Vertrag, worin letzterer sich verpflichtete, beim Ableben Karl Philipps sofort Preussen in den vorläufigen Besitz von Berg einzuführen. Auch der Erbprinz von Sulzbach starb 1729; seine Ansprüche gingen auf seinen jüngeren Bruder und dessen Sohn Karl Theodor über. Karl Philipp suchte Hülfe bei Frankreich; diese Macht versprach 1729, Berg nicht an Preussen fallen zu lassen. Der Kaiser machte nun einen Vermittelungsvorschlag, wonach Preussen den grössten Theil von Berg, Sulzbach aber die Stadt Düsseldorf und einen Landstrich am rechten Rheinufer bekommen sollte; damit erklärten sich auch Frankreich und England einverstanden. Die Unterhandlungen dauerten bis zum Tode Friedrich Wilhelms I., 1740. Auch Friedrich der Grosse bemühte sich während der ersten Monate nach seiner Thronbesteigung, Düsseldorf für Preussen zu retten; da gab ihm der Tod des Kaisers und der Ausbruch des österreichischen Erbfolgekrieges Gelegenheit, die alten Ansprüche seines Hauses auf Schlesien wieder zur Geltung zu bringen. Um sich dieses Land zu sichern, trat er dem Bündnisse bei, welches der Kurfürst Karl Albert von Bayern mit Kurpfalz und Frankreich gegen das Haus Habsburg geschlossen hatte, und liess zu, dass nach Karl Philipps Tode 1742 der junge Karl Theodor Jülich und Berg ebenso wie die Pfalz erhielt.

Infolge jenes Bündnisses war Düsseldorf von französischen Truppen besetzt worden; der Krieg nahm jedoch, als England den Oesterreichern zu Hülfe kam, eine für Bayern und Frankreich unglückliche Wendung. Namentlich das Herzogthum Jülich hatte von den englischen und österreichischen Truppen viel zu leiden. Dem Schutze Preussens verdankte es Karl Theodor, dass er in den Dresdener Frieden 1745 mit eingeschlossen wurde und alle seine Länder behielt. Im folgenden Jahre konnte er persönlich in Düsseldorf unter glänzenden Festlichkeiten die Huldigung entgegennehmen. Der Ausbruch des siebenjährigen Krieges 1756 brachte den Rheinlanden neue Leiden. Kurpfalz und Frankreich standen diesmal auf der Seite Oesterreichs, während England, Hannover, Hessen und Braunschweig mit Preussen verbündet waren. Düsseldorf wurde von den Franzosen besetzt, im Jahre 1758 nach der Schlacht bei Crefeld von den Hannoveranern erobert, aber bald wieder geräumt, und kam von neuem in die Hände der Franzosen, die nun bis 1762 hier blieben.

Dem Kriege folgte eine dreissigjährige Friedensepoche, in welcher das bergische Land unter der Verwaltung des

Statthalters Grafen Goltstein zu neuer Blüthe gelangte. Die Stadt Düsseldorf wurde durch Erweiterung der Festungswerke und Anlage der Karlsstadt vergrössert. Sie erhielt ferner während dieser Zeit die Malerakademie, die Landesbibliothek, eine Rechtsschule und eine anatomische Lehranstalt. An dem Gedeihen der neugeschaffenen deutschen Nationalliteratur nahm der Kreis, welcher sich in Pempelfort um die beiden Brüder Jacobi schaarte, regen Antheil.

In Bezug auf die äusseren politischen Verhältnisse sind für uns aus diesem Zeitraum zwei Thatsachen bemerkenswerth. Zunächst gelang es Karl Theodor, im Jahre 1768 das bisher pfandweise zu Kurköln gehörige Städtchen Kaiserswerth durch Vertrag zu erwerben. Ferner erbte er 1777 das Kurfürstenthum Bayern und verlegte seine Residenz nach München; dadurch entstand die bis 1806 dauernde Verbindung des bergischen Landes mit Bayern.

Ein hartes Schicksal traf unsere Gegend in dem durch die französische Revolution hervorgerufenen Kriege. 1794 drangen die Franzosen von den Niederlanden aus gegen den Rhein vor, zwangen die Oesterreicher zum Rückzuge auf das rechte Ufer und setzten sich gegenüber Düsseldorf fest. Unsere Stadt hatte damals eine aus kaiserlichen und pfälzischen Truppen bestehende Besatzung; in der Nacht vom 5. zum 6. October wurde sie von den Feinden bombardirt und in Brand geschossen. Im folgenden Jahre, in der Nacht vom 5. zum 6. September 1795, überschritten die Franzosen bei Uerdingen den Rhein, drängten die Kaiserlichen südwärts, besetzten Düsseldorf und ergossen sich plündernd über das bergische Land. Ihre Erpressungen und Ausschweifungen riefen bei den gequälten Bauern eine derartige Erbitterung hervor, dass Viele derselben zu den Waffen griffen und gegen kleinere französische Abtheilungen einen Freischaarenkrieg eröffneten. Der junge Advokat Ferdinand Stücker zu Bensberg versuchte im Verein mit dem Vicar Ommerborn die Bildung eines Landsturmes, welcher den kaiserlichen Truppen zu Hülfe kommen sollte. Als das Unternehmen missglückte, trat Stücker selbst als Offizier in das österreichische Heer ein. Die Kaiserlichen mussten sich endlich nach der Lahn zurückziehen, und die Franzosen blieben Herren des Landes; erst im Mai 1801, nach dem Frieden von Luneville, verliessen sie das rechte Rheinufer; vorher wurden noch die Festungswerke Düsseldorfs geschleift.

Während dieser Zeit war Karl Theodor am 16. Februar 1799 kinderlos gestorben und Max Joseph von Pfalz-Zweibrücken (der Stammvater des jetzigen bayerischen Königshauses) Kurfürst geworden. Dieser musste im Frieden von 1801 alle seine linksrheinischen Besitzungen an Frankreich abtreten; auch die rechtsrheinische Pfalz verlor er durch den Reichsdeputationshauptschluss 1803, sodass er nur Bayern und das Herzogthum Berg behielt. Die Verwaltung des letzteren übertrug er durch den „Apanagial-Recess" vom 30. November 1803 seinem Schwager, dem Herzog Wilhelm von Bayern, und dieser hat nun etwas über zwei Jahre in Düsseldorf residirt. Da trat 1806 eine neue politische Aenderung ein, welche Düsseldorf nochmals für kurze Zeit zur Hauptstadt eines selbständigen Staatswesens machte.

Bayern hatte sich 1805 eng an das französische Kaiserreich angeschlossen und zum Lohne dafür ansehnliche österreichische Gebiete, sowie die Königskrone erhalten. Dagegen musste Max Joseph das Herzogthum Berg am 15. März 1806 an Napoleon abtreten; letzterer übertrug es sofort an demselben Tage seinem Schwager Joachim Murat, welcher zunächst durch General Dupont Besitz ergreifen liess und dann selbst am 24. März seinen feierlichen Einzug in Düsseldorf hielt. Gleichzeitig hatte Preussen das rechtsrheinische Cleve abtreten müssen; dieses, sowie das Fürstenthum Nassau-Oranien wurden mit Joachims Gebiet vereinigt. Der neugebildete Staat erhielt den Namen „Grossherzogthum Berg". Weiteren Zuwachs brachte der im October desselben Jahres zwischen Frankreich und Preussen ausgebrochene Krieg: aus den eroberten preussischen Provinzen erhielt Joachim die Grafschaft Mark und das Münsterland. Er behielt sein Grossherzogthum jedoch nicht lange; im Jahre 1808 zum Könige von Neapel erhoben, trat er unter dem 15. Juli d. J. Berg an Napoleon wieder ab und dieser übertrug es am 3. März 1809 seinem kleinen Neffen, dem Prinzen Napoleon Louis, ältesten Sohn des Königs von Holland und Bruder des späteren Kaisers Napoleon III.*) Die Verwaltung behielt der Kaiser selbst in der Hand; als Statthalter residirte in Düsseldorf der Graf Beugnot.

Schon unter Joachim war die Regierung wesentlich nach französischem Muster eingerichtet worden; Beugnot führte dies vollständig durch. Die französische Verwaltung hat in mancher Beziehung wohlthätig gewirkt, indem sie das Lehnswesen und die Leibeigenschaft aufhob,

---

*) Er fiel 1831 in Rom bei einem Aufstande.

das Gerichtswesen reformirte und das französische Recht einführte. Auch wurden die in Düsseldorf bestehenden Fachschulen zu einer Universität vereinigt; diese konnte jedoch nicht ins Leben treten, da es an Geld zu ihrer Unterhaltung fehlte. Napoleon hatte 1806 den von ihm abhängigen Gebieten allen Handel mit England untersagt; dadurch verlor die bergische Industrie eine wichtige Absatzquelle. Ausser den hohen Steuern wurde noch die von den Franzosen eingeführte Conscription besonders drückend empfunden; denn Napoleon brauchte für seine Kriege viel deutsches Blut. Die bergischen Soldaten fochten in Spanien und Russland für Zwecke, die dem Lande fremd waren. Ueberhaupt wurde das Grossherzogthum vollständig als zu Frankreich gehörig behandelt. Schon Joachim hatte bei allen wichtigeren Maassregeln die Anweisungen Napoleons befolgen müssen, dazu hielt ihn seine militärische Stellung beständig im Auslande fest; er hat sich nach der Huldigung nur noch einmal, von Juli bis October 1806, in Berg aufgehalten und meist in Benrath residirt. Sein Nachfolger, der junge Prinz, wuchs in Frankreich auf, und der Kaiser Napoleon selbst hat Düsseldorf nur einmal, vom 2. bis 5. November 1811, besucht. Der alte bergische Landtag war im Februar 1807 zum letzten Male zu Rathe gezogen worden: als die Deputirten das von der Regierung vorgelegte Budget nicht in seinem ganzen Umfange annehmen wollten, wurden sie heimgeschickt und nicht wieder berufen. Eine von Beugnot ausgearbeitete constitutionelle Verfassung ist nicht mehr in Kraft getreten.

Der von Preussen, Russland und Oesterreich im Jahre 1813 geführte Befreiungskrieg machte der französischen Herrschaft ein Ende. Die Schlacht bei Leipzig zwang Napoleon zum Rückzuge über den Rhein, und mit ihm flohen die französischen Behörden. Beugnot verliess Düsseldorf am 4. November; zehn Tage später wurde die Stadt von russischen Truppen besetzt. Aus den nicht altpreussischen Theilen des Grossherzogthums bildeten die Verbündeten vorläufig ein „General-Gouvernement Berg", und ernannten zum General-Gouverneur den Staatsrath Justus Gruner. Dieser wusste durch besonnenes Auftreten die Einwohner für die deutsche Sache zu gewinnen, sodass sie die Lasten der Occupation willig ertrugen; der sofort organisirte Landsturm machte, von Linientruppen unterstützt, Streifzüge auf das linke, noch von den Franzosen besetzte Rheinufer, bis im Beginn des Jahres 1814 auch dieses von den Verbündeten erobert wurde. An Stelle Gruners, der nach dem Mittelrhein

4

berufen wurde, trat Anfang Februar der Prinz Alexander von Solms; als aber am 15. Juni die verbündeten Mächte die Verwaltung von Berg an Preussen übertrugen, kehrte Gruner als General-Gouverneur nach Düsseldorf zurück. Auf dem Wiener Congress waren die Rheinlande der Gegenstand langer Verhandlungen; endlich wurden sie definitiv an Preussen abgetreten, während Bayern die ehemals preussischen Fürstenthümer Ansbach und Bayreuth behielt. Am 3. Mai 1815 liessen die preussischen Commissäre in Düsseldorf das aus Wien vom 5. April datirte königliche Besitzergreifungspatent anschlagen; damit war die Stadt dem preussischen Staate einverleibt.

Zur Verfassungsgeschichte der Stadt Düsseldorf.

Von

Dr. H. Eschbach.

m 14. August 1288 wurde das seit 1189 bergisch gewordene Kirchspiel Düsseldorf durch den Grafen Adolf V. von Berg und seine Gemahlin Elisabeth zur Stadt erhoben. Die Erhebungsurkunde, deren Original seit dem Anfange des Jahrhunderts leider noch immer verschwunden ist, verlieh der jungen Stadt als Pathengeschenk gleich eine Reihe öffentlich-rechtlicher Befugnisse und Einrichtungen, welche das Wesen einer Stadt ausmachen und von andern Städten erst allmählich und nicht ohne Kämpfe errungen werden mussten. In der Folgezeit, besonders seitdem Düsseldorf 1348 ständige Residenz der bergischen Landesherren und damit der Gegenstand ihrer besonderen Vorliebe geworden war, wurden diese Privilegien nicht nur wiederholt bestätigt, sondern auch bedeutend erweitert. Auf Grundlage dieser Privilegien nahm die Ausbildung der städtischen Verfassung einen ruhigen harmonischen Fortgang, bis die französische Herrschaft denselben durch die Einführung einer Communalverfassung nach französischem Muster gewaltsam unterbrach.

Bei der Lückenhaftigkeit des bis jetzt zur Verfügung stehenden urkundlichen Materials und bei dem Mangel fast jeglicher Vorarbeiten ist es indessen zur Zeit noch schwierig, auch nur einen einigermassen vollständigen Ueberblick der Entwickelung der Stadtverfassung Düsseldorfs zu geben. Wenn trotzdem auf den folgenden Seiten der Versuch gewagt wird, einiges daraus mitzutheilen, so darf derselbe wohl um so eher eine nachsichtige Beurtheilung erbitten, als er dem Wunsche entsprungen ist, einen Hauptzug in dem Jubiläumsbilde der Stadtgeschichte wenigstens nicht ganz zu vermissen.

I. **Stadtgebiet und Stadtgemeinde.** Nach der Erhebungsurkunde von 1288 bestand das damalige Stadtgebiet aus einem Innen- und einem Aussenbezirk. Ersterer, auf dem rechten Ufer des nördlichen (unteren) Düsselarmes belegen und von Wall und Graben theilweise eingeschlossen, umfasste die Altestadt, die Liefergasse und die Krämerstrasse; seinen Mittelpunkt bildete die Pfarrkirche des ehemaligen Kirchspiels mit dem sie umgebenden Kirchhofe, die spätere Stiftskirche mit dem Stifsplatze. Der Aussenbezirk setzte sich aus 5 grösseren Gehöften zusammen: aus den Besitzungen des Ritters Adolf von Flingern, in der Gegend des heutigen Friedrichsplatzes, dem Hofe Rumpolds von Pempelfort, welcher den heutigen Hofgarten, Jägerhof und Malkasten umfasste, aus den Gütern eines Ritters von Loe und zwei nicht näher bekannten, „die zwei Berge" oder „zwischen den zwei Bergen" genannten Gehöften. Hundert Jahre später erfuhr dieses ursprüngliche Gebiet durch Herzog Wilhelm von Berg eine bedeutende Erweiterung. Er tauschte 1383 gegen einen Hof zu Mündelheim die Besitzungen des Heinrich Haick von Flingern ein, zu welchen die am heutigen Friedrichsplatz belegene Stadt-Mühle gehörte, und legte dieses Terrain zu dem Innenbezirk der Stadt, welcher sich nunmehr nach Süden und Südwesten so erheblich ausdehnte, dass er um 1394 bereits ganz mit einem Graben und theilweise mit einer Stadtmauer bis an den südlichen (oberen) Düsselarm eingeschlossen erscheint. Noch grösser war die Erweiterung des Aussenbezirks. Ihm wurden 1384 die Hundschaften Golzheim und Derendorf, sowie die alte und grosse Dorfschaft Bilk einverleibt; letztere besass eine eigene Kirche und ein eigenes Schöffengericht, und bestand aus den drei Hundschaften Arien- oder Orienbilk, jetzt Oberbilk, Kehr- oder Kirchbilk und dem nach der Lage der Mühle so benannten Mühlhoven. Weiterhin wurde 1394 das Kirchspiel Hamm in den Stadtverband gezogen. Das so erweiterte Stadtgebiet blieb auf Jahrhunderte hinaus im Wesentlichen unverändert.

Das volle Bürgerrecht, welches nicht nur den Anspruch auf den städtischen Schutz, sondern auch die Befugniss zur Antheilnahme am Stadtregiment in sich schloss, sprach die Erhebungsurkunde von 1288 allen Einwohnern des damaligen Stadtgebiets zu. Zugleich sprach dieselbe den allbekannten Rechtssatz: „Stadtluft macht frei" aus, aber mit einer Unterscheidung zwischen den Vogteileuten des Landesherrn und den Hörigen anderer Herren. Bei den ersteren war die Aufnahme zum Bürger abhängig von der Erlaubniss des Landesherrn; die Hörigen anderer Herren wurden freie Bürger, wenn sie in der Stadt Wohnung genommen und Jahr und Tag behalten hatten, ohne innerhalb dieser Zeit von ihrem Herrn zurückgefordert worden zu sein; während dieser Frist von Jahr und Tag konnte der Herr sie sammt ihrem Hab und Gut zurückbegehren. Bei den Stadterweiterungen von 1384 und 1394 gab der Herzog das volle Bürgerrecht auch den Bewohnern von Golzheim, Derendorf, Bilk und Hamm, unter besonderer Strafandrohung gegen jede Beeinträchtigung desselben. Ganz ausgeschlossen von der Erwerbung des Bürgerrechts waren in den ersten Jahrhunderten die Juden; noch 1438 bewilligte Herzog Gerhard der Stadt auf ihre Bitte, dass während der nächsten 12 Jahre keine Juden dort wohnen oder verweilen sollten. Im 16. Jahrhundert machte man eine Zeit lang die Aufnahme zum Bürger abhängig von der Angehörigkeit zur römisch-katholischen Confession; der Neuaufzunehmende musste darüber zuvor eine Bescheinigung der herzoglichen Beamten oder des Stadtdechants beibringen. Die Aufnahme selbst vollzog sich in späterer Zeit und noch bis in die zweite Hälfte des 18. Jahrhunderts durch einen feierlichen Akt vor Bürgermeister und Rath; der Aufzunehmende musste vor ihnen den „gewöhnlichen Bürgereid" ablegen und eine Aufnahmegebühr entrichten; der Name des neuen Bürgers wurde in das Stadtbuch eingetragen; über die Aufnahme wurde sodann ein Bürgerbrief ausgefertigt, für welchen 40 kölnische Weisspfennige zu zahlen waren. Das Bürgerrecht ging verloren durch Auswanderung und Stadtverweisung. Eine besonders bevorzugte Stellung unter den Bürgern nahmen die hohen und niederen Geistlichen, sowie später sämmtliche herzogliche Beamte bis auf die Sekretäre hinab, ein. Den Bürgern gegenüber standen die Gäste, Fremde, welche sich nur vorübergehend in der Stadt aufhielten; sie hatten an den politischen Rechten gar keinen, an dem städtischen Schutze nur theilweisen Antheil.

Zur Hebung des wirthschaftlichen Wohlstandes der Stadtgemeinde war nun vor allem dienlich, dass die Bürger von einer Reihe lästiger Abgaben und Dienste theilweise oder ganz befreit, und dass ihnen andererseits nicht unerhebliche neue Einnahmequellen erschlossen wurden.

Die Gründungsurkunde von 1288 verlieh den Bürgern zunächst gänzliche Zollfreiheit in den bergischen Landen; Herzog Gerhard dehnte 1449 dieselbe für alle in- und auswärtigen Bürger auf seine gesammten jetzigen und künftigen Lande aus. Sodann wurden 1288 den Bürgern alle öffentlichen Abgaben bis auf die an den Grafen zu zahlende Herbstbede und den Futterhafer erlassen; erstere Abgabe wurde durch die Stadt, letztere durch den landesherrlichen Finanzbeamten, den Kellner erhoben. Seit dem 15. Jahrhundert hatte die Stadt daneben zu Weihnachten das sogen. Opfergelt mit 50 rhein. Gulden an den Landesherrn zu zahlen; 1449 überwies Herzog Gerhard diese Abgabe dem Kreuzbrüderkloster als Stiftungsgut. Der Erwerb der in der Stadt belegenen vogteilichen Güter des Landesherrn, welcher nach der Urkunde von 1288 noch an die Erlaubniss des Grafen geknüpft war, wurde 1376, jedoch mit Vorbehalt der auf denselben lastenden Abgaben und Dienste, freigegeben. Abgabenfreiheit von „allen Erbsummen, Schätzungen, Diensten und Ungeld" wurde 1384 und 1394 den Bürgern auch für die in Golzheim, Derendorf, Bilk und Hamm belegenen Güter bewilligt; den Einwohnern von Hamm wurde zudem auf 24 Jahre Bedefreiheit gewährt. Durch einen Schiedsspruch zwischen der Stadt und der Collegiatkirche zu Düsseldorf von 1341 wurde der an letztere zu zahlende Zehnt dahin festgesetzt, dass von jeder Wohnstätte ein Rauchhuhn, von jedem Garten in der Feldflur von den dort gezogenen Gemüsen ein Denar, und von den anderen Gartenerzeugnissen deren zehnter Theil jährlichs entrichtet werden musste. Die von der Collegiatkirche selbst erworbenen Hofstätten wurden 1396 von allen Abgaben und Diensten befreit. Den Bürgern scheint die Freiheit von Diensten auch fast im ganzen Umfang zugestanden worden zu sein. Schon 1432 verspricht Herzog Adolf, dass die Stadt in Zukunft nicht mehr zur Stellung von Dienstfuhren, womit sie gegen ihre alten Privilegien eine Zeit lang belästigt worden sei, angehalten werden solle. Ein Weisthum von 1494 über die schuldigen Dienste der freien Höfe in der Bürgerschaft setzt fest, dass diese freien Höfe schuldig sind, zu dem Gottesdienst an den hohen Festen des Jahres und gegen das Unwetter dem Offermann zu Bilk läuten zu helfen, zum Bedarf der Nachbarn stets 2 Karren in guter Bereitschaft, sowie einen Stier und einen Zuchteber zu halten; ferner müssen sie bei dem Criminalgerichte Dienste leisten und den städtischen Wachtdienst mitversehen; auf Verlangen des Landesherrn oder der Stadt haben sie einen Heerwagen zu stellen; die Stellung des etwa noch weiter erforderlichen Heerwagens ist Sache der Bürger. Die Bürger waren zu Kriegsdiensten ausserhalb der Stadt dem Landesherrn nur in sehr beschränktem Maasse verpflichtet; zur Vertheidigung der Stadt waren dagegen alle gleich verbunden. Zu letzterem Zwecke war in späterer Zeit die ganze Bürgerschaft in 4 Compagnien unter der Führung je eines Hauptmannes eingetheilt, welche aus städtischen Mitteln bestimmte Geldzulagen empfingen. In erster Linie übernahmen die städtischen Schützen die Stadtvertheidigung; sie erhielten deshalb jährlich vom Landesherrn 15, von der Stadt 8 Gulden; letztere lieferte ausserdem zu den Schützenfesten den Wein und befreite den Schützenkönig auf ein Jahr von Steuern und Diensten. Von dem allen Bürgern gleichmässig obliegenden Wachtdienst konnte sonst nur ein landesherrliches Privileg entbinden. Befreiungen von der Haus- oder von der Gewinnsteuer bewilligte auf kürzere oder längere Zeit der Rath wegen Krankheit, Misswachs u. dergl.

Unter den positiven Massregeln zur Beförderung des Stadtwohls sind an erster Stelle die Marktprivilegien zu erwähnen. Das Recht zur Markthaltung, welches zum Wesen einer Stadt gehörte, musste durch besonderes landesherrliches Privileg verliehen werden. Schon die Erhebungsurkunde von 1288 verlieh nun der Stadt Düsseldorf zwei freie Jahrmärkte, von welchen der eine drei Tage vor und drei Tage nach Pfingsten, der andere am Feste des hl. Lambertus abgehalten werden sollte, und einen Wochenmarkt auf jeden Dienstag. Jedem Besucher wird der Marktfrieden, freier und ungehinderter Zutritt sowie Befreiung von persönlicher Haft und Beschlagnahme des Eigenthums zugesagt; nur die des Landes Verwiesenen erfreuen sich nicht dieser Vergünstigung. Graf Wilhelm verlieh 1371 weiter der Stadt einen sogen. Sonntagsmarkt, der vom Samstagabend bis zum Montagmorgen dauerte. Herzog Wilhelm bewilligte 1482 der Stadt einen dritten freien erblichen Jahrmarkt, drei Tage vor und drei Tage nach St. Albanstag, sowie einen freien erblichen Kornmarkt auf jeden Mittwoch. Von letzterem sind neben den Feinden des Landes auch solche Leute, welche auf einem der Märkte gegen Credit gekauft, den Zahltag aber demnächst hatten verstreichen lassen, so lange ausgeschlossen, als jene Schuld nicht getilgt ist. Dagegen waren sowohl reiche als auch arme Krämer, welche das Marktstandgeld oder die Miethe für die Marktbuden nicht erschwingen konnten, zugelassen; verboten war der gewinnsüchtige Vorkauf des Korns. Im Zusammenhange mit den Marktprivilegien wurde 1371 der Stadt das Recht verliehen, Mass- und Waagegeld zu erheben. Eine weitere wichtige Einnahmequelle, ja gradezu eine Lebensfrage der mittelalterlichen Stadt bildete der Besitz einer genügenden Anzahl von Mühlen. Da „Wasser und Wind der Herrschaft sind", so bedurfte es sowohl zur Anlage neuer als auch zur Verlegung bereits bestehender Wasser- und Windmühlen stets eines landesherrlichen Privilegs. Herzog Gerhard verpachtete 1449 zunächst der Stadt seine zwei Walk- und Oelmühlen, erstere von besonderer Bedeutung für das Tuchmacher-Gewerbe; die Pachtsumme war an den Kellner in Düsseldorf zu zahlen. Im Jahre 1483 verpachtete Herzog Wilhelm der Stadt die Stadtmühle und die Rompelsmühle mit dem Recht, die Mühlen auch an eine andere Stelle zu verlegen und zum Mühlenbau das Düsselwasser abzulassen. Als Pacht zahlte die Stadt an den Kellner von der Stadtmühle 40 Malter Roggen und 40 Malter Malz, von der Rompelsmühle 12 Malter Roggen und zwar zu zwei Terminen: 26 Malter Roggen und 20 Malter Malz auf St. Johannstag zu Mittsommer und ebensoviel auf St. Andreastag. Besonders werthvoll für die Stadt war es, dass sie zugleich für beide Mühlen das Mahl-Zwangsrecht für den ganzen Stadtbezirk erhielt, so dass jeder Bürger bei Geldstrafe verpflichtet war, seine gesammte Frucht in diesen Bannmühlen gegen eine Abgabe an die Stadt mahlen zu lassen; ausgenommen von diesem Bannrecht war die dem Herzog gehörige Schadelachs- (Scheidlings-?) Mühle; auch durfte die Stadt von dem für die herzogliche Hofhaltung erforderlichen Getreide keine Abgabe in den Bannmühlen erheben. Herzog Johann verlieh 1512, weil in Düsseldorf zu bestimmten Zeiten, besonders bei hartem Winter und trockenem Sommer, Wassermangel herrsche, der Stadt dazu eine Windmühle, von welcher keine Pacht gezahlt zu werden brauchte. Neben jenen Wassermühlen, welchen bei einer Belagerung leicht das Wasser abgegraben werden konnte, und dieser Windmühle, welche wegen ihrer Lage auf oder vor der Stadtmauer sehr dem Feinde ausgesetzt war, besass die Stadt noch eine Rossmühle, welche somit in den Tagen einer Belagerung besonders wichtig war. — Unter den sonstigen Gerechtsamen der Stadt sind noch zu nennen das ihr, 1437 zunächst nur für die Stadtgräben bis Pempelfort, 1449 aber auch für den Rhein gegen eine jährliche Abgabe von 2 Salmen an den Kellner verliehene Fischereigerechtsam und das 1437 für den ganzen Stadtbezirk bewilligte Biergrütgerechtsam. Nachdem die Abgabe für die Fischerei 1483 auf 4 Salmen erhöht worden war, wurde sie der Stadt auf ihre Bitte 1661 ganz erlassen. Die Einnahmen aus diesen beiden Gerechtsamen musste die Stadt in erster Linie zur Unterhaltung der Stadtmauer und sonstiger Bauten verwenden, worüber sie auf Erfordern Rechenschaft zu geben hatte. — Endlich ist noch zu erwähnen, dass die Stadt das schon früher auf einige Jahre erhaltene Recht, von jedem auf dem Rhein vorbeifahrenden Schiffe zur Unterhaltung des Werftes 2 kölnische Weisspfennige zu erheben, 1446 auf immer erhielt, dass sie im Besitze des Schröteramts am Rhein und in der Stadt gegen eine jährliche, am St. Andreastage fällige Abgabe von 4 rhein. Gulden, welche ihr aber 1483 erlassen wurde, und im Besitze der Krahnengerechtigkeit war, sowie dass ihr seit 1483 die städtische Accise, welche sie theilweise schon früher besass, ganz überlassen war mit dem Rechte, die Höhe derselben beliebig festzusetzen.

Neben diesen wirthschaftlichen Befreiungen und Begünstigungen der Stadtgemeinde zeigte sich deren öffentlich-rechtliche Selbständigkeit einmal darin, dass in der älteren Zeit die ganze Stadtgemeinde selbständig handelnd auftritt bei Rechtshändeln, welche das gesammte städtische Interesse berühren, und sodann besonders in der Gerichtsverfassung und in der inneren Verwaltung.

II. Gerichtsverfassung. Die Erhebungsurkunde von 1288 gab der Stadt ein eigenes Gericht. Die räumliche Ausdehnung der Gerichtsbarkeit dieses Stadtgerichts deckte sich mit den Grenzen des Stadtgebiets; zwar behielt Bilk, als es 1384 dem Stadtverbande einverleibt wurde, anfangs sein eigenes Schöffengericht bei; aber schon 1394 bei der Zutheilung von Hamm, welches bis dahin in Bilk dingpflichtig war, an das Stadtgebiet wurde dieses besondere Gericht aufgehoben. Die sachliche Zuständigkeit des Stadtgerichts umfasste anfangs die gesammte Civil- und Strafgerichtsbarkeit. Von letzterer waren jedoch leichtere Vergehen gegen polizeiliche Anordnungen, deren Aburtheilung dem Rath zustand, und diejenigen Strafthaten gegen Religion und Sittlichkeit ausgenommen, welche zur Zuständigkeit des Sendgerichts gehörten. Letzteres wurde einmal im Jahre unter dem Vorsitze des Pfarrers abgehalten; die im Laufe des Jahres vorgekommenen, zu seiner Cognition gehörigen Vergehen wurden in der Sitzung von den Nachbarmeistern zur Anzeige gebracht und gleich abgeurtheilt. Weiter waren aber anfangs von der Criminalgerichtsbarkeit des Stadtgerichts ausgenommen die Fälle des Diebstahls, des Todtschlags und der Nothzucht; für diese war das Hauptgericht zu Kreuzberg vor Kaiserswerth zuständig; zu diesem Gerichte, welches durch den Zusammentritt der Ritterschaft und der Schöffen aller Gerichte unterhalb der Wupper gebildet wurde, hatte auch Düsseldorf einen seiner Schöffen zu entsenden. Graf Wilhelm verlieh indessen 1371 der Stadt „einen Galgen" d. h. die Zuständigkeit auch für jene bis dahin vor das Kreuzberger Gericht gehörigen Verbrechen, jedoch mit der Massgabe, dass bei deren Verhandlung nicht der Stadtrichter, sondern der Amtmann von Angermund den Vorsitz führen sollte. Erstreckte sich nunmehr die Zuständigkeit des Stadtgerichts auf den ganzen Stadtbezirk und auf fast alle Civil- und Strafsachen seiner Bewohner, so wurde diese Bedeutung desselben noch erhöht dadurch, dass der Stadt gleich 1288 das Privilegium verliehen wurde, dass kein Bürger wegen irgend einer Civil- oder Strafklage, mochte dieselbe auch ausserhalb der Stadt erwachsen sein, vor ein auswärtiges Gericht gezogen werden durfte.

Im Zusammenhange hiermit ist auch der processrechtlichen Vorschriften zu gedenken, welche die Gründungsurkunde von 1288 zum Vortheile der Bürger aufstellte, und welche auf eine Erleichterung des Beweises und Einschränkung des Zweikampfes hinauslaufen.

Der ausgedehnte, lebhafte Verkehr, welchen man sich von der Stadt versprach, konnte nicht bestehen mit dem bis dahin geltenden landrechtlichen Beweisrecht, nach welchem der Beklagte, wenn nicht ein gerichtlich abgeschlossener Vertrag oder ein durch leibliche Beweisung dargethanes Vergehen vorlag, in allen Fällen jede klägerischerseits behauptete Schuld durch seinen einfachen Eid ableugnen konnte, ohne dass dem Kläger vergönnt war, seine Behauptung unter Zeugenbeweis zu stellen. Deshalb liess die Erhebungsurkunde von 1288 für den Kläger in Civilsachen den Beweis durch zwei Zeugen zu, welcher dem einfachen Reinigungseid des Beklagten vorging; als Zeugen konnten aber nur einheimische oder fremde Schöffen auftreten. Der unterliegende Theil hatte 5 Mark an den Landesherrn und 5 Schillinge an die Stadt zu zahlen. Desgleichen konnten Eheschliessungen durch zwei Zeugen („Bruloffsleute"; bruloff d. h. Hochzeit) bewiesen werden. In Criminalsachen genügte zur Ueberführung das Zeugniss zweier Schöffen und des vereidigten Frohnboten; lag kein Zeugniss vor, so konnte der Angeschuldigte sich durch seinen Eid reinigen, vorbehaltlich der Ueberführung durch einen gerichtlichen Zweikampf; auf einen solchen brauchte sich aber ein Bürger nur gegenüber einem Bürger und nur in schweren Criminalfällen einzulassen. Die Strafgelder fielen ebenfalls zum grösseren Theil an den Landesherrn, zum kleineren Theil an die Stadt.

Das Personal des Stadtgerichts bestand aus dem Schultheiss, acht Schöffen, dem Gerichtsschreiber, der zugleich als Stadtschreiber fungirte, und aus einem, später zwei Gerichtsboten. Der Schultheiss setzte die Termine an, führte in dem Gericht, mit Ausnahme bei der Verhandlung über Diebstahl, Todtschlag oder Nothzucht, den Vorsitz und hatte die Vollstreckungsgewalt; er wurde von dem Landesherrn ernannt und war diesem vereidigt; von ihm empfing er auch ein festes Gehalt neben dem ihm zustehenden Antheil an den Gerichtsgebühren; später scheint der jedesmalige Bürgermeister für das nächste Jahr das Amt des Schultheissen bekleidet zu haben; er hatte einen Stellvertreter in der Person des Unterschultheissen. Das Urtheil wurde lediglich von den Schöffen gesprochen. Sie wurden von der Bürgerschaft frei gewählt und mussten von dem Landesherrn bestätigt werden: wählbar waren nur Bürger; die Schöffen hatten dem Landesherrn und der Stadt den genau feststehenden Schöffeneid zu leisten. Bei dem Tode oder sonstigen Abgange eines Schöffen hatten die übrigen im Verein mit der Bürgerschaft für die erledigte Stelle drei neue Candidaten dem Landesherrn zu präsentiren; dieser musste einen von denselben zum Schöffen ernennen. Eine feste Besoldung bezogen die Schöffen von dem Landesherrn nicht; ihr Unterhalt bestand, abgesehen davon, dass die Stadt ihnen jährlichs einen Radergulden zahlte, in den gewissen Antheilen an den Gerichtsgebühren. Der Stadtschreiber, welcher dem Landesherrn und der Stadt vereidigt war, bezog von der Stadt eine feste Besoldung, jährlichs 14 Radergulden und 2 Malter Roggen: er hatte alle gerichtlichen Akte, Verträge, Verhandlungen und Urtheile in das Gerichtsbuch einzutragen, welches auf dem Bürger- oder Rathhause in einer Truhe aufbewahrt wurde, zu welcher nur die beiden ältesten Schöffen, und zwar jeder einen verschiedenen, Schlüssel besassen. Die Boten, welche ebenfalls von der Bürgerschaft gewählt wurden und dem Landesherrn und der Stadt vereidigt waren, hatten die Ladungen auszuführen, Pfändungen vorzunehmen und sonst bei der Zwangsvollstreckung dem Schultheissen behülflich zu sein; jeder von ihnen bezog jährlich von der Stadt 6 Gulden, die Kleidung und ein Paar Schuhe. Daneben hatten sie wie auch der Stadtschreiber gewisse Antheile an den Gerichtsgebühren. Während die Gerichtssitzungen Anfangs nur nach Bedarf stattfinden sollten, wurde 1555 angeordnet, dass sie wenigstens alle 14 Tage an einem Werktage von 7 Uhr Morgens im Sommer und von 8 Uhr im Winter bis Mittags

1 Uhr, nach einer 8 Tage vorher in den Kirchen geschehenen Bekanntmachung, abgehalten werden sollten. Bei Civil- und Strafklagen musste das Gericht mit wenigstens sieben Schöffen besessen sein; bei den Akten der freiwilligen Gerichtsbarkeit genügte meistens die Mitwirkung des Schultheissen und zweier Schöffen. Erhoben sich unter den Schöffen in irgend einer Rechtsfrage Zweifel, so mussten sie ihre Consultation bei dem Schöffengericht in Ratingen nehmen; als Beilage zu dieser Consultationsfahrt hatte jede Partei vier Gulden zu zahlen; daneben wurden dem consultirten Schöffenstuhl manchmal besondere Geschenke verehrt. Darauf, dass eine Stadt Consultationsstätte für eine andere ist, weist auch lediglich die Bezeichnung „Hauptstadt" hin; Düsseldorf war „Hauptstadt", weil bei seinem Schöffengericht dasjenige von Monheim Consultation nehmen musste. In späterer Zeit wurde das Schöffengericht angewiesen, in schwierigen Rechtsfragen das Gutachten einer juristischen Facultät einzuholen. — Gegen alle Urtheile des Schöffengerichts stand jeder Partei das Rechtsmittel der Appellation an den Landesherrn zu. Dieses Rechtsmittel wurde 1561 auf Processe beschränkt, deren Streitobject über 25, und 1578 auf solche, deren Streitobject über 50 Goldgulden betrug. Dem damaligen Zuge der Zeit, die Urtheile der eigenen Gerichte der Instanz des neuen Reichskammergerichts möglichst zu entziehen, folgten auch die Herzöge von Berg; von den Urtheilen des herzoglichen Hofgerichts zu Düsseldorf konnte seit 1546 an das Reichskammergericht nur bei einem Streitobjecht von mehr als 400 rhein. Gulden, und seit 1568 nur bei einem solchen von mehr als 600 Goldgulden appellirt werden.

Der anfänglichen, ziemlich umfassenden sachlichen Zuständigkeit des städtischen Schöffengerichts erwuchs mit der Zeit eine erhebliche Concurrenz in der Gerichtsbarkeit des Rathes. Schon früh hatte der Rath die Cognition in kleineren Polizeidelicten und einen erheblichen Theil der freiwilligen Gerichtsbarkeit, nämlich die Vormundschafts- und Nachlassenschaftssachen an sich gebracht; der Umfang seiner Zuständigkeit dehnte sich, wenn auch unter mannigfachen Competenzstreitigkeiten, immer mehr aus, bis er im Jahre 1672 nicht nur die Cognition, sondern auch die Execution in allen Polizeidelicten und in allen Civilsachen umfasste und landesherrlich bestätigt wurde.

III. Innere Verwaltung. Die innere Verwaltung der städtischen Angelegenheiten lag in den Händen des Bürgermeisters und des Raths. Zweifelhaft ist, ob der

Rath schon gleich bei der Stadterhebung Düsseldorfs ins Leben trat, und die Erhebungsurkunde von 1288 seine Einsetzung nur deshalb mit Stillschweigen übergeht, weil dieselbe wohl selbstverständlich war, oder ob das Schöffencollegium anfangs auch die Functionen des Raths versah, und dieser sich erst in der Folgezeit aus jenem entwickelte. Jedenfalls bestand der Rath als besonderes Collegium bereits 1358 laut einer Urkunde aus diesem Jahre. Bürgermeister und Rath wurden von und aus der Bürgerschaft gewählt und sind dem Landesherrn vereidigt. Wie zur Bürgeraufnahme, so wurde auch von dem Candidaten für die Rathswahl im 16. und noch im 17. Jahrhundert die Angehörigkeit zur römisch-katholischen Confession gefordert. In späterer Zeit wurde der Bürgermeister abwechselnd in dem einen Jahre aus dem Schöffencollegium, in dem andern aus den Rathsmitgliedern gewählt; auch das active Wahlrecht war damals von der gesammten Bürgerschaft auf die Schöffen und Rathsmitglieder übergegangen. Der Bürgermeister musste noch im 18. Jahrhundert für die Dauer seines Amtes eine ziemlich hoch bemessene Caution stellen. Erst in dem auf das abgelaufene Amtsjahr folgenden Jahre legte er Rechnung über seine Amtsführung ab vor einer Commission, welche aus einem Schöffen, einem Altrath und einem Jungrath bestand. Die einzelnen Zweige der umfangreichen Thätigkeit des Raths waren bald an einzelne Mitglieder, bald an Commissionen vertheilt.

Entsprechend der oben erwähnten Bedeutung der Mühlen für die Stadt, war auch deren Verwaltung eingehend geregelt. Das ganze Mühlenwesen unterstand dem aus den Rathsmitgliedern zu ernennenden Mühlencommissar, welcher ebenso wie der Bürgermeister eine hohe Caution stellen musste. Das ihm untergebene Personal bestand aus den vier, zeitweilig sechs Stadtmüllern, den zwei Mühlschreibern und den erforderlichen Mühlknechten; alle diese Personen waren dem Rath vereidigt. Abgesehen von der technischen Leitung und der Ausführung der erforderlichen Reparaturen, war die Thätigkeit des Mühlencommissars eine finanzielle und gewerbspolizeiliche. In erster Beziehung hatte er darauf zu sehen, dass kein Getreide in den Mühlen zum Mahlen angenommen wurde, bevor durch Vorzeigung der auf dem Mühlencomptoir zu lösenden Mahl- und Acciszettel der Nachweis erbracht war, dass die Abgabe an die Stadt entrichtet war; Anzeigen von Uebertretungen des Bannrechts waren bei ihm zu erstatten; die Denuncianten erhielten aus städtischen Mitteln Belohnung. Sodann lag ihm die Controle des

Geschäftsverkehrs der Müller mit dem Publicum ob, welcher durch die Vorschriften der Mühl-Ordnung geregelt war. Die Müller durften sich nur dem vom Rathe gezeichneten Maasse bedienen; sie durften die Früchte der verschiedenen Mahlleute nicht vermengen; sie sollten die Leute der Reihe nach, wie sie in die Mühle kommen, abfertigen, „es wäre dann ein Armer, so viel Kinder und kein Brod hätte;" Gänse, Hühner und Enten durften sie nicht in der Mühle gehen lassen, auch sollten sie nicht mehr Schweine mästen, als sie für ihren Haushalt bedurften. Die Mühlknechte hatten von den Bürgern das zu mahlende Getreide abzuholen. Ausser ihrem feststehenden Gehalte erhielten die Müller zu Fastnacht von der Stadt eine besondere Geldzulage, das sogen. Fastnachtsbibal. Um dem Rath, welcher die Preise des Getreides und Brodes festsetzte, eine jederzeit zutreffende Unterlage hierfür zu verschaffen, musste der Mühlencommissar jedesmal, sobald eine Aenderung der Fruchttaxe in Aussicht stand, hierüber dem Rath Bericht erstatten. Die Mühlenschreiber hatten am Ende eines jeden Monats eine Bilanz über Einnahme und Ausgabe der Mühlen dem Stadtrentmeister einzureichen. Nach Ablauf seiner Amtsperiode hatte der Mühlencommissar gegen einen von der Stadt zu entrichtenden Messlohn eine genaue Aufstellung der in den Stadtmühlen lagernden Getreidevorräthe dem Rath einzureichen. Der Rath controllirte diese Vorräthe deshalb, weil er, um bei Missernten oder dergl. Unglücksfällen einer Hungersnoth oder wenigstens einer Vertheuerung des Korns vorzubeugen, verbunden war, in einem Befestigungsthurme der Stadtmauer, dem sogen. Kornsthurm, stets einen gewissen eisernen Bestand an Getreide vorräthig zu halten.

Der Rath handhabte ferner die Marktpolizei durch die aus seiner Mitte ernannten Markt- und Hallenmeister, denen zwei vereidete Markt- und Hallendiener zur Seite standen. Die auf dem Markte befindlichen Verkaufshallen wurden an die Verkäufer gegen ein festes Standgeld überlassen und zwar entschied vierteljährlich eine Verloosung über die einzelnen Stände. Gewisse Waaren, wie Fleisch, durften nur in diesen Hallen, niemals im Wohnhause feilgeboten werden. Die Lebensmittel konnten nicht theurer verkauft werden, als die vom Rathe mit Genehmigung des Landesherrn aufgestellte Lebensmitteltaxe gestattete. Es durften auf dem Markte nur die vom Rath gestempelten oder geaichten Maasse und Gewichte benutzt werden; die Aichung selbst geschah vor versammeltem Rathe durch Einzeichnung oder Einbrennung „des gewohnlichen Stadtzeichens, des Ankers". Zugleich hatten die genannten Beamten auch darüber zu wachen, dass nur gute Waaren auf den Markt kamen, dass die Maass- und Waagengelder und die sonstigen Abgaben von den Waaren richtig an die Stadt gezahlt wurden. Nach einer Rathsverordnung von 1665 wurden hinsichtlich der auf dem Wochenmarkte zu erhebenden Accise die Fremden den Bürgern gleichgestellt: Obst, Eier, Hühner, inländische Butter, Käse, Honig und frische Fische, desgleichen kleineres Eisenwerk, wie Nägel, Harken und Schüppen waren abgabefrei; wurden sie aber in grösseren Quantitäten, in Fässern oder in Karren zu Markt gebracht, so wurde davon die einfache Accise erhoben; das fremde Bier unterlag der doppelten Accise, nämlich einer Abgabe von 8 Weisspfennigen von der Ohm.

Weiterhin nahm die Baupolizei die Thätigkeit des Raths erheblich in Anspruch, besonders seitdem Düsseldorf Residenz geworden war, und das Streben des Landesherrn so sehr auf die Verschönerung der Stadt durch neue und ansprechende Bauten gerichtet war, dass sogar hier und da für die Errichtung eines Neubaues Steuer- und Dienstefreiheit auf einige Jahre durch landesherrliches Privileg bewilligt wurde.

Es durften die Dächer nicht mehr mit Stroh, sondern nur noch mit Dachziegeln gedeckt werden. Zur Herstellung derselben war ein besonderer städtischer Dachziegelbäcker angestellt, welcher nach seinem Contrakte die ersten drei Jahre jährlichs 125,000 und für jedes folgende Jahr 100,000 Pfannen fertigstellen und den Bürgern tausend Stück Pfannen zu 5½ Gulden ablassen musste. Eine Baufluchtlinie wurde festgesetzt, über die hinaus nicht gebaut werden durfte; die Giebel der Häuser an dem Markte und den benachbarten Strassen mussten aus Stein hergestellt werden; für die Ziegelsteine war eine bestimmte Grösse vorgeschrieben; Scheunen, Stallungen, Düngergruben und „heimliche Gemächer" durften nicht mehr auf die Strassen oder öffentlichen Plätze hinaus angelegt werden. Hand in Hand mit diesen Vorschriften ging die Strassen- und Wegepolizei. Die Pflasterung der Strassen wurde nach einem bestimmten Plane in die Hand genommen; die Gossen sollten in der Mitte der Strassen angelegt werden, wo dieselben sich aber von Alters her neben den Häusern befanden, sollten sie überdeckt werden; behufs Ausbesserung der Strassen sollte der Rath immer einen gewissen Vorrath von Pflastersteinen und Kies in Bereitschaft halten. Die Reinigung der städtischen Strassen überwachten die vier Stadtdiener; die Aufsicht über die

Wege in der Feldflur lag in den Händen von Feldschützen; zur Ausbesserung der Wege wurden noch im 18. Jahrhundert vielfach die Hand- und Spanndienste der Anwohner aufgeboten. Die gegen Feuersbrunst vom Rath beschafften Löschgeräthe standen unter der Aufsicht der Stadtdiener. Diese Beamten hatten zugleich die Steuern beizutreiben, die Bekanntmachungen des Raths durch Trommelschlag und Vorlesen auf dem Markte zu verkünden, die Laternen der Stadt in Ordnung zu halten und ähnliche untergeordneten Dienste zu verrichten.

Der Rath beaufsichtigte auch das Schulwesen; die Nachbarmeister mussten ihm zu diesem Zwecke von Zeit zu Zeit ein Verzeichniss derjenigen Kinder aus ihrer Nachbarschaft einreichen, welche „in Schul und Katechismus zu gehen schuldig" sind. Das Armenwesen und die Krankenpflege gehörten ebenfalls zu dem Geschäftskreis des Raths. Die Stadtmüller mussten auf städtische Kosten zu Ostern, Pfingsten und Weihnachten eine gewisse Quantität Getreide für die Armen verbacken; die Stadtkasse bewilligte den Armen zeitweise Almosen in Geld und Lebensmitteln. Den Kranken, für welche besonders das durch den Wohlthätigkeitssinn der Bürger mit Stiftungen reich ausgestattete Gasthaus oder Hospital sorgte, wurde unentgeltlich ärztliche Hülfe und Medizin gewährt. Für die Aufgaben der Gesundheitspolizei hatte der Rath stets ein wachsames Auge; als die Pest in der Nachbarschaft auftrat, liess er Vorschläge über die Absperrung der Strassen mittels Ketten und Gatter ausarbeiten.

Endlich mag noch darauf hingewiesen werden, dass dem Rathe, theilweise unter Mitwirkung des Landesherrn, für alle diese Zweige der städtischen Verwaltung auch die autonome Gesetzgebungsgewalt zustand. An der Spitze der gleichfalls dem Rath zustehenden, und sich hauptsächlich in dem Besteuerungsrecht der Bürger äussernden Finanzgewalt stand der Stadtrentmeister, welcher aus den Rathsmitgliedern gewählt wurde.

Geschichte der katholischen Gemeinde Düsseldorfs.

Von

Dr. Ludwig Küpper.

Nach der alten Gau-Eintheilung, welche in diesem Falle auch für die Abgrenzung des kirchlichen Verwaltungsbezirkes massgebend war, gehörte die Gegend, in der später die Stadt Düsseldorf gelegen, zum sogenannten Keldachgau. Dieser erstreckte sich von der Wupper bis zur Anger und vom Rheine nach Osten hin bis an den Hettergau in der Gegend von Elberfeld. Die ersten Christianisirungsversuche im Keldachgau sind wahrscheinlich von Köln aus unternommen worden. Einige alte Kirchen, so in der Nähe von Düsseldorf die Kirchen zu Hilden, Wittlaer und Mündelheim, führen ihren Ursprung auf diese kölnische Missionsthätigkeit zurück. Im Jahre 695 liess sich sodann der h. Suidbertus auf der nach ihm Suidbertswerth, später seit Friedrich Barbarossa Kaiserswerth genannten Rheininsel nieder; von hier aus wurde nun theils durch Suidbert selbst, theils durch seine Nachfolger die Bekehrung des Keldachgaues vollendet.[1]) Von Suidbert selbst gestiftet sind in der Nähe von Düsseldorf die Kirchen Ratingen und Bilk; letztere, die alte St. Martinskirche in Bilk, ist geschichtlich die Mutterkirche, weil erste Pfarrkirche des ganzen Düsseldorfer Bezirkes. Ausserdem befand sich aber innerhalb jenes Pfarrbezirkes an der Stelle, wo jetzt die Lambertikirche steht, noch eine kleine Kirche oder Kapelle, hinsichtlich welcher es ungewiss ist, ob sie von Suidbert selbst, oder von einem

---

[1]) Vgl. zu diesen Eingangsdaten Kessel, der sel. Gerrich (von Gerresheim). Düsseld. 1877. S. 15 ff.

da noch zwei Vikarieen hinzukamen, am Anfang des 14. Jahrhunderts durch zehn Geistliche bedient. Die Stadt Düsseldorf selbst hatte damals noch einen sehr kleinen Umfang. Sie umfasste ausser dem alten Schloss und der Stiftskirche nur die Strasse, genannt Altestadt, mit den beiden Nebenstrassen Liefergasse und Krämergasse. Im Aussenbezirk lagen zwar noch einige Güter, welche den Herren von Flingern, von Pempelfort, von Loe und von Eller gehörten.[1] Jedenfalls war aber die Zahl der Bevölkerung noch so gering, dass der Dechant des Stiftes die seelsorgliche Arbeit allein bewältigen konnte.

An der Ostseite der Altestadt führte das Liebfrauenthor in's Freie, d. h. dahin, wo jetzt die Ratingerstrasse anfängt. Der Hinaustretende erblickte zur Linken ein altes Muttergotteskapellchen, welchem das Thor seinen Namen verdankte.[2] Dasselbe enthielt ein vielverehrtes Bild „Unser lieven vrauwen vam Hemelryke." Hierher kamen von Alters her aus ganz Rheinland und Westfalen und vom Oberrhein bis zur Schweiz hinauf zahlreiche Pilgerzüge, sodass Düsseldorf durch dieses Bild ein berühmter Wallfahrtsort geworden war. Die Herren von Eller als Grundherren des Bodens, auf welchem die Kapelle stand, bauten neben dieselbe ein Hospital zur h. Anna, welches für die Aufnahme von Pilgern, Kranken und Armen bestimmt war. Auch eine „Vurstat" war allmählich neben der Liebfrauenkapelle entstanden. Bis zur Mitte des 14. Jahrhunderts hatten die Pilgerzüge ihre höchste Blüthe erreicht. Um diese Zeit begann man, über der Liebfrauenkapelle die jetzt noch stehende, zweischiffige Kirche zu erbauen, welche bis zum Jahre 1399 vollendet war. Sie führte den Titel „Unsrer lieben Frauen vor der Porze", wurde aber später gewöhnlich Kreuzherrenkirche genannt. Zwei Priester waren an derselben zur Besorgung des Gottesdienstes angestellt.[3]

Mittlerweile hatte auch die Stiftskirche eine bedeutende Vergrösserung und Verschönerung erfahren. Sie verdankte dieselbe dem Grafen Wilhelm II., 1360—1408, welcher, 1380 durch den Kaiser zur herzoglichen Würde erhoben, von da an den Titel Wilhelm I., Herzog von Berg, führte. Anfangs übernahm für ihn seine Mutter,

---

[1] S. Lacomblet, Archiv für die Geschichte des Niederrheins. Düsseld. 1863, Bd. IV S. 29, 99 ff.

[2] Nach der erzbischöflichen Stiftungsurkunde des Kreuzherrenklosters vom Jahre 1446 wäre genannte Kapelle spätestens vor 950 erbaut worden; denn es heisst dort, in derselben werde das Bild der seligsten Jungfrau schon seit 500 Jahren verehrt.

[3] S. Strauven, die fürstlichen Mausoleen Düsseldorfs. Düsseldorf 1879. S. 11 ff.

die Gräfin Margaretha, die vormundschaftliche Regierung. Mit grosser Freigebigkeit sorgte sie für die Kirchen des Landes und fand darin einige Erleichterung in ihrer Betrübniss über den vorzeitigen Tod ihres im Turnier gefallenen Gatten. Die fromme Gesinnung der Mutter war auch auf den Sohn übergegangen; dieser aber verband mit der Bethätigung derselben zugleich den äussern Zweck, der nach Düsseldorf verlegten, nunmehr herzoglichen Hofhaltung durch reiche Ausstattung der Kirche und einen zahlreichen Klerus ebenso, wie durch die Vergrösserung der Stadt und ihrer Befestigungen, einen höhern Glanz zu verleihen. In den Jahren 1370 bis 1394 baute er die Stiftskirche zu einer dreischiffigen Hallenkirche um, wodurch dieselbe ihre gegenwärtige Gestalt erhielt. Im Innern war sie mit Wandmalereien und bunten Glasfenstern geschmückt. Die Einweihung geschah am 12. Juli 1394. Als Titulare der Kirche werden neben der allerseligsten Jungfrau die Heiligen Thomas, Lambertus, Apollinaris, Severin und Anno aufgeführt. Bereits am 1. März 1392 hatte Herzog Wilhelm zu den vorhandenen acht Kanonikalpfründen einschliesslich der Dechantei vierzehn neue gestiftet, nämlich die Propstei, Scholasterie, Thesaurarie, Cantorie und zehn Kanonikalpräbenden. In einer zweiten Ausfertigung der Urkunden im Juli 1392 wird die Zahl der neuen Präbenden auf fünfzehn erhöht, und zu den vorhandenen zwei Vikarieen werden noch zwölf neue hinzugefügt, darunter die beiden noch jetzt bestehenden Vikarieen vom h. Kreuz und vom h. Petrus.[1] Zwar sind diese Bestimmungen thatsächlich niemals ganz zur Ausführung gekommen; aber dennoch zählte man 1394 schon vierzig Geistliche bei der Düsseldorfer Stiftskirche. Diese grosse Zahl der Kleriker machte die Errichtung von zwölf neuen Altären in der Kirche nothwendig; überhaupt sorgte der Herzog auch für die innere Ausstattung des Gotteshauses in würdiger Weise; jetzt noch zeugen von seiner Freigebigkeit vier grosse Messingleuchter auf dem Chore der Kirche, welche ursprünglich für das durch Wilhelm I. in der Stiftskirche hergerichtete fürstliche Grabgewölbe bestimmt waren. Letztere Massregel, die Anlegung eines Mausoleums für die herzogliche Familie unterhalb der Stiftskirche, liefert allein schon den Beweis, dass Herzog Wilhelm diese Kirche als seine und seines Hauses Kirche betrachtete. Bis dahin waren nämlich die bergischen Grafen regelmässig in Altenberg

---

[1] S. die Bestätigungsurkunde Bonifaz IX. in Brosii Annal. II. 36. Bayerle S. 239. Lacomblet, Archiv für die Geschichte des Niederrheins IV. 107.

beigesetzt worden. Um nun dieser seiner Kirche einen noch grösseren Glanz zu verleihen, sammelte der Herzog für dieselbe auf Grund einer von Bonifaz IX. ertheilten Vollmacht möglichst viele und kostbare Reliquien. So wurde 1383 am 28. September der Leib des h. Apollinaris von Remagen nach Düsseldorf in die Stiftskirche gebracht; dieser Heilige, wie Einige meinen, ein Schüler des Apostelfürsten Petrus, wird seitdem als Patron der Stadt Düsseldorf verehrt und das Andenken an die Uebertragung seiner Reliquien durch das Fest Translatio reliquiarum an dem genannten Tage gefeiert. Seit 1392 zieht auch schon die Apollinarisprozession jährlich denselben Weg durch die Strassen des alten Düsseldorf. In demselben Jahre 1392 kamen die Reliquien des h. Willeikus, eines Genossen des h. Suidbertus, von Kaiserswerth nach Düsseldorf; 1393 wurde das Haupt der h. Lucia von dem Convent zu Altenberg für die Stiftskirche erworben. Dazu kamen noch in demselben Jahre eine Partikel vom h. Kreuz und Reliquien des h. Laurentius aus Gross-St. Martin in Köln.[1] Bei diesen Bemühungen um den Erwerb kostbarer Heiligthümer wurde Herzog Wilhelm geleitet durch den Geist seiner Zeit, welcher die Verehrung der Reliquien und die Wallfahrten ohne Zweifel als einen Nachklang der Kreuzzüge in dem religiösen Leben besonders hervortreten liess. Demgemäss war es nicht nur in religiöser, sondern selbst in materieller Hinsicht für einen Ort von der grössten Bedeutung, hervorragende Heiligthümer zu besitzen. So tritt nun auch Düsseldorf, welches bis dahin schon wegen seiner Liebfrauenkapelle jährlich von Pilgerschaaren aufgesucht wurde, seit dem Ende des vierzehnten Jahrhunderts in die Reihe der grossen, rheinischen Wallfahrtsorte, in denen alle sieben Jahre eine besonders feierliche Zeigung der Reliquien stattfand.[2] Hierzu diente

[1] S. Bros. Annal. II. 36, 37 und die Urkunde bezüglich der Uebertragung des h. Willeikus bei Bayerle S. 241.

[2] Den Beweis hierfür hat Krebs, Zur Geschichte der Heiligthumsfahrten, Köln 1881, S. 31 ff. erbracht. Derselbe stützt sich auf a die Limburger Chronik im Stadtarchiv zu Köln zum Jahre 1391: „Indulgentz zu Düsseldorff Bergischen Landes. Indulgentz in massen einer Romerfart ginge ahn in obgx. Jare zu Düsseldorff, dass da liget in dem Niederlande und ist des Hertzogen von Berge und wass dass aus gnade Bonifacii noni Bapstes zu Rome und wart in derselbigen zeyt da selbst gestifft ein Canonicat von Neuen und dass wass von dem grossen zulauffe, der dahin wass." Das Wort „Romerfart" im Texte bedeutet hier überhaupt eine Wallfahrt. b) Registrum sive processus reliquiarum ecclesiae collegiatae gloriosae semper benedictae Dei genitricis et virginis Mariae in Duysseldorp continens potiores historiarum particulas in die divi Jacobi cum promulgantur ad honorem sanctorum populo praedicabiles. Es ist dies ein Pergamentcodex aus 1511 im Archiv von St. Lambertus in

der Anbau an der Südseite des Chores der Stiftskirche, von dessen Höhe herab dem Volke die Heiligthümer gezeigt wurden.

Eines der letzten Werke Wilhelms I. in religiöser Hinsicht war die 1407 erfolgte Einführung einer Muttergottesbruderschaft in der vor dem Thor gelegenen Liebfrauenkirche, aus welcher sich nachher die Rosenkranzbruderschaft entwickelt hat. Nach dem Vorgange des Herzogs traten die angesehensten Personen des Hofes und der Stadt und Viele aus dem Volke dieser Vereinigung bei. Der Eifer des Fürsten für eine solche, ausschliesslich dem religiösen Gebiete angehörige Sache gewährt einen sichern Rückschluss auf die Beweggründe, welche ihn überhaupt bei seiner Thätigkeit zu Gunsten der Religion geleitet haben. Wenn wir auch in dieser Hinsicht nicht den heutigen Massstab zur Beurtheilung des Herzogs Wilhelm anlegen dürfen, so bleibt es doch gewiss auch für die damalige Zeit wahr und unbestritten, dass ein Fürst, der einer Rosenkranzbruderschaft als Erster beitritt, um durch sein Beispiel die Unterthanen nachzuziehen, ohne Zweifel persönlich eine tiefreligiöse Gesinnung besitzen muss. Dieser frommen und religiösen Gesinnung des Fürsten haben wir dann aber auch, wenigstens in erster Linie, alles das zuzuschreiben, was er sonst für die Kirche und die Religion in Düsseldorf gethan hat, wenngleich nicht geleugnet werden soll, dass er dabei auch den Glanz seines Hofes und den materiellen Vortheil der Stadt im Auge hatte.

Düsseldorf, welcher die von Bonifaz IX. ausgestellten sieben Urkunden über die Heiligthümer, Ablässe u. s. w. und die Erneuerungsbullen seiner Nachfolger enthält. — c) Eine Chronik des Stiftes aus dem 17. Jhdt. im Archiv von St. Lambertus, in welcher über die Zeigung der Reliquien Folgendes sich findet: Ab anno 1654 anticipato (se. modo) in dominica die festum s. Apollinaris celebratur cum indulgentiis, cum processione solemni per civitatem, quando et processio ex Ratingen deducitur. Ostensio reliquiarum fit in festo s. Jacobi et omni septennio solemniter: vide „processum reliquiarum" — den unter b angeführten Codex —, in quo vitae sanctorum per modum promulgationis conscriptae in pergameno . . . . Propter insignes reliquias omni septennio ostensio reliquiarum, uti Aquisgrani, et inter septem ecclesias visebatur a peregrinis a Treviris praecedendo in Capellen, inde Coloniam, inde in Grevenradt, exinde Dusseldorpium et in Gladbach, finaliter Aquisgranum, et Tungris absolvebant peregrinationem suam. Es wurde also jährlich am Feste des h. Jakobus eine Zeigung der Reliquien vorgenommen und alle sieben Jahre in feierlicher Weise. Letzteres geschah, wie in Aachen, und in zeitlicher Verbindung mit der Aachener Heiligthumsfahrt. Die sieben, von den Pilgerschaaren aufgesuchten Orte waren Trier, Schillings-Capellen am Vorgebirge, Köln, Graefrath im Bergischen, Düsseldorf, München-Gladbach und Aachen.

Es war gewiss nur eine billige Anerkennung von Seiten der Kirche, dass dem Herzoge ebenso, wie seinen Vorfahren, gemäss den kanonischen Bestimmungen das Patronats- oder Vorschlagsrecht bei Besetzung der von ihm gestifteten kirchlichen Stellen eingeräumt wurde. Im Uebrigen geschah die kanonische Besetzung der Stellen innerhalb der Dekanie des Keldachganes wenigstens an den von Kaiserswerth aus gegründeten Kirchen bis in das vierzehnte Jahrhundert hinein durch den Archipresbyter von Kaiserswerth ohne Mitwirkung der Kölner Diöcesanbehörde. Von da an aber verschwindet der Keldachgau mit seiner Dekanie aus der Geschichte; letztere erscheint förderhin mit der Neusser Dekanie verbunden und unterliegt mit derselben der Archidiakonalgerichtsbarkeit des Kölner Domdechanten.[1]

Die unter der Regierung Wilhelms I. entfaltete äussere Blüthe des kirchlichen Lebens war leider nach dem Hingang dieses Fürsten nicht mehr von langer Dauer. Sein Nachfolger, Herzog Adolph I., 1408—1437, seit 1425 auch Herzog von Jülich, wurde in eine blutige Fehde mit dem Erzbischof Theoderich von Köln verwickelt, während welcher die Greuel des Krieges wiederholt bis dicht unter die Mauern Düsseldorfs sich hinwälzten. Dem Stiftskapitel wurden hierdurch die Einkünfte aus den Liegenschaften ausserhalb der Stadt geschmälert. In Folge dessen resignirte der zweite Propst, Albert Zobben, 1427 zu Gunsten des Stiftes; die Propstei ging ein und die Dechantei war von da ab wieder die erste Dignität des Kapitels. Gleichzeitig wurden mehrere Präbenden theils eingezogen, theils mit der Dechantei vereinigt, sodass blos fünfzehn Kanonikate übrig blieben, von denen aber auch noch einige fast immer unbesetzt waren. Wie das Stift, so litt auch die Stadt unter den Folgen des Krieges; insbesondere wurden die zahlreich dorthin kommenden Prozessionen versprengt und blieben in der Folge ganz aus. Herzog Gerhard I., 1437—1457, suchte diesem Uebelstand theilweise dadurch abzuhelfen, dass er gleich im Anfang seiner Regierung, 1438, Kreuzbrüder oder Kreuzherren — fratres s. crucis, crucigeri — nach Düsseldorf berief. Dieser in Belgien entstandene Orden mit dem Hauptkloster in Huy hatte sich die Wahrnehmung des kirchlichen Predigtamtes zur Aufgabe gesetzt. Nach Deutschland kamen die ersten Kreuzbrüder 1298 auf Veranlassung des Grafen Adolph VI. von Berg und gründeten hier das Kloster zu Beyenburg. Seitdem blieben ihnen die bergischen Fürsten gewogen; so erklärt es sich,

[1] Binterim u. Mooren, Alte Erzdiöcese Köln I. 208.

dass Herzog Gerhard gerade die Kreuzbrüder als ersten Orden nach Düsseldorf berief. Die feste, kirchliche Haltung, welche die Klöster der Kreuzbrüder in den Stürmen des folgenden Jahrhunderts eingenommen haben, berechtigt zu dem Schlusse, dass damals ein guter Geist in diesem Orden herrschte. In Düsseldorf begünstigte sie besonders die Gemahlin des Herzogs Gerhard, Herzogin Sophia, eine geborene Prinzessin von Sachsen-Lauenburg. Im Jahre 1445 übergab ihnen der Herzog die vor der Altstadt gelegene Liebfrauenkirche[1]; das daneben befindliche Hospital zur h. Anna, dessen Gebäulichkeiten als Kloster in Benutzung kamen, wurde 1450 nach der Flingerstrasse und von da 1507 in Folge der Stiftung des Pfarrers von Bosweiler und eines Kanonikus an die Stelle der heutigen Garnisonskirche in der Kaserne verlegt. Am 3. November 1444 gewann Herzog Gerhard die Schacht bei Linnig gegen den Herzog von Geldern; in Folge dessen stiftete er den Ritterorden vom h. Hubertus; jeder neu aufgenommene Ritter musste vier Mark Gold an das Anna-Hospital zahlen, wodurch dieses den Namen Hubertusspital erhalten hat.

Die Kreuzbrüder verstanden es, eine gedeihliche, das Volk ansprechende Thätigkeit zu entfalten; ihre Kirche wurde bald ein mit Vorliebe gewählter Begräbnissplatz für angesehene Familien und blieb dieses bis in das achtzehnte Jahrhundert hinein. Vielleicht hat schon die Herzogin Sophie selbst hier ihre Ruhestätte gefunden; später, am 10. September 1597, wurde die unglückliche Jakobe von Baden in der Kreuzbrüderkirche beerdigt.[2]

In der Stiftskirche war schon unter Herzog Adolph am 20. Januar 1435 die Sebastianusbruderschaft mit einem eigenen Altar gestiftet worden; etwas später, unter dem Dechanten Wilhelm de monte, 1447–1476, wurde an der Nordseite der Kirche der sogenannte Kalvarienberg, eine Kreuzigungsgruppe errichtet; dieselbe stand frei auf einem etwa sieben Fuss hohen Untersatz, mit der Fronte gegen die Kirche gewandt; mehrere Fuss hinter ihr her, ungefähr in der Mitte der heutigen Strasse, lief die Mauer des Kirchhofes.[3] Herzog Wilhelm II., 1475–1511, liess das Tabernakelhäuschen und das Chorgestühl, welche sich heute noch in der Kirche befinden, errichten; von ihm rührt auch die jetzt noch bestehende Frühmessstiftung her.

[1] S. die Bestätigungsurkunde des Erzbischofs Theoderich bei Brosius II. 58.
[2] Strauven, Mausoleen S. 13 ff.
[3] Strauven, Kalvarienberg. Düsseldorf 1883. S. 1 ff.

Diese Thatsachen liefern den Beweis, dass sowohl der religiöse Sinn im Allgemeinen während des fünfzehnten Jahrhunderts in Düsseldorf sich noch immer wirksam erwies, als auch insbesondere, dass die bergischen Fürsten fortfuhren, nach dem Vorbilde Wilhelms I. den kirchlichen Angelegenheiten ihre Fürsorge zuzuwenden. Im Verhältniss zur damaligen Ausdehnung der Stadt war für die religiösen Bedürfnisse ihrer Bewohner in reichlichstem Masse gesorgt. Wenn wir auch die Thätigkeit des Kapitels für die eigentliche Seelsorge nicht zu hoch anschlagen dürfen, so bot dasselbe doch den Gläubigen einen regelmässigen und im Vergleich mit andern Orten reichen und feierlichen Gottesdienst. Jeden Morgen um fünf Uhr wurden die Metten gesungen; daran schloss sich um sechs Uhr die gesungene Frühmesse; alsdann folgten die Stillmessen der Kanoniker und Vikare und um neun Uhr das Hochamt. Nachmittags drei Uhr wurde Vesper und Complet gehalten. Gepredigt wurde an allen Sonn- und Feiertagen und an den Freitagen der Fastenzeit. Der Pfarrdienst lag noch immer dem Dechanten allein ob; doch wird es demselben nicht schwer gefallen sein, namentlich für Christenlehre und Krankenbesuch, wenn nöthig, bei den Kanonikern und Stiftsvikaren Unterstützung zu finden. Dazu kam dann die Thätigkeit der Kreuzherren auf der Kanzel und im Beichtstuhl. Als kirchliche Vereinigungen in jener Zeit sind die schon genannte Rosenkranzbruderschaft und die Sebastianusbruderschaft zu verzeichnen. In die Oeffentlichkeit trat das religiöse Leben bei Gelegenheit der feierlichen Prozessionen, deren vier erwähnt werden, nämlich erstens die Frohnleichnamsprozession, sodann die sogenannte Reliquienprozession am Feste des h. Jakobus, welche einen integrirenden Bestandtheil der Heiligthumsfahrt bildete, und ferner je eine Prozession am Pfingstmontag und am Feste Kreuzerfindung. Nach Allem dürfen wir uns also wohl für berechtigt halten zu der Behauptung, dass das religiöse Leben in Düsseldorf, soweit dieses aus äussern Anzeichen erschlossen werden kann, während des fünfzehnten Jahrhunderts einer kräftigen und gesunden Blüthe sich erfreute.

Mit dem Tode Wilhelm's II. erlosch der Mannesstamm der Jülich-Bergischen Fürstenlinie; es folgte von 1511 bis 1539 Johann I., der Friedfertige, Erbprinz von Cleve, später als Herzog von Cleve Johann V., welcher die Tochter Wilhelms II., Maria, geehelicht hatte. Unter diesem Fürsten, mehr aber noch unter seinem Sohne Wilhelm dem Reichen fanden die religiösen Wirren des sechszehnten Jahrhunderts auch in Düsseldorf Ein-

gang. Im Jahre 1527 gab Johann I. seine Tochter Sibylle
dem sächsischen Kurprinzen Johann Friedrich zur Ehe.
In Begleitung des Letzteren kam der Hofprediger Friedrich Mykonius, ein persönlicher Freund Luthers, nach
Düsseldorf. Bei dieser Gelegenheit liess es sich nicht
umgehen, dass derselbe einige Male in der Schlosskapelle
predigte. Seitdem soll es in Düsseldorf Anhänger der
neuen Lehren gegeben haben.[1]) Herzog Johann I. stand
aber grundsätzlich fest zur Kirche. Beweis dafür ist sein
1525 erlassenes Dekret gegen die „Irrungen und Aufruhr
stiftenden Lehren und Schriften Luthers"; desgleichen
verbot er 1530 alle Religionsneuerungen und zwang die
bereits eingedrungenen Prediger der neuen Lehren, das
Land zu verlassen. Im Jahre 1534 schloss er einen Vertrag mit dem damals noch kirchlich gesinnten Erzbischof
Hermann von Wied, um „aus ihren beiderseitigen Gebieten
diejenigen fernzuhalten, welche die wahre Gegenwart
Christi im heiligsten Sakramente oder die Nothwendigkeit
der Taufe leugnen, welche die Heiligen lästern oder gegen
die katholische Kirche sprechen". Andererseits theilte
Johann I. mit vielen seiner Zeitgenossen die Ueberzeugung,
dass eine Reformation auf dem kirchlichen Gebiete, d. h.
die Abstellung der im Laufe der Zeit eingeschlichenen
Missbräuche, ein unabweisbares Bedürfniss sei. Indem
er nun aber selbst dieses Reformwerk in die Hand nahm,
that er einen grundsätzlich zwar nicht zu billigenden
Schritt, der jedoch sowohl durch das Beispiel anderer
Reichsfürsten, als auch durch die aussergewöhnlichen
Zeitverhältnisse erklärt werden kann. In seinen sogenannten Kirchenordnungen von 1525 und 1532 ertheilt
Johann I. den Pfarrern scharfe Anweisungen in Bezug
auf Predigt und Katechese und verbietet zugleich jede
Einführung neuer Riten und Ceremonien. Letztere Bestimmung mochte wohl in erster Linie gegen die von
Aussen kommenden Neuerungen gerichtet sein; sie konnte
aber auch der Entfaltung des religiösen Lebens innerhalb
der Kirche hinderlich werden, insofern sie nämlich gewisse Erscheinungen auf dem Gebiete der Heiligen- und

---

[1]. Der damals gerade in Düsseldorf anwesende Minorit Joh. Heller, genannt Korbach, aus Köln hielt am 19. Febr. 1527 eine Disputation mit Mykonius. Sofort erschien protestantischer Seits ein Bericht über dieselbe, nach welchem Heller nicht blos sehr ungeschickt sich benommen, sondern auch schliesslich die gegnerischen Argumente als richtig anerkannt haben sollte. Dagegen erschien „Broder Johann Hellers von Korbach observant vff eyn unwarhafftich smeychbuechlen das yn der letzten Franckfurder messe wydder en ys ussganghen. Cöllen 1527." Er protestirt dagegen, dass er zu Düsseldorf „seinen Glauben gekrenket vnd geleuemt habe", und zeigt an elf Punkten die Unwahrheit der gegnerischen Darstellung.

Reliquienverehrung, der Ablässe, Prozessionen u. dergl. mitbetraf, welche hin und wieder allerdings dem Drange einer in äussern Gestaltungen vielleicht allzu erfinderischen Frömmigkeit ihren Ursprung verdankten.[1]

Der geistige Urheber und zugleich Verfasser der Kirchenordnungen Johanns I. war der Humanist Konrad von Heresbach, ein Sohn des bergischen Landes, Schüler des Erasmus und Freund Melanchthons.[2] Als Erzieher des Erbprinzen Wilhelm und später als Berather dieses Fürsten hat er auf die kirchlichen Angelegenheiten einen grossen Einfluss ausgeübt. Wie Erasmus selbst, so war auch Heresbach der kirchlichen Spaltung abhold; er starb 1576 im Frieden der katholischen Kirche. Allein auch darin glich er seinem Lehrer, dass er, wie dieser, den Cultus, die Disciplin und selbst die Lehre der Kirche unter Berücksichtigung der angeblich berechtigten Forderungen der Neuerer einem Läuterungsprozesse unterwerfen wollte, aus welchem ein alle Theile befriedigendes Kirchenwesen hervorgehen sollte. Hierzu fehlte es aber Beiden ausser an der Berechtigung auch an der nöthigen, theologischen Durchbildung. Das desfallsige Bestreben des Konrad von Heresbach hat sich unter dem folgenden Herzoge in noch bedenklicherer Weise geltend gemacht.

Herzog Wilhelm III., der Reiche, 1539—1592, besass weder die Entschiedenheit des Willens, noch auch die Einsicht seines Vaters und war daher mehr, als dieser, von äussern Einflüssen abhängig, besonders während der letzten Zeit seiner Regierung, wo er von körperlichen Leiden und geistiger Schwäche heimgesucht wurde. Gleich von Anfang an gerieth Wilhelm III. durch den Conflikt mit

[1] Die am 8. Juli 1525 erlassene „Ordnung und Besserung" zur Aufrechthaltung der Ruhe in den Herzogthümern, welche bis zum allgemeinen Concil oder bis zu sonstiger kaiserlicher und ständischer Reform Geltung haben sollte, verfolgte offenbar den Zweck, die durch den Bauernaufstand erregte Bevölkerung zu beschwichtigen. Es konnten aber lutherisch Gesinnte leicht in ihr ein Zugeständniss und eine Aufmunterung erblicken, zumal einzelne Vorschriften in die Immunität der Kirche eingriffen. An die Kirchenordnung vom 11. Januar 1532 schloss sich 1533 eine auf herzogliche Anordnung veranstaltete Visitation aller Kirchen des Landes durch eine aus Geistlichen und Laien zusammengesetzte Commission, wobei es zugleich auf Kenntnissnahme der Einkünfte zum Zweck der Besteuerung abgesehen war; alles Eingriffe in die kirchliche Immunität, die man sich indess unter den gegebenen Umständen gefallen lassen musste. Vgl. H. J. Floss, zum Clevisch-Märkischen Kirchenstreit. Bonn 1883. S. 4, 5.

[2] Albr. Wolters, Konrad v. Heresbach und der Clevische Hof zu seiner Zeit, nach neuen Quellen geschildert. Ein Beitrag zur Geschichte des Reformationszeitalters und seines Humanismus. Veröffentlicht durch den Bergischen Geschichtsverein. Elberfeld 1867.

Karl V. wegen Gelderns in eine für seine kirchliche Haltung gefährliche Lage. Er wandte sich 1540 an den Convent der protestantischen Fürsten in Frankfurt a. M., um durch ihre Verwendung beim Kaiser sich im Besitze Gelderns zu behaupten. Abgesehen von diesem Schritte hat die Regierung Wilhelms III. nach Aussen hin stets den katholischen Charakter bewahrt. Im folgenden Jahre schon finden wir den Namen des Herzogs unter dem Antwortschreiben der katholischen Fürsten auf eine kaiserliche Anfrage in Betreff der Religionsangelegenheiten. Es heisst darin, die vielen Irrlehren, Spaltungen und Missbräuche, welche eingeschlichen seien, machten die baldige Berufung eines allgemeinen Concils nothwendig. Bis dahin dürfe aber Niemand eigenmächtig in der Religion, ihren Ceremonien und Riten eine Aenderung vornehmen. Der Vertrag zu Venlo 1543, durch welchen der Geldern'sche Krieg beendigt wurde, legte dem Herzog in Art. 1 die Verpflichtung auf, „seine Erblande und deren Bewohner im rechten Glauben und in der Religion der allgemeinen Kirche zu erhalten, keine Neuerungen vorzunehmen oder zu gestatten und etwa schon eingedrungene zu beseitigen." [1] Zur grösseren Sicherstellung dieser Vertragsbestimmung sollte die Ehe dienen, welche 1546 zwischen Wilhelm III. und Maria von Oesterreich, der Tochter Ferdinands I., geschlossen wurde. In der Sache des Hermann von Wied, in den Truchsess'schen Streitigkeiten, sowie in den Aachener Wirren hat die Regierung Wilhelms III. immer den katholischen Standpunkt eingenommen. Dieser officiellen Haltung des Herzogs und seiner Regierung entsprach aber keineswegs die Entwicklung der Dinge im Lande selbst; nicht als ob der Herzog Willens gewesen wäre, den Protestantismus einzuführen oder dessen Einführung förmlich zu gestatten; im Gegentheil, 1548 liess er den in Wesel eingerichteten, protestantischen Cult unterdrücken und stellte den katholischen Gottesdienst wieder her. Ausserdem bewies er auch noch durch andere Handlungen, die, weil der politischen Bedeutung entbehrend, auch nicht durch politische Rücksichten bestimmt sein konnten, dass er persönlich ein katholischer Fürst sein wollte. So berief er 1565 zur Einsegnung des von ihm ausserhalb der Stadt angelegten, neuen Kirchhofs den Weihbischof Johann Kritius von Münster, welcher bei dieser Gelegenheit in Düsseldorf firmte. Desgleichen liess er 1568 den Leib der sel. Christina von Stommeln in feierlicher Weise von Nideggen nach Jülich transferiren. Nichtsdestoweniger bleibt es aber doch wahr, dass Wilhelm III. durch seine im

[1] Bros. Annal. III. 60.

Sinne Heresbachs gehaltenen, angeblichen Reformen das Eindringen des Protestantismus in die bergischen Lande erleichtert und befördert hat. Als die wichtigsten Reformen, von denen er nicht abstehen könne, bezeichnete Wilhelm 1561 gegenüber dem päpstlichen Nuntius Joh. Franz Commendone den Laienkelch und die Priesterehe. Wenn man nun bedenkt, dass gerade diese beiden Stücke allenthalben als das äussere Wahrzeichen der Einführung des Protestantismus galten, so kann man leicht ermessen, wem das Reformwerk Wilhelms III. schliesslich zum Vortheil gereichen musste. Dazu kamen von 1550 an mehrere Verordnungen, welche die Wallfahrten untersagten, die Bilderverehrung einschränkten und sogar der Ausübung der kirchlichen Jurisdiktion im herzoglichen Gebiete enge Schranken zogen, also lauter Bestimmungen, welche offenbar von einer grossen Rücksichtnahme auf die Anschauungen des Protestantismus zeugten und die daher dem Eindringen desselben ebenso förderlich waren, wie sie die Entfaltung des katholischen Cultus hinderten.[1] Die protestantischen Prediger durften nur nicht förmlich und öffentlich als solche auftreten; wenn sie sich aber auf den Boden der Reform Wilhelms III. stellten, so konnten sie ungehindert ihre Thätigkeit entfalten. So erklärt es sich, wie der Herzog 1561 dem Nuntius Commendone, der von ihm die Entlassung des protestantischen Hofpredigers forderte, antworten konnte, der Mann sei ja rechtgläubig. Solcher „rechtgläubigen" Hofprediger hatte der Herzog mehrere nach einander; einem derselben, Wolleck ab Os, vertraute er sogar die Erziehung seiner Töchter an. Selbstredend blieben die Neuerungen nicht auf den Hofgottesdienst beschränkt, sondern fanden ebenso auch Eingang in Stadt und Land. Wenn Herzog Wilhelm in der mehrerwähnten Unterredung mit dem Nuntius nicht übertreibt, indem er sagt, der Laienkelch sei schon seit fünfundzwanzig Jahren im Gebrauche, so würde die Einführung desselben spätestens in den Anfang der Regierung Wilhelms III. zu versetzen sein.

Im Jahre 1545 wurde in Düsseldorf eine gelehrte Schule, das sogenannte Seminarium reipublicae, gegründet. Es war dieses ein humanistisches Gymnasium, verbunden mit theologischen und juristischen Lehrcursen. Hier sollten bis zur Gründung einer Landesuniversität die Geistlichen

---

[1] Hinsichtlich der Ausübung der kirchlichen Jurisdiktion standen die Herzöge aus dem clevischen Hause schon seit der Mitte des 15. Jhdts. zu den Ordinarien von Köln und Münster in einem gespannten Verhältnisse, welches in den oben erwähnten Verordnungen Wilhelms III. schärfer zum Ausdruck kam. Vgl. Floss, Clevisch-Märkischer Kirchenstreit, S. 1 ff.

und Juristen des Landes ausser der allgemein wissenschaftlichen Vorbildung auch ihre specielle Fachbildung erhalten. Nur Wenige besuchten auswärtige Universitäten und wurden dann später gewöhnlich im höheren Staats- und Kirchendienst verwendet. Es war also offenbar ausserordentlich viel daran gelegen, in welchem Geiste das Seminarium reipublicae geleitet wurde. Als Rektor berief man an die Anstalt den Magister Johannes Monheim von Köln, einen Verehrer des Erasmus, der aber in der Entwicklung seiner religiösen Ideen über Erasmus hinausging und schliesslich auf dem protestantischen Standpunkte anlangte. Während seine 1551 erschienene „Erklärung des apostolischen Glaubensbekenntnisses und der zehn Gebote" sich damit begnügte, die katholische Kirchenlehre im Sinne des Erasmus in einer etwas verflüchtigenden Weise darzustellen, enthielt der 1560 lateinisch herausgegebene „Katechismus" bereits vollständig die Lehre Luthers, allerdings in einer vorsichtigen, von Angriffen auf die katholische Lehre absehenden Form. Das Seminarium reipublicae war also unter Monheims Leitung „zwar äusserlich keine der evangelischen Kirche angehörige Anstalt; es wurde aber doch nach reformatorischen Grundsätzen daselbst gelehrt." [1].

Weder die Vorstellungen des Nuntius 1561, noch auch die 1559 erfolgten kaiserlichen Mahnungen vermochten den Herzog von dem einmal betretenen Wege abzubringen; er gerieth immer mehr in Abhängigkeit von seinen protestantischen oder doch reformgesinnten Räthen, unter denen neben Heresbach besonders Aegidius Mommer zu nennen ist. In den Jahren 1562, 1566 und 1567 wurden durch vom Herzog eingesetzte Commissionen neue Kirchenordnungen ausgearbeitet, welche nach des Herzogs Willen eine „nützliche, heilsame, fromme und heilige Reformation enthalten sollten, wie sie für die Kirchen seiner Länder passend und hinreichend wäre." [2]. Es wurden aber nur die früheren, den katholischen Cultus einschränkenden Bestimmungen erneuert, dagegen die „Predigt des Evangeliums im Sinne des Erasmus" freigegeben. Letzteres war die schützende Flagge für das Eindringen der neuen Lehren; der Widerstand des Herzogs gegen dieselben erlahmte in demselben Masse, in welchem seine geistige und körperliche Schwäche zunahm.[3] So konnte 1567 der

[1] Tönnies, Die Fakultätsstudien zu Düsseldorf, I. Thl. S. 14 f.
[2] Bros. Annal. III. 71.
[3] Herzog Wilhelm erlitt zuerst 1566 auf der Reise nach Augsburg zum Reichstag einen Schlaganfall, der sich dort einige Male wiederholte. Seitdem blieb er in einem „angefochtenen, beschwerlichen standt der

Prediger Leo von Düren es unternehmen, während einer Krankheit des Dechanten sogar in der Stiftskirche den bisherigen Gottesdienst abzustellen und dafür deutschen Psalmengesang und die Communion unter beiden Gestalten einzuführen. Düsseldorf war also auf dem besten Wege, thatsächlich protestantisch zu werden, wozu dann der vom Herzog und von Heresbach begünstigte Erasmianismus die Brücke gebildet haben würde. Da trat mit dem Jahre 1570 ein Umschwung ein: der Tod des Aegidius Mommer und der Abgang Heresbachs verschafften den katholisch gesinnten Räthen das Uebergewicht; das herzogliche Reformwerk gerieth in's Stocken, und der bis dahin gehemmte und gebundene Widerstand des Katholicismus konnte sich nunmehr Geltung verschaffen.

Die nächste Folge dieses Umschwunges zeigte sich darin, dass die bisherige Unklarheit aufhörte und man sich jetzt für oder gegen entscheiden musste. Die Zahl der Anhänger des Protestantismus, deren es, wie oben bemerkt, vielleicht schon seit 1527 in Düsseldorf gab, hatte inzwischen so zugenommen, dass nach 1570 sofort schon eine eigene protestantisch-reformirte Gemeinde entstand. Ausserdem gab es aber auch noch Viele, die, ohne gerade zum Protestantismus überzugehen, doch an den bisher eingeführten Neuerungen im Gottesdienst, namentlich am Laienkelch, festhalten wollten und daher der vollständigen Wiederherstellung des alten Gottesdienstes Schwierigkeiten bereiteten. Andererseits liess der katholische Klerus, voran der Dechant Peter Flüggen, sich diese Wiederherstellung sehr angelegen sein, ebenso, wie auch die Wiedergewinnung der zur neuen Lehre Uebergetretenen und ihre Zurückführung in den Schooss der katholischen Kirche.[1] Die Schwierigkeiten, welche die Zeitverhältnisse für die Seelsorge mit sich brachten, hatten schon 1542 das Bedürfniss fühlbar gemacht, dem Dechanten in seiner Eigenschaft als Pfarrer Gehülfen zur Seite zu geben, und so wurden damals ein Canonikus und 1574 einer der Vikare als Hülfsseelsorger bestellt. Gegen den im Seminarium reipublicae noch immer gebrauchten

gesundheit", halb gelähmt und oft geistig gestört. Auf der Rückreise hielt er sich in Stuttgart auf und wurde hier von dem Herzog Christoph und von dessen Hofprediger Johannes Brenz eifrig den Ideen des Protestantismus näher geführt. Die Kirchenordnung von 1567 war von Brenz vorher durchgesehen. Vgl. C. Binz, Doctor Johann Weyer, ein rheinischer Arzt, der erste Bekämpfer des Hexenwahns (Leibarzt Wilhelms III.). Bonn, 1885. S. 156.

[1] Im Jahre 1578 erhielt der Dechant Peter Flüggen auf sein Ersuchen von Rom die Fakultät, Protestanten wieder in die Kirche aufzunehmen, s. Bayerle S. 245.

Monheim'schen Katechismus wurde 1579 ein kaiserliches Verbot erwirkt und an seiner Stelle der Katechismus von Canisius eingeführt.

Unter dem letzten Herzog aus dem clevischen Hause, Johann Wilhelm, 1592—1609, der schon beim Regierungsantritt schwachsinnig war, trat in den religiösen Verhältnissen keine Aenderung ein. Mit seinem Tode begann der Jülich'sche Erbfolgestreit. Die beiden Hauptprätendenten waren Johann Sigismund, Kurfürst von Brandenburg, Schwiegersohn der bereits verstorbenen ältesten, und Wolfgang Wilhelm von Pfalz-Neuburg an der Donau, Sohn der noch lebenden zweiten Schwester des letzten Herzogs von Jülich-Cleve-Berg. Beide gehörten dem lutherischen Bekenntnisse an; es eröffnete sich also für die katholischen Bewohner der drei Herzogthümer die in der damaligen Zeit wenig erfreuliche Aussicht, Unterthanen eines andersgläubigen Herrschers zu werden. Die beiden Prätendenten einigten sich dahin, die Herzogthümer einstweilen gemeinschaftlich in Besitz zu nehmen. Düsseldorf wurde von den Soldaten des Pfalz-Neuburgers besetzt, und es folgten nun von 1609 bis 1614 für den Katholicismus daselbst schlimme Tage. Die öffentliche Ausübung der katholischen Religion ausserhalb der Kirchen war untersagt und ein Gegenstand des Gespöttes; ja, es kam so weit, dass es für schimpflich galt, katholisch zu sein.[1] Zum Glück stand damals der tüchtige und hochverdiente Dechant Wilhelm Bont an der Spitze des Kapitels und der Pfarrgemeinde. Ihr Ende erreichte diese Bedrückung des Katholicismus durch die am 25. Mai 1614 erfolgte Rückkehr Wolfgang Wilhelms zur katholischen Kirche. Zugleich datirt von diesem Zeitpunkte an die entschiedene und vollständige Wiederherstellung der katholischen Religion in Düsseldorf.

Es lässt sich nicht leugnen, dass während der nun abgelaufenen Periode der religiösen Wirren, also etwa von 1527 bis 1614, die protestantischen Ideen bei der Bewohnerschaft Düsseldorfs auf einen nicht ganz unfrucht-

---

[1] In dieser Zeit war es, wo die Hammer und Bilker durch ihr Eingreifen den Auszug der Frohnleichnamsprocession herbeiführten. Dieselben pflegten sich alljährlich bei der Düsseldorfer Procession anzuschliessen. Als sie nun merkten, dass Dechant und Kapitel zu ängstlich seien, um die Procession ausziehen zu lassen, bildeten sie gegen Ende des Hochamtes ohne Weiteres ihre Reihen und eröffneten den Zug. Die hierdurch ermuthigten Düsseldorfer, Geistlichkeit und Volk, schlossen sich an, während die durch das Unerwartete dieses Vorgehens überraschten Beamten und Soldaten des Neuburgers nicht zeitig genug darüber schlüssig wurden, was sie thun sollten. So wurde die Procession ungestört zu Ende geführt. Bayerle S. 55.

baren Boden gefallen waren. Zu den allgemeinen Ursachen, welche damals allenthalben das Vordringen der neuen Lehren begünstigten, kam eben für Düsseldorf noch der besondere Umstand hinzu, dass die protestantisirende Reform von oben herab ins Werk gesetzt wurde. Der Einfluss des herzoglichen Hofes auf die Bewohner der Stadt Düsseldorf, die ja ihren Fürsten Alles verdankte, war überhaupt sehr gross, und die religiöse Seite machte in dieser Hinsicht erst recht keine Ausnahme. Als Erbauer der Gotteshäuser, als traditionelle Beschützer und Beförderer der Religion, als Gründer und Patronatsherren der meisten geistlichen Stellen übten die bergischen Herzöge auch in kirchlichen Dingen einen beherrschenden Einfluss aus. Sodann gewährte, wie wir bereits gesehen haben, die Art und Weise, in welcher staatlicherseits reformirt wurde, dem Eindringen der neuen Lehren bedeutenden Vorschub. Ohne förmlichen Bruch mit der alten Kirche, vor welchem doch wohl Mancher zurückgeschreckt wäre, wurden die Geister allmählich mit protestantischen Ideen und Anschauungen erfüllt. Das Meiste in dieser Hinsicht hat die Monheim'sche Schule geleistet während der dreissig Jahre, wo „nach reformatorischen Grundsätzen" daselbst gelehrt wurde. Man wird wohl nicht fehlgehen mit der Annahme, dass in Folge dessen ein grosser Theil der Gebildeten des bergischen Landes protestantisch dachte und fühlte.

Um in diesen Verhältnissen Wandel zu schaffen, bedurfte es eines mächtigen, dabei festen und zielbewussten Willens und grosser Umsicht in der Wahl der Mittel. Beides fand sich vereinigt in der Person des Herzogs Wolfgang Wilhelm, 1614—1652. Unmittelbar vor seinem Uebertritt zum Katholicismus[1] war zwischen ihm

[1] Dieser Schritt Wolfgang Wilhelm's ist vielfach politischen Beweggründen zugeschrieben worden. Wolfgang Wilhelm hatte 1613 die bayerische Prinzessin Magdalena geheirathet und war dadurch den katholischen Höfen von München und Wien näher getreten. Der brandenburgische Kurfürst, welcher alle Schritte seines Mitbewerbers scharf im Auge behielt, unterliess nicht, die reformirten holländischen Generalstaaten hiervon in Kenntniss zu setzen, um diese dadurch von einer etwa beabsichtigten Unterstützung des Neuburgers abzuhalten. Als Letzterer nun katholisch geworden war, suchte und fand er natürlich die Unterstützung der katholischen Mächte, insbesondere der Spanier in Belgien, welche ihm den Spinola mit einem Heere zu Hülfe sandten, um die noch nicht unterworfenen Orte der Herzogthümer Jülich und Berg zu erobern. Darauf trat der Kurfürst vom lutherischen zum reformirten Bekenntniss über und erhielt dadurch um so eher die Unterstützung der reformirten Generalstaaten. So ist allerdings die Politik durch den beiderseitigen Religionswechsel beeinflusst worden; dies berechtigt aber noch keineswegs dazu, den Uebertritt

und dem Kurfürsten eine Theilung der Herzogthümer zu Xanten verabredet worden. Danach sollte Pfalz-Neuburg Jülich und Berg, Kurbrandenburg Cleve und Mark erhalten, während Ravensberg einstweilen noch im gemeinsamen Besitze verblieb. Obwohl dieser Vertrag nicht ratificirt wurde, konnte man doch mit grosser Wahrscheinlichkeit annehmen, dass später nichts Wesentliches mehr daran geändert werden würde. Da also der Besitz von Düsseldorf gesichert erschien, gab sich Wolfgang Wilhelm bald an die Aufgabe, der religiösen Zwitterstellung, worin die Stadt bis dahin mehr oder weniger sich befunden hatte, ein Ende zu machen und die alte katholische Religion in ihrer Reinheit wieder herzustellen. Er sah aber wohl ein, dass dieses Ziel durch äussere Massregeln nicht erreicht werden könne, sondern dass es dazu einer Erneuerung des Geistes und also der Heranziehung frischer, geistiger Kräfte bedürfe. Deshalb berief er die Jesuiten und die Kapuziner nach Düsseldorf. Diese beiden Orden waren beinahe gleichzeitig in's Leben getreten, ersterer 1540, letzterer 1528 durch Abzweigung aus dem Franziskanerorden; beide standen also damals in ihrer Jugendfrische; sie verfügten über die besten Kräfte und ergänzten sich dabei gegenseitig in ihrer Wirksamkeit, insofern nämlich die Jesuiten in erster Linie auf die vornehmern und gebildeten Stände einwirkten, während die Kapuziner eine mehr volksthümliche Thätigkeit entfalteten. Sonach durfte also Wolfgang Wilhelm von der Berufung gerade dieser beiden Orden am ehesten eine Erneuerung des kirchlichen Lebens in Düsseldorf erwarten.

Die ersten Kapuziner kamen, gesandt vom päpstlichen Nuntius Anton Albergato, am 24. November 1617 in Düsseldorf an. Der Herzog kaufte ihnen in der Flingerstrasse einen Platz für die Kirche; am 29. Juni 1621 fand die Grundsteinlegung und am 25. Februar 1624 die Einweihung statt; mit Rücksicht auf die Herzogin Magdalena, die besondere Beförderin des Werkes, wurde die neue Kirche der h. Magdalena geweiht. Im Jahre 1623 war ein Haus zum Klosterbau angekauft worden; 1639 wurde neben der Kirche eine Todtenkapelle angelegt und in

---

Wolfgang Wilhelm's nun auch ohne Weiteres auf politische Beweggründe zurückzuführen. Er selbst gibt als Grund seines Uebertrittes an die Ueberzeugung von der Wahrheit der katholischen Religion, welche er aus dem Buche des Canisius „Summa doctrinae christianae" geschöpft habe. Vgl. A. Räss, Convertiten seit der Reformation IV, 223, wo auch angegeben ist, dass Wolfgang Wilhelm bereits am 11. Juli 1613 vor seiner Eheschliessung zu München convertirt, seine Conversion aber erst zu Düsseldorf am 25. Mai 1614 bekannt gemacht habe.

demselben Jahre, sowie 1641 und 1649 das Klostergebäude erweitert, alles auf Kosten des Herzogs.

Fast gleichzeitig mit der Berufung der Kapuziner erfolgte auch die der Jesuiten. Wolfgang Wilhelm wandte sich 1618 an den Provinzial der Jesuiten in Köln; 1619 trafen die ersten Patres, Bernhard Buchholz und Gerhard Lippius, mit einem Laienbruder in Düsseldorf ein.[1] Gegen die Errichtung eines Jesuitenklosters wurden von drei Seiten Einwendungen erhoben, nämlich von Seiten der städtischen Behörden, von Seiten der Vorstände der protestantischen Gemeinden und von Seiten der in Düsseldorf ansässigen Kreuzbrüder. Ueberhaupt war man anfangs für die Jesuiten nicht sehr eingenommen; es kostete ihnen sogar Mühe, die Erlaubniss zu kirchlichen Verrichtungen zu erhalten. Indessen liess sich Wolfgang Wilhelm durch solche Schwierigkeiten nicht beirren; noch in demselben Jahre trat er, wie eins: Herzog Wilhelm, seinen Unterthanen zum Vorbilde in die von den Jesuiten gestiftete Congregation für Herren und Gelehrte, das sogenannte Pactum Marianum, ein;[2] viele angesehene Personen geistlichen und weltlichen Standes folgten dem fürstlichen Beispiel. Im folgenden Jahre 1620 wurde die Sodalität der studirenden Jugend unter dem Titel „Maria, Königin der Engel" errichtet; am 1. November desselben Jahres, nach anderer Angabe am 14. August 1621, übernahmen die Jesuiten auch die Leitung des Seminarium reipublicae; später, im Jahre 1629, errichteten sie dazu aus freiwilligen Beiträgen ein Convict für die studirenden Jünglinge, genannt Salvatorium. Gegen Ende 1620 befanden sich bereits dreizehn Jesuiten in Düsseldorf; dieselben pflegten regelmässig an zwei Stellen in der Stadt die Religionslehre öffentlich vorzutragen, wodurch sie die im Glauben Wankenden befestigten und Manche, die sich von der alten Kirche abgewandt hatten, wieder zurückführten. Als Frucht dieser Wirksamkeit entstand im Jahre 1621 die Bürgersodalität unter dem Titel „Mariä Himmelfahrt", deren erster Präfect der Bürgermeister Wilhelm Laufs war. Sie umfasste verheirathete und ledige Mitglieder; erst 1636 trennten sich letztere ab und gründeten die Junggesellen-Sodalität unter dem Titel

---

[1] Die Nachrichten über die erste Niederlassung der Jesuiten schwanken zwischen 1617 und 1620. Die meiste Wahrscheinlichkeit besitzt die im Texte enthaltene Angabe. S. Bayerle 127. Tönnies 18.

[2] Das Pactum Marianum hat sich, allerdings in verkümmerter Form, bis heute erhalten; gegenwärtig besteht es nur noch als Vereinigung von Geistlichen zum Zwecke der Fürbitte für die abgeschiedenen Mitglieder.

„Mariä Reinigung". Im Jahre 1633 hatte die Bürgersodalität zum ersten Mal eine Charfreitagsprozession zu den Hauptkirchen der Stadt veranstaltet, welche seitdem jährlich, jetzt von der Maxkirche aus, gehalten wird.

Bereits im Jahre 1621 hatte der Herzog den Jesuiten ein eigenes Haus gekauft, welches sie am 29. November, dem Tage des h. Andreas, bezogen. Dazu fügte er 1622 noch die Schenkung zweier anderer Häuser und einer Summe Geldes zum Bau der Kirche. Am 5. Juli wurde unter grossen Feierlichkeiten der Grundstein der Kirche gelegt und durch den Kölner Weihbischof Otto Gereon benedicirt. Nach siebenjähriger Bauthätigkeit konnte 1629, wiederum am 29. November, der erste Gottesdienst in dieser nach dem Apostel Andreas benannten Kirche gehalten werden. Dieselbe erfreute sich auch ferner der besondern Gunst des Hofes und trat nach und nach zu den Pfalz-Neuburgischen Fürsten in ein ähnliches Verhältniss, wie dasjenige, in welchem die Stiftskirche zu den alten, bergischen Herzögen gestanden hatte. In Folge dessen erhielt sie auch den Namen der Hofkirche. Herzogin Magdalena, die treue Gehülfin ihres Gemahls bei dem Werke der Wiederherstellung des Katholicismus, hatte die Vollendung dieser Kirche nicht mehr erlebt; sie war schon 1628 zu Neuburg a. d. Donau gestorben und in der dortigen Jesuitenkirche beigesetzt worden. Wolfgang Wilhelm's zweite Gemahlin, die Pfalzgräfin Katharina Charlotte von Zweibrücken, gehörte dem reformirten Bekenntniss an. Um so mehr liess sich aber die Gemahlin des Erbherzogs, Anna Katharina Constantia, die Ausstattung der Jesuitenkirche angelegen sein; ihr verdankt dieselbe die meisten Reliquien, welche sie besitzt, besonders die des h. Andreas sammt der dazu gehörenden silbernen Büste. Herzog Wolfgang Wilhelm erbaute hinter dem Chor der Kirche das fürstliche Mausoleum, in welchem die Erbherzogin nach ihrem 1651 plötzlich erfolgten Tode als erste ihre Ruhestätte fand.

Die Stiftskirche, obwohl die Hauptkirche der Stadt, wurde doch durch die der neuen Andreaskirche zu Theil werdende Bevorzugung thatsächlich etwas in den Hintergrund gerückt. Dazu kam noch ein äusserer Unfall, von welchem sie im Jahre 1634 betroffen ward. Am 10. August dieses Jahres flog das am Rhein auf der Ecke der jetzigen Ritterstrasse gelegene Pulvermagazin mit 300 Centnern Pulver in die Luft und richtete ringsumher grosse Verwüstungen an. Die bunten Glasgemälde der Stiftskirche, sowie ihre innern Wandgemälde waren gänzlich zerstört, und bei der Noth der Zeiten mitten im dreissigjährigen

Kriege durfte man, zumal die fürstliche Kasse durch andere Ausgaben sehr in Anspruch genommen war, an eine Wiederherstellung gar nicht denken. Man musste sich damit begnügen, den Schaden durch Uebertünchung und einfache Verglasung nothdürftig auszubessern. Die den Kirchhof nach der Rheinseite hin abgrenzende Mauer war niedergeworfen, während der zwischen ihr und der Kirche gelegene Calvarienberg merkwürdiger Weise gar keinen Schaden genommen hatte, obwohl die stützenden Eisenstangen hinter den drei Kreuzen von der Gewalt des Stosses verbogen waren.

Durch die von den Jesuiten in s Leben gerufenen Congregationen war die Möglichkeit geschaffen, auf den männlichen Theil der Bevölkerung eine erfolgreiche religiöse Einwirkung auszuüben. Für die Frauen und Jungfrauen entstand eine ähnliche Vereinigung in der sogenannten Ursula-Gesellschaft, welche ebenfalls, und zwar bis heute, ihren Sitz in der Andreaskirche hat. Im Jahre 1627 traten aus Anlass der Pest die Wittwe Marg. Heistermanns, geb. Steinhausen, und zehn andere Frauen und Jungfrauen zusammen und verpflichteten sich zu gewissen Andachtsübungen, zur Unterstützung der Armen und zur Pflege der Pestkranken. Diese Vereinigung, welcher bald hochfürstliche und andere angesehene Damen beitraten, erhielt 1652 die päpstliche Bestätigung als kirchliche Bruderschaft.

Obschon die Zugehörigkeit der Herzogthümer Jülich und Berg zum Hause Pfalz-Neuburg noch nicht entgültig gesichert war, verhandelte Wolfgang Wilhelm doch schon mit dem erzbischöflichen Stuhle zu Köln behufs Regulirung der kirchlichen Verhältnisse im Bergischen. In Folge dessen wurden 1624 durch die sogenannte Provisional-Transaction zwischen Erzbischof Ferdinand von Köln und Wolfgang Wilhelm die rechtsrheinischen Pfarren der Neusser Dekanie von dieser abgetrennt und zum Dekanate Düsseldorf vereinigt.[1]

Zu den in Düsseldorf bereits vorhandenen Ordensniederlassungen der Kreuzherren, Kapuziner und Jesuiten kamen in der Folge sowohl unter Wolfgang Wilhelm, als auch unter seinem Sohne Philipp Wilhelm 1652—1690 noch mehrere andere Klöster hinzu. Am 15. Oktober 1638 liessen sich die Coelestinerinnen von Köln in Düsseldorf nieder und kauften 1642, vom Herzog und von der Stadt unterstützt, ein Haus in der Ratingerstrasse. Zum Klosterbau kamen sie erst 1688 und vollendeten denselben

[1] Binterim u. Mooren, Alte Erzdiöcese Köln I, 208.

1691. Darauf legten sie 1696 den Grundstein zur Kirche, welche 1701 in Gebrauch genommen wurde. — Aus ganz kleinen Anfängen erwuchs das heute noch als Ordenshaus dastehende, wenngleich von seinen ehemaligen Insassen nicht mehr bewohnte Carmelitessenkloster. Im Jahre 1639 erhielt die Priorin der Carmelitessen zu Köln von Herzog Wolfgang Wilhelm und vom städtischen Magistrat die Erlaubniss, eine Niederlassung in Düsseldorf zu gründen. Zu diesem Zwecke schickte sie vorerst ein Fräulein Anna Maria von Knippenburg, welche dem Orden sehr zugethan war und später selbst eintrat, nach Düsseldorf, um die ersten Vorbereitungen zu treffen. Erst 1642 gelang es dieser, ein kleines Häuschen zu erwerben, welches sich auf dem freien Platze befand, der durch die Katastrophe von 1634 zwischen dem Rhein und der Stiftskirche entstanden war. Hier wurde 1643 der erste Carmelitessenconvent, bestehend aus vier Schwestern, gegründet. Dieselben erwarben sodann einen Platz neben jenem Häuschen und begannen hier 1644 den Bau eines bescheidenen Klösterchens, welches 1646 vollendet wurde. Hierbei waren sie sowohl durch den Herzog, als auch durch den Bürgermeister Pipers thatkräftig unterstützt worden. Ersterer schenkte ihnen den Platz, auf welchem jetzt die Kirche steht. Sie verbanden denselben einstweilen durch Mauern mit ihrem Wohngebäude und benutzten ihn als Garten. Das neue Klösterchen, dessen Insassen einen rein beschaulichen und strengen Lebenswandel führten, erregte Bewunderung und Theilnahme besonders in den Kreisen der vornehmen Damen am Hofe und in der Stadt, von denen mehrere der Genossenschaft beitraten. Eine hervorragende Beschützerin der Carmelitessen war die Prinzessin Eleonore Magdalena Theresia, Tochter des Herzogs Philipp Wilhelm und später Gemahlin des Kaisers Leopold. Bis zum Jahre 1670 hatten die Schwestern, unterstützt von ihren Wohlthätern, durch den Ankauf dreier Häuser nach der Altestadt hin den Platz gewonnen, auf welchem sie im folgenden Jahrhundert den grössern Klosterbau begannen. — Im Jahre 1649, als Düsseldorf wieder von der Pest heimgesucht war, kamen sechs Cellitinnen, Krankenschwestern von der Regel des h. Augustinus, von Köln und bezogen vorderhand eine provisorische und räumlich beschränkte Wohnung. Durch Collecten, welche sie im Lande abhielten, sammelten die sonst armen Schwestern die Mittel zu einem bescheidenen Klosterbau auf der Hunsrückenstrasse, der aber erst im Jahre 1699 fertig gestellt wurde. Ihre Kirche war der h. Elisabeth gewidmet.

Die bis jetzt erwähnten weiblichen Genossenschaften hatte man in Düsseldorf gerne aufgenommen und bereitwilligst unterstützt. Dieselben bildeten ja auch nur kleinere Niederlassungen, welche der Bevölkerung nicht besonders beschwerlich fielen, im Gegentheil, wie die der Cellitinnen, sogar einen unmittelbaren, äussern Nutzen brachten. Auch waren ihre Wirkungskreise verschieden, indem die letztgenannten dem praktischen, die beiden andern dem beschaulichen Leben sich widmeten, sodass sie gegenseitig einander nicht beeinträchtigen konnten. Anders aber lagen die Dinge, als 1650 auch die Franziskaner in Köln sich anschickten, ein Kloster in Düsseldorf zu gründen. War schon, wie oben bemerkt, gegen die an dritter Stelle gekommenen Jesuiten nicht blos von Seiten der Protestanten, sondern sogar von den Kreuzherren Einspruch erhoben worden, so musste man jetzt, wo der vierte Männerorden sich in Düsseldorf niederlassen wollte, um so eher auf den Gedanken kommen, dies möchte doch wohl des Guten etwas zu viel sein. Auch Wolfgang Wilhelm theilte die Bedenken, welche gegen die Errichtung eines vierten Männerklosters erhoben wurden; allein bei seiner frommen Gemüthsart konnte er es nicht über sich gewinnen, dem Pater Bolender, der ihn um die Erlaubniss zum Klosterbau anging, eine abschlägige Antwort zu geben. Er ertheilte, wenngleich zögernd, die landesherrliche Genehmigung am 9. Januar 1651 und kaufte sogar den Franziskanern ein Haus in der Citadelle. Erzbischof Max Heinrich gab am 18. December 1651 die kirchliche Erlaubniss[1]), und es liessen sich nun vier Patres und zwei Laienbrüder in Düsseldorf nieder. Sie fanden aber in der ersten Zeit fast gar keinen Anklang und in Folge dessen auch keine Unterstützung bei der Bevölkerung, was für die ausschliesslich auf Collecten angewiesenen Franziskaner eine sehr missliche Sache war. Indessen liessen sie sich doch nicht entmuthigen; sobald die häuslichen Einrichtungen soweit gediehen waren, begannen sie in ihrer Kapelle Gottesdienst zu halten, nämlich täglich feierliche Conventualmesse und Nachmittags Vesper und Complet; an Sonn- und Feiertagen war Morgens Predigt und Katechese; besonders die Predigten der Franziskaner erzielten einen gewaltigen Zulauf, sodass sie nicht selten im Freien gehalten werden mussten. Im Jahre 1652 vermachte eine Frau Anna von Binsfeld ein Kapital zum Kloster- und Kirchenbau; am 9. Mai 1655 wurde durch den Herzog Philipp Wilhelm der Grundstein gelegt; im Jahre 1659 konnte das Kloster

---

[1] Urkunde bei Bayerle S. 255.

bezogen werden, und 1663 war auch die Kirche vollendet. Am 4. August 1669 wurde in der Franziskanerkirche die Bruderschaft von der unbefleckten Empfängniss und am 28. December 1683 die vom h. Antonius von Padua errichtet, in welche sich der Herzog, die Herzogin und viele Andere sofort einschreiben liessen. Durch Ausdauer und anhaltende Thätigkeit war es den Franziskanern gelungen, unter schwierigen Verhältnissen in Düsseldorf festen Fuss zu fassen und eine fruchtbringende Wirksamkeit zu eröffnen.

Im letzten Viertel des Jahrhunderts endlich kamen auch noch die Ursulinerinnen nach Düsseldorf, welche sich der Erziehung der weiblichen Jugend widmen. Schon seit 1677 wohnten einige Schwestern in einem Privathause in der Nähe des Carmelitessenklosters; 1684 erhielten sie vom Herzog einen Bauplatz zum Geschenke und bezogen bereits 1686 das neu erbaute Kloster.

So hatte denn Ein Jahrhundert der Stadt Düsseldorf, welche bis dahin nur die Kreuzherren in ihren Mauern beherbergte, sieben neue religiöse Genossenschaften gebracht: die Jesuiten, Kapuziner, Franziskaner, Coelestinerinnen, Carmelitessen, Cellitinnen und Ursulinerinnen. Nach einem Bericht des Dechanten Arn. Bern. Voetz vom Jahre 1658 zählte Düsseldorf damals 14 768 Einwohner, darunter 13 848 Katholiken und 920 Andersgläubige. Die Anhäufung der religiösen Orden in einer verhältnissmässig nicht so sehr grossen Stadt findet ihre Erklärung in den Zeitverhältnissen. In Folge der Ausbreitung des Protestantismus waren nämlich die Klöster an sehr vielen Orten eingegangen; die Insassen derselben zogen sich in ihre betreffenden Haupt- oder Mutterklöster zurück, und von dort aus suchte man dann, um der eingetretenen Uebervölkerung abzuhelfen, die katholisch gebliebenen Landestheile zur Anlage neuer Niederlassungen auf. Daher kommt es, dass wir nach der Kirchenspaltung in den katholischen Gebieten die Klöster in grösserer Anzahl als früher antreffen.

Für Düsseldorf hatte die Errichtung und Wirksamkeit dieser klösterlichen Genossenschaften den Erfolg, dass der Katholicismus seiner Bewohner, welcher während des sechszehnten Jahrhunderts, wie wir gesehen haben, nicht nur in seinem äussern Bestande, sondern mehr noch in seinem innern Wesen gefährdet war, jetzt wieder alles fremden Beiwerks entkleidet und mit neuer Lebenskraft erfüllt wurde. Beweis dessen ist schon der in den oben erwähnten Klosterbauten sich kundgebende, religiöse Opfergeist der Bevölkerung; denn wenn auch die Freigebigkeit der Landesfürsten einen grossen Theil der Kosten deckte, so unterliegt es doch keinem Zweifel, dass die Bürger noch Vieles dazu beigesteuert haben. So wurde auch im Jahre 1667, da wiederum die Pest Düsseldorf heimgesucht hatte, zur Danksagung wegen des Aufhörens der Seuche die Rochuskapelle in Pempelfort erbaut, zu welcher von da an viele Prozessionen hinzogen. Von 1690—1692 wurde die Pfarre Derendorf errichtet. Vor den Thoren der Stadt wohnten nach dem Berichte des Dechanten Voetz noch 559 zur Düsseldorfer Pfarre gehörige Katholiken. Seit der Erweiterung der Festungswerke unter Wolfgang Wilhelm war besonders die nächtliche Pastorirung dieser Pfarrangehörigen sehr schwierig geworden. Die Düsseldorfer Kanoniker Peter und Arnold Sommers, zwei Brüder, fundirten die neue Pfarre unter Mitwirkung des Kanonikus Berthold von Weyer aus ihrem eigenen Vermögen. Sie erbauten Kirche, Pastorat und Vikarie und dotirten die Stellen. Das Material zum Kirchenbau wurde von einer abgerissenen Kapelle hergenommen, die einst Kaiser Friedrich III. an Kirchholtes hatte erbauen lassen. Der Hochaltar stammte aus der Stiftskirche, wo er hinter dem dortigen Hochaltar gestanden hatte. Er war der allerheiligsten Dreifaltigkeit gewidmet und gab die Veranlassung, dass auch die Derendorfer Kirche diesen Titel erhielt, worauf ihre drei Thürme hinweisen. Auch für die innere Ausstattung der Gotteshäuser trug man wieder Sorge; wir brauchen nicht auf die reich gehaltene Jesuitenkirche hinzuweisen; selbst die schwer geschädigte Stiftskirche fand gegen Ende des Jahrhunderts wieder die Mittel, um auf ihren innern Schmuck Bedacht zu nehmen. Nachdem sie 1665 von Herzog Philipp Wilhelm den silber-vergoldeten Schrein für die Reliquien des h. Apollinaris zum Geschenk erhalten hatte, ging man 1684 an die Errichtung des jetzigen Hochaltars und beschaffte von 1690 bis 1704 die Statuen auf dem Altar und zu beiden Seiten desselben.

Alle diese Opfer, welche die katholische Bevölkerung Düsseldorfs im Laufe des siebenzehnten Jahrhunderts sich für Kirchen- und Klosterbauten auferlegte, wiegen um so schwerer, weil sie in einer äusserlich sehr bedrängten Zeit gebracht wurden. Es war eben die Zeit des dreissigjährigen Krieges und seiner Nachwirkungen, von denen auch die Gegenden betroffen wurden, welche die Geissel des Krieges selbst nicht erreichte. Dazu kam noch, dass die Stadt zu wiederholten Malen von Seuchen heimgesucht wurde; 1627, 1649 und 1666 herrschte die Pest, 1676 die rothe Ruhr in Düsseldorf; an letzterer

Krankheit allein starben 900 Menschen, darunter zehn der Krankenpflege gewidmete Franziskaner. Allerdings sind derartige Heimsuchungen andererseits auch wieder geeignet, den religiösen Sinn im Volke zu wecken und lebendig zu erhalten. In Düsseldorf zeigte sich gerade diese Wirkung der betrübten Zeiten schliesslich auch noch darin, dass ältere, zum Theil in Verfall gerathene kirchliche Uebungen und Einrichtungen wieder hergestellt und erweitert wurden. So bestand in der Stiftskirche eine alte Fundation von einem Kanonikus Johann Xantis, gemäss welcher am Oktavtag von Frohnleichnam ein Umzug um die Kirche gehalten und täglich nach der Vesper eine sakramentalische Antiphone gesungen wurde. Am 6. Januar 1655 beschloss das Stiftskapitel, dass fürderhin an jedem Donnerstag eine h. Messe vor dem ausgesetzten hochwürdigsten Gute und nach derselben sakramentalischer Umzug durch die Kirche gehalten und bei der Vesper der sakramentalische Segen ertheilt werden sollte. Da diese neue Einrichtung sehr vielen Anklang fand, so errichtete der Dechant Voetz eine sakramentalische Bruderschaft in der Stiftskirche und machte eine Fundation für die obigen Andachten und für eine Predigt an jedem zweiten Sonntag des Monates.[1] Herzog Philipp Wilhelm übernahm das Protectorat der neuen Bruderschaft. In der Kreuzherrenkirche war die alte Rosenkranzbruderschaft allmählich in Verfall gerathen. Der Subprior Adolph Eiffens stellte dieselbe 1657 wieder her und erwirkte eine neue päpstliche Bestätigung im Jahre 1659.[2] Auch dieser Bruderschaft schloss sich der Herzog, wie einst Wilhelm I., an und nahm dieselbe in seinen besondern Schutz.

Der religiöse Aufschwung in Düsseldorf, welcher mit dem Regierungsantritt Wolfgang Wilhelm's 1614 begonnen hatte, dauerte auch während der ersten Hälfte des achtzehnten Jahrhunderts in seinen Nachwirkungen noch fort. Auf Herzog Philipp Wilhelm folgte dessen Sohn Johann Wilhelm, 1690—1716, zugleich Kurfürst von der Pfalz.[3] Er ist der letzte der Pfalz-Neuburgischen Fürsten, die

---

[1] Bestätigt durch Erzbischof Maximilian von Köln am 10. Januar 1661, durch Papst Alexander VII. am 4. März 1661; Urkunden bei Bayerle S. 247. 249.

[2] Urkunde bei Bayerle S. 249.

[3] Im Jahre 1685 starb die Linie Pfalz Simmern aus, an welcher die Kurwürde haftete; dieselbe ging auf Pfalz-Neuburg über. Herzog Philipp Wilhelm, jetzt Kurfürst, verlegte seine Residenz nach Heidelberg; in Düsseldorf blieb der Kurprinz Johann Wilhelm zurück, welcher auch als Kurfürst diese Residenz beibehielt, da Heidelberg von den Franzosen zerstört war.

im Mausoleum der Jesuitenkirche beigesetzt sind. Sein Bruder und Nachfolger Karl Philipp, 1716—1742, ist gar nicht nach Düsseldorf gekommen. In den ersten Dezennien des Jahrhunderts veranstalteten mehrere der in Düsseldorf ansässigen Orden Erweiterungen ihrer Niederlassungen oder auch Neubauten, offenbar aus dem Grunde, weil die ursprünglichen Anlagen sich als nicht ausreichend erwiesen. Die Ursulinerinnen erbauten 1702 ihre jetzige Kirche und 1707 ein Schulgebäude. Die Kapuziner begannen 1706 den Bau eines neuen Klosters an Stelle des abgebrochenen alten. In demselben Jahre fingen auch die Carmelitessen an, das jetzige Kloster mit der Kirche zu erbauen, welche 1715 vollendet wurden. Die Cellitinnen erweiterten 1736 ihre Kirche, und die Franziskaner begannen 1734 den Bau der jetzt noch stehenden Kirche und des Klosters. Am 4. October 1737 wurde der erste Gottesdienst in der neuen Kirche gehalten. — Im Jahre 1708 erneuerte Johann Wilhelm den alten Ritterorden vom h. Hubertus. Das Hubertus-Hospital, ursprünglich St. Anna-Hospital, wurde 1710 in die Neustadt verlegt in ein Gebäude, welches hauptsächlich durch die Bemühungen des Jesuiten Orban errichtet worden war. Auf der Stelle, wo es gestanden, begann man 1735 den Bau der jetzigen Garnisonskirche, welche daher den Titel St. Anna-Kirche erhielt. Im Jahre 1717 beging der Nachbarort Kaiserswerth das Millenarium des Todestages des h. Suidbertus; zu diesem Feste kam der Erzbischof Joseph Clemens von Köln nach Kaiserswerth; auf der Rückreise verweilte derselbe am 5. Mai in Düsseldorf, wo er die Herzogin-Wittwe, Gemahlin des 1716 verstorbenen Kurfürsten Johann Wilhelm, besuchte und in der Hofkapelle die h. Firmung spendete. Im Jahre 1721 beging die Bürgersodalität unter grossen Feierlichkeiten ihre erste Säcularfeier, desgleichen 1736 die Junggesellen-Sodalität.

Mit dem Tode des Kurfürsten Karl Philipp 1742 erlosch das Geschlecht der Pfalz-Neuburgischen Regenten, denen das alte Düsseldorf die Erhaltung des Katholicismus zu verdanken hat. Ehe wir Abschied von ihnen nehmen, erübrigt noch die Frage nach dem Verhältnisse der Angehörigen der verschiedenen Confessionen zu einander, wie es sich während dieser Periode von 1614 bis 1742 gestaltet hat. Neben der überwiegend katholischen Bevölkerung Düsseldorfs bestand eine kleine reformirte und eine noch kleinere lutherische Gemeinde. Dechant Voetz gibt für 1658 folgende Zahlen an: 13848 Katholiken, 407 Reformirte, 213 Lutherische. Dass zwischen diesen

Angehörigen verschiedener Confessionen in damaliger Zeit wiederholt Reibungen vorkamen, darf uns nicht wundern. Die religiöse Trennung war eben noch zu frisch, als dass die Aufgabe, friedlich neben einander zu leben, sofort schon von Allen richtig hätte gelöst werden können. Den Katholiken als Anhängern der alten, vordem allein berechtigten Kirche kostete dies selbstredend einige Ueberwindung; aber auch die Protestanten erhoben, wenigstens vom dogmatischen Standpunkte aus, den Anspruch auf Alleinberechtigung; ziemlich schroff geschah dieses von Seiten der Reformirten, welche sich selbst officiell Christen, die Katholiken aber immer nur Papisten nannten und den katholischen Cult als Götzendienst, die katholischen Kirchen als Götzentempel bezeichneten. Abgesehen von diesem, auf den religiösen Meinungen beruhenden Ansprüche mussten aber auch die Protestanten im Hinblick auf die geschichtliche Entwicklung der Religionsverhältnisse im bergischen Lande und speciell in Düsseldorf es schmerzlich empfinden, dass sie da, wo sie bis 1614 gehofft hatten, die Alleinherrschaft zu erlangen, jetzt nur noch eine staatlich in bestimmten Grenzen geduldete Religionspartei waren. Hiermit hatte es nämlich folgende Bewandtniss. Kurbrandenburg und Pfalz-Neuburg waren in Bezug auf die religiösen Angelegenheiten der Herzogthümer Jülich-Cleve-Berg durch die Heirathstraktate gebunden, welche sie zur Zeit mit Wilhelm III. abgeschlossen hatten und welche die ganze Grundlage ihrer Erbberechtigung bildeten. Darnach mussten sie die römischkatholische Religion überall in dem Zustande und in den Rechten belassen, worin sich dieselbe bei ihrem Regierungsantritt befunden hatte. In diesem Sinne lautete auch die Zusicherung, welche bei der Besitzergreifung 1609 von beiden Fürsten gegeben wurde. Pfalz-Neuburg hielt sich nun seit 1614 grundsätzlich an diese Bestimmung und betrachtete demnach das Jahr 1609 als Normaljahr für die öffentliche Religionsübung und den kirchlichen Besitzstand.[1] Nun waren aber, wie früher schon gesagt wurde, die Jahre 1609 bis 1614 der Ausbreitung des Protestantismus noch besonders günstig gewesen. Mithin bedeutete das Festhalten am Normaljahr 1609 nicht nur

[1] Später, nach dem westfälischen Frieden, trat das allgemeine Normaljahr 1624 an dessen Stelle, was aber keine thatsächliche Aenderung mit sich brachte, da man ja eben bis dahin, nämlich bis 1624, die Verhältnisse nach dem Normaljahr 1609 geregelt hatte. Jedoch gab Pfalz-Neuburg 1647 den Brandenburgischen Vorstellungen soweit nach, dass es für die Religionsübung, nicht aber für den kirchlichen Besitzstand, das Jahr 1612 als Normaljahr annahm.

eine Verhinderung aller weiteren Fortschritte des Protestantismus, sondern auch ein Zurückdrängen desselben auf manchen Punkten, die er schon in Besitz genommen hatte. Mochten diese Massnahmen immerhin in der geschichtlichen Rechtsentwicklung begründet sein, so wurden doch die davon Betroffenen mit Erbitterung gegen die Regierung und gegen ihre katholischen Mitbürger erfüllt. Sie suchten und fanden Hülfe bei einem auswärtigen Fürsten, nämlich bei Kurbrandenburg. Dieses nahm sich der jülich-bergischen Protestanten an, umgekehrt Pfalz-Neuburg der cleve-märkischen Katholiken. So entstand das System der Repressalien, indem jeder der beiden Fürsten es seine eigenen andersgläubigen Unterthanen entgelten liess, wenn er glaubte, dass seine Confessionsverwandten in dem Gebiete des Andern bedrückt würden. Dieses System, welches vielleicht als Durchgangsstufe zur vollen Toleranz eine geschichtliche Nothwendigkeit besass, war aber doch wenig geeignet, während seiner Dauer das Verhältniss der Confessionen zu einander günstig zu gestalten.[1]

Nach dem Erlöschen der Pfalz-Neuburgischen Linie fielen die Herzogthümer Jülich und Berg an den Kurfürsten Karl Theodor von der Pfalz-Sulzbach'schen Linie, welcher von 1742—1799, seit 1777 auch als Kurfürst von

---

[1] Das System der Repressalien war offenbar in sich unmoralisch, nicht nur deshalb, weil es Unschuldige für die wahre oder vermeintliche Schuld Anderer büssen liess, sondern auch aus dem Grunde, weil es sich als einen lediglich auf die Gewalt gestützten Eingriff in fremde Angelegenheiten darstellte. Um letzteres zu verschleiern, leitete Brandenburg sein Einmischungsrecht von dem Umstande her, dass die Herzogthümer Jülich-Cleve-Berg reichsrechtlich ein untheilbares Ganzes bildeten, welches die beiden Fürsten gemeinsam beherrschten. Hieraus folgerte es, die vorgenommene Theilung hätte nicht die eigentliche Herrschaft, sondern nur die Verwaltung und Nutzniessung zum Gegenstande; mithin stehe ihm auch in Jülich und Berg die landesherrliche Würde zu, und es müsse daher jede Beeinträchtigung seiner Confessionsverwandten in diesen Gebieten als eine ihm widerfahrende Unbill ansehen. Um aber an den Heirathstraktaten vorbeizukommen, stellte Brandenburg die Behauptung auf, es sei keine Schmälerung der römisch-katholischen Religion, wenn man, ohne sie in ihrer Uebung und ihrem Besitzstande anzutasten, auch den Protestantismus sich frei neben ihr entwickeln lasse (Bros. Annal. III, 155 sqq.). Diese Anschauung war aber der damaligen Zeit ganz fremd und hatte sicher auch den Abschliessern der Heirathstraktate durchaus fern gelegen. Pfalz-Neuburg musste daher annehmen, dass diese Auslegung der Traktate ebenso, wie die spitzfindige Herleitung des Einmischungsrechtes, hauptsächlich den Zweck verfolge, der brandenburgischen Politik in den fortwährenden Theilungsstreitigkeiten neue Klagepunkte zu liefern. Bei den wiederholten, desfallsigen Verhandlungen, welche nach dem Xantener Vertrag von 1614 in den Jahren

Bayern regierte und das bergische Land durch seinen Statthalter, den Grafen Goltstein, verwalten liess. Sein Nachfolger, Max Joseph, 1799—1806, von der Linie Pfalz-Zweibrücken, schickte seinen Vetter, Herzog Wilhelm in Bayern, als Statthalter nach Düsseldorf. Als Max Joseph 1806 König von Bayern wurde, trat er das Herzogthum Berg an Napoleon I. ab, welcher dasselbe an Joachim Murat vergab. Nach dem Sturze Napoleon's kamen die bergischen Lande an die Krone Preussen. Unter der Verwaltung des Grafen Goltstein hielt die von Frankreich her kommende Aufklärung ihren Einzug in Düsseldorf. Die mit Kurpfalz verbündeten Franzosen gründeten 1752 die erste Freimaurerloge in der Stadt, genannt La paix du Bas-Rhin. Von 1756—1762 und von 1795—1801 hatte Düsseldorf französische Besatzung, was für Religion und Sittlichkeit nicht vortheilhaft war. Im Jahre 1769 wurden die Kirchhöfe innerhalb der Stadt geschlossen; den Protestanten wurde ein Kirchhof am Kapellchen in Derendorf angewiesen, den Katholiken der 1766 neu angelegte Kirchhof auf dem Festungsglacis zwischen der Stein- und Grünstrasse, welcher bis 1802 im Gebrauche blieb, da 1795 der gemeinsame städtische Friedhof angelegt worden

1629 bis 1706 zwischen den beiden possedirenden Fürsten geführt wurden, spielte die religiöse Frage immer eine Hauptrolle und wurde die Politik der Repressalien als zu Recht bestehend betrachtet und behandelt. Uebrigens brachte diese Politik den Jülich-Bergischen Protestanten keinen Vortheil; denn erstens gab Kurbrandenburg den meisten Anlass zu Repressalien (vergl. Floss a. a. O., besonders S. 16—43. Noch im Jahre 1723 richtete Pfalz-Neuburg deshalb eine Beschwerdeschrift an den Kaiser: Allerunterthänigste Repraesentatio Gravaminum Religionis Der Römisch Katholischen Im Hertzogthumb Cleve Auch Graffschafft Marck und Ravensberg. Cum Justificationibus Erstattet Von Jhro Churfürstl. Durchl. zu Pfaltz-Jülich- und Bergischer Regierung. Düsseldorff Getruckt bey Tillmanno Liborio Stahl, Churfürstl. privilegiirter Hoff- und Kantzley Buchtrucker 1723. Ferner drohte Brandenburg in den Erbstreitigkeiten wiederholt mit bewaffnetem Einschreiten und führte diese Drohung sogar zweimal, 1647 und 1651, wirklich aus, indem es bis unter die Mauern Düsseldorfs vorrückte. In solchen Zeiten erfreuten sich die Jülich-Bergischen Protestanten keiner glimpflichen Behandlung, weil man in ihnen die geheimen Freunde des Feindes erblickte. Abgesehen hiervon und von den Fällen, die sich als Repressalie erklären lassen, haben die Pfalz-Neuburgischen Fürsten die vor 1609 erworbenen Rechte der Protestanten respektirt und damit Alles gethan, was sich in damaliger Zeit von einem Fürsten gegenüber andersgläubigen Unterthanen erwarten liess. Toleranz im heutigen Sinne konnten sie nicht üben, weil eine solche Toleranz damals überhaupt noch unbekannt war. Ueber Wolfgang Wilhelm insbesondere vergl. Räss a. a O., wo durch das Zeugniss des protestantischen Historikers Menzel (Neuere Geschichte der Deutschen IV, 58 ff.) dargethan wird, dass ihn der Vorwurf der Unduldsamkeit nicht trifft.

war. Zum Zwecke der Strassenerweiterung verlangte die Regierung nach Schliessung der innerstädtischen Kirchhöfe 1769 vom Stiftskapitel die Niederlegung der Kirchhofsmauer an der Nordseite der Stiftskirche und die Transferirung des dort befindlichen Kalvarienberges. Da das Stiftskapitel auf diese Forderung nicht sofort einging, wurde Beides auf Befehl des Grafen Goltstein gewaltsamer Weise ausgeführt. Darauf liess das Kapitel den Kalvarienberg an der Nordseite der Kirche aufstellen, wo er sich bis heute befindet.[1]) — Ungefähr um dieselbe Zeit, um's Jahr 1770, verschwand der letzte, äussere Rest der alten Heiligthumsfahrten; die feierliche Procession zur Verehrung der Reliquien, welche am Tage des heil. Jakobus gehalten wurde, unterblieb von da an; an ihre Stelle trat eine innerhalb der Kirche stattfindende Ausstellung und Verehrung der Reliquien am ersten Sonntag im August. Die Aufhebung des Jesuitenordens 1773 blieb für Düsseldorf zunächst ohne praktische Folgen, da die Jesuiten unter dem Titel einer Congregation von Weltgeistlichen ihr gemeinsames Leben und ihre bisherige Thätigkeit fortsetzten; sie nahmen sogar neue Mitglieder in diese Congregation auf. Als im Jahre 1788 die aus dem alten Düsseldorf nach der neu gegründeten Karlsstadt führende Mittelstrasse angelegt wurde, musste das Kapuzinerkloster dieser Anlage weichen. Die Kapuziner erhielten statt des weggebrochenen Klosters zwei Häuser auf der Ecke der Wall- und Mittelstrasse. — Bei der Beschiessung Düsseldorf's durch die Franzosen am Abend des 6. October 1794 wurden Kirche und Kloster der Coelestinerinnen auf der Ratingerstrasse ein Raub der Flammen.

Diese kurze Aufzählung der hauptsächlichsten, die kirchlichen Dinge betreffenden Ereignisse in der zweiten Hälfte des vorigen Jahrhunderts muss auf denjenigen, welcher die Entwicklung des katholisch-kirchlichen Lebens in Düsseldorf die Jahrhunderte hindurch verfolgt hat, einen betrübenden Eindruck machen. Das Eine oder Andere mag ja zufälligen Ursachen zuzuschreiben sein; aber verkennen lässt sich doch nicht, dass ein neuer Geist thätig war, der Geist der sogenannten Aufklärung, die zwar in materiellen Dingen Manches besserte, aber zugleich auch ihre Abneigung gegen die bestehenden Verhältnisse auf dem religiösen und kirchlichen Gebiete nicht unterdrücken konnte. Man meint schon die Hammerschläge zu vernehmen, welche gegen den alten Bau

---

[1] Im vorigen Jahre (1887) sind jedoch die im Laufe der Zeit sehr defect gewordenen, alten Figuren des Kalvarienberges durch neue ersetzt worden.

geführt werden, sodass hier und da bereits ein Stein herausbröckelt; ja, man glaubt den Augenblick nahe, wo der letzte wuchtige Schlag geschieht, der den ganzen Bau zertrümmern soll. Dieser Augenblick war in der That sehr nahe. In Folge des Regensburger Reichsdeputationshauptschlusses vom Jahre 1803 vollzog sich auch in Düsseldorf die Saecularisirung der kirchlichen Institute. Es fielen derselben hier zum Opfer das Collegiatstift und sämmtliche Klöster, welche theils sofort aufgelöst, theils, wie das der Carmelitessen, zum Aussterben verurtheilt wurden, indem sie keine neuen Mitglieder mehr aufnehmen durften. Eine Ausnahme bildeten nur die unmittelbar praktischen Zwecken dienenden Ursulinerinnen und Cellitinnen; jedoch wurde den letzteren ebenso, wie den aufgehobenen, das übrigens unbedeutende Klostervermögen entzogen und ihnen dafür eine jährliche Pension angewiesen; auch wurde ihre Zahl auf höchstens zehn festgesetzt. Im Collegiatstift waren zur Zeit der Aufhebung, was selten der Fall gewesen, alle Kanonikalpräbenden besetzt; es fanden sich daselbst fünfzehn Kanoniker und zehn Vikare. Nach Aufhebung des Stiftes blieb die Kirche, was sie vor 1288 gewesen war, eine einfache Pfarrkirche, und erhielt auch wieder den frühern Titel des h. Lambertus, den sie als Pfarrkirche bis 1288 geführt hatte. Der Dechant und Pfarrer Joseph Lülsdorff behielt letzteres Amt bei bis zum Jahre 1808, wo er resignirte.[1] In der Kreuzherrenkirche setzte nach Aufhebung des Klosters die Rosenkranzbruderschaft den Gottesdienst noch bis 1. Mai 1812 fort; dann wurde die Kirche zu profanen Zwecken bestimmt. Unter Napoleon I. diente sie 1812 und 1813 als Tabaksmagazin, darauf als Pferdestall für die russischen Truppen, seit 1819 als Montirungsdepot. Die Rosenkranzbruderschaft wurde am 12. Mai 1812 aus der Kreuzherrenkirche in die Lambertuskirche transferirt.[2] Seitdem wird hier täglich Nachmittags Rosenkranzandacht und am Titularfest der Bruderschaft, am Feste „Maria vom Siege", den ersten Sonntag im October, feierliche Prozession gehalten. Auch das uralte Gnadenbild kam aus der Kreuzherrenkirche in die Lambertuskirche und befindet sich daselbst auf dem sogenannten Pfarraltar, welcher am Eingang des Chores

---

[1] Reihenfolge der Pfarrer seitdem: Joseph Lülsdorff, 1792 bis 1808 † 27. Dez. 1820; Adam Brewer, 1808—1820 († 26. Dez. 1820; Johann Wilhelm Heinzen, 1821—1840; Philipp Joesten, 1841—1874; Vakatur 1874—1888; Heinrich Hubert Cremer, seit 1888. Die Reihenfolge der früheren Dechanten und Pfarrer s. bei Bayerle S. 32.

[2] S. Urkunde bei Bayerle S. 251.

auf der Evangelienseite steht. — Im ehemaligen Jesuitencollegium waren zur Zeit der Saecularisirung noch elf Priester, von denen sieben auswärtige Seelsorgsstellen übernahmen; vier blieben in Düsseldorf zurück, setzten das gemeinsame Leben fort und wirkten noch einige Jahrzehnte hindurch in höchst segensreicher Weise, geachtet und geliebt von der Bevölkerung der Stadt.[1] — Die Franziskanerkirche wurde nach Aufhebung des Klosters im Jahre 1805 zur zweiten Pfarrkirche der Stadt erhoben und erhielt aus Rücksicht auf den Kurfürsten Max Joseph den Titel des h. Maximilian.[2]

So war nun mit Einem Schlage vernichtet, was Jahrhunderte allmählich geschaffen hatten. Die Zeitgenossen wurden von diesem Zerstörungswerk wahrscheinlich weniger tief berührt, als wir es uns heute vorstellen. Es war eben eine Zeit grosser Bedrängnisse, wo Jeder mit sich selbst genug zu thun hatte; auch war es eine Zeit der gewaltsamsten Umwälzungen, welche Throne stürzen und tausendjährige Reiche zusammenbrechen sah; was Wunder, wenn da auch das Nächstliegende nicht mehr Stand hielt! Sodann blieben nach Auflösung der kirchlichen Institute, wie schon oben bemerkt wurde, doch noch manche, jenen Instituten bis dahin angehörende Personen in der Stadt zurück und setzten ihre bisherige Wirksamkeit in der Seelsorge fort. Dies erleichterte nicht nur den Uebergang in die neuen Verhältnisse; es war auch von der grössten Wichtigkeit für die Erhaltung der Religion in jener im Allgemeinen glaubensarmen und von den Ideen der Aufklärung und der Revolution erfüllten Zeit. Der schon erwähnte P. Dienhardt war seit dem Jahre 1786 bis zu seinem Tode im Jahre 1834 Präses der Marianischen Bürgersodalität. Unter seiner Leitung hatte diese Sodalität noch im Jahre 1799 den Beweis geliefert, dass der alte Geist ungeschwächt in ihr fort-

---

[1] Es waren dieses die Priester Michael Dienhardt, Heinrich Wüsten, Philipp Schulten und Michael Granderath. Nur der Erste war Jesuit und bis 1773 im Collegium zu Münstereifel gewesen. Darauf kam er nach Düsseldorf, weil hier nach Aufhebung des Ordens das gemeinschaftliche Leben noch fortbestehen blieb. Er starb, 89 Jahre alt, am 13. Mai 1834. Die drei Andern waren nach 1773 in die Congregation zum h. Andreas in Düsseldorf eingetreten. Heinrich Wüsten starb am 8. Nov. 1835 im Alter von 79 Jahren, Philipp Schulten am 10. Febr. 1840 im Alter von 74 Jahren und Michael Granderath am 12. April 1842 im Alter von 72 Jahren. Ein gemeinsamer Grabstein auf dem städtischen Friedhof deckt ihre Asche. R. i. P.

[2] Reihenfolge der Pfarrer: Joh. Casp. Hildeph. Schmitz, 1805 -1832; Philipp Joesten, 1832-1841; Herm. Jos. Köllmann, 1841 -1845; Joh. Pet. Schmitz, 1845-1870; Joh. Kribben, seit 1871. —

lebte, indem sie aus freiwilligen Beiträgen das Marianische, später vom h. Maximilian genannte Krankenhaus stiftete und einige Jahre hindurch unterhielt, bis es, hinreichend fundirt, in das Hospitalgebäude in der Neustadt verlegt und der Armenverwaltung übergeben wurde. Im Jahre 1821 beging die Bürgersodalität ihr zweihundertjähriges Jubiläum durch eine achttägige Festfeier, welche ihren Glanzpunkt am 15. August, dem Titularfest der Bruderschaft, erreichte. Es war dieses zugleich eine Gnadenzeit für Düsseldorf und die Umgegend; denn ungefähr vierzigtausend Christgläubige gingen in diesen acht Tagen zu den h. Sakramenten, und an zweihundert neue Mitglieder meldeten sich zur Aufnahme in die Congregation. Zum Andenken an dieses Jubiläum wird seitdem in der Andreaskirche die dreitägige, feierliche Andacht am Feste Mariä Himmelfahrt gehalten. Im Jahre 1836 wurde das zweihundertjährige Jubelfest der Junggesellen-Sodalität in ähnlicher Weise begangen. Dieser Sodalität hat P. Schulten siebenundvierzig Jahre lang als Präses vorgestanden, während der dritte jener ehrwürdigen Männer, P. Heinr. Wüsten, die Ursula-Gesellschaft bis zu seinem Tode leitete. Durch das aufopferungsvolle, ausschliesslich der Ehre Gottes und dem Heile der Seelen gewidmete Wirken dieser und anderer Männer aus der alten Schule wurde in der eigentlichen Bürgerschaft Düsseldorfs ein Kern von Religiösität erhalten und gepflegt, der die Stürme der Zeit überdauerte.

Unterdessen kam es durch die Verhandlungen der preussischen Regierung mit dem römischen Stuhle zu geordneten, kirchlichen Verhältnissen in der Kölner Erzdiöcese, und von der Metropole aus wurde dann auch die Düsseldorfer Kirche wieder mit neuen, geistlichen Kräften versehen. Schon vor dem Jahre 1830 hatte man sich mit dem Gedanken getragen, die Andreaskirche zur dritten Pfarrkirche der Stadt zu erheben. Unter Erzbischof Ferdinand August kam es 1833 bereits zur Abgrenzung des Pfarrbezirkes; die Ausführung des Planes scheiterte aber am Geldpunkte. Durch königl. Cabinets-Ordre vom 9. Januar 1836 wurde die Pensionssumme der letzten vier Geistlichen aus der Congregation zum h. Andreas als bleibende, jährliche Rente zur Dotirung der Pfarre bestimmt. Ferner wurde durch Cabinetsordre vom 5. Dez. 1840 ein jährlicher Beitrag von 600 Thlr. aus der Staatskasse angewiesen. Die kanonische Errichtung der Pfarre erfolgte im Jahre 1842 durch den Coadjutor, Erzbischof Johannes von Geissel.[1] In dem

---

[1] Pfarrer: Franz Grünmeyer, 1842—1871; Suidb. Ambr. Aug. Nottebaum, seit 1871.

ehemahligen Carmelitessenkloster befanden sich um's Jahr 1830 nur noch zwei der frühern Schwestern; da wurde durch Cabinetsordre vom 1. Januar 1831 dieses Kloster den Cellitinnen überwiesen mit der Verpflichtung, neben ihrer bisherigen, ambulanten Krankenpflege auch im Hause selbst eine Krankenanstalt zu unterhalten, zu welchem Zwecke eine bis dahin im Carmelitessenkloster lebende Dame, Frl. Therese von Buschmann, eine bedeutende Summe vermacht hatte. Die bisherige Kirche der Cellitinnen gegenüber der Andreaskirche wurde 1837 niedergerissen und an ihrer Stelle das Pfarrhaus von St. Andreas erbaut; das Kloster der Cellitinnen wurde später zu Wohnungen für die Kapläne hergerichtet. — Die Aufgabe, das von der Bevölkerung immer mehr in Anspruch genommene Krankenhaus zu leiten, überstieg bald die Kräfte der Cellitinnen, und da diese von ihrer eigenen Genossenschaft keine Hülfe erhalten konnten, so kamen am 13. Juli 1852 fünf Kreuzschwestern (Töchter des h. Kreuzes) hierher zur Stellvertretung der Cellitinnen bei dem Hospitaldienst unter gänzlicher Beibehaltung der bestehenden Rechtsverhältnisse. Schliesslich wurde vermittelst Cabinetsordre vom 26. September 1859 „die Anstalt der barmherzigen Schwestern zu Düsseldorf bei fortdauernder Wirksamkeit der noch vorhandenen Cellitinnen den Schwestern aus der Congregation vom h. Kreuz zu Aspel bei Rees in der Art überwiesen, dass diese künftig ganz an die Stelle der Cellitinnen treten."

Das Gymnasium oder ehemalige Seminarium reipublicae wurde auch nach 1773 von den Exjesuiten und ihren Gehülfen noch fortgeführt bis 1805. Seine heutige Verfassung erhielt es im Jahre 1814. Der Gottesdienst der Anstalt verblieb in der Andreaskirche. Mit der Abhaltung desselben, sowie mit der Seelsorge und dem religiösen Unterricht der Schüler wurde der Religionslehrer der Anstalt betraut.[1]

[1] Das alte Jesuitengymnasium hatte nur geistliche Lehrer, von denen jeder in seiner Klasse den Religionsunterricht ertheilte. Dasselbe war auch noch an dem grossherzoglichen Lyceum 1805 bis 1813 der Fall. An dem neuen Gymnasium gab Caplan Scheins von 1814—1817 den Religionsunterricht im Nebenamte. Seit 1816 bis zu seinem am 25. Dezember 1817 erfolgten Tode half ihm dabei der Prof. Dr. Aegid. Jak. Schallmeyer, früher an der kurkölnischen Universität Bonn thätig, dann Rektor der dortigen Centralschule und von 1805—1813 Rektor des Lyceums in Düsseldorf. Es folgten nun von Oktober 1817 bis März 1819 und von Oktober 1819 bis Juni 1820 die beiden seltsamen Mystiker Martin Boos und Johannes Gossner. In der Zwischenzeit gab Caplan Gärtner den Religionsunterricht. Von 1820—1835 ertheilte denselben Prof. Hagemann, seit 1811 Lehrer der lateinischen Sprache

Für die Garnisonkirche hatte der um diese Kirche und um die Garnisonpfarre sehr verdiente Garnisonpfarrer Udalrich Krings nach der Zerstörung der Kirche der Coelestinerinnen 1794 deren Hochaltar und Kanzel und nach der Aufhebung des Kapuzinerklosters 1804 aus der Kirche desselben die beiden Nebenaltäre, zwei Beichtstühle und die Orgel erworben. Unter der preussischen Regierung ging die Kirche in den Besitz des Militärfiscus und in die Verwaltung des Kriegsministeriums über. Seit dem 18. Oktober 1816 wird auch protestantischer Gottesdienst in derselben gehalten. Eine Cabinetsordre vom 30. September 1824 bezeichnet die Kirche als evangelische Garnisonkirche. Da sie aber nach derselben Cabinets-Ordre ihren bisherigen Namen St. Anna-Kirche und ihre katholische Einrichtung beibehalten und auch für den katholischen Militärgottesdienst bestimmt sein soll, so ist sie thatsächlich bis heute Simultankirche.[1]

Im Jahre 1817 zählte Düsseldorf ungefähr 14000 Einwohner, ebenso viele, wie hundertfünfzig Jahre früher zu den Zeiten des Dechanten Voetz. Seitdem hat die Zahl der Bewohner der Stadt stetig und zwar zuletzt in beschleunigter Weise zugenommen, sodass sie jetzt nahezu das Zehnfache der Bevölkerung von 1817 beträgt. Zugleich hat die Stadt sich nach allen Seiten hin räumlich ausgedehnt und die beiden Nachbarorte Bilk und Derendorf, die früher je eine Viertelstunde von ihr entfernt waren, vollständig in ihren Bereich gezogen. Schon

am Gymnasium. Danach folgten die Religionslehrer: J. L. von den Driesch, 1836—1840; Franz Ludwig Krahe, 1840—1886, seit 1881 vertreten durch Religionslehrer Christian Fuss; Dr. Ludw. Küpper, seit 1886. An der städtischen Realschule, dem spätern Realgymnasium, seit 1883 auch humanistisches Gymnasium, haben seit Gründung der Anstalt 1838 folgende Kapläne der Maxpfarre Religionsunterricht ertheilt: Herm. Köllmann, 1838—1841; Joh. Theod. Jos. Bock, 1841—1849; Karl Langendorf, 1849—1857; Christian Fuss, 1857 bis 1873; dann folgte der Religionslehrer Dr. Christian Lingen, seit 1873. Die städtische Bürgerschule, gegründet 1872, war bis 1878 mit dem Realgymnasium vereinigt. Seitdem waren Religionslehrer an derselben: Karl Sonnenschein 1878—1886; Karl Seché, seit 1886.

[1] Reihenfolge der Garnisonpfarrer: Udalrich Krings, 1789 bis 1811; Everhard Brewer, 1812—1813; Joseph Custodis, 1815—1820; Johann Kornwebel, 1820—1832; Jakob Bodenheim, 1832—1840; Franz Alex. Aug. Hahn, 1841—1846; Joh. Heinr. Ant. Lampenscherf, 1846—1855; Franz Aloys Jos. Pamacher, 1855—1866; Friedr. Kayser, 1866—1883; Anton Keck, seit 1887. — Die katholische Garnisonpfarre besteht seit 1700; die Garnisonpfarrer während des 18. Jahrhunderts siehe bei Bayerle, S. 190. Die Seelsorge im Arresthause wurde bis 1841 gewöhnlich von Pfarrgeistlichen im Nebenamte mitversehen. Seitdem waren ständige Seelsorger daselbst: Eduard Gerst, 1841—1865; Conrad Gustav Prell, 1865—1873; Karl Theodor Hubert Schleiden, seit 1874.

Bayerle im Schlussworte seines 1844 erschienenen Buches bezeichnet es als eine dringende Nothwendigkeit, dass für die Bewohner der Gegend am Wehrhahn, deren Zahl er auf 4000 veranschlagt, eine eigene Pfarre gegründet werde. Seitdem sind vierundvierzig Jahre dahingegangen, ohne dass nach dieser Richtung hin etwas Greifbares geschehen wäre. Zur Erklärung muss allerdings beigefügt werden, dass seit 1874 die kirchenpolitischen Wirren eine Förderung des Werkes sehr erschwerten. Vorher aber hatten sich auf dem in Frage stehenden Gebiete in dem Zeitraum von 1850 bis 1870 mehrere religiöse Genossenschaften niedergelassen, deren Kirchen oder Kapellen grösstentheils der Bevölkerung zugänglich waren. So die Schwestern vom armen Kinde im Waisenhaus zu Derendorf 1850, die Kreuzschwestern in Christi Hilf 1859, die Clarissen in der Kaiserstrasse 1859, die Franziskaner in der Klosterstrasse 1853, die Dominikaner in der Friedrichsstadt 1860, ebendort 1867 die Dienstmägde Christi und ungefähr um dieselbe Zeit die Kreuzschwestern zur Leitung einer Töchterschule, und endlich die Franziskanerinnen aus Aachen in dem durch Beiträge von den Katholiken errichteten Marien-Hospital. Durch diese Kloster-Kirchen und Kapellen, besonders aber durch die Thätigkeit der genannten zwei Männerorden, Franziskaner und Dominikaner, war für die religiösen Bedürfnisse der Bevölkerung in den neuen Stadttheilen immerhin gesorgt. Jedoch ist seit 1886 auch der Plan wieder ernstlich aufgenommen worden, geordnete Pfarrsysteme dort einzurichten. Ausser den eben genannten klösterlichen Niederlassungen bestanden vor 1875 noch die der Kreuzschwestern im ehemaligen Carmelitessenkloster, der Franziskanerinnen auf der Ritterstrasse und im Max-Joseph-Hospital in der Neustadt, und das alte Kloster der Ursulinerinnen. Hiervon wurden diejenigen, welche nicht der Krankenpflege gewidmet waren, im Jahre 1875 oder spätestens 1877 aufgelöst, sind aber seit 1887 wieder hergestellt worden mit Ausnahme des Klosters der Kreuzschwestern in der Friedrichsstadt und desjenigen der Schwestern vom armen Kinde in Derendorf. Zur Zeit besitzt also Düsseldorf zwei Männerklöster und acht Frauenklöster. Von letztern ist nur eins, das der Clarissen, dem beschaulichen Leben gewidmet; die andern verfolgen praktische Zwecke.

Die katholische Gemeinde in Düsseldorf kann ebenso, wie die Stadt selbst, sich zwar nicht mit den andern grossen Rheinstädten hinsichtlich des Alterthums messen; aber es ist doch immerhin eine ansehnliche Vergangenheit von etwa neunhundert Jahren, auf welche sie zurückzublicken im Stande ist. Und zwar wendet sich unser Blick, wenn er die ersten Anfänge Düsseldorfs aufsucht, nothwendig zur Lamberti-Kirche hin, die heute noch der katholische Düsseldorfer gewöhnlich seine „grosse Kirche" nennt. Sie birgt in ihrem Innern nicht nur die Mauerreste des ältesten Gotteshauses, ja, des ältesten Bauwerkes der Stadt; sie hat auch seit dem Anfänge dieses Jahrhunderts jenem alten Gnadenbilde eine Zufluchtsstätte geboten, welches schon im Beginn des gegenwärtigen Jahrtausends fromme Pilgerschaaren von nah und fern hierher zusammenführte. Dort sehen wir also die handgreiflichen Beweise für das Alter der Stadt und der katholischen Gemeinde Düsseldorf. Was bei einem Gebäude das Fundament, das ist bei einer aus Menschen gebildeten Gesellschaft oder Vereinigung in gewissem Sinne ihre Vergangenheit. Einen je längern Bestand eine Gesellschaft aufzuweisen hat, desto grösser ist in der Regel auch die Anhänglichkeit, womit die Einzelnen ihr zugethan sind, desto stärker das Band, welches sie umschliesst, und desto längere Dauer verspricht sie für die Zukunft. Möge dieses auch an der katholischen Gemeinde Düsseldorfs sich bewähren!

Zwei Momente sind es sodann, die aus der Vergangenheit dieser Gemeinde uns der Beachtung noch besonders werth erscheinen. Die ersten Glaubensboten im bergischen Lande waren von der Kölnischen Kirche gesandt. Der h. Suidbertus, der später um 700 hier predigte und entweder selbst oder durch seine Nachfolger den Grund zur Kirche in Düsseldorf legte, kam als apostolischer Sendbote in diese Gegenden. So weisen schon die ersten Anfänge des Katholicismus in Düsseldorf auf Köln, die Metropole, und auf Rom, den Mittelpunkt der katholischen Kirche, zurück. So oft wir seitdem in der Geschichte Düsseldorfs vernehmen, dass irgend eine neue Schöpfung oder Einrichtung auf kirchlichem Gebiete von Köln oder von Rom aus bestätigt wird, ebenso viele Beweise haben wir für die Thatsache, dass der Katholicismus in Düsseldorf von je her im organischen Verbande der Gesammtkirche wurzelte. Die hieraus für Gegenwart und Zukunft sich ergebende Mahnung zum treuen Festhalten an der kirchlichen Einheit wird von den Katholiken Düsseldorfs wohl verstanden und beherzigt. Ihrer desfallsigen Gesinnung hat die katholische Gemeinde noch in der jüngsten Zeit beredten Ausdruck geliehen, als sie im Oktober 1886 den Erzbischof Philippus mit der grössten Freude und Feierlichkeit in ihrer Mitte bewillkommnete.

Ferner zeigt uns schon die vorliegende, kurze Uebersicht über die Geschichte des Katholicismus in Düsseldorf, dass derselbe sich von Seiten der Landesfürsten fast immer einer wohlwollenden Behandlung zu erfreuen hatte. Die dem Katholicismus weniger günstige Haltung der beiden ersten clevischen Herzöge wird reichlich aufgewogen durch die vielen Wohlthaten, welche sowohl die früheren bergischen, als auch die späteren Pfalz-Neuburgischen Fürsten der katholischen Kirche erwiesen haben. In dieser Hinsicht blicken wir nun auch mit Dank und Vertrauen auf zu denjenigen Fürsten, welche Düsseldorf seit siebenzig Jahren seine Landesherren nennt. Die Hohenzollern'schen Könige sind nicht nur die Rechtsnachfolger, sondern die wirklichen Nachkommen unsrer alten, bergischen Herzöge. Ihnen sind wir besondern Dank schuldig dafür, dass sie die Toleranz, welche Kurfürst Max Joseph 1799 für seine Staaten, also auch für das bergische Land, proclamirte, seitdem praktisch geübt haben. Wenn wir uns erinnern, wie schwer es unsern Vorfahren geworden ist, in den auf die Glaubensspaltung folgenden Zeiten das richtige Verhältniss für das Zusammenleben der Confessionen zu finden, so mögen wir daraus entnehmen, von wie grosser Bedeutung es ist, dass jetzt von oben herab Parität geübt und gegenseitige Duldung eingeschärft wird. Das herrliche Wort, welches der nun in Gott ruhende König, Kaiser **Friedrich**, bei seinem Regierungsantritt gesprochen hat, wird allen Katholiken unvergesslich bleiben, das Wort: „Meinem Herzen stehen alle Unterthanen gleich nahe!" Eine solche Gesinnung, praktisch und anhaltend bethätigt, hat einen grösseren Werth, als selbst die den Kirchen und religiösen Instituten gespendeten Wohlthaten.

Unter dem Schutze rechtliebender und toleranter Fürsten, im engen Anschluss an Papst und Bischof, die Vertreter der kirchlichen Einheit, geht die katholische Gemeinde Düsseldorfs im Vertrauen auf Gott ihrer Zukunft entgegen. Wir sehen, wie in der Geschichte des alten Düsseldorf in religiöser Hinsicht Zeiten der Blüthe und Perioden des Verfalles mit einander abwechseln; es lässt sich nicht leugnen, dass wir jetzt seit mehreren Jahrzehnten schon einen kirchlichen Aufschwung zu verzeichnen haben; ob derselbe noch ferner anhalten und sich weiter entwickeln, oder ob er vielleicht schon bald in's Stocken gerathen und dem Verfalle weichen wird, das hängt wesentlich davon ab, wie wir selbst, Priester und Volk, unsere Schuldigkeit thun. Die Geschichte giebt uns auf diese Frage keine Antwort; denn abgesehen davon, dass die neue Grossstadt Düsseldorf ihrer Zusammensetzung nach ein ganz anderes Gemeinwesen ist, als das alte, kleine Düsseldorf, dessen kirchliche Geschichte wir hier vor uns haben; abgesehen hiervon ist es überhaupt nicht Sache der Geschichte, die Zukunft zu beleuchten; sie entrollt uns das Bild des Geschehenen, den Schleier, der das Kommende verhüllt, lässt sie unberührt; denn die Zukunft steht in der Hand des Ewigen.

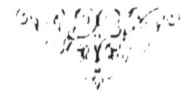

Geschichte der evangelischen Gemeinde Düsseldorfs.

Von

Adelbert Natorp,

K. Consistorialrath und Pfarrer der ev. Gemeinde.

ie jetzt etwa 32 000 Seelen zählende und in stetem raschem Wachsthum begriffene evangelische Gemeinde zu Düsseldorf mit ihren Schwestern, der evangelischen Garnison-Gemeinde und der Anstaltsgemeinde Düsselthal, kann ihre Ursprünge bis in die ersten Zeiten der Reformation verfolgen, ist aber erst im Jahre 1825 als „evangelische unirte Gemeinde" aus der Vereinigung der vormals reformirten und der lutherischen Gemeinde hervorgegangen, während die Garnisongemeinde mit dem Jahre 1815 und die Parochie Düsselthal am 17. Juni 1859 als selbständige Gemeinden von ihr ausschieden. Aber auch jene beiden über 250 Jahre von einander getrennten Gemeinden, die reformirte und die lutherische, treten erst mit dem Jahre 1609 als solche in die Oeffentlichkeit, während sie bis dahin als sogenannte „geheime Gemeinden" oder „Kirchen unter dem Kreuze" etwa vierzig Jahre hindurch bestanden hatten, und ihre Vorgeschichte verliert sich in den reformatorischen Bewegungen, welche bis zum Jahre 1570 unsere Stadt wie das ganze Ländergebiet der Herzöge von Cleve-Jülich-Berg und Mark beherrschten.

Schon Johann III. (1511—1539), der „Friedfertige", welcher als Jungherzog von Cleve die Tochter des Herzogs Wilhelm's II. von Berg, Jülich und Ravensberg, Maria, im Jahre 1510 geheirathet hatte, seit 1511 mit seiner Gemahlin über das Herzogthum Berg-Jülich-Ravensberg regierte und nach dem Tode des Herzogs Johann II. von Cleve im Jahre 1521 auch dessen Erbe antrat, so dass er nunmehr als „Herzog von Cleve-Jülich-Berg, Graf von der Mark, Ravensberg etc." über ein Land von etwa 250 Quadratmeilen herrschte, war der Reformation zugethan, wie dies namentlich daraus hervorgeht, dass der berühmte Erasmus und andere Humanisten das grösste Ansehen am fürstlichen Hofe zu Düsseldorf genossen und der Herzog die Erziehung seines Sohnes, des hoffnungsvollen Erbprinzen Wilhelm, einem der hervorragendsten Schüler des Erasmus und Freunde Melanchthon's, dem hochgelehrten Konrad von Heresbach (geb. am 2. August 1496 zu Heresbach bei Mettmann, gest. 1576 zu Wesel) anvertraute. Ein im Archiv der evangelischen Gemeinde befindlicher Aufsatz des Dr. jur. Johann von Redinckhoven, eines Mitgliedes des Consistoriums der vormals reformirten Gemeinde, spricht sich hierüber folgendermassen aus: „Als sich im Jahr unsers Herrn und Heylandes Jesu Christi 1517 der Religionsstreit in Deutschland erhoben und die Landsfürstliche Obrigkeit dieser Lande, die Hertzogen Gülich, Cleve und Berg, Grafen zu der Mark und Ravensbergh, Herren zu Ravenstein im Werk befunden, dass viele Missbräuche im Papstthumb fürhanden, haben sie verschiedene Ordnungen und Reformationes zu Abstellung und Verbesserung derselben sonderlich Hertzog Johans christseligen Andenkens im Jahr 1533 eine im Druck ausgehen lassen." Auf die in diesen Worten angedeuteten reformatorischen Bestrebungen des Herzogs musste namentlich auch der Umstand fördernd einwirken, dass seine Tochter Sibylla sich im Jahre 1526 mit dem frommen und entschieden evangelisch-gesinnten Kurprinzen Johann Friedrich von Sachsen verlobte und im Jahre 1527 vermählte; und eben in die Zeit dieser Verlobung fällt ein Ereigniss, welches uns lebhaft mitten in den Kampf jener Zeit zu versetzen geeignet ist und sowohl für die in der Umgebung des Herzogs bereits herrschende evangelische Strömung als für den Widerstand, den dieselbe noch bei Vielen fand, Zeugniss ablegt.

Als nämlich der Kurprinz Johann Friedrich zum Besuche seiner Braut sich im Jahre 1527 am Düsseldorfer Hofe aufhielt, befand sich in seinem Gefolge als Reiseprediger Friedrich Mecum, genannt Myconius, später Superintendent zu Gotha, ein Freund Luthers, von dem er wegen seines kindlichen, herzlichen Glaubens und um seiner übrigen guten Eigenschaften willen hochgeschätzt und zärtlich geliebt wurde. Die Zeit, welche Myconius in den hiesigen Landen zubrachte, hat er vielfach zur Verkündigung des Evangeliums angewandt und unter grossem Zulauf auch hier in Düsseldorf (so wie in Essen, Soest u. s. w.) gepredigt. Da nun ein Franziskanermönch aus Köln, Namens Corbach, öffentlich am 27. Febr. 1527 auf der Kanzel erklärt hatte, dass, wenn ihn Jemand eines Irrthums zeihen wolle, er bereit sei, aus heiliger Schrift besseren Unterricht anzunehmen, so forderte ihn einer der adligen Begleiter des Kurprinzen, ein Herr von Wildenfels, auf, mit Myconius eine öffentliche Disputation über den Glauben zu halten, was zu jener Zeit oft geschah.

Am 19. Febr. fand diese Disputation hier in Düsseldorf statt, wobei ausser dem genannten Fürsten viele hohe Beamte und Edelleute, Gelehrte und andere Bürger der Stadt erschienen. Die Einzelheiten dieser Disputation können wir nicht alle anführen; der Erfolg aber war der, dass Corbach nach derselben aufstand und sprach: „Lieber Fritz, ich habe dir fürwahr gerne zugehört, wir können auch gar nichts an deiner Rede strafen, es gefällt mir alles und ist recht und hat wahrhaftigen Grund. Predigest du also, dann predigest du den rechten christlichen Glauben."

Wie grossen Einfluss namentlich auch Konrad von Heresbach auf den Herzog ausübte, geht aus dem ferneren Umstande hervor, dass der Letztere, der noch im März 1525 gegen die immer mehr sich ausbreitenden „Irrungen und aufruhrstiftenden Schriften und Lehren Luthers" als „eitele, falsche und ketzerische" ein scharfes Mandat hatte ausgehen lassen, worin den Uebertretern mit Gefängniss und Strafe an Leib und Gut gedroht wurde, schon nach vier Monaten „seinen Unterthanen zu Gute eine Kirchen-Ordnung und Besserung" ergehen liess, worin die Abstellung weltlicher Missbräuche in der Kirche und unter der Geistlichkeit befohlen wurde. Herzog Johann wurde freilich durch alle diese Einflüsse nicht vermocht, sich entschieden auf die Seite der Reformation zu stellen, glaubte vielmehr zwischen Rom und Wittenberg eine vermittelnde Stellung einnehmen und den offenen Bruch mit dem Papstthum verhüten zu müssen und liess sich, angesichts der vielfach in seinen Landen hervortretenden sektirerischen, namentlich wiedertäuferischen Unruhen, dazu bestimmen, im Jahre 1530 die Abschaffung aller bereits vorgenommenen Religions-Neuerungen zu befehlen. Allein wahrscheinlich der Einfluss des Erasmus bewog ihn, im Jahre 1532 eine von Konrad von Heresbach verfasste und von Erasmus durchgesehene Reformationsordnung zu erlassen und dieselbe im Jahre 1533 in einem noch mehr evangelischen Sinne zu erläutern.

Einen Einblick in diese Kirchenordnung gewährt uns eine Schilderung, welche der Professor zu Herborn, Dr. Joh. Melchior, vormals Prediger der hiesigen reformirten Gemeinde, in dem dritten Bande seiner theologischen Werke (Herborn, 1696) gibt. Derselbe schreibt:

„Es beliebte dem Allweisen Gott etwa 30 oder 40 Jahre vorhin der Landesobrigkeit in's Hertz zu geben, nebst andern Königen, Chur- und Fürsten Sorge zu tragen vor dero guten Unterthanen ewiges Wohlergehen. Dann zuvorderst Herrn Hertzog Johann III. . . . hat nicht allein die in dem christlichen Gottesdienst damals fast überall eingeschlichenen vielfältigen Missbräuche gesehen und daher die Verbesserung derselben, welche durch eine wunderbare Schickung Gottes beynahe durch ganz Europa auf eine Zeit durch unterschiedliche Veranlassung vorgenommen war, nicht verumbilligt, sondern auch durch eine im Jahre 1533 den 5. April öfentlich ausgelassene weitläuftige Verordnung des Gottesdienstes halber in diesen Landen angefangen."

„Ich habe, sagt er, des Durchl. Fürsten Kirchenordnung gelesen, welches gottseligen Vermahnungen zu wünschen wäre, dass das Volk lieber einfolgen wollte als etlicher bösen Meynung oder Wahn. Es wird in derselben sonderlich allen Pastoren, Predigern und Seelsorgern in allen diesen Fürstenthümern und Landen befohlen: dass sie die menschlichen Gedichte und Einsetzung fahren lassen und dem Volk das heilige Wort Gottes schlecht rein und unverfälscht predigen und vortragen, massen das Wort Gottes die einzige Lehre zur Seligkeit sey, dessen Auslegung geschehen muss nach andern hellen klaren örtern der Schrift, mit Betrachtung dessen, was vorsteht und nachfolgt, nicht anerkennen, was zu ihrem Gutdünken, Zuneigung und Vornehmen ausgelegt und gezogen werden möchte, sondern was der heiligen Schrift allenthalben gemäss."

Wenn nun auch diese und andere Kirchenordnungen vom Jahre 1532 und 1533 auf halbem Wege stehen blieben, so dass Luther von ihnen sagte: „bös teutsch, bös evangelisch," so wurde doch Heresbach durch den Briefwechsel mit Melanchthon mehr und mehr den Lehren der Reformation zugethan, und in der Vorrede zu seiner Geschichte der Münster'schen Wiedertäufer, deren entsetzliches Gebahren er näher kennen gelernt hatte, als er 1534 den Herzog Johann auf seinem Feldzuge gegen dieselben begleitete, sagt er u. A.: „die Lehre, die ich bisher als Luthers Lehre kennen gelernt hatte, enthält keinen Glaubenssatz, welcher von der Kirche oder von den Gesetzen für ketzerisch erklärt worden ist." In diesem Geiste wirkte er namentlich auch als Erzieher der fürstlichen Kinder, von welchen die erwähnte Prinzessin Sibylla lebenslänglich ihrem um des evangelischen Bekenntnisses willen so hart verfolgten und vom Kaiser zu langwierigem Gefängniss verurtheilten Gemahl treu verblieb, während die Prinzessin Anna dem vom Papste abgefallenen Könige Heinrich VIII. von England vermählt wurde und die Prinzessin Amalie, um ganz ungestört ihres evangelischen Glaubens leben zu können, sich nach dem Schlosse Burg an der Wupper zurückzog. Sonderlich aber sagt Melchior hat Herzog Johann Sorge getragen für die gute Auferziehung Dero Erbprintzen und zu solchem Ende Demselben zum Unterweiser und Hoffmeister vorgestellt Conrad von Heresbach, dessen Gelahrtheit, Gottesfurcht und Treue und andere herrliche Gaben aus vielfältigen Handlungen, besonders aus dem bekannten Buch „von Auferziehung fürstlicher Kinder" bei den Nachkommen unvergessen."

Dieser Erbprinz gelangte als Wilhelm III. im Jahre 1539 zur Regierung und regierte bis 1592. Sein Vater hatte noch vor seinem Tode die Freude, dass die Stände des Herzogthums Geldern den vielversprechenden Sohn zum Herzog wählten, damit das Land bei Deutschland verbleibe und nicht durch die burgundische Erbschaft an Spanien falle. Aber die Herzogswürde war ein Danaer-Geschenk; denn schon bald brach der Krieg zwischen Kaiser Karl V. und dem bedrängten Herzog wegen dieser Besitznahme aus, und obwohl Franz I. von Frankreich dem Letzteren Beistand leistete und die Kaiserlichen 1543 bei Sittard geschlagen wurden, zwang dennoch der Kaiser, der mit verstärkten Truppen heranrückte, den Herzog zu dem für ihn höchst nachtheiligen Vertrage von Venlo, in welchem er nicht allein versprechen musste, allen Verbindungen mit Frankreich, auch seiner Verlobung mit der 11jährigen Prinzessin Johanna von Navarra, der Schwester des Königs Franz, zu entsagen, sondern auch sich verpflichtete, „die katholische Religion in seinen Landen aufrecht zu erhalten, allen Neuerungen aber zu entsagen und dieselben abzustellen." Noch mehr wurde er dem Kaiser dadurch verpflichtet, dass er 1546 Maria von Oesterreich, die Tochter des nachmaligen Kaisers Ferdinand I., heirathete.

Wir würden jedoch irren in der Annahme, als hätte Herzog Wilhelm seine einer gemässigten Reformation zugethane Gesinnung dieser schweren Schicksalsschläge wegen geändert. Noch zwei Jahrzehnte hindurch verblieb Heresbach in seiner Stellung als herzoglicher Geheimrath und Erzieher der fürstlichen Kinder; und dass die Erziehung der letzteren im evangelischen Geiste geschah, dürfte schon daraus hervorgehen, dass die älteste Tochter Wilhelm's, Maria Eleonore, 1573 mit Albrecht Friedrich von Brandenburg, die zweite, Anna, 1574 mit dem Pfalzgrafen Philipp Ludwig von Neuburg, die dritte, Magdalena, 1579 mit dem Pfalzgrafen Johann von Zweibrücken — lauter evangelisch-gesinnten Fürsten — vermählt wurden. Auch wurde im Jahre 1545 zum ersten Rektor der von Herzog Wilhelm gegründeten gelehrten Schule, des seminarium reipublicae, an welcher auch theologische, juristische und politische Vorlesungen gehalten wurden, ein Gesinnungsgenosse von Heresbach, der berühmte Magister Johannes Monheim, der „Lehrer von Niederdeutschland", berufen, — ein Mann, der zwar anfangs mehr im Geist und Sinn des Erasmus, je länger je mehr aber in entschieden reformatorischer Richtung wirkte, wie dies namentlich sein berühmter Katechismus vom Jahre 1560 beweist, und der die Düsseldorfer Schule zu einer solchen Blüthe brachte, dass dieselbe von nah und fern besucht wurde und eine Zeitlang gegen 1800 Studirende zählte. Sein Einfluss auf die Düsseldorfer Bürgerschaft war ein so tiefgehender, dass die „Rathsverwandten" noch in einer Eingabe an den Bürgermeister und Rath vom Jahre 1584 ihm folgendes Zeugniss ausstellen: „Der hochgelehrte und weit berühmte erstbestellte Rektor seligen Gedächtnisses, M. Johannes Monhemius, hat seine Meinung getreulich am Anfang dahin gestellt, damit er mit allem Ernste und gebührlichen Mitteln der Jugend vorstehen möchte, auch denselben mit seinem Leben, Wandel, Lehre und Disciplin dermassen vorgestanden, dass sein Name und Gelehrtheit durch die ganze Christenheit gerühmt und vieler Eltern Gemüther dadurch bewegt, dass sie ihre Kinder über 50, 60, 70 und mehr Meilen Wegs mit grossen Kosten hierher zum Studium geschickt haben."

Auch Melchior bezeugt, dass Herzog Wilhelm trotz seiner misslichen Lage und seiner Verheirathung mit Maria von Oesterreich „treu eyfrige Sorge zu Errettung der armen Unterthanen aus dem alten Aberglauben habe sehen lassen." Im Jahre 1556 den 16. Juli habe er „allen Pastoren befohlen, Gottes Wort lauter und rein zu predigen, den Catechismum mit öfterer Wiederholung zu üben, auch die Bildertracht und lästerliche Missbräuche zu meiden."

„Im Jahre 1559 den 12. Januar haben Ihro Fürstliche Gnaden ein sehr merkwürdiges Schreiben selbst aufgesetzt und geschrieben an Kaiserliche Majestät zur Verantwortung dessen, worüber Dieselbe beschuldigt worden, als nämlich, dass sie Neuerung im Gottesdienste anrichteten, einen verheyratteten Hofprediger hätten und Dero Kinder in der Evangelischen Religion erziehen liessen. Die Antwort ist recht christlich und recht fürstlich eingerichtet." ..... „Sonderlich aber muss hierbei unvergessen bleiben die Reformationsordnung, so 1567 mit Rath und Zuthun der vornehmsten Stände und Räthe verfasset und gestaltet worden, die dann desselben Inhalts, wie die von Herzog Johannes angenommene." ... „Gleichwie nun," heisst es weiter, „I. F. G. den Gottesdienst auf diese Weise bei Dero Hofe bedienen lassen durch unterschiedliche Prediger als Arnoldum, Bungardum, Nicolaum, Rollium, Gerhardum, Veltium etc., also haben sie auch an den meisten Orten in diesen Landen und sonderlich im Bergischen die Kirchen mit evangelischen Predigern versehen, wie dann allhier in Düsseldorf neben obgedachten Hofpredigern von D. D. Leone und Casparo in der Pfarrkirche das h. Evangelium nach obgesetzter Ordnung bis auf das Jahr 1570, da Doctor Mommerus (des Herzogs Geheimer Rath) gestorben, einschliesslich ist gepredigt worden."

Die letzten Worte Melchior's bezeugen, was auch durch andere Nachrichten aus jener Zeit bestätigt wird, dass nicht allein im Schlosse, sondern auch in der hiesigen Pfarrkirche zum h. Lambertus eine längere Reihe von Jahren hindurch, jedenfalls aber von 1567—1570 das Wort Gottes nach den in der gedachten Kirchenordnung vorgeschriebenen evangelischen Grundsätzen verkündigt und das heilige Abendmahl unter beiderlei Gestalt gespendet worden ist. Es ist wohl zu weit gegangen, wenn man hieraus gefolgert hat, dass damals bereits hier eine „reformirte Gemeinde" bestanden habe; wir werden viel mehr nur annehmen dürfen, dass die Reform des Kirchenwesens in der Residenz des Herzogs mit besonderem Eifer und unter Zustimmung des grössten Theils der Geistlichen und der Bevölkerung durchgeführt wurde. Immerhin aber ist die erwähnte Thatsache ein Zeugniss für den Aufschwung, welchen die evangelische Bewegung damals am Niederrhein bereits genommen hatte.

Dass diese Bewegung gleichwohl nicht ihr Ziel erreichte, hatte seinen vorzüglichen Grund darin, dass Herzog Wilhelm, durch einen Schlaganfall gelähmt und durch viele Leiden darniedergebeugt, mehr und mehr einer geistigen Umnachtung verfiel, welche sich seit 1570 so verschlimmerte, dass nur zeitweise lichte Augenblicke eintraten. Die inzwischen mächtig gewordene aller Reform feindliche Gegenpartei riss die Zügel der Regierung an sich und hatte um so leichteres Spiel, als sich auch bei dem Jungherzog Johann Wilhelm bald Vorzeichen des Tiefsinnes und einer geistigen Störung einstellten, welche auch durch seine im Jahre 1585 erfolgte Heirath mit der durch Schönheit und Geistesschärfe gleich ausgezeichneten Markgräfin Jakobe von Baden nicht behoben wurde. Wohl beharrte ein grosser Theil der fürstlichen Räthe bei dem protestantischen Bekenntniss; aber der Einfluss des Kaisers, der im Jahre 1591 seine Commissarien nach Düsseldorf sandte, um die am dortigen Hofe obwaltenden Verhältnisse zu überwachen und eine „Regimentsordnung" einzusetzen, nach welcher die Regierung fortan geführt werden sollte, war zu mächtig, als dass diese Räthe die Ueberhand hätten gewinnen können. Und als vollends nach dem Tode Johann's III. und dem Regierungsantritt Johann Wilhelm's im Jahre 1591 der Rangstreit zwischen der Schwester des Letzteren, Sibylla, und der Herzogin Jakobe ausbrach, als dessen Opfer Jakobe im Jahre 1597 ermordet im Bette aufgefunden wurde, bot die übermächtige Gegenparthei alles auf, um zu verhindern, dass bei der Kinderlosigkeit des Herzogs die Herrschaft an die älteste Schwester desselben, eben jene Sibylla, oder an eine andere ihrer drei Schwestern, welche sämmtlich an protestantische Fürsten verheirathet waren, fallen möchte.

Unter diesen Umständen blieb den evangelischgesinnten Bürgern der Stadt, welche seit dem Jahre 1570 am Hofe keine Stütze und in den kirchlichen Gottesdiensten keine ihren Ansichten entsprechende Erbauung mehr fanden, nichts anders übrig als sich in aller Stille und Zurückgezogenheit, so gut es anging, zu erbauen. „Da hat man sich denn," schreibt Melchior, „nach angefangener Landesobrigkeitlicher Reformationsordnung den Gottesdienst, so gut man konnte, unter vielen Trübsalen bedienen lassen und ist eben dadurch desto mehr veranlasst worden, auch die noch übrigen bekannten Missbräuche zu verlassen und alles frey nach der vollkommenen Richtschnur des göttlichen Wortes einzurichten."

Schon vom Jahre 1570 an bestand in Düsseldorf eine sogenannte „heimliche" reformirte Gemeinde, wahrscheinlich auch eine lutherische, obwohl sich dies noch nicht vollständig urkundlich nachweisen lässt. Die Akten des reformirten Classical-Conventes von Bedburg erwähnen unter'm 5. Juli 1573, dass in Düsseldorf ein Prediger angestellt werden müsse, der den bereits angefangenen Bau einer Kirche fördern solle, und ordnen unter'm 7. Juli 1574 an, dass für Düsseldorf und Rheydt bis auf weiteres ein gemeinsamer Prediger, Conradus Titz aus Köln, bestellt werde. Derselbe blieb zwar der gedrückten Verhältnisse halber nicht lange in dieser Stellung, und auch die nachfolgenden Prediger wechseln in rascher Folge; Name, Wohnort und Wohnung derselben müssen wegen drohender Gefahr streng verschwiegen werden. Doch erfahren wir, dass im Jahre 1593 die Gemeinde von der Jülicher Classe ausscheidet und in die Bergische eintritt; ihre Deputirten wohnten 1594 der Synode zu Elberfeld bei, und ihr damaliger Prediger war Johannes Gosmannus (1593 bis 1596).

Wie dürftig und schwankend überhaupt die Nachrichten über die ersten Jahrzehnte der Gemeinde erscheinen, so geht doch so viel aus ihnen hervor, dass der von seiten der herrschenden Partei auf sie geübte Druck sie nur zu grösserer Opferwilligkeit und Beharrlichkeit in ihrem evangelischen Glauben anspornte. In den wohlgegliederten Organismus der reformirten Synoden fest eingefügt, haben wir sie uns nach dem Vorbilde und den Vorschriften derselben geordnet zu denken, geleitet durch ein von sämmtlichen Hausvätern erwähltes, aus Predigern, Aeltesten und Armenpflegern bestehendes „Consistorium": im Bekenntniss auf den Heidelberger Katechismus gegründet; ihren Gottesdienst in Psalmengesang, Gebet und Predigt des göttlichen Vaters bestehend; in Wandel und Leben durch eine äusserst strenge Kirchenzucht geregelt, welche sie sowohl von der Betheiligung an den gewöhnlichen weltlichen Vergnügungen als von jeder Anbequemung an die herrschende Kirche (z. B. durch Mischehen) fernhielt, die strengste Sonntagsheiligung und tägliche Hausandachten vorschrieb und das geringste Aergerniss mit Geldbusse und andere Kirchenstrafen belegte. Nur eine Gemeinde, die auf so festem Fundamente ruhte, vermochte auch trotz aller Armuth und Vereinzelung die schwere Zeit eines 40jährigen Druckes zu bestehen, auf welche dann nur vorübergehend eine günstigere Zeit folgte, um die Gemeinde auf noch schwerere Drangsal zu rüsten.

Die angedeutete günstigere Wendung bezeichnet das Todesjahr des Herzogs Johann Wilhelm, 1609. Da er kinderlos starb, so bewarben sich Kurfürst Johann Sigismund von Brandenburg und Pfalzgraf Wolfgang Wilhelm von Neuburg als nächstberechtigte Prätendenten um die Herrschaft über die verwaisten Lande, liessen dieselben gleichzeitig durch ihre Gesandten in Besitz nehmen und würden wohl sofort in Krieg mit

einander gerathen sein, wenn nicht Landgraf Moritz von
Hessen im Interesse des Protestantismus die Vermittler-
rolle übernommen hätte. Der Vertrag zu Dortmund (31.
Mai 1609) ordnete eine vorläufige gemeinschaftliche Regierung an. Durch eine Verheirathung des jungen Pfalzgrafen mit der ältesten Tochter des Kurfürsten, Anna
Sophia, sollte die Versöhnung im Jahre 1613 vollzogen
werden; als aber der Pfalzgraf verlangte, dass ihm Jülich
und Cleve als Mitgift zum alleinigen Besitz überlassen
werde, und diese Forderung bei einem Gastmahl auf dem
Schlosse zu Düsseldorf ertrotzen wollte, liess sich der
Kurfürst von seinem Zorne so weit fortreissen, dass er
nach einer weit verbreiteten, jedoch durch Zeitgenossen
nicht verbürgten Nachricht dem Pfalzgrafen eine Ohrfeige ertheilte. Dieser schwur Rache, heirathete die
bayrische Prinzessin Magdalena, Schwester des Herzogs
Maximilian von Bayern, und trat 1614 zum Katholizismus
über, — der Krieg war unvermeidlich. Die Niederlande
traten auf Seite des inzwischen zur reformirten Confession
übergegangenen Kurfürsten, der Kaiser mit seinen spanischen Heeren auf Seite des Pfalzgrafen. Kriegsheere
wälzten sich über die unglücklichen Lande hin; der
dreissigjährige Krieg, in welchen dieselben auch in etwa
verwickelt wurden, erhöhte die Drangsale, die evangelischen Gemeinden waren der Schauplatz der grössten
Gewaltthaten. Je nachdem das Kriegsglück wechselte,
wurden ihnen Prediger, Kirchen und anderes Besitzthum
genommen oder zurückgegeben. Der Gottesdienst musste
vielfach in Wäldern und Höhlen gehalten werden; die
Protestanten wurden gezwungen, den katholischen Cere-
monieen ihre Huldigungen darzubringen und die heiligen
Handlungen durch katholische Priester vollziehen zu
lassen; ein Jahr lang war das ganze Jülicher Land seiner
protestantischen Prediger beraubt. Allerdings verglichen
sich die beiden Fürsten 1629 durch einen zu Düsseldorf
geschlossenen Vertrag dahin, dass der Kurfürst das Herzogthum Cleve und die Grafschaft Mark, der Pfalzgraf die
Herzogthümer Jülich und Berg erhalten und beide zusammen die Grafschaft Ravensberg besitzen sollten;
infolgedessen wurden die Lande 1631 von den fremden
Truppen geräumt. Allein die Wohlthaten des Friedens
konnten, so lange der Krieg im übrigen Deutschland
währte, den Ländern nicht zurückgegeben werden, und
da namentlich der Pfalzgraf seine protestantischen Unterthanen zu bedrängen fortfuhr, so eröffnete der Kurfürst
im Jahre 1651 nochmals den Krieg, der wiederum unsäg-
liches Elend mit sich brachte, bis es endlich durch die

von den clevischen und märkischen Ständen flehentlich angerufene Vermittelung der Niederländer gelang, am 9. September 1666 einen Friedensvertrag zu Stande zu bringen, wodurch das kurfürstliche Haus in den vollen Besitz von Cleve, Mark, Ravensberg und Mörs, der Pfalzgraf in den von Jülich, Berg und Ravenstein gelangte. Die Religionsangelegenheiten wurden durch besondere Recesse (1665 und 1672) geregelt. Nach denselben erhielten im Jülich'schen die Reformirten an 34, die Lutheraner an 7 Orten, im Bergischen jene an 30, diese an 34 Orten freie Religionsübung.

Dass das Jahr 1609 auch für die Evangelischen in Düsseldorf ein hochbedeutsames war, geht schon daraus hervor, dass mit dem 9. Januar dieses Jahres das Consistorial-Protokoll der reformirten Gemeinde, deren Geschichte wir zunächst weiter verfolgen, beginnt. Zwar wird noch in diesem Protokoll den neuaufgenommenen Gemeindegliedern eingeschärft, dass sie „schweigen" sollen, damit die Gemeinde nicht in Ungelegenheiten komme, aber das Consistorium veranstaltet doch am 25. März aus Anlass des Todes des Herzogs Johann Wilhelm einen Buss- und Bettag und entsendet schon im Juni seine ersten Vertreter (Kridtfus und Johann Lohe) zum Convent der Düsseldorfer Classe. Ein festes gottesdienstliches Lokal besitzt sie noch nicht; der Prediger Philipp Poppinghaus aus Neviges predigte gastweise in dem Saale eines Hauses am Markte, „zum weissen Ross" genannt, dann in der Behausung des fürstlichen Baumeisters Pasqualino, „Hirzbach's Haus" genannt, und in dem Saale eines Färbers Heinrich Heines. Derselbe Prediger wird dann der Nachfolger des bisherigen hiesigen Predigers Philipp Polichius und verwaltet das Predigtamt vom 1. Januar 1610 bis zu seinem Tode am 5. September 1624. Ueberhaupt erscheint die reformirte Gemeinde mit dem Jahre 1609 als eine „öffentliche". Ihre Aeltesten leiten die Gottesdienste mit Bibelvorlesungen und Gebet ein; alle Kinder werden im öffentlichen Gottesdienst getauft; die Gemeinde erwirbt einen Bauplatz an der Kurzestrasse, und schon im Dezember 1610 wird das erste Brautpaar in dem dort erbauten Gotteshause (Predigthaus ohne Thurm und Glocke) getraut. Am 10. Juli 1611 wurde sogar der Düsseldorfer Classical-Convent in ihres Patriarchen, des Färbers (Cornelius) Hause gehalten. Auch unterhält die Gemeinde schon eine Rektoratschule, als deren erster Schulmeister ein gewisser „Petrus" und seit 1612 Johann Anton Biber angestellt wurde, welcher zugleich Hülfsprediger der Gemeinde war und die Schule zu solcher Blüthe erhob, dass schon im Jahre 1613 vier

Lehrer an ihr angestellt sind und dieses Institut den Neid der alten, immer mehr sich auflösenden (katholischen) Fürstenschule erregte. Durch ein Brandenburgisches Subsidium (300 Thlr.) wird dann noch die Anstellung eines fünften Lehrers ermöglicht. Alles deutet darauf hin, dass die Gemeinde, welche anfangs aus nur hundert Gliedern bestand, infolge der gewährten Religionsfreiheit nicht nur rasch an Seelenzahl wuchs, sondern auch eine grosse Thatkraft und Opferwilligkeit an den Tag legte, worin sie von dem anfangs noch günstig gestimmten pfalzneuburgischen Hofe sowie von auswärtigen Gemeinden und fürstlichen Höfen bestärkt wurde. Seit 1613 wurde sogar die Anstellung eines zweiten Predigers, Henricus Krauthofen, notwendig, weil Poppinghaus, der zugleich Inspektor der Düsseldorfer Classe und bereits altersschwach war, der Hülfe bedurfte, und war es der Gemeinde gestattet, das heilige Abendmahl in der Schlosskirche, an welcher damals Magister Abraham Scultetus als evangelischer Hofprediger fungirte, zu feiern.

Aber schon die im Jahre 1613 in der Stadt um sich greifende Pest brachte schwere Prüfungen für die junge Gemeinde mit sich. Viele Einwohner flohen aus der Stadt; die Gemeinde durfte ihre Freitagsgottesdienste nicht mehr in der Schlosskapelle abhalten; ein besonderer Seelsorger musste für die Pestkranken angestellt werden, und als im Jahre 1614 die Kriegsunruhen begannen, sahen sich Prediger Poppinghaus und Rektor Biber genöthigt, nach Cleve und Holland zu reisen, um für die bedrängte Gemeinde zu collectiren. Nur mit grosser Mühe gelang es in den folgenden Jahren Hülfsprediger und Lehrer für kurze Dauer zu gewinnen; die Rektoratschüler mussten sich vielfach an den Hausthüren ihren Unterhalt erbitten, und die Geistlichen wurden mit Einquartierung belästigt. Den empfindlichsten Schlag aber erlitt die Gemeinde, als im Jahre 1624 ihr verdienter Prediger Poppinghaus starb[1], und an seinem Begräbnisstage, als die Leichenbegleitung kaum vor dem Thore war, die reformirte Kirche durch die Räthe des Fürsten geschlossen und die freie Religionsübung verboten wurde, — ein Zustand, der bis zu dem Jahre 1643 währte. Auf die wiederholten Bittgesuche um Aufhebung dieser Massregeln wurde der

---

[1] Die dankbare Gemeinde ehrte ihn durch folgendes von Dr. Redinghoten verfasste Chronologium seines Grabsteines:
QUInta HeJ septeMbrJs ConstantJ peCtore Constans VerbJ CoeLestJs PraeCo PHJLJppVs obJt. (Am 5. September starb mit standhaftem Muthe der standhafte Verkündiger des göttlichen Wortes Philippus.)

Gemeinde u. A. geantwortet, dass die letzteren nur zum Besten der Gemeinde dienen, damit dieselbe desto mehr Anlass habe, zu der katholischen Kirche zurückzukehren. Sie konnte sich nur noch wie ehedem gruppenweise in einzelnen Häusern versammeln; die auf Poppinghaus folgenden Prediger wurden nur mit Mühe und für kurze Zeit gewonnen, die Schule nur durch das Brandenburgische Subsidium von jährlich 1000 Thlr. erhalten. Eine Zeitlang mussten sogar die Sonntagsgottesdienste um allerlei Ungelegenheit willen fortfallen; der Prediger Dav. Bongart konnte sein Amt nur unter der Bedingung annehmen, dass er Frau und Kinder nicht mitzubringen nötig habe, und Gabriel Kohlhagen (1635—37) musste die Gemeinde verlassen, weil ohne obrigkeitliche Bewilligung kein neuer Bürger aufgenommen werden dürfe. So sah sich die Gemeinde auf die gelegentliche Bedienung durch auswärtige Prediger angewiesen, ihre Kirche wurde als Scheune für den Hof benutzt, im Jahre 1638 auch die Schule geschlossen und jede geistliche Amtshandlung untersagt.

Es ist um so ehrenvoller, dass die Gemeinde trotz aller dieser Bedrängnisse den Opfermuth besass, noch im Jahre 1625 ein Armenhaus und im Jahre 1643 eine für die ganze bergische Synode bestimmte theologische Bibliothek zu gründen, welche noch heute besteht. Auch geht aus einem noch erhaltenen Verzeichniss hervor, dass die Gemeinde im Jahre 1641 noch 700 Glieder, darunter 500 Communicanten, zählte. Oben unter dem Dache des Predigerhauses hielt sie ihre Gottesdienste, bis sie zu Anfang des Jahres 1643 es wagte, sich wieder in ihrer Kirche zu versammeln. Dies wurde zwar schon am 16. Februar wieder verboten und ihren Mitgliedern sogar das Bürgerrecht und das Recht der Erbtaufe aberkannt; aber am Palmsonntag des Jahres 1644 durfte sie ihre Kirche wieder beziehen, und am 1. Ostertage dieses Jahres feierten dann 450 Communicanten das h. Abendmahl in derselben. Die Bedrückungen hörten zwar auch dann noch nicht völlig auf; u. A. wurde die Schule zu wiederholten Malen geschlossen, und die Gemeindeglieder wurden gezwungen, der Procession nach der Pempelforter Rochuskapelle beizuwohnen. Doch bewirkten die Klassen der Gemeinde bei der brandenburgischen Regierung, dass diese durch Repressalien die endliche Beseitigung dieser Drangsale herbeiführte.

Unter den vielen einheimischen und auswärtigen Wohlthätern, welche die Gemeinde in dieser schweren Zeit unterstützten, ist namentlich die Pfalzgräfin und

Herzogin Katharina Charlotte zu nennen, welche dem pfälzischen Fürstenhause angehörig, auch trotz dem Uebertritt ihres Gemahls, des Herzogs Wolfgang Wilhelm zum Katholicismus, ihrem reformirten Bekenntniss unwandelbar treu verblieb, in der fürstlichen Hofkapelle durch ihre Hofprediger Johannes Hundius und Andere evangelischen Gottesdienst abhalten liess und sich mit landesmütterlicher Fürsorge aller bedrängten Glaubensgenossen in der Nähe und Ferne annahm. Sie bewilligte z. B., dass die in der Schlosskirche gesammelten Gaben den Armen der hiesigen reformirten Gemeinde zu gute kämen, liess auf ihre Kosten arme Kinder derselben, besonders pfälzische, durch einen Lehrer aus Zweibrücken, Melchior Feyell, unterrichten, und rettete den schon zur Erschiessung verurtheilten Prediger Johannes Lünenschloss von Solingen, als er nach Düsseldorf transportirt wurde und die Herzogin ihm zufällig in Hilden begegnete, da durch vom Tode, dass sie ihn in ihrem eigenen Wagen mit nach Düsseldorf nahm und bei dem Herzog für ihn eintrat. Sie starb am 21. März 1651, von ihren Glaubensgenossen als eine „hohe Säule ihrer Kirche" heiss beweint, und ruht in der Fürstengruft der hiesigen Lambertuskirche. Die von ihr der reformirten Gemeinde geschenkten Abendmahlsgefässe befinden sich noch im Gebrauche der hiesigen evangelischen Gemeinde.

Dass mit dem Ende des 30jährigen Krieges auch für die reformirte Gemeinde in Düsseldorf ruhigere Zeiten anbrachen, geht daraus hervor, dass der im Jahre 1644 berufene Prediger Peter Sondermann bis an sein Ende (1663) bei derselben verblieb. Ihm folgte Jac. Lehnhoff, der sich durch hohe katechetische Begabung auszeichnete und von dessen Hand sich noch ein beachtenswerthes Gutachten über die Vereinigung der Lutheraner und Reformirten im Gemeinde-Archiv befindet. Als dieser im Jahre 1667 nach Elberfeld berufen wurde, erwählte die Gemeinde den noch jugendlichen, aber sehr eifrigen Prediger Steinhausen, der in Folge seiner labadistischen Richtung in mancherlei Kämpfe verwickelt wurde, aber schon 1673 starb. Sein Nachfolger wurde Sylvester Lürsen aus Danzig, der im Jahre 1677 eine Streitschrift wider den hiesigen Jesuiten Nacatenus ausgehen liess, aber auch mit dem Rector der lateinischen Schule, dem berühmten Liederdichter Joachim Neander in ziemlich gehässige Streitigkeiten gerieth, weil dieser in Wort und Wandel ebenfalls die mehr innerliche und mystische Richtung des holländischen Labadismus vertrat, während jener der strengen Orthodoxie seiner Zeit angehörte.

Joachim Neander ist einer der gefeiertsten Liederdichter der evangelischen Kirche. Er „sang und spielte dem HErrn", d. h. er erfand zu den von ihm gedichteten Liedern auch zum Theil die schönen, tiefergreifenden Weisen. Und wenn er auch als Dichter einem Luther, Paul Gerhard und Anderen den Vortritt lassen muss, so steht er ihnen doch in seiner Art ebenbürtig zur Seite. Namentlich aber ist es die reformirte Kirche Deutschlands, welche Ursache hat, Neander's Andenken in Ehren zu halten. Er war es, der dieser Kirche, welche bisher nur die in Reime gebrachten Psalmen Davids in ihren Gottesdiensten gesungen hatte, mit seinen „Bundesliedern" die erste Gabe ureigenen, aus vollem Herzen frei entströmenden Liedes darbot und dadurch die reiche Gesangesgabe, welche auch dieser Kirche in Männern wie Gerhard Tersteegen, Friedrich Adolf Lampe u. a. anvertraut werden sollte, entfesselte. Er ist, wenn nicht der Schöpfer des reformirten Kirchenliedes, so doch der erste Herold eines neuen reichen Liederfrühlings dieser Kirche.

Neander war 1650 in Bremen als der Sohn eines Lehrers am dortigen Pädagogium geboren, wurde als Student am Gymnasium illustre seiner Vaterstadt durch eine ihn mächtig ergreifende Predigt des dortigen berühmten Predigers Theodor Undereyk im lebendigen Glauben erweckt, besuchte seit 1671 die Universität Heidelberg, wo er zugleich als Informator einiger Studenten wirkte, brachte den Winter 1673/74 in Frankfurt a/Main zu, wo er die dortigen reformirten Fremdengemeinden und den berühmten Vertreter der im besten Sinne pietistischen Richtung: Phil. Jacob Spener kennen lernte, und trat am 1. Mai 1674 sein Amt als Rector in Düsseldorf an. Seine Wirksamkeit als Lehrer war vorzüglich, seine Predigtweise „ohne viel Kunst, jedoch nicht ohne Beweisung des in ihm wohnenden Geistes". Weil er aber nach Spener's Vorbild die collegia pietatis (die frommen Zusammenkünfte der gläubigen Christen zu gemeinsamer Betrachtung der heil. Schrift und zum Gebet) auf eigne Hand auch in der Düsseldorfer Gemeinde einführte, obwohl die General-Synode angeordnet hatte, dass dieselben nur auf Anordnung des Consistoriums und unter Aufsicht der Prediger stattfinden dürften, so wurde er in heftige Kämpfe mit dem Düsseldorfer Consistorium und namentlich mit dem Prediger Lürsen verwickelt. Man warf ihm, wohl nicht mit Unrecht, auch noch andere eigenmächtige Anordnungen im Schulwesen vor, und obwohl er unterm 17. Februar 1677 durch eigenhändige Unterschrift eines wider ihn gerichteten Anklage-Protocolls seine Fehler

„aufrichtig und ohne Mentalreservation" anerkannte, was dem jugendlich eifrigen Mann ohne Zweifel zur Ehre gereicht, so ist es doch begreiflich, dass er sich aus seiner Stellung heraussehnte, zumal, nachdem das Consistorium ihn weder zum Nachfolger des im Jahre 1677 nach Danzig berufenen Predigers Lürsen, noch zum Hülfsprediger seines Nachfolgers Johann Melchior, des nachmals so berühmt gewordenen Professors zu Herborn, berief. Aus jener Zeit schweren inneren und äusseren Kampfes mögen aber wohl die innigsten und schönsten seiner Lieder stammen, namentlich auch jene, in welchen sich die Schilderungen des nach ihm genannten „Neanderthals" (des „Gesteins" bei Mettmann) befinden.

Wir können den Lebensgang des frommen, liebenswürdigen Dichters an dieser Stelle nicht weiter verfolgen[1], und bemerken nur noch, dass er im Jahre 1679 zum dritten Prediger an der St. Martini-Kirche seiner Vaterstadt Bremen berufen, diesem Rufe freudig Folge leistete, vom Düsseldorfer Consistorium mit einem höchst ehrenvollen Abgangs-Zeugniss bedacht wurde, im Jahre 1680 die erste Ausgabe seiner Lieder unter dem Titel: A. u. O. Joachimi Neandri Glaub- und Liebesübung etc. erscheinen liess, aber schon am 31. Mai 1680 von der Pest dahingerafft wurde. Unter seinen Liedern zeichnen sich namentlich das „wahrhaft königliche Lied": „Lobe den Herren, den mächtigen König der Ehren", ferner: „Wunderbarer König" mit seiner auch so „wunderbaren, gewaltigen" Melodie, — „Ich will ganz und gar nicht zweifeln", — „Meine Hoffnung stehet veste" u. a. aus. Zu 19 derselben verfasste Neander selbst die vortrefflichen Melodieen und wurde deshalb von Bunsen mit Recht als der „Psalmist des Neuen Bundes" bezeichnet. Die Düsseldorfer Gemeinde ehrte bei der im Jahre 1880 stattgefundenen 200jährigen Gedächtnissfeier das Andenken des Dichters durch eine in der ehemals reformirten Kirche angebrachte Marmortafel, welche das Bild desselben nach dem in Mettmann aufgefundenen vortrefflichen Oelbilde wiedergiebt und mit den Wahlsprüchen Neander's: „Unbeweglich in dem HErrn", „Ich will mich lieber zu Tode hoffen, als durch Unglauben verloren gehen" geschmückt ist.

Der erwähnte berühmte Prediger Melchior wurde im Jahre 1670 von Kaldenkirchen an die Düsseldorfer Gemeinde berufen, folgte jedoch schon 1682 dem Rufe als Professor in Herborn. Während seiner Amtszeit tagte

---

[1] Unter den Biographien des Dichters zeichnet sich namentlich die von Prediger Iken in Bremen 1880 herausgegebene durch Gründlichkeit und Vollständigkeit aus.

zum ersten Male die bergische Provinzialsynode in Düsseldorf. Durch die von ihm verfasste „Schulordnung" und „Kinderbibel" machte er sich auch um die Schulen der Gemeinde hochverdient, disputirte hierselbst öffentlich mit einem Jesuiten und kämpfte litterarisch wider einen italienischen Kapuzinermönch Marcus d'Aviano, der sich als Wunderthäter ausgab. Neben ihm wirkte nach Neander's Abberufung der Rector und Hülfsprediger Konrad Bläsing, welcher im Auftrage der sehr bedrängten Gemeinde eine Collectenreise nach London machte und eine anziehende Beschreibung der mit dieser Reise verknüpften Leiden dem Archiv der Gemeinde übergab.

Auf Melchior folgte im Jahre 1682 Hardingius ab Hamm, bisheriger Prediger zu Ruhrort. Da durch den „Religions-Vergleich" zwischen Kurbrandenburg und der Kurpfalz die Religionsfreiheit nunmehr völlig gesichert war, so entschloss sich die Gemeinde im Jahre 1682 zum Bau der Kirche an der Bolkerstrasse, und Hardingius war unausgesetzt für die Förderung desselben thätig. Er sandte die Mitglieder des Consistoriums mit seinen (noch erhaltenen) Empfehlungen auf Collecten-Reisen nach Holland, England, Hessen, Anhalt, Nürnberg Bremen etc. Am 13. März 1683 konnte der Grundstein der Kirche gelegt, am 5. März 1684 das erste Brautpaar in derselben getraut werden; 1687 wurde mit dem Bau des Kirchthurms begonnen. Die Gemeinde selbst brachte grosse Opfer für den Bau und die innere Einrichtung der Kirche; auch wurde mit dem Jahre 1688 wieder ein zweiter Prediger, der zugleich als Rector der lateinischen Schule fungirte, angestellt (Andreas Hoppenrath aus Bremen; seit 1693 Daniel Pauli aus Danzig; seit 1695 Petrus Melchior aus Heeren). Neue Schulhäuser und eine zweite Predigerwohnung (an der Kurzenstrasse) wurden erbaut.

Die Drangsale der Gemeinde hatten freilich noch nicht ganz aufgehört. C. A. wurde Prediger ab Hamm, weil er die Taufe eines Kindes aus gemischter Ehe vollzogen hatte, vom 17. August bis 28. October 1696 „mit zwei Schildwachen arrestirt", und eine ganze Reihe von Beschwerden wegen Religionsbedrückung liess die Gemeinde noch 1716 an die Behörden gelangen. Doch genoss sie seit der „Düsseldorfer Ratification der Kirchenordnung" unter dem Kurfürsten Johann Wilhelm (13. Juli 1706) und unter dem Schutze des Preussischen Residenten, welcher mit diesem Jahre seinen Wohnsitz in Düsseldorf nahm, grössere Freiheit und Sicherheit, welche dann auch unter dem jesuitisch gesinnten Fürsten Karl

Philipp (1716—1742) nicht mehr gefährdet wurden; und der kunstsinnige Karl Theodor (1742—1799) setzte vollends dem mächtigen preussischen Schutze keinen Widerstand mehr entgegen. Zufolge dessen wuchs die Gemeinde fortwährend an Seelenzahl und Leistungsfähigkeit, wie letzteres namentlich aus den zahlreichen und nicht unbedeutenden, milden Stiftungen des 18. Jahrhunderts hervorgeht.

Nach dem Tode des Predigers ab Hamm (1728) wurde der Hofprediger Joh. H. Jäger zu Dillenburg zum Nachfolger, nach dem Tode des zweiten Predigers Petrus Melchior (1732) Petrus Wülfing, Prediger zu Wülfrath, zu dessen Nachfolger erwählt. Dieser Wülfing, von dessen Predigtgabe Jung Stilling sagt: „er predigte so schön, so erbaulich und mit einer Würde, dass Zuhörer, die ihn nicht kannten, in Thränen zerflossen und ihn für einen apostolischen Mann hielten", war derselbe Mann, der später in Solingen und Ronsdorf ein Haupt der berüchtigten Ronsdorfer Secte wurde und — obwohl anfangs von der Preussischen Regierung bestätigt und zum Consistorialrath ernannt — hernach wegen seines schändlichen Lebenswandels abgesetzt, in tiefstem Elende starb. Schon in Düsseldorf zeigte er seine Hinneigung zu jener Secte und wurde deshalb von seinem Consistorium verklagt, so dass es für die Gemeinde eine Wohlthat war, dass er im Jahre 1734 nach Solingen berufen wurde.

Die Nachfolger Wülfings waren: Johann Triesch, bis dahin Prediger in Gemünd (1734—1765, zugleich Präses der General-Synode), Wetzelius Wackerzapf (1766—1772), bisher Prediger in Erkrath, Justus Brummer, bisher Prediger in Emmerich (1773—1792), ein Mann von grosser Rechtschaffenheit, der aber schon im Geiste des Rationalismus wirkte und dadurch nicht wenigen Gemeindegliedern anstössig wurde. Die erste Prediger-Stelle blieb wegen der Bedrängnisse des siebenjährigen Krieges zwei Jahre unbesetzt. Der im Jahre 1760 erwählte Heinrich Bertram Hoffmann, bisher Prediger zu Düssel, starb nach kurzer gesegneter Arbeit schon im Jahre 1762. Sein Nachfolger wurde Johann Wilhelm Janssen, bisher Prediger zu Brienen, welcher im Jahre 1802 sein Amt wegen Altersschwäche niederlegte.

Dass der Rationalismus allmählich auch in der reformirten Gemeinde seine schlimmen Früchte in der zweiten Hälfte des vorigen Jahrhunderts zeitigte, geht aus der Predigt hervor, welche der Prediger Pithan bei Janssen's Amtsniederlegung hielt und in welcher er u. A. sagt: „Janssen kam in dem Jahre 1763 hierher zu unserer

Gemeinde, zu einer Zeit, wo man sehr häufig die Stätte besuchte, wo des Herrn Lob verkündiget wird. Dieses war Freude für sein Herz und Aufmunterung für seinen regen Fleiss. Desto inniger musste es ihn aber auch betrüben, dass späterhin manche anfingen die Versammlung zu verlassen, dass der feurige Eifer für die Gottseligkeit allmählich anfing zu erkalten, dass die Kirchenzucht um einen Theil ihres Ansehens kam; dass die Sitten immer mehr verwilderten und die strafbaren Leidenschaften sich ungezügelter zeigten in ihren wilden Ausbrüchen. Manches ist unsern Zeitgenossen gleichgültig geworden, was unsern Vorfahren heilig war. Als euer alter Lehrer sein Amt unter euch antrat, da war es Sitte in den Familien, dass alle Hausgenossen an jedem Sonntage die Kirche besuchten und die mehrsten selbst zwei-, andere sogar drei mal darin gesehen wurden an jedem Sonntage. Wenn Jemand an einem ganzen Sonntage nicht in der Kirche erschien, so gehörte dieses zur Ausnahme und man hielt die Abwesenden für krank oder für ausheimisch. Jetzt aber gehört, wie ein scharfsinniger Beobachter unserer Zeitgenossen sagt, „das Besuchen der Kirche bei vielen zur Ausnahme, und die Weichlichkeit unserer Tage findet die Kirchen selbst schädlich für die Gesundheit. Sonst sah man die Kirchen an als Oerter der Erholung von dem Arbeiten der Woche, jetzt kennt man andere Oerter der Zerstreuung, welche für die Sinnlichkeit reizender und angenehmer sind. Wie kränkend mussten diese und ähnliche Wahrnehmungen für einen Mann werden, der in ganz anderen Zeiten gebildet und mit ganz anderen Vorstellungen aufgewachsen war!"

Von sonstigen die Gemeinde betreffenden Ereignissen sei hier nur erwähnt, dass am 15. Februar 1733 ein Zug Salzburger Emigranten, welche nach Holland flüchteten, von der reformirten und lutherischen Gemeinde bewirthet und beschenkt, die reformirte Kirche 1761 in ein Mehlhaus der hier hausenden französischen Armee verwandelt, nach der grossen Rhein-Ueberschwemmung am 27. Februar 1784 (wo die Kirche einen Fuss hoch unter Wasser stand), ein feierlicher Dankgottesdienst für gnädige Bewahrung veranstaltet, und in der Nacht des Bombardements vom 6. zum 7. October 1794 die Kirche und die anstossenden Gemeindehäuser von den Granatkugeln der französischen Armee beschädigt wurden.

Bevor wir jedoch die Geschichte der reformirten Gemeinde in dem gegenwärtigen Jahrhundert weiter verfolgen, müssen wir einen Rückblick auf die Geschichte ihrer Schwester-Gemeinde, „der evangelischen Kirche

Augsburgischer (unveränderter) Confession" (oder kurzweg „lutherische Gemeinde" genannt) werfen.

Leider besitzen wir über die ersten Anfänge dieser Gemeinde nur wenige zuverlässige Urkunden, da erst im Jahre 1676 ein Consistorium derselben erwählt wurde und erst mit dem Jahre 1702 die Protokolle des letzteren beginnen. Dass aber die lutherische Gemeinde ebenso alt ist wie die reformirte, geht schon aus der merkwürdigen Eingabe hervor, welche im Jahre 1577, als der Stiftsdechant Petrus Montanus hierselbst die fernere Spendung des heil. Abendmahls unter beiderlei Gestalt in der Stiftskirche verweigerte, die gesammte Bürgerschaft der Stadt Düsseldorf, auch Bürgermeister, Schöffen und Rath an den damals zu Grevenbroich versammelten Landtag der Herzogthümer Jülich und Berg richteten, und in welcher dieselben, unter Berufung auf „die Tradition der alten katholisch-apostolischen Kirche und die auf dem Reichstage zu Augsburg (1530) angenommene und zugelassene Confession, um Aufrechthaltung des mit Consens des Fürsten seit langer Zeit wohlhergebrachten Usus" der Stiftskirche bitten.

Noch deutlicher aber als die Eingabe der Bürgerschaft spricht sich eine Eingabe der „Augsburgischen Konfessionsverwandten zu Düsseldorf", welche dem Pfalzgrafen Wolfgang Wilhelm am 14./21. März 1610 überreicht wurde, über das Vorhandensein einer lutherischen Gemeinde vor diesem Jahre aus. Sie sagen: In folge der in diesen Jülich'schen und Bergischen Landen eingetretenen Administration sei das „helle und klare Licht der reinen evangelischen Lehre in dieser Fürstlichen Stadt Düsseldorf wiederum von neuem aufgegangen, erschienen und durch öffentliche Predigten fruchtbarlich ausgebreitet worden; „haben sich zu deroselben Lher (Lehre) von tag zu tag und jhe langer jhe mehr ferner Gottförchtige Christen nicht allein Syncere (aufrichtig) und öffentlich bekandt, sondern seien auch durch milte gnad, hülff und beistandt Gottes des heiligen Geistes auf rechter Bann der einmall bekandter göttlicher wahrheitt einmütiglich zu verharren, zu glauben und die biss anhero christlich und voll continuirte publica concionum sacrarum exercitia (öffentliche Ausübung christlicher Versammlungen) und Gottesdienste hinfürters ebenmessiglich zu verrichten entschlossen und gemeint". Sie (die lutherischen Gemeindeglieder) bitten daher um Einräumung der St. Anna- oder Gasthauskirche (Hospitalkapelle) zum Mitgebrauche.

Eine zweite Eingabe der lutherischen Gemeindeglieder vom 15. April 1610 erwähnt, dass sie im Jahre 1609 einen Prediger Augsburgischer Konfession angestellt haben, und bitten zur Salarierung desselben um eine landesherrliche Beisteuer. Unterzeichnet ist diese Eingabe von Wilhelm Lithodius, der Rechte Doktor; Adrian Kompsthoff, Prokurator; Reinhard Wösthoff, Rathsverwandter; Bernhard Steinbrinck, Krämer; Matthias Neissmann, Kannegiesser; Isaak Mockenhaupt, Goldschmidt; Hans Klein, Koch; Matthias Ernst, Siegelschneider. Mittelst Fürstlichen Reskripts vom 18/28. April 1610 wurden für vorgedachten Zweck jährlich 50 Rthlr. aus der Landrentmeisterei bewilligt. Auch trug Pfalzgraf Wolfgang Wilhelm den 7. Juli 1610 seinem Vater Philipp Ludwig den Plan der Erbauung einer Kirche als Simultankirche für Kalvinische und Lutherische vor, und Philipp Ludwig stimmt unter dem 11. Juli 1610 diesem Vorschlage bei; doch kam dieser Plan nicht zur Ausführung, und wird die lutherische Gemeinde wohl, ähnlich wie die reformirte, sich anfangs mit gemietheten Lokalen beholfen haben.

Ferner erfahren wir aus den im Kirchenarchiv zu Schwelm vorhandenen Urkunden, dass dort ein lutherischer Prediger namens Gosswin Könnemann nach einjähriger Thätigkeit in Düsseldorf als Pastor wirkte und im Jahre 1609 einem Rufe an die lutherische Gemeinde zu Hagen folgte. Dieser Könnemann wird also zu den Predigern zählen, welche — meist nur für kurze Zeit und mit oftmaligen Unterbrechungen wie in der reformirten Gemeinde — die hiesige heimliche lutherische Gemeinde in den letzten Jahrzehnten des 16. und zu Anfang des 17. Jahrhunderts bedienten.

Mit dem Jahre 1609 tritt die oben geschilderte günstigere Wendung der Dinge für die evangelischen Gemeinden ein. Sie erhalten das Recht des öffentlichen Gottesdienstes, und wir erfahren nun zunächst aus einer im hiesigen Landesarchiv befindlichen Nachricht, dass die lutherische Gemeinde am 6/16. März 1611 den aus Frankfurt am Main gebürtigen Georg Beyer als ihren Prediger berief. Doch schon unterm 9. Juli desselben Jahres wird berichtet, dass derselbe, der schon nach einer Nachricht vom 11. Juli 1610 mit dem „Kalvinischen Pfaffen Philippo Poppinghusio in guter Gemeinschaft stand", zur reformirten Kirche übergetreten und dadurch Misshelligkeiten entstanden seien. Der Fürstliche Rath und Hofprediger M. Georg Heilbrunner empfiehlt deshalb der Gemeinde, an Beyer's Stelle den Magister

Justus Weier aus Mülheim zu berufen. Am 9. September 1611 ist Weier bereits evangelisch-lutherischer Prediger zu Düsseldorf, und Wolfgang Wilhelm erlässt an ihn ein Reskript wegen der Uebergriffe von reformirter Seite. Zu Ende des Jahres 1612 wird auch schon der Reparatur der lutherischen Schule und des Schullehrers Kantor Leonhard Sutorius (Schuster) aus Gunzenhausen, der seit dem September 1610 angestellt ist, Erwähnung gethan.

Vor Allem wichtig aber ist die Nachricht aus den Akten der ersten lutherischen Synode von Cleve-Mark, welche im September 1612 durch den damals noch lutherischen Pfalzgrafen Wolfgang Wilhelm nach Dinslaken berufen wurde. Die Akten befinden sich in dem selten gewordenen Buche von Buinink: „Sammlung merkwürdiger Rechtshändel. Heilbronn 1758 I. pag. 193-254" und bezeugen, dass auf dieser Synode zwei Hofprediger: der evangelische (lutherische) Pastor Justus Weyer aus Düsseldorf und Dr. Johann Hesselbein aus Wesel als landesherrliche Kommissare fungirten. Beide eröffneten die Synode mit lateinischen Ansprachen, und wurde die confessionis forma (Form des Glaubensbekenntnisses) von allen anwesenden Pfarrern unterschrieben. Weyer's Unterschrift lautet: M. (agister) Justus Weyer, ecclesiae Dusseldorp., quae est Augustanae Confessionis, pastor (Magister J. W., Pastor der der Augsburgischen Konfession zugethanen Gemeinde zu Düsseldorf).

Mit dem Jahre 1613 beginnen denn auch schon die Collecten für den Bau einer lutherischen Kirche. Es werden zwei Prediger: Magister Theodoricus Stricker und Magister Johann Frisius erwähnt, welche neben Justus Weyer als „Pestilentiarii" (Seelsorger der Pestkranken) wirken. An Stelle des zum Kirchenrath und Hofprediger ernannten J. Weyer (gestorben 1641) wird 1613 der Professor zu Giessen, Magister Antonius Hagenbusch, zum Stadtprediger berufen. 1614 erwirbt die Gemeinde den Bauplatz zur Kirche. Am 23. November 1641, also gleich nach Weyer's Tode, wurde jedoch der Gemeinde das Recht des öffentlichen Gottesdienstes entzogen, und darf wohl angenommen werden, dass sie dasselbe erst im Jahre 1643, gleichzeitig mit der reformirten Gemeinde, welche schon seit 1624 keine öffentlichen Gottesdienste mehr halten durfte, zurück erhalten hat. In den auf dem Landgerichte zu Düsseldorf beruhenden, mit dem Jahre 1643 beginnenden Taufregistern der lutherischen Gemeinde wird ein Pastor David Blenno Stettinensis (von Stettin) erwähnt; eine Nachricht im

Protokollbuch des Consistoriums erwähnt jedoch weder Hagenbusch noch Blenno, sondern bezeichnet Johann Baderus aus Erfurt als Weyer's Nachfolger (?) im Jahre 1642; als dritten Prediger: Michael Schipelius im Jahre 1648; als vierten Hoffmann, 1655; als fünften David Seyler, 1684; als sechsten den bisherigen Hültsprediger Joh. Bern. Stollmann, 1708.

Während wir von Justus Weyer's weithin reichender Wirksamkeit auch aus anderen Quellen erfahren, sind uns über die genannten Nachfolger keine nähere Nachrichten erhalten; und nur über den zuletzt genannten David Seyler finden sich einige Mittheilungen in dem vom Jahre 1763 datirten „Reisetagebuche" eines gewissen G. Stolle (Handschrift aus der Breslauer Universitäts-Bibliothek), welcher berichtet:

Den 10. September waren wir bei dem Lutherischen Prediger, David Seyler, von dem wir unter andern folgendes erfuhren:

Die Gemeinde sei hier schwach und sei er nur allein Prediger bei der Kirche, welche keine fundos habe, sondern nur von den Auditoribus unterhalten würde, doch sammelte man nach und nach dazu. Sachsen hätte vorhin immer subsidien-Gelder gegeben, aber unter des itzigen Churfürsten Regierung sei alles ausblieben. Es sei auch nur Eine lutherische trivial Schule hier, und ein Schulmeister, der auch in der Kirche vorsinge. Mit dem vorigen reformirten Prediger habe er keine Verdrüsslichkeiten gehabt, aber die itzigen scalirten öfters in Predigten recht schimpflich auf die lutherischen, welche sie auch nennten. Ohnlängst hätte der eine nicht taufen wollen, weil ein lutherischer Offizier mit unter den Gevattern gewesen. Er aber enthalte sich in Predigten auf alle Weise des Elenchi, wenn er gleich dazu Gelegenheit genug habe, und fundire seine Zuhörer nur in Thesi.

In der hiesigen Kirche sei weder der Exorcismus noch die privat-Beichte introducirt, er verlange auch keins von beiden einzuführen. Doch wie sich die, so zum Abendmahl gehen wollten, zuvor bei ihm angeben müssten, so frage er die Fremden allezeit, ob sie auch über dem Mangel der Beichte einen Scrupel hätten, und erböte sich auf solchen Fall, sie Beichte zu hören.

Dennoch halte er davor, dass, wo die Beichte oder andere adiaphora eingeführt wären, man darüber halten, und wenn sie der Fürst abschaffen wolle, keinen Fuss breit nachgeben müsse. Denn dergleichen Abschaffung müsse liberrimo cum consensu omnium trium statuum (unter freiester Zustimmung aller drei Stände) geschehen.

Der Brandenburgische Hof intendire offenbar Syncretismum, beabsichtige die Union der beiden evangelischen Bekenntnisse, und sei die Hallische Academie blos zu dem Ende aufgerichtet. Wenigstens werde man Syncretismum im Herzogthum Magdeburg introduciren. Von Hoffnung besserer Zeiten halte er nichts, denn es weise sich hier das Contrarium aus.

Hier könne keiner ein Officium kriegen, der nicht katholisch wäre oder würde, daher er viel Sorge wegen seines Sohnes, der in Jena jura studire, habe.

Keine Bibliothek dürfe man hier nicht suchen, denn der Churfürst habe keine, und die, so bei dem Jesuiten-Collegio sei, bestehe nur ex Patribus & libris Jesuitarum. Es lebten auch keine literati hier, die von der erudition profession machten, ausser ein trefflicher Chymicus Dr. Schrader.

Der Herr Pastor ist ein langer hagerer Mann, der das alte deutsche Decorum hat, und ein grosser Orthodoxus ist. Er ist aus Sachsen gebürtig und vorher in Jülich Pastor gewest, allwo die lutherische Gemeine noch schwächer als hier sein soll. Er hat viel an sich, so man bei den Gemeinen Dorfpriestern zuweilen findet. Keine sonderbare erudition darf man bei ihm nicht suchen, doch hat er die Metaphysic und historie ziemlich inne. Er ist noch sehr hurtig auf die Beine, ungeachtet er nicht weit von 60 Jahre ist. In seiner Aufführung gegen uns beging er viel Bassessen und zeigte, dass er seine Autorität schlecht in Acht zu nehmen weiss. Doch sollte ein Fremder, der ihn etliche mahl sprechen könnte, viel vom hiesigen Hofe von ihm erfahren können, denn er weiss sehr viel Specialia. Denen Pietisten ist er nicht gut, meint auch, es sei sehr ungereimt, dass sie den Apostolischen statum introduciren wollten, als welcher ja ganz unvollkommen gewest, dieweil es ihm am Wehrstande gemangelt.

Also zeige auch die communio bonorum (Gütergemeinschaft) von eben dieser Unvollkommenheit, denn diese habe deswegen introduciret werden müssen, weil die Personae Ecclesiasticae und armen Christen sonst damals nicht hätten leben können."

Die lutherische Gemeinde hatte wie ihre reformirte Schwester hierselbst eine lateinische (Rektorat-) und eine deutsche Schule. Nähere Nachrichten fehlen.

Ausserdem wissen wir nur, dass die Kirche der lutherischen Gemeinde, die jetzt sogenannte „kleinere" Kirche, ein Kirchenhaus ohne Thurm und Glocken, am 31. August 1687 eingeweiht wurde. Dieselbe wurde unter dem Schutze der adeligen Häuser Isselstein (Madelrinis?) und Düsselstein (der an der Ecke der jetzigen Mittel- und Wallstrasse wohnte) und zwar in dem Banne (auf dem Grundbesitz) dieser beiden zur evangelischen Kirche übergetretenen Edelleute erbaut. Das Gotteshaus durfte, wie auch das reformirte, nicht an der öffentlichen Strasse liegen, sondern musste in einem Hofe, welcher mit Thor und umschliessenden Gebäuden und Mauern versehen war, gebaut werden. Schon diese Lage zeigte, dass der Protestantismus nur geduldet war.

Die Kosten dieser Kirche wurden mit dem bereits früher gesammelten Baufonds, durch Beiträge der Gemeinde und Collecten in lutherischen Gemeinden bis nach Hamburg und Holland hin bestritten. Die Aeltesten übernahmen die Reise und wurden dazu nicht nur mit dem erforderlichen Reisegelde, sondern auch mit neuen Reisekleidern versehen. Das bisherige „Predigthaus" wurde nach Einweihung der Kirche dem Prediger als Dienstwohnung überwiesen. Im Jahre 1690 schenkte ein Gemeindeglied, J. W., einen Taufstein aus schwarzem Marmor, der jetzt in der Taufkapelle der Johanneskirche aufgestellt ist. Am 18. September 1706 wendet sich die Gemeinde an den König von Dänemark um eine Beisteuer für Thurm und Glocken, welche letztere jedoch die Kirche noch heute nicht besitzt.

In das Jahr 1708 fällt die Berufung des bekannten kirchlichen Liederdichters Bartholomäus Crasselius, welcher bis zum Jahr 1724 neben Stohlmann als Pfarrer der Gemeinde wirkte. Er war, wie sein Grabstein in der kleineren Kirche (rechts vom Altar) meldet, den 21. Februar 1667 zu Wernsdorf bei Glaucha in Sachsen geboren und wurde von dem Dorfe Nidden in der Wetterau im Jahre 1708 als Pastor der lutherischen Gemeinde hierselbst berufen, welches Amt er also 16 Jahre und 5 Monate hier verwaltet hat.

Die Gabe der Dichtkunst war ihm in hohem Masse verliehen; seine uns übrig gebliebenen Lieder, deren Zahl leider! gering ist, gehören zu den kernigsten und schönsten unsers so reichen deutschen Kirchenlieder-Schatzes und werden noch immer gesungen, u. a. die Lieder: „Dir, Dir, Jehova, will ich singen", „Halleluja, Lob, Preis und Ehr'", „Heil'ger Jesu, Heil'gungsquelle" (freie deutsche Uebertragung eines holländischen Liedes), „Erwach', o Mensch, erwache", „Friede, ach Friede, o göttlicher Friede", und das schöne Morgenlied: „Herr Jesu, ewges Licht".

In welchem Geiste Crasselius sein Amt auffasste, geht aus dem Gedichte zum 1. Januar 1710: „Geistliche Neujahrs-Posaune" hervor, in welchem es u. A. heisst:

> Ihr rühmet euch der wahren Lehre,
> Wer giebet aber Gott die Ehre
> Und lebt der wahren Lehre nach?
> So wisset doch, dass alles Lehren
> Bei eurem so glaublosen Hören
> Durchaus nicht sei genug zur Sach'.
>
> Der Himmel möchte drob erschüttern,
> Die Erde beben und erzittern,
> Dass Alles so im Argen liegt.
> Der Leute Thun in jedem Stande
> Ist meist nur Bosheit, Sünd und Schande,
> Wenn man's nach Gottes Wort erwiegt.
>   Ein Jeder lebt dahin
>   Nach seines Fleisches Sinn,
>   Frei und sicher,
> In Frechheit toll und Frevelsvoll,
> Als wär kein Gott, der strafen woll.
>
> Sein Zorn entbrannt, sein Schwert ist trunken
> Im Himmel, und er will es tunken
> In der verbosten Menschen Blut.
> Der Reiter auf dem rothen Pferde
> Nimmt weg den Frieden von der Erde
> Und flammet an des Krieges Glut etc.

Crasselius verfasste zwar auch manche harmlosere scherzhafte Gelegenheits-Gedichte, von welchen etliche im Kirchen-Archiv aufbewahrt sind, strafte aber in seinen Predigten die todte Rechtgläubigkeit und das damit Hand in Hand gehende leichtfertige Leben seiner Gemeindeglieder nicht selten in so scharfer Weise, dass er wegen dieser „Anzüglichkeiten" von seinem Consistorium zur Rede gestellt und gelegentlich einer Kirchen-Visitation im Jahre 1715 von dem Inspector des Bergischen lutherischen Ministerii verwarnt wurde. Offenbar vertrat Crasselius den Standpunkt eines Spener und Franke gegenüber der mehr und mehr erstarrenden orthodoxen Richtung seiner Zeit. Die Grabschrift seines Leichensteines vor dem Altar der Kirche bezeichnet ihn übrigens als „wachsamen und glaubenseifrigen Hirten", und sein auf demselben Steine angebrachtes Siegel zeigt den „guten Hirten" mit der Umschrift: „Der gute Hirte, mein göttliches Panier", sowie den bezeichnenden Text der ihm gehaltenen Gedächtnisspredigt Joh. 16, 33: „Solches habe Ich zu euch geredet, dass ihr in mir Frieden habt. In der Welt habt ihr Angst, aber seid getrost, Ich habe die Welt überwunden."

Nach Crasselius' am 10. November 1724 erfolgten Tode versah der „treu-fleissig gewesene" Pastor Stohlmann die Gemeinde bis zu seinem 1734 erfolgten Tode allein. Als Nachfolger wurde Pastor Johann Georg Overkamp zu Jülich erwählt, welcher gleich im ersten Jahre seiner hiesigen Wirksamkeit zum Consistorialrath ernannt wurde und sein Amt hierselbst zwanzig Jahre mit einer Treue verwaltete, welche ihm bei seiner ganzen Gemeinde in Liebe und Hochachtung setzte." (Vgl. List: Geschichte der evang. Gemeinde zu Mannheim, Mannheim 1767.) Er folgte im Jahre 1754 einem Rufe nach Mannheim, weil er einen Herrn H., der die Schwester seiner ersten Frau geheirathet, nicht zum h. Abendmahle zulassen wollte und deshalb in Ordnungsstrafe genommen worden war. — Ihm folgte Leopold Caspar Issing, 1754 bis 1774, bisher Prediger in Stolberg, der, wie eine von ihm verfasste lateinische Streitschrift beweist, ebenfalls der Spener-Franke'schen pietistischen Richtung zugethan war. Auf einem Heimritt von Solingen hierher wurde der bereits altersschwache Mann vom Schlagfluss befallen und starb auf der sogenannten „Schalcksmühle". Seine Leiche wurde vor dem Altar der Kirche beigesetzt. Sein Nachfolger, Stiftsprediger Fischer zu Gevelsberg, nach dem Zeugniss des Inspectors ein ebenso beliebter als begabter und rechtschaffener Prediger, starb schon im Jahre seiner Berufung 1774, und sein Sarg wurde in Crasselius' Grab versenkt. Ihm folgte 1775 Theodor Hartmann, bisher Pastor zu Holpe, welcher über 70 Jahre der Gemeinde erhalten werden sollte.

Blicken wir hier, am Schlusse des achtzehnten Jahrhunderts auf die Entwicklung der lutherischen Gemeinde zurück, so war sie zwar an Seelenzahl nicht bedeutend gewachsen. Sie zählte nach einer amtlichen Zusammenstellung vom Jahre 1791 nur 986 Seelen mit den Militärpersonen, die sich zu ihr hielten, ohne dieselben 759; und dass ihr Zuwachs auch im Anfange des 19. Jahrhunderts kein sehr starker war, ergibt sich aus einer Zählung vom Jahre 1817, wonach sie innerhalb der Stadt 1069 und ausserhalb derselben 143, zusammen also 1212 Seelen zählte, während die reformirte Gemeinde in diesem Jahre 1188 und die Stadt Düsseldorf (ohne den Aussenbezirk) 14100 Seelen zählte. Aber zu der Gemeinde gehörten manche hervorragende Familien, von denen wir hier nur nennen die Kaufherren Fr. Chr. Hoffmann und Huyssen, Buchhändler Dänzer, Instrumentenmacher Eberlé, Kaufmann Huyssen, Kaufmann Cretzschmar, Blechschläger Lieber, Geheimrath Jacobi in Pempelfort etc.

Dazu hatte sie den Vorzug, eine grosse Anzahl treuer Verkündiger des göttlichen Wortes, unter welchen Weyer und Crasselius besonders hervorragen, zu besitzen und auch in Th. Hartmann einen Mann erhalten, der ebensosehr durch seine Predigtgabe wie durch seine gewissenhafte Treue und Verwaltungsgabe hervorragte und beinahe dreiviertel Jahrhundert das lautere Evangelium von Christo in ihr verkündigen durfte, für dessen hervorragende Bedeutung auch der Umstand zeugt, dass er zweimal (1793 und 1806) zum Inspector des unterbergischen Ministeriums berufen wurde und an der Leitung der wichtigsten Angelegenheiten des letzteren, z. B. bei Herausgabe des „Bergischen Gesangbuchs", betheiligt war.

An der Rectoratschule, welche zu Anfang des 18. Jahrhunderts wieder in's Leben getreten war, wirkte seit 1704 Johann Bernhard Stohlmann, der, wie seine Nachfolger, zugleich als Hülfsprediger wirkte. Bis dahin bildete die Rectoratschule nur die höhere Klasse der deutschen Schule. Von 1754 an wurde dieselbe jedoch als eine selbständige Schule von der letzteren getrennt und an dieselbe ein hervorragender Lehrer, der „bestbewährte" Rector Johann Peter Reitz berufen, der von 1755 bis 1797 an derselben wirkte.

Dieser Mann hat mehrere ausgezeichnete Schüler gebildet, worunter wir nur das berühmte Brüderpaar von Pempelfort, den Dichter Johann Georg Jacobi und den Philosophen Friedrich Heinrich Jacobi, sowie den nachmaligen bayerischen Geheimrath Heinrich von Schenk nennen. Der zweite Sohn Fr. Hr. Jacobi's, der in Düsseldorf im Jahre 1845 gestorbene Geheimrath Jacobi sagt von ihm, dass er ein Mann von mehr als gewöhnlicher wissenschaftlicher Ausbildung und strenger Logik gewesen sei, ein Mann von dem achtbarsten Charakter, ein trefflicher Schulmann und gern gehörter Prediger.

Die durch Reitzens Tod erledigte Rectoratstelle wurde nicht wieder besetzt, weil die Zahl der Schüler zu gering war, sondern dem Pastor Hartmann der Candidat Danzmann adjungirt, der zugleich an diejenigen Schüler der Trivialschule, welche es begehrten, lateinischen Unterricht ertheilen sollte, und die Gemeinde benutzte die leergewordene Rectoratschule zur Erweiterung dieser Trivialschule, deren Räume längst zu eng geworden. Am 3. April 1804 folgte jedoch Danzmann einem Rufe als Prediger nach Maestricht, und das Consistorium beschliesst, nunmehr die Rectoratschule ganz eingehen zu lassen, dem Pastor Hartmann aber anheimzugeben, für das Rectoratgehalt sich einen Adjunkten zu halten und die Rectorwohnung zu vermiethen.

Als bemerkenswerthe Züge aus der kirchlichen Entwicklung der Gemeinde seien hier nur folgende hervorgehoben. Die Form des Gottesdienstes war von der des reformirten wenig verschieden. Die Taufen und Trauungen fanden der Regel nach im öffentlichen Gottesdienst statt. Im Jahre 1689 wurde das treffliche Gesangbuch „die singenden und klingenden Berge" eingeführt. In der Kirche wurden nicht nur die Pastoren und deren Angehörige, sondern auch gegen ziemlich hohe Gebühren (50 Rth.) andere hervorragende Gemeindeglieder begraben, und noch heute nennen die in der Kirche aufgehangenen Wappen die Namen der dem Adel angehörigen hier bestatteten Personen. Desgleichen befanden sich in der Kirche ein „Fürstenstuhl" und viele Kirchenstühle, welche von Familien käuflich erworben oder auf längere Dauer gepachtet oder als Ehrensitze verliehen wurden. Die lutherischen Militair-Personen, unter welchen sich stets viele hohe Officiere befanden, nahmen an dem Gemeinde-Gottesdienste theil und wurden überhaupt als Mitglieder der Gemeinde angesehen, und manche Generale und höhere Offiziere in der Kirche begraben. Hervorragende Ereignisse, wie die Genesung des Landesfürsten im Jahre 1754, die Errettung aus der Gefahr der Rhein-Ueberschwemmung im Jahre 1784, wo das Wasser bis an dem vierten Treppstieg in der Kirche stand, das hundertjährige Kirchweihfest 1787 und der Tod des Landesfürsten 1799, wurden mit Gottesdienst und je nach Umständen mit Musik-Aufführung in der Kirche und Kanonenschüssen gefeiert, vierteljährliche Buss- und Bettage begangen.

Fortdauernd war die Gemeinde darauf bedacht, ihre Kirch-, Pfarr- und Schulgebäude, sowie die Gehälter ihrer Pfarrer, Lehrer und Kirhendiener zu verbessern. Wie gering die letzteren waren, geht daraus hervor, dass noch im Jahre 1723 der Präceptor (deutsche Schulmeister) nur 48, der Organist 40, der Küster 18 und der Calcant 2 Thlr. jährlich bezogen. Die Pfarrer erhielten um dieselbe Zeit 200 Thlr. Jahrgehalt. Auch auf die Erwerbung der um die Kirche liegenden Häuser und Grundstücke ist die Gemeinde fortwährend bedacht. Sie kauft 1529 das Haus und den Garten des Hülshoff für 2100 Rthlr., damit der Gottesdienst nicht belästigt werde und die Kirche nöthigenfalls erweitert werden könne. 1748 wird ein neues Pfarrhaus an Stelle des alten erbaut; 1755 das dem letztern gegenüberliegende Haus dem Rector Reitz und seiner Schule überwiesen, 1765 eine neue Orgel von Teschemacher in Elberfeld zu 850 Rthlr. gekauft; 1767 eine neue Galerie in der Kirche für die Mannspersonen erbaut, 1776 ein Armenhaus gekauft.

Nach einer im Protokollbuch von 1790 befindlichen Zusammenstellung des Vermögens besass die Gemeinde damals an Kirchen-Kapitalien 6250 Rthlr., an Armen-Kapitalien 7200 Rthlr., 4 Häuser, welche 275 Rthlr. Miethe abwarfen, und das Armenhaus, welches 20 Rthlr. Miethe aufbrachte. Das sächsische Subsidium brachte jährlich p. p. 100 Rthlr. ein. Die jährlichen festen Einkünfte beliefen sich auf 625 Rthlr., für die Armen ausserdem auf 310 Rthlr. Alles Andere musste durch Collecten aufgebracht werden.

Diese Collecten lieferten immerhin beträchtliche Erträge; der Aelteste Fahlmer konnte z. B. von seiner Collecte in Holland 800 und Pastor Stohlmann ebendaher 1528 Rthlr. abliefern. Auch empfing die Gemeinde manche bedeutendere Vermächtnisse, z. B. 1742: 4500 Rthlr. von einem Kaufmann Siegfried Ackermann in Leipzig, 1781: 500 Rthlr. von Commercienrath Fahlmer, 1784: 500 Rthlr. von Georg Hoffmann für die Armen, 1785: ein Haus von dem Generalmajor Frh. von Hammerstein zum Besten der Armen etc. Auch aus den Begräbnissen in der Kirche und der Verwerthung der Kirchenstühle wurden die Mittel zum Unterhalt des Gemeindewesens genommen; doch wurden die ersteren zur französischen Zeit untersagt und bei der Restauration der Kirche im Jahre 1779 kamen auf Beschluss der Gemeinde auch die Bankberechtigungen in Wegfall, wodurch freilich jahrelange und gehässige Processe mit den ehemaligen Eigenthümern herbeigeführt wurden.

Vor dem Eindringen des Rationalismus wurde die lutherische Gemeinde (im Gegensatze zu der reformirten) dadurch verschont, dass, wie es scheint, sämmtliche Pastoren treu an der Kirchenlehre festhielten. Aber mit dem Eindringen der französischen Aufklärung und der französischen Heere, Sitten und Unsitten schwanden auch in der lutherischen Gemeinde die alte Gottesfurcht und Kirchlichkeit, Kirchenzucht und Sittenstrenge mehr und mehr dahin, wie die Predigten des letzten lutherischen Pfarrers, des nachmaligen Oberconsistorialraths Dr. th. Theodor Hartmann, es oft genug beklagen. Es war Zeit, dass die grossen politischen Katastrophen zu Ende des vorigen und zu Anfang dieses Jahrhunderts eintraten, damit unter dem Zusammensturz des Alten und Ueberlebten ein Neues, Besseres sich gestalte.

Mit der Besitzergreifung des Bergischen Landes von Seiten Preussens (5. April 1815) begann in jeder Beziehung eine neue Zeit auch für die ehemalige Hauptstadt des bergischen Landes. Die preussischen Könige liessen sich die Pflege ihrer neuerworbenen Lande in den folgenden Jahrzehnten bestens angelegen sein. Unter ihrem Scepter nahmen Handel und Industrie am Rheinstrom, namentlich auch im Bergischen, einen ungeahnten Aufschwung. Die Bevölkerung des Rheinlandes und auch unserer Stadt war in stetem mächtigem Wachsthum begriffen. Das Gymnasium unserer Stadt, das eine Musteranstalt werden sollte und dazu mit reichen Mitteln ausgestattet wurde, die Königliche Kunstakademie, welche gewissermassen einen Ersatz für die nicht gewährte Universität bilden sollte, und manche Königliche Behörden, welche hier ihren Sitz erhielten, verliehen unserer Stadt eine immer grösser werdende Bedeutung. Auch der mehr und mehr aufblühende Transithandel, die niederrheinische Dampfschifffahrts-Gesellschaft, die Eisenbahn, welche Düsseldorf und Elberfeld mit einander verband, trugen wesentlich zur Hebung der Stadt bei. Fächerartig breiteten sich ihre Strassen nach allen Seiten hin aus, und im Jahre 1880 zählte sie etwa eine sechsmal so grosse Bevölkerung wie bei der preussischen Besitzergreifung, nämlich 95190 Seelen, darunter 23630 Evangelische, 70512 Katholiken, 1008 Juden, 278 Dissidenten.

Auch die kirchlichen Verhältnisse des Rheinlandes erfuhren durch die grossen politischen Umwälzungen eine völlige Umgestaltung. Dieselben wurden zur französischen Zeit den Präfecten unterstellt, und selbst der wohlgesinnte General-Gouverneur Justus Gruner arbeitete auf eine organische Verbindung des Kirchenwesens mit dem Gouvernement hin, zu welchem Ende er im Jahre 1814 ein Oberconsistorium zu Düsseldorf einsetzte. Aber König Friedrich Wilhelm III. war nicht geneigt, die geschichtlich gewordene und seit Jahrhunderten im Segen bestehende Presbyterial- und Synodal-Verfassung aufzuheben. Jenes Oberconsistorium wurde schon im Jahre 1816 wieder aufgehoben und nach freilich langjährigen Verhandlungen zwischen den Synoden und den landesherrlichen Kirchenbehörden unterm 5. März 1835 die Kirchenordnung für die evangelischen Gemeinden der Provinz Westfalen und der Rheinprovinz erlassen, welche zwar den landesherrlichen Behörden die Aufsicht über das Kirchenwesen überweist, zugleich aber auch durch die Anordnung der grösseren Gemeinde Repräsentationen, der Provinzial-Synoden u. s. w. der Kirche ein grösseres Mass von Selbständigkeit verlieh und den ersten Schritt zur Einheit und Selbständigkeit der gesammten evangelischen Kirche in Preussen bezeichnete. Dazu trat das überaus segensreiche Werk der „Union" der lutherischen und reformirten Kirche, eine Frucht namentlich des 300jährigen Reformations-Jubiläums im Jahre 1817 und zugleich eigenstes Werk des preussischen Königs. Ein frischer Geisteshauch durchwehte die evangelische Kirche der Westprovinzen und gab sich ebensosehr durch das Wiedererwachen eines tieferen Glaubenslebens als durch Gründung zahlreichster christlicher Vereine und Stiftungen kund.

Auch die beiden Düsseldorfer evangelischen Gemeinden haben von der Schmach und Noth des ersten Jahrzehnts dieses Jahrhunderts ihr Theil mitbekommen. Die reformirte Gemeinde war durch die Kriegsnoth so sehr in Schulden gerathen, dass sie sich genöthigt sah, die Kirchensitze zu vermiethen, und ihre lateinische Schule war so verfallen, dass fast gar keine Schüler mehr dieselbe besuchten und der Rector Gadermann 1804 das Schulzimmer in ein Wohnzimmer verwandeln konnte. Auch an Seelenzahl sah sich die Gemeinde im Jahre 1806 auf 970 herabgesunken. 1805 wird ihr das Beerdigen in den Kirchen von der Regierung verboten; die confessionellen Kirchhöfe werden geschlossen, der Communal-Kirchhof an der Goltzheimer Insel eröffnet und so vertheilt, dass den Katholiken $3/_4$, den Protestanten $1/_4$ der Grundfläche überwiesen wird. Zufolge Einführung des Code Napoleon müssen 1808 die Tauf-, Copulations- und Sterbe-Register an die Mairie abgeliefert werden. „Gehorsam ist des Bürgers Pflicht", sagt lakonisch das betreffende Consistorial-Protokoll. An „Diener-Steuer" (Predigergehalts-Beiträgen) gehen nur 660 Rthlr. ein. Am Sonntag den 4. Juni 1809 muss sogar ein Siegesfest für die Siege Napoleon's, welche die Einnahme von Wien zur Folge hatten, gefeiert werden. 1810 müssen wegen Einführung der Civil-Ehe Kirchenzuchts-Massregeln gegen solche Personen, welche sich nicht kirchlich copuliren lassen, beschlossen werden. Dem Kaiser Napoleon mussten bei seinem Besuche die Prediger, sowie Aelteste und der Schulmeister mit den Kindern entgegengehen. 1811 wird die Gemeinde gezwungen, ihre Armen-Kapitalien der Mairie anzugeben, und es sollen fortan nicht allein die Zinsen derselben, sondern auch jährlich ihr auf 200 Rthlr. veranschlagtes, in den Gottesdiensten gesammeltes Armengeld an das Central-Bureau der Armenverwaltung abgegeben werden. Letzteres verweigert jedoch die Gemeinde und beschliesst 1812, die Klingelbeutel-Sammlungen für ihre Armen fortzusetzen, ausserdem aber Büchsen, deren Ertrag jenem Bureau behändigt werden soll, an den Ausgängen der Kirche aufzustellen. Ihr gesammtes Kapital-

Vermögen beläuft sich in diesem Jahre auf 18610 Thlr., und sind darum fortwährende ausserordentliche Sammlungen nöthig, um das Deficit der Kirchenkasse zu decken. 1813 geht auch die Schule und das Schulhaus in den Besitz der Commune über, und die Zinsen der Schul-Kapitalien müssen an dieselbe bezahlt werden. Als der Prediger Joh. Peter Adolf Schriever, welcher im Jahre 1802 zum Nachfolger des emeritirten Pfarrers Janssen berufen war, im Jahre 1813 einem Rufe nach Duisburg folgte und der Emeritus Janssen, beinahe 85 Jahre alt, starb, blieb die erledigte Pfarrstelle der Noth der Zeit wegen unbesetzt. Der im Jahre 1792 erwählte Prediger Pithan muss die Gemeinde zwei Jahre lang allein bedienen, und erst im Jahre 1815 wählt die Gemeinde den Professor am hiesigen Königl. Gymnasium, Heinrich Wilhelm Budde, zum zweiten Prediger.

Die lutherische Gemeinde, welche am Schlusse des 18. Jahrhunderts nicht ganz 1000 Seelen zählte, trat mit ihrem bewährten Pastor Hartmann in das neue Jahrhundert ein. Das Rectorat war bereits eingegangen, doch unterrichtete seit 1799 der Hülfsprediger Candidat Danzmann einige Kinder der Elementarschule im Lateinischen. Dieselben obrigkeitlichen Massregeln, welche die reformirte Gemeinde so schwer getroffen hatten, musste selbtredend auch die lutherische über sich ergehen lassen. Obwohl letztere im Jahre 1807 an den König von Sachsen wegen erlangter Königswürde in dankbarer Erinnerung an das so lange gewährte sächsische Subsidium ein Gratulationsschreiben gesandt hatte, wurde ihr im Jahre 1810 die Fortbewilligung vom sächsischen Landtage für immer versagt. Auch auf inner-kirchlichem Gebiete vollzogen sich in dieser Zeit mancherlei Wandlungen. Im Jahre 1808 wurden die bisher an katholischen Wochen-Feiertagen gehaltenen Gottesdienste abgeschafft, 1806 die Grabreden, 1808 das unter Hartmanns mühevoller Mitwirkung entstandene „Verbesserte Bergische Gesangbuch" eingeführt; 1816 dem Prediger Hartmann verstattet, alle vierzehn Tage Sonntag-Nachmittags den Gottesdienst in der Garnisonkirche zu leiten.

Wenn die beiden Gemeinden zur Zeit der Fremdherrschaft und in Folge der grossen Veränderungen, welche dieselbe mit sich brachte, sich einander wesentlich genähert hatten, so dass z. B. die lutherische der reformirten wegen Umbaues der Kirche der letzteren wiederholt gestattet hatte, ihre Gottesdienste in der lutherischen Kirche abzuhalten, so gewann diese Annäherung noch festeren Bestand durch das Bestreben der Preussischen

Regierung, eine neue, für beide Confessionen gültige Kirchenverfassung einzuführen. Schon am 10. und 11. September 1817 wurde in der lutherischen Kirche nach Königlicher Verordnung die erste vereinigte Kreissynode abgehalten und beschloss dieselbe die Wahl eines gemeinschaftlichen Superintendenten derselben. Am 31. October und 1. November dieses Jahres fand eine gemeinsame Feier des Reformations-Jubelfestes statt. An den Nachmittagen predigte Budde in der lutherischen und Hartmann in der reformirten Kirche, und namentlich die Hartmann'sche Festpredigt ergriff die vereinten Gemeinden so tief, dass es in dem Festberichte heisst: „man vernahm, dass dem würdigen Redner von oben gegeben sei, was er in so viel Glauben und Liebe gesprochen, und schied wohl Keiner aus der Kirche, der nicht gefühlt hätte, wie wohl es thue, in heiligen Dingen Ein Herz und Eine Seele zu sein." Schon im November dieses Jahres beriethen die beiderseitigen Consistorien über die Vereinigung der Gemeinden. Es gingen jedoch wegen allerlei äusserer und innerer Schwierigkeiten noch mehrere Jahre mit den Verhandlungen hin und erst am 8. December 1824 wurde die „Unions-Urkunde" vollzogen, um mit dem 1. Januar 1825 in Kraft zu treten. Die Gemeinde nannte sich fortan „vereinigte evangelische Gemeinde". Hartmann und Budde waren ihre Pfarrer. (Der inzwischen zum Consistorialrath ernannte Pastor Hartmann hatte bereits am 17. October 1823 sein 50jähriges Dienstjubiläum überaus festlich begangen, Consistorialrath Pithan im Jahre 1824 sein Amt niedergelegt, um sich ganz seinem Amte als Regierungsrath zu widmen.)

Von den mancherlei Veränderungen, welche die Union mit sich brachte, sei hier nur erwähnt, dass die Hauptgottesdienste gleichzeitig in beiden Kirchen, die Wochen- und Nachmittags-Gottesdienste jedoch abwechselnd in denselben stattfanden. 1829 wurde das Natorp-Rinck'sche Choralbuch, 1835 die neue Agende eingeführt; 1836 den hiesigen beiden Militair-Geistlichen gestattet, in der vormals reformirten, jetzt „die grössere" genannten Kirche Sonntag-Nachmittags einen Gottesdienst abzuhalten; 1841 den Engländern erlaubt, ihre Gottesdienste Sonntags-Morgens in der „kleineren Kirche" zu halten. 1849 wurde die grössere Kirche wegen der stets wachsenden Zahl der Kirchenbesucher einem umfassenden Umbau unterworfen; die Gemeinde zählte damals bereits 5600 Seelen. 1853 wurde das „Evangelische Gesangbuch" eingeführt. Da Consistorialrath Dr. th. Hartmann, der im Jahre 1853 das 60jährige Amtsjubiläum feierte, manche Amtshandlungen nicht mehr wahrnehmen konnte, so wurde im Jahre 1840 Eberhard Rudolf Spiess, bisher Pfarrer zu Langenberg, als dritter Prediger angestellt. Im Jahre 1843 feierte dann Oberconsistorialrath Dr. th. Hartmann sein 70jähriges Amtsjubiläum. Das seltene Fest wurde in glänzendster Weise begangen und zum Andenken an dasselbe das Waisenhaus der Gemeinde gegründet. Im Jahre 1844 am 2. Juni ging der Gefeierte, 93 Jahre alt, heim. Das von der Gemeinde auf dem städtischen Friedhofe ihm errichtete Denkmal rühmt mit Recht seine treue, mehr als 70jährige Amtsführung, da er stets durch lautere Verkündigung des Evangelii und würdigen Wandel sich ausgezeichnet hatte.

Bald nach Hartmann's Tode wurde Pastor Spiess, der mit grossem Eifer und Segen in der Gemeinde gewirkt hatte, als Pfarrer, Consistorial- und Schulrath nach Trier abberufen, wo er im Jahre 1880 sein 50jähriges Amtsjubiläum feierte und als Oberconsistorialrath bald hernach starb. Zu seinem Nachfolger wurde Karl Krafft, bisher Pfarrer zu Flamersheim und zu Hückeswagen, berufen. Die hervorragende Begabung desselben als Prediger, sein lebendiger Eifer um das christliche Leben der Gemeinde, seine besonderen Verdienste auch um die Erforschung der Geschichte derselben sind noch zu lebendig in der Erinnerung, als dass wir sie zu schildern brauchten. Es sei hier nur erwähnt, dass die Einführung der wöchentlichen Bibelstunden in der Kirche und in den Schulen, der monatlichen öffentlichen Missionsstunden, der öffentlichen Sonntags-Katechisationen, die rasche Entwicklung des Waisenhauses, die Gründung des Krankenhauses, des Jünglings- und Männervereins, des weiblichen Missionsvereins, der Umbau der grösseren Kirche, welcher 4100 Thlr. erforderte u. a. wesentlich seinem Eifer zu verdanken sind. Auch wirkte er jahrelang als Religionslehrer an der städtischen Realschule, als Präsident der rheinisch-westfälischen Gefängniss-Gesellschaft, als Präses des protestantischen Bundes etc. Im Jahre 1856 folgte derselbe einem Rufe als Pfarrer an die reformirte Gemeinde zu Elberfeld, legte vor einigen Jahren sein Amt nieder, ist aber — wegen seiner schriftstellerischen Verdienste inzwischen mit der Würde eines Doctors der Theologie und der Philosophie geschmückt — noch unablässig, namentlich auf dem Gebiete der Kirchengeschichte Rheinlands, thätig. Da die hiesige Gemeinde inzwischen bis auf die Seelenzahl 5600 angewachsen war, wurde eine dritte Pfarrstelle gegründet und im Jahre 1851 an dieselbe G. B. Adelbert Natorp seit 1849 Hülfspfarrer der reformirten Gemeinde zu Cronenberg, seit 1850 Pfarrer zu Holpe, berufen, während nach Krafft's Abberufung im Jahre 1857 Karl Julius Roffhack (seit 1857 Pastor in Kaldenkirchen-Bracht, seit 1845 in Mörs) und nach dem Tode des Consistorialraths Pfarrers Dr. th. Budde, der am 4. Februar 1860 sein 50jähriges Amtsjubiläum feierte und bald darauf, am 1. März desselben Jahres starb, Pfarrer Karl Blech (seit 1854 Pfarrer in St. Goar, seit 1857 Pfarrer in Trier) berufen wurden. Im Jahre 1868 wurde Pfarrer Natorp zum Königlichen Consistorial-, Regierungs- und geistlichen Rathe bei der hiesigen Königl. Regierung ernannt, welches Amt er bis zur Aufhebung der geistlichen Rathsstellen bei den Regierungen im Jahre 1878 im Nebenamt bekleidete; im Jahre 1870 wurden Pfarrer Roffhack, im Jahre 1881 Pfarrer Blech zu Superintendenten der Kreissynode Düsseldorf erwählt. Als dann Pfarrer Roffhack im Jahre 1877 starb, wurde im Jahre 1878 Pfarrer Hermann Petersen (seit 1870 Pfarrvikar zu Kalk, seit 1873 Pastor in Mettmann) berufen. Da aber die Gemeinde schon damals bis zu 19000 Seelen angewachsen war, wurde noch in demselben Jahre die Gründung einer vierten Pfarrstelle beschlossen und für dieselbe Pastor Frey aus Langendreer berufen; desgleichen im Jahre 1886, wo die Seelenzahl ca. 26000 betrug, eine fünfte Pfarrstelle gegründet, für welche Pastor Duesberg berufen wurde.

Es würde zu weit führen und dem Zwecke dieser Denkschrift nicht entsprechen, wenn wie die innere und äussere Entwicklung der Gemeinde in den letzten dreissig Jahren im Einzelnen eingehender schildern wollten. Ein kurzer Ueberblick über die wichtigeren Angelegenheiten derselben dürfte genügen.

Unter Anderem verdient hervorgehoben zu werden, dass behufs Ertheilung des evangelischen Religionsunterrichts an den hiesigen höheren Schulen, dem Königl. Gymnasium und der städtischen Realschule, welchen bisher zwei Pfarrer der Gemeinde wahrgenommmen hatten, seit dem Jahre 1856 unter Mitwirkung des Presbyteriums besondere Religionslehrer angestellt wurden: Im Jahre 1856 Pastor Droste aus Dülken, 1859 Dr. Herbst, 1862 Pastor Axenfeld, 1864 Candidat Deussen, nach dessen Abgang im Jahre 1871 jedoch die Mitwirkung der Gemeinde aufhörte und für jede Schule die Religionslehrer von den betreffenden Behörden allein berufen wurden.

Am 4. Februar 1860 wurde das 50jährige Amtsjubiläum des Konsistorialraths, Pfarrers, Prof. Dr. H. Budde, am 14. Juni 1874 das 25jährige des Konsistorialraths Pfr. A. Natorp und am 29. Juni 1879 das 25jährige des Pfarrers Blech festlich begangen.

Mit der Gründung der 4. Pfarrstelle im Jahre 1878 wurde die Eintheilung der Gemeinde in vier, und bei der Gründung der 5. Pfarrstelle im Jahre 1887 in fünf Pfarrbezirke verbunden, wodurch die seelsorgerische Thätigkeit der Pastoren wesentlich befördert wurde.

Am 11. August 1835 war die erste Repräsentation der Gemeinde, aus 40 Mitgliedern bestehend, gewählt worden; im Jahre 1839 wurde die Zahl der Mitglieder auf 60 erhöht. Diese Körperschaft wählte fortan die 16, jetzt 18 Mitglieder des Presbyteriums, so dass dasselbe, die Pfarrer einbegriffen, aus 23 Mitgliedern besteht, nämlich aus 5 Pfarrern, unter welchen der Vorsitz jährlich wechselt, 4 Aeltesten, 4 Kirchmeistern und 10 Diakonen.

Für die Armenpflege wurde im Jahre 1847 ein Hülfsdiakon und 1858 eine Kaiserswerther Diakonissin angestellt. Gegenwärtig sind jedoch fünf Diakonissen, je eine für jeden Pfarrbezirk, thätig, und steht denselben seit 1881 ein Frauen-Armen-Verein zur Seite.

Das im Jahre 1843 aus Anlass des 70jährigen Amtsjubiläums des Konsistorialraths Dr. Th. Hartmann gegründete Waisenhaus hat sich inzwischen zu einer der gesegnetsten Anstalten der Gemeinde entwickelt. Auf dem an der Pempelforterstrasse gelegenen, 7 Morgen grossen Grundstück „zur Löwenburg" wurde im Jahre 1865 ein grosses Gebäude mit einem Kostenaufwand von 19585 Thlrn. erbaut, in welchem gegenwärtig unter Leitung des Hausvaters Fischer etwa 40 Kinder verpflegt werden. Zahlreiche Stiftungen setzen die Anstalt in den Stand, ihre Ausgaben abgesehen von den Pflegegeldern, welche für die Zöglinge gezahlt werden, selbstständig zu bestreiten.

Im Jahre 1849 wurde von einem Freundeskreise ein „Evangelisches Krankenhaus" gegründet. Als solches diente zunächst das vormalige Pfarrhaus an der kleinern Kirche an der Bergerstrasse. Da dies aber schon bald nicht mehr genügte, wurde im Jahre 1862 von der Gemeinde, welche inzwischen die Oberleitung des Krankenhauses übernommen hatte, ein Bauplatz am Fürstenwall erworben und am 15. Juli 1864 der Grundstein zu dem grossen, prächtigen Gebäude gelegt, dessen Baukosten sich auf 88515 Thlr. beliefen. Eine öffentliche Einweihung konnte wegen der kriegerischen Ereignisse des Jahres 1866 nicht stattfinden, doch wurde die Anstalt bei der Aufnahme der ersten verwundeten und kranken Krieger in ernster Andachtsstunde dem Schutz des Herrn befohlen; die Verpflegung der grossen Schaaren von Kriegern kam dem Hause wesentlich zu gute, indem von nah und fern die Liebesgaben zur innern Einrichtung des Hauses und zur Bestreitung der Pflegekosten gesandt wurden. 1877 erwarb die Anstalt Corporationsrechte und trat somit aus dem unmittelbaren Verbande mit der Gemeinde heraus. Am 31. October 1876 wurde die in der Anstalt befindliche Kirche, welche während der Kriegszeit als Krankensaal benutzt war, zum öffentlichen gottesdienstlichen Gebrauche eingeweiht, und finden seitdem regelmässige Sonntags-Gottesdienste in derselben statt. Das Krankenhaus ist eine Zierde der Stadt und ein Segen für die Gemeinde.

Aus der Entwicklung des Schullebens dürfte hervorzuheben sein, dass die Gemeinde im Jahre 1835 eine Freischule für die Kinder der untersten Klasse in's Leben rief, (Hauptlehrer: Jul. Braselmann), welche jedoch später bei der Vereinigung dieser Schulen mit den städtischen Schulen wieder einging. Im Jahre 1837 begründete ein provisorisches Curatorium (Regierungsrath Altgelt etc.) die Luisenschule für die Töchter der höhern Stände, so genannt nach Ihrer Königl. Hoheit der Frau Prinzessin Friedrich von Preussen, Luise, welche das Protektorat der Schule huldvollst übernahm und bis an ihren Heimgang bekleidete. Im Jahre 1854 ging diese Schule in den Besitz der Gemeinde über und wurde von einem Scholarchat, welches dieselbe wählte, geleitet; 1861 wurde das Schulgebäude in der Steinstrasse erbaut; 1863 an Stelle der bisherigen Vorsteherin Frl. Julie Quincke der bisherige Lehrer an der städtischen Realschule, Herr Dr. Cellner zum Director der Schule berufen; im Jahre 1864 eine Selekta zur Ausbildung der Zöglinge für das höhere Schulfach mit der Schule verbunden; im Jahre 1875 wurde die Anstalt zum Preise von 100,000 Mark an die Stadt Düsseldorf verkauft, unter deren Leitung dieselbe sich noch heute befindet und einen confessionell-paritätischen Charakter bekommen hat.

Jahrzehnte hindurch rang die Gemeinde darnach, auch für die männliche Jugend der höheren Stände eine entsprechende evangelische Bildungsanstalt in's Leben zu rufen, womöglich ein evangelisches Gymnasium, fand aber hierzu nicht die vielfach nachgesuchte Genehmigung und Beihülfe der Behörden und konnte auch das nicht erreichen, dass an dem hiesigen königl. Gymnasium die Zahl der evangelischen Lehrer dem Bedürfniss und der Zahl der evangelischen Schüler desselben entspräche.

wiewohl dies durch Verfügung des Herrn Ministers vom Jahre 1873 als nothwendig anerkannt war. Inzwischen ist jedoch mit der städtischen Realschule ein paritätisches Gymnasium verbunden, an welchem eine grössere Zahl evangelischer Lehrer angestellt wurde.[1]

Die drei an Schüler- und Classenzahl stets wachsenden Elementarschulen, bis dahin Eigenthum der Gemeinde und von ihren Schulvorständen geleitet, gingen im Jahre 1858 in den Besitz der Stadt über; im Jahre 1877 wurden die Pfarrer auch von der Schulaufsicht entbunden. Gegenwärtig bestehen fünf evangelische Volksschulen in der Stadt, während für die evangelischen Kinder der entfernteren Aussenbezirke in den betreffenden katholischen Schulen evangelischer Religions-Unterricht ertheilt wird.

Neben den öffentlichen Schulen bestanden seit den vierziger Jahren mehrere Privatschulen mit vorwiegend evangelischem Charakter und Lehrpersonal: die Knabenschulen des Herrn Friedrich und des Herrn Köster; die höhern Töchterschulen der Frl. v. Erkellentz und der Frau Maler Schuback (welche letztere Schule noch besteht. — Zu der ebenfalls in den vierziger Jahren gegründeten Kleinkinderschule an der Kurzestrasse sind im Laufe der Zeit fünf neue (in der Bilkerstrasse, in Derendorf, Oberbilk, am Fürstenwall und in der Kurfürstenstrasse) und mehrere Kindergärten nach dem Fröbel'schen Systeme hinzugetreten. Auch die im Jahre 1841 gegründete Nähschule für arme Kinder besteht noch heute zu grossem Segen fort, und in Derendorf hat die Kaiserswerther Diakonissen-Anstalt eine Mägdebildungs-Anstalt gegründet.

In der Gemeinde selbst und zum Theil weit über die Grenzen desselben hinaus wirkt ein ganzer Kranz von christlichen Vereinen. Es seien hier u. A. nur erwähnt: 1) die im Jahre 1826 gegründete rheinisch-westfälische Gefängnissgesellschaft, welche von vornherein Düsseldorf zu ihrem Vorort erwählte und deren Präsidenten (Graf Spee, Landgerichts-Präsident Hoffmann, Pastor Krafft und seit 1856 Consistorialrath Natorp) sowie Haupt-Agenten (Pastor Bigehold, Schultze, Scheffer, Stursberg, Gräber) ebenfalls hier wohnen. 2) Der rheinische Hauptverein der Gustav-Adolf-Stiftung 1844

---

[1] Wie bedeutend die Zahl der evangelischen Schüler inzwischen angewachsen ist, geht aus der letzten Zählung vom 1. Februar 1888 hervor, nach welcher das Kgl. Gymnasium 359 kath., 229 evang., 15 israel. Schüler, das Realgymnasium 173 kath., 392 evang., 24 israel. Schüler, die Bürgerschule 261 kath., 196 evang., 21 israel. Schüler, diese Anstalten zusammen aber 793 kath., 817 evang., 60 israel. Schüler zählten.

zu Elberfeld gegründet, seit 1847 in Düsseldorf domicilirt, 32 Zweig-, 26 Frauen- und einen studentischen Verein umfassend. — 3) Die niederrheinische Prediger-Conferenz, gegründet 1857. — 4) Der Zweigverein des evangelischen Bundes, gegründet 1887. — 5) Der Mission- und Bibelhülfsverein seit 1816. — 6) Der Gustav-Adolf-Zweigverein. — 7) Der Gustav-Adolf-Frauenverein. 8) Der Gefängniss-Hülfsverein. — 9) Der Gefängniss-Frauenverein. — 10) Der Jünglings- und Männerverein seit 1845. — 11) Das Curatorium des „Gasthauses zur Heimath" in der Oststrasse, seit 1852; mit Corporations-Rechten ausgestattet 1872. — 12) Christlicher Volksverein, seit 1873, unter wechselnden Bezeichnungen. — 13) Die Kranken- und Sterbelade „evangelische Einigkeit" seit 1854. — 14) Die Königin-Luise-Stiftung seit 1876 für Unterstützung der Ausbildung evangelischer Volksschullehrer. — 15) Der Verein für Stadtmission seit 1878, für Anstellung von Stadtmissionaren. — 16) Verein der Sonntagsschulen (seit 1875), welche in fast allen Stadtgebieten vertreten sind. — 17) Der Frauen-Armen-Verein seit 1881, zur Leitung und Unterstützung der Thätigkeit der Gemeinde-Diakonissen. — 18) Der weibliche Hülfsverein für das evang. Krankenhaus. — 19) Desgleichen für das evang. Waisenhaus. — 20) Verein für Pflege armer Wöchnerinnen. — 21) Der kirchliche Gesangverein seit 1851. — 22) Der Dienstmädchen- und Jungfrauen-Verein.

Bis zum Jahre 1859 bildete auch die im Jahre 1822 durch den Grafen Adelbert von der Recke-Volmerstein gegründete Rettungsanstalt Düsselthal, die erste deutsche Anstalt dieser Art, einen Bestandtheil der hiesigen evang. Gemeinde. Die „Gesellschaft der Menschenfreunde" und ein „Jungfrauen-Verein" unterstützten die Anstalt mit ihrer Thätigkeit. Mit 44 Kindern wurde dieselbe eröffnet, im Jahre 1854 betrug die Zahl der Pfleglinge bereits 254, so dass in Zoppenbrück eine Neben-Anstalt gegründet werden musste. Im Jahre 1847 übernahm ein Curatorium die Oberleitung der Anstalt und berief den Inspektor Friedr. Georgi, im Jahre 1863 den Pfr. Wilh. Imhäusser zum Director. Am 17. Juni 1859 wurden der Anstalt die Rechte einer selbständigen Pfarrei verliehen, nachdem die Anstaltskirche bereits am 3. August 1854 eingeweiht und in öffentlichem Gebrauch war.

An der hiesigen ev. Gefängniss-Gemeinde, welche noch heute keine Parochie für sich, sondern einen integrirenden Bestandtheil der evangelischen Gemeinde bildet, wurden seit dem Jahre 1828, zunächst durch die rheinisch-westfälische Gefängniss-Gesellschaft, später durch die Staatsbehörde evangelische Geistliche angestellt. Als solche wirkten W. Schmidt aus Lobeda 1828/29 und in rascher Folge: H. G. Müller, später Pfr. und Sup. in Monzingen; Karl Küpper (später Pfarrer in Köln), Wilms, Johannes Ball † 1843, Köhler † 1849, Bögehold 1849 57, Rudolf Schultze 1857 62, R. W. Scheffer 1862 73, H. Stursberg 1873—87 und Gräber seit 1887.

Seit der Besitzergreifung des Bergischen Landes durch die Krone Preussen besteht hierselbst auch eine evangelische Garnisongemeinde. Bisher hatten nur die katholischen Militärs die zur Caserne gehörige „St. Anna-Kirche" in Gebrauch und ihren eigenen Seelsorger, während die evangelischen Mannschaften in die beiden evangelischen Gemeinden eingepfarrt waren. Ein evangelischer Feldprediger begleitete schon das preussische bergische Corps auf seinem Zuge nach Nassau und Frankfurt. 1815 wurde dann die evangelische Seelsorge dem Pastor Hartmann an der lutherischen Gemeinde übertragen, 1820 Joh. Hermann Altgelt als erster Militärprediger der 14. Divison angestellt, am 30. Septbr. 1824 die St. Anna-Kirche mittelst Cabinets-Ordre für eine evangelische Garnisonkirche erklärt, jedoch unter Mitgebrauch für die katholische Garnisongemeinde, 1827 Prediger Dr. Ninnich zum 2. Militärprediger ernannt; 1832 Garnisonprediger Thielen aus Wesel zu Altgelts Nachfolger, (welcher Letztere als Schulrath bei der hiesigen Regierung eintrat.) 1836 H. G. Monjé zu Ninnich's Nachfolger, 1846 Dr. Kottmeier zum Nachfolger von Thielen, der zum Militär-Oberprediger in Coblenz ernannt war. Monjé starb 1849, und wurde seine Stelle nicht wieder besetzt. Als Dr. Kottmeier 1867 als Pfarrer nach Eisleben berufen wurde, folgte ihm Wilhelm Meyer aus Münster i. W., welcher im Jahre 1870 mit der 14. Division nach Frankreich ausrückte, auf dem Feldzuge am Gallenfieber schwer erkrankte und bald darauf in Münster starb. Sein Nachfolger wurde im Jahre 1871 der noch jetzt fungirende Divisionspfarrer Herr Ferd. Becker, seit 1878 Feld-Divisionspfarrer der 5. Division.

Die anglikanische Gemeinde, welche mit mehreren Unterbrechungen schon seit vielen Jahrzehnten hierselbst besteht, benutzt die kleinere Kirche auf der Bergerstrasse zu ihren Gottesdiensten, wofür sie sich verpflichtet hat, die in denselben gesammelten Gaben für die Armen der Diakonie unserer Gemeinde zu übergeben. Als Geistliche fungirten an derselben seit den fünfziger Jahren Rev. Samuel Tucker, Leader-Cowper, Broadt, Godfrey und der jetzige Geistliche Rev. Drought. Die Zahl der Gemeindeglieder ist eine verhältnissmässig geringe und wechselnde.

Nach der im Jahre 1880 gehaltenen Volkszählung befanden sich unter den 95 190 hierselbst ortsangehörigen Personen auch 278 Dissidenten (gegen 291 im Jahre 1875). Dieselben gehörten grösstentheils der Gemeinde der von der Landeskirche sich getrennt haltenden Lutheraner an, welche seit der Mitte dieses Jahrhunderts hierselbst besteht, anfangs von auswärtigen Pastoren bedient wurde, jetzt aber ihren eignen Geistlichen und in der Kreuzstrasse ein Kirchenhaus erbaut hat. Die Irvingianer („apostolische Gemeinde") besitzen ebenfalls, seitdem der bekannte Agitator derselben, Herr von Pochhammer, hierselbst seine Vorträge hielt, ein Versammlungslokal in der Klosterstrasse und unterhalten einen Prediger. Seit dem Jahre 1880 hat sich ferner eine sogenannte „freie Gemeinde" nach dem Vorbilde ähnlicher Gemeinden im Wupperthale hierselbst gebildet. Nachdem der Leiter derselben schon jahrelang in seinem Hause Versammlungen gehalten hatte, in welchen auch das heil. Abendmahl von ihm verwaltet wurde, erfolgte im Jahre 1880 der Austritt mehrerer Familien aus der Landeskirche. Die hierselbst wohnenden Darbisten, Baptisten, Mennoniten etc. sind zu wenig zahlreich, um selbständige Gemeinden bilden zu können. Den Altkatholiken, welche seit dem vatikanischen Concile hierselbst eine Gemeinde begründeten und deren Pfarrer durch kirchengeschichtliche und allgemein-wissenschaftliche Vorträge in weiteren Kreisen eine anregende Wirksamkeit ausüben, räumte unsere Gemeinde die beiden älteren Kirchen zur unentgeltlichen Benutzung für ihre Gottesdienste ein.

Der Rückblick auf ihre Geschichte kann die evangelische Gemeinde nur mit lebhaftestem Danke gegen den Herrn der Kirche erfüllen. Das einst in sturmbewegter Zeit gepflanzte Senfkorn evangelischen Glaubens ist im Laufe der Jahrhunderte zu einem kräftigen Baume mit weithinschattenden Zweigen geworden. Die beiden Gemeinden, welche fast 250 Jahre lang die Träger dieses Lebens waren und dasselbe, getrennt von einander, eine jede in besonderer Weise ausgestalteten, haben sich wie zwei Flüsse zu einem um so mächtigeren Strome mit einander verbunden. Die vereinigte, jetzt etwa 32000 Seelen zählende Gemeinde hat sich innerhalb eines halben Jahrhunderts an Seelenzahl verzehnfacht und nimmt durch den äusseren Wohlstand, die Intelligenz und christliche Gesinnung, die sie vertritt, neben der katholischen Bevölkerung, welche mit ca. 100000 Seelen den Hauptbestandtheil der Gesammtbevölkerung unserer Stadt ausmacht, eine einflussreiche, geachtete Stellung ein. Sie ist in fortwährender höchsterfreulicher äusserer und innerer Fortentwicklung begriffen, besitzt in ihren fünf Pfarrern, welche einmüthig auf dem Grunde des lautern Evangeliums stehen, die dem augenblicklichen Bedürfnisse der Seelenzahl — wenn auch nicht völlig — genügenden seelsorgerischen Kräfte und in ihrem aus 23 Mitgliedern bestehenden Presbyterium, sowie der aus 60 Mitgliedern bestehenden Repräsentation eine Vertretung, welche sich allezeit freudig zu Arbeit und Opfern bereit finden lässt, wo es die Ehre des HErrn und das Wohl der Gemeinde gilt. Sie befindet sich in der glücklichen Lage, das heranwachsende Geschlecht in zahlreichen höheren und niederen Schulen, welchen die Behörden die wärmste Fürsorge angedeihen lassen, bilden lassen zu können. Eine grosse Zahl von Anstalten und Vereinen arbeitet in ihr am Baue des Reiches Gottes und in der Abhülfe von allerlei Noth und Elend. Sie selbst bethätigt den in ihr waltenden christlichen Geist durch lebhafte Theilnahme am öffentlichen Gottesdienste und eine hervorragende seltene Opferwilligkeit.

Auch den gottesdienstlichen Bedürfnissen ist durch ihre vier Kirchen ausreichend Rechnung getragen; denn zu den beiden ältesten Kirchen (auf der Bolker- und der Bergerstrasse) trat schon im Jahre 1871 die Krankenhauskirche, welche immerhin gegen 600 Andächtige fasst und einem lebhaft empfundenen Bedürfnisse des südlichen Stadttheils entspricht, indem in derselben sonntäglich Hauptgottesdienst stattfindet. Im Jahre 1881 aber am 6. December konnte die mit einem Aufwande von mehr als 1000000 Mark erbaute, grosse und architectonisch hervorragende Johanneskirche auf dem Königsplatze geweiht werden, welche seitdem den Mittelpunkt des gottesdienstlichen Lebens bildet und wegen ihrer schönen Lage, ihrer herrlichen Formen, ihrer ausgezeichneten Orgel, ihres klangvollen mächtigen Geläutes und vor Allem wegen ihrer zahlreich besuchten Gottesdienste eine wahre Freude der Gemeinde und das sprechendste Sinnbild ihres geistigen Lebens ist. Auch zu geistlichen Concerten und zu jährlich vier liturgischen Gottesdiensten bietet sie die ausreichenden und akustisch günstigen Räume dar, und schon manche grössere kirchliche Feste, wie das Lutherfest 1883 und die Hauptversammlung des Evangelischen Vereines der Gustav-Adolf-Stiftung 1886 wurden in ihr begangen.

Wenn daher die Stadt Düsseldorf in diesem Jahre 1888 ihr 600jähriges Bestehen als eine freudige Jubilarin feiert, so wird auch die evangelische Gemeinde gern an ihrer Freude und an ihrem Danke gegen den Allerhöchsten sich betheiligen und mit ihr einstimmen in das Bekenntniss:

„Nicht uns, Herr, nicht uns, sondern Deinem Namen gieb Ehre um Deine Gnade und Wahrheit!
(Ps. 115, 1.)

Geschichte der jüdischen Gemeinde Düsseldorfs.

Von
Rabbiner **Dr. Abr. Wedell.**

ie Synagogen Gemeinde Düsseldorf als Sitz des Synagogen-Bezirks gleichen Namens erhielt ihre gegenwärtige Verfassung erst durch das Statut, welches zufolge des preussischen Judengesetzes vom Jahre 1847 festgestellt werden musste. Vor der Einverleibung der bergischen Lande in die preussische Monarchie bildete sie einen Theil der "verglaydeten Judenschaft von Gülich und Berg", später derjenigen des Grossherzogthums Berg. Der jüdischen Gemeinde lag aber nicht nur die Sorge für die besonderen religiösen Interessen ob. Da die Juden in den angegebenen Landestheilen wie in ganz Deutschland kein Bürgerrecht besassen, und das Recht in denselben zu wohnen, in beschränktem Masse Handel und Gewerbe zu treiben, zu heirathen, ja selbst das Recht dort zu sterben, um hohen Preis erwerben und mit vieler Mühe gegen so manche Anfechtung und Verkümmerung vertheidigen mussten, so war die Verwaltung der jüdischen Gemeinde, zumal da auch die Jurisdiction in Streitsachen zwischen Juden und Juden ihr anheimgegeben war, ziemlich verzweigt, mühevoll und verantwortungsreich. Das Gemeindeleben umfasste also nicht nur die Entwicklung und Bethätigung der religiösen Anschauungen, wie sie in Schule, Synagoge, Wohlthätigkeits-Vereinen und im Leben zum Ausdruck kamen, sondern auch das Ringen nach einer würdigen bürgerlichen Stellung, das Ankämpfen der Juden gegen die sich ihnen entgegenstellenden Hindernisse und gegen die über ihre Religion vielfach verbreiteten Vorurtheile und falschen Anschauungen, eine Geschichte ihrer geduldig und gottergeben ertragenen Leiden und aufgenöthigten Entsagung.

Geschichte der Juden in den Herzogthümern Jülich-Berg und des später errichteten Grossherzogthums Berg.

Das Recht der Juden, in den bergischen Landen zu wohnen, ist noch nicht sehr alt. Die im Jahre 1608 bei Bernhard Buyss erschienene Polizei-Ordnung für Jülich, Cleve, Berg enthält noch die Verordnung: „Es sollen in vnsern Furstenthumben vnd Landen, wie gleichfals bei den Vnderherrligkeiten, oder denen orten, so in gemeinschafft mit vns sitzen, auch bei vnsern Lehen vnd Schirmbs verwandten, keine Juden, so nit nach Christlicher Ordnung getaufft, gestattet, auffgehalten oder vergleitet werden, bei vermeidung straff vnd peen."

Der älteste aufgefundene Schutzbrief datirt vom Jahre 1689.

Die Erlaubniss, in den bergischen Landen wohnen zu dürfen, wurde den Juden von den jedesmaligen Regenten in Form eines Schutzbriefes ertheilt, der in der Regel auf 16 Jahre ausgestellt und dann immer wieder auf die gleiche Dauer verlängert wurde. Für die jedesmalige Erneuerung einer solchen Geleitsconcession war die Summe von 10000 Gulden „als zum trockenen weinkauf, wie auch erkenntlichkeit, oder Kronensteuer in einer unzertheilten Summe in der landrhentenmeisterei in Düsseldorf baar zu erlegen, annebens zum Jährlichen Tribut vier Tausent quartaliter mit eintausent Gulden court. zur Hof-Kammer richtig einzuliefern." Ausser diesem „Tribut" hatten die Juden auch noch die sonstigen allgemeinen und lokalen Steuern zu entrichten, vor allem die Gewinn- und Gewerbesteuer, welche jedoch pro Kopf nicht höher als nach dem Ertrage von 3 Morgen Ackerland berechnet werden durfte, für welche aber ebenso wie die Kronen- und Tributsteuer die gesammte verglaydete Judenschaft solidarisch haftbar war, in der Weise, dass der etwaige durch Vermögensverfall, Wegzug oder Ableben Einzelner entstandene Ausfall auf die Uebrigen zu repartiren war. Alle diese Abgaben hatten gegenüber andern Forderungen seitens der Lokalbehörden oder von Privatleuten das Vorzugsrecht. Ein diesbezüglicher „Auss Hochstgem. Ihrer Kurfürstl. Durchl. gnädigsten befehl gez. Fhr. v. Blankart) an Richtern in Sohlingen" d. d. Düsseldorf 24 Mertz 1784 lautet: „C. T. C. Lieber getreuer, Wir schliessen euch eine abschrift der uns von seiten Vorgänger und Vorsteheren der gemeinen gülich und bergischen Judenschaft Contra Salomon Leyser übergebner anzeig mit dem ggsten befehl hiebey, dass ihr pto. des tributs rückstands, falls nichts erhebliches dagegen ein-

zuwenden gegen den beklagten Salomon Leyser executive
Verfahren, und vor dessen Zahlung keine Von demselben
ausgestellte schuldscheine Zur gerichtlicher realisation
annehmen sollet." Andere Abgaben waren von den Ein
zelnen selbst zu zahlen, wie z. B. Ehlengelder, aus-
wendiger Leibzoll der nach Ermessen der Vorsteher verpachtet werden konnte u. a. m. Für jedes neugeborne Kind
und beim Ableben einer männlichen, später auch einer
weiblichen Person war je ein Goldgulden zu entrichten.
In einzelnen Orten waren noch besondere Gefälle zu
zahlen; so war in Kaiserswerth von jedem geschlachteten
Vieh die Zunge an die „Kellnerey" abzuliefern. Die Juden
glaubten in Ansehung ihrer sonstigen Abgaben und auf
Grund der ihnen am 19. Juni 1704 ausdrücklich gewährten
Befreiung von dieser „wider die Billigkeit auferlegten
Lieferung der Zungen" diese verweigern zu können,
wurden jedoch „weil auch die Christen dieselben zu liefern
hatten", mit ihrem Gesuch abgewiesen. „In sachen Vorgänger und Vorsteher der Gulich und Bergi Judenschafft
wider Kellnerei zu Kayserswehrt die von dortigen Juden
wegen geschlachtet werdenden Viehes abgeforderten
Zungen betreffendt werden Klagende Vorgänger und Vorsteher mit ihrem Gesuch ab, und die schlachtende Juden
zu Kayserswehrt zu befolgung der Kameral-Verordnung
Vom 29ten 7brls v. J. und demgemäss Vom dortigen Kellner
erteilten Decret angewiesen. Düsseldorf den 24 Julius
1782. Frhr. von Gangreben.- Sportelen und Kanzley-
gebühr betragen sich mit der insinuation dieses sieben
rthlr. 4½ stüber, sind zahlt." Diese wichtige Frage war
im Jahre 1786 noch nicht entschieden. Denn 11 Julius
d. J. wurde aus gstem Befehl des Kurfürsten Bericht ein
gefordert. „Hochgelehrter, Lieber, Getreuer! Ihr findet
Copeilich beigelegt, was Uns Vorgänger und Vorsteher
gemeiner Judenschaft wider euch wegen hartist einge-
bundener Kirchmess zungen Lieferung untgst. remonstrirt
haben, worüber euer untgst. Flichtmässiger Bericht un-
verlängst erwartet wird." Nicht besser erging es mit der
von „denen im Städtgen Siegburg Domicilirten Juden
prätendirt werdende Freiheit vom gemeynsamen Beytrag,
worüber „der Vom abten zu Siegburg erstattete Unthste
Bericht denen Vorgängern etc. kommunikabel erkannt
wird, um das nötige inner 14 tägen zu verhandeln."

Wegen erlittenen grossen Wasserschadens wurde den
Juden der am 23. Xbrls 1784 erbetene Nachlass von
den Krongeldern in Höhe von 1000 Rthlr., d. d. Mannheim
14. Januar 1785 in „Höchsten gnaden" bewilligt, wofür
die Judenschaft folgendes Dankschreiben an den Kur-

fürsten richtete: Durchlauchtigster! Eure Kurfürstliche Durchl. war so gnädig uns unter dero höchstem schutz in den herzogthümern gülich und Berg eingesessene Juden in rücksicht des durch die vorigjährige wasserüberschwemmung erlittenen trangsal mit einem Tribut Nachlass mildest zu trösten, für welche wahrhaft Landesväterliche Wohlthat wir hiermit den wärmsten Dank unthägst abstatten."

„Der grundgütige Gott den wir alle verEhren, verleye Eurer Kurstl. Durchl. dargegen noch eine lang wierig beglückte Regierung und belone höchstdieselbe mit dem für uns und unsere Nach Kommenschaft ewig unvergesslichen besten Ruhm eines Fürsten, der gut thätigste Vater aller auch sogar der geringsten landes Kindern stets gewesen zu sein."

„Der nemliche Gott wird gewisslich unsere bey jedem öffentlichen religionsdienst für höchstdieselbe zu ihm aufsteigende reichenste segenswünsche mildest erhöhren und Euere Churfürstlicher Durchlaucht sind zu holdselig und gütig dieselbe zu verschmähen, Um welche einzige Gnad wir gegenwärtig unterthänigst bitten."

ad manus Clementissimus Unthgst fussfällige Danksagung etc.

Wie bei diesem Anlass so hatten die Herzöge resp. Kurfürsten innerhalb der oben bezeichneten Grenzen den Juden wiederholt ihren Schutz und ihr Wohlwollen bewiesen und ihre Bereitwilligkeit bekundet, denselben die ihnen durch die Geleitsconcession eingeräumten Rechte und die Respectirung der ihnen auf Grund des Schutzbriefes verliehenen Verfassung zu gewährleisten.

Verfassung der Gülich Bergischen Judenschaft.

Durch die Schutzbriefe wurde die Zahl der für Gülich und Berg zugelassenen Haushaltungen auf 215 festgestellt. Die in den „Pfand- und unterherrschaften" wohnenden Juden, deren Menge nicht genau fixirt war, waren in der Zahl 215 nicht mitgerechnet, unterlagen aber sonst denselben Bestimmungen. Die gesammte Verwaltung ruhte in den Händen eines Vorstandes. Die religiösen Angelegenheiten und gerichtlichen Entscheidungen in civilrechtlichen Streitigkeiten zwischen Juden untereinander lagen in erster Instanz dem Oberrabbiner ob — der ebenso wie die Verwaltung seinen Sitz in Düsseldorf hatte. Gewählt wurden diese Organe durch die

General-Versammlung der Gemeinde.

So oft es nöthig war, versammelte sich die gesammte Judenschaft zu gemeinsamen Berathungen über allgemeine

Angelegenheiten, wie Tribut- und Steuerfragen, deren Repartition, Petitionen an die Behörden, Wahl eines Oberrabbiners und des Vorstandes, Feststellung der Gemeindestatuten und wichtigsten Verordnungen und Abstellung von Uebelständen. Die Einladung zu diesen Versammlungen, welche an verschiedenen Orten stattfanden, erging durch die Ober-Vorgänger, nachdem von der Behörde oder vielmehr von dem Herrscher die Erlaubniss hierzu ertheilt war. Sämmtliche Behörden, auch diejenigen der Pfand- und Unterherrschaften, wurden angewiesen, der Versammlung und den zu denselben sich begebenden Juden den nöthigen Schutz zu gewähren.

„Auf die vom Vorgänger und Vorsteher der Gülich und bergischen Judenschaft übergebene unthgste Anzeige einer im Monat Aprill Künftig notig findenden allgemeinen Konvokation wird denen Supplikanten aufgegeben, anforderst die ursach der allgemeinen zusammen Berufung anzuzeigen, sodann der Verordnung vom 13ten August 1779 wegen übergebung eines genauen Verzeichnisses deren in hiesigen Herzogtümern in Städten, Amter, Freiheiten, unter und Pfandherrschaften und sonstigen Orthen wohnenden vergleideten Jüdischen Familien in 14 Tagen bei 6 Rthlr. straf zu geben.

Aus Seiner Kurfersten Durchl. sonderbar ggstem Befehl
Graf von Nesselrode."

„C. T. C. Unsern ggsten Gruss zuvor Wohlgeborener, liebe getreuer:

Da Wir zum Besten Unserer Gülich und bergischen Judenschaft ggst. verwilliget haben, dass dieselbe in Künftigen Monat April in dortigen Flecken (Aldenhoven) sich versammeln möge, so befehlen euch ggst, derselben Glieder bei Hin und her reissen auch wärendem aufenthalt nicht zu behindern sondern dass denen selben in jeden Angelegenheiten allen Beistand leisten oder den etwaigen Anstand sofort berichten sollet. Düsseldorf 24 X^{ber} 1783. Aus Seiner Kurfürstl. Durchl. sondern ggsten Befehl Graf von Nesselrode. An Beamte Amts Aldenhoven."

Solche Versammlungen haben stattgefunden in Düren 1698; Mülheim 1702; Bergheim 1706 und 1713; Düren 1718; Aldenhoven 1722; Düren 1726, 1730, 1732, 1737, 1746, 1749, 1752; Aldenhoven 1784 etc.

Den Vorsitz in diesen Versammlungen, denen der Oberrabbiner als Ehrenmitglied beiwohnte, führte einer der Ober-Vorgänger unter Assistenz der übrigen Vorstandsmitglieder. Zur Tagesordnung gehörte regelmässig:

Wahl des Vorstandes;
Bericht der Rechnungsrevisoren;
Wahl derselben;
Einschätzung des Vermögens behufs Feststellung der zu entrichtenden Steuern;
Prüfung resp. Bestätigung früherer Beschlüsse; nöthigenfalls
Wahl des Oberrabbiners und Feststellung des Vertrages;
Bauten und andere Gemeinde-Angelegenheiten.

Besonders wurden die Bestimmungen des jedesmaligen meistens gleichlautend abgefassten Schutzbriefes nachdrücklichst eingeschärft und zur Nachachtung empfohlen. Durch den Geleits-Brief war den Juden die selbstständige Verwaltung ihrer inneren Angelegenheiten gewährleistet worden; „Alle und jede unqualificirte Subjekten so sich um gehabung des freyen geleites oder um das OberVorgängersamt und andere officia bei unserem Hoflager anmelden, werden de plano ab- und zu der Judenschaft fort zeitlichen Vorgänger und Vorsteher hinVerwiesen." Wie sehr die Gemeinde darauf bedacht war, die Bestimmungen der Geleits-Concession zu respectiren und jede Belästigung des Kurfürsten zu vermeiden, geht aus einem schon 1698 gefassten und dann regelmässig in den Gemeinde-Versammlungen wiederholten Beschlusse hervor, nach welchem Jeder, der gegen obige Bestimmung sich um ein Ober-Vorgänger-Amt bei der Behörde bewürbe, in eine sofort zu erlegende Strafe von 1000 Goldgulden für den Kurfürsten verfallen sein sollte, „ohne in die Jurisdiktion und das Interesse des Kurfürsten im Geringsten einzugreifen." Dadurch wollte man zugleich Spaltungen und Streitigkeiten in der Gemeinde vorbeugen. Aus demselben Grunde verpflichtete sich die Gemeinde, mit der durch die Geleits-Concession gesetzlich festgestellten und durch anderweitige Rescripte näher geregelten Jurisdiction des Oberrabbiners zu begnügen und keinen andern Rechtsweg zu beschreiten. Auch auf das Privatleben bezügliche Beschlüsse wurden gefasst, und die Uebertretung derselben mit Strafe belegt. Die Lustbarkeiten sollten sich in bescheidenen Grenzen halten, bei Hochzeiten sollten nicht mehr als 20 Personen geladen werden. Der Rabbiner sollte verpflichtet sein, Uebertretungen dem Vorstande zu melden und zur Bestrafung zu bringen. Auf die Erhaltung des Friedens und die Vermeidung von Reibungen zwischen einzelnen Familien desselben Ortes berechnet war die auf jedem Gemeindetage immer auf's Neue in Erinnerung gebrachte Bestimmung, dass kein

Knecht ohne Einwilligung seines Brodherrn bei einer andern Familie desselben Ortes eine Stellung annehmen dürfe, es sei denn, dass er 6 Monate von dem Orte abwesend gewesen wäre. Die durch die Obervorgänger angeordnete Entfernung eines Knechtes in Kettwig, der diese Bestimmung übertreten hatte, wurde auf die seitens desselben bei der Behörde eingelegte Beschwerde unter Hinweisung auf die seit erdenklichen Zeiten bei der Judenschaft bestehende Einrichtung „pure" gut geheissen. Den religiösen Angelegenheiten, den Einrichtungen der Synagoge und dem Gottesdienste wurde in solchen Versammlungen die grösste Sorgfalt gewidmet, denn — so heisst es in dem Vorwort zu den betreffenden Beschlüssen — „der Anfang aller Weisheit ist die Gottesfurcht." Vorbereitet und begutachtet und meistens auch beantragt wurden diese Beschlüsse durch den

Vorstand.

Dieser wurde von der General-Versammlung aus der Mitte von 15 Männern gewählt, welche vom Vorstand vorgeschlagen wurden. Er wurde zusammengesetzt aus einem Ober-Vorgänger, dessen Stellvertreter, 3 Vorgängern und 3 Vorstehern oder Beisitzern, im Ganzen 8 Mitgliedern. Der Vorstand bedurfte der Bestätigung durch den Landesherrn, stand in erster Instanz unter Aufsicht des Rabbiners, in zweiter Instanz unter derjenigen der vom Landesherrn ernannten Special-Commissarien resp. des Landesherrn selbst. Die Obliegenheiten und Vollmachten des Vorstandes entsprachen etwa denjenigen des Bürgermeister-Amtes. In seinen Händen ruhte die Bewilligung des Niederlassungsrechts, die Ausübung der Polizei, die Vertheilung und die Einziehung der Steuern, das Passwesen, die Begutachtung sämmtlicher die Judenschaft betreffenden Fragen, die Vertretung derselben den Behörden gegenüber und die Ueberwachung der den Juden gewährleisteten Rechte. Das Amt erforderte die grösste Wärme und Begeisterung für die religiösen Angelegenheiten, eine tiefernste Ueberzeugungstreue, Umsicht, Freimuth und Entschiedenheit, denn das Amt eines Ober-Vorgängers und mehr oder minder auch das eines der anderen Mitglieder des Vorstandes war ein sehr mühevolles, zeitraubendes und verantwortungsvolles; trotzdem musste es ganz unentgeltlich ausgeübt werden; nicht einmal Reisekosten und Diäten wurden den Vorgängern gewährt. Die Behörde hatte darüber keine Vorschriften gemacht; aber die Gemeindeversammlungen erklärten in Uebereinstimmung mit dem Vorstande alle diese Aemter als Ehrenämter, für welche nichts zu entrichten war. Damit nicht zuviel Kosten den einzelnen Vorstehern erwüchsen, sollte der Rabbiner in allen Fällen, in welchen nicht die Anwesenheit aller Vorsteher, sondern nur einzelner erforderlich war, bei der Citirung derselben einen bestimmten Turnus einhalten. Die von den Vorstehern ernannten Rechnungsführer, Rendanten und Revisoren sollten, so oft sie behufs Rechnungslegung in Düsseldorf erschienen, eine Entschädigung erhalten und zwar den Betrag von $1/2$ Thaler pro Tag.

Eine der wichtigsten Obliegenheiten des Vorstandes resp. der Obervorgänger war die Ausstellung der Schutz- oder Geleitspatente für die einzelnen Familien. Während ursprünglich dieselben von dem jeweiligen Landesherrn in jedem einzelnen Falle bewilligt werden mussten, wurde später ein allgemeiner Verglaydungsbrief der gesammten Judenschaft in den Herzogthümern Jülich-Berg bis zu einer bestimmten Familienzahl gewährt und die Vertheilung den Obervorgängern überlassen. Die Zahl der zugelassenen Familien wurde allmählich grösser. Im Jahre 1689 betrug dieselbe 190. Im Jahre 1763 wurde die Zahl auf 215 erhöht und bei der Erneuerung des Geleitbriefes 1779 in derselben Höhe belassen, „da die gesammte Judenschaft unterthänigst zu erkennen gegeben, wie dass dieselbe durch den in Vorigen bestandszeiten Vorgewesenen sieben Jahre hindurch angehaltenen theuren Krieg, und die denselben dabei fast unerträglich zugefallenen lasten, auch sonsten ihr begegneten Vielen widrigen schicksalen, in Verlierung der Vermögenden, und anwachss der unVermögenden, fort starke schwachung des Handels dermassen an lebensmitteln erschöpft, und geschwächet worden, dass sie nicht einmal im stande seyen, die Von Zeit zu Zeit landkündiger dingen aufgenommene schwere Kapitalien zu refundiren Vielweniger die Von ihnen dermal gethane oblata in puncto der Kronensteuer Sive trockenen wein-Kaufgelder so wohl als der jährlichen Tributsschuldigkeit praestiren zu können, es sey dan, dass ihnen weiterhin landesherrlich gnädigst gestattet würde, ihre Judenfamilien bei der in jüngerer gnädigsten Concession bestimbten Zal der zweihundert fünfzehn hausshaltungen belassen zu dürfen, und dann Wir in ansehung allsolcher reflections würdiger umstände diesem petito in gnaden deferiret haben." Diejenigen Familien, welche in Vermögens-Verfall gerathen oder durch ihre Aufführung und durch ihren Lebenswandel Aergerniss erregt hatten oder sonst verdächtig waren, mussten auf Requisition des Vorstandes sofort „aus dem Lande fortgeschafft werden." Für diese und für die Ausgestorbenen konnten die Obervorgänger nach eingeholter obrigkeitlicher Genehmigung an die von ihnen bezeichneten Familien neue Patentbriefe ausstellen, die Steuern wurden dann nach dem Vermögen der Einzelnen repartirt und von Steuerempfängern erhoben, welche zu ernennen ausschliesslich die Obervorgänger das Recht hatten, ein Recht, welches sich aus der solidarischen Haftbarkeit der Gesammt-Judenschaft für den ganzen Steuerbetrag logischer Weise von selbst ergab. Demnach konnte auch keiner an den durch die so enormen Abgaben erworbenen Rechten des freien Verkehrs und des Handel- und Gewerbetreibens participiren, der die auf ihn entfallende Steuerquote zu zahlen sich weigerte; derselbe wurde vielmehr mit einer Strafe von 100 Dukaten und sofortiger Ausweisung belegt. Befreyt und zu der Zahl von 215 Familien nicht mitgerechnet waren nur „ohngefehr zehn Familien, und zwar die unvermögenden ältesten, zween schuhldiener, Vorsinger, schuhlKlöpfer, schreiber und bothen." Selbst die Vorgänger und der Rabbiner mussten an der Kronensteuer und am Tribut participiren. Befreit waren die letzteren und der älteste Vorsteher nur in dem Orte, wo sie wohnten, von allen Einquartirungs- und sonstigen dergleichen Lasten, ausschliesslich der Gewinnsteuer d. h. solcher Abgaben, welche der Hof-Kammer zuflossen. Den Vorgängern wurde die strengste Handhabung der Steuerpflicht bei Vermeidung schwerer Geldstrafen eingeschärft. Auch das eigene Interesse der Judenschaft erforderte eine solche und bedingte die genaueste Gerechtigkeit bei der Vertheilung der Steuer. Controlirt wurde dieselbe durch die gesammte Judenschaft auf den allgemeinen Versammlungen, und nur sehr vereinzelt sind die Fälle, in denen eine Reclamation erfolgte oder bei der Obrigkeit versucht wurde. Fremde, gar nicht oder anderweitig verglaydete Juden durften je nach den zeitlichen Bestimmungen nur 24 Stunden oder höchstens 3 Tage beherbergt werden, und auch nur dann, wenn sie mit genügenden Geldmitteln versehen waren. Bettler mussten in einem abgesonderten als Asyl eingerichteten Hause übernachten und bedurften auch hierfür eines vom Obervorgänger ausgestellten Passirscheines. Die Obervorgänger hatten auch darüber zu wachen, dass unter keinem Vorwande ein Versuch zur Steuerdefraudation gemacht wurde. Ein Missbrauch des Geleitsbriefes durch Verleihung oder Verschenkung an andere Personen wurde mit Einziehung desselben, mit Geldstrafen und Ausweisung bestraft. Dahin zielten auch verschiedene Beschlüsse, welche auf den allgemeinen Gemeindetagen gefasst wurden. Es sollte Niemandem gestattet sein, vom Fremden sich Waaren „aufsetzen" zu lassen, oder „Packenträger" auszusenden, welche die Waaren auf halben Gewinn vertreiben sollten. Hausirer sollten nicht in fremde Gebietstheile übertreten und fremde Hausirer nicht zugelassen werden. Contraventionen wurden mit Geldstrafen von 4—6 Dukaten zur Hälfte für die Hofkammer, zur Hälfte für die Judenschaft belegt. Auch durfte Niemand Fleisch kaufen, welches von auswärts, namentlich aus „Kurkollnischem" Gebiete eingeführt wurde. Ein neuer Patentbrief sollte nur nach Zustimmung der Mehrzahl der Vorsteher und nur an solche Familien verliehen werden, deren Vater oder Mutter im Lande geboren war, welche sich eines guten Leumundes erfreuten, ein Vermögen von mindestens 400 Rthlr. nachweisen konnten und auf die Dauer von 3 Jahren von einem ansässigen vermögenden Manne einen Bürgschein für die Steuer bei dem Empfänger hinterlegten. Der Rabbiner sollte eine Trauung nur dann vollziehen oder gestatten, wenn die beiderseitigen Brauteltern eine Bescheinigung des Steuerempfängers beibrächten, dass sämmtliche Steuern entrichtet und keine Rückstände vorhanden seien; that er es dennoch, so sollte dem Rabbiner der Ausfall an Steuern am Gehalte gekürzt werden. Auch der Waisenpflege und der Vormundschaft wurde die grösste Sorgfalt und Wachsamkeit gewidmet. Da es bisher, so lautet ein Beschluss der in Düren im Jahre 1746 gefasst und 1749 und 1752 bestätigt wurde, da es bisher, wenn ein Hausvater starb und minderjährige Waisen hinterliess, mit dem Nachlass wunderlich hergegangen, so wird bestimmt, dass derartige Sterbefälle sofort beim Ober-Vorgänger-Amt angezeigt, und dass der Nachlass je nach den Umständen unter Zuziehung des Rabbiners von einem Vorgänger und einem Vorsteher, die von dem Obervorgänger in Düsseldorf zu wählen sind, geprüft und festgestellt, das Inventar-Verzeichniss bei dem Obervorgänger hinterlegt, und der Antheil der Minderjährigen bei den Gemeindesteuer-Empfängern zum üblichen Zinsfuss verzinsbar angelegt werden sollen." Der Rechnungsführung wurde überhaupt grosse Sorgfalt zugewendet, über die vorzunehmende Revision in den Versammlungen Bericht erstattet. Die Kasse konnte nur bei Anwesenheit von 3 Vorstehern geöffnet werden, da jeder einen der drei dazu nothwendigen Schlüssel hatte. Ausgaben, welche nicht etatsmässig waren, durften nur bis zur Höhe von 50, später von 100 Thalern gemacht werden, und nur wenn die Mehrzahl der Vorsteher befragt worden war und ihre Zustimmung gegeben hatte. In dringenden Fällen hatte jeder Vorsteher das Recht, eine Ausgabe von 10 Thalern nach eigenem Gutdünken zu machen.

Schwieriger, unangenehmer und vor allem gefährlicher als die Verwaltungsgeschäfte war die Wahrnehmung der gewährleisteten Rechte und die Vertretung der in ihren Rechten gekränkten Juden, die Abwehr von ungerechtfertigten Eingriffen der Behörden, der Schutz gegen Angriffe und Misshandlungen seitens anderer Einwohner. Die Erfüllung dieser Obliegenheiten erforderte grosse Geschäftskenntniss, Umsicht und Gewandtheit, Besonnenheit und Würde, eine das gewöhnliche Mass überschreitende Bildung und das nöthige Ansehen bei den Behörden und unter der Bevölkerung, vor allem aber ein strenges Gerechtigkeitsgefühl, ein gesundes Urtheil, ein warmes, wohlwollendes und theilnehmendes Herz für Wahrheit, Recht und Frieden und für die Noth und die Bedrängniss Anderer.

„Wir wollen auch", so heisst es in der Concessions-Urkunde, „auf dass in Zukunft die vergeleitete Juden auf dem lande, in Dörferen und städten Von gesindel und Jugend ferner nicht molestieret und in ihrer Nahrung gestöret werden, durch unsere Nachgesetzte Gulich und bergische Regierung eine general Verordnung zu jedermanns wissenschaft gnädigst ergehen und dahin publiciren lassen, dass wenn sich dagegen Contravention ereignen würde, ihnen alsdann prompte Summarische Justitz mit statuirung abschröckenden exempels angedeihen solle."

Dankbar muss anerkannt werden, dass die Landesherren stets die grösste Bereitwilligkeit an den Tag gelegt, den den Juden zugesicherten Schutz mit allen Mitteln ihnen angedeihen zu lassen, alle Angriffe auf die Sicherheit der Juden energisch zurückzuweisen, wohl auch je nach den Umständen mit strengen Strafen zu belegen. Die Schnelligkeit, mit welcher etwaige Beschwerden der Vorgängerschaft behufs Abstellung von Uebelständen und thatsächlicher Gewalt von den Behörden erledigt wurden, darf hierbei nicht unerwähnt bleiben, um so mehr als die Fälle, welche zu einem Einschreiten des Landesherrn zu Gunsten der Juden Veranlassung gaben, gar nicht zu den seltenen gehörten. Es war nicht nur jugendlicher Uebermuth oder pöbelhafte Gewaltthätigkeit, welche den Juden bittere Stunden bereitete, sie mit ernstlichen Gefahren bedrohte, in ihren heiligsten Gefühlen kränkte und die Ruhestätten ihrer Verstorbenen entweihte. Nicht selten waren es auch Behörden, welche den Juden ihre garantirten Rechte verkümmerten; Schultheissen, Amtleute, ja selbst eine Gerichtsbehörde mussten erst durch Androhung oder Belegung mit Strafen von dem Landesherrn daran erinnert werden, dass sie zum Schutze der bestehenden Gesetze eingesetzt seien, eine Verletzung derselben nicht dulden, geschweige denn selbst vornehmen dürften, und es wäre vielleicht kein uninteressanter Beitrag zur Rechtsgeschichte jener Zeit, wollte man die Fälle eingehend behandeln, in denen einzelne Aemter trotz dem klarsten Wortlaut des Gesetzes und trotz wiederholter Verhängung von Geldstrafen seitens des Landesherren, es verstanden, die Ausführung der bündigsten Regierungs-Befehle Jahre lang hinzuhalten. Die nächste Stelle, bei welchen derartige Beschwerden angebracht werden mussten, war für die Judenschaft ihr Vorgängeramt. Die Erledigung aller dieser Beschwerden zum Schutze ihrer Glaubensgenossen verursachte den Vorgängern eine ungeheure Arbeitslast und es gehörte ebenso viel Wohlwollen und Liebe als Unerschrockenheit und Energie dazu, die Ortsbesörden für derartige Ungebührlichkeiten höheren Ortes zu belangen, da sie sich der Gefahr aussetzten, ihrerseits von denselben mit ihrem Unwillen verfolgt zu werden. Neben Ausschreitungen des Pöbels besonders bei Beerdigung von jüdischen Leichen waren es auch Beeinträchtigungen ihrer gewerblichen Rechte, Verletzungen ihres Eigenthumsrechtes an Friedhöfen, Eingriffe in die dem Rabbiner zustehende Jurisdiction in Civilsachen, auch wohl grausame Behandlung bei Untersuchungen und Inhaftirungen, welche den Vorgängern Veranlassung gaben, gegen die Uebertreter des Gesetzes einzuschreiten. Man wollte es ja dem Juden nicht eingestehen, dass er für seine Ueberzeugungen litte, dass dieser Bereitwilligkeit, für seinen Glauben Entsagung, Entbehrung, Kummer und Elend, Schmach und Entehrung hinzunehmen, eine ideale Gesinnung zu Grunde lag. Man erblickte in ihm nicht den idealen Dulder, sondern den verblendeten Träger falscher Ueberzeugungen; weil man diese nicht gelten liess, leugnete man auch den idealen Grundzug seines Charakters. Und doch ist es nur durch diesen zu erklären, dass es überhaupt möglich war, Männer zu finden, welche sich den schweren Pflichten eines Vorgängers unterzogen und die Arbeitslast nicht scheuten, die nicht nur durch Erledigung der laufenden Verwaltungsgeschäfte und durch die Grösse der mit einem solchen Posten verbundenen Verantwortlichkeit, sondern auch durch die fast täglich einlaufenden Beschwerden, durch die Untersuchung und Feststellung des Sachverhalts, durch häufige Reisen und durch die Menge und Ausdehnung der schriftlichen Arbeiten verursacht wurde und nicht selten eine sehr undankbare war. Uebrigens walteten die Vorgänger ihres Amtes nicht nur dann, wenn Excesse bereits verübt waren, sondern bewiesen stets die grösste Umsicht, indem sie durch rechtzeitige Vorstellungen bei der Behörde über gefahrdrohende Erscheinungen zur Verhinderung von Ausschreitungen beitrugen. Dahin gehört eine Eingabe vom 13. Juli 1727.

„Durchlauchtigster Churfürst, Gnädigster Herr! Indem Vernahmen, dass dahier und in dero landen hertUmb ein liedt abgetruckt, gesungen, Undt VerKauffet werden solle, alsswenn Von einigen Juden in Schwobach ahm Charfreitag 1727 mit einem Hundt passion Vorgestellet seyn sollte, dieses aber wie sub N. 1. beygehendes getrucktes Exemplar mit mehreren enthaltet, sich falsch befunden, Undt dahero allerdings Zu präsumieren ist, dass selbiges dennen Verglaydeten Juden Zum Tort auss gedichtet seyn müsse, derweilen aussen Landt selbiges hin- undt wieder Unns nicht allein Vorgehalten sondern auch dergestalten Vorgeworten wirt, dass man schier nicht sicher hin- und herreissen dürfte, Undt derentwegen billig ist, dass dieses erdichtetes liedt eingeZogen. Undt nachdrücklich gnädigst befohlen werde, dass selbiges nicht gesungen noch ferners VerAüssert weniger Unns desfallss etwas Vorgeworfen werden solle. HierUmb So gelangt Zu Ew. Churfürstl. Durchlaucht Unsere Unterthänigste Bitt, dieselbe hiesigem buchdruckeren, dass Er die annoch habende lieder anhero einschicken Undt ferners Keine Verkaufen solle per decretum ggst. aufgeben, so dan durchs landt generalia dahin ggst. ablassen wollen, dass Keiner solches liedt hinführo absingen Verkauffen oder Vorzeigen undt widrigens derselbe willkührlich bestraffet werden solle. Hierüber Ew. Churfürstl. Durchl. Unterthänigste Ober-Vorgänger Undt Vorsteher sambtlich in gülich Undt bergischen landen Verglaydeter Judenschaft."

Darauf erging aus Onolzbach 12. Februar 1728 folgender Erlass: „Demnach in Erfahrung bringen müssen, was massen einige auf denen Messen und Jahr-Märckten mit allerhand Liedern herumziehende Lieder-Sänger sich unterstandten, sowohl in fremden als Brandenburgischen Orten ein höchstärgerlich- und Gotteslästerlich erdichtetes Lied, dess Innhalts: Als ob einige Juden in Schwobach am Char-Freytag verwichenen Jahres mit einem Hund die Passion vorgestellet: öffentlich abgesungen und verkauffet und man nun von hiesig- Hoch- Fürstl. Gnädigster Herrschafftswegen auf den desshalben entstandenen Ruff sogleich eine genaue Inquisition angestellet dabey aber sich obiges keineswegs ergeben wie dann auch die in dem Lied bemeldte Juden in Schwobach sich gar nicht befinden; Als ergehet an alle Ober- und Beamte auch Burgermeister und Räthe in Städten, Märckten und Flecken hiemit der Befehl mittelst öffentlicher Ablesung dieser Verordnung allen und jeden Unterthanen und Einwohnern bei willkührlicher Straff anzubefehlen, dass sie sothanes Lied, wann sie ein oder anderes Exemplar annoch in Händen hätten und noch bekommen würden, weder public machen noch davon reden, noch solches absingen sondern vielmehr sofort zu denen Ober- und Ämtern ohnverlangt bringen, und diejenige so sothanes Lied absingen propaliren und verkauffen werden, anzeigen sollen, welche sodann zu examiniren auch der Erfolg davon anzuzeigen ist, damit diese zu der wohlverdienten Straff gezogen werden können: Nebst deme sollen auch alle und jede Unterthanen und Einwohner dieses Fürstenthums derentwegen denen Juden nicht den geringsten Vorwurff thun noch an selbige Gewalt und Hand anlegen, widrigenfalls aber nachdrücklicher Straffe gewärtig seyn. Wornach sich jeder zu achten wissen wird. Signatum unter hie- vorgedruckt- Hoch- Fürstl. Hof-Raths-Canzley-Insiegel."

Die Bedeutung und Gefahr solcher Umtriebe wurde von der Behörde voll und ganz anerkannt. Das geht aus der an obigen Erlass anknüpfenden Bitte an die Behörden anderer Länder hervor. „Alss wird der Wahrheit zu steuer auch gegen ausswärtige Orte ein solches nicht nur kräftigst attestiret sondern auch eine jede Obrigkeit, welche hierunter imploriret wird, gegen die hierwieder handelnde den nöthig obrigkeitl. Ernst zu Abstellung dieser auch den Christen höchst schädlichen Ärgernuss vorkehren zu lassen, welches von hiesigen Orts wegen bey sich ergebenden Occasionen gebührend solle reciprociret werden. Dessen zur Urkund Vom hiesigen Stattrichter, AmtsBurgermeister und Raths wegen ein solches unterschrieben und dero auch gemeiner Stadt kleiner Insiegel anvorgedrucket werden. Schwobach 8 July Anno 1729. Sr. Hochfürstl. Durchl. zu Brandenburg Onoldsbach, der Zeit Verordneter Stattrichter."

Eine gleiche Auffassung von solchen gegen die Juden geschleuderten Anklagen und von deren Gemeingefährlichkeit bekundete später die jüdische Gemeinde zu Düsseldorf in einem von ihr am 6. Febr. 1838 an das

Kgl. Oberpräsidium zu Coblenz gerichteten Schreiben, welches auch wegen seines sonstigen Inhalts und namentlich der Erwähnung der vermuthlichen Folgen der Entfernung des Erzbischofes Freiherrn von Droste allgemeineres Interesse in Anspruch nimmt. Dieses Schreiben lautet:

„An ein hohes Königliches Oberpräsidium
zu Coblenz.
Mittheilung der israelitischen Gemeinde
zu Düsseldorf, das allgemeine Staatsinteresse betreffend.

Unterzeichnete erachten es als eine ihrer Bürgerpflichten, ein hohes Königliches Oberpräsidium auf ein Ereigniss aufmerksam zu machen, welches nicht nur in ihr eigenes, sondern auch in das Staatsinteresse einzugreifen und die allgemeine Ruhe und Wohlfahrt zu gefährden scheint.

Die am 27. Decbr. 1836 an dem vierjährigen Knaben Friedrich Pütz von hier verübte, und in hiesiger Zeitung schon unterm 1. Januar a. p. von hiesiger Königlichen Regierung zur öffentlichen Kenntniss gebrachte Mordthat, wird gegenwärtig in den meisten öffentlichen Blättern aller Nachbarstaaten der Art verunstaltet, dass man eine allgemeine Aufregung der Gemüther, deren gefährliche Folgen nicht voraus zu sehen sind, mit Recht befürchten muss.

In der Hannoverschen Zeitung Nr. 16, Augsburger Abendzeitung Nr. 24, Hamburger Zeitung etc. etc. wird berichtet, dass man gegenwärtig hier zu Düsseldorf einen Juden eingebracht habe, welcher aus Aberglauben, dass Christen-Marterblut der Juden Glück und Seelenheil befördere, dies schändliche Verbrechen verübt haben soll. Von unsern dortigen Glaubensgenossen ward daher hiesiges Rabbinat von allen Seiten mit Bitten überhäuft, den Referenten dieses verbrecherischen Attentates so viel und so schnell als möglich Lügen zu strafen. Zweifeln wir auch nicht, dass dies das beste Mittel zur Besänftigung der Gemüther sein wird, so können wir uns dennoch nicht verhehlen, dass dieses Gerücht einen ganz andern Charakter als den augenfälligen an sich trägt.

Sollten nur blos wir Juden die Zielscheibe dieses ruchlosen Aufwieglers sein; warum verschwieg derselbe diese Missethat zur Zeit als sie verübt, und hier allgemeines Stadtgespräch gewesen, und verbreitet sie erst jetzt, wo sie beim hiesigen Publikum schon beinahe vergessen ist?

Bei näherer Erwägung aber, gewahren wir durch die Aussage aller öffentlichen Blätter, dass dieses Gerücht einzig und allein von Cöln ausgegangen, von einer Stadt, in welcher seit einiger Zeit, seit der Entfernung des Erzbischofes Freiherrn von Droste, nach der Meinung Einzelner, eine Gährung der Gemüther herrschen soll, und wo man einem baldigen Conflicte vielleicht nicht ungern entgegen sehen möchte. Sollte man auch wohl, zur Anfachung einer solchen Flamme, der Juden sich als Zündfunken bedienen wollen?

Wir erdreisten uns nicht, Einem hohen Oberpräsidium gegenüber, unsere Meinung in Staatsangelegenheiten äussern zu wollen; dennoch aber — ungeachtet wir uns überzeugt halten, dass Hochdasselbe unsern hülfsbedürftigen Glaubensgenossen, auch ohne erst dazu aufgefordert zu werden, den erforderlichen Schutz angedeihen lassen wird — glauben wir nicht verabsäumen zu dürfen, Hochdasselbe darauf aufmerksam zu machen, dass durch Ermittelung jenes boshaften Referenten man vielleicht manchem heillosen Getriebe leicht auf die Spur kommen könnte. Indem wir uns dieser Pflicht entledigen, empfehlen wir uns dem Schutze Hochdesselben und verharren

Eines hohen Königlichen Oberpräsidiums
ganz ergebene

Düsseldorf, den 6. Febr. 1838."

Kurz vorher hatte die Hannoversche Zeitung eine aus Cöln datirte Mittheilung gebracht, dass die israelitische Gemeinde in Düsseldorf 100 Thlr. gesteuert habe, „um den Juden zu fangen, der das Christenkind ermordet habe, um Marterblut zu haben." Thatsächlich aber war nicht von der Gemeinde, sondern von einzelnen Israeliten in Düsseldorf als Prämie zur Ermittelung des Mörders (nicht des Juden), der den Knaben Pütz ermordet hatte, eine Summe von 100 Thlrn. ausgesetzt worden. Eine ähnliche Prämie war auch von mehreren christlichen Gesellschaften mittelst Subscription aufgebracht worden. Es ist eine erfreuliche Wahrnehmung, zu sehen, dass die Aufklärung dieses Falles, wie es auch durch den Oberprokurator geschehen ist, nicht als eine ausschliesslich die Juden angehende Angelegenheit, sondern als eine der gesammten Gesellschaft zufallende und im staatlichen Interesse liegende Ehrenpflicht angesehen wurde. Aehnlich verhielt es sich mit den Gerüchten von der im Kreise Grevenbroich im Jahre 1834 und in Jülich im Jahre 1840 stattgehabten Ermordung eines christlichen Mannes resp. Kindes durch Juden. In beiden Fällen veröffentlichte nicht nur die Oberprokuratur eine authentische Darstellung der lediglich auf Erfindung beruhenden, jedes Thatbestandes entbehrenden Anklagen, sondern wetteiferten auch die Zeitungen und die Geistlichkeit beider Confessionen in dem Nachweise der völligen Grundlosigkeit dieses Mährchens und in der Veröffentlichung von Aussprüchen, in denen auch Päpste wie Innocentius IV. und Gregor X. auf das Schändliche und Grundlose solcher Behauptungen nachdrücklich hinweisen und die Bischöfe Deutschlands zur Bekämpfung solchen Aberglaubens alles Ernstes aufrufen. Dr. Binterim, Pfarrer in Bilk und Pastor Wildenfeld in Gräfrath publiciren Schriften in demselben Sinne (1834).

Ueberhaupt war die Behörde bemüht, das Einvernehmen zwischen den Bekennern der verschiedenen Religionen herzustellen und zu erhalten; und erbat hierzu auch die Hilfe der Geistlichkeit. „An den landdechant der Christinität Ahr d. d. Dusseldorf 23. Juny 1780. Unsern ggsten gruss zuVor, würdig lieber andächtiger, auf beyVerwahrte Von Vorgänger und Vorsteher unserer jülich und bergischen Judenschaft übergebne unterthgste anzeig wegen des auf ihren Sabbath und feyertägen dortigen Juden untersagten beystand Von Katholischen befehlen auch ggst den pastoren zu Sinzig über die angabe Zu Vernehmen, denselben an die erzbischöfliche Verordnung Vom Jahr 1750 mit welcher dergleychen beyhülfe denen Juden zu leisten erlaubt ist, zu erinnern, mithin denselben anzuweisen den Verbott zu wiederrufen auch selbst demgemäss sich zu betragen und wie geschehen zu berichten." Am 8. Juni 1784 folgte noch ein Erlass an „Vogten Amts Sintzig", „Lieber getreuer! auf Kopeilich anliegende anzeig der Vorgänger und Vorsteher unserer gemeinen Judenschaft befehlen euch ggst denen Kristen zu Synzig die Beihülfe auf den Sabath der Juden zu erlauben und hiernach dortigen Pastoren zu verbescheiden." Grosse Energie sehen wir die Regierung in solchen Fällen entwickeln, wo die Juden, sei es von Einzelnen sei es von Pöbelhaufen, misshandelt oder selbst von den Lokalbehörden in ihren Eigenthums- oder sonstigen Rechten gekränkt werden. In Gangelt scheint es wiederholt zu blutigen Excessen gekommen zu sein, wie am 18. Juni 1780 und im Jahre 1782, wo im Februar selbst Militair requirirt, und den Bürgern bis Ende May in Quartier gelegt wurde. Die Untersuchung wurde mit aller Strenge fortgeführt, die Rädelsführer arretiert und die Akten nachdrücklich eingefordert. Von den vielen in dieser Angelegenheit ergangenen Erlassen mag wenigstens einer d. d. 9. Febr. 1782 hier seine Stelle finden: „Lieber getreuer, dahe die samtl. Acten in behuef deren gangelter Junggesellen Compg. an der diesiger Judenschafft Verübten misshandlungen Von dahiesigen unseren geheimenrath zu hiesigem unserem hoffrath abgegeben worden, so unVerhalten wir Euch hiermit gnädigst dass an der bisherigen Verfügung allerdings wohl geschehen, befehlen euch zugleich andurch, gestatten mit fernerer untersuchung deren bereits näher Vorgegangenen und Von dem Vorgänger der sämmtlichen Judenschaft schriftlicher angezeigter thätlichKeit forthzufahren, dabey auch mit besonderem Fleiss die Thäter zu beausKündigen, des endes Vorgängig alle dergleichen Misshandlungen bey 100 Thaler und nach befinden bey Zuchthauss, schantzen, auch schwehrerer straf mittels einem ohn Verzug in Kirchen zu VerKündenden auch an gewöhnlichen orten anzuhaftenden Decrets nochmahlen mit dem Zusatz zu untersagen, dass in zukunfft bey Jedesmahliger auch der geringsten beunRuhigung eines Juden, man als den der oder die täteren unentdeckt bleiben würden, die Junggesellen Compagnie mit exemplarischer Bestrafung nach beschaffenheit des Verbrechens angesehen und dafür soforth exequiret, imfall der entdeckung aber, der oder die Thäteren ohne rücksicht der persohn Corporaliter arrestiret und soforth nacher gütlich zur gefängnus in beystand hinlänglicher schützen auch nöthigenfalls mittels eines Von daher zu befördernden Militair-Commando gefänglich überführt werden solle, mithin dieses auch erförderlichen falls mittels gehöriger Requisition des dortigen gouvernements, was endts wir gemäss der abschriftlichen anlange an dahiesige Generalität das behörige bereits ergehen lassen, zu bewerkstelligen, mithin ab dem ferneren erfolg mit einsendung pttli zu seiner Zeit anhero ghrst zu berichten." Ausschreitungen, welche sich besonders Kinder im Jahre 1781 in Jülich sich hatten zu schulden kommen lassen, veranlassten in diesem Jahre den Befehl „sodan in dortiger stadt durch offentlichen trommenschlag Verkünden lassen sollet, dass führohin die Eltern derenjenigen Kinder, welche dasige Juden bey begräbnüssen, oder sonst beunruhigen dafür angesehen, und andere erwachsene ausgelassene buben exemplarisch werden bestraft werden, über den erfolg gewärtigen Wir inner 3 Wochen eueren untgsten bericht. An stadt schulteis zu gülich. Aus Ihre Kurfürstl. Durchl. sonderbahr ggsten befehl."

Aber nicht nur gegen Privatpersonen, sondern auch gegen Behörden, welche den Rechtsstandpunkt verliessen, wurde mit aller Strenge vorgegangen. Der Magistrat zu Euskirchen hatte den dortigen Juden den ihnen eigenthümlich gehörenden Friedhof einfach entzogen und denselben anderweitig verpachtet und ferner nicht gestattet, ihre Leichen auf demselben zu begraben. D. d. 14. Aug. 1781 erging an Bürgermeister und Rath der Hauptstadt Euskirchen sowohl als auch an Kelnerei daselbst von der Hofkammer der Befehl: „Lieber getreuer auf Von Vorstehern der gemeinen G. und B. verglaydeter Judenschaft uns übergebene nebengehende Copeiliche unthgste beschwehrführung befehlen wir euch hiermit ggst, dass ihr die dasigen Juden bey dem befragten Kirchhof quovis modo handhaben sollet." Aber dieser Befehl hatte nicht die gewünschten Folgen, nach wie vor wurden die Juden in Ausübung ihres Rechtes gehindert und bei den sich bis zum 6. hornung 1782 hinziehenden Verhandlungen geltend gemacht, dass die Gräber nicht tief genug angelegt wurden. Dies wurde als Grund für die Einziehung des Friedhofes angegeben. Aber diese Willkür wurde in gebührender Weise beseitigt. „.... Liebe, getreue .... indem nun Euch Keineswegs zugestanden die Juden ihres Besitzes zu entsetzen, als wird euch dieses eigenmächtige Vorgehen nicht nur verwissen, sondern auch ggst befohlen, die Verpfachtung des Kirchhoffs angesicht dieses aufzuheben, den Kirchhoff in Vorigen standt zu stellen, die Juden am Begräbnüss ihrer leichen auf den bisherigen platz ferner nicht zu behindern, wegen Tieferer Einsenkung deren leichen nach ermessen dortigen medici das nöthige zu Verordnen und sorge zu Tragen, dass die Juden bei ihren leichen Vom pöbel ferner nicht beeinträchtigt werden, wobei wir euch zugleich in die diesertwegen aufgegangene Kosten fällig erteilen." In Gürzenich wurde den Juden von dem Inhaber der Unterherrschaft Tit-Grafen von Schellardt nicht gestattet, Grabsteine zu setzen; in Waldeniel, wo den Juden von der Regierung ein beliebig grosser Waldcomplex als Begräbnissstätte eigenthümlich angewiesen war, nur mit dem Vorbehalt, dass der Holzbestand Eigenthum der Domäne bleiben sollte, wurde von dem Amtsvogt der Versuch gemacht, dieses Besitzrecht dadurch illusorisch zu machen, dass die Bäume nicht nur abgeschnitten, sondern, dass auch die Wurzeln ohne Rücksicht auf die Gräber ausgerodet und letztere auf diese Weise zerstört wurden. Die Eingabe der Vorgänger führte zu Verhandlungen, die sich viele Jahre lang hinzogen. Die Vorgänger traten energisch und beharrlich für die Rechte ihrer Glaubensgenossen ein und fanden bereitwillige und kräftige Unterstützung bei den Behörden. Es liessen sich Bände füllen von den Eingaben und Beschwerden, welche die Vorgänger an die Behörden richten mussten, mit den Berichten, die einzuliefern waren und mit den Excessen der

Behörden, durch die sie verursacht waren. Wir müssen uns jedoch auf die angeführten einzelnen Fälle beschränken. Nur aus dem Gebiete der Criminalrechtspflege sei hier noch Einiges erwähnt, weil es für die Beurtheilung der Competenz der Gerichte resp. Amts-Vögte wichtig ist. „An amtMan ambt Bergheim 12. Mertz 1782." unsern ggsten gruss zuVor, wohlgebohrener, lieber getreuer, auf beyVerwahrte Vom schutzJuden Gabriel Joseph Von Elstorff wider Sallomon Pesmann Von Kerpen übergebene imploration befehlen euch ggst den Supplicanten angesicht dieses lossZulassen und auch zu Verantworten, dass denselben ohne ggsten Befehl in arrest geZogen habt." Interessant ist auch folgender Erlass d. d. 11. April 1782 „an Einhaberen der unter Herrschaft Tetz.....getreuer, wessen sich bey hiesigem unsern Hofrath der Vorgänger der gütlichen Judenschaft Med. Dr. Moyser Levi, wider euch zur sachen fisci wider juden Abraham unthgst beschweret, geben wir Euch aus der abschriftlichen Anlage des mehreren mit dem ggsten Befehl zu entnehmen, dass ihr über die wahre beschaffenheit des gefängnüs inner dreyen tägen nach empfangung dieses umständlich anhero unthgst berichten und bey angegebener Bewandtnus, den beschuldigten Juden Abraham Von solch gesätzwiedrig eingerichteten gefängnüs sofort abführen, und in ein anderes dem menschlichen Körper Unschädliches behalt ofts hinbringen lassen, woh wiedrigens bei dessen entstehung auf Ewere Kosten einem nächst anschliessendem Unterherrschaftlichen beamten die einnahm des Augenscheins ab diesem gefängnüs so wohl als Zur VorKehr der gemessenen abhülfsmittellen ggst aufgetragen werden soll." Besonderes Interesse verdient noch ein Erlass aus kurfürstl. sonderbahrem ggsten befehl an den Stattschult heissen von Gulich insofern, als er die gerade jetzt viel fach behandelte Entschädigungspflicht der Behörde für unschuldig verhaftete Personen anerkennt. Derselbe bestimmt nämlich, zwei des Diebstahls bezichtigte Juden aus der Haft zu entlassen, ihnen ihren Pass und ihr Geld wiederzugeben und ausserdem 2 Kronenthaler „zu Reisegelde" und einiger Genugthuung."

Auch zu diplomatischen Verhandlungen zwichen der jülich-bergischen und der Kgl. preussischen Regierung gab eine Eingabe der Vorgängerschaft bezüglich des Grenzverkehrs der jülich-bergischen Judenschaft Veranlassung. Durch Verfügung vom 12. xber 1780 hatte nämlich die Kgl. preussische Regierung bestimmt, dass Juden die Kgl. Staaten nur unter der Bedingung betreten und bereisen durften, dass sie von ihrer betreffenden

Landesregierung mit Handels-Concession versehen oder einen Besitz von 50 Thlrn. baar aufweisen könnten und gegen die entsprechende Gebühr einen Passirschein lösten. Hierdurch wurden die in den Grenzorten Süchteln, Dülken etc. wohnenden Schutzjuden in ihren Handelsgeschäften, welche sie seit vielen Jahren in den Herzogthümern betrieben hatten, wesentlich beschränkt, da sie ihre geringen Mittel im Geschäfte mussten cursiren lassen und nicht immer einen Baar-Vorrath von 50 Thlrn. aufzuweisen hatten. Dazu kam noch, dass ihren Knechten, die sie zur Abholung resp. Einbringung ihrer Waaren über die Grenze schicken mussten, häufig eine solche Summe nicht anvertraut werden konnte. Auch fiel ihnen bei dem geringen Gewinn ihrer Handelsgeschäfte die Erlegung der Gebühr für einen Passirschein sehr schwer. Da nun die Kgl. preussischen Unterthanen ohne Unterschied in den Herzogthümern vollkommenste Handelsfreiheit genossen, so verlangte die bergische Regierung für ihre Unterthanen das gleiche Recht. Es empfehle sich allerdings, fremde, landesschädliche Betteljuden von der Grenze abzuweisen; aber dies treffe die mit „ordentliche glaidspatenten" versehenen jülich-bergischen Juden nicht, „da nur die im lande gebohrenen oder in hiesigen familien Verheiratheten Juden, und zwahren jene, welche einiges Vermögen besitzen, patentisieret werden. Von welchen dero seitigen landen nicht die mindeste gefahr noch ungemach zu beförchten haben. Vielmehr der nahrungsstand beiderseitiger unterthanen befördert wird. Wir ersuchen solchem nach unsern freundnachbarlich entweder diesseitig vergleideten Schutz Juden die Vorherige handelungs freyheit in dasigem Herzogthum zu gestatten, oder eine günstige erklärung oben erwähnter Verordnung allerhöchstenorts zu gesinnen und über den erfolg uns beliebend zu benachrichtigen." Hierauf erging die Kgl. allerhöchste Resolution, dass die jülich-bergischen Schutzjuden nach wie vor in den preussischen Provinzen ein- und durchpassiren könnten, dass aber diejenigen, welche dort Handel treiben wollten, nach preussischem Verfahren von den preussischen Behörden die erforderliche Concession nachsuchen und bezahlen müssten. Zufolge dieses Bescheides befahl die „kurfälzische Regierung", „nachdem unsern schutz Juden, sonderlich jenen in dasigem Amt (Bruggen) wohnenden, die betreibung ihres handels im Herzogthum Geldern Kgl. Preussischen anteils ungeachtet aller Vorstellung erschwehret wird, so befehlen auch ggst die Juden aus denen Preussisch-Geldrischen auf Vorzeigung ihrer schutz Patenten zwar passiren zu lassen, den Handel aber in hiesigen Landen zu Verbieten, bis sie von hier aus erlaubnissscheine ausgebracht haben."

Mit derselben Energie und Bereitwilligkeit schützte und unterstützte die Regierung in Ausübung seiner Rechte und Pflichten den

Rabbiner.

Dieser war nicht nur das synagogale Oberhaupt, sondern auch der erstinstanzliche Richter in allen zwischen Juden schwebenden Angelegenheiten, insofern sie nicht criminalrechtlicher Natur waren. Auch über Beschwerden gegen die Ober-Vorgänger resp. den Vorstand hatte er zu erkennen: Das Amt eines Rabbiners war bei der Vielseitigkeit seiner Pflichten ein sehr anstrengendes, erforderte reiches Wissen und vor Allem ein unbedingtes Vertrauen seitens der ihm unterstellten Gemeinden. Dass dieses durch die richterliche Wirksamkeit bezüglich seiner geistlichen Lehrthätigkeit nicht erschüttert wurde, dass vielmehr die doppelseitige Eigenschaft des Rabbiners nur dazu beitrug, die Ehrfurcht und die Liebe der Gemeinden zu steigern, ehrt beide in gleicher Weise und ist ein Zeugniss nicht nur für die weise Mässigung, die Umsicht, Gelehrsamkeit und Gerechtigkeit des Rabbiners, sondern auch für den friedlichen und rechtlichen Sinn der Gemeindemitglieder, welche es dem Rabbiner nicht entgelten liessen, wenn sie in einem Rechtsstreite unterlegen waren, da sie vor seinem Richterstuhl nicht erschienen, um den Process zu gewinnen, sondern in gleichem Grade von dem Wunsche beseelt waren, je nach der gefällten Entscheidung, sich eines unrechtmässigen Besitzes zu entäussern oder den Beschädigten zu entschädigen. Eine Appellation gegen Anordnungen des Vorstandes sowohl wie gegen das Urtheil des Rabbiners war sehr selten. Dieselbe war durch Churfürstl. Befehl vom 21. Januar 1783 genau geregelt.

Serenissimus Elector.

Nachdem Se. Churfürstl. Gn. mit ggstem Rescript vom 31. Aug. nächsthin ggst. verordnet haben, dass da die Juden in allen unter sich vornehmenden Handlungen lediglich nach ihren Mosaischen Gesetzen und Gewohnheiten sich zu betragen schuldig, folglich denen in der Kristenheit üblichen Bräuchen, oder allgemeinen bürgerlichen Rechten um so weniger unterworfen als ihre Privat Satzungen und Gebräuchen den kristlichen Richtern unbekannt, mithin lediglich von denen zu ihren Obern erwählten Rabiner, auf welche sie ihrer Religion gemäss das einzige Zutrauen haben, zu entscheiden sind, und denn Hochstbes. Sr. Churfürstl. Gn. ggst nicht gemeint sind, von diesem Herkommen abzugehen, und in dergleichen Fällen die Berufung an die christlichen Gerichtsstellen zu ziehen, gleichwohlen aber auch, um den besorglichen Misbrauch, dass wann Jeder streitende Parthie, nach erfolgtem ungünstigem Urtheil an einen andern Rabiner unbeschränkt gestaltet bleiben sollte, dergleichen Prozessen in der Unendliche gezogen werden könnten, ggst wollen, dass auf dem Falle, wo gegen den Ausspruch des LandRabiners von dem unterliegenden Theil, an einen andern unpartheyschen provocirt, von diesem aber das erste Erkenntnis reformirt wird, kein weiterer Absprung gestattet, sondern von beiden streitenden Theilen auf einen dritten unpartheyschen Rabiner compromittirt, so hin dessen fällende Entscheidung ohne mindeste weitere Beruffung vollstrecket werden solle, als wird denen Vorsteher und Vorgänger der G. und Bergische Judenschaft zu ihrer und des LandRabiners Verbescheidung ein und anderes ggst unverhalten. Düsseldorf den 21 Jenner 1783.

Aus Ihre Churfürstl. ggst Befehl
C. G. von Nesselrode.

An Vorgänger und Vorst. der G. u. B. Judenschaft.

Allerdings waren die Gesichtspunkte, von denen man bei Regelung der Rechtsverhältnisse ausging, ebenso eigenthümlich und eng begrenzt, als es bei der ganzen den jüdischen Gemeinden gegebenen Verfassung der Fall war.[1] Aber unter solchen Umständen mussten es die Juden immerhin als ein grosses Glück betrachten, dass ihre Rechtsverhältnisse genau bestimmt waren, und bei der meistens vorherrschenden falschen Beurtheilung ihrer Religionsgesetze, ihrer Sitten und Sittlichkeit, und der sich daraus ergebenden Gesinnung gegen sie, wurden sie durch die ihnen anheim gegebene Jurisdiction vor vielen Kränkungen und Beeinträchtigungen ihrer Rechte bewahrt. Denn trotz der bündigsten Vorschriften der Geleits-Concession und späterer Erlasse wurde von den Behörden, selbst von den Gerichten gar häufig der Versuch gemacht, den Rabbiner in Ausübung der Jurisdiction zu beschränken. Allerdings hatte § 8 der Geleits-Concession, welcher von der Gerichtsbarkeit des Rabbiners handelt, eine Unklarheit gelassen.

Derselbe lautet: „Wann zwischen Jude und Juden Differentien, ausserhalb Criminalsachen, es sey heirats,

[1] Vergl. hierüber Pressel, Die Zerstreuung des Volkes Israel. Berlin 1888. H. Reuter's Verlag. Zweites Heft S. 87 fg.

oder das Jüdische Ceremoniel betreffende Vorfallenheiten, sich ereignen sollen, solche von den gemeinde-Judenschaftsrabineren decidiret und ausgemacht werden, doch auch demjenigen Von beiden Theilen, so mit solcher entscheidung graviert zu seyn Vermeinen würde, zu einem andern unpartheyischen Rabiner zu provocieren und abzuberufen, auch daselbst die sache zum schlusse prosequiren freistehen." Aus dem Wortlaut dieses Paragraphen ging deutlich allerdings nur hervor, dass die Competenz des Rabbiners sich auf rituelle und ceremonielle Fragen erstrecke. Zweifelhaft blieb nach demselben dagegen seine Competenz für civilrechtliche Fragen. Diese wurden nun durch die Ober-Vorgänger durch Gesuch d. d. 18. Januar 1780 bei einem concreten Rechtshandel zum Austrag gebracht. Ein gewisser Benjamin Michael zu Mülheim a. d. Ruhr hatte nämlich in einem zwischen ihm und seinem Bruder bestehenden Rechtsstreit, der schon beim Rabbiner anhängig gemacht worden war, die Entscheidung bei dem Amtsgericht in Broich nachgesucht, unter dem Vorwande, dass nur Ceremonialsachen der Entscheidung durch den Rabbiner unterständen, dass aber Schuldforderungen vor die ordentliche Gerichtsbarkeit gehören. Thatsächlich hatte auch das Amtsgericht in Broich d. d. 30. N[bers] 1779 folgenden Befehl erlassen: „Nachdem Benjamin Michael anzeiget wass massen er ad instantiam seines Bruders Samuel Michael vor dem Landrabbiner citiert worden, die zwischen beiden teilen obschwebende Irrung aber Kein Jüdische Ceremoniel sondern eine schuldSache betrifft, worinnen dem Rabiner Keine Jurisdiction gestattet werden Kann, als wird dem Benjamin Michael verbotten sich bey dem Rabiner zu sistiren, sondern beide teilen sollen dem alschon erteilten Decreto zu folgen bey dahiesiger Kanzley in primo post ferios erscheinen." Gegen diesen gerichtlichen Befehl erhoben die Vorsteher der Judenschaft Beschwerde und baten, „dieses Decretum inhibitorium de plano wieder einzuziehen und den Benjamin Michael zu unserm Oberla[n]d-Rabiner als dem bisherigen Richter zu hinverweisen paenaliter zu verordnen." Es wurde hierbei auf mehrere Beispiele in Sintzig, Mülheim am Rhein aus früheren Jahren hingewiesen und die specificirte Anführung der ergangenen „churfürstl. Verordnungen in Aussicht gestellt, „wann uns die Judenschafftliche Litteralien des Verlebten Vorgängers Horn extradiert wären." Insbesondere wurde aber auf einen solchen bestrittenen zu ihren Gunsten entschiedenen Fall rekurrirt. „Gemäss dem 8ten articul der ggsten Vergleitungs-Concession ist unserer Gülicher Ober Land Rabbiner in causis quibuscunque exceptis criminalibus der Competent-Richter, wann zwischen Juden unter sich RechtsstreittigKeitten entstehen. Aus dieser zuständigkeit hat derselb inhalts der Nebenlag den schutzJuden Pinis Heinsberg in Heinsberg schuldig erklärt der W^{tw} Heve in Bergheim 85 Rthlr. wegen rückständig Kostgeld zu entrichten und ihn, weilen mehreren desfals erlassenen Decretis Keine Folge geleistet worden, in eine Brucht von 5 Rthlr. fällig erteilt. Gleichwie nun aber der condemnatus nach wie vor contumax bleibt, und in solchem Fall die Ordnung verheisset, dass bei Ew. Kurfstl. Durchl. wir um die Gerichtsbarkeit des Rabiners zu handhaben pro decernendo executione unthgst implorieren.

So Bitten unthgst, dass höchstdieselben an Beambte zu Heinsberg gestatte, dass vorbenannten Pinnes Heinsberg zur entrichtigung der 85 Rthlr. Kostgelder sowol als abtragung der Brücht executive vermögen sollen, die gemessene Verordnung zu erteilen ggdst geruhen wollen."

Allerdings sind die Fälle nicht selten, in welchen die Vorgänger die Jurisdiction des Rabbiners reklamiren mussten, und dass ihrem Wunsche willfahrt wurde. So erging ein Erlass d. d. 31. Januar 1783 an schulteis der unter Herrschaft Stollberg: „Lieber getreuer, auf bey Verwahrte Von Vorgänger und Vorsteher der gemeinen G. und Bergischen Judenschaft übergebene imploration, befehlen euch ggst in allen die Juden unter sich betreffenden differentien ausser den Kriminal- und fiscal-Fällen dem Rabiner die Erkantnuss zu belassen, die ungehorsamen Juden zu derenselben nachlebung anzuweisen, auch die vom Rabiner angesetzet werdenden Brüchten zu Exequiren." Nachdem die Sache zum Austrag gebracht war, bedurfte es für die Folge in der That nur einer Erinnerung bei der Hofkammer, um den betreffenden Einzelfall in diesem Sinne zu erledigen: es genügte sogar schon eine Vorstellung bei dem betr. Amte, wie z. B. an amts-Verwalter zu Brügen d. d. 31. Aug. 1783 . . . . Ew. HochEdelgebohren notiz zu geben, ... wie um nichts billigeres, als dass sie zufollg Ihrer Kurfürstl. Durchl. uns ggst verliehenen Concession diese Sache von sich und zur entscheidung mehr gedachten ober-Rabiners verweisen, so habe hierum namens unsre gem. Judenschaft unterdienstlich ersuchen sollen, wessen wir bey vorfallende occasionen nicht anstehen werden mit aller Dienstgeflissenheit zu erwidern." Nur ein Gericht scheint trotz aller Befehle und ausdrücklichen kurfürstl. Verordnungen sich nicht haben entschliessen zu können, die Jurisdiction des

Rabbiners anzuerkennen, und trotz aller über dasselbe verhängten Strafen und Vermahnungen darauf bedacht gewesen zu sein, den Juden die Ausübung ihrer Rechte zu verkümmern und selbst Zwiespalt in der Judenschaft hervorzurufen sich nicht gescheut zu haben. Es ist dieses das bereits in einem ähnlichen Falle erwähnte Gericht zu Broich, welches schon um deswillen hier näher behandelt werden muss, als sein Verhalten den kurfürstl. Befehlen gegenüber ein eigenthümliches Licht auf die ganze Verwaltung und Gerichtsbarkeit des Landes zu werfen geeignet ist. Die mir vorliegenden Acten beweisen, dass dieses Gericht einen sonst einfachen Fall mehr als vier Jahre hinzuhalten verstanden hat, ohne dass eine Entscheidung getroffen worden wäre, einfach deswegen, weil es die Jurisdiction des Rabbiners nicht anerkannte. Am 6. Juli 1781 war dem Gericht aufgegeben worden, den Samuel Hempel wider Wittib Simon Cars und ihren Sohn Merten Simon dem § 8 der Geleits-Concession gemäss an den Rabbiner zu verweisen.

Am 25. Juli 1781 wird dem Gericht bei Vermeidung der „fälligen erKlährung in die Strafe von 6 Rthlr." eine nochmalige Frist von acht Tagen bestimmt und zugleich befohlen, bis auf nähere Verordnung alles Verfahren einzustellen.

Am 13. September desselben Jahres wird der Befehl wiederholt. Trotzdem hatte das Gericht sein Verfahren nicht nur nicht eingestellt, sondern seinen Befehl executorisch ausführen lassen. Am 25. September desselben Jahres ergeht der Befehl „bei Vermeydung von 25 Rthlr. angesicht dieses zu geleben und auch zu verantworten dass ohnangesehen deren erlassenen ggsten Verordnung ihr declarando et exequendo Verfahren habt, mithien die von Merten Simon exequirte 10 Goldgulden ebener Massen angesicht dieses rückzuerstatten und wieder denselben mit fernerem Verfahren bey Vermeidung vorgen. Brücht anzuhalten." Bezeichnend entweder für die ernstliche Absicht, den gewährleisteten Schutz zu gewähren oder für das Ansehen der kurfürstl. Regierung ist der Erlass vom 4. Decbr. 1781, wonach bei Vermeidung „der würklichen fällig Erklärung in die bedrohete Straf von 25 Rthlr. nochmahlige Frist von 8 Tägen vorbestimmt wird.- Anstatt dem Kurfürsten zu gehorchen, hatte das Amt zu Broich das Verbot in Civilsachen vor dem Rabbiner zu erscheinen von dem concreten Fall vielmehr auf „alle alda wohnenden" Juden ausgedehnt und wurde von demselben Tage aufgefordert, das Verbot aufzuheben und sich binnen 14 Tagen zu verantworten. Am 19. Hornung 1782 wird unter Verweisung auf die vorangegangenen Befehle unter dem Vorigen Präjudiz nochmahlige Frist von 8 Tagen zu allem überfluss bestimmt, und zugleich die Aufhebung des allgemeinen Verbotes bei Vermeidung von 6 Thlr. Strafe nochmals gefordert. Da im Jahre 1784 die Sache noch immer nicht erledigt war, wird am 28. Octbr. binnen 14 Tagen Bericht gefordert, „wie weith es mit dieser Sache gekommen." Wenn diese Erlasse auch gerade keine Beweise grosser Energie und grossen Ansehens der kurfürstlichen Regierung bei den Unterbeamten sind, so wird man ihr wenigstens nicht das Zeugniss grosser Geduld und Ausdauer verweigern können. Andererseits beweisen sie, welche Unerschrockenheit und Beharrlichkeit die Vorgänger bekunden mussten, um nicht nur die ihren Glaubensgenossen gewährleisteten Rechte zu schützen, sondern überhaupt das bedrohte Recht zu wahren. Dem Amte Broich gegenüber war das um so nothwendiger, als dasselbe sich auch noch andere Eingriffe in die den Juden zustehende Gerichtsbarkeit erlaubte und allerhand Händel unterstützte, welche das bis dahin gepflegte friedliche und einheitliche Zusammengehen der jülisch-bergischen Judenschaft zu zerreissen geeignet und berechnet waren.

Bezeichnend nach dieser Richtung ist das in der Synagoge zu Broich im Jahre 1783 durch Gerichtsboten verkündete Verbot, Insinuationen durch den Schulmeister zu bewirken. Am 12. Septbr. 1783 muss die Regierung daher wieder den Befehl wiederholen, die Juden in denen unter sich habenden Streitsachen ausser Fiscal- und Kriminal-Fällen zum Rabbiner zu verweisen und sich nach dieser Seite hin ferner nichts zu Schulden kommen zu lassen. Es muss dies um so mehr auffallen, als der Kurfürst am 23. Juli 1783 ein Rescript erlassen hatte, dass „wann der Ober-Rabbiner hiesiger Landen Judenschaft einen Juden zu erscheinen nötig findet, derselbe solches zwar durch den jüdischen Schulmeister fernerhin bewirken lassen möge, hingegen jedesmal den vorgesetzten christlichen Richter dessen benachrichtigen, widrigenfalls aber der citirte Jud zu erscheinen nicht schuldig seyn solle." Am 23. Novbr. 1784 muss das Amt Broich aufgefordert werden, die Vorgänger bei Eintreibung des schuldigen Tributes zu unterstützen. An Widerwärtigkeiten fehlte es also den Vorgängern und dem Rabbiner keineswegs. Um so erfreulicher war es, dass die Gemeinden selbst bemüht waren, alles zu vermeiden, was denselben ihr Amt zu erschweren geeignet war. Willig fügte man sich im Kreise der Judenschaft selbst der Anordnung ihrer nächsten Vorgesetzten und nur höchst selten wurden die

Judencommissare gegen Anordnungen derselben angerufen. In solchen Fällen hatte zunächst der Rabbiner zu entscheiden. „Auf bey verwahrt Juden Samuel Isaac zu Wartenscheid wider Vorgänger der Gülich und bergischen Judenschaft übergeben Unthggste anzeig wird dem Ober-Rabiner ggst. befohlen, Supplicanten schleunig und unpartheiische Justitz angedeyhen zu lassen. Düsseldorf 4ten Septbr. 1783. Der damalige Land-Rabbiner Loeb Aaron Scheyer fordert daher die Herren Vorsteher auf, einen oder zwei aus ihrer Mitte mit einer vollkommenen Vollmacht zu versehen, damit diese binnen 15 Tagen mit dem Kläger vor ihm erschienen, um ihre Zwistigkeiten „nach dem Getz Moyses auszumachen. Es komme auf sie der Segen Gottes."

In der Regel entschied der Rabbiner allein, ohne Beisitzer. Indes war es ihm anheimgestellt, aus der Mitte der Vorsteher sich einen oder zwei Beisitzer als Gutachter zu wählen. Eine Verfügung der Regierung, welche die Beisitzer als obligatorisch einführen wollte, veranlasste am 10. Septbr. 1781 eine Petition von 15 damals in Düsseldorf wohnenden jüdischen Familienvätern (darunter Dr. med. G. von Geldern) dahin gehend, „dass es dahier niemahlen Gebrauch gewesen, dem Ober-Landrabbiner in process-Sachen beysitzern zu geben; auch befindet sich unter sämmtliche hiesige Judenschaft niemand im stand, ein solches Amt zu vertretten, weilen Keiner so weit studiert hat, um ein rechtsspruch urteilen zu können."

Handelsbücher oder Berechnungen und dergleichen untersuchen zu helfen, werden dem Rabbiner wohl von jeder Parthey, so im Process verwickelt, ein Handelsmann als Beysitzer zugegeben, allein solche beysitzeren dürfen keineswegs im rechtsspruch sich beküminern, und weilen wir bis dahin nichts als gutes und löbliches von unserem Ober-Rabbiner (Scheuer) zu sagen wissen, so gelanget an einer hochlöblichen Regierung unsere unterthänigste bitte, solches in gnädigster betrachtung zu ziehen, damit keine neuen hier noch nie gewesene beysitzersämter eingeführt werden."

Zur besseren Wahrnehmung der Rechtssprechung sollte der Rabbiner, der seinen Sitz in Düsseldorf hatte, nach einem Beschlusse der General-Versammlung vom Jahre 1737, der dann immer wiederholt wurde, im Interesse der etwas entfernter wohnenden Juden in der Provinz Gülich, alljährlich in Düren oder Jülich — je nach Wahl der Vorgänger — eine Inspection der Gemeindeangelegenheiten vornehmen und etwaige Streitigkeiten schlichten, welche wegen der grossen Entfernung vom Sitze des

Rabbinats oder wegen der grösseren Kosten von den Parteien nicht zum Austrag gebracht worden waren und deren Verzögerung den Streit zu erweitern und den Frieden in den Gemeinden zu untergraben drohten. Das Gehalt, das früher 50 Gulden Rheinisch pro Jahr betrug, wurde mit Rücksicht auf diese dem Rabbiner neu auferlegte Verpflichtung auf 100 Gulden Rheinisch erhöht, zahlbar in halbjährlichen Raten. Ausserdem bezog der Rabbiner für jeden Verlobungsakt 1 Thlr., für jede Trauung 1 Goldgulden, für jede von ihm auszustellende Urkunde 1½ Gld., für die Prüfung eines Schächters 1½ Thlr., für eine Wiederholungsprüfung 1½ Gld., für jedes Zeugenverhör 6 Gld., für jede Vorladung ½ Gld., für ein Urtheil 1% des Betrages, mindestens aber 1 Rthlr. Die Schreibgebühren hatte der Rabbiner zu tragen.

Ausser den genannten Funktionen hatte aber der Rabbiner, und zwar vorzüglich, die gesammten religiösen Interessen der Gemeinde zu fördern und zu überwachen. Er sollte, wie es in der Vocation heisst, von seinem Lehr- und Richterstuhle aus die Mitglieder seiner Gemeinden belehren über den Weg, den sie einschlagen, über den Lebenswandel, den sie führen sollen, um das ewige Leben zu gewinnen, er sollte ferner den Unterricht überwachen und an Sabbat, Neumond und Festen in schönen, anziehenden Predigten oder Lehrvorträgen geläuterte Wahrheit lehren. Ausser diesen Vorträgen, welche in der Synagoge stattfanden, wurden von ihm in seinem Hause oder in den Versammlungen religiöser Vereinigungen täglich noch andere belehrende Vorträge über die fünf Bücher Mosis, Propheten und Psalmen, über die religionsphilosophischen Werke des Maimonides (Führer der Verirrten), des Jehudah ha-Levi (Kusari), des Joseph Albo (Jkarim), Saadiah (Emunot we deot) u. a. m., besonders auch über talmudische Materien gehalten. Für die Mitglieder der später noch zu behandelnden Bruderschaften oder Vereinigungen für religiöse und wohlthätige Zwecke war der Besuch bei Vermeidung verhältnissmässiger hoher Geldstrafen obligatorisch. Aber bei dem allgemeinen Drange der Juden nach Kenntniss ihrer Religionsquellen und nach allgemeiner Bildung, welcher diese Vereinigungen eben hervorgerufen hatte, bedurfte es dieser Strafen nicht. Vielmehr fanden sie in diesen Vorträgen gleichzeitig Ersatz für so viele andere Freuden des Lebens, die ihnen versagt waren, Trost und Erhebung in den Leiden, Muth und Hoffnung für die Zukunft und ein Mittel zur Uebung ihrer Geisteskräfte, deren Bethätigung im Staatsleben ihnen mit wenigen Ausnahmen verwehrt war.

Andererseits erweckten dieselben einen tiefreligiösen, wahrhaft geläuterten Sinn und ein ideales Streben und knüpften ein inniges Band zwischen dem Rabbiner und den Gemeindemitgliedern, denen derselbe ein wahrhafter, vertrauter Freund und Berather wurde in allen Lebenslagen, sowohl im Privatleben der einzelnen Familien, als auch in den Angelegenheiten der Gemeinde, welche keinen Beschluss fasste, ohne dass der Rabbiner Gelegenheit gefunden hätte, seine Meinung über die schwebenden Fragen zu äussern und zu verfechten. Sein Haus war ein zu jeder Zeit geöffneter Zufluchtsort für Arme und Bedrängte und überhaupt der Mittelpunkt der Gemeinde in allen ihren Lebensäusserungen, und die langjährige Amtsthätigkeit der einzelnen Rabbiner knüpfte zwischen der Gemeinde und ihrem Lehrer ein immer engeres Band, und noch heute wird ihnen ein dankbares Andenken bewahrt.

Die in vorstehender Schilderung dargelegte Verfassung der gülich-bergischen Judenschaft wurde mit einem Schlage beseitigt durch Eintritt der französischen Fremdherrschaft im Jahre 1807/8, durch Errichtung des Grossherzogthums Berg und die Einführung des Code Napoléon in diesem Landestheil zufolge Kaiserlichen Decretes vom 12. November 1809, und durch die nach Anhörung des 1806/7 von Napoleon in Paris zusammenberufenen jüdischen Synhedriums und des darauf folgenden jüdischen Parlaments[1]) geschaffene Consistorial-Ordnung vom 17. März 1808. Zufolge dieser wurden 3 jüdische Consistorialbezirke Bonn, Crefeld, Trier errichtet. Indes haben wir für die Geschichte der Juden Düsseldorfs uns zu beschränken auf die

Verfassung der jüdischen Gemeinde des Grossherzogthums Berg.

Diese konnte sich nur auf die synagogalen und rituellen Verhältnisse beschränken. In bürgerlicher Beziehung unterlagen die Juden dieses Landestheiles fortan keinen besonderen und einschränkenden Bestimmungen mehr. Durch Decret der französischen National-Versammlung vom 27. September 1791 waren alle vorher zum Nachtheil der Juden ergangenen Verordnungen zunächst für das linke Rheinufer aufgehoben worden. Das Bürgerrecht wurde Jedem beigelegt, welcher den Bürgereid leistete, überhaupt wurden die Rechtsverhältnisse der Juden denen der übrigen Staatsbürger völlig gleichgestellt. Diese Bestimmungen wurden durch die spätere Gesetzgebung (Art. 7 und 8 des Code civil) anerkannt und

---

[1] Vgl. Grätz, Geschichte der Juden, Bd. 11, S. 267 fgg.

bestätigt. Die Juden waren demnach den übrigen Staatsbürgern gleich und nicht nur zu jedem beliebigen Gewerbebetrieb und zur Acquisition liegender Gründe befugt, sondern auch zur Wahrnehmung öffentlicher Aemter für geeignet erklärt. Selbst ausländische Juden hatten bei Erhebung des Bürgerrechts keine andere Verpflichtung wie jeder Fremde. Sie mussten nämlich 10 Jahre im Lande wohnen und von dem Regenten ein Naturalisationsdecret erwirken. In besonderen Fällen genügte der Aufenthalt von einem Jahre. (Art. 3 der Constitution vom Jahre 8 der Republik [1799/1800]; Art. 13 des Code civil; Gutachten des Staatsraths vom 18./20. Plairial im Jahre 11; Beschluss des Senats vom 19. Februar 1805 und Decret vom 17. März 1809.) Für das Grossherzogthum Berg traten alle diese Bestimmungen sofort nach der Errichtung in Kraft und zwar ohne vorhergehende gesetzliche Bestimmung, factisch dadurch, dass die Juden der Militärpflicht und allen öffentlichen Lasten und Abgaben gleich allen andern Unterthanen unterworfen wurden, wogegen sie aber auch von allen Abgaben, welche den Juden besonders auferlegt waren, ausdrücklich befreit wurden. Ihnen wurde gleich nach der Besitzergreifung gestattet, sich in die Bürgerregister ihres bisherigen Wohnortes eintragen und sich Bürgerbriefe ertheilen zu lassen. Durch den Art. 6 des Kaiserl. Decretes vom 3. Nov. 1809 wurden die Juden hinsichtlich der Unterstützung aus öffentlichen Armen-Anstalten den Christen gleichgesetzt. Das Kaiserliche Decret vom 12. Nov. 1809 führte im Grossherzogthum Berg den Code Napoléon ein und hob dadurch allen Unterschied zwischen Christen und Juden auf. Freilich hatte Napoleon durch dasselbe Gesetz (vom 30. Mai 1806), durch welches er aus der Mitte der in sämmtlichen seiner Gewalt unterworfenen Ländern wohnenden Juden ein Synhedrion zur Beantwortung der von ihm bezüglich ihrer in Ansehung ihres Verhältnisses zu Bekennern anderer Religionen geltenden religiösen Anschauungen nach Paris zusammenberufen hatte, auch verschiedene provisorische Ausnahmegesetze für einen Theil der Juden geschaffen und diese Ausnahmen durch Gesetz vom 17. März 1808 auf die Dauer von 10 Jahren bestätigt. Allein dieses Gesetz, welches er selbst schon im April desselben Jahres zum Theil wieder ausser Kraft setzte[1] und durch bald darauf folgende weitere Bestimmungen so sehr einschränkte, dass es fast einer Aufhebung des Gesetzes gleichkam, war im Grossherzogthum Berg weder

---

[1] Vgl. Grätz, Geschichte der Juden, Bd. 11, a. a. O.

publicirt worden, noch zur Anwendung gekommen. Es muss dies um so mehr betont werden, als in den später preussischerseits angestellten Erhebungen bezüglich der Regelung der jüdischen Gemeinde-Verhältnisse mehrfach darauf verwiesen wurde, obwohl es doch nur ein Beweis dafür war, dass Napoleon, welcher die Juden wiederholt darüber beruhigen liess, dass ihre Gleichstellung keine Einschränkung erleiden werde, auch ihnen kein Wort gehalten. Er hatte alle Welt getäuscht und die Freiheit überall unterdrückt, warum hätte er den Juden Wort halten und ihre Freiheit allein unangetastet lassen sollen? Durch dasselbe Gesetz war auch jene schlechte Consistorial-Organisation geschaffen worden, welche die Vertreter der Synagoge zu Polizeidienern herabwürdigte.[1] Die Juden des Grossherzogthums Berg hatten daher keine Veranlassung, sich einem der 3 geschaffenen Consistorien Bonn, Crefeld, Trier unterzuordnen. Sie behielten vielmehr ihre bisherige synagogale Ordnung unter ihrem bisherigen Land-Rabbiner Scheuer bei. Dieser wurde auch von der französischen Regierung als legitimer Vertreter der Juden von Berg anerkannt. Der amtliche Verkehr der Präfectur mit den Juden wurde durch L.-R. Scheuer vermittelt. Trotzdem war dieser der am meisten geschädigte Theil. Da das Executionsrecht für die Cultussteuer durch die französische Besitzergreifung den Juden verloren gegangen und die Kopfzahl des neuen Sprengels auf ein Drittel des früheren Land-Rabbinats-Sprengels Düsseldorf herabgegangen war, so hatte die Aufbringung des Gehaltes seine Schwierigkeit. Am 10. Juli 1809 hatte sich Land-Rabbiner Scheuer dieserhalb an das französische Ministerium gewandt. In einem Schreiben vom 18. October 1811 theilte darauf der Präfect mit, dass „das hohe Ministerium geäussert habe, wie es nicht abzusehen sei, dass die bergische Judenschaft ihrem einstweiligen Rabbiner ihren Antheil am Gehalt vorenthalten wolle, und dass in Gemässheit dieser Bestimmung an den Juden-Vorstand nach vorläufiger Untersuchung über die ratirliche Vertheilung des Gehalts das Nähere erlassen werden solle". Diese Absicht ist jedoch nicht ausgeführt worden. Denn seit Errichtung des Grossherzogthums Berg hat L.-R. Scheuer von der Gemeinde als solcher kein Gehalt mehr bezogen. Diese Härte, welche um so grösser war, als Scheuer bei Errichtung des Grossherzogthums Berg 76 Jahre alt war und bei Alt und Jung in hohem Ansehen stand, lässt sich

[1] Grätz, Geschichte der Juden, Bd. 11, S. 302 fgg.

nur durch die grosse Verwirrung erklären, welcher die
jüdische Gemeinde von Berg nach der Einverleibung
in die Königlich preussische Monarchie für lange Zeit
anheimfiel.

Die jüdische Gemeinde des ehemaligen Grossherzogthums Berg unter preussischer Herrschaft.

Schon am 30. Juni 1816 hatte der Oberpräsident der
Herzogthümer Jülich, Cleve und Berg von den beiden
jüdischen Consistorial-Synagogen zu Crefeld und Bonn
und von der Kgl. Regierung zu Düsseldorf für das ehemalige Grossherzogthum Berg nähere Aufschlüsse über
die Verfassung und die Familien- und Seelenzahl der
Juden in den genannten Bezirken eingefordert, um zweckmässige Vorschläge für eine neue Feststellung der kirchlichen Verhältnisse der Juden im genannten Ober-Präsidial-
bezirk machen und danach bestimmen zu können, wie
bei der erfolgten Vereinigung beider Rheinufer auch diese
Verhältnisse in Uebereinstimmung zu bringen und auf
eine dem Wohl des Staates angemessene Weise festzustellen sind. Auf Grund des durch das Kaiserliche Decret
vom 17. März 1808 geschaffenen Organisationsplanes der
jüdischen Gemeinden, nach welchem in jedem Departement, in welchem 2000 Juden und mehr wohnten, eine
Synagoge und ein Consistorium errichtet werden sollte,
und mit Rücksicht auf die bei der veränderten Landeseintheilung entstandene Verwickelung hielt der Oberpräsident eine Reform schlechterdings für nothwendig.
Da die Anzahl der jüdischen Einwohner sich beliefe

a) im Bezirk der Kgl. Regierung zu Düsseldorf auf 2905,
b)   „   „   „   „   „   „   Cöln   „   1264,
c)   „   „   „   „   „   „   Cleve   „   1552

Seelen und somit beinahe die erforderliche Anzahl für
drei Ober- oder Hauptsynagogen vorhanden wäre, so
gründete der Oberpräsident hierauf folgende Vorschläge:

1. Scheint es zweckmässig zu sein, für jeden Regierungsbezirk eine Ober- oder Hauptsynagoge zu errichten;
2. der Sitz dieser Synagoge könnte in die Hauptstädte
   verlegt werden, im Regierungsbezirk Düsseldorf aber
   in Crefeld bleiben;
3. jeder Synagoge wäre ein Rabbiner vorzusetzen, wovon
4. einer als Oberrabbiner die höheren Befehle in Vollzug zu setzen und an die übrigen Rabbiner mitzutheilen hätte;
5. würde ein Haupt-Synagogen-Vorstand für allgemeine
   wichtige Angelegenheiten zu bilden sein, wovon die

Rabbiner Mitglieder und der Oberrabiner Vorsteher wäre.

Von diesem Vorstande wäre insbesondere die Prüfung der Juden, welche sich dem Unterricht der Jugend widmen, abhängig zu machen, jedoch hätte der Vorstand bei Besetzung der Schullehrerstellen

6. jedesmal die Genehmigung seines Vorschlages von der Provinzialbehörde einzuholen, welche entscheiden muss, ob unbedingt oder erst nach vorgängiger Prüfung die Anstellung erfolgen solle.

Die Kgl. Regierung zu Düsseldorf sollte sich über diese Vorschläge und gleichzeitig darüber äussern, wiefern es rathsam sein möge, das oben angeführte Kaiserliche Decret beizubehalten, abzuschaffen oder zu modificiren.

Der Oberpräsident ging bei diesen Vorschlägen von der Voraussetzung aus, dass die Juden der betreffenden Landestheile in dem Besitze ihrer jeweiligen bürgerlichen Rechte verbleiben sollten. Seine Vorschläge fanden daher kein Gehör, da die Kgl. Staatsregierung ganz anderer Ansicht war. Vielmehr waren zufolge der Verfügung des Ministers des Innern Freiherrn von Schuckmann vom 7. Mai 1822 „alle zu den Verrichtungen bei den Geschwornengerichten qualificirten Einwohner des Regierungsbezirks Düsseldorf, welche sich zum israelitischen Glauben bekennen, aus den Generallisten der Geschwornen gestrichen worden. Gegen diese Massregel wurden nun die Vorsteher der israelitischen Gemeinde unterm 21. Juni 1822 vorstellig.

„Wie tief uns diese eben so unverdiente als überraschende Massregel gekränkt hat, vermögen wir Euer Excellenz nicht durch Worte darzustellen; wir sind durch jene Verfügung nicht nur an unsren staatsbürgerlichen Rechten wesentlich verletzt, sondern es ist auch unsre bürgerliche Ehre der öffentlichen Schmach und Schande Preis gegeben. Von der Gerechtigkeit Eurer Excellenz dürfen wir es mit Recht erwarten, dass in so fern wir unsre eben aufgestellte Behauptung zu rechtfertigen vermögen, auch von Hochdenselben die vorgedachte Verfügung unverzüglich werde zurückgenommen werden; wir beeilen uns daher, zwar mit wenigen Worten, aber mit klaren Gesetzen die Wahrheit unsrer Behauptung gehorsamst auseinander zu setzen und zu belegen.

Nach dem Art. 8 des bei uns geltenden Civilgesetzes soll jeder Einländer die bürgerliche Rechte geniessen; das Gesetz stellt kein Unterschied zwischen den Staatsbürgern in Ansehung der Religionsverschiedenheit auf;

die Israeliten sind eben so wenig als jeder andere Bürger, wes Glaubens er sey, bei der Verleihung der bürgerlichen Rechte verkürzt worden.

Warum sollten sie es aber auch seyn? Ewig wahr und umumstösslich bleiben die Worte des weisen Fenelon, die er an Jacob den 3ten von England, als dieser ihn in Cambray besuchte, richtete: „Nulle puissance humaine ne peut forcer les retranchements impénétrables de la liberté du Coeur. La force ne peut jamais persuader les hommes; elle ne fait que des hypocrites. Quand les rois ce mêlent de la religion, au lieu de la protéger, ils la mettent en servitude. Accordez donc à tous la liberté civile, non en approuvant tout comme indifférent, mais en souffrant avec patience tout ce que Dieu souffre, et en tachant de ramener les hommes par une douce persuasion."

Von dem Geiste dieser weisen Grundsätze durchdrungen, hat der Gesetzgeber es wohlbedächtlich vermieden, eine Scheidewand zwischen den Bürgern eines und des nemlichen Staates in Rücksicht der Religionsverschiedenheit zu ziehen, er hat allen gleiche bürgerliche Rechte verliehen.

Der gegenwärtige König von Frankreich, der sich der Allerchristlichste nennt, hat nach der Wiederherstellung seines Reiches keinen Grund gefunden, unsre Glaubensgenossen in ihren früher erworbenen staatsbürgerlichen Rechte einzuschränken.

Zu den Staatsbürgerlichen Rechten zählt der Art. 42 des in den Rheinprovinzen geltenden Strafgesetzbuchs, insbesondere auch das Recht, zu den Verrichtungen der Geschwornen berufen zu werden, ein sehr ehrenwerthes Recht, welches, indem es die Mitbürger in das Verhältnis als Richter über den Mitbürger stellt, auch zwischen diesen selbst in Ansehung der Religionsverschiedenheit, keinen Unterschied verstattet.

Aus welchen Klassen der Staatsbürger die Geschwornengerichte zusammengesetzt werden sollen, dieses ist im Art. 382 der Criminalprozessordnung, die bei uns eingeführt ist, festgestellt, aus welcher gesetzlichen Bestimmung auch hervorgehet, dass insbesondere diejenige, welche zur Bestreitung der Staatsausgaben das Mehrere beitragen, zu den Verrichtungen der Geschwornen zugezogen werden sollen.

Ganz mit Recht behauptet der Königl. Preussische Appellationsgerichtsrath Lenzen in seinem Handbuch für die Geschwornen, dass die im Gesetz (Art. 312 der Criminalprozessordnung) vorgeschriebene Eidesform den Vortheil habe, dass in den Rheinprovinzen, wo sehr oft Katholische,

Reformirte, Lutherische, Menoniten und Israeliten als Geschworne neben einander sitzen, jeder ohne mit den Grundsätzen seines Glaubensbekenntnisses in Widerspruch zu kommen, den Eid leisten könne.

Nach dem Art. 8 Nr. 3 des Strafgesetzbuches für die Rheinprovinzen wird der Verlust der bürgerlichen Rechte zu den entehrenden Strafen gezählt; es kann aber über niemand eine solche Entehrung verfügt werden, als wenn förmlich gesprochenes Urtheil dieselbe sanctionirt hat.

Wenn auch gleich das Recht, zu den Verrichtungen der Geschwornen zugezogen zu werden, nur ein Theil der Staatsbürgerlichen Rechte ausmacht, welche das Gesetz den Staatsbürgern ohne allen Unterschied der Religion verliehen hat, so muss auch selbst die Entziehung eines Theiles dieser Rechte als entehrend und schmachvoll angesehen werden. . . . . . .

Noch mehr, der unvernünftige der fanatische Judenhasser wird in der zu unserer Schande und Nachtheil eingeführten Massregel, eine neue Veranlassung finden, seinem Verfolgungsgeiste desto freyer den Zügel schiessen zu lassen, weil er den Beweis vor Augen zu haben glaubt und auch wohl hat, dass wir von oben herab der Verachtung Preis gegeben sind."

Hierauf erging am 1. Juli 1822 der Bescheid, kein Staatsbürger habe ein Recht zu verlangen, dass gerade er in die Geschwornenlisten aufgenommen werde, dass ferner die Juden in den alten Provinzen dieses Recht überhaupt nicht besitzen und für die ganze Monarchie nur ein inneres Staatsrecht Anwendung finden könne.

Principiell wichtig war in diesem Erlass ausserdem noch die Bemerkung, dass die Vorsteher der israelitischen Gemeinde, da sie als solche nur für die kirchlichen Angelegenheiten bestellt wurden, überhaupt gar nicht legitimirt seien, Namens der übrigen Juden Rechte zu reklamiren, welche von diesen als Staatsbürger in Anspruch genommen werden. Mit einem Schlage war damit nicht nur die Gleichberechtigung der Juden, sondern auch die Eigenschaft der Vorsteher als der berechtigten Vertreter ihrer Gemeinden aufgehoben. Indessen konnte die Regierung der Nothwendigkeit einer Regelung der Verhältnisse gleichviel in welchem Sinne sich nicht verschliessen. Es muss hier constatirt werden, dass auch der Oberpräsident von Coblenz, Staatsminister von Ingersleben, am 31. März 1824 ebenso wie der Oberpräsident für die ehemaligen Herzogthümer Jülich-Cleve-Berg schon im Jahre 1816/17 die Anordnung von Landrabbinern und die Regulirung ihrer Amtswirksamkeit für den betreffenden Landesbezirk beantragt hatten. Trotz der Uebereinstimmung dieser beiden hohen Beamten in dieser Frage, die sie eingehend studirt hatten, erhielt auch der letztere von den Ministern des Innern und des Cultus am 27. April 1824 den lakonischen Bescheid, dass man zur Zeit keine genügende Veranlassung habe, auf die Ausführung der betreffenden Vorschläge Bedacht zu nehmen. Trotzdem forderte das Oberpräsidium d. d. 2. Aug. 1824 neue Mittheilungen über den damaligen Synodal-Verband der rheinischen Juden, da die Gestaltung dieses Verbandes auf dem rechten Rheinufer noch nicht so genügend bekannt sei, wie diejenige der durch kaiserliches Decret vom 17. März 1808 geschaffenen drei Consistorialsynagogen von Crefeld, Bonn und Trier. Der Vorsteher der Synagogen-Gemeinde Düsseldorf antwortete hierauf, dass er zu andern Gemeinden gar keine Beziehungen mehr habe, dass er nicht einmal für die eigene Gemeinde von der Behörde bestätigt sei und daher keine Auskunft geben könne. Früher sei der Sitz des Oberrabbiners der ehemaligen jülich-bergischen Judenschaft in Düsseldorf gewesen; Gehalt hätte er von dieser bezogen, bis nach Abtrennung des Jülicher Landes das Grossherzogthum Berg gebildet worden sei. Die Gemeinde sei dann nicht mehr im Stande gewesen, das Gehalt aufzubringen, und Landrabbiner Scheuer hätte seitdem das Rabbinat unentgeltlich verwaltet. Da dieser zu jener Zeit nicht mehr am Leben und die Gemeinde ohne Rabbiner war, da ferner Crefeld nach der neuen Ländereintheilung zum Regierungsbezirk Düsseldorf gehöre und nach der Consistorial-Verfassung der Rabbiner immer an dem Orte seinen Sitz haben müsse, wo die meisten Juden wohnten, so beantragte der Vorstand, dass der Rabbiner von Crefeld nach Düsseldorf versetzt und diejenigen Bezirke, die ihm zugetheilt wären, der Düsseldorfer Synagoge einverleibt würden.

Indes wurde die Sache noch keineswegs für spruchreif erachtet. Vielmehr wurde am 30. October 1826 auf Befehl des Königs eine Darstellung der damaligen Verhältnisse der rheinischen Juden entworfen und den rheinischen Provinziallandständen vorgelegt mit der Forderung, dass letztere „zu erkennen gäben, ob und was für Wünsche sie in Hinsicht dieser Verhältnisse hätten." In dieser Denkschrift, welche ein Zeugniss fast fanatischen Judenhasses ist, wird den Ständen unter Verkennung aller thatsächlichen und geschichtlichen Verhältnisse das denkbar Schlimmste über die Juden aufgetischt. Es sei wünschenswerth, die Juden aller Provinzen einem General-Synhedrio oder Consistorio unterzuordnen, welches aus Männern besteht, die wegen ihrer Kenntnisse, Aufklärung und Rechtschaffenheit das öffentliche Vertrauen verdienen, und demselben nach Massgabe des Bedürfnisses Provinzial-Consistorien unterzuordnen, welche das Kirchenwesen der Juden nach den vom General-Synhedrio vorzuschlagenden Principien und Lehren besorgen. Die Kinder müssten sämmtlich in christliche Schulen geschickt werden, damit sie nicht blos hebräisch lesen und schreiben lernten, um in einer unverständlichen und geheimen Sprache sich unentdeckt ihre Geheimnisse und Betrügereien mitzutheilen und rechnen zu lernen, was zur Berechnung wucherischer Procente nöthig ist, und damit sie nicht in ihrem angebornen und man könnte fast sagen in ihrer Religion begründeten Wucher- und Schachersystem hartnäckig beharrten. Die Ausnahmebestimmungen des Gesetzes vom 17. März 1808 sollten daher verlängert und auch auf die Landestheile ausgedehnt werden, in welchen es bisher noch keine Geltung hatte. Diese Ausführungen, welche den täglich zu machenden Wahrnehmungen offenbar Hohn sprachen, mussten in einer Zeit, wo die Juden aller Länder Proben ihrer wissenschaftlichen Befähigung gegeben, ihren Mitbürgern mit gutem Erfolge auf allen Gebieten gemeinnütziger und staatlicher Bestrebungen sich angeschlossen hatten, wo die von Moses Mendelsohn und Lessing ausgestreute Saat bereits aufgegangen war, in einer Zeit, wo die Wissenschaft des Judenthums eine achtunggebietende Stellung einzunehmen angefangen hatte und sich anschickte, eine deutsche Wissenschaft zu werden, wo formvollendete deutsche Predigten in den jüdischen Gotteshäusern gehört wurden, wo Moses Montefiore bereits das lautere Gold seines Herzens offenbart und als Sheriff von London sich bewährt hatte, in einer solchen Zeit wirkten solche Ausführungen, wie diese Denkschrift sie enthielt, vielleicht besser als alle Schutzschriften für die Juden, da sie allen Unbefangenen die Augen darüber öffneten, wie weit die Verblendung und der Judenhass die Menschen von der Wahrheit zu entfernen vermögen. Kaum war es nöthig, aber man wird es begreiflich finden, dass die jüdische Gemeinde Düsseldorfs, als des Ortes, wo das Verdict über das Judenthum gefällt werden sollte, es für ihre Ehrenpflicht hielt, ein Promemoria gegen diese Denkschrift den versammelten Landständen zu überreichen, zumal da die Juden des ehemaligen Grossherzogthums Berg, welche bis zur Einverleibung in die Königl. preussischen Lande im Vollbesitze der bürgerlichen

Gleichberechtigung gewesen waren, am härtesten dadurch getroffen werden sollten. Zur Beleuchtung jenes mehrfach erwähnten kaiserlichen Decretes vom Jahre 1808 wird zunächst auf seinen verfassungswidrigen Ursprung hingewiesen, da es zu seiner rechtmässigen Gültigkeit der Zustimmung der Stände bedurft hätte; Napoleon hätte es auch in seinem Zorn erlassen,[1] weil er auf seinen Eroberungszügen unerwartete Schwierigkeiten gefunden, die Fortschritte, die er hätte machen wollen, ihm nicht schnell genug gingen. Napoleon hätte den offenbaren Beweis geliefert, dass er sich übereilt, da er schon April 1808, also kaum einen Monat nach Verkündigung seines Decretes, die Judenschaft von Paris, am 22. Juli desselben Jahres das Departement der unteren Pyrenäen und am 22. April 1810 fünfzehn weitere Departements von dem Banne jenes Decretes befreit hätte und zweifellos noch mehr befreit haben würde, wenn seine Eroberungspläne ihn nicht gehindert hätten, sich um das innere Glück seiner Völker zu bekümmern. Das Decret sei ein Gewaltstreich, beruhe auf übereilten Beschlüssen und könne demnach weder zweckmässig, noch gut und gerecht sein. Ein solches dürfe aber der preussischen Regierung nicht als nachahmungswerth empfohlen werden. Die Einführung grade dieses Decretes würde in sonderbarem Widerspruch stehen mit dem Bemühen, die Reste der Fremdherrschaft zu vertilgen. Durch das Decret solle bewirkt werden, dass in der Folge kein Unterschied mehr sei zwischen den Juden und den übrigen Staatsbürgern. Dieser Zweck könne doch unmöglich dadurch erreicht werden, dass die Gleichheit vor dem Gesetze aufgehoben und dass eine Scheidewand errichtet werde, welche die Juden in den Augen ihrer Mitbürger verächtlich mache. Dadurch könne man ihre Redlichkeit und ihren Zartsinn nicht erwecken und herstellen. Das Decret nehme ihnen die Freiheit, ein ehrliches Geschäft zu treiben, um sie vor unerlaubten Geschäften und Gewerben zu entwöhnen, und bringe sie an einem Tage um ihr Vermögen, um ihre christlichen Schuldner, die nicht Kaufleute sind, zu bereichern, in der Absicht, um den Juden die Lust zu benehmen, sich auf Kosten dieser einen Vortheil zu verschaffen. Diese Massregeln müssten die entgegengesetzte Wirkung hervorbringen. Das Decret sei ein Eingriff in die richterliche Gewalt, da es einen bedeutenden Volkstheil ohne Untersuchung, ohne Urtheil mit Strafe und Schande belege;

[1] Grätz, Geschichte der Juden, Bd. II, kennzeichnet übrigens den Ursprung des Gesetzes nach neueren Forschungen und bis dahin unbenutzten Quellen noch schärfer.

es sei die schnödeste Ungerechtigkeit, die Bekenner einer Religion in Masse zu treffen, den Schuldigen mit dem Unschuldigen zu strafen und zu schänden, einen ganzen Volkstheil zu entehren, um eine gewisse Anzahl seiner Mitglieder zu erreichen, die er selbst verachtet. Wo der Wucher bei den Juden sich gefunden hätte, sei er eine Folge der gegen sie gerichteten Gesetzgebung; sie hätten kein Handwerk treiben, kein Grundeigenthum erlangen dürfen; zu welchem Zwecke sollten die Juden ihre Söhne die Universität besuchen lassen, da sie ja doch kein Amt erhalten könnten. Der Wucher sei auch den Juden oft von der Behörde befohlen worden.[1] Wolle man den Wucher treffen, so mache man die Gesetze, wenn sie nicht ausreichten, noch strenger. Allein das Gesetz umfasse alle Unterthanen ohne Unterschied des Glaubens; es falle nicht ausschliesslich auf die Bekenner eines Glaubens und überliefere sie nicht der Schmach und Verachtung. Es würde nicht schwer fallen, so heisst es in jener an die Landstände gerichteten Gegenvorstellung vom 30. November 1826, „den Beweis zu führen, dass in einer gewissen Stadt von mittlerer Grösse es ohnlängst 100 Christen gab, die auf Pfänder liehen, gegen 100 und mehr Procente, und welchem Geschäftsmann sind nicht Beispiele genug bekannt von Orten, wo ein nämlicher Wucher getrieben wird. Würde man darum die Einführung einer besonderen Gesetzgebung in der Art wie das Decret gegen diese oder jene Stadt billigen können. Es gibt Gegenden, wo gewisse Verbrechen häufiger vorfallen, es gibt darin Klassen von Menschen, welche dieselben häufiger begehen, aber noch ist es, so viel wir wissen, keinem deutschen Regenten eingefallen, solche Gegenden oder eine solche Klasse durch eine Specialgesetzgebung zu ächten, die eben so ungerecht und gehässig sein würde, als die, Gott sei Dank, abgeschafften Specialgerichte waren, denen Frankreich das fragliche Decret verdankt. Wolle man eine Annäherung bewirken, so beseitige man die Sondergesetze, welche die Juden verächtlich machen, nehme man zum natürlichsten Mittel, zur Erziehung seine Zuflucht. Dass die Juden in dieser Hinsicht besonders in diesen Gegenden, das Bedürfniss selbst fühlend, schon viel zur Verbesserung der Erziehung gethan haben, kann den Staatsbeamten nicht entgangen sein, so wie dass man bei der Wahl der Lehrer nicht einmal auf die Confession sehe, und dass an der jüdischen Schule zu Düsseldorf neben zwei jüdischen drei christliche Lehrer angestellt

---

[1] Vgl. Stobbe, Die rechtliche Stellung der Juden in Deutschland.

seien. „Wir leben der zuversichtlichen Hoffnung", so schliesst das Memorandum, „dass die Vorschläge der hohen Herren Deputirten eben so rein und human sein werden, wie nach ihrer Ueberzeugung die Absicht des erhabenen Monarchen ist, der Sie in einer so wichtigen Angelegenheit zu Seinen Rathgebern ersehen hat." Bei der Wichtigkeit und Complicirtheit der Frage und der Verschiedenheit des in den verschiedenen Theilen Rheinlands geltenden Rechts war eine schleunige Lösung dieser Frage kaum zu erwarten.

So bald sollte die Rheinische Judenschaft von ihren bangen Sorgen nicht befreit werden. Die Verhandlungen und die staatlich angeordneten Erhebungen über die Verhältnisse der Juden nahmen kein Ende. Das Material war bei der verschiedenartigen Behandlung, die den Juden nicht nur in den verschiedenen Landestheilen, sondern auch in ein und derselben Provinz zu verschiedenen Zeiten zu Theil geworden war, allerdings ein reichhaltiges und um so schwerer zu bewältigen, als von gegnerischer Seite keine Anstrengungen gescheut wurden, um die herrschende Verwirrung zu vergrössern und die ohnehin schon unklaren Vorstellungen noch mehr zu verdunkeln. Welche Mittel den Gegnern ihr blinder Hass eingab, dürfte aus folgendem Theaterzettel hervorgehen:

Theater in Gladbach.
5. Vorstellung im 2. Abonnement.
Mit hoher obrigkeitlicher Genehmigung wird heute
Sonntag den 27. May (1827)
aufgeführt
Der Rehbock oder die schuldlosen Schuldbewussten.
Personen u. s. w.
Vorher
Israels Angst oder das Schreckens-Wort Hepp Hepp
vom Jahre 1819,
tragikomisches Drama in 1 Akt von Heinrich Beinhauer.
Personen:

Levi Baxmann, Oberrabbiner . . . . Breuer.
Joel Herz, ein reicher Jude . . . . Herr Röder.
Sarchen, seine Tochter . . . . . . Frl. Guthmann.
Ruben Seckel, Comptoirdiener des Herz Herr Meyer.
Schönchen, Magd bei Herz . . . . . M. Georg.
Schlemen, ein Schmidt . . . . . . Herr Schiele.
Bartel, ein Zimmermann . . . . . . Ph. Breuer.
Eine Ordonnanz, ein Polizeicommissair.
1. Platz 10 Sgr. 2. Platz 5 Sgr. 3. Platz $2^{1}/_{2}$ Sgr.
Anfang 8 Uhr.

Gewohnt, für die Interessen und die Ruhe ihrer Glaubensgenossen einzutreten, wie es bis zur Einverleibung in die preussischen Lande ihre Pflicht und ihr Recht war, unterliess die jüdische Gemeinde zu Düsseldorf auch bei dieser Gelegenheit nicht, bei der richtigen Behörde vorstellig zu werden, und richtete am 5. Juni 1827 an den Staatsprokurator Wingern ein Schreiben, in welchem unter Hinweis auf obigen Theaterzettel ausgeführt wurde, dass „die entstehen könnenden Folgen ernsthaft genug seien, um die geziemende Bitte zu rechtfertigen: es möge Ew. Wohlgeboren gefallen, ein wachsames Augenmerk darauf zu setzen, dass künftig dergleichen die öffentliche Ruhe bedrohenden Ankündigungen nicht geduldet werden."

Der nächste Erfolg war allerdings nicht sehr günstig. Vielmehr kamen immer neue Verordnungen, welche die Stellung der Juden immer mehr herabdrückten und, wie wir später sehen werden, auch die innere Entwickelung der Gemeinden wesentlich erschwerten, ja ihre ganze Existenz in hohem Grade gefährdeten. So erschien am 20. Decbr. 1826 ein Ministerial-Erlass: „Nach der höheren Bestimmung soll in Zukunft keinem Juden mehr die Niederlassung in der hiesigen Oberbürgermeisterei gestattet werden, welcher nicht eine Concession des hohen Ministeriums des Innern und der Polizei beibringt. Dies gilt von allen ohne Ausnahme, sowohl von denen, welche aus einem andern preussischen Ort kommen, desgleichen von denen, welche sich mit einer hiesigen Jüdin verheirathen und endlich von denen, welche sich schon länger, jedoch nur auf den Grund einer polizeilichen Erlaubniss zum zeitlichen Aufenthalt hier (zum Beispiel als Handlungsdiener, Lehrlinge, Dienstboten u. s. w.) aufgehalten haben. Im Jahre 1836 wird den Juden von der Kgl. Regierung in Düsseldorf der „Verbrauch der christlichen Taufnamen" verboten. Dieser Erlass bietet noch das besondere Interesse, dass der Vorstand oder vielmehr jedes einzelne Mitglied desselben erklärte, nicht im Stande zu sein, das in der Verfügung der Kgl. Regierung vom 4. Aug. enthaltene, durch kein Gesetz unterstützte Verbot den Glaubensgenossen zur Nachachtung bekannt zu machen, erstens weil sie nicht wüssten, welche Namen mit den christlichen Taufnamen gemeint seien, besonders aber deswegen, weil die Kgl. Regierung nach ihren wiederholten Verfügungen die Düsseldorfer Juden als eine Gemeinde nicht anerkennen, und auch ihre religiösen Anordnungen in keiner Weise berücksichtigen wolle. Dieses Verbot wurde erst zufolge einer Eröffnung des

Kgl. Oberpräsidiums der Rheinprovinz d. d. 7. April 1841 auf Befehl des Königs für die Gebietstheile des französischen Rechts aufgehoben. Es sollte fortan dort bei den Bestimmungen des Gesetzes vom 11. Germinal X und des Decretes vom 20. Juli 1808 sein Bewenden behalten. Schlimmer und folgenschwerer war die Frage, welche im Jahre 1842 aufgeworfen wurde: „ob die Juden fernerhin Militärdienste leisten oder Rekrutengelder bezahlen sollen, da sie doch nicht zum Avancement zugelassen werden." Es muss Jedem einleuchten, dass falls die Frage so entschieden wurde, dass die Juden vom Militärdienste ausgeschlossen wurden, der Standpunkt derselben zu einer Isolirtheit zurückschreiten musste, die ihnen die Früchte bürgerlicher Stellung über kurz oder lang gänzlich wieder entzog. Sorgenschwer und von den quälendsten Besorgnissen erfüllt, wandte sich auch die Düsseldorfer Gemeinde petitionirend an des Königs Majestät selbst und wies darauf hin, dass jedes Rütteln an den politischen Verhältnissen der Juden diese nicht nur in den Augen, wenn nicht der höher Gebildeten, doch in jenen der Niedrigeren, also der Mehrzahl ihrer Mitbürger herabsetzen, sondern selbst der Gefahr öffentlicher Beleidigungen und Beschimpfungen neuerdings aussetzen würde. Beispiele davon lägen in nicht gar weiter Ferne, und was irrige Begriffe, Verkennung der besten Absichten für Wirkungen auf die geringere Volksklasse wenigstens hervorbringen, davon liefere die neueste Zeit in der Rheinprovinz einen traurigen Beweis. Die Petition lautet:

Ansichten, welche, wie es heisst, bei uns eine besondere Nationalität unterstellen, und darauf die Nothwendigkeit oder Zweckmässigkeit besonderer politischer Einrichtungen gründen, scheinen uns ihre Quelle in einem Irrthume zu haben. Sie existirt in Wirklichkeit nicht, und kann schon darum nicht existiren, weil wir in allen Ländern und Gemeinden weit zerstreut leben. Auch nehmen wir dieselben nicht in Anspruch, und wünschten nicht, dass man uns eine sogenannte Wohlthat aufdringen möge. Was wir bisher, obschon hin und wieder in manchem Betracht gehemmt und gehindert, in Künsten, Wissenschaften und in Handwerken zu leisten gestrebt haben, mag zum Beweise dienen, dass, weit entfernt, uns von unsern christlichen Mitbürgern sondern und unterscheiden zu wollen, wir es an sehr ernsthaften Bemühungen für das Entgegengesetzte nicht haben fehlen lassen. Wenn wir hierbei an der Religion unserer Väter festhalten, so ändert dies an dem oben bemerkten Verhältnisse wohl eben so wenig, als die sehr grosse Verschiedenheit religiöser Ansichten bei unsern christlichen Mitbürgern, und so sehr wir, was die Religion betrifft, eine Trennung für nothwendig und unvermeidlich halten, so sehr widerstrebt sie uns in politischer Hinsicht.

Wir sind nun auch so glücklich, hier im Herzogthum Berg seit mehr als dreissig Jahren mit unsern christlichen Mitbürgern gleich, und im Genusse aller politischen Rechte, wie sie, zu stehen. Wir sind Preussen, fühlen es mit Stolz, dass wir Preussen sind, und haben, seit wir es sind, unsere Pflichten als Staatsbürger gewissenhaft, gleich unsern christlichen Mitbürgern, ohne Unterschied erfüllt; unsere Brüder, unsere Söhne haben mit der nämlichen Hingebung, wie jene, ihr Blut in der Vertheidigung des Thrones und des Vaterlandes verspritzt, und erfüllen bis auf diesen Augenblick ihre Militärpflicht, wir glauben es ohne Anmassung sagen zu dürfen, mit Auszeichnung. Wir gestehen, dass uns nicht die geringste Veranlassung bekannt geworden, welche eine Aenderung in diesem Besitze unserer Rechte, die uns durch das Königliche Wort vom 5. April 1815, und noch mehr durch die bekannte Humanität unserer Landesregierung garantirt zu sein scheinen, eine Beeinträchtigung, eine Herabsetzung motiviren könnte. Wir wissen nicht, womit wir letztere verdient haben."

Auf den in dieser Petition dargelegten Standpunkt hatte sich auch die Gemeinde gestellt, indem sie es ablehnte, sich an einer von der Gemeinde zu Wesel vorgeschlagenen Absendung einer Deputation der Juden Rheinlands und Westfalens zur Huldigung am 15. Oct. 1840 nach Berlin zu betheiligen. Der Moment sei auch nicht geeignet, Se. Majestät mit Beschwerden zu behelligen und eine Deputation nach Berlin würde nicht huldigen und petitioniren zugleich dürfen.

Den ersten, wenn auch schwachen Lichtstrahl brachte die Antwort des Ministeriums des Innern und der Polizei vom 5. Mai 1842 an die jüdische Gemeinde zu Düsseldorf. Darin heisst es:

„Des Königs Majestät haben aus Ihrer an mich zur Bescheidung abgegebenen Immediat-Eingabe vom 23. März c. ersehen, zu welchen Besorgnissen die grosstheils unrichtige Auffassung der dem Königl. Staats-Ministerio zur näheren Erwägung gestellten, die Verhältnisse der Juden betreffende Gesichtspunkte Veranlassung gegeben hat. Im Allerhöchsten Auftrage eröffne ich Ihnen deshalb, dass es ganz eigentlich in der Allerhöchsten Absicht liegt, Massregeln zu ergreifen, durch welche die den Juden auferlegten Beschränkungen aufgehoben werden.

insbesondere ihnen im Gemeinde-Verbande mit Christen die Wahrnehmung ihrer Interessen mehr gesichert, in der Besorgung ihrer eigenen Angelegenheiten durch Bildung von Corporationen eine grössere Selbstständigkeit und Autorität eingeräumt und im Allgemeinen die Gelegenheit erweitert wird, ihre Kräfte und Fähigkeiten für sich und die Christen, unter denen sie leben, benutzen zu können. Mit der Aufhebung der Militairpflicht der Juden würde denselben nichts genommen werden, da ihnen der freiwillige Eintritt in den Militairdienst gestattet bleibe. Jedenfalls möchten aber die Juden die Resultate der angeordneten Berathungen ruhig erwarten und könnten sie dabei vertrauen, dass ihnen jede mit höheren und allgemeinen Interessen vereinbare Verbesserung ihres Zustandes nicht versagt werden wird.
    Berlin, den 5. Mai 1842.
        Der Minister des Innern und der Polizei."

Auch der dem Rheinischen Provinzial-Landtag im Jahre 1826 vorgelegten Frage bezüglich der Aufhebung des sogenannten Juden-Decrets und die Gleichstellung der Juden, welche noch immer ihrer Beantwortung harrte, widmete die Gemeinde ununterbrochen ihre gespannteste Aufmerksamkeit und eifrigste Thätigkeit. Endlich nahte der bedeutungsvolle Tag, an welchem die lange behandelte Frage wenigstens in der Vorinstanz entschieden werden sollte. Das Wohl und Wehe nicht bloss der rheinischen Juden hing von dieser Berathung ab. Denn wenn die Gleichstellung der Juden Rheinlands auch nur geschmälert worden wäre, und zwar aus dem Grunde, dass sie vermöge ihrer Religion und ihrer Haltung dazu unwürdig wären, so wären sie auch in den anderen Theilen der preussischen Monarchie und auch in anderen Ländern auf lange Zeit hinaus der Verachtung und Bedrückung preisgegeben worden. Die 46. Plenar-Sitzung am 13. Juli 1843 beschäftigte den Rheinischen Provinzial-Landtag mit der schwebenden Frage. Herzerhebend für einen jeden rechtlich denkenden Menschen sind die Verhandlungen, die da gepflogen wurden, reichhaltig, belehrend und überzeugend das zusammengetragene Material und erdrückend für die Gegner, wie es auch das Resultat der Abstimmung ergab. Vielseitig wurde hervorgehoben, dass jenes Decret in Frankreich, seinem Ursprungsort, bereits seit mehr als 25 Jahren ausser Kraft sei, dass es nur noch in einem Theile Rheinpreussens bestehe zur Schande der Stände, welche es verabsäumt hätten, auf seine Beseitigung zu dringen. So äussert ein Abgeordneter der Städte:

„Nach den Vorträgen, die wir vom verehrten Referenten und von einem Abgeordneten der Städte gehört, bleibt mir nichts mehr zu sagen übrig, als dass wir entweder diese herrlichen Producte der geistreichsten Humanität verbrennen oder durch den Druck der Unsterblichkeit überliefern müssten. Vermodern oder verschimmeln dürfen sie in unseren Archiven nicht. Es handelt sich zunächst um die Aufhebung eines verschollenen Gesetzes, desjenigen vom 17. März 1808. Dieses Gesetz war ein Strafedict für die Dauer von 10 Jahren; es galt für das Elsass und kam nur par bricole nach dem jetzigen Rheinbaiern, Rheinhessen und Rheinpreussen, und zwar nur ins halbe Rheinpreussen. Seit 25 Jahren 3 Monaten und 13 Tagen ist die Strafzeit vorüber, und es ist versäumt worden, und zwar von den Ständen versäumt worden, darauf aufmerksam zu machen, dass im Elsass, in Rheinbaiern und Rheinhessen die Wirkung des Strafedicts aufgehört hat, dass sie nirgendwo mehr bestehet, als im halben Rheinpreussen. Hier aber besteht sie ohne Fug, Grund und Recht, denn es hat sich in dem Vierteljahrhundert nichts zugetragen, was die Fortdauer der Strafe auch nur dem Scheine nach rechtfertigen könnte. Wir bitten unsere Brüder vom rechten Ufer, uns zu helfen. Diese Bitte ist so billig und gerecht, dass sie uns gar nicht abgeschlagen werden kann. Was würden wohl unsere Nachbarsleute von unserer Einigkeit und Einheit sagen, wenn unsere Bitte, die wir an die rechte Rheinseite richten, und zwar in einer Sache, die wir eine Ehrensache nennen, eine vergebliche Bitte wäre? Es ist dergestalt eine Ehrensache, dass ganz Deutschland, Belgien, Holland und Frankreich auf uns sehen und dass dabei der Ruhm des 7. rheinischen Landtags auf dem Spiel steht. Meinen verehrten Mitständen lege ich diesen Ruhm warm ans Herz!"

Ferner ein Abgeordneter der Landgemeinden:

„Dass es uns nach den Principien des Urchristenthums nicht geziemt, die Juden von unserm Staatsbürgerthume auszuschliessen, kann wohl nicht in Zweifel gezogen werden; und der Umstand, dass die Juden nach ihrer jüdischen und nicht nach unserer so genannten christlichen Weise verschroben sind, kann uns eben so wenig und um so weniger dazu berechtigen, da deren seitherige Ausgeschlossenheit und eben daher entstandene anscheinende Niedrigkeit unser eigenes Werk, das Werk unserer unchristlichen Selbstüberschätzung und unserer Selbstsucht ist. Es erscheint mir deshalb als eine heilige Pflicht, diese unsere seitherige Versündigung an den

Juden, und an uns selbst, wieder gut zu machen und auf
deren Emancipation anzutragen, mit dem Wunsche, dass
dieses allmählich auch eine allgemeine menschliche
Emancipation in Bezug auf gesunde, vernünftige Moral
und auf Humanität fördern möge."

Ein Abgeordneter der Städte:

„Die politische und religiöse Seite der Frage über die
Emancipation der Juden glaube ich nach dem Trefflichen,
das hierüber in unserer Versammlung gesagt worden ist,
nicht ferner beleuchten zu müssen. Ich will nur erklären,
dass ich für die Emancipation stimme, und um so mehr
dafür stimme, als ich die Gefahr nicht einsehen kann,
welche diese Massregel für den Staat haben sollte. Die
Bevölkerung der Rheinprovinz beträgt ungefähr 2,600,000
Seelen, hierunter sind noch nicht 27,000 Juden; dieselben
machen also ungefähr 1 Proc. der ganzen Population.
Wenn diese geringe Anzahl unserer Mitbürger uns in
Rechten gleich gestellt wird, wie sie es bereits in den
Lasten ist, so wäre dies nur ein Act der Gerechtigkeit,
dessen Nachtheile meiner Ansicht nach sehr übertrieben
werden. Es ist wahr, die Juden haben sich bis jetzt un-
vermischt erhalten. Gewiss ist aber, dass diese Isolirung
beiden Theilen zur Last fällt, nämlich dem unterdrückten
jüdischen Volke sowohl, als auch dem herrschenden."

Ein Abgeordneter der Ritterschaft:

„Wenn angeführt worden, dass der Talmud schlechte
Grundsätze enthalte, so bestreite ich nicht, dass eine Uebersetzung desselben manches Verwerfliche enthalte; allein es
ist auch allgemein bekannt, dass der Verfasser dieser
Auflage, Namens Eisenmenger, dieses Buch bloss aus
Rache gegen die reichen Juden in Frankfurt geschrieben,
die ihm eine grosse Summe Geldes verweigert hatten,
welche er von ihnen begehrt hatte. Hier liegt also eine
böse Absicht dieser Schrift zu Grunde. Dieses Buch wird
auch von allen jüdischen und christlichen Gelehrten verworfen. Dagegen giebt es aber viele andere Auflagen,
oder besser gesagt, Uebersetzungen des Talmud, welche
nur die Lehre der reinsten Moral enthalten. Sollte dies
irgend von einer Seite bezweifelt werden, oder sollte
Jemand die Meinung haben, dass es sich anders mit den
jüdischen Religionsbüchern verhalte, so bin ich erbötig
und im Stande, dieserhalb jeden Beweis anzutreten. Mit
einer grossen Menge israelitischer Religionsbücher versehen, kann ich auf unumstössliche Weise die Wahrheit
meiner Behauptung darthun."

Es würde zu weit führen, alle diese herrlichen Worte
in extenso an dieser Stelle wiederzugeben, vielmehr müssen

wir auf die Verhandlungen selbst verweisen (abgedruckt in der Düsseldorfer Zeitung vom 2. Aug. 1843 Nr. 212). Der Berichterstatter hatte namens des Ausschusses beantragt: Bitten wir unsern gerechten König, dass es Ihm gefallen möge

„die Anwendbarkeit des napoleonischen Decretes vom 17. März 1808 in dem linksrheinischen Theile der Provinz Allergnädigst aufzuheben"; und ferner zweitens:

„Alle noch bestehenden Hindernisse zur völligen Gleichstellung der Juden mit Seinen christlichen Unterthanen Allergnädigst beseitigen zu wollen."

Der erste Theil des Antrages wurde mit 68 gegen 5 Stimmen angenommen. Der zweite Theil wurde im Sinne des Landtagsmarschalls, der die Gleichstellung der bürgerlichen und politischen Rechte ausdrücklich angeführt wissen wollte, und eines Abgeordneten der Städte, der „die Beseitigung der Hindernisse vorzubereiten" eingefügt wissen wollte, mit 54 gegen 19 Stimmen in folgender Fassung angenommen:

„Die Wegräumung aller noch bestehenden Hindernisse zur völligen Gleichstellung der Juden in bürgerlicher und politischer Hinsicht mit Seinen christlichen Unterthanen vorzubereiten und deren Beseitigung herbeiführen zu wollen."

In ihrer Freude über dieses Resultat, welches die bangen fast 20 Jahre gehegten Befürchtungen beseitigte und Juden und Judenthum in einer so gerechten, anerkennenden und warmen Weise beleuchtete, von Dank gegen die Vorsehung und gegen die eifrigen und erleuchteten Vorkämpfer für Recht und Humanität erfüllt, übersandte die Gemeinde dem Oberbürgermeister Herrn v. Fuchsius 100 Thaler zur Vertheilung von Brod an die hiesigen Armen und der Vorsteherin der barmherzigen Schwestern ein Geschenk von 40 Thalern zum Besten der Anstalt. Vor Allem gab sie den lebhaften Gefühlen des Dankes gegen die Hohen Stände in folgender Adresse Ausdruck.

„Hohe Ständeversammlung!

Durch das heute abgegebene Votum, bei Sr. Majestät dem Könige die Emancipation der Juden zu beantragen, hat eine hohe Stände-Versammlung die Herzen vieler Tausende mit der grössten Freude und Begeisterung erfüllt. Dieses Votum bildet einen unschätzbaren Annex zu denjenigen, die von einer hohen Ständeversammlung im Laufe ihrer diesjährigen Diskussionen bereits ausgegangen sind; dieses Votum wird wiederhallen in ganz Deutschland, wir dürfen zuversichtlich behaupten in ganz Europa, es wird Epoche machen in den Annalen deutscher

Ständeversammlungen. Es war dem 7. Rhein. Provinzial-Landtag vorbehalten, in wenigen Stunden die Schuld von Jahrhunderten abzutragen, es war ihm vorbehalten, in wenigen Stunden ein Werk zu vollenden, mit dessen Aufbau England, das seiner Freisinnigkeit wegen so sehr gepriesene Land, schon Jahrzehnte beschäftigt ist; ein Werk, dessen sich, was Humanität und Gerechtigkeit betrifft, keine Ständeversammlung rühmen darf.

Ein Alp, der viele, viele Jahre die Brust der preussischen Juden beklemmte, ist gewichen und hat einem Gefühle Platz gemacht, das nur der begreifen dürfte, der Jahre lang Ketten getragen und plötzlich derselben entledigt wird.

Der 7. Rhein. Provinzial-Landtag hat durch sein heutiges Votum sich geehrt, hat die Provinz geehrt, deren Vertreter er ist.

Der 7. Rhein. Provinzial-Landtag darf mit Stolz sagen, dass er die Initiative stets da ergriffen, wo es galt, die Interessen der Billigkeit und Gerechtigkeit zu vertreten.

Er hat den von uns stets festgehaltenen und in trüben Tagen uns aufrichtenden Gedanken bewährt, dass ein brüderliches Band war, ist, und seyn wird, das unsere Herzen mit denen unserer Mitbürger verbindet: ein moralisches Band, ein Band des Wahren und Guten.

Es hatte ausserdem der Regierungsantritt unseres hochherzigen Königs Majestät; es hatte das unsere Brust erhebende Gefühl, dem Landesvater mit Blut und Leben ergeben zu seyn, den Hoffnungsstrahl entzündet, dass an den Stufen Seines Thrones auch unsere Lage eine gnädige Berücksichtigung finden werde.

Die Stimme des Volkes ist Gottes Stimme. Die Rheinprovinz hat es in zahlreichen Petitionen bewiesen, wie sehr ihr die Gleichstellung der Juden mit den übrigen Mitbürgern am Herzen liege; der 7. Rhein. Provinzial-Landtag hat, als Organ der Provinz, diesen Wünschen die Weihe gegeben.

Und so bringen denn die gehorsamst unterzeichneten israelitischen Einwohner der Stadt Düsseldorf Einer hohen Ständeversammlung im Namen der Gerechtigkeit und Humanität ihren innigst gefühlten Dank dar.

Nur der allmächtige Vater ist Zeuge unsers tief empfundenen Dankes; zu Ihm wollen wir betend uns wenden, dass er seinen Segen den Vertretern der Israeliten auf dem 7. Rhein. Provinzial-Landtage verleihe; zu Ihm wollen wir vom tiefsten Dankgefühl durchdrungen, die in brünstige Bitte richten, dass er uns die Kräfte geben möge, uns in Wort und That dieses beglückenden Ausspruches Einer hohen Ständeversammlung stets würdig beweisen zu können.

Mit Ehrerbietung und dankbarster Hochachtung verharren Einer hohen Ständeversammlung gehorsamste Düsseldorf, 13. Juli 1843."

Folgen die Unterschriften sämmtlicher Mitglieder der israelitischen Gemeinde zu Düsseldorf.)

Auch die Düsseldorfer Zeitung widmet dem Beschlusse des Landtages einen warmen Dank. In der bereits erwähnten Nummer schreibt sie:

„Düsseldorf, vom 15. Juli. Es ist bereits bekannt geworden, dass der Landtag für die Emancipation der Juden sich ausgesprochen. — In der That, ein schöneres, ehrenderes Denkmal konnte der siebente rheinische Landtag sich selbst und seinem Wirken nicht setzen! Ganz Deutschland wird sich freuen über den Geist der Freiheit, der in diesem Votum einer deutschen Ständeversammlung sich ankündigt. Für die Juden! was heisst dies anders, als für Recht und Freiheit? Wohl uns, dass wir zu dieser Erkenntniss gekommen! Wohl uns, wenn wir auf dieser Bahn fortwandeln und ringen und kämpfen für Recht und Freiheit, bis wir endlich auch das Höchste aller individuellen Freiheit erreicht haben werden: Freiheit des Geistes und Gedankens, Freiheit des Wortes!"

Besonders verdient gemacht hatte sich um die Erreichung dieses Resultates unter den Vertretern der Geistlichkeit Canonicus Lensing aus Emmerich. Aus dem Kreise der Düsseldorfer Bürgerschaft war es besonders Commerzienrath Baum, damaliger Landtagsdeputirter. Zahlreich und voll des Dankes waren die Anerkennungsschreiben, welche auch der Gemeinde zu Düsseldorf für ihr mannhaftes und umsichtiges Auftreten von den Glaubensgenossen gezollt wurden. Auch der verdiente Dr. Z. Frankel, Oberrabbiner von Dresden und Leipzig, später Director des jüdisch-theol. Seminars zu Breslau, zeichnete die Gemeinde durch ein solches Schreiben aus und fügte gleichzeitig eine Dankadresse an den Landtag bei, welche es wohl verdient, hier wiedergegeben zu werden.

„Hohe Ständeversammlung!

Die Kunde des Triumphes, den die Sache der Menschheit durch den h. rheinischen Landtag gefeiert, hat das Herz jedes echten Patrioten mit Stolz erfüllt und in dem Gemüthe der Juden Deutschlands Gefühle der Verehrung und der dankbarsten Anerkennung angeregt.

Der h. rheinische Landtag hat das Wort „Emancipation der Juden" in seinem ganzen Umfange ausgesprochen und hierdurch kundgethan, welche Motive die

Vertreter eines edlen und freien Volkes belebten. Durchdrungen von dem Werthe des Menschen, von den Rechten, die weder durch Verschiedenheit der Confession, noch durch Nebenrücksichten je beeinträchtigt werden dürfen, hat der h. Landtag im Juden den Sohn des Vaterlandes, den einheimischen Bürger des deutschen Bodens anerkannt, dem gewährt werden soll, wozu seine gerechten Ansprüche ihn berechtigen.

Es hat die Wahrheit ihre mächtige, unbesiegbare Kraft, sie trägt ein göttliches Zeichen an ihrer Stirn, das nicht durch die falbe Schminke einer erheuchelten Aufklärung, nicht durch den falschen missverstandenen Eifer für Gott, nicht durch ängstliche, eine kleinliche Engherzigkeit nur schlecht verhüllende Vorsicht erlangt werden kann. Dort, wo man, was dem Juden gewährt wird, als Gnade ansieht, wandelt sich die Gabe in ein kränkendes, herznagendes Almosen um; es wird abgezirkelt und abgewogen und berechnet und bemessen, bis das Gewährte in ein Nichts zusammensinkt, bis der Empfänger inne wird, wie wenig Ernst es dem Spender war, wie ihn nicht ein höherer, von der Achtung vor der Würde des Menschen beseelter Wille trieb, sondern nur der Schein gemieden werden sollte, als gebe man der Stimme der Menschheit nicht Gehör. Wo nicht aus einem lebendigen Ergusse des Rechts sich die Stimme für den gedrückten jüdischen Mitbürger erhebt, wird der bettelhaften Gabe die Unwürdigkeit hinzugefügt, dass man, die eigene Schuld auf den Juden hinüberwälzend, ein grauenerregendes Bild von seiner Verworfenheit aufstellt, ihm jede menschliche Schwäche zum Laster anrechnet und neue andichtet, mit ihm erst philanthropische !) Versuche anstellen, ihn durch Beschränkungen und Verclausulirung von vornherein unschädlich machen will; und man fügt zum Unrecht den Spott hinzu, ihm die drückendsten Beschränkungen als liebende Fürsorge anzurechnen. Welches Gefühl kann ein in solcher Absicht gewährtes Zugeständniss im Juden erwecken, welche Zugeständnisse werden überhaupt diejenigen, welche ein solcher Geist belebt, machen, wie muss nicht in ihrem Schosse Humanität und Grossherzigkeit zu einer schwachen verkrüppelten Pflanze zusammenschrumpfen.

Doch welchen Geist haben Sie, hochherzige, edle Männer des freien Rheins, bekundet! Nicht Gnade wollten Sie spenden, sondern im reinsten Hochgefühle Recht ertheilen: Sie wurden von dem Genius der Wahrheit geleitet, der über Vorurtheil und Selbstsucht erhebt, darum sprachen Sie „ungetheilte bürgerliche Gleichstellung" aus, ertönte aus Ihrem Munde das Wort, auf das jahrelang geharrt wurde.

Hohe Ständeversammlung! Es ist das von innigem Danke tiefbewegte Gemüth eines Juden, das diese Zeilen dictirt; und er darf mit Gewissheit aussprechen, dass viele Tausende seiner Glaubensgenossen, die, wenn auch gleich ihm vom Rheine fern lebend und zu Preussens Unterthanen sich nicht rechnend, in dieses Gefühl mit einstimmen. Es ist aber auch nicht minder die Aeusserung eines Mannes, den jeder gegen die Bekenner einer andern Confession geübte Druck auf's tiefste verwundet; den die Leiden der Protestanten in den Piemontesischen Gebirgen mit nicht geringerm Schmerze erfüllen, als die der Juden in den meisten christlichen und die der Katholiken in manchen protestantischen Ländern. Das Wort „Mensch" soll zu seiner wahren Bedeutung und Geltung kommen; und wie traurig, wenn die Religion, die Botin des Friedens und der Liebe, die Veranlasserin des bittersten Unrechts wird! Es ist endlich die Stimme eines Deutschen, der auf deutschem Boden geboren, in deutschen Sitten gross gezogen, auf den Namen eines Deutschen stolz sein Auge bewundernd zu der Höhe erhebt, die deutsche Wissenschaft und Bildung erreicht; und doch sieht er sich in dem Volke, dem er der Confession nach angehört, zurückgedrängt, muss, was dem Menschen am theuersten, die Freiheit, bei auswärtigen Nationen für seine Glaubensgenossen suchen! Nach Frankreich, Belgien, Holland schweifte der Blick hinüber, in Germaniens Gauen konnte er mit Ausnahme Churhessens nicht den erwünschten Ruhepunkt finden; der Deutsche, dem Recht heilig, der Freiheit zum Paniere erhebt, will er allein die Freiheit des Menschen im Juden verkennen, er, der Hochgebildete, hinter seinem westlichen Nachbar so weit zurückstehen?

Sie, erhabene Männer! haben die Ehrenrettung Deutschlands übernommen; und Ihr Wirken ist um so bedeutensreicher, als es in einen Zeitraum fällt, in welchem der Brust Vieler mancher Seufzer über Rückschritte entfährt, die auf dem Gebiete der Humanität drohen. Da erhebt das edle Rheinvolk laut und vernehmbar seine Stimme; freisinnige Städte des Rheinlandes treten in die Schranken für die Emancipation der Juden, seine h. Stände fassen einen Beschluss, wie er die Vertreter eines für Recht und Freiheit glühenden Volkes ehrt, legen ihre Wünsche an den Stufen eines Thrones nieder, den ein weiser und gerechter König einnimmt, der diesen Wünschen Erhörung schenken wird. Durch den rheinischen Landtag bricht eine neue Zeit an; denn schon in dem ausgesprochenen

Beschlusse liegt für den Juden die befriedigende Manifestation, dass er einem grossen Theile der Bewohner Deutschlands nicht mehr ein Fremdling sei. Diese Ueberzeugung wird sich weiter Raum schaffen; der Funke des Religionshasses und der Unduldsamkeit, der hier und dort noch auflodert, wird vor der grossherzigen, vom Rheinländer geoffenbarten Gesinnung erlöschen, kein Vorwand wird mehr gesucht, nicht wird die Nationalität des Juden als Vehikel des Menschenhasses herbeigeholt; der deutsche Jude ist ein Deutscher, gehört dem Vaterlande mit seinem Leben und seinem Gute an, fühlt sich nicht durch seine Confession behindert, sich zur deutschen Nation zu rechnen. „Recht und Freiheit jedem Menschen, Duldung und Liebe jedem Glaubensbekenntnisse", dieses wird in Zukunft der Wahlspruch Deutschlands sein; unter dieser Fahne sammeln sich alle seine Söhne, unter diesem Bollwerke wird jedem Feinde widerstanden, dieses das Rheinlied, das alle Zeiten überdauert; die edelsten Männer haben es angestimmt und bald wird es allgemein widerhallen.

Mit der tiefsten Hochachtung und Verehrung zeichnet sich einer h. Ständeversammlung

ergebenster

Dr. Z. Frankel,

Oberrabbiner der israel. Gemeinden zu Dresden und Leipzig.

Badeort Swinemünde a. d. Ostsee, den 27. Juli 1843.—

Auf den weiteren Verlauf der Gesetzgebung können wir hier nicht weiter eingehen, da er nicht speciell zur Geschichte Düsseldorfs gehört. Es ist bekannt, dass die Verhältnisse der Juden durch das Gesetz vom 23. Juli 1847 und durch die Verfassungsurkunde vom 31. Januar 1850, speciell durch die Bestimmung: „Alle Preussen sind vor dem Gesetze gleich, der Genuss der bürgerlichen und staatsbürgerlichen Rechte ist unabhängig von dem religiösen Bekenntnisse" endgiltig geregelt wurde. Der Versuch des Abgeordneten Wagener und Genossen, auf die Aufhebung der Art. 4 und 12 der Verfassung gerichtet, veranlasste die Düsseldorfer Gemeinde später abermals zu einer am 10. Febr. 1856 eingereichten Petition an das Abgeordnetenhaus.

Der Synagogen-Bezirk Düsseldorf.

Die umsichtige Thätigkeit, welche die israelitische Gemeinde in den die Glaubensgenossen im Allgemeinen und die rheinischen Juden insbesondere betreffenden Fragen entfaltete, muss um so mehr anerkannt werden, als die Gemeinde in ihren inneren Angelegenheiten viele

Schwierigkeiten zu bekämpfen hatte, die durch die aller
gesetzlichen Bestimmungen entbehrenden und durch die
Auflösung der früher jülich-bergischen, später bergischen
Judengenossenschaft geschaffen worden waren. Diese
zerfiel in einzelne Gemeinden, welche unter sich keinen
gesetzlichen Zusammenhang mehr hatten, und da auch
diese keine rechtliche Organisation besassen, so hing es
von dem Willen der Einzelnen ab, sich zu einer Gemeinde
zusammenzuschliessen oder nicht. Die Verfassung dieser
Genossenschaften war zwar beseitigt, aber durch keine
neue, den neuen Verhältnissen entsprechende ersetzt
worden. So eigenthümlich die alte Verfassung auch war,
so hatte sie doch wenigstens einen Rechtsboden geschaffen,
der Willkür des Einzelnen einen Riegel vorgeschoben und
die Möglichkeit geboten, die allgemeinen Cultusangelegen-
heiten nach feststehenden Normen zu ordnen und zu verwalten. Dazu kam noch, dass die Juden für die Erhaltung
und Beschaffung ihrer religiösen Institutionen, wie Synagogen, Schulen, Friedhöfe, für die Besoldung der Rabbiner,
der Lehrer, der Cantoren und der andern nothwendigen
Beamten grosse Geldopfer zu bringen hatten, die neben
den andern ihnen auferlegten Lasten, als Tribut, Krongeldern und sonstigen Steuern und der französischen Contribution einen sehr drückenden Charakter hatten. Zur
Bestreitung dieser Verpflichtungen hatten die Juden
schwere Capitalien aufnehmen müssen. Die Amortisation
und die Verzinsung derselben wurde durch Umlagen gedeckt, welche nach den Bestimmungen der Schutzbriefe
und des späteren corporativen Charakters der bergischen
Judenschaft executivisch erhoben werden konnten. Der
Vorstand war eine von der jeweiligen Regierung anerkannte und der jüdischen Gemeinde gegenüber mit den
nöthigen Rechten ausgestattete Behörde. Nachdem dieser
Charakter der speciell jüdischen Abgaben beseitigt und
die Befugnisse des Vorstandes aufgehoben worden waren,
musste bei dem gänzlichen Mangel einer Gemeindeordnung
die grösste Verwirrung in den Gemeindeangelegenheiten
hervorgerufen und durch die nothwendige Auseinandersetzung der einzelnen Gemeinden mit ihrem früheren
Verbande der Herzogthümer Jülich und Berg und später
des Grossherzogthums Berg bezüglich der gemeinsamen
Schulden noch verwickelter werden. Die Autorität des
nach alter Gewohnheit gewählten Vorstandes wurde nicht
mehr anerkannt, und seine Anordnungen wurden nicht
befolgt. Der Versuch, sich dem Gemeindezwange zu entziehen, wurde um so häufiger gemacht, als die Zugehörigkeit zur Gemeinde grosse Opfer erheischte. Denn die ein-

gegangenen Verbindlichkeiten hatten einen solidarischen Charakter: Capitalien waren den Juden nur unter der Bedingung hergeliehen worden, dass sie alle für einen mit ihrem Vermögen für dieselben hafteten. Freilich standen diesen Pflichten auch Rechte gegenüber, wie z. B. das Recht, den Vorstand und die Beamten zu wählen, das Eigenthumsrecht an dem Vermögen der Gemeinde, an den Friedhöfen, Synagogen, die Benutzung reservirter Plätze in denselben u. a. m. Da aber die Synagoge aus religiösen Gründen auch denjenigen nicht verschlossen werden durfte, welche an den Gemeindelasten nicht participirten, so konnten alle, welchen es an dem nöthigen Gemeinsinn fehlte, oder welchen die überkommenen Cultus-Einrichtungen und Gewohnheiten nicht behagten, den Gemeindelasten sich leicht entziehen, ohne in religiöser Beziehung gerade in eine Zwangslage zu kommen. Diesen konnte natürlich ein massgebender Einfluss auf die Gestaltung der religiösen Einrichtungen, auf den Cultus und auf die Schulverhältnisse nicht eingeräumt werden, um so weniger, als es denselben auch an der Pietät gebrach, welche den älteren und religiösgesinnten Gemeindemitgliedern eigen war. Der Unterschied zwischen wirklichen und nicht wirklichen Gemeindemitgliedern wurde daher allmählich immer schärfer betont. Theils aus religiösem Interesse und um destructive Elemente von dem Gemeindeverbande fernzuhalten, theils aber auch, um den bedeutenden finanziellen Verpflichtungen entsprechen zu können, wurde die Aufnahme in den Gemeindeverband von der Entrichtung eines ziemlich hohen Eintrittsgeldes, bis zu 200 Thaler und mehr, abhängig gemacht. Allmählich bildeten sich zwei ziemlich schroff sich gegenüberstehende Parteien heraus, die der Neuerungssüchtigen und die Partei derjenigen, welche zwar nicht weniger geneigt waren, dem Streben nach Bildung nachzugeben und den Zeitverhältnissen Rechnung zu tragen, aber doch das religiöse Leben in der Gemeinde zu erhalten und zu pflegen suchten. Der Gegensatz wurde um so grösser, als der Mangel aller gesetzlichen Bestimmungen der Willkür Thür und Thor öffnete. So kam es allmählich auch dahin, dass die Vorsteher, welche nach alter Gewohnheit gewählt worden waren und ihres Amtes mit Treue und Hingebung, mit frommem Ernst und der nöthigen religiösen Wärme gewaltet hatten, nicht von Allen anerkannt wurden, und dass von der andern Seite der Versuch gemacht und thatsächlich ausgeführt wurde, einen Gegenvorstand zu wählen und den Vorstand und dessen Befugnisse zu reformiren.

Während der Fremdherrschaft hatten sich zahlreiche Juden in dem Grossherzogthum Berg niedergelassen, ohne sich dem Gemeindeverbande anzuschliessen und die gemeinsamen Lasten tragen zu helfen. Schon Landrabbiner Scheuer machte gelegentlich der für das Jahr 1812 anbefohlenen Wiederaufnahme der Bevölkerung darauf aufmerksam, dass „die seit einiger Zeit aus fremden Orten hierher verzogenen Individuen" in seiner Aufnahme nicht eingeschlossen seien, zu seiner Gemeinde nicht gehören und es aus diesem Grunde dem Maire leichter sei als ihm, hierüber ein genaues Verzeichniss aufnehmen zu lassen. Aus diesen Zugezogenen oder aus den bis dahin nicht mitgezählten jungen, meistens unselbstständigen Leuten rekrutirten sich zumeist die Neuerer, welchen die durch gemeinsame Kämpfe und Sorgen und die langjährige, durch viele Geschlechter von den Vorfahren überkommene und geweihte Zusammengehörigkeit, sowie die ererbten lokalen Traditionen fehlten. Da sie aber in der Mehrheit waren, gelang es ihnen allmählich, die älteren, bewährten und opferfähigen Gemeinde-Mitglieder eine Zeit lang zu majorisiren.

Bezeichnend ist eine Eingabe von Simon Prag, eines wohlthätigen, glaubenseifrigen, gebildeten Mannes, der lange Jahre die Gemeinde verwaltet hatte, das Vertrauen nicht nur der jüdischen, sondern auch der christlichen Mitbürger in hohem Grade genoss, und einen Beweis dafür durch die Uebertragung vieler Ehrenämter, besonders durch die Wahl als Stadtverordneter bekommen hatte. Dieser lehnte eine im Jahre 1824 auf ihn gefallene Wahl als Deputirter der Gemeinde ab, weil er in seinem „bereits über 60 Jahre vorgerückten Alter" seine eigenen, wie viel weniger fremde Geschäfte mit der nöthigen Umsicht nicht zu versehen vermöchte. „Seit mehr denn 20 Jahren habe ich mit regem Eifer der Gemeinde vorgestanden und deren Wohl überall zu fördern gestrebt; nun aber kann und werde ich mich nicht ferner dazu verstehen, um so weniger, als jetzt der Geist des Widerspruchs immer mehr und mehr um sich greift, die Geschäfte erschwert und mir meines Lebens letzte Tage verbittern würde." Solcher Schwierigkeiten bei den Wahlen und den sonstigen Gemeindeangelegenheiten ergaben sich immer mehr, je allgemeiner das Streben nach einer entsprechenden Gemeinde-Verfassung wurde. Wenn auch nicht geleugnet werden kann, dass dasselbe durchaus berechtigt war, so war doch zu bedauern, dass die schuldige Rücksicht auf ältere und um die Gemeinde hochverdiente Männer, welche ihre Opfer fähigkeit bei allen Gelegenheiten bekundet hatten, nicht immer in gebührender Weise genommen wurde. Ein solches Verhalten machte die Erreichung des eigentlich nicht bekämpften Zieles schwieriger, als es sonst gewesen wäre. Dazu kam noch, dass man bei dem religiösen Verhalten der leitenden Persönlichkeiten in ihre Bestrebungen nicht das nöthige Vertrauen setzte. In Ansehung dieser Verhältnisse sah sich daher der Oberbürgermeister Klüber in sehr dankenswerther Weise veranlasst, am 19. Sept. 1827 eine allgemeine Versammlung der in der hiesigen „Sammelgemeinde" wohnenden männlichen grossjährigen und selbstständigen Israeliten zu veranstalten, um theils von denselben über ihr Gemeindewesen Auskunft zu erlangen, theils zu einer wahrscheinlich nothwendigen besseren Ordnung dieses Gemeindewesens für die Zukunft Einleitung zu treffen. Eingeladen waren 70; von diesen erschienen 33; als verreist angemeldet wurden 10 und 27 leisteten der Einladung keine Folge. Auf Befragen vereinigten sich sämmtliche Anwesende in der Erklärung, dass eigentliche von den sämmtlichen in Düsseldorf wohnenden Israeliten anerkannte und von irgend einer obrigkeitlichen Behörde bestätigte oder genehmigte Statuten in Betreff der Aufnahme neuer Mitglieder, der Geldumlagen in der Gemeinde, des Ritus u. s. w. nicht existirten. Das war allerdings, soweit die Zeit unter preussischer Herrschaft in Betracht kam, richtig. Andererseits wiesen aber die älteren, in der Versammlung nicht erschienenen Mitglieder in einem schriftlich eingereichten Protest mit Recht darauf hin, dass die Statuten durch die von den jülichbergischen Herrschern den Juden verliehene Gemeinde-Verfassung gegeben waren, und dass die Observanzen bezüglich des Ritus und der inneren Gemeinde-Vewaltung von den General-Versammlungen schon von Alters her schriftlich niedergelegt seien, und von den höchstens 38 bis 40 kontribuirenden und als solche in den engeren Cyklus der Gemeinde aufgenommenen wahlfähigen Gemeinde-Mitgliedern nach einer langjährigen und geheiligten Observanz anerkannt seien. Die Statuten den fremden Elementen der Gemeinde, die für ihre beanspruchten Rechte weiter nichts als ihren Wohnsitz geltend machen könnten, zur Bestätigung vorzulegen, sei weder durch Gesetz, noch nach den Grundsätzen der Billigkeit geboten, so lange dieselben sich den Lasten entzögen. Es war also durch den starken Zuzug einfach eine sehr fühlbare Lücke in der Verfassung entstanden, welcher die Behörde bis dahin keine Beachtung geschenkt hatte und zu deren Beseitigung die Kgl. Regierung die Sache noch lange Zeit nicht für spruchreif hielt, ein so dringendes Bedürfniss nach einer gesetzgeberischen Einwirkung auch vorlag. Von den in jener Versammlung Erschienenen wurde ein solches Bedürfniss ausdrücklich zu erkennen gegeben in dem einstimmigen Wunsche, dass ihrer Gemeinde die zur Zeit noch fehlende Verfassung gegeben würde, und dass in derselben unter anderem die Bestimmung aufzunehmen sei, dass unter der Voraussetzung der Uebernahme gleicher Pflichten, jeder in Düsseldorf wohnende, grossjährige und selbstständige Israelit gleiche Rechte auszuüben habe, eine Verfassung, welche selbstredend der höheren Staatsbehörde zur Genehmigung vorzulegen sei. Als Grundlage für eine solche Verfassung wurde der Decrets-Entwurf vom Jahre 1814 über die Organisation der christlichen Kirchenräthe zusammen mit Art. 8—11 des Decretes in Betreff der Wohlthätigkeits-Anstalten vom 3. Nov. 1809 mit Ausnahme der auf die israelitische Gemeinde nach deren Eigenthümlichkeiten nicht anwendbaren Bestimmungen allseitig als genügend anerkannt, unter der stillschweigenden, selbstverständlichen Voraussetzung, dass gleichen Pflichten auch gleiche Rechte gegenüberstehen müssten. Hiermit waren auch die älteren Mitglieder einverstanden; nur der Begriff gleiche Pflichten war ein bestrittener. Die älteren Mitglieder machten mit Recht geltend, dass zu denselben nicht nur die laufenden Abgaben, sondern auch die Betheiligung an den bereits früher zur Erwerbung der Synagogen, Friedhöfe, Gemeindehäuser aufgebrachten nicht unerheblichen Capitalien nach Massgabe des Vermögens gefordert werden und von den die Aufnahme in den Gemeinde-Verband Nachsuchenden durch Einzahlung einer entsprechenden Summe geleistet werden müssen. Nach einem früheren Beschlusse belief sich der zu zahlende Beitrag bis auf 200 Thlr.; später, als die Aufnahmen zahlreicher wurden, variirte er zwischen 60 und 40 Thlr. Die Entscheidung dieser Frage wurde um so dringender, als 7 Gemeindemitglieder ihren bereits früher gezahlten Beitrag von je 153 Thaler 25 Groschen 5 Pfennig von dem Vorstand zurückverlangten. Dieser wies jedoch diese Zumuthung zurück und zwar mit Recht, da die Petenten bei der Aufnahme den von allen gleichmässig geforderten Revers unterschrieben hatten, ein für alle Mal auf jedes fernere Anrecht auf ihren gezahlten Beitrag zu verzichten, und durch den Eintritt in den Synagogen-Verband nur kirchliche Rechte an der Synagoge und den sonstigen religiösen

Institutionen, aber kein Eigenthumsrecht an dem übrigen Vermögen erlangt hatten, dieses vielmehr ausschliesslich den älteren Mitgliedern gehörte. Ausserdem herrschten Meinungsverschiedenheiten über den Wahlmodus, Zusammensetzung und die Befugnisse des Vorstandes. Der Kernpunkt der Frage war aber: ist der Vorstand bloss ein Kirchen-Vorstand, vertritt er die Gemeinde auch in rechtlicher Beziehung, oder hat in finanziellen Fragen die ganze Gemeinde zu entscheiden? Nach langen Verhandlungen und vielen gescheiterten Versuchen kam endlich vermittelst namentlicher Abstimmung die Wahl eines Vorstandes von 3 Mitgliedern zu Stande, dem für Budget- und Steuerfragen 4 Beigeordnete zur Seite gestellt sein sollten. Die Wahl dieser Beigeordneten konnte erst später und nur in der Weise vorgenommen werden, dass die Stimmzettel der Gemeindemitglieder abgeholt und in einer verschlossenen Urne dem Vorstande übergeben wurden. Trotzdem hatte der neue Vorstand zunächst sein Amt ohne die Beigeordneten zu verwalten begonnen und von dem alten Vorstande die Herausgabe des Gemeinde-Eigenthums gefordert und auch die beiden an die Synagoge stossenden Wohnhäuser als dazu gehörig reklamirt. Da aber der Vorstand ohne Beigeordnete nicht legal war, da ferner der später beliebte Wahlmodus derselben nicht gebilligt und den proklamirten Beigeordneten die Anerkennung versagt wurde, der Vorstand ferner gegen den früher erwähnten Beschluss für seine Vollmacht nicht nur den kirchlichen, sondern auch civilrechtlichen Charakter beanspruchte, so hielten sich die abgehenden Vorsteher nicht für berechtigt, ihre Nachfolger als legal anzuerkennen und ihnen das Gemeindevermögen auszuliefern. Ebenso weigerten sich verschiedene Gemeindemitglieder, die rückständigen Beiträge an den neuen Vorstand zu entrichten. Eine andere Schwierigkeit war daraus entstanden, dass der Vorstand einseitig den Kreis der zu den Umlagen heranzuziehenden jüdischen Einwohner Düsseldorfs erweitert und diesen, wenn auch nur eine sehr beschränkte Mitgliedschaft, aber doch das Stimmrecht eingeräumt hatte. Beide Parteien wandten sich an die Regierung mit der Bitte, den Streit zu entscheiden. Der neue Vorstand ersuchte die Regierung um Klärung der ihm in synagogalen Angelegenheiten zustehenden Rechte und Pflichten, und bat ferner, die Widerstrebenden zur Herausgabe des Gemeinde-Eigenthums und zur Zahlung der rückständigen Gemeindebeiträge zwangsweise anzuhalten. Die andere Partei protestirte gegen die ganz observanzwidrige Zusammenberufung der Wahlversammlung und die angewandte Form der Stimmenabgabe, obwohl sie gegen die gewählten Personen als Kirchenvorsteher (denn nur eines Kirchenvorstandes bedurfte man) nichts einzuwenden hätten; sie seien weder mit den von einem Theile der Gemeinde den Kirchenvorstehern eingeräumten Rechten, noch mit der Wahl von 4 Deputirten als Gemeindevertretern einverstanden und müssten alles in dieser Sache verhandelte als nicht verbindlich betrachten, zumal da die denselben zu ertheilenden Befugnisse allzu ausgedehnt seien und sich mit den Begriffen von Recht und Billigkeit nicht vereinbaren liesen. Die Regierung selbst war rathlos und erklärte, dass sie das einschlägige Material zu sammeln und die Erstattung eines umfassenden Berichtes zur Veranlassung der höheren Entscheidung über dieselbe beabsichtige. Die Regierung hoffe dadurch eine Verfassung zu veranlassen, wodurch alle ferneren Beschwerden beseitigt und der Gemeinde die innere Ruhe verschafft würde. Bis dahin müsse alles vermieden werden, was den Zustand der Gemeinde alteriren oder verschlimmern könnte. Auf wiederholte Vorstellungen seitens der Kgl. Regierung und des Kgl. Oberpräsidii entschied das Ministerium des Innern folgendermassen: Bis dahin, dass vielleicht durch ein Gesetz ein anderes bestimmt würde, ist allerdings die Judenschaft eines Ortes in Hinsicht ihres Kirchen- und Schulwesens als eine Privatgesellschaft zu betrachten. Eine directe Einwirkung der Administration auf diese Gesellschaftsverhältnisse, namentlich eine Bestimmung der Befugnisse des Vorstandes, wird bis jetzt durch die Gesetzgebung nicht gerechtfertigt und kein einzelner würde genöthigt werden können, in Folge einer solchen durch das Gesetz nicht gerechtfertigten Bestimmung eine vom Vorstande ausgeschriebene allgemeine Umlage zu bezahlen. Was die Ordnung im Bethause anbetreffe, so ist eine polizeiliche Einschreitung nur dann zulässig, wenn deren Störung eine Störung der öffentlichen Ordnung zur Folge hätte. Etwaige Ansprüche auf Gebühren, welche für Benutzung gewisser Plätze zu entrichten sind, müssen gerichtlich geltend gemacht werden. In demselben Masse muss, wenn die Vorsteher sich weigern, das Privateigenthum der Gesellschaft herauszugeben, denen, die darauf Anspruch machen, überlassen bleiben, diesen Anspruch vor Gericht auszuführen. Im Uebrigen haben des Königs Majestät ausdrücklich jede Veränderung im israelitischen Gottesdienste untersagt, weil eine solche, wie die Erfahrung zeigt, nur Spaltungen in der Judenschaft hervorbringen. Es kann daher auch in dieser Beziehung nichts verfügt werden. Die Regierung liess also die Gemeinde in dieser schwierigen Lage einfach im Stich und schien sich der Verantwortlichkeit für die herrschende Verwirrung gar nicht bewusst zu sein. Wenn die alte Verfassung den Wünschen der Regierung nicht entsprach, was allerdings leicht begreiflich, so hätte sie trotzdem doch wohl mindestens so lange in Kraft bleiben müssen, bis eine bessere geschaffen war; durch die einfache Beseitigung wurde aber den Gemeinden der Rechtsboden vollständig entzogen, denn auch der Rechtsweg, auf welchen die Regierung verwies, war thatsächlich ausgeschlossen. Zur Beschreitung desselben war nämlich eine von sämmtlichen Gemeindemitgliedern ausgestellte Vollmacht nöthig. Durch die Verweigerung derselben seitens auch nur eines Mitgliedes wurde der Rechtsweg einfach abgeschnitten. Dazu kam noch, dass der Begriff „Gemeindemitglied" gar nicht definirt und gesetzlich festgestellt war. Diese Schwierigkeit und diese Zwangslage, in welche die Gemeinde durch Aufhebung der alten Bestimmungen ohne vorherige Einführung einer neuen Verfassung gebracht worden war, ist bisher noch gar nicht genug gewürdigt worden. Dass die Gemeinde dennoch durch alle diese Fährlichkeiten hindurch ihre synagogalen Einrichtungen rettete und aus eigener Kraft zu geordneten Verhältnissen zu gelangen wusste, ist in der That ein glänzendes Zeugniss für den guten Kern der Gemeinde und für ihre treue Anhänglichkeit und warme Begeisterung für die heilige Sache. Auch in Düsseldorf waren beide Parteien von dem besten Willen beseelt, die gestörte Ordnung herzustellen und den Bestand der Gemeinde zu sichern; die herrschenden Differenzen beruhten nur auf dem gänzlichen Mangel einer jeden gesetzlichen Bestimmung und auf Meinungsverschiedenheiten über die einzuschlagenden Wege. Der Beweis hierfür liegt in einem am 15. Febr. 1830 bei Notar Coninx errichteten notariellen Akt vor, durch welchen die wirklichen Mitglieder für die ihnen gehörigen, durch schwere Geldopfer erworbenen Eigenthumsobjecte, welche bis dahin unter Verwaltung des Gemeindevorstandes gestanden, den opponirenden Mitgliedern das Miteigenthum gegen Uebernahme des ratirlichen Betrages zu den Gemeindeschulden und gegen jede Verzichtleistung auf irgendwelche früher erhobene Entschädigungsansprüche übertrugen. Ferner wurde bestimmt, dass der Ertrag der in Frage kommenden Grundstücke für die Bedürfnisse der Kirche und Ausübung des Cultus pflichtmässig verwendet werde. Für die nächsten 10 Jahre wurde jede andere Verfügung über die Grundstücke ausgeschlossen und für die spätere Zeit von $^{9}/_{10}$ Stimmenmehrheit abhängig gemacht. In einem der Häuser sollte eine Schule gehalten werden. Neue vollberechtigte Mitglieder sollten auch ferner vom Vorstand nach der bisherigen Observanz aufgenommen werden dürfen. Für den Aufnahme-Akt sollte der Vorstand ebenso wie für vermögensrechtliche Verwaltungs-Angelegenheiten durch einen durch's Loos zu bestimmenden Ausschuss von 6 Mitgliedern verstärkt werden. Die Aufnahme als vollberechtigtes Mitglied wurde von der Unterzeichnung dieses Vertrages abhängig gemacht. Nachdem durch diesen notariellen Akt die Gemeinde eine gesetzliche Grundlage erhalten, traten die Unterzeichner dieses Vertrages gewissermassen als neue Gemeinde zusammen und einigten sich gar bald bezüglich der inneren Verwaltungs-Angelegenheiten, der Umlagen, des Vorstandes und des Cultus. Bezüglich des letzteren wurde die Einführung etwaiger Aenderungen für die Dauer der Rabbinats-Vacanz von der Zustimmung dreier auswärtiger Rabbiner, und zwar Karlburg in Crefeld, Auerbach in Bonn und Schnatich in Bingen abhängig gemacht. Düsseldorf selbst entbehrte damals noch seit dem Ableben des R. Scheuer in Folge der herrschenden Verwirrung eines Rabbiners. Sobald nur die Gemeinde wieder einigen Bestand gefunden hatte, wurde, wie noch später zu berichten sein wird, die Wiederbesetzung des Rabbinats mit allem Eifer betrieben und so eine Frage erledigt, mit welcher die Schulfrage auf's innigste zusammenhing.

Diese Selbsthülfe und gewissermassen neue Begründung einer Gemeinde und Feststellung ihrer Statuten in Form eines notariellen Vertrages war ein sehr weiser Ausweg und andererseits um so dringender geboten, als die Regierung sich beharrlich weigerte, Statuten und Vorstand einer Gemeinde ihre Bestätigung zu ertheilen und die schwebenden Fragen geflissentlich ignorirte; man wollte dem zu erwartenden Gesetze nicht vorgreifen, obwohl man einsah, dass die jüdischen Gemeinden auf die Anerkennung seitens des Staates und Verleihung der corporativen Rechte doch einen wohl begründeten rechtlichen Anspruch hätten. Erst nach langen Kämpfen, die auch von der sehr rührigen Gemeinde in Wesel eifrig unterstützt wurden, entschied das Kultusministerium im Einverständniss mit dem Minister des Innern und der Polizei am 9. Juni 1840 diese Frage folgendermassen: Die Beschwerde der Judenschaft wegen verweigerter Anerkennung als Corporation und versagter Bestätigung ihrer

Statuten sind nicht unbegründet; selbst die Einführung der allgemeinen Landrechts hat in den durch die französische Gesetzgebung begründeten inneren und staatsrechtlichen Verhältnissen der Juden Nichts geändert, die Synagogengesellschaften derjenigen Provinzen, in welchen das französische Gesetz rechtlich eingeführt, sind als vom Staate genehmigt, ja anbefohlen zu betrachten und müssen demzufolge als Corporationen anerkannt werden. Demgemäss sind auch die betreffenden Vorsteher als förmliche Corporations-Beamte anzuerkennen.

Trotzdem dauerten die Verhandlungen mit den Behörden wegen der Ausführung dieser Bestimmungen noch recht lange. Erst am 24. Febr. 1845 wurde von dem Landrath Freiherrn von Frentz zum ersten Mal wieder die Bestätigung des (im Jan. 1845 gewählten) Vorstandes ausgesprochen, und erst im Jahre 1847 die Frage allgemein durch Gesetz geregelt.

Auf Grund dieses Gesetzes wurde eifrig an den neuen Statuten gearbeitet. Nach verschiedenen Entwürfen wurde derjenige vom 29. Januar 1858 vom Kgl. Oberpräsidium bestätigt. Der neue Synagogen-Verband erhielt den Namen „Synagogen-Bezirk Düsseldorf" und umfasste den landräthlichen Kreis gleichen Namens. Alle in demselben wohnenden Juden sind Mitglieder der Gemeinde, welche in Bezug auf ihre Vermögensverhältnisse die Rechte einer juristischen Person hat. Vertreten sind dieselben durch einen Vorstand von 3 Mitgliedern; diese werden von den 9 Repräsentanten gewählt, und letztere sind von der ganzen Gemeinde zu wählen. Im Uebrigen muss hier auf die gedruckt vorliegenden Statuten verwiesen werden, die im Jahre 1883 eine kleine Modification erfuhren.

Der in dem oben erwähnten Ministerial-Erlass vom Jahre 1840 ferner ausgesprochene Grundsatz, dass „die Auseinandersetzung des Rechtsverhältnisses der Juden bloss ihre religiösen Verhältnisse betreffe, indem sie in allen übrigen Verhältnissen den andern Einwohnern gleichstehen und ohne irgend einen Unterschied zur bürgerlichen Gemeinde gehören", hinderte doch nicht, dass, wie bereits früher ausgeführt, im Jahre 1842 noch die Frage erörtert wurde, ob die Juden zum Militärdienst zuzulassen seien, und dass auch die Frage der Gleichberechtigung erst durch die Verfassung im Jahre 1850 ausgesprochen wurde.

Noch widerspruchsvoller war die Stellung, welche die Behörden einnahmen gegenüber dem

Schulwesen.

Während die Behörde die gesetzliche Berechtigung der Vorstände sonst einfach leugnete, stellte sie in der

Schulfrage Forderungen an dieselben, welche nur unter der Voraussetzung gewisser corporativer Autorität und Machtbefugnisse geleistet werden konnten. Nur den verworrenen Verhältnissen ist es zuzuschreiben, dass dem Schulwesen erst verhältnissmässig spät die gebührende Pflege zugewandt werden konnte. An Interesse, Eifer und Verständniss für diese wichtige Frage fehlte es der Gemeinde durchaus nicht; allein bei der eigenthümlichen Gemeinde-Verfassung und der später herrschenden Verwirrung der Gemeinde-Verhältnisse konnte die Schule nur einen privaten Charakter haben. Zur Errichtung einer öffentlichen Schule konnte die Gemeinde nicht schreiten, weil sie zu sehr verschuldet war, die gemeinsamen Beiträge, wie bereits auseinandergesetzt, nicht gesichert, oft sogar sehr fraglich waren und daher keine Fundirung vorhanden war, um den Bestand einer öffentlichen Schule gewährleisten und die zu übernehmenden Verpflichtungen mit Sicherheit erfüllen zu können. Wie in allen andern Beziehungen, so wurde die Gemeinde auch im Schulwesen durch die Gesetzgebung gehindert. Während der jülich-bergischen Gebiets-Verfassung wurde der Schulmeister, der zugleich Gerichtsvollzieher und häufig auch Rabbinats-Secretair war, von der Gemeinde besoldet. Die Schulinspection lag dem Land-Rabbiner ob, der wiederum durch die Regierung controllirt wurde. Da, wo die Gemeinden den Schulunterricht vernachlässigten, wurden sie von der Regierung zur Abstellung der Uebelstände und zur gewissenhaften Erfüllung ihrer Pflichten mit allem Nachdruck angehalten. Bezeichnend hierfür ist folgender Erlass vom 6. Horning 1787 an den Magistrat zu Mülheim am Rhein: „Nachdem Se. Churfürstl. Durchl. das unterthgste Gesuch der Judenschafts-Vorgänger und Vorsteher zu Mülheim am rhein, um ggste erlaubnis zur Errichtung einer Synagoge abgeschlagen haben, So wird solches dem Magistrat Zu gemeldetem Mülheim mit dem auftrage unVerhalten, die Supplicanten demgemäss zu Verbescheiden und denen selben auf Zu geben, dass sie ihre jugend zum teutsch lesen und schreiben anführen lassen sollen, um die Handelsbücher nach der ggsten Normal-Verordnung in Teutscher Sprache einrichten zu können, so dann die Sportellen und kanzeley gebühr mit 7 Rthlr. 45 stüber Von Supplicanten beizunehmen und geheimraths Expeditor Bruns in 14 tagen einzuschicken."[1] Daraus geht zunächst hervor, dass

---

[1] Die gerügten Mängel scheinen doch nicht so schwerwiegend gewesen zu sein, da schon am 22. Juni 1787 der Magistrat von Mülheim angewiesen wurde, den Juden auf der Communications-

Normal-Verordnungen vorhanden waren. Andererseits ist der Umstand, dass in andern Fällen die Concession zur Erbauung einer Synagoge nach gutachtlicher Aeusserung des Landrabbiners anstandslos ertheilt wurde, ein Beweis dafür, dass im Allgemeinen der Schulunterricht nicht bemängelt zu werden brauchte.

Nach Errichtung des Grossherzogthums Berg hörte dieses Verhältniss auf, da die Auseinandersetzung mit den durch die veränderte Landeseintheilung abgetrennten Gemeinden eine sehr schwierige war und so lange Zeit in Anspruch nahm, dass sie nach Beseitigung der Fremdherrschaft noch lange nicht geregelt war. Wir hatten gesehen, dass in Folge dessen sogar das Gehalt des den früher vereinigten Herzogthümern Jülich und Berg gemeinsamen Landrabbiners in Wegfall kam, weil es nicht eingetrieben werden konnte. Wie hätte die Gemeinde daran denken können, andere Verpflichtungen einzugehen, da Capitalien nicht vorhanden waren. Die Behörde überliess die Gemeinde ihrem Schicksal, zahlte keinen Beitrag und übte ebensowenig eine Controlle über den Schulbesuch resp. den Unterricht der Kinder aus. Die einzelnen Familien, welche wie in anderer Beziehung so auch hier auf Selbsthülfe angewiesen waren, hielten sich theils einzeln, theils mehrere zusammen einen Hauslehrer oder schickten ihre Kinder in christliche Schulen. Dass manche Familien Bedenken trugen, letzteren Weg für den Unterricht ihrer Kinder zu wählen, kann nicht befremden. Wenn man bedenkt, dass das den Rheinischen Ständen eingereichte Exposé u. v. a. die Beschuldigung enthielt, die Juden liessen ihre Kinder blos hebräisch lesen und schreiben lernen, um in einer unverständlichen und geheimen Sprache sich unentdeckt ihre Geheimnisse und Betrügereien mitzutheilen u. s. w.[1] Man fürchtete, und nicht mit Unrecht, dass diese Anschauung der Behörden nicht ohne Einfluss auf den in jenen Schulen herrschenden Geist geblieben und sowohl Lehrer als Schüler geneigt sein möchten, die jüdischen Kinder nach diesem Massstabe zu messen, zu beurtheilen und zu behandeln und dadurch die wahre Bildung des Herzens und des Gemüthes zu verkümmern. Ausserdem kam noch die Frage des Religionsunterrichtes hinzu, der damals an den öffentlichen Schulen noch nicht eingeführt war und neben den andern Unterrichtskosten wieder andere nicht unerhebliche Opfer

oder Wallstrasse einen bequemen, räumlichen Platz gegen billigen Pfandschilling zu überlassen, um darauf ein neues Haus und in diesem ein Zimmer zur Synagoge einzurichten.

[1] Vergl. S. 186.

erheischt hätte, trotzdem aber nicht diejenige umsichtige Pflege gefunden hätte, welche man für ihn in Anspruch nehmen musste. In seinem das jüdische Schulwesen betreffenden Schreiben vom 23. August 1827 hebt der Oberbürgermeister Klüber diese Schwierigkeiten besonders hervor. Diese seien nicht leicht zu überwinden und beständen vorzüglich darin, dass bei der geringen Anzahl der israelitischen Kinder die Eltern derselben, wenn sie eine eigene Schule haben wollen, bedeutendere Beiträge an Schul- und Heizungsgeld sich gefallen lassen müssen, als solche bei den viel zahlreicheren christlichen Schulen nöthig sind, während zugleich „aus dem nehmlichen Grunde die bürgerliche Gemeinde die Beihülfe nicht leisten kann, welche sie den christlichen Schulen gewährt." Trotzdem verlangte die Behörde in vielen Fällen für die armen Kinder freien Unterricht von der Gemeinde, mindestens die „Einrichtung, dass auch die ärmeren Kinder an dem Religionsunterrichte Theil nehmen, wenn sie auch von dem übrigen Unterrichte ausgeschlossen seien, und diesen in der allgemeinen Freischule besuchen sollen."

Wenn aber auch erschwert, so wurde die Erziehung der Kinder keineswegs vernachlässigt. Der Drang nach Bildung machte sich zu allen Zeiten unter den Juden geltend. Auch die jülich-bergische Judenschaft hatte eine recht stattliche Reihe Männer und Frauen aufzuweisen, welche sich einer wissenschaftlichen oder tüchtigen allgemeinen Bildung erfreuten, wie z. B. die Familien von Geldern in Düsseldorf, welche in mehreren Geschlechtern sehr gesuchte und selbst vom Landesherrn durch sein Vertrauen ausgezeichnete Aerzte stellte,[1] Dr. Moses Levi aus Bergheim u. v. A.

Die Schulfrage bildete in dem oben geschilderten Verfassungsstreit[2] der Gemeinde, welche nach der Einverleibung des Grossherzogthums Berg in die Preussische Monarchie die Gemüther erhitzte, eine der wichtigsten Streitobjecte, wenn nicht den Ausgangspunkt des ganzen Zwistes. Schon im Jahre 1820 wurde an die General-Schul-Direction eine Eingabe folgenden Inhalts gerichtet:

„Der erste Unterricht in Schulen ist die Grundlage des bürgerlichen Wohls in allgemeiner und besonderer Beziehung, hievon hängt es ab, in der noch unverdorbenen Natur der Jugend das Werk der Menschen-Veredlung zu beginnen, den Lernenden eine wahre, nicht blos cere-

[1] Vergl. Wedell, Heinrich Heine's Stammbaum mütterlicherseits.
[2] Vergl. S. 202 fgg.

monielle Achtung gegen Gott und seine Werke beizubringen, in ihnen deutliche Begriffe von Tugend und Laster zu pflanzen und so den wahren Sinn für Religion, Moral und bürgerliches Wohl in dem Maas zu wecken, dass in reiferen Jahren die Beschäftigung des Geistes und moralische Vervollkommnung der Menschen noch immer ein fruchtbares Streben bleibe.

Schon seit 30 Jahren wurde unter verschiedenen Regierungen an Verbesserung des Schulwesens gearbeitet, und das Grossherzogthum Berg hat seit einigen Jahren das Glück, unter der Leitung einer ausgezeichneten Schul-Direction eine allgemeine, nach richtigen Principien berechnete Schulverbesserung erhalten zu haben, wenigstens geben die Hauptorte und Städte darüber einen redenden Beweiss, und mehrere in hiesiger Stadt unter Vorsitz der hohen Behörden gehaltenen öffentlichen Prüfungen sagen jedem Kenner, was jetzt die Schulen sind, was sie sonst waren.

Nur der Unterricht in den israelitischen Schulen ist derjenige, welcher, wie immer, auch jetzt noch am weitesten zurücksteht. Diese Religions-Genossen, welche so lange unter dem Drucke der Verfolgung seufzten, haben zwar endlich die glückliche Epoche erlebt, wo mehr liberale Grundsätze in ihnen die Menschenrechte nicht verkennen, und wo ein Decret des grossen Kaisers sie unter die Zahl seiner Bürger aufgenommen hat.

Der gutgesinnte Theil der Israeliten ist aber davon überzeugt, dass zu jener bürgerlichen Gleichheit auch vorzüglich die Verbesserung des israelitischen Schulunterrichts ein wesentliches Erforderniss sey, wofern man in der Volksaufklärung und Bildung des Geistes mit dem Christen gleichen Schritt halten soll.

Alle diese Inconvenienzen würden gehoben, wenn anstatt der jetzt vorhandenen 4 verschiedenen Hausslehrer ein geprüfter Gemeinheitslehrer angestellt würde, der unter der Aufsicht der Schulinspection die Jugend nebst dem eigenthümlichen Religions-Unterricht auch in jenen Wissenschaften gehörig bildete, welche dem Menschen und Bürger nöthig sind.

Die Einrichtung zu einem Gemeinheitslehrer kann keinen Beschwernissen unterworfen seyn, wenn hier ein höheres Geboth den Widerspruch des Eigensinns beseitiget. Unter den jetz bestehenden 4 Hausslehrern befinden sich 2, wovon jeder nebst freye Kost und Brand jährlichs 250 Rth. bezieht; die Rechnung ist also leicht gemacht, dass es bei einer vernünftigen Eintheilung, wenn nemlich die bei Christenschulen fast allgemein angenommenen

Grundsätze einer Schulsteuer befolgt werden, nicht schwer fallen kann, einen eigenen Gemeinheitslehrer ohne schwere Belastung der Individuen zu besolden, ihn durch ein festes Gehalt von etwa 300—400 Rth. gegen alle Nahrungssorge zu schützen, und so den Unfug ungeprüfter wandernder Hausslehrer zu beseitigen.

Man bedenke nur, dass in hiesiger Stadt immer 25—30 Schulfähige Israeliten-Kinder sind, und dass auch die ärmste Familie monathlich gern 1 Rth. beitragen wird, wenn sie sich eines festen guten Unterrichts ihrer Jugend freuen kann.

Die hohe Schuldirection wird diese Vorschläge einiger gutgesinnter Haussväter nicht enthören, sondern zu ihrer baldigen Ausführung die nöthige Verfügung erlassen, wohin wir unsre vertrauensvolle Bitte richten."

Ein Schulzwang bestand damals überhaupt noch nicht, vielmehr scheint derselbe erst durch Ober-Präsidial-Verordnung vom 13. September 1824 eingeführt, seitdem aber auch strenger gehabt worden zu sein; erst im Jahre 1826/27 wandte die Behörde auch dem jüdischen Schulwesen ihre Aufmerksamkeit zu. So forderte sie den Gemeinde-Vorstand durch Schreiben vom 14. Novbr. 1826 auf, für den Unterricht von 6 armen Kindern Sorge zu tragen. Die Gemeinde übernahm dies bereitwillig, verwahrte sich aber gegen einen etwaigen gesetzlich obligatorischen Charakter dieser Pflicht und wies darauf hin, dass ihre Kräfte auf's Aeusserste angespannt seien, dass bei dem Mangel jedes rechtlichen Bodens ihre ganze Existenz bedroht sei, und dass viele Mitglieder sich überhaupt weigerten, ihre Beiträge zu bezahlen, ohne dass sie irgend welches Mittel hätte, die Säumigen zur Zahlung ihrer Beiträge zwangsweise anzuhalten. Mit dem concessionirten Lehrer J. L. Neuburger traf die Gemeinde das Abkommen, dass er aus der Gemeindekasse einen jährlichen Beitrag erhalten sollte, wogegen er die Pflicht hatte, „einigen armen Kindern, die ihm vom zeitlichen Vorstande zugewiesen wurden, in Privatstunden Unterricht zu ertheilen". Indessen sah sich der Vorstand genöthigt, der Behörde mitzutheilen, dass „ein gewisser Meyer Frankfurter sich weigere, seine Kinder von dieser Einrichtung Gebrauch machen zu lassen". In dem bereits erwähnten Schreiben vom 14. Novbr. 1826 hatte die Behörde die jährlich zweimalige Einreichung einer Liste der schulpflichtigen Kinder und eines Nachweises über den Schulbesuch angeordnet. Allgemeine Bestimmungen über das jüdische Schulwesen gab es noch nicht. Erst im Jahre 1827 erliess die Kgl. Regierung auf Grund der

bestehenden Verordnungen (vom Jahre 1824) und mit
Genehmigung des Kgl. Ministeriums der geistlichen,
Unterrichts- und Medicinal-Angelegenheiten über das
jüdische Schulwesen im Allgemeinen, und insbesondere
in der Anwendung auf die Düsseldorfer israelitische Schule allgemeine Bestimmungen.[1]) Auf
Grund dieser Bestimmungen wurde nun die Gemeinde
aufgefordert, binnen 14 Tagen hinsichtlich des Lehrers
Neuburger, der damals mit dem Unterlehrer Traven eine
Elementarschule in Düsseldorf hielt, die unter Nr. 2
litt. b, c, d, e und f genannten Stücke einzureichen.
Gegen diesen am 23. Aug. 1827 ergangenen Erlass legten
die Vorsteher in Gemeinschaft mit den älteren, wahlfähigen Mitgliedern der Gemeinde in unbegreiflicher
Kurzsichtigkeit, welche höchstens in dem die Gemeinde
damals erregenden Gemeinde-Verfassungs-Streite ihre
Erklärung finden kann,[2) unter 18. Septbr. 1827 bei dem
Oberbürgermeister und unter 24. Octbr. desselben Jahres
bei der Kgl. Regierung eine sehr bedauerliche Verwah-
rung ein.

„Wenn wir den Sinn und den Zweck des genannten
gefälligen Schreibens richtig aufgefasst haben, so dürfte
daraus hervorgehen, dass Ew. Hochwohlgeb. der Ansicht
sind, dass wir den hier wohnenden Lehrer H. Neuburger
als einen öffentlichen Gemeinde-Lehrer betrachteten.

Die Gemeinde aber hat denselben niemals als solchen
anerkannt, und auch dessen von einer hochlöbl. Königl.
Regierung ertheilte Concession wird ihn gewiss nur zum
Privatlehrer berufen haben.

Gerade aus seiner persönlichen Stellung zu seiner
Behörde und zu der städtischen Gemeinde geht aber
deutlich hervor, dass es ausser den Grenzen unserer Befugniss liegt, ihn zur Beibringung der geforderten Nachweise, Zeugnisse und sonstige Requisite zur Beibehaltung
seiner Stelle anzuhalten, und müssen wir daher dieses
Ew. Hochwohlgeb. ganz ergebenst für den Fall anheim-
geben, wenn Sie der rechtlichen Meinung sind, dass
Neuburger, obschon früher als Privatlehrer geprüft und
angestellt, durch ein späteres Gesetz verpflichtet werden
könne, in Beziehung auf seine Qualification, und zum
Zweck der Beibehaltung derselben Qualität sich auch
den neuern Gesetzen zu fügen.

Wie gesagt, uns gegenüber hat Neuburger keine
Verpflichtung zu antworten, wenn er nicht etwa beab-
sichtigen sollte, bei dem projectirten Plane der Errichtung

[1) Vergl. Amtsblatt.   [2) Vergl. S. 202 fgg.

einer öffentlichen jüdischen Gemeinde-Schule durch ein bestimmtes Gehalt und andere Vortheile seine Existenz mehr sicher zu stellen.

Einem solchen Plane aber würden sich die unterzeichneten mit vollem Rechte widersetzen müssen, und um Ew. Hochwohlgeb. schon jetzt zu zeigen, dass einer solchen Widersetzung die triftigsten Gründe zur Seite stehen, beehren wir uns folgendes anzuführen.

Eine öffentliche anzulegende Schule müsste, wie Ew. Hochwohlgeb. selbst zugeben, nur aus den Mitteln der jüdischen Gemeinde unterhalten werden.

Die Gemeinde aber befindet sich nicht in der Lage, um eine so grosse Bürde ohne die gröste Aufopferungen auf sich zu nehmen. Ihre Ausgaben sind für den Gottesdienst, die Erhaltung der Gebäude, des Dienstpersonals u. d. g. zu bedeutend. Dagegen die Anzahl der zu diesen Lasten beitragenden zu geringfügig, als dass die Unterzeichneten nicht verpflichtet wären, den Machinationen entgegen zu arbeiten, die ohne ihr Wissen und Zuthun die Ausführung des projectirten Planes wenigstens vorbereiten helfen sollen.

Mag es wahr sein, dass diejenigen Israeliten, welche ihre Kinder zu Neuburger in die Schule schicken, jetzt mehr zahlen müssen, als wenn zu einer öffentlichen Gemeindeschule jeder ohne Rücksicht auf Theilnahme am Unterricht und unterrichtsfähige Kinder zu kontribuiren verpflichtet ist, mag es wahr sein, dass auch Hr. Neuburger dabei seinen Vortheil zu erstreben und zu erlangen weiss, mag es endlich wahr sein, dass man sogar gegen alles Recht die hier und in den benachbarten Ortschaften wohnenden armen und nicht wahlfähigen Israeliten dahin zu stimmen gewusst hat, dass diese für die Errichtung einer öffentlichen Israelitischen Schule ihr Votum abgeben wollen, und werden, so ist es auf der andern Seite auch nicht zu verkennen, dass weder Gewinnsucht der Bemittelteren noch der Vortheil des Einzelnen dann nur Ein Gran in die Wagschale legen darf, wenn es sich von der Errichtung oder Zurückweisung einer angeblich gemeinnützigen Anstalt handelt; es ist dann nicht zu verkennen, dass nach unsren Statuten und einer langjährigen und daher geheiligten Observanz nur Diejenigen ein Sitz- und Stimmrecht in der Gemeinde haben, die zu den Lasten kontribuiren, und als kontribuirende in den engern Cyklus der Gemeinde aufgenommen sind.

Solcher wahlfähigen Glieder der Gemeinde aber gibt es hier höchstens 38—40 und zu diesen gehören die Unterschriebenen sämmtlich.

Wenn es sich aber nun finden sollte, dass die bisherigen Ausgaben für den Religions-Unterricht der armen Juden nicht hinreichten, so sind wir mit Freuden erbötig die Beiträge zu erhöhen, und wir zeigen dadurch, dass wir gerne da helfen, wo es Noth thut.

Allein die Einrichtung einer öffentlichen Schule ist um so weniger dringend nothwendig, als viele jüdischen Kinder an dem Unterrichte in christlichen Schulen Theil nehmen und die andern mit dem Unterricht des Neubürger ganz zufrieden sein können.

Dem Allen tritt nun noch hinzu, dass die hohe Verordnung Sr. Excellenz des Staatsministers und Oberpräsidenten Herrn von Ingensleben vom 13. September 1824 (Amtsblatt Nr. 76) in den §. 2. §. 4. §. 10. 11 uns zur Seite steht, indem nach derselben wir die Kinder entweder in eine christliche Schule schicken, oder sie durch einen jüdischen Privatlehrer unterrichten lassen können.

Der Zwang zur Anlegung einer öffentlichen Jüdischen Schule scheint nach dem §. 12 derselben hohen Verordnung gänzlich ausgeschlossen, es vielmehr der Jüdischen Corporation allein anheimgestellt zu sein, nach ihrem Willen und mit Rücksicht auf ihre Verhältnisse für die Errichtung der öffentlichen Schule mit Vorbehalt der Genehmigung der Regierung Sorge zu tragen.

Wir müssen demnach es wiederholen, dass wir in der Errichtung einer öffentlichen Jüdischen Schule nicht willigen."

Die Verhandlungen über diese Frage zogen sich sehr in die Länge und wurden erst im Jahre 1838 durch die Berufung des Lehrers N. Frank zu einem befriedigenden Abschluss gebracht. Inzwischen wurden, wie bereits früher gezeigt worden, die Rechts-Verhältnisse der Gemeinde auf privatem Wege durch notariellen Act geordnet und durch Berufung des Dr. Jacob Rosenberg als Rabbiner in Düsseldorf, über welchen später noch zu berichten sein wird, eine den Wünschen der Gemeinde entsprechende Schul-Inspection besonders des religionsunterrichtlichen Theiles eingerichtet. Nachdem diese wichtigen, Grund legenden Fragen gelöst waren, schritt die Gemeinde ohne Zögern zur Lösung der Schulfrage und bewies dadurch, dass die Verzögerung der Angelegenheit nicht ihrem Mangel an Interesse, sondern dem rechtlosen Zustande der Gemeindeverhältnisse zur Last fiel. Im Juni 1837 war der Rabbiner Dr. Jacob Rosenberg in sein Amt eingeführt worden. Im Septbr. 1838 wurde die Ertheilung der Concession für den Lehrer N. Frank erbeten und nach mehrfachen Verhandlungen gegen Anfang des Jahres

1839 ertheilt, auf Grund der gesetzlichen vorgeschriebenen Nachweise und des folgenden Berufsscheines:

„Wir bescheinigen hiermit, dass unser Herr Rabbiner (Dr. Jacob Rosenberg), beauftragt und bevollmächtigt von den mehrsten Eltern hiesiger schulpflichtigen Kinder unserer Glaubensgenossen, den mitunterzeichneten Herrn N. Frank aus Lechenich, ehemaligen Lehrer zu Brühl, vorläufig auf ein Jahr angenommen hat, um in folgenden Gegenständen, als Religionslehre (Biblische Geschichte, Exegese, Dogmatik), — hebräischer und deutscher Sprache hebräischer, deutscher und französischer Calligraphie Rechnen — Geographie und Geschichte, täglich 6 Stunden, nämlich des Morgens von 8—12 Uhr und des Nachmittags von 2—4 Uhr, den Unterricht zu ertheilen, wofür demselben im Namen der Eltern ausser Kost und Wohnung am Ende des Jahres ein Ueberschuss von den monatlichen Schulgeldern von 100 bis 120 Thlrn. zugesichert ist. Düsseldorf, 27. November 1838. Die Vorsteher."

Eine andere Form der Berufung gab es nicht, da die Gemeinde sowohl als auch der Vorstand der gesetzlichen Anerkennung entbehrten; was zugleich die lange Verzögerung der Angelegenheit erklärlich machte. Noch im November 1835 musste der Vorstand bei Einreichung des Berichtes über den Schulbesuch auf die Anfrage der Behörde bezüglich des Schulvorstandes constatiren, dass „wir keinen Schulvorstand haben, es uns auch nicht beikommen konnte, einen solchen zu bilden, indem schon mehrere Male von einer hohen Kgl. Regierung sogar die Anerkennung eines israelitischen Kirchen-Vorstandes abgelehnt worden. Dasselbe Verhältniss wird noch in einem Schreiben vom 21. Juli 1841 an Oberbürgermeister von Fuchsius constatirt. Natürlich hatte die Schule des Lehrers N. Frank zunächst nur den Charakter einer Privat-Familienschule. Neben derselben existirten bis zum Jahre 1840 noch die, als öffentlich bezeichneten Schulen von Neuburg und von Oxe. Ausserdem ertheilte Privatunterricht der Lehrer Jacob Leffmann. Der Schulbericht pro 1840 vom 26. Januar 1841 constatirt 45 schulpflichtige Kinder, von denen 17 die Schule des Lehrers Frank, 20 Kinder christliche Schulen besuchen und 8 Privatunterricht geniessen. Von öffentlichen Schulen werden aufgeführt die Realschule, die Schulen von Neuburg, von Oxe und von Frl. von Erkelenz; von Privatschulen ausser derjenigen des Lehrers N. Frank die Schule der Frau Schön, der Frau Lautier, des Frl. Mündersdorf und des Frl. Meyer. Bezeichnend für die Controle des Schulbesuchs und für die der Gemeinde in dieser Beziehung angewiesene Stellung ist folgende Bemerkung zu dem erwähnten Schulbericht: Sechs Kinder unbemittelter Eltern werden unterrichtet von dem unter der Leitung des Herrn Frank stehenden Lehrer Jacob Leffmann, den wir vermittelst wohlthätiger Beiträge einiger Mitglieder unserer Gemeinde salariren. Uebrigens können wir für unsere Angaben weder in Betreff der Anzahl der schulpflichtigen Kinder noch derjenigen, welche christliche Schulen besuchen und den Religionsunterricht zu Hause erhalten sollen, verbürgen . . . . . da wir weder die Kraft noch die Befugniss besitzen, die Eltern hierüber zur Rechenschaft zu ziehen. Im Jahre 1844 besuchten von 66 schulpflichtigen Kindern nur 23 die Frank'sche Schule. In einer an die Stadt gerichteten Eingabe vom 1. Febr. 1844 wird als Ursache dieses schwachen Besuches die Höhe des Schulgeldes (1—2 Thlr. monatlich) angegeben und um einen Beitrag aus städtischen Mitteln gebeten. Der darauf bewilligte Zuschuss von 50 Thlrn. jährlich wird zur Ermässigung des Schulgeldes für Kinder minderbemittelter Eltern verwendet. Zur Hebung der Schule wurden in der Folge grosse Anstrengungen gemacht: das Schulgeld auf 20, 25 und 30 Sgr. pro Monat ermässigt, die Knaben und Mädchen getrennt unterrichtet, das Lehrpersonal durch Uebertragung des Religionsunterrichtes an Prediger Dr. Joel und durch Hinzuziehung einer Lehrerin und dreier christlicher Lehrer erweitert. Aber die der Schule von der Gemeinde gemachten Zuwendungen reichten nicht aus. Endlich im Jahre 1854 wurde die Schule auf Kosten der Stadtkasse übernommen und als eine öffentliche erklärt. Der Gemeinde resp. einem aus dem Rabbiner als Vorsitzendem und vier Gemeindemitgliedern bestehenden Schulvorstande wurde das Aufsichtsrecht belassen. Mit dieser Elementarschule wurde eine für die andere Schulen besuchenden Kinder bestimmte Religionsschule verbunden, deren Kosten aber der Synagogen-Gemeinde zur Last fielen. Einen weiteren Fortschritt machte die Unterrichtsfrage in den Jahren 1877—1880 durch Einführung des jüdischen Religionsunterrichtes an der Louisenschule, Real- und Höhern Bürgerschule, am Kgl. Gymnasium und nach Aufhebung der jüdischen Elementarschule in Folge der Pensionirung des Hauptlehrers N. Frank auch an den Volksschulen, an letzteren in der Weise, dass die Schüler der verschiedenen Schulbezirke sich zu gemeinsamem Unterricht in vier wöchentlichen Stunden während der gewöhnlichen Schulstunden versammeln. Die Auflösung der Elementarschule erfolgte im Jahre 1877, da der Hauptlehrer und damals einzige an der Schule wirkende Lehrer Frank die Pensionirung nachgesucht hatte und die Schule zur Zeit im Ganzen nur von 22 unter ca. 120 schulpflichtigen Kindern besucht wurde. In Folge der wesentlichen Erleichterung ihrer Schullasten konnte die Gemeinde sich mehr dem Ausbau ihrer eigenen Religionsschule widmen. Dieselbe hat jetzt 6 aufsteigende Knaben- und 5 aufsteigende Mädchenklassen, welche nach Erreichung des geplanten Zieles um je eine vermehrt werden sollen. Gegenwärtig ertheilen an derselben ausser dem Rabbiner noch 3 Lehrer Unterricht und zwar Herr Hauptlehrer N. Frank, welcher unter allseitiger Theilnahme und dankbarer Anerkennung der Gemeinde im November 1886 bereits sein 50jähriges Dienstjubiläum gefeiert hat; ferner Herr Lehrer Loebenstein und Herr Cantor Grünstein.

Wie aber die Synagogen-Gemeinde zu allen Zeiten sich in den Dienst der allgemeinen Interessen gestellt und mit Eifer dieselben gefördert hat, wie sie namentlich als muthige und umsichtige Vorkämpferin für die bürgerliche Gleichberechtigung ihrer Glaubensgenossen sich bewährt hat, so wusste sie auch jetzt, nachdem ihre innere Verwaltung kaum eine festere Gestalt gewonnen hatte, ihren Ruf zu rechtfertigen, indem sie zwei für die Erziehung wichtige Institute in ihren Schutz nahm, die bald zu grosser Bedeutung gelangten. Das erste derselben ist die

Bildungs-Anstalt für israelitische Lehrer,

durch deren Gründung Herr Rabbiner Dr. Feilchenfeld (jetzt Rabbiner der Synagogen-Gemeinde zu Posen) sich ein hohes Verdienst erwarb. Seiner unermüdlichen Thätigkeit gelang es einen Verein zu bilden, dessen Zweck es war, ein Seminar zur Ausbildung allseitig berufstüchtiger, gesetzlich qualificirter und dem Religionsgesetze treu anhangender jüdischer Lehrer zu gründen und zu erhalten. Die Statuten dieses Vereins wurden in der ersten General-Versammlung am 25. März 1867 angenommen. Nach diesen steht dem aus 5 Mitgliedern zusammengesetzten Vorstand eine Fachcommission zur Seite, welche vom Vorstand auf 6 Jahre gewählt wird, aus 2 im Amte stehenden Rabbinern, 2 fachkundigen Männern und dem Seminar-Director besteht, und die Leistungen des Seminars ordnet und überwacht. Nach einer andern sehr wichtigen Bestimmung des Statuts müssen diejenigen Schüler, welche das Seminar als Lehramts-Candidaten verlassen wollen, ehe sie sich vor der Seitens der Regierung bestellten Commission einer Prüfung in den andern Wissenszweigen unterziehen dürfen, durch ein von der Fach-Commission ausgestelltes Zeugniss über ihre Befähigung in den Religionsfächern sich ausweisen können. Das Seminar wird aus rein privaten Mitteln, ohne jede staatliche Unterstützung erhalten und ist mit einem Internat verbunden. Auf Grund einer von der Kgl. Regierung d. d. 22. Febr. 1867 ertheilten Concession wurde die Anstalt am 11. Juli 1867 mit fünf bei der Aufnahmeprüfung reif befundenen Schülern eröffnet. Als Lehrer gehörten der Anstalt bei der Eröffnung an:

Dr. H. Plato, als angestellter Hauptlehrer in einzelnen Disciplinen der Religionswissenschaft, ferner im Deutschen, Französischen, in Geschichte, Geographie, Rechnen und Naturgeschichte;

Rabbiner Dr. Feilchenfeld als Urheber und Seele des ganzen Unternehmens, welcher bis zu seiner im Herbst 1872 erfolgten Uebersiedelung nach Posen das Seminar als Leiter und Vorsteher der Regierung gegenüber vertrat und unentgeltlich den Unterricht in den andern Disciplinen der Religionswissenschaft und seit Herbst 1868 in Geometrie leitete;

Realschullehrer Erk in Gesang und im Schreiben; Cantor Eichberg in der hebräischen Schrift; Maler Kost im Zeichnen; Musiklehrer Alexander und seit Herbst 1868 auch der städtische Capellmeister Kochner im Violinspiel; Unterofficier Schmitz und seit August 1868 an dessen Stelle der städtische Turnlehrer Eichelsheim im Turnen.

Der unermüdlichen Thätigkeit des Rabbiner Dr. Feilchenfeld (der übrigens im vorigen Jahre auch in Posen ein jüdisches Lehrerseminar gegründet hat) war es zu danken, dass kaum drei Monate nach dem ersten Aufrufe der ersten General-Versammlung 2000 Thaler für mindestens fünf Jahre zugesicherte Jahres-Einnahmen und die daraufhin von der Kgl. Regierung ertheilte Concession vorgelegt werden konnten. Die Gründung eines solchen Seminars war ein um so glücklicherer Gedanke, als für die zahlreichen besonders im Rheinland existirenden jüdischen Elementar- und Religions-Schulen der Mangel an solchen Lehrern sich besonders fühlbar machte, welche neben ihrer gesetzlichen Qualification mit ihrer religiösen Treue und Wärme auch zugleich eine über das nothwendige Maass einigermassen hinausgehende Kenntniss der Religionsquellen verbanden. Die Kgl. Regierung zu Düsseldorf nahm schon im Jahre 1868 eine sehr eingehende Revision vor, und sprach durch Rescript mit Bezugnahme auf eine siebenstündige vom Regierungs-Schulrath abgehaltene Prüfung, deren Ergebniss als „sehr

günstig" bezeichnet wird, „für zweckmässige Einrichtung des Instituts und für gute Resultate des Unterrichts" dem Seminar ihre Anerkennung aus. Diese Wahrnehmung, das Ansehen der beiden leitenden Rabbiner (Dr. W. Feilchenfeld, damals in Düsseldorf, und Dr. Schwarz, Rabbiner in Cöln) s. A., sowie der fühlbare Mangel an gesetzestreuen Lehrern wandten dem Seminar das Vertrauen der Gemeinden in stets wachsendem Grade zu, so dass vermöge der wachsenden Mittel die Zahl der Schüler schon Anfang 1871 auf 15 erhöht werden konnte. In demselben Jahre haben die ersten 5 Schüler des Seminars die Lehrerprüfung in Kempen „gut" bestanden. Der erste Bericht schliesst ab in Einnahme mit 6675 Thlr. 8 Sgr. 6 Pfg.
„ Ausgabe „ 5670 „ 16 „ 1 „
Der zweite Bericht schliesst ab
in Einnahme mit 8963 „ 17 „ 7 „
„ Ausgabe „ 7546 „ 18 „ 9 „
Ungefähr die Hälfte der ersten Jahreseinnahme rührte von Zeichnungen der Düsseldorfer Mitglieder her, darunter eine Zeichnung von S. H. Prag über 2000 Thlr. Zwei andere Zeichnungen von je 500 Thlr. rührten von Hermann Isaak und Joseph Isaak in Ruhrort her. Den wachsenden Ausgaben des Seminars entsprachen in der Regel auch wachsende Einnahmen, welche durch Legate und andere Schenkungen immer mehr gesichert wurden. Im Jahre 1874 wurden dem Seminar zwei in Ehrenfeld gelegene Häuser als Geschenk zugewiesen, und ersteres selbst der an das Geschenk geknüpften Bedingung gemäss nach dort verlegt, bis ihm einige Jahre später mit Einwilligung des Geschenkgebers ein eigenes mit einer Synagoge verbundenes Haus in Cöln errichtet wurde.

Ein gleiches Verständniss und Interesse für die gemeinsamen Interessen bewies die Gemeinde, indem sie ihre warme Theilnahme entgegenbrachte dem

Verein zur Verbreitung der Handwerke unter den Juden.

Der Aufruf zur Gründung dieses Vereins wurde von dem referirenden Rabbiner Dr. Wedell in Gemeinschaft mit den Herren Banquier D. Fleck und Stadtverordneten G. Herzfeld im März 1880 erlassen und der Verein selbst am 18. April gegründet und am 5. Mai desselben Jahres durch Feststellung der Vereinssatzungen und Wahl des Vorstandes constituirt. In denselben wurden ausser den drei Unterzeichnern des Aufrufes noch die Herren Joseph Levison und Julius Manes von hier gewählt. Die Gründung des Vereins wurde für nöthig erachtet, nicht weil man an der Neigung und Befähigung der Glaubensgenossen für das Handwerk zweifelte, sondern weil man die Schwierigkeiten erkannte, mit welchen namentlich die auf dem Lande oder in kleinen Städten wohnenden Israeliten zu kämpfen hatten, wenn sie ihre Söhne dem Handwerke zuführen wollten. Denn in den meisten Fällen war das Handwerk an ihrem Wohnorte entweder gar nicht oder nicht gut genug vertreten. Bei einem auswärtigen Meister den Knaben unterzubringen gelang ihnen häufig nicht, weil sie einen solchen zufolge ihrer Isolirtheit nicht zu finden oder, wenn sie einen gefunden hatten, die nöthigen Kosten nicht aufzubringen vermochten. Ausserdem wollten sie ihre Söhne doch nicht ohne Aufsicht lassen und mit der Wahl des Handwerks nicht die sittlichen und religiösen Grundsätze aufgeben sehen, in welchen sie die Kinder erzogen hatten. Zudem bot sich in grösseren Städten für die Fortbildung und für die Vervollkommnung im Handwerk besser Gelegenheit. Endlich kam es auch darauf an, in den Knaben ein gewisses Standesbewusstsein und durch die Concurrenz mit anderen Lehrlingen einen berechtigten Ehrgeiz und dadurch die Freude an der Arbeit zu wecken. Von diesen Gesichtspunkten ausgehend, wusste der Vorstand etwaige Zweifel an dem Gelingen des Unternehmens zu beseitigen, die Zweifler aufzuklären und als Freunde des Vereins zu gewinnen. Ursprünglich für den Synagogenbezirk Düsseldorf bestimmt, wurde der Verein gar bald auch von ausserhalb dieses Bezirkes wohnenden Eltern um Unterstützung und Vermittelung angegangen; ausserdem meldeten sich auch viele, welche die Mittel für ihre Ausbildung bereitwillig selbst bestritten und nur die moralische Unterstützung, die nöthige Aufsicht und die Förderung bezüglich der tüchtigen Ausbildung vom Vereine erbaten und so den Beweis lieferten, dass es nur äussere Gründe, aber nicht Abneigung gewesen war, welche sie von der Wahl eines Handwerks zurückgehalten hatten. Weit entfernt, solche Knaben aus engherzigem Lokalsinn abzuweisen, begrüsste der Vorstand die kräftig in Fluss gekommene Bewegung und erbat von den Mitgliedern die Ermächtigung, auch auf diese die Fürsorge des Vereins auszudehnen. Im Gegensatz zu dem Verfahren anderer Vereine von gleicher Tendenz, welche Knaben, die nicht an dem Orte geboren, oder wenn sie auch dort Heimathsrechte hatten, nicht auch zugleich dort in Lehre gegeben waren, von jeder Unterstützung ausschlossen, erkannten die Mitglieder der Düsseldorfer Gemeinde, die diesem Vereine angehörten und gewohnt waren, das Wohl der Gesammtheit im Auge zu behalten

15

und nach Kräften zu fördern, die Nothwendigkeit an, dem Vereine einen erweiterten Wirkungskreis anzuweisen. Damit war eine empfindliche Lücke auf diesem Gebiete der Wohlthätigkeit beseitigt. Denn gerade die kleinen Gemeinden, welche einem grösseren Verbande nicht angehörten, und bisher der Förderung auf diesem Gebiete entbehrten, bedurften der Unterstützung auf demselben am meisten. Diese Lücke beseitigt zu haben, oder wenigstens eine kräftige Anregung zu ihrer Beseitigung gegeben zu haben, ist nicht das kleinste Verdienst, welches sich die Düsseldorfer Gemeinde erworben hat. Ein wesentlicher Antheil an demselben gebührt der Cölner Gemeinde, welche auf das eifrige Betreiben ihres ersten Vorstehers, Herrn Jacob de Jonge, des Herrn Dr. med. B. Auerbach, dirigirenden Arztes des dortigen Asyls Elsbach'scher Stiftung, des damaligen Bürgermeisters Dr. Rosenthal, des Herrn Louis Rothschild, der von Düsseldorf ausgegangenen Bewegung im Jahre 1886 in thatkräftigster Weise sich anschloss. Nicht zum wenigsten ist auch Herr Dr. med. Levison in Siegburg daran betheiligt. Denn die Aufnahmegesuche gingen in erfreulicher Weise so zahlreich ein, dass die in Düsseldorf aufgebrachten Mittel nicht mehr ausreichten und durch anderweitige Zuwendungen vermehrt werden mussten. Im Einverständniss mit den genannten Herren erliess der Vorstand an andere Gemeinden im April 1886 einen Aufruf in dem es u. A. heisst: Wir dürfen überzeugt sein, dass Sie die Tragweite unserer Bestrebungen nicht unterschätzen. Gerade jetzt, wo wir über die schweren Erfahrungen der letzten Jahre wieder ruhiger zu denken angefangen haben, die Trauer über dieselben aber noch in uns nachzittert, müssen wir unser ganzes Können einsetzen, um derartigen Bewegungen den Boden künftig zu entziehen. Schon die Theilnahme so hervorragender Glaubensgenossen, wie sie unsere heutige Mitgliederliste nachweist, dürfte hinreichen, um zur Mitarbeit anzuspornen; es wäre gewiss zu beklagen, wenn das Interesse, welches solche Männer für das Wohl ihrer bedrängten Glaubensgenossen bekunden, nicht mit Dankbarkeit willkommen geheissen und lebendig erhalten würde, und dies um so mehr, als der begonnene rege Zusammenschluss unserer Glaubensgenossen die Aussicht eröffnet, dass derselbe nicht blos nach der zunächst beabsichtigten Richtung hin, sondern in einer späteren Zeit auch für die Hebung der sozialen Stellung der Israeliten überhaupt und für ihre endliche Gleichberechtigung mit den übrigen Staatsbürgern unter segensreichem Erfolge wirksam werden kann.

Nach dem Vorgehen der Cölner Gemeinde konnte es nicht ausbleiben, dass auch andere grössere Gemeinden dem Unternehmen ihre Gunst zuwandten. So z. B. Aachen, wo die Herren Rabbiner Dr. Jaulus, Jacob Lippmann und Jos. Biefefeld; Elberfeld, wo Frau Helene Weyl, Herr Rabbiner Dr. Auerbach und R. Eisenstein die Sache eifrig in die Hand nahmen. Durch diese vielseitige Unterstützung stieg die Zahl der Mitglieder im letzten Jahre auf 1082 und die Zahl der betheiligten auf ganz Deutschland vertheilten Städte auf 144, denen sich seit 1. April d. J. weitere 23 Städte mit 116 Mitgliedern zugesellt haben. Durch die in der General-Versammlung vom 31. Mai 1887 veränderten Statuten wurde jede geographische Schranke beseitigt und der Vorstand selbstredend erweitert. Demselben gehören jetzt an: Rabbiner Dr. Wedell, Vorsitzender, D. Fleck, Kassirer, Amtsrichter Dr. Fritz Frank, G. Herzfeld, Schriftführer, Jos. Levison, Stellvertreter, Düsseldorf, zugleich als geschäftsführender Ausschuss; Rabbiner Dr. Jaulus, Aachen; Jacob Lippmann, Aachen; Geh. Sanitätsrath Dr. Kristeller, Berlin; Moritz Katzenstein, Bielefeld; Isidor Goldschmidt, Dortmund; Rabbiner Dr. Auerbach, Elberfeld; I. S. Hirschland, Essen; Dr. med. B. Auerbach, Köln; I. de Jonge und I. Levy jun., Köln; Dr. med. Levison, Siegburg; Eugen Rothschild, Trier.

Seit Gründung des Vereins sind in die Fürsorge des Vereins bereits 115 Lehrlinge aufgenommen worden und noch zahlreiche andere bereits angemeldete Lehrlinge harren der Aufnahme, welche hoffentlich durch entsprechende Vermehrung der Vereinsmittel recht bald ermöglicht werden wird. Bei Gelegenheit der am 10. Mai d. J. im Hotel Heck hierselbst veranstalteten Ausstellung von Lehrlingsarbeiten konnten 14 Lehrlinge prämiirt werden. Ein Lehrling wurde ausserdem noch durch eine mit den Bildnissen Sr. Majestät des in Gott ruhenden Kaisers Wilhelm I. und Ihrer Majestät der Kaiserin Augusta geschmückten silbernen Medaille ausgezeichnet. Im übrigen muss auf die gedruckt vorliegenden Jahresberichte verwiesen werden. Ueber die andern Wohlthätigkeitsvereine, welche ihre Thätigkeit mehr oder weniger auf den engeren Kreis der Gemeinde beschränken, wird später zu berichten sein. Auf die Gestaltung und Entwickelung derselben haben neben den Gemeinde- und Vereinsvorständen einen wesentlichen Einfluss geübt

Die Rabbiner der Gemeinde.[1]

Wahrscheinlich der erste Rabbiner der jülich-bergischen Judenschaft war

[1] Vgl. S. 170—178.

1. Rabbi Samson Levi Fröhlich, 1706—1750.

Im Memorial-Buch der Gemeinde finden sich über ihn folgende Angaben: Das Amt eines Rabbiners in Jülich-Berg bekleidete er 44 Jahre bis zu seinem Tode, ohne die geringste Ermüdung und ohne die Lasten des Amtes zu empfinden. Das Richteramt versah er in strengster Unparteilichkeit und Unbestechlichkeit; mit Rücksicht auf dasselbe nahm er nie auch nur die geringste Dienstleistung an. In Liebe und Milde leitete er seine Gemeinde, hielt sie zum Studium der Lehre an, gründete in derselben einen heiligen Zwecken, wie der Krankenpflege und dem Beerdigungswesen gewidmeten Verein, deren Mitglieder er alltäglich in seinem Hause zu belehrenden Vorträgen vereinigte. Ausserdem richtete er in Ermangelung eines andern Gotteshauses in seinem Hause ein Betlokal für den täglichen Gottesdienst für Männer und Frauen ein. Er starb um die Mittagsstunde, wie die Sonne, wenn sie zum Untergange sich neigt, am 2. Neumondstage dem 1. Ijar 1750 im Alter von 70 Jahren und wurde mit grossen Ehren auf dem Friedhofe zu Düsseldorf bestattet.

Bei dem ersten Besuche, welchen Carl Theodor mit seiner hohen Gemahlin seiner Residenz im Jahre 1746 abstattete, betheiligte sich auch Rabbiner Samson Levi an den zum Empfange des Herrscherpaares veranstalteten Festlichkeiten, deren Beschreibung 1747 bei Tilmann Libor. Stahl, Churfürstl. Hof-Buchdrucker, auf Anordnung des Magistrats erschienen ist. Derselben entnehmen wir Folgendes:

„Der Rabiner Samson Levi auf dem Hunds-Rück zeigete bey der höchst-verlangten Ankunft Ihrer Churfürstlichen Durchlauchten, dass er nicht de Tribu Levi, oder von der leichten Waare seyn wolte, und hatte in Hebraeischer Sprache ein so kräftiges Gebett unter zulänglichen Lichtern ausgestellt, dergleichen kaum Samson hervorgebracht, als er nach der Philistiern Niederlage in seinem höchsten Durst aus einem Esels-Kinbacken Wasser herausgelocket. (a) Selbiges ware nach seiner Übersetzung folgender Massen verfasset:

Der Allmächtige Gott, dem sein Königreich ist ein Königreich von der gantzen Welt, der da giebt Hülf denen Königen, der da hat ausgezogen seinen Knecht David von dem bösen Schwerdt, der da giebt ins Meer einen Weeg, und in starcke Wässer einen Steeg, der soll segnen, fruchtbahren, bewahren, beschirmen, helffen den Hohen,

---

(a) Judic 15.

Achtbahren und Erhabenen Unsern Durchlauchtigsten, Allergnädigsten Churfürsten und Herrn, Herrn Carl Theodor, Pfaltz-Graf bey Rhein, und dessen Gemahlin Ihro Churfürstliche Durchlaucht Maria Elisabeth Augusta, Ihr Glantz soll erhoben werden: König über alle Königen! Durch Deine Barmhertzigkeit lasse Sie lang leben, bewahren und von allem Leyd, Traurigkeit und Schatten beschirmen, und sollen ihren Feind werffen vor ihrem Angesicht und unter ihre Füssen, und sollen beglücken, wo Sie sich hinkehren werden, der König über alle Königen, durch seine Barmhertzigkeit soll er ihnen in ihren Hertzen geben, und in Hertzen aller ihren Raths-Geberen eine Barmhertzigkeit umb zu thuen mit uns Kinder Israel, und mit allen Menschen Gnaden und Guts, dass sollen sicherlich wohnen, Dieses solle Gottes Willen seyn. Amen."

2. Rabbiner Moodechai Halberstadt, 1754—1769. Nach den Aufzeichnungen des Memorialbuches trug er viel zur Verbreitung der Lehre in Israel bei und hatte viele Schüler. Er selbst widmete sich dem Studium Tag und Nacht, führte einen sehr frommen Lebenswandel und verwendete den fünften Theil seines Vermögens für die Armen. Er verschied in der Nacht zu Dinstag dem 16. Ijar — 23. Mai 1769 und ruht ebenfalls auf dem hiesigen Friedhof.

3. Rabbi Jacob Brandes, 1769—1774. In seiner Vaterstadt Fürth mit bedeutenden talmudischen Kenntnissen ausgestattet, bereitete er sich lange Zeit für das Rabbinerfach vor und war vor Uebernahme des Landrabbinates von Jülich und Berg 20 Jahre lang Rabbiner in Darmstadt. Auch um ihn sammelten sich viele Schüler. Er starb zu Düsseldorf am Dinstag 14. Siwan — 24. Mai 1774. Seine Frau Rebecka,[1] deren Ueberreste und Grabstein bei dem Kanalbau auf der Kasernenstrasse im Jahre 1884 aufgefunden und nach dem Friedhofe auf der Bongardstrasse überführt wurde, errichtete bei ihrem Tode für die jülich-bergische Judenschaft ein Legat, welches von der jülich-bergischen Juden-Schuldentilgungs-Commission (damaliger Präsident Landrath von Lasberg) nach längeren Verhandlungen am 18. Juli 1832 der Düsseldorfer Gemeinde überwiesen wurde gegen die ausdrückliche Verpflichtung, das Kapital nebst 4% Zinsen an einen etwa später auftretenden rechtmässigen Prätendenten zurückzuzahlen. Bis dahin, also 17 Jahre lang, hatte die Gemeinde in frommer Pietät

[1] Vgl. über dieselbe Wedell, Heine's Stammbaum.

die an das Legat geknüpften Bedingungen erfüllt, auch ohne das Kapital oder die Zinsen desselben erhalten zu haben.

4. Rabbi Jehuda Löb Scheuer, 1779—1821.

„Er war", so rühmt von ihm das Memoriale, „ein grosser Gelehrter (ein Korb voll Bücher), bescheiden und demüthig, bekleidete das Amt eines Landrabbiners von Jülich-Berg, später des Grossherzogthums Berg allein 42 Jahre lang zum Heil und Segen der Gemeinde, deren friedliche Entwickelung er in schwierigen Zeiten zu fördern wusste, hielt Viele von der Sünde zurück, bildete eine grosse Zahl von Schülern aus, von denen viele wieder selbst ein Rabbinat bekleideten. Er lebt im Andenken der Gemeinde fort durch die vielen schönen Lehren und Forschungsresultate, welche an seinen Namen geknüpft sind, und durch den frommen Lebenswandel, den er stets geführt hat."

Seine seltene Uneigennützigkeit bewies er, indem er nach Errichtung des Grossherzogthums Berg bis zu seinem Tode, also 13 Jahre, in hingebender Liebe für seine Religion seinem heiligen Amte und den ihm anvertrauten heiligen Pflichten unentgeltlich oblag.[1] Im herzlichen Einvernehmen pflegte er einen sehr regen wissenschaftlichen Verkehr mit seinem benachbarten Amtsbruder, Consistorial-Oberrabbiner Rabbi Löb Karlburg zu Crefeld 30 Jahre lang. Er war der Grossvater des jetzigen Gemeinde-Vorstehers Herrn Banquier Leonhard Scheuer und verschied im Alter von 87 Jahren am Montag 27. Schebath = 24. Januar 1821. Bei seiner Beerdigung waren viele Geschäftslokale, diejenigen der Juden sämmtlich geschlossen. Die Leichenrede in der Synagoge hielt sein Freund, der bereits erwähnte Rabbi L. Karlburg. Er rühmte von ihm, dass er „wie der Hohe Priester Aron bis zu seinem Lebenshauch die Würde seines Amtes behauptet und im Zelte der Lehre in Lauterkeit und Reinheit geweilt", dass er mit seiner Person und mit seinem Vermögen weit über seine Kräfte Liebeswerke geübt und durch sein Beispiel auch andere dazu angeregt habe, dass er in liebevoller Sorgfalt seine Gemeinde erzogen, wie ein Vater seinen Sohn erzieht. Einen besonderen Werth gewinnt diese Rede noch dadurch, dass er in seine von warmer Liebe und inniger Trauer durchhauchten Worte so manche von Rabbi Scheuer aufgestellte Lehre und aufgedeckte schwierige Exegese verwebt. Eine zweite Rede hielt derselbe bei dem Trauergottesdienst in der

[1] Vgl. Seite 180 fg.

Synagoge zu Düsseldorf am Montag den 3. Adar I = 5. Februar. Acht Tage später hielt er zum Andenken des verblichenen Freundes auch eine Trauerfeier in der Synagoge zu Crefeld ab. Sämmtliche drei Reden, die an und für sich einen hohen Werth haben, wurden nach einem in der Bibliothek des Freiherrn von Rosenthal in Amsterdam aufgefundenen Manuscript im Jahre 1886 dem Druck übergeben (Oscar Lehmann, Mainz). Die irdische Hülle R. Scheuer's ruht auf dem Friedhofe auf der Bongardstrasse.

5. Dr. Jacob Rosenberg, 1837—1843.

Nach dem Tode des Landrabbiners Scheuer trat eine längere Vacanz ein. Der hauptsächlichste Grund für dieselbe ist wohl in den damals so sehr zerrütteten Gemeindeverhältnissen[1] zu suchen. Ausserdem hatte die Gemeinde den Wunsch, dass der damalige Consistorial-Oberrabbiner Karlburg in Crefeld seinen Sprengel mit demjenigen von Düsseldorf vereinigte und seinen Sitz nach Düsseldorf verlegte. Die Verhandlungen zogen sich lange hin, scheiterten aber an der beharrlichen Weigerung Karlburg's, Crefeld zu verlassen, so bereitwillig er auch war, auf rituelle Fragen die nöthige Auskunft zu ertheilen. Die Verwaistheit des Rabbinats machte sich aber, wie es in der Eingabe an die Kgl. Regierung vom 4. December 1834 heisst, immer fühlbarer, da die Gemeinde auch der Predigt, der Schulinspection und eines entsprechenden Religionsunterrichtes entbehrte. Dennoch hätte sie nicht früher zur Wahl eines Rabbiners schreiten können, weil sie keinen für das Amt genügend qualificirten Mann gefunden, der sich den früheren Rabbinern würdig angereiht hätte. Den Mann, welchen wir suchten, so heisst es in der erwähnten Eingabe, finden wir in dem Herrn Joseph Rosenberg, dem Sohne des hiesigen Herrn Gabriel Rosenberg. „Mit Erlaubniss eines hohen Ministeriums zu Berlin hat er auf der Universität zu Würzburg studiert, von wo er nunmehr, nachdem er seine Studien rühmlichst vollendet hat, als philosophiae doctor rite promotus zurückgekehrt ist. Mit einer gründlichen wissenschaftlichen Ausbildung im Allgemeinen verbindet er insbesondere eine ausgezeichnet tiefe Einsicht in die israelitische Theologie und eine geläuterte, im wahren Sinne des Wortes aufgeklärte Moral. Da aber die hiesige Gemeinde allein viel zu schwach ist, einen Rabbiner anständig zu unterhalten, auch der Ober-Landrabbiner Scheuer vor der französischen Herrschaft von den damals

[1] Vgl. S. 181 fgg.

vereinigten Herzogthümern Jülich und Berg aufgenommen und besoldet wurde, so dürfte es als recht und billig erscheinen, wenn alle israelitischen Gemeinden des hiesigen Regierungsbezirkes, die nicht zum Rabbinate Crefeld gehören, zur Besoldung des Rabbiners herangezogen würden. An die Bitte, die Ernennung des Dr. Rosenberg zum Landrabbiner gut zu heissen, wurde noch der Antrag geknüpft, die erwähnten Gemeinden zum Beitrage für das Rabbinats-Gehalt zu verpflichten und denselben jeder Zeit für executorisch zu erklären. Da die Gemeinde auf diesen Antrag „keine genügende Antwort" erhielt, so sprach sich die Mehrheit der Mitglieder dafür aus, bei dem Kgl. Ministerium in Berlin vorstellig zu werden, und die staatliche Anstellung und Besoldung zu beantragen. Bei der Stellung der Kgl. Regierung den Gemeindefragen gegenüber war nichts anderes als eine Ablehnung zu erwarten, und nicht einmal die Anstellung eines Rabbiners für die Düsseldorfer Lokal-Gemeinde möglich, da sie in den Augen der Regierung als solche gar nicht existirte, sondern nur Privatgesellschaft war. Wiederum musste man zur Selbsthülfe schreiten. Es verbanden sich daher ein grosser Theil der Mitglieder und etwa 40 auswärtige Gemeinden und verpflichteten sich zunächst auf die Reihe von 6 Jahren zu festen Beiträgen, aus denen das Rabbinatsgehalt für Dr. Rosenberg bestritten werden sollte. Drei Jahre waren wieder mit diesen Verhandlungen vergangen. Endlich, am 2. April 1837, konnte das Berufungsschreiben an Dr. Rosenberg abgehen. Unser eifrigstes Bestreben, so heisst es in demselben, um zu diesem Ziele zu gelangen, wird Ihnen die zureichende Ueberzeugung geliefert haben, dass unser Leitstern zur Besetzung dieser Stelle, die wir jetzt von Ihnen ausgefüllt zu sehen wünschen, nur Anhänglichkeit und Vorliebe für Ihre Person gewesen, und mit Recht glauben wir darauf bauen zu dürfen, dass auch Sie im Geiste der Anhänglichkeit und Liebe uns stets begegnen werden, dass nicht Eigennutz, sondern nur das warme Gefühl zur Aufrechthaltung und Beförderung unserer Religion in ihrer Reinheit und Heiligkeit in allen Ihren Handlungen stets hervorleuchten werde. Zur Beurtheilung des damals in Düsseldorf herrschenden Geistes verdient unter den in jenem Berufungsschreiben aufgeführten allgemeinen und besonderen Pflichten hervorgehoben zu werden, dass der Rabbiner „von den Bemittelten reiche Gaben zu erlangen trachten sollte, um sie der blöden Armuth zuzuwenden. Der Rabbiner sollte der Gemeinde stets mehr und mehr in seiner Person die

Verwirklichung der Verheissungen des Propheten Maleachi veranschaulichen, welcher im Namen Gottes spreche: „Die Lehre der Wahrheit trug er in seinem Munde, Unrecht ward auf seinen Lippen nicht gefunden, in Frieden und Rechtschaffenheit wandelte er vor mir und brachte Viele von der Sünde zurück."

Ausser seiner wissenschaftlichen Bildung standen dem Dr. Rosenberg bedeutende talmudische Kenntnisse zur Seite, welche er unter Anleitung des in weiten Kreisen bekannten Oberrabbiners Jacob Ettlinger von Altona sich erworben hatte, und welche den Angehörigen seiner Familie von Alters her in hohem Grade eigen waren. Aus dieser waren bedeutende Rabbiner hervorgegangen, welche in Prag und Mainz amtirt hatten. Die Düsseldorfer Rabbiner Brandes und M. Halberstadt waren der erstere väterlicher-, der andere mütterlicherseits mit seinen Eltern nahe verwandt, so dass er in seiner Antrittsrede [1]) auf sich anwenden konnte den Vers Ps. 45, 17: „An deiner Ahnen Stelle werden dereinst deine Kinder treten, du selbst wirst sie zu Vorgesetzten machen"; Dr. Rosenberg konnte dies um so mehr, als auch sein Vater,[2]) der im Jahre 1801 aus Prag in Düsseldorf eingewandert und am 5. Januar 1806 in den Gemeindeverband aufgenommen worden war, so bedeutendes talmudisches Wissen besass, dass er vom Oberrabbiner Karlburg ermächtigt worden war, rituelle Fragen zu entscheiden.

In sein Amt am 15. Juni 1837 eingeführt, bekleidete er dasselbe 6 Jahre und erwarb sich die allgemeine Hochachtung und Liebe seiner Gemeinde. Nachdem er dann 10 Jahre Provinzialrabbiner in Fulda und 10 Jahre Landrabbiner von Groningen gewesen war, zog er sich vom Amte zurück, um ganz seinen Studien obzuliegen, und wählte seinen Wohnsitz in Frankfurt am Main, woselbst er am letzten Tage des Passahfestes — 14. April 1868 starb. Seine Wittwe lebt noch in Oberwesel am Rhein. Nach seinem Abgange blieb das Amt des Rabbiners lange Zeit unbesetzt; die Gemeindeverhältnisse waren ja noch immer nicht gesetzlich geregelt. Nach mehreren Jahren erst wurde als Prediger und Religionslehrer berufen

6. Dr. H. Joel, 1850—1855.

In der Zwischenzeit war die Gemeinde mit der Feststellung ihrer Statuten beschäftigt, welche bei der Schwierigkeit der Materie und Wichtigkeit der Sache das Interesse der Gemeinde in hervorragendem Grade in Anspruch

[1]) Erschienen bei J. H. C. Schreiner, Düsseldorf 1837.
[2]) Gestorben über 90 Jahre alt im Jahre 1849.

nahm. Inzwischen hatte man aber die Besetzung des vakanten Rabbinats nicht aus dem Auge verloren; von einem grossen Theile der Gemeinde wurde das für das Jahr 1850 aufgestellte Budget, welches noch keine Position für den Rabbinatsgehalt ausgeworfen hatte, nur unter der Bedingung bestätigt, dass in kürzester Zeit die nöthigen Schritte zur Berufung eines Predigers eingeleitet würden. Ein Mitglied, Herr Michael Simons,[1] verweigerte sogar die Bewilligung des geforderten Budgets, weil die Position für den Rabbiner in demselben nicht aufgenommen war. Diesem vielseitigen Wunsche wurde auch so schleunig entsprochen, dass die Wahl eines Predigers am 9. Mai 1850 beschlossen und am 24. Mai durch Berufung des Dr. J. vollzogen werden konnte. In demselben Jahre in sein Amt eingeführt, wandte er seine besondere Fürsorge der Ausbildung des Synagogenchores zu. Durch seine Predigten erwarb er sich den Ruf grosser Beredtsamkeit und veranlasste viele Gemeinden zu dem Gesuche, bezüglich des Predigtamtes der Düsseldorfer Gemeinde sich anschliessen zu dürfen. Nachdem er dieselbe verlassen, um das Rabbinat in Hirschberg in Schlesien zu übernehmen, folgte ihm

7. Dr. W. Feilchenfeld 1855—1872.

Geboren am 10. Juni 1827 zu Gr.-Glogau, bezog er nach 7½jährigem Besuche des dortigen katholischen Gymnasii im Jahre 1844 die Berliner Universität bis zum Jahre 1848, lag an derselben philosophischen und orientalischen Studien ob, promovirte 1849 auf Grund seiner Inaugural-Dissertation über „die Ethik der Stoiker" und lag bis zur Uebernahme des Düsseldorfer Rabbinates in Danzig und Hamburg talmudischen Studien ob. Erschienen ist von ihm ausser verschiedenen exegetischen Arbeiten in „Frankels Monatsschrift" und „Berliner Magazin" ein „Systematisches Lehrbuch der Israelitischen Religion", welches wie in vielen anderen Städten so auch hier in den höheren Lehranstalten eingeführt ist. Die rationelle Anordnung und Behandlung des in reichhaltigstem Maasse gebotenen Stoffes machen das Buch zu einem sehr werthvollen Hilfsmittel beim Unterricht. In zweiter Auflage ist es im Jahre 1878 bei Merzbach, Posen, erschienen.

Den Eifer, mit dem er die Gründung eines Lehrerseminars hierselbst betrieben,[2] bekundete er im gleichen

---

[1] Herr Mich. Simons war lange Jahre Vorsitzender der Repräsentanten, später Vorsteher der Gemeinde; seine verewigte Frau langjährige Vorsteherin des Frauen-Vereins, den sie durch ihr Wohlwollen und ihren Rath sehr gefördert hat.

[2] Vgl. S. 222 fgg.

Grade in Beziehung auf die Gestaltung und den Ausbau der Religionsschule und Hebung der Elementarschule. Die Tiefe seines Wissens, die Wärme, mit der er seinen Beruf erfasste, die zielbewusste Würde, mit der er sein Amt vertrat, seine Ueberzeugungstreue und die Lauterkeit seines Charakters machen die Liebe und Anhänglichkeit erklärlich, welche die Gemeinde ihm entgegenbrachte und auch heute noch ungeschmälert bewahrt. Mit innigem Bedauern sah ihn die Gemeinde scheiden, um dem Rufe nach Posen einer der bedeutendsten Gemeinden Deutschlands zu folgen, wo er noch heute eine segensreiche Thätigkeit entfaltet. Nach seinem Scheiden wurde mit Wahrnehmung der Rabbinatsgeschäfte betraut

8. Dr. Plato. 1872—1874.

Trotz seiner grossen Arbeitslast, welche die Direction des Lehrerseminars mit sich brachte, liess sich Dr. P. bereit finden, seine Gelehrsamkeit auch in den Dienst der religiösen Interessen der Gemeinde zu stellen, als deren treuer Berather namentlich in allen den Umbau der Synagoge und sonstigen die rituellen baulichen Einrichtungen betreffenden Fragen er sich bewährt hat. Eine besondere Anziehungskraft wird namentlich den gehaltvollen exegetischen Vorträgen nachgerühmt, welche er in den Versammlungen der Mitglieder der religiösen Vereinigungen gehalten. Wie bereits früher berichtet, wurde aber das Seminar nach Ehrenfeld verlegt[1]) und auf diese Weise seiner rabbinischen Thätigkeit in der hiesigen Gemeinde ein Ziel gesetzt. Ihm folgte der referirende Rabbiner

9. Dr. Abraham Wedell, seit 1875.

Geboren zu Posen am 4. Juni 1844, besuchte er bis Ostern 1863 das dortige Kgl. Friedrich-Wilhelms-Gymnasium und wurde gleichzeitig von dem Rabbiner Loewenstamm in die rabbinische Litteratur eingeführt. Dann bezog er das Rabbinerseminar und die Kgl. Universität zu Breslau. An letzterer philosophischen und philologischen Studien obliegend, promovirte er auf Grund seiner Inaugural-Dissertation „De emendationibus in libris sacris Veteris Testamenti propositis". Von dem damals unter dem Direktorate des Oberrabbiner Dr. Z. Frankel stehenden Rabbinerseminar mit dem Rabbiner-Diplom entlassen, stand er seit Ostern 1867 abwechselnd im Dienst der Breslauer Gemeinde und seiner Vaterstadt Posen bis er von Breslau aus im Jahre 1874 in sein hiesiges Amt berufen

[1]) Vgl. S. 224.

und 1875 in dasselbe eingeführt wurde, in welchem ihm die Wirksamkeit seiner Amtsvorgänger reiche Anregung bot, und den lebhaften Wunsch eingab, in ihre Fussstapfen zu treten und ein ihrer würdiger Nachfolger zu werden.

Undankbar würde es sein, an dieser Stelle die eifrige, selbstlose und umsichtige Thätigkeit der

Gemeinde-Vertretungen,

ihr Wohlwollen und die persönliche Theilnahme gegen die Beamten der Gemeinde unerwähnt zu lassen, welche durch dasselbe nicht nur in ihren amtlichen Obliegenheiten stets bereitwillig unterstützt, sondern auch zur freudigen Hingebung an ihren Beruf angeregt und über so manche Schwierigkeit hinweggehoben wurden. Die vorangehende Darstellung zeigte zur Genüge die reichen Verdienste, welche zu allen Zeiten die Gemeindeverwaltung um die vielen wichtigen im Gemeindeleben pulsirenden Interessen sich erworben hat. Schwierig und zu weitläufig würde es sein, all die vielen hochverdienten Männer besonders namhaft zu machen und aus dem Kreise der Gemeindemitglieder die würdigen Männer und Frauen zu schildern, deren Beispiel noch in die heutige Zeit hineinleuchtet. Deshalb beschränken wir uns darauf, an dieser Stelle die gegenwärtigen Mitglieder der Gemeindeverwaltung namhaft zu machen. Zum Vorstand gehören der Anciennetät nach die Herren Leonhard Scheuer, Abr. Reifenberg, Jos. Levison, die in Verbindung mit dem Repräsentanten-Collegium unter dem langjährigen Vorsitz der Herren Louis Bacharach und D. Fleck die Gemeinde-Angelegenheiten leiten. Dankbar sei hier auch noch der beiden Cantoren Eichberg und Levy gedacht, von denen ersterer mehr als 50 Jahre und letzterer ca. 25 Jahre bis zu ihrem Tode mit unermüdlichem Eifer und gewissenhafter Treue ihres Amtes gewaltet.

Synagogen.

Die Synagogen, welche die Düsseldorfer Gemeinde theils eigenthümlich, theils miethweise besessen, sind gewesen:

1. Auf der Neusserstrasse (jetziges Hubertusstift) 1712–1772;
2. Hundsrücken, wo jetzt die Communikationsstrasse ist, 1772–1776;
3. Neustrasse, in dem ursprünglich Villers'schen Hause 1776–1792;
4. Casernenstrasse, wo sie noch heute ist.

In der ersten Zeit ihres Bestehens hat die Gemeinde in Düsseldorf als solche eine eigene Synagoge nicht gehabt.

Vielmehr hatten einzelne Gemeindemitglieder, wie z. B. Rabbiner Simson Levi[1]) und andere in ihrem Hause die nöthigen Zimmer für ein Betlocal der Gemeinde eingeräumt und hergerichtet. Als aber die Gemeinde zahlreicher wurde, reichten die Räume nicht mehr aus, und stellte sich das Bedürfniss nach einem Bethause immer fühlbarer heraus. Es war daher ein sehr verdienstliches Unternehmen, als der churfürstliche Hofkammer-Agent J. J. von Geldern zugleich mit seinem auf der Neusserstrasse im Jahre 1712 errichteten Hause eine Synagoge erbaute. Dasselbe ging im Jahre 1772 in den Besitz des St. Hubertusstiftes über. Spuren der Synagoge, namentlich die jetzt zugebauten Bogen für die Wandöffnungen zwischen der Männer- und Frauenabtheilung, sind jetzt noch sichtbar. Die Urkunde, welche Johann Wilhelm über die Erlaubniss zur Erwerbung des Platzes zur Erbauung des Hauses, und zur Errichtung der Synagoge für Joseph Jacob von Gelderen d. d. 14. Juni 1712 ausstellen liess, lautete folgendermassen:

„Thun Kund und fuegen Hirmit männiglichen zu wissen nachdem uns hiessiger unser Hoffkammer Agent Joseph Jacobs Von Gelderen Vnthgst zu Vernehmen gegeben, wass gestalt er Vorhabens seye in Hiessiger unserer statt Extension Vor Der bergerpforthen ein Hauss und Juden-Schull zu erbawen, mit gehorsambster Bitt wir Ihme zu solchem undt eine zwischen Dem Borchard Vndt Freed Dermahlen ledig liegenden Drey-Hundert sechsszehn fuess in Die länge, undt Hundert Dreyssig sechss fuess in Die Breite anhaltende Haussplatz sambt einiger freyheit undt Dem privilegio Dass Dergleichen Schull zu erbawen Niemanden Ihme undt seine erben ferner Verstattet werden möge zu Verleihen ggst geruhen wollen, Dass wir solchem Vnthgste gesuch undt Bitt in einem so anderen ggst statt gegeben inmassen wir Hirmit undt Krafft Diesses Thun also und Dergestalt, Das er Joseph Jacobs Von geldern seine erben undt nachkommen solchen Ihm ggst ahngewiessenen platz alss Ihr äigenthumb einhalten ewig Vndt erblich besitzen, mithin Derselb undt dass auff sothanen platz setzendes gebäu Dreyssig Nacheinander folgende Jahren a dato dass selbiges Völlig auffgeführet undt gebauet sein wirdt, Von allen Real undt personalen sowohl ordinarie als Extraordinarie auch gewinn-Vndt gewerbsteuren, wachten Vndt einquartirungen frey sein undt bleiben, er Joseph Jacob Von gelderen Vndt seine erben auch sothanen Baws undt Darin treibender

---

[1]) Vgl. Seite 228.

Nahrung halber mit. Keinen absonderlichen Juden Tribut oder Kauffung Desgleichs Inner sölcher Zeit belegt oder beschweret werden, Hingegen er Joseph Jacob Von gelderen Diessen Vorhabenden baw nach ahnlass des Von Vnserem Hoff Architecto De Boys desfalss Verfertigten abrisses längstens innerhalb Drey Jahren a dato Diesses bey Verlust des platzes zu Vollführen oder wenigstens Vnter Tach Vndt fach zu bringen schuldig sein. Nach Verlauff Vorgtr. 30 Jahren aber Diesse erhaltene freyheit Von obspecificierten lasten Vndt Respee Juden Tribut cessiren, mithin das erbawendes hauss Vnd Judenschull in einer proportionirlichen steweren anschlag gebracht, Vnd hiessiger statt mattrical mit ein Verleibt, Derselben Contingent aber in der bergischer landtsmattrical Darumb nicht Vergrössert worden sondern bey den itzigem anschlag bleiben solle, Damit also Das Commercium zu mehreren Nutzen undt auffnehmen Hiessiger unserer Residentz stattbürger Vnd einwohner Destomehr empör gebracht, Vndt befördert werden Möge, wir Befehlen sölchem nach unseren gulich undt bergischen Cantzleren prasidenten gehaim Hoffs Vndt Cammerräthen auch Gubernatoren und Commendanten so dan brambten Burgermeister, Scheffen undt Räth, fort gemeinen eingesesen Burger undt ein wohneren Dahier fort Dergesambter Hiessiger Judenschafft sambt Vnd sonders Hirmit ggst. Vndt ernstlich, obg. Joseph Jacob Von gelderen Dessen erben undt nachkommen wieder gegenwertige unsere gnädigste Concession Vndt privilegiu Keineswegs zu beschwere Noch Das es Von anderen geschehen zu gestatten, sondern dabey mit abschaffung aller widriger eintrachten Krafftiglich zu schützen, undt zu Handthaben, zu Vrkundt Dessen haben wir unss äugenhändig Vnterschrieben, Vndt Vnser Churfurstl. geheimes Insigel Hier ahnhangen lassen, so geschehen in unserer Residentzstatt Dusseldorff den 11. Juny 1712.

Johann Wilhelm Churfürst."

Wie bereits bemerkt, ging dies Haus nebst der Synagoge im Jahre 1772 in den Besitz des Hubertusstiftes über. Eine in dem Gemeinde-Archiv aufbewahrte Betrachtung rühmt den durch den Besitzwechsel jenes Hauses in Anschung der Zwecke, welchen es vor und nach dem Verkaufe diente, besonders merkwürdigen Geist der Duldung. Diese Betrachtung, welche gar wohl in weiteren Kreisen bekannt zu werden verdient, lautet:

„Unter den merkwürdigen Erscheinungen unserer Zeit, ein ausgezeichneter Charakter-Zug unserer Zeitgenossen, bleibt gewiss das löbliche und emsige Streben die verborgenen Alterthümer wieder an Tageslicht zu bringen, es ist so zu sagen eine tugendhafte Handlung, dass man nämlich dadurch unsre Vorfahren ehren, ihre Werke der Vergessenheit entziehen, nicht zu gedenken den grossen mächtigen Nutzen, für alle Zweige der menschlichen Erkenntnisse. Wie sehr werden nicht durch die neue Entdeckungen das Gebiet der Geschichte und so vieler andern Künsten und Wissenschaften erhellt und vermehrt. Will man damit Vergleichungen anstellen, so werden solche freilich nicht die erfreulichsten Resultate gewähren; denn wer hätte denken sollen, dass jezt, ein ganz Jahrhundert später, das sich das erleuchtete und liberale nennt, und worin die Staats- und Rechtswissenschaft in Deutschland wirklich auf einer höheren Stufe fortgerükt sind, doch noch consultirt, discutirt, deliberirt, censirt und recensirt wird, ob Deutsche in Deutschland auch Deutsche Bürgerrechte geniessen dürfen?

Auch bewog mich noch zur Mittheilung dieser Urkunde der Gedanke: Vielleicht meinen Mitbürgern dadurch einen Gefallen zu erzeigen, indem wohl vielleicht noch viele nicht wissen mögen, wann und von wem das Maximilian Josephs Krankenhaus in der Neustadt zu Düsseldorf erbauet worden ist, denn die Schule,[1] eigentlich die Kirche, respet. die Synagoge wovon die Urkunde spricht, ist das Gebäude worin sich jezt das Krankenhaus befindet. Die Urkunde lautet wie folgt:

Die Gott gefällige Verheissung zu welcher dieses Gebäude gleich ursprünglich bestimmt war, hat sich nun auch ferner durch die frommen, biederen und wohlthätigen Gesinnungen der Bewohner Düsseldorfs erhalten; es ist nämlich ein Zufluchtsort der Bruderliebe, der Humanität geworden, indem darin Arme und Kranke von allen Confessionen ohne Unterschied eine gleiche Aufnahme, eine gleiche Pflege finden. Und so werden noch fort, der ursprünglichen Bestimmung dieses Hauses gemäss, fromme Gebethe nämlich von den Armen, Kranken und Hülfsbedürftigen, gehalten, welche zum reichen Seegen für die Bewohner Düsseldorfs erfüllt werden mögen."

[1] Die Gewohnheit der Israeliten in ehemaligen Zeiten, und die auch noch jezt unter dem grossen Haufen dieser Religionsgenossen besteht: für ihre Bethäuser Schule anstatt Kirche, Tempel zu sagen, entstand in den traurigen Zeiten der Religionsverfolgungen. Es war nämlich in diesen Zeiten den Israeliten nicht erlaubt, öffentliche Bethäuser zu haben; um nun doch ihre Gebete gemeinschaftlich verrichten zu können, versammelten sie sich in ihren Gymnasien, Schulen. Wer daher sagen wollte: ich gehe in die Kirche, der sagte dann: ich gehe in die Schule. Und so blieb diese Redensart bis heute heran gebräuchlich.

Von der Neusserstrasse wurde die Synagoge nach der Hundsrückenstrasse verlegt, wo sie bis zum Jahre 1776 verblieb. Wegen des durch die Anlage der Communikationsstrasse nothwendig gewordenen Abbruches des betreffenden Hauses wurde die Synagoge wieder verlegt und zwar nach der Neustrasse 1776—1792.

Durch Kauf-Akt vom 31. Decbr. 1776, abgeschlossen mit dem Geheimrath von Boolen, ging das auf der Neustrasse belegene Haus desselben mit dem Hinterhause auf den Wall (jetzige Alleestrasse) ausgehende, und von dem Grafen Seissel'schen Grundstück begrenzte Haus des Geheimrath von Boolen in den Besitz der Gemeinde über. Dasselbe hatte ehemals dem Herrn von Villers gehört und war von den Zehnpfenning'schen Eheleuten an den Geheimrath von Boolen verkauft worden. Das Besitzrecht wurde jedoch in Folge eines von „tit. Herrn Cornet Frinken", einem Anverwandten des ersten Verkäufers, durch das „Vernäherungsrecht" angestrengten Erbschaftsstreites nach langem Processiren Herrn von Boolen am 16. October 1787 gerichtlich abgesprochen und auf diese Weise auch der Verkauf für ungiltig erklärt. In Folge dessen musste die Gemeinde das Haus von dem neuen Besitzer pachtweise übernehmen und zwar auf 6 Jahre, jedoch mit dem Vorbehalt, es schon nach 3 Jahren kündigen zu können. So hart auch die Bedingungen des am 27. Octbr. d. J. abgeschlossenen Pachtcontraktes waren, musste die Gemeinde sie dennoch acceptiren, da sie ein anderes geeignetes Grundstück nicht zur Verfügung hatte und zunächst auch Herrn von Boolen für die ihr daraus entstandenen Kosten belangen wollte. Denn der neue Besitzer Cornet Frinken forderte nicht nur die Räumung des Hauses, sondern auch die Entfernung der für die Synagoge getroffenen baulichen und sonstigen Einrichtungen und die Herstellung des früheren baulichen Zustandes. Die Gemeinde nahm diese Bedingungen an mit der Massgabe, dass der Vermiether sich zuerst an Geheimrath von Boolen zu halten, dass aber die Gemeinde für jeden Ausfall aufzukommen habe.

Der Kaufpreis hatte betragen 5100 Thlr. gleich Conventhlr. 3060. Sonstige Vergütungen für kleinere Reparaturen, an Schreiner, Maurer, „Blästerer", „Leyendecker", Schlosserarbeiten 40 Conventhlr. 40 Stüb. Aus der Specification ist ersichtlich, dass damals die Tagesarbeit eines Leyendeckergesellen mit 30 Stüber (100 Stüber = 1 Rthlr.), die eines Handlangers mit 15 Stüber, ein „ämer Kalg" mit 4 Stüber, ein „Pund lö zinn" mit 10 Stüber berechnet wurde. Ein „schloss im letzten stock nach der stros hin abgebrochen und zurecht gemacht und 2 neuen fordern tor eingemacht und ein neues vor" kostete 19 Stüber. Die auf die baulichen Veränderungen verwandten Kosten der Gemeinde betrugen circa 400 Thlr., und für die Herrichtung des Hauses im früheren Zustande wurden von dem Cornet Frinken laut Taxe 500 Thlr. liquidirt, obwohl die Taxatoren Huschberger und der Lehrer der Baukunst Joseph Erb zu der von ihnen am 3. Juni 1788 entworfenen Taxe folgenden Vermerk gemacht hatten: „Wie nun aber stadtkundig das Haus beym Ankauf des Geheimrathen von Boolen in sehr schlechtem stande war; so ist hieraus ersichtlich, dass in diesem Hause mehr gebessert als verschlimmert worden". Hierzu kamen noch die 190 Thlr. betragenden Kosten für den von der andern Partei bis aus Oberlandesgericht gebrachten Rechtsstreit, der ein ziemlich verwickelter war, da die Gemeinde sich an von Boolen hielt und Frinken wieder gegen die Gemeinde vorging. Boolen die Reparaturen selbst besorgen wollte, von Frinken aber gehindert wurde u. s. w. Diese beiden Processe, in welche die Gemeinde ohne ihr Verschulden verwickelt worden war, die ihr obenein noch viel Verdruss und grosse Schulden verursachten, reiften in der Gemeinde den Entschluss, sich gegen ähnliche Erfahrungen durch Errichtung einer neuen Synagoge zu schützen. Hierzu bot ihr die nach dem Plane von Johann Wilhelm entworfene „Extension" in der Carlstadt der Stadt gute Gelegenheit. Das in Aussicht genommene Grundstück befand sich im IV. Quadrat auf der

Casernenstrasse,

wo auch der Friedhof der Gemeinde war, und als um diese Zeit in Folge der Bebauung dieses Theiles der Extension geräumt werden musste. Die Gemeinde wandte sich daher in einer Eingabe vom 18. October 1789 an den Kurfürsten und erbat die Erlaubniss zu dem geplanten Bau. Die Wohnungen in Düsseldorf seien ohnehin rar und so beschwerlich zu haben, dass sich selten die Gelegenheit ergebe, eine erwerben zu können; die wenigstens seien ausserdem zu einer Wohnung geeignet; Miethhäuser liessen sich bei den enormen daraus erwachsenden Kosten gar nicht dazu einrichten. Deshalb sei es unumgänglich nöthig, eine neue Synagoge zu bauen. In dem Quadrat IV an der Ostseite[1] hätte sie zu dem normalmässigen Preise gegen baare Zahlung einen Bau

[1] Vgl. die zu dem Capitel „Friedhöfe" beigegebene Zeichnung Seite 245.

platz von 60 Rhein. Fuss Länge und 120 Fuss Tiefe erworben, um vorn eine Wohnung für den Rabbiner und dahinter die Synagoge zu errichten. Den Schutzjuden-Gemeinden würde allenthalben in den Haupt- und wenn sie „anzählig genug wären" auch in den übrigen Städten eine eigenthümliche Synagoge zugestanden, deshalb hoffte sie, dass ihr das nämliche zum mindesten in der kurfürstlichen Residenzstadt „mildest" gewährt werde. Die Gewährung dieser Bitte stand um so mehr in Aussicht, als denjenigen, welche in der neuen Carlstadt bauten, für 20 Jahre Steuerfreiheit zugesichert wurde. Die Judenschaft ging aber noch einen Schritt weiter und bat, der zu errichtenden Synagoge „nach dem Beyspiel der christlichen Kirchen und Bethäuser, welche bekanntermassen davon gänzlich befreyt sind, um so mehr eine ewige Freyheit ggst zu verleihen, als sich ohnehin der Bauplatz bis hieran in Keinem Steur-Anschlag befunden hat und in dem zu errichtenden Gebäu nie ein bürgerliches dem Steur-Beytrag unterwürfiges Gewerb geführt werden wird." „Wir gedenken dargegen die bemeldete Synagoge mit dem heiligsten Gelübde einzuweihen, dass die Düsseldorfer Schutz-Judenschaft den höchsten Gott um Erhöhung und Verherrlichung des durchlauchtigsten Churhauses alltäglich eifrigst anflehen werde." Das Gesuch musste jedoch erst sehr viele Instanzen durchlaufen. D. d. 16. Juni 1790 wird zunächst der G.-B. Geheimrath „vordersamst zum gutachtlichen Bericht aufgefordert", dieses fordert das „hohe Dicasterium" zum Bericht auf. Dieses hat ebenso wenig wie die Bau-Commission etwas einzuwenden. Die Resolutio Ser^{mt} vom 21. Aug. 1790 aus Frankfurt lautet: „Mag auf sich beruhen." Dieser Bescheid macht nun wieder den ganzen Instanzenweg durch. „Der Ghrath von Ddorff" commentirt diesen Bescheid folgendermassen: Da die Erbauung einer Synagoge in der Carlstadt nicht verbotten wird, so scheinet solche erlaubet zu seyn, dessen die wegen der Carlstadt Verordnete Commission zu benachrichtigen wäre." gez. Knapp. Die endgültige Entscheidung des Grafen von Nesselrode vom 17. September 1790 lautet: „Da wegen der Erbauung der Synagoge in hiesiger Carlstatt mit ggsten Apostill vom 21. Aug. nächsthin verordnet worden, dass der Vorwurf auf sich beruhen möge, damithin anhero meint, dass die Erbauung nachgegeben worden." Rüstig schritt die Gemeinde an's Werk. Nach dem von Hof-Maurermeister Köhler zu Düsseldorf entworfenen Plan, bestand der Bau:

In einem grossen Wohnhausse, so im Quadrat N: IV:

nach der Ostseiten in hiesiger Carlstadt gelegen, wird 63 Fuss zur Fronte der Strassen breit, 38 Fuss Tief, Düsseldorffer Maass, bekommet auf beydenseiten Keller, nurnicht unter der Einfarth, wird zwey stock hoch, mit einem Blatten Soliden Dachstuhl, und überhaupt nach der Plan in seiner bequemlichkeit proportion, und stärcke eingerichtet.

Ferner bestehet der Bau in einer Neüen Synagoge, oder Kirchen Gebäude, wie solches der Grund Plan ebenfalls in länge, Breite, und Höhe nachweiset, bekommt eine Altane, oder Gallerie auf dreyen seiten, wird mit einer Kuppel, oder Laterne im Dachstuhl eingerichtet, übrigens alles bestandmässig, dauerhaft, und gut verfertiget,

Noch ferner seynd die sämtliche Scheide-Mauern des ganzen Platzes zu herstellen.

Der Kostenanschlag betrug 7300 Thaler. Schon im Jahre 1791 war der Bau fertig gestellt. Um in der Folge vor allen Beunruhigungen desto sicherer zu sein, bat die Gemeinde um die Ausstellung einer Canzlei- oder Sicherheits-Urkunde über die d. d. 21. Aug. 1790 mittelst höchsthändigen Rescripts erteilte Erlaubniss. Wieder musste der ganze Instanzenweg durchlaufen werden, „da in dem Rescript nicht zugleich entschieden sei, ob sothane Urkunt auszufertigen sei." Es war daher erst „von der Hochlöbl. Hofkammer die Auskunft zu gesinnen", ob Bestimmungen über die Erbauung einer Juden-Synagoge und über das Recht, liegende Gründe zu erwerben, vorhanden seien. Die Hofkammer berichtete, es seien weder wegen der Synagoge noch darüber Akten vorhanden, dass „den Juden jemalen untersagt sey liegende Gründe zu erwerben." „Was also dieses objecti halber zu verodnen seyn, müsse man hochbelobter Stelle als eine in die Landeshoheit einschlagende Sache platterdings überlassen. Das alles am 12. Juni 1792, nach dem der Bauconsens bereits am 21. August 1790 an höchster Stelle ertheilt worden war. Am 19. Juni 1792 ist nun die Sicherheits-Urkunde allerdings bereits ausgestellt; allein „vor Aushändigung derselben will man darüber Verlässiget seyn, ob die Baukasse wegen der gem. Judenschaft überlass. Bauplatz Befriedigt sey". Als die Gemeinde „sicherem Vernehmen nach" diese Beanstandung erfahren, schickte sie, um nicht länger aufgehalten zu werden, die betreffende Quittung ein und bittet um endliche Aushändigung der bereits ausgestellten Sicherheits-Urkunde. Nachdem dieses geschehen, wurde die Synagoge am Neumondstage Nissau — 24. März 1792 eingeweiht. Zur Erinnerung an diesen hohen Festtag

16*

der Gemeinde und im tief empfundenen Danke gegen Gott wurde an demselben Tage ein neuer allgemeiner Wohlthätigkeits-Verein gegründet und mit dem bereits bestehenden von Rabbiner Samson Levi fast hundert Jahre früher gegründeten Krankenverpflegungs- und Beerdigungs-Verein verbunden.[1] Die Synagoge erwies sich jedoch gar bald als zu klein; schon in der Sitzung vom 27. Juli 1851 wurden der Gemeinde-Vertretung einige Pläne zur Vergrösserung der Synagoge vorgelegt. Die Verhandlungen zogen sich jedoch sehr in die Länge. Der am 23. Februar 1868 gefasste Beschluss, endlich zum Bau zu schreiten und das auf 15,000 Thlr. veranschlagte Capital durch Actien zu beschaffen, wurde am 1. Novbr. 1870 dahin erweitert, dass sowohl die Synagoge, als auch die davor stehenden Häuser, welche im baufälligem Zustande sich befanden, ebenfalls neu gebaut und das Capital auf 25,000 Thlr. erhöht, ein passender Bauplatz gesucht und die nöthigen Schritte ungesäumt gethan werden sollten. Am 3. December 1871 wurde der Baucommission für die Wahl eines anderen Platzes der Termin bis zum 31. December 1871 verlängert. Wenn dann kein Platz da wäre, sollte die Synagoge auf ihrem früheren Platze errichtet und sofort zum Baue geschritten werden. Die „sofortige" Ausführung dieses Beschlusses wurde denn auch am 5. October 1873 durch Abschluss eines Vertrages mit den Herren Deckers & Kuhne bewirkt, nach welchem der Bau der Synagoge ohne alles Transportable und ohne Gas- und Wasserleitung für die Summe von 15,000 Thlr. ausgeführt werden sollte. Die Mittel für den Bau der Synagoge und der Häuser wurde mit Genehmigung der Kgl. Regierung durch eine Anleihe aufgebracht, welche in Höhe von 90,000 Mark bei der Rhein. Provinzial-Hülfskasse zu 4½% und unter der Bedingung der ratenweisen Rückzahlung in 15 Jahren im Jahre 1874 erhoben wurde. Später wurde diese Summe noch vergrössert, der Zinsfuss aber aus eigener Initative der Hülfskasse auf 4¼% herabgesetzt und die Amortisationsbedingungen wesentlich erleichtert. Endlich im Herbst 1875 konnte die Synagoge unter der Theilnahme der hohen Behörden von dem referirenden und noch jetzt hier im Amte befindlichen Rabbiner am 10. Sept. 1875 eingeweiht werden. So viele Mühe, so viele Sorge und Kosten auch der Neubau der Synagoge erfordert hat, so ist trotz der kurzen Zeit ihres Bestehens die Frage der Erweiterung schon vielfach an die Gemeinde-Vertretung von neuem herangetreten und wiederholt Gegenstand

[1] Vgl. Seite 228 und Seite 230.

eingehender Erörterung gewesen, ohne dass bis jetzt eine
geeignete Lösung gefunden worden wäre.

Friedhöfe.

Der älteste Friedhof der Düsseldorfer Gemeinde war
ihr von dem Landesherrn auf der jetzigen Kasernenstrasse gleich nach ihrer Ansiedelung angewiesen worden.
Die beigedruckte Zeichnung stellt den Situationsplan

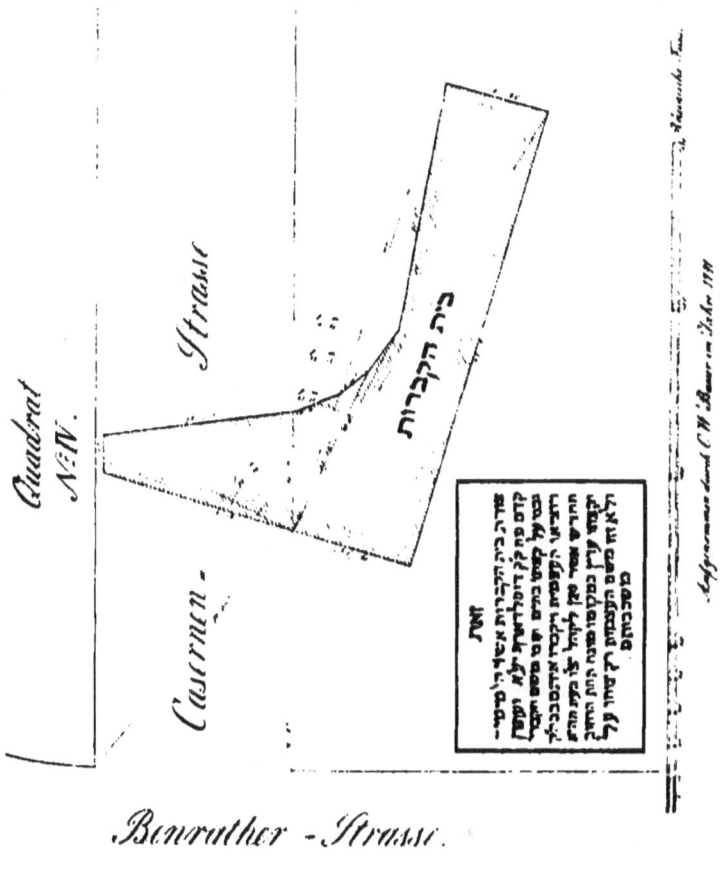

desselben dar. Nach dem Geleitspatent zahlte die Gemeinde
beim Ableben einer männlichen Person einen Goldgulden

für die Erlaubniss, dieselbe begraben zu dürfen, und zwar nach dem Wortlaut des Patents „so offt einer verstirbt". Aber Höchstgemelter Ihrer Churfürstl. Durchl. sonderbahrer ggstr. Befelch vom 17. Aug. 1742 gab dieser Bestimmung eine andere Deutung. Dieser Erlass lautet:

„Lieber Getreuer; Uns ist höchst missfälligst zu vernehmen vorkommen, wie dass einige deren in hieruntigen Unseren Landen vergleidten Juden den bey Absterben einer Jüdinn verschuldeten Goldgl. ferner abzutragen sich neuerlicher Dingen weigeren, mithin diese ihre fuglose Intention durch die im Glaydts-Patent befindliche Wörter: So offt einer verstirbt (als welche ihrer irriger Meinung nach nur vom Männlichen Geschlecht zu verstehen wären) behaupten wollen; Gleichwie aber gedachter Articulus Einer sich auff den negstvorherigen Sensum referirt, einfolgsam auch von denen darin vermeldten Persohnen so wohl Männ- als Weiblichen Geschlechts zu verstehen ist; Also habt ihr bey Absterben eines Juden oder Jüdinn ohne Unterscheid des Geschlechts euch jedesmahlen einen Goldgl. unter Straff, dass euch selbiger widrigen Falls zu Last gestellet werden solle, entrichten zu lassen, und behörend zu verrechnen. Düsseldorff den 17. Aug. 1742.
Aus Höchstgemelter Ihrer Churfürstl. Durchl.
sonderbahrem gnädigstem Befelch."

Die Auffassung der Gemeinde scheint aber die richtige gewesen zu sein; denn in den späteren Geleitspatenten heisst es ausdrücklich: „nicht zwar von dem weiblichen, sondern lediglich von dem Männlichen geschlechte zu anweisung der begräbnis bezahlt werden, mithin das weibliche hievon durchaus frey seyn solle." Allmälig dehnte sich die Stadt nach dieser Extension hin aus und im Jahr 1780 erging an die Gemeinde die Weisung, sich einen andern Friedhof zu suchen, da der bisherige applaniert werden müsse. Darauf hin petitionirte die Gemeinde d. d. 13. Aug. 1781 „um die erste Gnade", dass das Revier des Friedhofes „bis zum letzten Vollzug der Enklavisirung geschont bliebe." Käme die Ordnung auch hieran, so bestände „die zweite Gnad darin", dass der Kirchhofsdistrikt eine solche Bestimmung erhielte, wobey die Gräber nicht verletzt noch die Gebeyne verrückt zu werden bedürften. Denn diese Sorge sind wir den Eingangs erwähnten Gesetzen und Beyspielen zufolg unsern Todten am Vorzüglichsten schuldig. Ferner wurde um die Erlaubniss gebeten, falls die Gräber nicht sollten verschont bleiben können, die irdischen Ueberreste der Verstorbenen nach der neuen, von der Regierung ihr anzuweisenden Begräbnissstätte, überführen zu dürfen.

Der Begräbnissplatz sei der Gemeinde nach Massgabe des 9. Artikels der Geleitsconcession unentgeltlich zuzuweisen, weil eben dafür „die Erkenntniss von einem Goldgulden bey der Geburt oder Begräbniss eines Juden männlichen Geschlechtes abgetragen wird." Am besten wäre derselbe vor dem Ratinger oder Flinger Thor anzulegen, „weilen das Berger Thor zu Winterszeit bey hohem Wasser nicht zu passieren ist." Die Hofkammer gab bereits am 2. Juli 1782 der Ober-Kellnerei auf, diesem „billigen" Wunsche der Judenschaft zu entsprechen, einen ohnschädlichen Ort sofort auszuersehen und an höherer Stelle zu benennen. Nach längeren Verhandlungen wurde der Gemeinde im Jahre 1788 der

Gräuliche Bongard

als Begräbnissstelle unentgeltlich angewiesen. Bezüglich des Friedhofes auf der Casernenstrasse wurde der Gemeinde das Recht ertheilt, nach Verhältniss der auf der „Extension" fortschreitenden Bauthätigkeit die davon berührten Gräber nach dem neuen Friedhof überzuführen. Bei sehr vielen ist dies geschehen; den exhumirten Gebeinen wurden zum grössten Theil nebst den Grabsteinen rechts vom Eingang des neuen Friedhofes neue Grabstätten bereitet. Unbegreiflicher Weise ist dies jedoch nicht bei allen geschehen; die Inschrift der beigegebenen Skizze des Friedhofes enthält die Angabe: Diese Gestalt hatte der frühere Friedhof der Düsseldorfer Gemeinde. Jetzt aber ist derselbe zum Theil mit Häusern bebaut; man räumte die Gräber, hob die Gebeine aus, bestattete sie auf dem neuen Friedhofe, welcher der Gemeinde um diese Zeit angewiesen wurde. Ein Theil der Gräber befindet sich jedoch noch jetzt unter der Strasse, ohne dass die Gebeine, welche darin ruhten, ausgegraben worden wären. Merkwürdiger Weise waren das grade die jüngsten Gräber, welche bekannten Persönlichkeiten angehörten, deren Familienangehörige noch in Düsseldorf und Umgegend lebten, wie z. B. das Grab der Frau Dr. von Geldern geb. Bock, Grossmutter von Heinrich Heine[1] und der Frau Rabbiner Brandes.[2] Diese Gräber und verschiedene andere wurden im Jahre 1884 auf der Casernenstrasse mit den vorzüglich erhaltenen Grabsteinen bei den Canalisationsarbeiten ausgegraben und nach dem Friedhof an der Bongardstrasse überführt. Dass dies nicht gleich damals bei der Anlage des neuen Friedhofes geschehen, lässt sich, wie zu vermuthen, nur dadurch

[1] Vgl. Wedell, Heinrich Heine's Stammbaum mütterlicherseits.
[2] Vgl. S. 229.

erklären, dass die Bebauung des betreffenden Theiles der Extension so schnelle Fortschritte machte, dass die Räumung des Friedhofes damit nicht gleichen Schritt halten konnte. Sofort schritt die Gemeinde zur Einrichtung des neuen Friedhofes. Bereits am 12. Februar 1788 wurde durch den damaligen Gemeindevorsteher Dr. med. von Gelderen mit Bendict Giesen und Bartholem Meyra ein Vertrag abgeschlossen, wonach die letzteren es übernahmen, um den gräulichen Bongard, „wohe der Neue Juden Kirchhoff angelegt ist" eine Hecke zu machen und sechs Jahre zu unterhalten. Dafür erhielten sie 12 Thlr. 30 Stüber sofort und ebenso viel nach Herstellung der Hecke; für die Bewachung des Friedhofes erhielten sie das Abnutzungsrecht des Graswuchses. Ueberflüssig war eine solche Bewachung nicht, da sogar in der Stadt die Leichenzüge gegen Beschimpfungen nicht geschützt waren. Denn „um von den Leichenbegängnissen der Juden jeden Unfug und sonstige Excessen, die bei Gelegenheit derselben nicht selten Statt gehabt haben, zu entfernen u. s. w. wird vom Kreiskommissär und Oberbürgermeister Schramm d. d. 20. August 1818 u. a. verfügt:

„Die Beerdigung der Israelitischen Leichen darf nur des Morgens und Abends und zwar vom 20. März bis 20. September des Morgens vor 8 Uhr und des Abends nicht früher als nach 7 Uhr; und vom 21. September bis den 19. März des Morgens vor 9 Uhr und des Abends nicht früher als nach 3 Uhr geschehen."

Auf Grund eines Gutachtens des damaligen Landrabbiners Scheuer wurden die Leichen damals nicht gefahren, sondern getragen.

Nicht unerwähnt darf hier bleiben, dass dieser Friedhof lange Zeit nicht Eigenthum der Gemeinde war, sondern erst am 4. August 1837 von der Kgl. Regierung für die Gemeinde durch den damaligen Vorsteher Sal. Mayer angekauft wurde. Von der angekauften Parcelle wurden 5 Morgen 133 Ruthen 70 Fuss Herrn Jos. Custodis für den entfallenden Theil des Ankaufspreises incl. Kosten und Stempel für 2138 Thlr. 2 st. 3 Pf. überlassen. Den Rest von 1 Morgen 52 Ruthen 70 Fuss mit dem Antheil an dem halben Düsselbach übernahm die Gemeinde selbst. Die Unterhandlungen wegen des Ankaufes waren schon 1827 von dem damaligen Gemeindevorsteher G. P. van Perlstein[1], mit der Kgl. Regierung angeknüpft worden:

[1] Auch die Gattin desselben, Frau Eleonore geb. Cohen, war eine sehr thätige Vorsteherin des Frauen Vereins gewesen.

dieselben zogen sich jedoch in die Länge, weil das Grundstück damals noch zum grossen Theil verpachtet war, und die Gemeinde dieses Pachtverhältniss nicht übernehmen wollte. Nach einem 1842 mit der Gemeinde getroffenen Abkommen übernahmen die Adjacenten Sartorius & Keller gegen gewisse Rechte die Verpflichtung, einen grossen Theil des Friedhofes mit einer 6 Fuss hohen Mauer zu umgeben. Der übrige Theil derselben wurde in demselben Jahre durch freiwillige Beiträge der Gemeindemitglieder aufgebracht. In Folge ihrer allmäligen Ausdehnung war die Stadt dem Friedhofe allmälig näher gerückt, so dass die Behörde im Jahre 1874 die Schliessung desselben anordnete. Nach längeren Verhandlungen wurde der Gemeinde von der städtischen Behörde ein Grundstück am Stoffeler Damm unentgeltlich angewiesen. Die Gemeinde hielt dieses Grundstück wegen seiner grossen Entfernung von der Stadt nicht für geeignet und beantragte, „ihr die Mitbenutzung des Communalfriedhofes zu gestatten." Nach Annahme dieses Antrages wurde der Gemeinde ein bis dahin als Gartenland verpachtet gewesener, an die Kaiserswerther Chaussee grenzender Theil des Friedhofes zur alleinigen Benutzung mit besonderer Einfahrt direct von der Chaussee aus unter den allgemein festgestellten Normen eingeräumt. Nach diesen musste ein jedes Grab, welches unantastbar bleiben sollte, für eine gewisse Summe angekauft werden. Da nach jüdischem Ritus die Unantastbarkeit eines Grabes das erste Erforderniss für ein solches ist, so wurde von der Gemeinde-Vertretung der Beschluss gefasst, für sämmtliche Gräber die betreffende Gebühr zu zahlen. Die Gemeinde hatte, ohne die Tragweite ihres Beschlusses zu kennen, während der Rabbinats-Vacanz die Mitbenutzung erbeten und glaubte nach Gewährung ihres Antrages denselben nicht wieder ablehnen zu können, obwohl verschiedene Schwierigkeiten sich ergaben und die Kosten sehr grosse waren. Ausserdem war der endgültige Termin für die Schliessung des Friedhofes herangekommen, ohne dass die Gemeinde für einen andern Friedhof gesorgt hatte. Bei diesem Stadium, in welchem sich die Angelegenheit befand, musste der Rabbiner, als die Sache an ihn heran trat, sich darauf beschränken, wenigstens dafür Sorge zu tragen, dass keine rituelle Bestimmung verletzt wurde. Im Rahmen der früher gefassten Beschlüsse war die Gemeinde auch bemüht, diesen Forderungen gerecht zu werden, insbesondere wurde darauf gesehen, dass die erworbenen Gräber sämmtlich „erb und eigenthümlich für alle Zeiten waren."⁵ Als aber das betreffende, die Besitzfrage ordnende Regulativ für die Folge von der Stadt geändert und noch viel schwerere Bedingungen stellte, da ferner ein grosser Theil der Gemeinde hauptsächlich von der irrthümlichen Meinung ausgehend, dass auf andere Weise die Unantastbarkeit der Gräber nicht gesichert werden konnte, einen der Gemeinde gehörigen Platz für den Friedhof wünschte und ein solcher der Gemeinde von einigen Mitgliedern als Geschenk angeboten wurde, wozu der Rabbiner einen erheblichen Theil der Beiträge gesammelt hatte, so übernahm es der Vorstand in Uebereinstimmung mit den Repräsentanten auf Antrag des Gemeinderabbiners, von der Kgl. Regierung die Erlaubniss zu erbitten, den

Friedhof auf der Ulmenstrasse

als Geschenk annehmen und einrichten zu dürfen. Seit Schliessung des andern Friedhofes ist dies der einzige, der jetzt von der Gemeinde benutzt wird. Das erste Grab auf demselben wurde Simon Quack bereitet, der einen grossen Beitrag zur Erwerbung des Friedhofes geleistet hatte.

Wohlthätigkeits-Vereine.

Um die von den verschiedenen Vereinen verfolgten Wohlthätigkeits- und religiösen Zwecke besser zu erreichen und die Thätigkeit der einzelnen Vereine segensreicher zu gestalten, wurde auf Anregung des zeitigen Rabbiners eine möglichst enge Verbindung dieser Vereine angestrebt durch Bildung einer Central-Commission. Der Präsident derselben ist der zeitige Rabbiner. Zusammengesetzt wird dieselbe durch Deputirte der Vorstände von den Vereinen, welche den Bestimmungen über die Central-Commission sich unterwerfen.

Der wichtigste Verein für die religiösen Interessen und für die Armenzwecke der Lokalgemeinde ist

1. der Krankenpflege- und Beerdigungs-Verein
(Chewrat G'milut Chassadim Waawirat Thillim).

Derselbe wurde von dem ersten Rabbiner der Gemeinde¹) im Anfang des vorigen Jahrhunderts gegründet und am Tage der Einweihung der Synagoge auf der Casernenstrasse 1. Nissan = 24. März 1792 mit der an diesem Tage gegründeten Abtheilung für sonstige Unterstützungen vereinigt. Entsprechend den Bedürfnissen, welche sich aus der Vergrösserung der Gemeinde und der

---

¹) Vgl. Seite 228.

Erweiterung der Stadt ergaben, wurden nach sehr eingehenden Berathungen mit dem Rabbiner im Jahre 1880 die Statuten den neuen Verhältnissen angepasst und die Zwecke des Vereins u. a. folgendermassen normirt:

Allen erkrankten Mitgliedern des hiesigen städtischen Synagogenbezirkes und deren Angehörigen durch die ordentlichen Mitglieder den nöthigen Beistand durch Besuch, Wartung und Pflege, nöthigenfalls durch Aufnahme in ein Krankenhaus unentgeltlich angedeihen zu lassen.

Zur Unterstützung der ordentlichen Mitglieder in Ausübung ihrer Pflichten für geübte Krankenwärter und Krankenwärterinnen Sorge zu tragen und soweit die hier vorhandenen Kräfte nicht ausreichen, zu diesem Behufe eine Anzahl junger, kräftiger Männer und Frauen ausbilden zu lassen.

Kranken bis zu ihrer Genesung oder Todesstunde mit Trost und Andachtsübungen durch die ordentlichen Mitglieder zur Seite zu stehen, ebenso beim Hinscheiden die rituellen Gebete von Letzteren verrichten zu lassen.

Die Leichen durch bestellte Männer oder Frauen bewachen, durch ordentliche Mitglieder resp. durch die Ehrendamen unter Zuziehung der Vereinsdienerinnen nach dem vorgeschriebenen Ritus waschen, reinigen und ankleiden zu lassen.

Ferner die Leichen durch ordentliche Mitglieder zum Friedhofe begleiten und bestatten zu lassen.

Hiesigen Armen je nach den Mitteln des Vereins Unterstützung angedeihen zu lassen.

Zur Weiterbildung der Mitglieder leichtere religionswissenschaftliche Vorträge halten zu lassen.

Jedes ordentliche Mitglied ist verpflichtet, nach erfolgter schriftlicher Aufforderung des Pflegers die Wache am Krankenbette persönlich zu übernehmen, im Verhinderungsfalle hat es für einen Stellvertreter zu sorgen. Die Wächter dürfen den Kranken nicht verlassen, bevor die folgenden zur Ablösung da sind. Länger als eine halbe Stunde sind sie jedoch nicht zu warten verpflichtet, haben aber in diesem Falle dem Pfleger sofort Anzeige zu machen, der dann das Weitere zu veranlassen hat.

Die Aufgabe der ordentlichen Mitglieder bei der Krankenpflege ist folgende: den Anordnungen der Aerzte pünktlich nachzukommen, den Kranken liebevoll zu pflegen, Alles zu vermeiden, was seine Behaglichkeit und Ruhe stört, für die Sauberkeit des Krankenlagers und Krankenzimmers und bei etwa eintretenden Vorzeichen des herannahenden Todes nach Möglichkeit für die Anwesenheit mehrerer Vereinsmitglieder zu sorgen, um gemeinschaftlich die Gebete bei dem Sterbenden zu verrichten. Ferner ist es Pflicht der Wächter, den Familienmitgliedern des Kranken, so weit die Rücksicht auf denselben es gestattet, in ihren geschäftlichen und häuslichen Angelegenheiten treu zur Seite zu stehen, auch dann, wenn die Krankenpflege nicht in Anspruch genommen wird.

Der Verein macht in der Ausübung seiner wesentlichsten Pflichten keinen Unterschied zwischen Mitgliedern und Nichtmitgliedern, denn in seinem wahren Mitgefühl für seine Schutzbefohlenen verbindet er mit der körperlichen Pflege auch geistige Bemühungen. Er sorgt dafür, dass die gesetzlich vorgeschriebenen Gebräuche ausgeübt werden, er sorgt für die letzten Augenblicke, da die Seele sich vorbereitet, um vor ihrem Gotte zu erscheinen. Man lässt den Sterbenden ein Bekenntniss ablegen, man betet mit ihm zusammen, man betet für ihn nach seinem Tode.[1] Der Verein hat in den letzten Jahren ein starkes Wachsthum, vor allem kein Deficit zu verzeichnen und schloss im letztverflossenen Jahre ab in Einnahme mit 1304,35 M., in Ausgabe mit 1177,96 M., Vermögensbestand 9592,11 M.

Das Vermögen ist trotz des hohen Alters des Vereins ein verhältnissmässig geringes, weil derselbe die Verwendung seiner Mittel für die von ihm verfolgten Zwecke für die beste Anlage derselben hält. Gegenwärtig wird der Verein geleitet von den Herren: L. Scheuer (Vorsitz.), M. May (Stellvertr.), Alex Levi, L. Leib, H. Hirsch, A. Raphael, Jacob Wolf. Die drei letztgenannten Herren sind die „Pfleger" des Vereins.

Derselben Verwaltung ist unterstellt der Verein

2. Malbisch Arumim.
Zweck: Bekleidung armer Schulkinder.

3. Israelitischer Frauen-Verein.
Zweck im Wesentlichen derselbe als derjenige des Krankenpflege- und Beerdigungs-Vereins. Die Vorstandsdamen haben die Pflicht, durch Besuch in den Häusern der bedürftigen Familien von deren Lage und Bedürfnissen genaue Kenntniss zu erlangen und erfüllen dieselbe mit rührender Gewissenhaftigkeit. Ein seit Jahrhunderten geheiligter Brauch des Frauen-Vereins ist, für Verstorbene die Sterbekleider anzu-

---

[1] Vgl. Fürstin Gortschakoff, Christen und Juden. Autorisirte Uebersetzung von Blumenthal. Mainz 1888.

fertigen. Dieselben bestehen für alle in gleicher Weise aus weissem Linnen.

Die Gründung des Vereins erfolgte vor ca. 50 Jahren. Der Vorstand besteht jetzt aus den Damen Frau J. M. Neymann, Frau Rabbiner Dr. Wedell und Frau Jos. Wolf.

Was wir von dem ersten Verein bezüglich der Krankenpflege und des den Kranken gewidmeten religiösen Beistandes gesagt haben, muss auch von dem Frauen-Verein in hohem Grade gerühmt werden.

Seine Einnahmen betrugen im letzten Jahre incl. eines Saldos aus 1886 von 385,69 Mark 1854,44 Mark, seine Ausgaben 1456,88 Mark. Sein Vermögen betrug Ende Decbr. 4200 Mark und ist durch eine eingegangene Forderung aus einem Nachlass auf 4900 Mark gewachsen.

4. Der „Neue Verein":
Chewrah Chadaschah.

Zweck: Beschaffung von Unterrichtsmitteln für unbemittelte Kinder, Lieferung von Brand und Nahrungsmitteln. Nach dem Hinscheiden der andern Vorsteher ruht die Verwaltung seit mehreren Jahren ausschliesslich in den Händen des Herrn Michael Simons, der dem Wunsche der Mitglieder gemäss den Verein demnächst zu reorganisiren gedenkt.

Derselben Verwaltung untersteht

5. Hachnosat Kalloh.

Zweck: Ausstattung armer Bräute.

6. Privat-Verein
(Verein gegen Hausbettelei).

Vorstand: Louis Bacharach.

7. „Zedakah".

Allgemeine Wohlthätigkeits-Kasse. Verwaltung: Gemeinde-Vorstand.

Was die Gemeinde sonst durch ihre einzelnen Mitglieder oder in Vereinen für die Wohlthätigkeit oder sonstige gemeinnützige Zwecke leistet, kann und darf hier nicht weiter erörtert werden. Im Allgemeinen ist auf diesem Gebiete eine freudige stets wachsende Regsamkeit wahrzunehmen, die um so mehr Anerkennung verdient, als sie sich bemüht, im Zusammenhang mit den Altvordern zu bleiben.

Gern und eifrig haben die Mitglieder der Gemeinde sich an allen bürgerlichen und staatlichen Bestrebungen betheiligt und dankbar jede Gelegenheit ergriffen, in allen Bürgertugenden mit ihren Mitbürgern wetteifern zu dürfen.

Was in dieser Beziehung von Mitgliedern des Synagogen-Verbandes geleistet worden, ihre Bedeutung für das Gesammt-Culturleben der Stadt, des Staates und der Menschheit überhaupt gehört nicht sowohl der Geschichte der jüdischen Gemeinde, als vielmehr der allgemeinen Culturgeschichte an und musste daher hier unberücksichtigt bleiben. Denn das Besondere, was die Gemeinde für sich in Anspruch nimmt, ist nur auf dem Gebiete ihrer religiösen Einrichtungen zu suchen; sonst aber treten ihre Mitglieder in die Reihen ihrer Mitbürger, mit welchen sie einig sind in der Liebe und Treue gegen das Vaterland, in der Liebe und Treue gegen das erlauchte Herrscherhaus und in der Beherzigung der prophetischen Mahnung:

„Fördert das Wohl der Stadt, dahin ich euch geführt und betet um sie zum Ewigen."

Entwickelung des Schulwesens zu Düsseldorf.*

Von

Gymnasiallehrer G. Kniffler.

Wer die Bedeutung des Schulwesens für die Cultur und das ganze Leben eines Volkes kennt, würde in dieser der Vergangenheit Düsseldorfs gewidmeten Festschrift einen Rückblick auf die früheren Schulverhältnisse unserer Stadt ungern vermissen. Die Rücksicht auf den zur Verfügung gestellten Raum nöthigt zwar den Verfasser, sich kurz zu fassen und nur das Hauptsächliche hervorzuheben, indessen dürfte die Hoffnung nicht unberechtigt sein, dass auch so jeder Leser ein klares und übersichtliches Bild von der Entwickelung der Düsseldorfer Schulen erhalten wird. Dabei wird selbstverständlich der älteren Geschichte umsomehr eine eingehendere Darstellung zu Theil werden müssen, als ja nur früher bei dem Mangel an gesetzlichen Bestimmungen eine gewisse Mannigfaltigkeit und Eigenart in der Gründung und Erhaltung von Unterrichtsanstalten sich zeigen konnte, während heut zu Tage beim Vorhandensein einer festen, gesetzlichen Norm, die den gleichen Zwecken dienenden Schulen überall sich auch in gleicher Weise entwickeln. Ferner werden gerade in

---

*) Quellen: 1. Nettesheim, Geschichte der Schulen im alten Herzogthum Geldern. Düsseldorf, Bagel, 1881. 2. Kortüm, Nachricht über das Gymnasium zu Düsseldorf im 16. Jahrhundert. Programm 1819. 3. Krafft, Die gelehrte Schule zu Düsseldorf. Programm des Realgymnasiums 1853. 4. Tönnies, Die Docenten der juristischen Fakultät zu Düsseldorf, in Nr. 1 der Zeitschrift des Düsseldorfer Geschichtsvereins 1883. 5. Tönnies, Die Fakultätsstudien zu Düsseldorf. Programm der Bürgerschule 1884. 6. Programme und Festschriften der besprochenen Schulen. 7. Kortüm, Ein Lebensbild. Berlin, Reimer 1860. 8. Urkunden aus dem 16. Jahrhundert. 9. Freundlichst zur Verfügung gestellte Privatmittheilungen.

diesem Jahre sich die Bewohner Düsseldorfs mit Vorliebe in vergangene Zeiten zurückversetzen und erfahren wollen, in welcher Weise damals für die Unterweisung der Jugend, die man jetzt als eine der Hauptaufgaben des Staates ansieht, gesorgt war. Wie alles im Leben, so hat sich auch das Schulwesen aus kleinen und kaum wahrnehmbaren Anfängen entwickelt. Es hat ohne Zweifel bei jedem Volke, also auch in unserer Gegend, Zeiten gegeben, in welchen der Einzelne sich mit den Unterweisungen begnügen musste, welche ihm zufällig von seiner Umgebung zuertheilt wurden. Es bedeutet schon einen gewissen Grad der Kultur, wenn das Bedürfniss nach einer ausreichenderen und zusammenhangenden Belehrung zur Gründung einer diesem Zwecke dienenden Anstalt trieb. In Deutschland sind solche nach Einführung des Christenthums im Anschluss an die Klöster und Kirchen entstanden und haben sich durch alle Jahrhunderte des Mittelalters mehr oder weniger blühend erhalten. Da jedoch selten eine Urkunde über die Gründung einer Schule aufgenommen wurde, so sind wir über die Zeit der Errichtung gewöhnlich im Ungewissen, und daher kann es uns nicht wundern, dass wir auch nicht wissen, ob zur Zeit, als Düsseldorf die Stadtrechte erhielt, eine Schule vorhanden war oder nicht. Wie aber dort, wo ein geordnetes Pfarrsystem sich bildete, im Laufe des 11. und 12. Jahrhunderts mindestens eine vom Pfarrer oder Küster geleitete Schreib- und Leseschule bestanden hat, so dürfen wir dies auch von Düsseldorf voraussetzen. Diese Schule mag eine kleine Ausdehnung erfahren haben, als 1288 bei Verleihung der Stadtrechte die vorhandene Pfarrkirche zu einer Collegiatkirche mit 8 Geistlichen erhoben wurde. Das urkundlich festgestellte Jahr der Errichtung oder der Existenz einer Schule zu Düsseldorf ist der 1. März 1392, an welchem Tage mit päpstlicher Genehmigung das Collegium um 15 Geistliche vermehrt wurde. Einer von den neu eingetretenen wird ausdrücklich als Scholasticus aufgeführt; er hatte das ganze Unterrichtswesen der neuen Stadt zu beaufsichtigen und zu leiten, den Lehrplan zu entwerfen, Lehrer anzustellen und untaugliche zu entlassen. Ausser dieser geistlichen Aufsicht wurde der enge Anschluss der Schule an die Kirche noch durch die Verpflichtung der Schüler zu der Theilnahme an dem täglichen Gottesdienst und durch das Versprechen des kirchlichen Gehorsams von Seiten der Lehrer gestärkt. Nach den Statuten des Düsseldorfer Kapitels sollte das Amt des Scholasticus einem wohlgebildeten, urtheilsfähigen Manne übertragen werden, der die Schulen wohl besorgen und mit Rath und Zustimmung des Dechanten und Kapitels Schulmeister anstellen solle, die sich durch Bildung, gläubige Gesinnung empfehlen und in den Wissenschaften wohl unterrichten könnten. Vom Scholasticus also wurden die Lehrer (Rectoren, Conrectoren, Schulmeister, oder auch Ludimagistri genannt) ausgewählt und in ihr Amt eingeführt; dieselben hatten in der Regel neben ihrem Amte den Kantor- und Organistendienst zu übernehmen. Diese Leute besassen schon durch die Kenntniss der liturgischen Formeln und des Kirchengesanges mit seinen Noten und seinem Texte eine höhere Bildung als das gewöhnliche Volk, dazu wurden sie noch in besonders eingerichteten Küsterschulen vorgebildet. Im Anfange, wo nur wenige Schulen in Düsseldorf waren, wird der Scholasticus den Religionsunterricht und den Unterricht besonders der Chorknaben selbst in der Hand gehabt haben. Ferner hatte er wohl die Unterweisung der Kleriker zu leiten, welche sich dem Unterrichte der lateinischen oder der Trivial- oder Stiftsschulen widmen wollten. In den Urkunden werden Kapläne und Küster hauptsächlich als solche genannt, welche in der Stiftsschule unterrichteten. Oft figurirte ein Lehrer dieser zugleich als Schreibmeister in der kleinen Schule, wodurch eine enge Verbindung zwischen beiden erzielt wurde.

Der Einfluss der Kirche wurde wohl zuerst in Bezug auf die Wahl der Lehrer beschränkt. Während Anfangs der Wille des Scholasticus oder des Kapitels den Ausschlag gab, bemerken wir später bei den Stadtbehörden das Streben, das Schulwesen und besonders die Anstellung der Lehrer in ihre alleinige Gewalt zu bekommen. So entbrannte zuweilen zwischen dem Scholasticus und dem Magistrate ein Streit, welcher in der Regel zu Gunsten der Stadt, zuweilen des Kapitels beigelegt wurde. Z. B. schreibt 1699 der Magistrat an das Kapitel, dass er seit undenklichen Jahren die Schulmeister der unteren Klasse angestellt habe, wie er aus verschiedenen Bestallungen nachweist. Dechant und Kapitel remonstrirten, dass ihnen vermöge ihrer Fundation allein zustehe, einen Schulmeister anzuordnen. Bürgermeister und Rath habe trotzdem nach Absterben des Schulmeisters Nosthoff den Agricola angestellt. Als Agricola starb, sandte das Kapitel einen Notar an die Stadt mit der Bitte, einen Ort zu nennen, wo man gemeinschaftlich einen Ludimagister wählen könne. Der Rath wies dies von der Hand und erklärte, bei seinem Standpunkte zu verbleiben. Der Notar präsentirte zwei passende Personen, von denen eine später als Lehrer allseitig anerkannt wurde. Hier trug also das Kapitel den Sieg davon. Schwer in's Gewicht fiel in diesen Streitigkeiten die Stimme des herzoglichen Landesherrn, weil er die Schule unterstützte. Dieser Einfluss der weltlichen Behörden wurde insofern vermehrt, als das Verhalten und die Unterrichtsweise eines Lehrers von der Bürgerschaft und dem Magistrate einer Kritik unterzogen und die Entfernung nicht geeigneter Lehrkräfte beantragt wurde. Ein Beispiel hierfür finden wir in der von der Düsseldorfer Bürgerschaft am 26. Dezember 1535 an den Rath gerichteten Bittschrift, worin es heisst: Die Bürgerschaft wünscht die Entlassung des bisherigen Schulmeisters „angesehen er in Wesen und Lehre lange Jahr ungeschickt befunden worden". Mit der allmäligen Ausdehnung dieser Rechte hielt natürlich die Vermehrung der Verpflichtung zur Unterhaltung der Schule gleichen Schritt. Die Stadt unterstützte zuerst durch Naturallieferungen die von der Kirche angestellten Lehrer, dann wies sie ihnen eine geeignete Wohnung oder eine Entschädigung in Geld an und sorgte für passende Schullokale und schliesslich für alle Bedürfnisse. Trotzdem wurde das Aufsichtsrecht der Kirche immer anerkannt und sogar gewünscht, wie wir dies für das 18. Jahrhundert aus einer Klage des Magistrats entnehmen können.

Welcher Art waren denn die dem Scholasticus unterstellten Schulen? Unter der Aufsicht desselben standen im 15. Jahrhundert zwei in ihren Zielen auseinandergehende Anstalten, einerseits die vom Herzog Wilhelm gegründete Trivial- und Nullanenschule und andererseits die „kleine Schule" oder „Kinderschule". Die letztere ersetzte die Stelle unserer Elementarschule, die andere bereitete zu den höheren Studien vor; sie umfasste, wie auch der Name andeutet, das sogenannte Trivium: Grammatik, Rhetorik, Dialectik, mit Ausschluss des Griechischen. Die lateinische Literatur fand zwar keine Berücksichtigung, die lateinische Sprache selbst wurde aber aus Uebersetzungen und Kommentaren des Aristoteles, also nicht aus den Autoren selbst, gelehrt. Die Schüler, welche den höheren Unterricht genossen, waren wie die anderer Schulen Deutschlands theils in der Stadt ansässig, theils kamen sie von auswärts und fanden bei den Bewohnern Kost und Unterkommen; die ärmeren lebten von den Almosen bemittelter Bürger, von dem Ertrage des Gesanges beim Gottesdienste, oder von den Einnahmen des Chors, der, fromme Lieder absingend, vor den einzelnen Häusern Unterstützungen einsammelte.

Das Lokal der Stiftsschule lag in unmittelbarer Nähe der Stiftskirche; denn im Jahre 1635 erlitt dasselbe beim

Auffliegen des der Kirche gegenüberliegenden Pulverthurms eine solche Zerstörung, dass die Schüler dem Regen und Sturme ausgesetzt waren. Auf die Klage des Schulmeisters Anton Hartung wurde das Lokal vom Magistrat wieder in Stand gesetzt.

Die Frequenz dieser ältesten Schulen ist schwer festzustellen, so lange das Verhältniss derselben zu einander und zu den später errichteten höheren Lehranstalten nicht feststeht. In einem Bericht des Magistrats an den Herzog vom Jahre 1670 wird die Frequenz der lateinischen Schule auf 130, die der deutschen Schule auf 50 angegeben und zugleich mitgetheilt, dass das Schullokal eine Vergrösserung erfahren habe, wodurch es Raum für 150 Kinder und mehr erhielt. Es ist selbstverständlich, dass im Laufe der Zeit das Bedürfniss besonders nach Elementarschulen immer dringender wurde. Man machte sogar schwache Versuche, die Mädchen von den Knaben zu trennen, auch fanden die ärmeren Schüler allerdings erst dann mehr Berücksichtigung, als unangenehme Vorkommnisse, wie Zügellosigkeit und Müssiggang die Behörde daran erinnerte, dass auch etwas für das gewöhnliche Volk geschehen müsse. Ferner werden wir bei Prüfung der einzelnen historischen Angaben finden, dass das Privatschulwesen eine gewisse Ausdehnung nicht immer zum Vortheil des Unterrichts annahm. Die Thatsache endlich, dass nach der Reformation die Kinder katholischer Eltern trotz Abmahnung der Behörde die Schulen lutherischer Lehrer besuchten, zeigt deutlich, dass die Reformirten und Protestanten zeitweise mit genügenden Lehrkräften versehen waren. Nach diesen allgemeinen Erörterungen mag es gestattet sein, einzelne Daten zur Beleuchtung des Gesagten vorzuführen. Für das Jahr 1587 ist das Vorhandensein eines Lehrers, „welcher für die Mädchen sorgt", urkundlich festgestellt. Ebenso werden 1670 sechs Devotessen erwähnt, welche nicht allein Mädchen, sondern auch einige Jungen unter ihrer Disciplin hatten. Schon 14 Jahre später schenkte Herzog Johann Wilhelm den aus Cöln 1681 angekommenen Ursulinerinnen einen Platz zum Bau einer Kirche und eines Klosters, in welchem lange Jahre eine blühende Mädchenschule bestand. Eine Knabenschule unterhielten ferner schon seit dem Anfang des 16. Jahrhunderts die Kreuzherren in ihrem Kloster an der Ratingerstrasse. 1803 wurde zwar der Orden der Kreuzherren aufgehoben, aber die Schule blieb unter zwei Lehrern im Kloster bestehen. Als 1812 hierin ein Montirungsdepot angelegt wurde, verlegte man die Schule auf die Mühlenstrasse. Aus derselben entstand später die Andreaspfarrschule, die noch jetzt den Namen Kreuzbrüderschule führt.

In Derendorf bestand um das Jahr 1675 eine von einer Lehrerin geleitete Schule, die vom Stiftsdechanten beaufsichtigt wurde. 6 Jahre später ertheilte der Herzog einem Lehrer die Concession, eben dort eine Privatschule zu halten. Dies sind wohl die Anfänge der späteren Derendorfer Pfarrschule.

Da in diesen Zeiten von einem Schulzwang nicht die Rede sein konnte, so ist es nicht auffällig, dass eine grosse Zahl armer Kinder ohne jeden Unterricht in Müssiggang auf den Gassen aufwuchs und eine Last für die Stadt und den Staat wurde. Gegen diesen Unfug wandte sich ein Schreiben des Herzogs vom 4. Mai 1666; in diesem spricht er seine Absicht aus, „eine freie deutsche Schule" zu errichten und mit zwei Lehrerinnen zu versehen. Die Stadt bot ihm als Lokal die auf dem Kirchhof gelegenen Schulhäuser an, die schon früher für den Unterricht der armen Kinder gebraucht waren. Wir werden nicht fehlgehen, wenn wir hierin den Ursprung zu der am Anfange dieses Jahrhunderts bestehenden Armenschule finden.

Ein weiterer Uebelstand war das Ueberhandnehmen der Privatschulen, deren Inhaber meist nicht einmal die nöthigen Kenntnisse oder amtliche Erlaubniss besassen. So wird 1567 eine deutsche Schule in der Bergerstrasse, 1570 die Schule des Anton Hambach, „welcher Bürgerstöchter unterrichtete", erwähnt. Manche von diesen Privatlehrern genossen insofern eine öffentliche Anerkennung, als sie von Einquartierungen und überhaupt von bürgerlichen Lasten befreit waren. Sie machten eben durch ihre Thätigkeit den Mangel an Schulen weniger fühlbar, schadeten aber oft durch ihre Ungeschicklichkeit der anvertrauten Jugend sehr.

Im Anfange des 18. Jahrhunderts liess der Kurfürst eine Untersuchung des Privatschulwesens für Düsseldorf durch den Stiftsdechanten vornehmen. Es stellte sich heraus, dass 19 Privatschulen vorhanden waren. Die Leiter derselben waren ein Kutscher, ein Kerzenmacher, eine Wittwe u. s. w. Die Frequenz belief sich zwischen 6 und 50. Der Mangel an religiöser Ausbildung und die Ausartung der Düsseldorfer Jugend bestimmte zuletzt den Kurfürsten Carl Theodor, am 7. Mai 1760 eine Verordnung zu erlassen, wonach die Kinder gehalten waren, jeden Sonntag dem in der Jesuiten- und Franziskanerkirche stattfindenden Religionsunterricht beizuwohnen.

Erst gegen Ende des Jahrhunderts wurden ernste Massregeln ergriffen, um eine Aufbesserung des Lehrerstandes zu erzielen und das Schulwesen zu organisiren, man kam eben allmählich zu der Ansicht, dass nur selten ein tauglicher Lehrer ohne Anleitung sich selbst bilden könne, sondern dass es zur Heranbildung desselben einer planmässigen Vorbereitung bedürfe. Ueber die damalige Lage des Schulwesens gibt 1803 Joseph Schram, welcher als Professor der juristischen Akademie zu Düsseldorf thätig war, in seinem Buche: „Die Verbesserung der Schulen" ein trauriges Bild, welches er jedenfalls aus seiner nächsten Nähe hergeholt hat, und betont die Nothwendigkeit einer durchgreifenden Umgestaltung des öffentlichen Unterrichts. Seine Vorschläge zur Hebung sind theils noch heute beachtenswerth, theils haben sie ihre Verwirklichung gefunden. Zeiten, in welchen die Ausbildung der gewöhnlich im Nebenamt fungirenden Lehrer dem Zufalle überlassen blieb, in welchen das Einkommen sich meist auf das geringe Schulgeld und einige Naturallieferungen beschränkte, konnten eben keine Verhältnisse schaffen, die zur festen Gestaltung des Schulwesens unumgänglich nöthig sind. Aehnlich ging es bei den Protestanten. Zu Düsseldorf bestanden schon 1570 eine lutherische und eine reformirte Gemeinde. Wir dürfen voraussetzen, dass diese sofort bei ihrer Constituirung für den Unterricht der Jugend besorgt gewesen sind. Als sie mehr sesshaft geworden waren, gründeten sie 1610 jede für sich eine Rectoratschule. In der reformirten Lateinschule, welche wohl die bedeutendere war, wird zuerst ein Schulmeister Petrus genannt. Seit 1612 wirkte an ihr als Rector Johann Anton Biber, der schon vier Lehrer anstellte, woraus ersichtlich ist, dass die Schule 3—4 Klassen enthielt. Um auch einen fünften Lehrer unterhalten zu können, wandte man sich an den Kurfürsten von Brandenburg; dieser willfahrte dem Gesuche, indem er eine Unterstützung von 300 Thlr. jährlich spendete und dieselbe später, als die Gemeinde selbst die Mittel nicht aufwenden konnte, auf 1000 Thlr. erhöhte. Der bekannte Liederdichter Joachim Neander war hier von 1674—79 Rector. Häufiger Lehrerwechsel, Ungeschicklichkeit im Unterrichte, die verheerende Pest führte eine zeitweilige Schliessung der Schule herbei. In der lutherischen Rectoratschule wirkte 1704 Joh. Bernh. Stohlmann, der zugleich eine Hülfspredigerstelle inne hatte. Als völlig von der deutschen Schule getrennte Anstalt trat sie erst unter dem Rectorate des Joh. Pet. Reitz (1755—1797), des verdienstvollen Lehrers der beiden Jacobi, auf. Nach dessen Tode verfiel die Schule schnell; denn es wurde kein Rector angestellt, sondern ein Prediger gab den Schülern Gelegenheit, privatim das Lateinische zu lernen. Dieses Schicksal des Zerfalles theilte die gleichalterige Genossin, die reformirte Schule, mit ihr. 1804 gingen beide ein und ihre Lokale wurden anderweitig verwerthet. Die beiden evangelischen Elementarschulen, die lutherische und reformirte, aber hielten sich. 1835 wurde eine Freischule besonders eingerichtet. Diese drei Gemeindeschulen gingen 1858 in den Besitz der Stadt über; dazu sind 1875 und 1884 noch zwei neue gekommen, so dass jetzt 5 evangelische Volksschulen bestehen. An diese schliesst sich die 1822 gegründete Rettungsanstalt Düsselthal, wozu 1854 als Filiale die demselben Zweck dienende Anstalt Zoppenbrück trat.

Während man sich mit der geschilderten Lage des niederen Schulwesens bis in die Neuzeit begnügte, erwiesen sich die Strömungen, welche eine Hebung der höheren Studien veranlassten, ungleich mächtiger. Hatte doch die Wiedergeburt der klassischen Alterthumswissenschaft auch in Deutschland den Eifer für dieselbe geweckt, war ja in Holland 1371 das Institut der Brüder vom gemeinsamen Leben, welches so Grosses für die Schulen des westlichen und nördlichen Deutschland leistete, gegründet worden. Diese Anregungen mögen auch die Düsseldorfer Bürgerschaft geleitet haben, als sie 1535 die oben erwähnte Bittschrift betreffs Verbesserung der Trivialschule bei dem Magistrate einreichte. Die Adresse dieses Gesuches, welche eigentlich an den Scholasticus und das Kapitel hätte gerichtet werden müssen, zeigte schon, dass man die Schule dem geistlichen Einflusse möglichst entziehen wollte. Es regierte damals im Herzogthum Berg Herzog Johann; diesem gelang es, für seinen Sohn Wilhelm einen dem Kreise der Humanisten, besonders dem Erasmus nahestehenden Gelehrten, Conrad von Heresbach, als Erzieher zu gewinnen. Als Wilhelm im Jahre 1539 nach dem Tode seines Vaters die Regierung übernommen hatte, behielt er Heresbach als fürstlichen Rath in seiner Umgebung. Dieser und der Jülichsche Kanzler von Gogreve wussten den Herzog zur Errichtung einer den neuen Ideen entsprechenden Schule zu bestimmen. Ob und wie man bei diesem Vorhaben sich mit dem Scholasticus in Verbindung setzte, ist bei dem Mangel an urkundlichem Material nicht mehr zu bestimmen. Genug, als es sich um die leitende Persönlichkeit handelte, fiel die Wahl auf Johann Monheim. Dieser, auf der humanistischen Schule zu Münster gebildet, zu Cöln als Lehrer an der Universität

thätig, hatte sich genöthigt gesehen, wegen seiner dem
Protestantismus zuneigenden Anschauungen Cöln zu verlassen und ein anderweitiges Feld seiner Thätigkeit auf-
zusuchen. In Düsseldorf hatte er sich die Gunst des
Herzogs Johann in so hohem Grade erworben, dass dieser,
als der Papst seine Entfernung verlangte, seinetwegen
dem Plane, eine Akademie zu Düsseldorf zu gründen,
entsagte. Herzog Wilhelm stellte ihn also im Jahre 1545
an die Spitze einer humanistischen Anstalt. Es ist zweifelhaft und bedarf noch genauer Untersuchung, ob die durch
Monheim eingerichtete Schule eine völlige Neubildung
oder nur eine Erweiterung der alten stiftischen Trivialschule war. Nettesheim spricht sich anfangs für die
letztere Möglichkeit aus, später hält er ersteres für wahrscheinlich. Kortüm sagt p. 20: „Mit dem Stifte stand
das Gymnasium in gar keiner Verbindung, vielmehr hatte
der Magistrat die specielle Aufsicht." Als Beweis führt
er einen von Monheim an den Scholasticus Arnold Bongard
gerichteten Brief an; hierin weist Monheim den Scholasticus, der langer Gewohnheit gemäss ein Aufsichtsrecht
über die neue Schule beansprucht hatte, sehr entschieden
zurück. Und doch war ein Zusammenhang zwischen der
neu gegründeten und der alten Anstalt dadurch vorhanden,
dass der Lehrer der Nullanen (Schüler der untersten
Klasse) Dienste bei der Kirche zu verrichten hatte und
also in dieser Beziehung dem Scholasticus untergeben
war. Der grösste Theil des Gymnasiums oder der fürstlichen Particularschule, wie sie in den Urkunden genannt
wird, wurde in einem eigens für die Schule gebauten
Hause in der Nähe der Lambertuskirche untergebracht.
Vielleicht fanden, besonders als die Schule anwuchs,
einzelne Klassen, etwa die untersten, in der alten Trivialschule ihr Unterkommen; denn es lässt sich nicht leicht
annehmen, dass beide Schulen nebeneinander bestanden
haben. Das Gehalt, welches Monheim zugesichert wurde,
war sehr gering bemessen: 50 Rthlr. gingen ihm vom
Herzog, 25 von der Stadt zu. Dazu kamen noch die
Schulgelder, welche unter die Lehrer vertheilt wurden.
Dem Quartanorum, d. h. Lehrer der IV. Klasse, verfällt
sein Gehalt auf Michaelis mit 60 Thlrn. cölnisch, dem
Quintanorum mit 50 Thlr. auf Michaelis, dem Sextanorum
mit 25 Thlr. zur selben Zeit, dem Nullanorum mit 20 Thlr.
auf Remigius, also auf den 1. October. Zu den Einkünften
der ersten Rectoren gehörte auch ein Hof zu Keyenberg,
den Monheim und sein Nachfolger Fabricius mit Erlaubniss
des Herzogs verpachteten. Die Schule als solche hatte
noch folgende Renten: Aus der Kellnerei zu Caster

23 Gulden 8 Albus, aus der dortigen Vikarie 20 Malter Roggen, 8 Malter Gerste, aus der Vikarie zu Born 14½ Malter Roggen und 13½ Malter Hafer, ebenso bestimmte Abgaben in Geld und Getreide von der Vikarie Blankenberg, St. Thomas zu Düsseldorf, aus Schellenberg, Ravensberg, alles Gefälle, welche der Herzog der Schule geschenkt hatte.

Das erhaltene Lectionsverzeichniss vom 21. Juli 1556 lässt uns einen tiefen Blick in die Verfassung derselben thun. Es waren vorhanden 7 Klassen (Secunda, Tertia, Quarta, Quinta, Sexta, Septima und Infima), an deren Spitze je ein Lehrer mit dem Titel Conrector, Lector oder Präceptor stand; praefecti waren Jünglinge, welche unter Aufsicht des Lehrers die Lectionen wiederholten. Als Gegenstände des Unterrichts werden genannt: für Secunda: Aristoteles, Caesar, Justinians Institutionen; in combinirten Lectionen: die Reden des Demosthenes und Cicero. Auch in den anderen Klassen findet sich die Lectüre des Cicero, Vergil und Terenz, in Sexta und Septima Aesops Fabeln, das I. Buch von Ciceros Briefen mit Auswahl. Die Hauptfächer waren überhaupt Griechisch, Latein und Religionslehre, während die neueren Sprachen, darunter die deutsche, nicht gelehrt wurden. Die Schüler unterstanden nach der Lage ihrer Wohnungen der Aufsicht eines bestimmten Lehrers; z. B. hatte der Conrector die Aufsicht über die Schüler, welche in der Ratingerstrasse wohnten, Steinhauer über die Wohnungen in der Nähe des alten Schlosses und der Düssel, Bergwald über die Mühlenstrasse, den Markt bis zum alten Schloss, Kaiser über Berger-, Rhein- und Zollstrasse, der Lehrer der Sexta über die Kurzestrasse und den Hunsrück, der der Septima über die Bolker- und Neustrasse, der Präceptor der untersten Klasse über die Flingerstrasse. Dies Verzeichniss ist auch besonders deswegen von Interesse, weil aus diesem der Umfang hervorgeht, den Düsseldorf vor 300 Jahren hatte.

Tüchtige Lehrer unter Leitung des geistvollen Rectors erzielten bald solche Erfolge, dass das Düsseldorfer Gymnasium zeitweise 1700—2000 Schüler zählte. Störend für die Dauer dieses blühenden Zustandes war die zweifelhafte Stellung, welche Monheim, der allerdings dem religiösen Hader abgeneigt war, im Kirchenstreit einnahm. Sein Katechismus verwickelte ihn in Streit mit der theologischen Facultät zu Cöln. Der Herzog sah sich daher genöthigt, das Buch für den Schulgebrauch zu verbieten und den Katechismus von Canisius an die Stelle zu setzen. Trotzdem nahm die Frequenz der Schule wegen des Rufes der Heterodoxie immer mehr ab, während das Jesuitencollegium zu Cöln sich hob. Als Monheim im Jahre 1564 starb, bat die Stadt den Herzog, den bisherigen Conrector Franz Fabricius zu dessen Nachfolger zu ernennen und ihm den Johann Brachelius als Conrector beizugeben. Dieser führte das Rectorat in demselben Geiste wie Monheim, legte aber nicht den Nachdruck auf die theologischen Studien, sondern auf die Lectüre der klassischen Schriftsteller. Gestützt auf eine umfassende Gelehrsamkeit, die ihn Männern, wie Turnebus, Lambinus nahe brachte, ausserordentlich geschickt im Lehren und geliebt wegen seiner edlen Persönlichkeit, wusste er bis zu seinem Tode 1573 die Blüthe der Anstalt zu erhalten. (Seine zahlreichen Ausgaben der Klassiker führt Kortüm p. 35 fgg. an.) In wie einfachen Verhältnissen er lebte, zeigt auch der Umstand, dass seine Tochter Mechtildis sich nach seinem Tode an den Magistrat mit der Bitte wandte, ihr in Anbetracht der Dienste ihres Vaters eine Unterstützung „für Brod und Bier" zukommen zu lassen. 10 Thaler wurden ihr bewilligt. 1573 nahm Dietrich von der Horst, Amtmann zu Düsseldorf, mit dem Magistrate den Magister Heinrich Betuleius als Conrector an. Derselbe versprach in seiner Anstellungsurkunde „mit Visitirung der Herbergen auf den Spieltagen und, wann es sonst die Nothdurft und Gelegenheit am meisten erheischt, keinen Ernst zu sparen. Er soll auch die Jugend nicht allein in liberalibus artibus und graeca und latina lingua unterrichten, sondern besonders zu Gottes Furcht und allen ehrlichen Tugenden und guten Sitten treiben, zudem sie nichts lehren, das der allgemeinen katholischen Religion zuwider ist."

Schnell, wie das Wachsthum der Schule gewesen war, trat auch der Verfall ein. Da die erledigte Rectorstelle nicht sofort besetzt wurde, so zogen sich die Schüler anderwärts hin; die truchsessischen Unruhen, der niederländisch-spanische Krieg, später die Thronstreitigkeiten lenkten den Blick von der Monheimschen Schule ab. Auch der sonst für das Blühen der Schule so besorgte Herzog Wilhelm liess den Verhältnissen ihren Lauf, denn schon vor dem Tode des Fabricius wurde er 1566 vom Schlage gerührt und war unfähig, energisch für die Berufung eines tüchtigen Rectors zu sorgen. Nur die Bürgerschaft und die Schüler vergassen nicht den einstigen Glanz des gymnasium illustre. In zahlreichen Eingaben wurde der Magistrat aufgefordert, beim Herzog um Wiederherstellung der Anstalt vorstellig zu werden; er wurde daran erinnert, wie einst die Stadt und Umgegend viele Vortheile von den zahlreichen Schülern genossen habe.

Man erreichte es endlich, dass Hermann Vielhaber 1589 berufen wurde. Aber weder er noch sein Nachfolger Aldringer konnte den Zerfall der Schule aufhalten. Wie sehr die Zucht schon vorher gesunken war, zeigt eine Verfügung des Herzogs vom 18. Febr. 1581. Hierin lässt derselbe dem Magistrat befehlen, anlässlich des Tumultes der Studenten gegen den Schultheiss, wobei sich auch Bürger und Handwerksgesellen betheiligt haben, die Namen der studentischen Anhänger und Rädelsführer anzugeben, welche die Schule erbrochen, die Schulglocke gezogen und geläutet, mit Steinen geworfen, den Tumult besonders befördert, die Gefangenen zu befreien versucht, das Wort für die Studenten geführt haben u. s. w. Durch solche Vorfälle wurde die Bürgerschaft immer wieder an das Vorhandensein einer in Verfall gerathenen Schule erinnert. Mit Wehmuth nennt sie in den Eingaben immer wieder die glänzenden Namen eines Monheim und Fabricius und ist bedacht, durch Erhöhung des Lehrereinkommens bessere Lehrkräfte zu erhalten, wie dies die Bittschrift des Magistrats an den Herzog vom 4. Febr. 1594 hervorhebt. Im November desselben Jahres wiederholt er die Bitte bezüglich Anstellung eines Tertianorum (Lehrers der III. Klasse) und Sextanorum (Lehrers der VI. Klasse), damit die Schule wieder zu dem früher weitberühmten Flor gelange, und schlägt zum Sextanorum den Ludgerus Mehrenscheidt als geeigneten Mann vor. Er theilt auch mit, dass der jetzige Nullanorum Weinzapf treibe, was doch keinem Schulmeister zu thun gebühre. Dieser sei ermahnt es aufzugeben, thue es aber nicht.

Eins der ältesten Documente für die humanistische Schule Düsseldorfs im 16. Jahrhundert ist eine Disciplinarverordnung für die Studenten, die auch Clerici genannt werden. Das Alter derselben geht aus der Sprache und Schrift deutlich hervor. Sie enthält eingehende Bestimmungen über das Verhalten der Zöglinge ausserhalb der Schule bei Tag und Nacht, über ihr Verhältniss zum Wirth, genaue Anweisungen über Miethpreis der Herberge; am Schluss wird die Nothwendigkeit der Errichtung eines Krankenhauses für die Cleriker und die Gründung einer Bibliothek, die etwa über der Sakristei Platz finden könnte, hervorgehoben. Diese Disciplinar-Gesetze haben schon Kortüm und Krafft abgedruckt und verwerthet; beide gaben ausserdem das an den Bürgermeister und Rath am 21. Juli 1556 eingereichte Lectionsverzeichniss der Schule als Beilage heraus. Aus demselben geht hervor, dass auch in den Oster- und Michaelisferien die Schule eigentlich nicht geschlossen wurde, denn es wurde in der 2. und 3. Klasse gelesen: die Dialoge des Lucian, Briefe Ciceros, Oden des Horaz, an den Feiertagen der Psalter, in der 4. und 5. Klasse die Bucolica des Vergil, die Briefe des Horaz, in der 6. und 7. Klasse die Fabeln des Aesop, das erste Buch von Cicero's Briefen; hierbei wurde täglich das wiederholt, was im vorhergehenden Semester in denselben Klassen vorgenommen war. Da in den Ferien die Präfecten in die Heimath reisten, so fand in der Schule Morgens um 9 Uhr und Abends um 5 Uhr eine Repetition durch die Lehrer statt; für diese besondere Mühewaltung erhielten dieselben pro Stunde 6 Stüber. Unter dem 4. Februar 1594 wandte sich der Magistrat zu Düsseldorf an den fürstlichen Rath, um eine Hebung der Monheim'schen Schule zu veranlassen. Es sei bekannt, mit welch' grosser Mühe und mit welchem Fleiss durch Joh. Monheim und Fabricius als Rectoren der fürstlichen Trivialschule der Jugend sowohl in regimine als disciplina vorgestanden worden, weshalb diese aus verschiedenen fremden Ländern herbeieilte, so dass daraus viele gelehrte Männer, von denen sich noch Viele an fremden Höfen befänden, entsprossen seien. Es sei sehr zu beklagen, dass die Rectoren zu früh gestorben, wodurch ebenso wie durch den Kölnischen Krieg die Schule in merklichen Abgang gerathen sei. Dies sei ein grosser materieller Schaden für die Bürgerschaft und die umliegenden Dörfer. Er bittet „die Mittel zu bedenken, womit vielgemeldete Schule zu besserm Stand mit Erhöhung den Schulmeistern ihrer Competenz zu bringen." Die Stadt selbst sähe sich ohne Mittel. Die Einkünfte wären durch das stete Hoflager und die beschwerlichen Bauten überladen. Die Wirthe hätten auch noch keine Bezahlung des Vorgestreckten von der herzoglichen Hochzeit erhalten. Magistrat bittet darauf zu sehen, dass ein berühmter und gelehrter Rector und ein geschickter Tertianorum und Sextanorum berufen werde, „damit die Schull, wan dieselbige mit nottürftiger Anzahl der Präceptoren widder besetzt, zu vorigen Stand und Flor gerhaten, und die benachbarten Leute ihre Kinder hierhin tamquam ad reflorescentia studia zu senden, desto mehr angereizt werden." Folgends möge man betrachten, ob etwa mortificirte Güter oder doch sonst etwas vorhanden sein möchte, welches zu genannter Schule Unterhalt zu gebrauchen sein möchte. Der Dechant habe zur Erhaltung seiner Mutter und Schwester, die doch schon gestorben seien, 20 Malter Korn jährlich erhalten. Diese sollte man der Schule zuwenden, auch sorgen, dass die Wirthsleute „nun einmal nach so lange Zeit gehabter

Gedult befriedigt würden". Schon im November desselben Jahres (1594) bittet der Magistrat um Entscheidung bezüglich der Anstellung eines Tertianorum und Sextanorum an der fürstlichen Trivialschule, damit die Schule wieder zu dem weit berühmten Flor gelange, und schlägt zum Sextanorum den gewesenen Sextanorum Ludgerus Mehrenscheidt als geeigneten Mann vor. Schon 1581 wenden sich die Schüler der 1. Klasse an den Magistrat, um Abhilfe der bestehenden Beschwerden, „da wir ungern von hier weggehen, sondern viel lieber sehen, dass viele guter Leute Kinder mit Frohlocken dieser Bürgerschaft wieder zu uns kommen möchten." Den zeitigen Rector Mylander halten sie für unfähig, indem sie sagen: Nam ut de doctrina huius hominis hic nihil dicamus, ipsa tamen experientia nimirum constat ipsum ad administrandam scholam esse ineptissimum.

Interessant ist eine bis jetzt ungedruckte Urkunde vom 27. October 1600, in welcher der Rath die Gebrechen, welche sich an der Schule eingeschlichen haben, aufdeckt und ein Mittel zur Abhülfe angiebt.

1. Anfänglich halten es Bürgermeister und Rath für unziemlich, dass den auditores tertiae classis per intercapedinem lectionum aus der Schule zu bleiben erlaubet werde, deshalb solches abzuschaffen, und ihnen, wie vormals etliche gute auditores zum Vorzulesen zu geben.

2. Dass auch die Stunden, so lectionibus scholasticis bestimmt, fleissiger observiert werden, daneben der Rector so wenig als seine Collegen (ausserhalb Leibs Schwachheit und anderen unumgänglichen Ursachen) des Ausbleibens sich nicht ermächtigen.

3. Dass scholasticae leges cum notis nicht allein in classibus, sondern auch in octuriis singulis gehalten werden, die Kinder zu ermahnen und Aufsicht zu haben.

4. Und gleichfalls, dass sich dieselben mit täglichem Conjugiren, Compariren und Decliniren, wie von alters gebräuchlich, ante horam et adventum praeceptorum üben und nicht übersehen.

5. Auf diejenigen, so post sonitum horae zu der Schule kommen, ernstlicher Acht zu haben und zu bestrafen.

6. Hinfürder die candidatos et altiorem classem petentes nicht allein durch die praeceptores, sondern auch den Rector selbst in omnibus praeceptis cuiusque classis zu examiniren.

7. Die strafwürdigen nicht aus Gunst zu übersehen, und die unschuldigen aus Missgunst oder Hass nicht überfallen, sondern pro qualitate delicti et delinquentium malitia discretion zu halten.

8. So sehet man auch wohl vor gut an (jedoch auf Verbesserung des Rectors und Schulmeisters), dass in den 3 winterlichen und kältesten Monaten, nämlich Decembri, Januario und Februario, die Studenten den Morgen zu sieben und des Abends zu dreien Uhren bis zur vierten Stunde in die Schule zu kommen gehalten werden, weil auch zu Cöln in den gymnasiis früher und später die lectiones nicht gehalten werden.

9. Dass der Rector sich zu den Bürgern, so ihre Kinder auswendig ad triviales scholas zu schicken vornehmen, verfüge, und dasselbe ihnen mit Zusage besserer Anordnung und Fleisses gütlich widerrathe.

10. Gleichfalls auch auf den Strassen oder in der Nähe, da die Schulkinder wohnen, befördern, dass geschickte Gesellen denselben zu praefectis angeordnet werden, alles doch nach Gelegenheit, und so viel möglich.

11. Es wird auch für rathsam gehalten, dass in Tertia und Quarta classibus die Dialectica, so zu Cöln in Gymnasiis bräuchlich, vorgelesen werde, damit die Kinder, so von hinnen auf Cöln zur Ausführung ihrer Studirung geschickt, mit neuen praeceptis desto weniger alsdann beschweret werden.

12. Zudem, dass der Rector sammt seinen Collegis unter sich die Anordnung thun, dass dem alten Brauch und Schuldigkeit nach extraordinarie andere liberales artes publice gelesen und docieret werden, als namentlich in allen und jeden Wochen Musica drei Tage, jedesmal eine Stunde, Arithmetica in zweien andern Tagen und zum dritten Sphaera Procli oder dergleichen auf einen andern Tag oder Stunde.

13. Die Vorsehung zu thun, dass inter Tertiae classis auditores jeder zu allen halben Jahren ein oder mehrere Male publice declamire, darzu dann ihnen gute Anleitung zu geben, dass auch dieselben wöchentlich einmal post ordinariam lectionem publice disputieren, darzu ihnen materie ex dialectica, oder sonst theses ex moralibus zu geben.

14. Genannte Tertianos samt den quartanis und quintanis mit Ernst dahin zu halten, dass sie zu allen und jeden Wochen carmina machen, und des Dinstags übergeben, und, da man variationes sententiarum oder andere dergleichen exercitia auflegen wollte, dass solches neben den carminibus und ohne Versäumung derselben geschehe.

15. Dass den Sextanis und Septanis wöchentlich deutsche Argumenta pro captu puerorum ins Lateinübersetzen dictirt, mit nichten aber etwas aus den Evangeliis

und andern Büchern zu schreiben und loco exercitii (welches infimae classis discipulis besser ansteheto zu übergeben zugelassen werde.

16. Und möchte denselben des Dinstags die Constructiones, wie bis anhero üblich, zu exhibiren auferlegt werden.

17. Die täglichen repetitiones lectionum mit den Kindern nicht zu unterlassen, sonst auch alle und jede exercitia, so zu dero besseren Information dienlich und von Alters her auch sonst in aliis bene consitutis Gymnasiis bräuchlich, proposito honoris praemio et poena vorzustellen, damit die Kinder desto bälder in bonis artibus et moribus zunehmen möge."

Die Gebrechen, welche der Magistrat im Jahre 1600 in der Schule erkannte, erstreckten sich also auf Unpünktlichkeit der Lehrer und Schüler, Nichtbeachtung der Schulgesetze und Parteilichkeit im Strafen. Andere Bestimmungen betreffen den Unterricht selbst, der sich möglichst an den des Cölner Gymnasiums anzuschliessen hat.

Unter diesen Verhältnissen war im Jahre 1614 das Haus Pfalz-Zweibrücken auf den Thron gelangt. Wolfgang Wilhelm brach mit der Tradition des Schwankens in kirchlicher Bezichung, welches seine Vorgänger seit der Reformation gezeigt hatten. Er wandte sich energisch dem Katholicismus zu und schenkte seine Gunst dem damals in Blüthe stehenden Jesuitenorden. Auf seine Einladung kamen im März 1619 zwei Ordensbrüder nach Düsseldorf, ihre Zahl stieg Ende 1620 auf dreizehn. Als Lokal diente ihnen das alte Schulgebäude, welches sie jedoch 1625 mit dem vom Herzog angekauften Ossenbroich'schen Haus am Mühlenplatze und 1655 mit dem eigentlichen Jesuitencollegium, dem jetzigen Regierungsgebäude, vertauschten. Der nach Westen gelegene Theil der Monheim'schen Schule an der Lambertuskirche fiel durch Kauf an das Stift und wurde zu Wohnungen der Kapitulare verwendet, der andere Theil wurde der Stadt überwiesen mit der Verpflichtung, eine Kinderschule darin zu unterhalten. Diese überlässt ihren Antheil 1651 dem Kapitel gänzlich.

Bei Berufung der Jesuiten nach Düsseldorf hat der Fürst und der Magistrat seine Rechte in Betreff der Wahl der Lehrer aufgeben müssen. Fortan finden wir nur noch die Anstellung des Lese- und Schreiblehrers und des Nullanorum in den städtischen Urkunden erwähnt. Dieser letztere Umstand macht es wahrscheinlich, dass wenigstens die unterste Klasse der alten Trivialschule neben den neuen Anstalten immer unter städtischem Patronat fortbestanden hat. Nach 1676 berichtet der Rath an den Herzog, dass die Stadt mit einem lateinischen und deutschen Schulmeister gar wohl versehen sei.

Mit dem Gymnasium der Jesuiten war auch eine Anstalt für arme Theologen verbunden, welche ein Canonicus der Stiftskirche, Peter Lair, unter dem Titel des Erlösers (Salvatoris) gegründet hatte. Die Jesuiten richteten die ihnen übertragene Schule nach der: ratio et institutio studiorum societatis Jesu vom Jahre 1599 ein: Lateinschreiben und -sprechen, Gewandtheit in der Logik und Rhetorik waren die Hauptziele. Die studia inferiora, etwa dem heutigen Gymnasium entsprechend, umfassten 5 Klassen: 1. Infima, 2. Grammatica, 3. Syntaxis, 4. Poetica oder Humanitas, 5. Rhetorica. 1—3 incl. hiessen auch Grammatica, die beiden oberen Humanitas. Jede Klasse war auf ein Jahr, die Rhetorica auf zwei Jahre berechnet. Auf diese Klassen folgten die studia superiora oder Lycealklassen, die in einem zweijährigen philosophischen Lehrgang (Logica) und ein vierjähriges Fachstudium zerfielen. Mittel auf die Schüler einzuwirken waren: die Ämulation, das Concertiren, die Wahl der Magistrate durch die Schüler und zahlreiche Preisvertheilungen. Es liegen dem Verf. die aus der Gymnasialbibliothek bereitwillig zur Verfügung gestellten Programme der Jahre 1755, 1761, 1789 und 1798 vor. Das erste enthält ein Trauerspiel „Jephte", welches, dem alten Testament (Buch der Richter, Cap. XI) entnommen, am 24. und 25. September offenbar in Gegenwart des Landesherrn von der „auserlesenen" Jugend der 5. Klasse aufgeführt wurde. Am Schlusse fand unter einer dem Geschmack der Zeit entsprechenden Huldigung des Herzogs die Preisvertheilung, welche meist in Büchern bestand, statt. Reichhaltiger ist das zweite Programm, welches folgendes enthält: die durch Prämien ausgezeichneten Schüler der Rhetorik, Humanitas, der Grammatica in ihren drei Abtheilungen, dann folgen Thesen aus dem Gebiete der Philosophie, Arithmetik, Theologie und Geschichte für die Zöglinge, welche die studia superiora vertraten. Im Sommer wurden förmliche Disputationen in der Aula vor dem Publicum, auch wohl in Gegenwart des Fürsten abgehalten. Der, welcher die Thesen aufstellte, hatte dieselbe gegen alle Anwesende zu vertheidigen und als richtig zu beweisen. Beigefügt ist endlich eine genaue Inhaltsangabe des aufgeführten Trauerspiels: „Themistocles, ein Opfer der Liebe zum Vaterlande." Mit dem Hauptstück war ein Vorspiel verbunden, welches, der römischen Geschichte oder Mythologie entnommen, sich zu einer Huldigung des anwesenden Fürsten zuspitzte und der Prämienvertheilung vorausging. Mit diesen Vorspielen waren jedenfalls rhythmische Bewegungen verbunden, denn sie werden auch Tänze genannt. Wir dürfen also annehmen, dass mit diesen theatralischen Aufführungen gegen Ende September das Schuljahr geschlossen wurde, dass aber schon während des ganzen Sommers Disputationen, welche sich auf alle Gebiete des Wissens erstreckten, unter Aufsicht eines Professors von den Zöglingen der studia superiora abgehalten wurden. Die Schülerverzeichnisse zeigen mir wenige Namen von auswärtigen Schülern. Mayen, Rheinberg, Aachen, Venlo, Gladbach, Blankenstein sind zeitweise vertreten. In dem Programm von 1789 finden wir nur 4 Klassen: 1. Grammatica inf. mit 32 Schülern, 2. Gramm. sup. mit 23, 3. Rhetorica inf. mit 18, 4. Rhetorica sup. mit 23 Schülern, im Ganzen 96 Schüler. Im Programm 1798 sind nur noch 52 namentlich aufgeführt. Wir können daraus den Schluss ziehen, dass die Anstalt, als 1773 der Jesuitenorden aufgelöst wurde, allmälig dem Zerfalle entgegenging. Zwar übernahmen die Congregationisten (Exjesuiten) mit einzelnen Franziskanerpatres den Unterricht, aber ohne nennenswerthen Erfolg, bis durch den Reichsdeputationshauptschluss im Jahre 1803 die Anstalt gänzlich aufgelöst wurde.

In dem Lectionsplan der Schule Monheims und der Jesuiten lagen gewisse Keime für eine Anstalt, die über das Ziel der höheren Schulen als Mittelschulen zwischen Elementarschule und Universität hinausgingen. Man kann nämlich deutlich erkennen, dass in den oberen Klassen auch eine Vorbereitung für diejenigen vorgesehen war, welche auf Grund einer besonderen Vorbildung Anspruch auf ein öffentliches Amt machten. Schon Herzog Johann versuchte es, wie wir oben sahen, in Düsseldorf eine förmliche Akademie zu gründen; er gab diesen Gedanken erst dann auf, als ihm die Entfernung des in kirchlichen Dingen zweideutigen Monheim als Vorbedingung auferlegt wurde. — Aber nur die Theologen und Juristen erhielten einige Anleitung durch Erklärung der Institutionen und des alten und neuen Testamentes in der fürstlichen Particularschule; für die Mediciner geschah nichts. Bei den Jesuiten war schon in den obenerwähnten studia superiora eine Art Facultät für Theologie und Philosophie gegeben: an dem zweijährigen philosophischen Cursus nahmen auch Juristen und Mediciner Theil, während der vierjährige theologische speciell für den Ordensnachwuchs und die Weltgeistlichen bestimmt war. Drei für die Philosophie bestimmte Professoren trugen Moral, eigentliche Philosophie und Mathematik vor. Die vier für die Theologie bestimmten Docenten behandelten die hl. Schrift, das kanonische Recht, Hebräisch, scholastische Theologie und Casuistik. Auch die Franziskaner eröffneten 1673, weil es das Tridentiner Concil so vorschrieb, einen theologischen Lehrkursus, welcher noch erweitert wurde, als nach 1773 durch Aufhebung des Jesuitenordens die Congregationisten, d. h. die Exjesuiten, allmälig ausstarben. Der Staat betheiligte sich durch Zuschüsse zu den Besoldungen für die einzelnen Docenten an diesen Studien umsomehr, da ihm durch Einziehung der Jesuitencollegien reiche Mittel zuflossen. Indessen die kriegerischen Zeiten am Anfange des 19. Jahrhunderts bewirkten, dass man dieser Anstalt wenig Beachtung schenkte, sie ging 1803 ein. Nach 1½jähriger Unterbrechung wurden zwar die theologischen Vorlesungen durch einen Professor fortgesetzt, aber die Leipziger Schlacht räumte auch damit auf.

Was die juristischen Vorlesungen anbetrifft, so waren schon lange besondere Professoren für die sogenannte Rechtsschule in Thätigkeit, aber sie lassen sich erst für das Jahr 1728 nachweisen. 1769 wurden dieselben staatlich anerkannt. Vier Docenten lasen damals, nur der besoldete ununterbrochen. Nach langen Verhandlungen wurde durch den Churfürsten 1804 eine Verordnung veröffentlicht, wonach der Besuch der Düsseldorfer Akademie als ausreichend für Diejenigen erachtet wurde, welche sich um ein geistliches oder weltliches Amt bewarben. Tönnies nennt in einer besonderen Schrift folgende Docenten der juristischen Facultät zu Düsseldorf. Heinrich Brewer las etwa bis 1812, die beiden Dewies, Karl Anton Hamacher, Franz Anton Hedderich, der auch ausserhalb Jülichs und Bergs einen geachteten Namen hatte; Karl Joseph Henoumont, gebürtig aus dem Luxemburgischen, las seit 1774. Johann Wilhelm Neuss, geb. 1781, hatte mit 15 Jahren das hiesige Gymnasium absolvirt, hörte dann die Vorlesungen bei Henoumont, dessen befähigtster Schüler er war; Joseph Schram ging später als Bibliothekar an die neugegründete Universität Bonn. Johann Wilhelm Windscheid, las um 1775, starb 1801 als wirklicher Geheimrath. Die meisten waren Professoren im Nebenamt, sie hatten meist eine einträgliche Advocatur, der sie ihre Hauptkräfte widmeten. Karl Hamacher veröffentlichte 1803 einen Entwurf eines Lehr- und Studienplanes für juristische Academien. Er beklagt darin die planlose Lehrart der Rechtswissenschaft und schlägt vor, fünf Professoren ohne Nebenamt anzustellen, welche nach bestimmtem Plane lesen sollten. Er entwickelt ein gerade nicht ansprechendes Bild der hiesigen juristischen Facultät, wenn er sagt: „Ohne alle pädagogische, encyclopädische und geschichtliche Vorkenntnisse wird der angehende Rechtsbeflissene gewöhnlich in das weitschichtige Gebiet der Rechtswissenschaft eingeführt, während weder die Dauer eines Cursus noch die Studienzeit überhaupt fest bestimmt ist."

Es lässt sich auch eine anatomische Lehranstalt nachweisen, deren Anfänge bis 1740 zurückgehen. Zuerst war sie eine Privatunternehmung, durch die Medicinalordnung vom Jahr 1773 erhielt sie aber staatliche Anerkennung. Es wurde darin von den approbirten Chirurgen der Nachweis gefordert, dass sie auf dem Düsseldorfer theatrum anatomicum oder anderswo die Anatomie gehört hätten. Aber nur die Chirurgen bildeten sich in Düsseldorf, vom Arzte wurde der Besuch einer Universität verlangt. Auch für andere Gebiete des Wissens fanden öffentliche Vorlesungen statt, z. B. für Geometrie, Baukunst und Cameralistik (Land-, Berg- und Forstwirthschaft, Polizei, Finanzen und Staatsöconomie), wie das aus den vorliegenden jülichschen und bergischen Nachrichten für das Jahr 1799 hervorgeht. Das allen diesen Bestrebungen Gemeinsame ist folgendes: Zuerst bieten sich die Lehrer für gewisse Fächer freiwillig zum Unterrichten an. Der Staat giebt seine Zustimmung, leistet aber erst Zuschüsse, wenn er sieht, dass ihm dadurch ein guter Beamtenstand gesichert wird. Der Besuch einer Universität wurde nur von solchen verlangt, welche sich um die höchsten Stellungen bewarben. Für den gewöhnlichen Beamten waren die in Düsseldorf gehaltenen Vorlesungen ausreichend.

Der Gedanke, aus diesen verschiedenartigen Trümmern einer Hochschule eine umfassende Akademie erstehen zu lassen, lag nahe. Murat, der Grossherzog von Berg, fasste ihn, Napoleon brachte ihn der Ausführung nahe durch das Decret vom 17. December 1811. Hierdurch wurde der neu zu gründenden Anstalt eine Dotation von 114,000 Francs zugewiesen, vier Facultäten sollten das ganze Wissensgebiet umfassen. Die Verhandlungen über die Vermehrung der Lehrkräfte zogen sich bis in das Jahr 1814 hinein, in welchem nach der Besiegung Napoleons jeder Gedanke an eine Universität in Düsseldorf aufgegeben wurde.

Wenn auch die Erhebung Düsseldorfs zu einer Universität damals und auch später nicht erfolgte, so erhielt es jedoch im 18. Jahrhundert durch einen hochherzigen Fürsten auf dem Gebiete der Kunst eine Anstalt, welche ihren glanzvollen Ruf weit über die Grenzen Europas verbreitet hat und noch verbreitet. Jeder weiss, dass hier die Kunstakademie gemeint ist. Sie soll hier nicht eingehend besprochen werden, aber, da auch sie der Unterweisung und dem Unterricht ihr Dasein verdankt, eine kurze Erwähnung finden. Schon seit dem Jahre 1767 bestand zu Düsseldorf eine „Zeichnungs-Akademie", welche im Jahre 1777 zu einer Akademie der schönen Künste von dem Churfürsten Carl Theodor erweitert wurde. Um das Jahr 1780 war folgendes Lehrpersonal vorhanden: L. Krahe, Director 1767—1790, Erb, Professor der Baukunst; Bäumchen, Professor der Bildhauerkunst; Bruillot, Professor der Malerkunst, II. Schmitz in der Kupferstecherkunst; Aloys und Lambert Cornelius, Inspectoren der Akademie, der erstere der Vater, der letztere der Bruder des grossen Cornelius. Nachdem die Gallerie im Jahre 1805 nach Baiern gebracht, das Herzogthum Berg an Frankreich gefallen, und Bouillot und Johann Peter Langer (der letzte Director der Akademie 1790—1806) nach München gegangen war, fristete die Akademie nur kläglich ihr Dasein. Schaeffer, Thelott und Lambert Cornelius führten ihr Lehramt fort. Der letztere war ausserdem Zeichenlehrer an dem inzwischen neu eingerichteten Gymnasium. 1816 belief sich die Zahl der Schüler auf 89. Das grosse Akademiegebäude auf der Akademiestrasse wurde 1810 von dem Minister des Innern in Besitz genommen, die Schule aber in das Franziskanerkloster verwiesen, wo auch das Lyceum oder Gymnasium seine Zimmer hatte. Dieses räumliche Zusammenwohnen liess sogar den Gedanken in Erwägung ziehen, ob es nicht angängig wäre, zwischen der Akademie der bildenden Künste und dem Gymnasium eine Verbindung herzustellen. Kortüm erklärte sich mit entschiedenen Worten gegen eine solche Vereinigung. „Das Streben eines Gymnasiums ist ganz auf das Allgemeine gerichtet, welches zwar das Besondere einschliesst, aber nicht als solches unmittelbar berücksichtigt. Eine Kunstschule ist ganz auf das Besondere gerichtet, mithin ist eine Verbindung einer solchen Anstalt mit dem Gymnasium nicht möglich, wenn die Idee des letztern nicht aufgehoben oder wenigstens getrübt werden soll." Mit diesen Gründen war der Plan, die Kunstschule mit dem Gymnasium zu verbinden, abgethan, aber es dauerte doch noch einige Jahre, bis man energische Schritte zur Hebung der Kunstschule that. An dieser Stelle verdient auch die gleichfalls von Karl Theodor gegründete Landesbibliothek Erwähnung. Sie wurde anfangs ansehnlich bereichert auf Grund einer

Verordnung, wonach jeder angestellte Beamte ein Werk von grösserem Umfange im Werthe von mindestens zehn Thalern an sie abgeben musste. Daneben bestand noch eine Sammlung als Handbibliothek, die im Local der Landesbibliothek zur Benutzung des Publicums aufgestellt war. Heute dient diese Bibliothek, die allmälig durch regelmässige Zuschüsse des Staates auf 50,000 Bände angewachsen ist, den Interessen der Wissenschaft für Stadt und Umgegend.

Die politischen Verhältnisse am Ende des 18. und am Anfang des 19. Jahrhunderts hatten alle höheren Studien in Düsseldorf dem Untergang nahegebracht, aber in den Zeiten der politischen Umwälzungen kam wieder neues Leben in alle der Wissenschaft gewidmeten Veranstaltungen, denn ein frischer Hauch wehte nicht nur auf dem Gebiet des nationalen Bewusstseins, sondern auch auf allen Gebieten des Wissens und Könnens raffte sich mächtig der zu frohem Schaffen angeregte menschliche Geist auf. Dass bei diesem neuerwachten Streben das Schulwesen eine Umgestaltung erfuhr, ist selbstverständlich. Aber schon ehe die Entscheidung in den Befreiungskriegen gefallen war, wandte man seine Aufmerksamkeit auf die Schule. Auch in Düsseldorf war man darauf bedacht, das alte Gymnasium den neuen Anschauungen entsprechend umzugestalten. So wurde die Verordnung vom 20. Nov. 1805 erlassen. Dieselbe führt die Gegenstände des Unterrichtes und die Aufnahmebedingungen an. Es werden gelehrt: die griechische und lateinische Sprache mit der entsprechenden Lectüre, dazu die Alterthümer, die Archäologie, Mythologie, alte Geographie, reine Mathematik, Physik und Astronomie, Rhetorik, Logik und Erfahrungsseelenlehre, deutsche und französische Sprache, Stilübung und Declamation, ältere und neuere Geschichte, Geographie, Naturgeschichte, gewöhnliches Rechnen, Schönschreiben, Zeichnen, Botanik und Vocalmusik. Den Religionsunterricht für die katholischen Schüler giebt der Rector des Lyceums. Zur Aufnahme wird nur fertiges Lesen und Schreiben der deutschen Sprache erfordert. Das Schulgeld, 20 Rthlr. betragend, wird an den Rector bezahlt, der eine Karte als Quittung verabfolgt. Am Schlusse der Verfügung wird die Privat-Pensionsanstalt des Professor Kuithan für auswärtige Schüler empfohlen. Der Unterricht wurde in dem ehemals von den Franziskanern bewohnten Kloster an der Citadelle, und zwar in 5 Sälen gegeben. Mit dem Beginn des Winters 1807 wurde eine Vorbereitungsklasse eingerichtet und dafür ein besonderer Lehrer angestellt. Im Jahre 1810 musste das Kloster auch einen

Theil der Kunstakademie, die Zeichenschule und Architektur mit einigen Sammlungen aufnehmen.

Die Lehrer waren grösstentheils schon bejahrte Geistliche, denen besonders die griechische Sprache fast gänzlich fremd war. Man berief daher einige Weltliche, wie den Astronomen Benzenberg, der sich durch die Auffindung des Fallgesetzes berühmt gemacht hatte, ferner den Professor Schram, welcher jedoch wenig Anlagen zum Lehrer hatte. Im Jahre 1812 führte der Rector Schallmayer die philos. Klasse, Prof. Brewer unterrichtete dort in der Mathematik, in der 1. Klasse gab Prof. Cremer Rhetorik und Poetik, ferner Griechisch und Latein. Prof. Schram unterrichtete im Deutschen, Daulnoy im Französischen. Der 2. Klasse stand Prof. Eisermann vor, der 3. Prof. Hohenadel, der 4. Prof. Dahmen, der Vorbereitungsklasse Prof. Asthöver. An der Spitze des Lyceums stand Jacob Schallmayer, der in Bonn Professor der Theologie gewesen war. Unter ihm sank, wie aus den Akten hervorgeht, die Zucht bedenklich, daher erhielt Karl Wilhelm Kortüm, welcher seit 1810 als Hauslehrer in Düsseldorf weilte, 1812 vom Minister Napoleons, dem Grafen Nesselrode, den Auftrag, Vorschläge zur Umgestaltung des Düsseldorfer Lyceums auszuarbeiten. Schon Napoleon hatte in seinem Decret betreffs Errichtung einer Universität auch das Lyceum ins Auge gefasst. Z. B. bestimmt Art. 14: Il sera établi un Lycée à Dusseldorf, les professeurs seront au nombre de 8. Art. 15: Il sera établi un pensionnat dans le Lycée. Art. 16: Le gouvernement entretiendra dans le Lycée de D. 60 élèves qui seront désignés parmis les fils de militaires et fonctionnaires. Ils seront nommés par nous. Napoleon hatte also nicht nur eine Erweiterung des Lyceums in Aussicht genommen, sondern auch ein grosses staatliches Alumnat errichten wollen, ein Gedanke, der später 1819 für kurze Zeit verwirklicht wurde.

Als Rector Schallmayer bedenklich erkrankte, wurde Kortüm am 6. Mai 1813 zum Director des Lyceums ernannt; er ist als der eigentliche Reorganisator des Gymnasiums zu betrachten. Die erste Frucht seiner Arbeiten war ein ausführlicher Lehrplan für 6 Klassen, die erste und zweite Klasse mit zweijährigem Cursus. Die Frequenz betrug 140 Schüler. Im Programm 1814 gibt Kortüm, welcher auch ordentliches Mitglied der Schulcommission geworden war, Bericht über die Ziele des neu eingerichteten Gymnasiums: es soll von allem dem, was für den nächsten Zweck, für den sogenannten Nutzen gelehrt wird, absehen. Einen ähnlichen Gedanken äusserte er, wie oben erwähnt, als es sich um die Verbindung der Kunst-Akademie mit dem Gymnasium handelte. Um sein ideales Ziel zu erreichen, musste K. sich nach guten Lehrkräften umsehen. So berief er Theodor Brüggemann und Friedrich Kohlrausch, Männer, welche hier und später in hohen Staatsämtern segensreich gewirkt haben. Im September 1822 wurde Kortüm zum Consistorial- und Schulrath bei der Regierung zu Düsseldorf ernannt, er blieb jedoch erster Director des Gymnasiums, während Brüggemann als zweiter Director die eigentliche Leitung erhielt. 1827 überliess Kortüm seinem Nachfolger alle Geschäfte, der nun den vollen Titel „Director" führte.

Die Blüthe der Anstalt nahm fortwährend zu; 1822 wurde die Prima in zwei Abtheilungen getrennt, die Schülerzahl stieg auf 290 und 1823 auf 309, 1824 auf 393; 1825 finden wir Quinta und Quarta in 2 Cöten getheilt, 1826 die Obersecunda von Untersecunda getrennt. Von da ab sinkt die Frequenz, weil die Schüler in den dunklen Räumen des Franziskanerklosters keinen Platz fanden. Kortüms energischem Einschreiten ist es zu verdanken, dass endlich der Bau des neuen Gymnasialgebäudes in der Alleestrasse begonnen wurde. Herbst 1831 wurde die Schule dahin verlegt, Brüggemann, der diesen Augenblick so sehr ersehnt hatte, folgte nicht dahin, ebensowenig führte er sein Vorhaben aus, die Geschichte des Gymnasiums von 1805—1831 bei Gelegenheit der Uebersiedelung zu schreiben. Er ging nämlich als Provinzial-Schulrath nach Coblenz und 1839 als Geheimer Regierungsrath nach Berlin in das Cultusministerium. Am 17. October 1832 wurde Dr. Franz Wüllner feierlich durch seinen Vorgänger eingeführt; bei dieser Gelegenheit wurde die Aula zum ersten Male benutzt. Am 31. October 1833 hatte die Anstalt die hohe Ehre, von dem damaligen Kronprinzen Friedrich Wilhelm besichtigt zu werden; das Lehrercollegium begrüsste ihn in einer alcäischen Ode.

Wüllner starb leider schon am 22. Juni 1842. Im April 1844 übernahm Dr. Karl Kiesel aus Coblenz die Direction der aufblühenden Schule. Es würde uns zu weit führen, wenn wir hier auseinandersetzen wollten, in welcher Weise das Düsseldorfer Gymnasium unter Kiesels Leitung seinen unter vorzüglichen Dirigenten erworbenen guten Ruf noch erhöhte, wie die stets wachsende Schülerzahl dazu nöthigte, fast alle Klassen in zwei Cöten zu trennen, so dass sozusagen ein Doppelgymnasium mit gegen 600 Schülern entstand. Was Kiesel hierbei leistete, hat das Lehrercollegium bei Gelegenheit seines 25jährigen

Amtsjubiläums zum Ausdruck gebracht, indem es ihn in der Begrüssungsschrift: „Düsseldorpiensis Gymnasii sospitator" d. h. Erhalter nennt. Ostern 1884 nach 40jähriger Leitung der grossen und hochgeachteten Anstalt trat Kiesel in den wohlverdienten Ruhestand und übergab dieselbe dem Gymnasial-Director Dr. August Uppenkamp, welcher schon seit langen Jahren als Director verschiedener Gymnasien thätig war. So ist die Hoffnung berechtigt, dass die Anstalt unter der jetzigen Leitung mit den alten Traditionen zugleich den alten Geist, der sie zur Blüthe brachte, für die Zukunft bewahren wird.

Hiermit ist die Geschichte des alten Gymnasiums durchlaufen; wir haben gesehen, wie verschieden ihre Geschicke sich gestalteten. Zuerst tritt rasche Blüthe unter Monheim und Fabricius uns entgegen, dann rascher Verfall, eine Erneuerung der Schule durch die Jesuiten mit Abstreifung des zweifelhaften religiösen Charakters, welcher an ihr im 16. Jahrhundert haftete. Die erste Blüthe wird nicht mehr erreicht, hierauf zweiter Verfall, der sich bis 1803 hinzieht, endlich eine zweite Erneuerung im Jahre 1805 mit Veränderungen vom Jahre 1814 und endlich gleichmässige Entwickelung zu dem heutigen Stande. Dass die Darstellung etwas ausführlicher wurde, wird man als berechtigt anerkennen, wenn man bedenkt, dass das Gymnasium mit den mehr oder weniger mit ihm zusammenhangenden Facultätsstudien zeitweise der alleinige Träger aller höheren Studien noch bis in dieses Jahrhundert hinein war. Erst am 28. Mai 1838 erhielt dasselbe in der Realschule, welche auf Grund der von Kortüm ausgearbeiteten Instruction für Realschulen vom Jahre 1832 eingerichtet wurde, eine Schwesteranstalt. Sie wurde unter Heinens Leitung mit drei Klassen in den alten vom Gymnasium verlassenen Räumen des Franziskanerklosters eröffnet. Die Anstalt hatte anfangs das Latein nur als facultativen Lehrgegenstand aufgenommen; da aber die Zahl der Lateinschüler immer zunahm, so sah sich die Schule genöthigt, eine Schwenkung nach dem Gymnasiallehrplan zu machen und hat dieselbe heute soweit vollzogen, dass, wie Prof. Dr. Rothert in seiner Festschrift 1888 sagt, die eine Hälfte ein humanistisches Gymnasium geworden, und die andere kein Realgymnasium mehr ist.

Wie seiner Zeit dem Gymnasium, so wurde bald der Realschule das alte Schullocal an der Citadellstrasse zu eng. Nach mannigfachen Schwierigkeiten, die sich durch die Kosten eines Neubaues einzustellen pflegen, bezog man am 11. Oct. 1860 das neue Gebäude in der Klosterstrasse. Von nun an nahm die Entwickelung der Anstalt ihren stetigen Fortgang. Herbst 1864 wurden zwei Vorschulklassen, später Parallelklassen eingeführt, seit Ostern 1883 Gymnasialklassen; in diesem Schuljahre ist die Gymnasial-Oberprima angeschlossen und damit das städtische Gymnasium vollendet worden. Heinen starb plötzlich im Jahre 1870; Professor Dr. Honigsheim leitete interimistisch die Anstalt, bis Director Ostendorf 1872 dieselbe übernahm. Als auch dieser 1877 starb, folgte ihm Böttcher bis 1882, dann Kirchner bis 1885. Von dieser Zeit an führt Dr. Matthias die Direction der Schule. Diese erfreute sich besonders unter den beiden letzten Dirigenten einer stets wachsenden Blüthe. Vorher nämlich war ein stetiges Steigen der Frequenz bis 1872 erkennbar, dann sank dieselbe durch Errichtung der Bürgerschule, durch den wirthschaftlichen Rückgang und durch eine stets zunehmende Abneigung gegen die Realbildung. Letzterer Umstand nöthigte, wie oben erwähnt, dazu, den Lehrplan nach der Gymnasial-Richtung zu ändern. Diese den Wünschen der Bevölkerung entsprechende Verschiebung hat auf den Besuch so vortheilhaft eingewirkt, dass in diesem Jahre die Frequenz auf 490 gestiegen ist. So kann die Schule, welche noch kürzlich das Jubiläum ihres 50jährigen Bestehens gefeiert hat, im Besitze eines wohleingerichteten Unterrichtsapparates mit Zufriedenheit auf den zurückgelegten Weg blicken und mit Zuversicht der Zukunft entgegensehen. Allerdings ist ihr weiterer Entwickelungsgang von Bedürfnissen und Wünschen abhängig, die man für längere Zeit nicht voraussehen kann. Wie Matthias am Schluss seiner Geschichte der Gymnasialabtheilung bemerkt, ist zwar schon jetzt das Gymnasium als Hauptanstalt anzusehen, während die Realklassen, die der Schule den Namen gaben, sich an dasselbe anlehnen. Aber vielleicht verlegt die Zukunft wieder den Schwerpunkt auf die reale Richtung, der die Schule ihre Entstehung verdankt. Wer weiss es?

Wenden wir uns nach diesem kurzen Ueberblick über die Geschichte des hiesigen Realgymnasiums zur höheren Bürgerschule. Durch die Unterrichts- und Prüfungsordnung vom 6. October 1859 war der Begriff von höheren Bürgerschulen dahin bestimmt worden, dass sie dem Plan der Realschule erster Ordnung bis zur Prima ausschliesslich folgten. Sie standen also in demselben Verhältniss zum Realgymnasium, wie die Progymnasion zu den Gymnasien. Die höhere Bürgerschule, wie sie heute in den meisten grösseren Städten besteht, eingerichtet nach dem Lehrplan vom 31. März 1882, ist eine höhere Lehranstalt mit französischer und englischer Sprache, aber ohne Latein, welche nach 6jährigem Lehrgang mit der Erlangung der wissenschaftlichen Befähigung zum einjährig-freiwilligen Dienst schliesst. Die deutsche Sprache erfährt eine eingehende Behandlung, das Französische beginnt mit 8 Stunden in Sexta, das Englische mit 5 in Tertia; auch Rechnen und Naturkunde werden mehr als auf den anderen höheren Anstalten berücksichtigt. Der Vorzug dieser Veränderung liegt darin, dass die höhere Bürgerschule selbst eine Vollanstalt geworden ist, die nicht mehr auf die Prima eines Realgymnasiums hinweist, sondern, in sich selbst abgeschlossen, die Bürgersöhne für ihren Beruf in Handel und Industrie wohl vorbereitet entlässt. Dass hiermit den Bedürfnissen der Bevölkerung gedient war, zeigt das schnelle Wachsen und Blühen der Anstalt.

Diese wurde im Herbst 1872 mit Sexta eröffnet und stand bis 1878 unter der Leitung Ostendorfs; in diesem Jahre erhielt sie, von der Realschule abgezweigt, eine selbstständige Leitung in der Person des bisherigen Oberlehrers Hugo Viehoff. Im Anfange musste sich die Schule mit dem nothdürftigen Unterkommen im alten Realschulgebäude an der Maxkirche begnügen. Ostern 1875 kam sie in den Anbau bei der neuen Realschule in der Klosterstrasse. Auch dort war ihr Aufenthalt von verhältnissmässig kurzer Dauer, denn am 26. September 1887 zog sie in das eigens für sie erbaute, prachtvolle Gebäude an der Florastrasse. Hier hat die Schule ihr bleibendes Heim gefunden, und wird es voraussichtlich nicht viele Jahre dauern, bis die für grosse Verhältnisse eingerichteten Räumlichkeiten sich als zu klein erweisen, um die stets wachsende Schülerzahl aufzunehmen. Schon jetzt wird bis Tertia incl. in 2 Cöten, in Sexta sogar in 3 Cöten unterrichtet, dazu kommen noch drei Vorschulklassen, so dass sich die Gesammtfrequenz auf 480 Schüler beläuft. Während wir die höheren Lehranstalten eine segensreiche Wirksamkeit in Mitte einer rasch anwachsenden Stadt entfalten sehen, stehen die Schulen, welche sich der Kunst und dem Kunstgewerbe widmen, nicht hinter denselben zurück.

Es ist bekannt, dass im Anfange dieses Jahrhunderts nur noch kläglich die Kunstakademie ihr Dasein fristete. Als aber das Herzogthum Berg an Preussen gefallen war, forderte das Ministerium auf Anregung des Prof. Thelott einen Bericht über den Zustand der Kunstakademie und deren Sammlungen. Prof. Schaeffer reichte Februar 1817 den Plan zur Vervollkommnung der hiesigen Akademie und zur Errichtung einer polytechnischen Schule beim Ministerium ein. Indem er hierbei den Nützlichkeitsprincipien seiner Zeit Rechnung trägt, will er geschickte Handwerker, Künstler und Militairs bilden. Das Wichtigste war wohl, einen geeigneten Mann an die Spitze der Akademie zu setzen. Die Wahl fiel nach sorgsamen Erwägungen auf Peter Cornelius, den Sohn des schon erwähnten Malers und Inspectors Aloys Cornelius und jüngeren Bruder des Inspectors Lambert Cornelius. Am 9. März 1819 wurde durch Königl. Cabinetsordre die Akademie in's Leben gerufen und Cornelius am 1. October 1819 zum Director derselben ernannt. 1821 sah man, als Cornelius energisch dagegen auftrat, von einer Verbindung der Akademie mit einem Polytechnikum ganz ab. Cornelius legte 1824 das Directorium nieder, um an die Spitze des Münchener Instituts zu treten. Sein Nachfolger Wilhelm Schadow trat 1826 ein und behielt die Leitung bis 1859, Eduard Bendemann (1859—67) wirkte in Schadows Sinn weiter, trat aber im Jahre 1867 aus, worauf ein Interimistikum (1867—70 Altgelt) bestand, bis Wislicenus mit Giese zum Directorat berufen wurde. Im Jahre 1864 wurde Wittig als Lehrer der Bildhauerklasse angestellt, und somit die Bildhauerkunst als Lehrgegenstand eingeführt. Im Juni 1869 feierte die Akademie unter grosser Theilnahme der Stadt und des Staates ihr 50jähriges Jubiläum, womit zugleich die Einweihung des Schadowdenkmals verbunden war. Bis zu dem grossen Brande des Akademiegebäudes am 20. März 1872 verging eine Zeit ruhigen Schaffens. Das Lehrercollegium wurde vervollständigt und vermehrt, obgleich das Lokal, worin die Akademie vorläufig untergebracht, für seinen Zweck wenig geeignet war. Die eine Hälfte der Lehrer arbeitete in den Räumen des ehemaligen Galeriebaues, die andere Hälfte im sogenannten „Wunderbau", welcher in der Pempelforterstrasse lag. Das Directorium der Anstalt hatten während der ganzen Zeit zwischen dem Brande und der Vollendung des neuen Gebäudes die Professoren H. Wislicenus und Baumeister Lotz inne. Im Jahre 1877 wurden wegen der grossen Frequenz zwei Parallelklassen für die Elementarklasse und eine für das Zeichnen nach dem lebenden Modelle geschaffen. Der Bau des neuen Gebäudes am Sicherheitshafen begann 1875 und wurde 1879 so weit vollendet, dass am 20. October die feierliche Einweihung stattfinden konnte. Zugleich wurde die Besetzung des Directoriums, welches bisher durch die Regierung bestimmt war, der Wahl des Lehrercollegiums überlassen. Jetzt, wo die Akademie seit beinahe 9 Jahren ihrer Bestimmung übergeben ist, ist eine Zeit stillen Arbeitens in den verschiedenen Abtheilungen eingetreten, und so ist die Hoffnung berechtigt, dass die dritte Kunstepoche für die Akademie selbst und für die sie umschliessende Stadt den alten Glanz erhöhen wird. Es dürfte nicht ohne Interesse sein, hier eine Uebersicht der Frequenz für das Schuljahr 1886/87 anzuführen.

Im Schuljahr 1. October 1886/87 war der Klassenbesuch in der Akademie wie folgt:

1. Elementar-Klasse (Prof. Lauenstein) . . 51 Schüler
2. Vor-Klasse (Prof. Crola) . . . . . . 30 „
3. Antiken- und Natur-Klasse (Prof. Janssen) 44 „
4. Mal-Klassen für Figurenmalerei (Prof.
   v. Gebhardt und Prof. Roeting) . . . . 24 „
5. Mal-Klasse für Landschaft . . . . . 7 „
6. Fach-Mal-Klassen a) Prof. von Gebhardt 4 „
   b) Prof. Janssen . . . 12 „
   c) Prof. Sohn . . . 4 „
7. Erste Klasse für Figurenmalerei
   a) Prof. Sohn, Genre- u. Historienmalerei 8 „
   b) Prof. v. Gebhardt, religiöse Malerei . 2 „
   c) Prof. Janssen, Monumental- u. Historienmalerei . . . . 5 „
8. Erste Klasse, Landschaften (Prof. E. Dücker) 6 „
9. Kupferstecher-Klasse (Prof. Forberg) . . 1 „
10. Radir-Klasse (derselbe) . . . . 15 „
11. Bildhauer-Klasse (Prof. A. Wittig) . . . 3 „
12. Den Unterricht in der Ornamentik und
    Decoration (Prof. A. Schill) besuchten . 64 „
13. Fachschule ad 12 (Prof. Schill) . . . . 2 „

Summa 282 Schüler
Davon gehörten mehreren Klassen zugleich an 131 „

Schülerbestand 1886/87 148.
Lehrer: 13.

Schon im Anfange des Jahrhunderts waren, wie erwähnt, Pläne aufgetaucht, mit der Akademie auch eine polytechnische Schule zu verbinden; Cornelius erhob entschieden dagegen Einspruch und meinte, man könne eine Künstlerschule nicht mit einer Lehranstalt der höheren Mathematik vereinigen, weil man Leonardo zu ihrer Leitung nicht von den Todten auferwecken könne. In Folge dieser Ablehnung kam die Schule nach Aachen und wurde 1870 eröffnet. Das Aufblühen des Kunstgewerbes in der rasch anwachsenden Stadt stellte aber allmälig das Bedürfniss einer den Interessen der Gewerbetreibenden dienenden Anstalt als unabweisbar und dringend hin.

Man zögerte nicht lange. Nachdem Anfangs 1883 der prachtvolle Bau am Rheinufer mit Unterstützung des Staates fertig gestellt worden war, konnte dieselbe durch den als Director berufenen Professor Stiller Ostern eröffnet werden. Die Kunstgewerbeschule bietet die Gelegenheit, auf Grund guter Volksschulbildung sich Kenntnisse zu verschaffen, welche befähigen, irgend einen gewerblichen Beruf auch künstlerisch auszuüben. Dies Ziel sucht man in drei Abtheilungen zu erreichen und zwar 1. in einer Vorbereitungsklasse, welche früher Vorschule genannt wurde, mit Unterricht im Freihandzeichnen, geometrischem Zeichnen und Modelliren (Kursus 1 Jahr); 2. in der Fachabtheilung (den sogenannten Fachklassen) der Architektur, der Mal- und Modellir-Klasse; 3. in der Abendschule, welche den Zweck hat, Lehrlingen und Gehülfen in ihren freien Stunden neben der praktischen Tagesthätigkeit Gelegenheit zu künstlerischer Ausbildung zu geben, in 4 Abtheilungen; daneben Hospitanten, d. h. solche, welche nur zeitweise oder unvollständig den Unterricht geniessen wollen, werden nur für die Fachklassen aufgenommen.

Die Frequenz im Sommer-Halbjahr 1883 betrug 120 Schüler (30 Vorschüler, 2 Fachschüler, 88 Abendschüler); im Wintersemester 162 (44 Vorschüler, 12 Fachschüler, 106 Abendschüler); im Sommersemester 1884 166 Schüler (39, 20, 107), im Wintersemester 1884/85 182 Schüler (48, 35, 99); im Sommersemester 1885 147 Schüler (30, 28, 89); im Wintersemester 1885/86 211 Schüler (50, 56, 105); Sommersemester 1886 159 Schüler (24, 35, 100); Wintersemester 1886/87 238 Schüler (45, 70, 123); Sommersemester 1887 153 Schüler (25, 35, 93); Wintersemester 1887/88 249 Schüler (47, 65, 137); Sommersemester 1888 155 Schüler (38, 39, 78). Ausstellungen von Schülerarbeiten z. B. im Jahre 1884 legten erfreulichen Beweis von der Tüchtigkeit des Unterrichts und seinem Erfolge ab. Am 1. October 1886 trat eine Fachschule für Treiben, Graviren und Ciseliren hinzu. Zuvor wurde der erste sechswöchentliche Cursus zur Ausbildung von Zeichenlehrern an der gewerblichen Fortbildungsschule abgehalten; an diesem nahmen 26 Lehrer theil. Mit dem 1. October 1883 wurde die gewerbliche Fortbildungsschule dem Director der Kunstgewerbeschule unterstellt und erhielt folgenden Lehrplan: 1. Freihandzeichnen, 2. Zirkelzeichnen, 3. Projectionszeichnen, 4. Fachzeichnen für Bauhandwerker und Maschinenbauer, 5. Geometrie, 6. Deutsch, 7. Rechnen und Buchführung. Die Frequenz betrug im Schuljahr 1884/85 zwischen 395—612 Schüler, im Schuljahr 1885/86 zwischen 412—430, 1886/87 zwischen 384—510. Der Unterricht wird jetzt in 25 Klassen mit 16 Lehrern gegeben.

Wenn wir einen kurzen Rückblick über die den verschiedenartigsten Interessen des Lebens dienenden höheren Anstalten werfen, so müssen wir gestehen, dass sich ein reiches und buntes Bild der Entwickelung des höheren Schulwesens vor unsern Augen entrollt. Dasselbe enthält seine passende Ergänzung durch die Betrachtung der Bahnen, welche das höhere Mädchenschulwesen gewandelt ist. Seit dem 16. Jahrhundert hatten in den katholischen Gemeinden die weiblichen Orden Unterricht und Erziehung der Mädchen meist in den Händen. Wir haben gesehen, wie in Düsseldorf die Ursulinerinnen den Mädchenunterricht bis in dies Jahrhundert hinein leiteten. Daneben traten besonders im Anfange dieses Jahrhunderts Privatpersonen als Inhaber solcher Schulen auf, z. B. leitete Vikar Daulnoy eine simultane Töchterschule, welche 600 Thlr. aus dem bergischen Schulfonds bezog, 2. Frl. von Erkelens hatte eine Schule, aus welcher später die Louisenschule hervorging. Im Jahre 1799 erbietet sich Frau Benoit, junge Mädchen in der französischen Sprache, sowie in der Stickerei in Gold und Seide zu unterrichten. Ferner werden noch genannt die Schulen von Frl. Diepold, Frau Dr. Philippi, Frl. Sack, Quincke und Perpéet, welche meist die Concurrenz mit den inzwischen geschaffenen öffentlichen Anstalten nicht aushalten konnten und eingingen. Erst seit 1872, als namhafte Vertreter des höheren Mädchenschulwesens eine Denkschrift der Regierung vorlegten und einen einheitlichen Lehrplan verlangten, traten die Anstalten als öffentliche im gesetzlichen Sinne auf.

Die Louisenschule, welche wir zuerst zu besprechen haben, entwickelte sich aus kleinen Anfängen. Es bildete sich 1837 eine Societät von Männern, deren Töchter eine höhere Bildung erlangen sollten. Regierungsrath Altgelt trat an die Spitze des Unternehmens. Am 30. October trat die Schule mit 3 Klassen ins Leben und wurde kurz darauf als evangelische Gemeindeschule anerkannt, aber erst 1854 ging sie definitiv in den Besitz der Gemeinde über. Ihre Kgl. Hoheit Prinzessin Friedrich von Preussen übernahm das Protectorat über die Anstalt, die daher den Namen Louisenschule erhielt. Sie blieb im Besitz der ev. Gemeinde von 1854 bis 1876. Ihr Lokal wechselte viermal. Zuerst befand sie sich in der Wohnung des Frl. von Erkelenz, dann seit 1839 in der Canalstrasse 1, später in der Breitestrasse, der jetzigen Bierhoff'schen Conditorei. Altgelt, der unermüdliche Leiter und Curator, verhalf der Gemeinde zu einem eigenen Gebäude in der Steinstrasse, welches 1863 bezogen wurde. Nachdem kurz vorher die Schule einen selbstständigen Director in der Person des Herrn Cellner, des bisherigen Oberlehrers am Realgymnasium, erhalten hatte, wurde sie 1864 neu organisirt und ihr zugleich eine Selecta oder Seminarklasse beigefügt; 1867 wurde das Mädchenturnen als facultativer Lehrgegenstand eingeführt. Seit dem 1. Mai 1876 ging die Schule an die Stadt über und wurde als eine städtische, paritätische, höhere Töchterschule mit einer Seminarklasse und 10 Klassen fortgeführt; als Filiale erhielt sie 1877 in der Thalstrasse, als die von den Schwestern vom hl. Kreuze geleitete katholische höhere Mädchenschule einging, die Friedrichsschule zunächst mit 6 aufsteigenden Klassen. Die gesammte Anstalt hat jetzt 378 Schülerinnen, darunter 80 aus der Friedrichsschule.

Als die schon seit zwei Jahrhunderten bestehende höhere Mädchenschule der Ursulinerinnen in der Ritterstrasse in den siebenziger Jahren einging, wurde Ostern 1880 an deren Stelle die Marienschule mit vorwiegend katholischem Charakter eingerichtet und begann im Hause Marienstrasse 12 mit 192 Kindern in 8 Klassen; zu Ostern 1881 kam die 9. und Ostern 1882 zugleich mit der Uebersiedelung nach Alexanderstrasse 1 die 10. Klasse hinzu. Sie arbeitete nach dem Lehrplan für öffentliche höhere Mädchenschulen; ihre Frequenz hielt sich zwischen 192—299. Erst in diesem Schuljahre hat die Zahl sich auf 239 gemindert, weil Ostern 1888 die Ursulinerinnen die alte Schule wieder eröffneten. Die letztere wird von 157 Kindern in 10 Klassen besucht. Ausserdem ist noch die Schuback'sche Schule mit simultanem Charakter in der Bismarckstrasse zu erwähnen. Diese ist auch aus kleinen Anfängen entstanden. Im Jahre 1859 begann Frau Emma Schuback einen kleinen Cursus mit 8 Schülerinnen, im Jahre 1864 wurde daraus eine Schule mit 5 Klassen (jede mit zweijährigem Cursus) und bald steigerte sich die Frequenz so, dass der Ausbau einer vollständig organisirten Schule nach den jetzigen Anforderungen mit 10 Klassen und einer Selekta vollzogen werden konnte. 1887 ging die Schule an Frl. A. Schmidt mit 162 Schülerinnen über. Die etwa noch bestehenden Pensionate für weibliche Erziehung treten in ihrer Thätigkeit von der Oeffentlichkeit zurück, da sie grösstentheils auswärtige Schülerinnen haben. Sie kommen daher hier nicht in Betracht. Mit Freuden können wir bei dieser kurzen Ueberschau constatiren, dass das höhere Mädchenschulwesen in Düsseldorf in hoffnungsreicher Blüthe begriffen ist.

Eine Mittelstellung zwischen höheren Töchterschulen und Volksschulen nimmt die städtische Bürgermädchenschule ein; sie ist besonders für die Töchter des Mittelstandes, der Gewerbetreibenden, Kaufleute, Beamten u.s.w. bestimmt und gewährt eine über das Maass der Volksschule hinausgehende Bildung, die in der Regel mit dem 15. Lebensjahre erreicht ist. Ihre Hauptaufgabe ist die praktische Vorbereitung ihrer Schülerinnen fürs Leben. Wesshalb die einzelnen Fächer vom Gesichtspunkte der unmittelbaren Verwerthung betrieben werden. Dabei ist die Schule keine Fachschule für irgend ein gewerbliches Geschäft, vielmehr legt sie Werth auf eine wahrhaft religiöse und nationale Erziehung. Sie begnügt sich ferner mit einer fremden Sprache, der französischen, und gewinnt dadurch Zeit, die anderen Fächer mehr zu berücksichtigen. Dass eine solche Anstalt einem wirklichen Bedürfniss abgeholfen hat, zeigt ihr rasches Emporblühen. Am 1. October 1878 mit 71 Schülerinnen in 4 aufsteigenden Klassen unter Üllners Leitung eröffnet, wurde sie Ostern 1879 schon von 212 Schülerinnen besucht. Am 24. Oct. 1880 trat der seitherige wissenschaftliche Lehrer an der Louisenschule, Herr Kessler, als Rector ein. Unter der Leitung desselben wurden die vorgesehenen 8 Klassen I, II, III unterste Stufe, IV, V, VI Mittelstufe, VII und VIII Oberstufe aufgebaut; die III. und IV. Klasse musste bald getheilt werden.

Mit Beginn des Wintersemesters 1886 trat Rector Kessler, als er zum Stadtschulinspector ernannt war, aus und überliess die Leitung dem wissenschaftlichen Lehrer an der höh. Mädchenschule in Wesel, R. Hagenbuch. Die Frequenz steigerte sich im Schuljahr 1887/88 auf 412 Schülerinnen, die von 12 ordentlichen Lehrkräften und 1 Hülfslehrerin unterrichtet wurden.

Wir haben nun die Anstalten, welche auf Grund der allgemeinen Volksbildung die Erhöhung des Wissens und Könnens nach den verschiedensten Richtungen mit abweichenden Zielen sich zur Aufgabe stellen, durchlaufen: überall sehen wir die erfreulichste Blüthe, freudiges Weiterstreben zur menschenmöglichen Vollkommenheit. Nicht minder angenehm wird uns die Schau über die Anstalten sein, welche die für alle Bürger des Staates ohne Ausnahme nöthige Bildung erzielen wollen. Die Elementarschulen verdanken, wie alle Schulen, ihre eigentliche Entwickelung dem 19. Jahrhundert. Was wir früher finden, sind nur Anfänge, die mehr oder weniger den Keim des Fortschritts in sich bergen. Nach Ausweis der Ordnung der Frohnleichnamsprocession vom Jahre 1807 waren in Düsseldorf folgende katholische Schulen vorhanden: 1) die Armenschule, 2) die Privatschulen von Kneip u. s. w., 3) die öffentliche Max- und Lambertus-Pfarrschule. Die letztere ist von allen Schulen ohne Zweifel die älteste; an sie schloss sich in der zweiten Hälfte des 17. Jahrhunderts die durch die Ursulinerinnen geleitete Mädchenschule, welche sich lange erhalten hat. Die Armenschule, welche in der Processionsordnung genannt ist, mag aus der freien deutschen Schule, welche 1666 der Herzog gründen wollte, hervorgegangen sein.

Als 1803 die von den Franziskanern bediente Maxkirche säcularisirt und 1805 zu einer Pfarrkirche eingerichtet wurde, entstand aus der Winkelschule, die dieser Orden schon im 18. Jahrhundert hielt, eine Pfarrschule, während die Andreaspfarrschule erst bei Errichtung der Pfarre im Jahre 1812 begründet wurde. Wie oben erwähnt, ging letztere aus der von den Kreuzherren errichteten Schule hervor, die zuerst im Kloster, seit 1812 in der Mühlenstrasse sich befand. Um diese Zeit wird man auch zu jeder Pfarrei die eingesessenen Armenschüler in einer sogenannten Freischule vereinigt haben. Die letztere war auch bei den Protestanten von der I. und II. Bezirksschule getrennt. Die übrigen in den sechsziger Jahren bestehenden Schulen schlossen sich oft an die Pfarreien an; z. B. an die Bilker, Hammer, Oberbilker, Derendorfer. Ausserdem bestanden noch die Neustädter, Volmerswerther, Pempelfort-Flinger, Mörsenbroicher, Grafenberger und die jüdische Schule.

Später wurden folgende Schulen gegründet: 1) die Kreuzschule (kath.) im Jahre 1870, 2) die Oberbilker (ev.) Schule 1871, 3) Friedrichsstädter (kath.) 1875, 4) Friedrichsstädter (ev.) 1875, 5) Bongardschule (kath.) 1875, 6) Karlsschule (kath.) 1881, 7) Golzheimer Schule (kath.) 1882, 8) Hüttenschule (kath.) 1884, 9) Pempelforter Schule (ev.) 1884. Im Jahre 1883 wurden die bis dahin bestehenden drei katholischen sowie die eine evangelische Freischule aufgehoben und die drei ersteren mit den Pfarrschulen zu je einer Knaben- bezw. Mädchenschule vereinigt, während die letztere nun als III. Bezirksschule figurirte. 1879 wurden die selbständigen Mädchenschulsysteme beseitigt und mit den Knabenschulen vereinigt, jedoch so, dass damit die Trennung der Kinder nach Geschlechtern nicht aufgehoben worden ist. Die jüdische Schule ist, nachdem der Lehrer pensionirt worden war, 1877 eingegangen, die Kinder derselben besuchen seit dieser Zeit die übrigen Volksschulen. Nach diesen Vorbemerkungen stellt sich das Volksschulwesen, wie es heute besteht, am besten in folgender Tabelle dar:

1. Lambertus-Schule mit 16 Klassen und 1115 Kindern, Lambertusstrasse.
2. Andreas-Sch. m. 12 Kl. und 811 K., Andreas-u. Neubrück-
3. Max-Sch. „ 14 „ „ 955 „ Citadellstrasse. |str.
4. Kreuz-Sch. „ 12 „ „ 744 „ Kreuzstrasse.
5. Bongard-Sch. „ 9 „ „ 528 „ Bongardstrasse.
6. Karls-Sch. „ 13 „ „ 881 „ Karlstrasse.
7. Hütten-Sch. „ 8 „ „ 576 „ Hüttenstrasse.
8. Friedrichsstädt. kath. Sch. „ 14 „ 1004 „ Thalstrasse.
9. Friedrichsstädter ev. Sch. „ 14 „ „ 1021 „ Kirchfeldstrasse.
10. Evangelische I. Bez.-Sch. „ 6 „ „ 423 „ Bilkerstrasse.
11. Evangelische II. Bez.-Sch. „ 9 „ „ 589 „ Bismarckstrasse.
12. Evangelische III. Bez.-Sch. „ 6 „ „ 453 „ Ratingerstrasse.
13. Neustädt. Sch. „ 14 „ „ 988 „ Fürstenwallstrasse.
14. Bilker Schule „ 13 „ „ 904 „ Martinstrasse.
15. Hammer Sch. „ 5 „ „ 324 „ Hamm.
16. Volmerswerther Sch. „ 3 „ „ 201 „ Volmerswerth.
17. Oberbilker I. Bez.-Sch. „ 11 „ „ 1008 „ Hildener u. Stoffelerst.
18. Oberbilker II. Bez.-Sch. „ 23 „ „ 1630 „ Eller- u. Höhenstr.
19. Oberbilker evang. Sch. „ 10 „ „ 673 „ Kölnerstr.
20. Pempelforter ev. Schule „ 5 „ „ 358 „ Grafenberger-
21. Flinger-Sch. „ 16 „ „ 1162 „ Lindenstr. | Chaussee.
22. Derendorfer Schule „ 12 „ „ 846 „ Münsterstr.
23. Golzheim. Sch. „ 7 „ „ 482 „ Kaiserswertherstr.
24. Mörsenbroicher Sch. „ 3 „ „ 245 „ Mörsenbroich.
25. Grafenb. Sch. „ 3 „ „ 233 „ Grafenberg.
26. Hilfsschule für schwachbegabte Kind. „ 1 „ „ 31 „ Kreuzstr.

Summa in 262 Kl. sind 18215 Kinder.

Zu diesen 26 Volksschulen kommen noch die Schulen der Anstalten Düsselthal und Zoppenbrück, die erstere mit 2 Klassen und 119 Kindern, die letztere mit 1 Klasse und 32 Kindern. Bei der israelitischen Gemeinde ist ausserdem eine sogenannte Religionsschule eingerichtet; an dieser wirken 3 Lehrer. Die unter Nr. 26 bezeichnete Hilfsschule für schwachbegabte Kinder entspricht einem dringenden Bedürfniss, denn sie gewährt die Möglichkeit, dass diejenigen, welche in einer Volksschule nicht recht vorankommen und nur ein Hemmschuh, oft ein Gegenstand des Spottes für die anderen sind, bei langsamem Fortschreiten doch noch die nothwendigsten Kenntnisse sich verschaffen und so nicht völlig für die menschliche Gesellschaft verloren gehen. Dem Wachsthum dieser Schule steht allerdings die falsche Scheu der Eltern entgegen, ihr Kind einer solchen Schule anzuvertrauen und damit zuzugeben, dass dasselbe zu den schwachbegabten gehöre. Indessen wird sich hier auch die Einsicht Bahn brechen, dass mit dem Besuch einer eigens für solche Kinder eingerichteten Anstalt den Interessen derselben mehr gedient ist, als sie jahrelang nutzlos die Elementarschule besuchen zu lassen. Die Einrichtung der sonst angeführten Volksschulen ist so conform allen andern, dass wir es uns hier ersparen können, näher auf den Lehrplan einzugehen. Sämmtliche Schulen sind derselben Leitung, nämlich der Stadtschulinspection, welche zuerst Dr. Heyer, nach dessen Tode dem früheren ordentlichen Lehrer der Louisenschule, Kessler, übertragen wurde, unterstellt. Auch auf dem Gebiete des Volksschulwesens sehen wir eine mit dem Anwachsen der Bevölkerung fortschreitende Entwickelung; fast in jedem Jahre finden Neugründungen oder Erweiterungen der grossen Schulen statt; dies zeigt, dass die Stadt über der Sorge für das höhere Schulwesen den Werth der Volksbildung nicht verkennt. Das Bild, welches uns dieser Zweig des Unterrichtes in Düsseldorf entrollt, ist zwar einfacher, aber nicht minder grossartig als die Vielseitigkeit des höheren. Es wird hier eine passende Stelle für eine Uebersicht sein, welche die Lehrer-, Klassen- und Schüler-Zahl sämmtlicher Anstalten Düsseldorfs enthält.

1. Kunst-Akademie mit 13 Lehrpers. 13 Kl. 148 Schülern
2. Kunstgewerbesch. „ 10 „ 8 „ 249 „
3. Fortbildungssch. „ 25 „ 16 „ 492 „
4. Gymnasium „ 32 „ 19 „ 595 „
5. Realgymnasium „ 32 „ 19 „ 586 „

112 Lehrpers. 75 Kl. 2070 Schülern

Entwickelung des Schulwesens zu Düsseldorf.

		Uebertrag:	112 Lehrp.	75 Kl.	2070 Schülern
6.	Höh. Bürgersch. mit	20	„	13 „	474 „
7.	Luisenschule	„ 20	„	13 „	323 „
8.	Friedrichsschule	„ 7	„	5 „	80 „
9.	Marienschule	„ 17	„	10 „	239 „
10.	Ursulinerinnensch...	10	„	10 „	157 „
11.	Schubackschule	„ 14	„	10 „	172 „
12.	Städtische Bürger-Mädchenschule	„ 13	„	10 „	419 „
13.	Volksschulen	„ 265	„	265 „	18366 „

Zahl in sämmtl. Anstalten 468 Lehrp. 411 Kl. 22303 Schülern.

Diese Angaben, welche dem zuletzt beendigten Schuljahr entnommen sind, können natürlich nicht auf dauernde Gültigkeit Anspruch machen, aber sie geben uns ein belehrendes Bild von der Entwickelung des Schulwesens in unserer Stadt. Dies wirkt eindringlicher, wenn wir uns in kurzen Zügen den Entwickelungsgang von Anfang bis zum heutigen Standpunkte vergegenwärtigen. Vor 600 Jahren existirte nur die bei der Stiftskirche befindliche Pfarrschule, bis 1392 eine Trivialschule, welche wohl meist zur Ausbildung der Kleriker und der Beamten bestimmt war, dazu trat. Wie beide Anstalten einer Aufsicht, nämlich der des Scholasticus, unterstanden, so werden sie auch räumlich in demselben Gebäude untergebracht worden sein. Die Trivialschule erhielt 1545 eine humanistische Richtung durch Gründung der Monheimschen Anstalt, aus deren Trümmern 1620 eine Jesuitenschule hervorging. Kurz vorher errichtete die protestantische Gemeinde eine Lateinschule mit protestantischem Character. Im 17. Jahrhundert übernahmen einzelne Orden den Unterricht, besonders des weiblichen Geschlechts, andere, z. B. die Franziskaner, legten eine Winkelschule an und führen nach Aufhebung des Jesuitenordens die theologischen Vorlesungen weiter. Aus dem Kreise der Laien traten Personen hervor, welche juristische, medicinische oder sonstige, das Studium der Universität ersetzende Vorträge halten. Für die Armenkinder werden Schulen eingerichtet, um sie an bessere Zucht zu gewöhnen; sie werden verpflichtet, den religiösen Uebungen in der Max- und Andreaskirche beizuwohnen. 1767 wird die Kunst-Akademie gegründet und so ein ganz neues Gebiet des Unterrichts eröffnet. Die Säkularisirung der Ordensgüter durch den Reichsdeputationshauptschluss vernichtet mit wenigen Ausnahmen die Einrichtungen des Mittelalters. Es ist natürlich, dass in den Zeiten der politischen Umwälzungen die Unterrichtsanstalten am meisten leiden und oft ihre Thätigkeit ganz einstellen müssen. Die Lambertus-Pfarrschule ist wohl ohne Unterbrechung fortgeführt worden, an diese schloss sich 1805 bei Gründung der Maxpfarre die Elementarschule für diesen Bezirk; im selben Jahre wurde die alte Jesuitenschule unter dem Namen eines Lyceums eröffnet, daraus hat sich das heutige Königliche Gymnasium entwickelt. Die juristischen Vorlesungen setzen sich noch einige Jahre fort und hören allmälig ganz auf. Die Kunst-Akademie ist durch den Verlust der Gallerie sehr geschädigt und fristet nach Weggang der Lehrer ein kümmerliches Dasein, bis unter Preussens Herrschaft auch für sie die Stunde der Wiedergeburt schlägt. 1837 legte man den ersten Grund zur heutigen Luisenschule mit protestantischem Character, während die Erziehung katholischer Mädchen hauptsächlich in der Hand der Ursulinerinnen und einiger Privatanstalten lag. 1838 wurde das Realgymnasium, 1842 die Andreaspfarrschule, 1872 die höhere Bürgerschule, 1877 die Friedrichsschule als Filiale der Luisenschule, 1878 die städtische Bürgermädchenschule, 1880 die Marienschule, 1883 die Kunstgewerbeschule gegründet. Zugleich wurden zu den bestehenden Volksschulen seit 1870 zahlreiche Schulsysteme hinzugefügt. Wir bemerken hieraus leicht, dass das Leben auf dem Gebiete des Unterrichtes um so stärker pulsirt, je näher wir der Gegenwart kommen.

Rastlos wie die Zeit ist auch das unaufhörliche Fortschreiten im Unterrichtswesen, und fast täglich entstehen Bedürfnisse zu Aenderungen in bestehenden Einrichtungen oder zu Neubildungen, die, wenn sie auch nicht das Leben der Schule berühren, dennoch in gewisser Weise in den Gang des Unterrichtes eingreifen. Aus kleinen Schulen ist ein Aufbau von Klassen entstanden, die kaum von den einzelnen Dirigenten übersehen werden können. Ebenso ist der Lehrstoff, den Bedürfnissen der Gegenwart entsprechend, ausgedehnter und vielseitiger geworden. Dies sind Schattenseiten, welche sich einerseits aus dem wachsenden Bedürfniss nach Bildung, das sich immer grösserer Gesellschaftskreise bemächtigt, andererseits aus den Ansprüchen, welche die Cultur an die jetzt lebenden Menschen stellt, leicht erklären lassen. Wie derjenige, welcher sich gegen die Fortschritte der Wissenschaft und Kunst ablehnend verhielte, hinter seiner Zeit zurückbliebe, so würde auch die Stadt, welche dem Drange ihrer Bewohner nach Unterweisung auf den Gebieten des Wissens und Könnens nicht Rechnung trüge und entgegenkäme, sich zur weiteren Entwickelung unfähig machen. Diese Einsicht ist heute so allgemein verbreitet, dass man gerade in den aufstrebenden Städten auch eine erfreuliche Blüthe der Schulanstalten wahrnimmt. In Düsseldorf ist schon vieles geschehen, aber die Zukunft wird noch manches als der Vervollständigung oder Umänderung benöthigt hinstellen, was jetzt uns als fertig erscheint. Bei den Volksschulen ist eine Erweiterung der Schulsysteme einfach. Bei den höheren Lehranstalten aber zeigt sich das Bedürfniss nicht so schnell und klar. Es vergehen meist Jahre, ehe sich ein Verlangen der Bewohner nach einer bestimmten Lehranstalt so deutlich darstellt, dass die Behörde durch Errichtung derselben dem allgemeinen Wunsche nachkommen muss. Dann ist es natürlich, dass solche Anstalten sich sofort nach ihrer Gründung einer grossen Blüthe erfreuen. Daher dehnt sich die höhere Bürgerschule so schnell aus, dass man schon bald an die Eröffnung einer ähnlichen Anstalt im nördlichen Stadttheile wird denken müssen; so ist das aus dem Realgymnasium hervorgegangene städtische Gymnasium schon jetzt die Hauptanstalt, während die reale Bildung weniger gesucht wird. Wenn es gestattet ist, am Schlusse dieser Zeilen einen Blick in die Zukunft zu thun und die Frage zu beantworten, welche Anstalten in Düsseldorf das 700jährige Jubiläum der Stadt feiern werden, so glaube ich, dass die Zahl der Gymnasien und höheren Bürgerschulen sich nach dem Anwachsen der Bevölkerung vermehren wird, während das Realgymnasium wegen der Concurrenz beider geringe Gewähr für dauernde Blüthe bietet. Freilich wird das Gymnasium sich noch manche Veränderungen gefallen lassen müssen, ehe es seine Laufbahn mit Ruhe verfolgen kann.

Die Bürgerschaft zu Düsseldorf hat ihr Interesse für die Unterweisung ihrer Jugend, wie aus den Urkunden des 16. Jahrhunderts hervorgeht, schon zu Zeiten kund gegeben, wo man anderswo eine Erkenntniss von dem Werth des Unterrichtes vergeblich sucht. Allerdings spielte damals neben dem Beweggrund des idealen Zweckes auch der materielle Vortheil, nämlich durch eine gute Schule auswärtige Schüler anzuziehen und dadurch für den Stadtbewohner Gelegenheit zu Verdienst zu geben, eine nicht unwichtige Rolle. Heute fällt dieser auf den Nutzen gerichtete Beweggrund fort; denn für eine grosse Stadt können die Schüler, die etwa von aussen kommen, keinen Einfluss auf Entschliessungen haben, welche sich auf Gründung oder Einrichtung von Schulanstalten beziehen. Jetzt herrscht nur das eine Streben vor, die Einwohnerschaft durch Unterweisung und Erziehung auf der Höhe der modernen Kultur zu erhalten und sie zur verständnissvollen und thätigen Theilnahme an allen Ereignissen der Gegenwart und an den Ergebnissen der Wissenschaft und Kunst zu befähigen. Wie endlich nur der Staat, welcher die Fortschritte auf dem Gebiete des Schulwesens mit wachsamem Auge verfolgt und die als besser anerkannten Einrichtungen energisch einführt, seine Machtstellung behaupten kann, so wird auch die Stadt am meisten blühen und weiter gedeihen, welche dem Schulwesen eine sorgsame Pflege zu Theil werden lässt. Düsseldorf braucht heute den Vergleich mit andern Städten in Bezug hierauf nicht zu fürchten; wir wünschen, dass seine Bewohner auch bei der 700jährigen Jubiläumsfeier auf ihre Schulen mit derselben Freude und Befriedigung blicken können, mit welcher den nachsichtigen Leser diese kurze Umschau erfüllt haben dürfte.

a) Zur Geschichte der bildenden Kunst in Düsseldorf.

Von

E. Daelen.

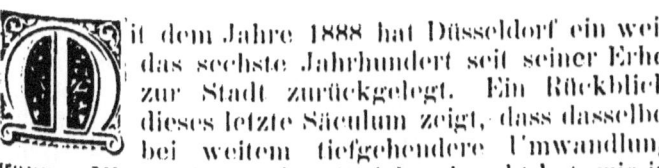it dem Jahre 1888 hat Düsseldorf ein weiteres, das sechste Jahrhundert seit seiner Erhebung zur Stadt zurückgelegt. Ein Rückblick auf dieses letzte Säculum zeigt, dass dasselbe eine bei weitem tiefgehendere Umwandlung im ganzen Wesen der Stadt mit sich gebracht hat, wie irgend eines der fünf vorangegangenen. Das Hauptmotiv zu dieser Thatsache liegt in dem Umstande, dass Düsseldorf in dieser Zeit eine Kunststadt von hoher Bedeutung geworden ist. Das hat dem letzten Jahrhundert im Leben der Stadt seine Signatur, seinen eigentlichen Charakter aufgeprägt, ihm dadurch eine unberechenbare Wichtigkeit verleihend. Heute, da die Düsseldorfer Kunst wie ein mächtiger Baum in üppigster Blüthe prangt, ist es wohl von Interesse, in der Erinnerung noch einmal ihrer Entwickelung von den ersten Keimen an nachzugehen.

Der Anfang der Entstehung verliert sich wie bei allen Dingen in's Dunkle, Unerforschliche. In den ersten Jahrhunderten des Bestehens der Stadt scheint die Kunstübung in ihren Mauern keine hervorragende gewesen zu sein. Wenigstens fehlen darüber so gut wie alle Nachrichten, und der Forscher könnte hier auch mit dem Famulus Wagner seufzen: „Wie schwer sind doch die Mittel zu erwerben, durch die man zu den Quellen steigt."

Was in jener Zeit von Kunstwerken in Düsseldorf zur Aufstellung kam, in den Kirchen oder im Schlosse, war hauptsächlich von auswärtigen Künstlern verfertigt: so die unter dem Namen das Kreuz bekannte, vor der Lambertikirche an der Nordseite errichtete steinerne Gruppe des gekreuzigten Heilandes, zu beiden Seiten die mitgekreuzigten Schächer, unterhalb Maria, Johannes und der römische Hauptmann, ein werthvolles Denkmal der damaligen Zeit mit ihrer Auffassung voll naiver Innigkeit, welches im vergangenen Jahre leider einer modernen Arbeit hat weichen müssen. Ungefähr derselben Zeit, dem fünfzehnten oder dem Anfang des sechzehnten Jahrhunderts, entstammt auch das Bildwerk des h. Christophorus, das Christuskind durch den Fluss tragend, im Innern der Lambertikirche; dem Ende des sechzehnten Jahrhunderts das ebendaselbst vorhandene prunkvolle Denkmal, welches dem Herzog Wilhelm V. von seinem Sohne Johann Wilhelm I. errichtet und von einem italienischen Künstler verfertigt wurde.

Als ein Begebniss von Bedeutung aus der frühesten Zeit der Düsseldorfer Kunst ist es erwähnenswerth, dass der berühmte Meister Hans Holbein 1539 einige Zeit in Düsseldorf weilte und im Auftrage des Königs Heinrich VIII. von England das Bildniss der Prinzessin Anna, der Tochter des Herzogs Johann III. (1511—1539) malte. Der Meister war von dem englischen Minister mit Weisung versehen und zauberte von der Prinzessin ein Bild auf die Leinewand, das den König in Entzücken versetzte und ihn sofort zum Abschluss der Verlobung bewog. Beim Anblick des Originals in persona war er nachher dann allerdings so enttäuscht, dass er sofort hinausstürzte und eine Fluth von Schimpfnamen (wie „grande cavale de Flandre" etc.) in sehr unköniglicher Weise über die arme Braut losliess. Eine prachtvolle Pergamenturkunde, die Ehepackten enthaltend, ein Meisterwerk der Kalligraphie mit Miniaturen und Initialen, welche dem kunstreichen Pinsel Holbeins zugeschrieben werden, befindet sich auf dem Düsseldorfer Provinzial-Archiv.

Schon um die Mitte des sechzehnten Jahrhunderts, also im dritten Geburtsjahrhundert der Stadt, soll dieselbe nach älteren Chronisten eine berühmte Kunststadt, die seit 1545 eine Malerschule besass, gewesen sein. Doch wird bei dieser Behauptung wohl etwas lokalpatriotische Färbung mitwirken, denn ganz abgesehen von den wirklich bedeutenden Kunststädten aus jener Zeit wird damals Düsseldorf auch einen Vergleich mit seinen niederrheinischen und westfälischen Nachbarinnen, am wenigsten beispielsweise mit Köln und seiner Malerschule oder selbst mit dem kleinen Calcar und seinem bedeutenden Meister schwerlich haben aufnehmen können. Scheinen seine Künstler sich zunächst doch nur im Porträtfach, weniger dagegen in freigeschaffenen Compositionen hervorgethan zu haben. Namentlich auf jenem Gebiete taucht denn auch zuerst ein Künstlername mit einem gewissen Klang aus dem Dunkel der Lokalgeschichte auf. Als Rathsverwandter der Stadt Düsseldorf und aus guter alter Düsseldorfer Familie abstammend, stand der Maler Spielberg in Diensten des Herzogs Johann Wilhelm von Jülich-Cleve-Berg und genoss bei diesem hohe Ehren. Er malte in Oel und auf Glas. Sein Bruder Gabriel Spielberg war Hofmaler des Königs von Spanien. Mehr Bedeutung erlangte sein Sohn Johann Spielberg, zu Düsseldorf geboren (1619—1690). Er erhielt seine Ausbildung zunächst in der Düsseldorfer Schule, die zum grössten Theil wohl eine wissenschaftliche Anstalt war, und durch den ergänzenden Unterricht seines Vaters. Auf sein sich früh entwickelndes Talent aufmerksam geworden, sandte ihn der Herzog Wolfgang Wilhelm mit einem Empfehlungsschreiben an den ihm befreundeten Peter Paul Rubens, dem der Herzog einst in Madrid, wo der berühmte Maler als Gesandter der Niederlande weilte und eines Tages durch einen Volksauflauf ernstlich bedroht wurde, bei dieser Gelegenheit durch schnelle Entführung das Leben gerettet hatte. Während Spielberg auf der Reise nach Antwerpen begriffen war, starb Rubens und nun ging der junge Künstler zu dem berühmten Govert Flink, bei dem er seine vollständige Ausbildung erhielt. Von seinem Gönner und Mäcen, Herzog Wolfgang Wilhelm, zum Hofmaler ernannt und nach Düsseldorf zurückberufen, malte er hier zahlreiche Porträts, sowie mehrere Historienbilder, u. A. ein grosses Altarbild für die Kirche zu Roermonde, für das Schloss zu Düsseldorf die Thaten des Herkules etc.

Unter seinen Kindern zeichnete sich seine Tochter Adriana Spielberg (1650 geb.) sowohl durch Oelbilder wie namentlich auch durch Zeichnungen in Kreide und Pastell aus. Sie verehelichte sich mit einem tüchtigen Künstler, Wilhelm Breckvelt, einem geborenen Düsseldorfer, und nach seinem bald erfolgten Tode zum zweiten Male mit dem berühmten Landschaftsmaler Eglon van der Neer (1643—1703), der auch bereits zweimal verheirathet gewesen und in seiner eigenen Familie eine kleine Kunstschule mit nach Düsseldorf brachte. Ausser dem Porträtfach wurde durch letzteren nun auch bereits die Landschaftsmalerei heimisch in Düsseldorf.

Obwohl Düsseldorf schon seit langer Zeit eine Residenzstadt regierender Fürsten war, so wählte sie nach der Gepflogenheit der damaligen kleinstaatlichen Regenten zunächst doch keiner der Herrscher zum beständigen Aufenthalt. Noch Herzog Philipp Wilhelm residirte abwechselnd hier, zu Neuburg und Heidelberg. Erst sein Sohn Kurfürst Herzog Johann Wilhelm, zu Düsseldorf am 19. April 1658 geboren, zeigte eine grosse Vorliebe für seine Geburtsstadt und wählte sie zur bleibenden Residenz. Unter seiner glanzvollen Regierung entwickelte sich die bis dahin kleine Stadt zu einer mächtig blühenden Prachtentfaltung und jetzt beginnt sie auch in der Kunst eine grössere Bedeutung zu gewinnen. Schon in seiner Jugend, namentlich während eines Aufenthaltes in Italien am mediciäischen Hofe, hatte Johann Wilhelm das Studium der Kunstgeschichte und der schönen Künste mit Begeisterung gepflegt. Als er 1691 nach dem Tode seiner ersten Gattin eine zweite Ehe mit der kunstsinnigen und heiteren Erbprinzessin von Toscana, Anna Maria Loisia, einer Tochter des Grossherzogs Cosmos III., einging und dadurch auch seine Kunstliebe immer reichere Anregung erhielt, reifte in ihm der Plan, in einer umfangreichen Gallerie Werke der bedeutendsten Meister zu sammeln. Ausser durch seine Gemahlin und schon vor seiner Verehelichung wurde er zu jenem Unternehmen am meisten durch den Maler Douven angeregt und durch ihn in seinen Bestrebungen aufs eifrigste unterstützt. Johann Franz Douven, geb. zu Roermonde (1656—1727), später Chevalier van Douven, wurde von Johann Wilhelm, der seine Werke sehr schätzen gelernt hatte, 1682 zum Hofmaler ernannt und bürgerte sich seit dieser Zeit in Düsseldorf vollständig ein. Er erwarb sich als fürstlicher Porträtmaler einen hohen Ruf und malte eine grosse Anzahl gekrönter Häupter, so den Kaiser und die Kaiserin von Oestreich, den König und die Königin von Dänemark, den König von Spanien während seines Aufenthaltes in Düsseldorf vom 16. bis zum 27. Oct. 1703 u. A., im Ganzen drei Kaiser, drei Kaiserinnen, fünf Könige, sieben Königinnen und eine lange Reihe Fürsten und Prinzen, sowie hervorragende Zeitgenossen. Als vertrauter Rathgeber und Liebling seines hohen Gönners Johann Wilhelm suchte er in uneigennützigster Weise dessen Sammlerfleiss zu nähren und auf eine Vereinigung von Kunstwerken nach Schulen und Richtungen zu einem geordneten Ganzen zu leiten.

  Nach dem Tode seines Vaters (1690) gelangte Johann Wilhelm in den Besitz der herrlichen Kunstsammlungen seiner Ahnen, namentlich seines kunstsinnigen Grossvaters Wolfgang Wilhelm. Von ihm, dem Freunde und Lebensretter des Malerfürsten Rubens, hatte er wohl auch die begeisterte Verehrung und Sympathie für den grossen Meister geerbt und es heisst desshalb wohl nicht mit Unrecht, dass Johann Wilhelm vor den gewaltigen Kunstwerken desselben den ersten Impuls empfing zu dem grossartigen Plan, dessen Ausführung eine Hauptthat seines wirkungsreichen Lebens bildet, die Errichtung der weltberühmten, herrlichen Düsseldorfer Gemälde-Gallerie. In den genialen Rubens'schen Schöpfungen liegt ein so von edler Leidenschaft durchglühter und zu hoher Begeisterung fortreissender erhabener Schwung, dass es leicht erklärlich ist, wie unter ihrer Einwirkung ein jugendlich schwärmerisches und empfängliches Gemüth zu der enthusiastischen Kunstliebe entflammt wird, welche zu der Lösung einer so grandiosen Aufgabe entschieden erforderlich ist.

Wenn man bedenkt, welch eine Wichtigkeit und Bedeutung die Ausführung jener Idee Johann Wilhelms für die ganze fernere Entwickelung Düsseldorfs gewonnen hat, so kann man ahnend ungefähr abwägen, wieviel diese Kunststadt dem gewaltigen Genius des grossen Niederländers zu verdanken hat.

Seiner Neigung entsprechend richtete Johann Wilhelm zunächst sein Augenmerk darauf, in den Besitz Rubens'scher Werke zu gelangen und mit ihnen das Fundament zu der Sammlung zu legen. Gleich nach seinem Regierungsantritt liess der Fürst aus seinen Schlössern der verschiedenen Residenzen, so aus Neuburg und auch aus der dortigen Kirche allmälig die geeigneten Meisterwerke nach Düsseldorf überführen. Bezeichnet werden speciell von Rubens Werken „Niederlage der Amazonen am Thermodon", „Die Märtyrer", „Das Weltgericht" und „Die Himmelfahrt Mariä", welch letzteres Bild wegen seiner grossen Dimensionen hier nur in der Stiftskirche placirt werden konnte und in der That zu dem Plan eines neuen geräumigen Gallerieaufbaues in der Folge den Anstoss gegeben haben soll. Auch im weiteren Verlauf hat dieses letztere Bild eine speciell für Düsseldorf interessante, ereignissreiche Geschichte. Ist es doch das einzige Werk von Bedeutung, welches aus dem überreichen Schatz der alten Gallerie der Stadt bis auf den heutigen Tag erhalten worden ist in einer manchmal an das Wunderbare grenzenden Weise, so bei den mehrfachen Entführungen der Gallerie und bei dem letzten grossen Brande des alten Schlosses. Schon diese Vergangenheit verleiht dem Bilde einen besonderen Reiz; vornehmlich aber auch wegen seines hohen Kunstwerthes wäre es wohl zu wünschen, dass ihm ein Platz angewiesen würde, wo seine hehre, lichtvolle Schönheit nicht nur einzelnen Bevorzugten, sondern Allen mit Leichtigkeit zugänglich gemacht wäre und vor allem nach Gebühr gewürdigt werden könnte.

Hatte Johann Wilhelm eine besondere Vorliebe für die Kunst der Niederländer, so wusste er doch auch die grossen Italiener nach ihrem vollen Werth zu schätzen und war jedenfalls hocherfreut, als seine zweite Gemahlin Anna Maria Loisia von Medici nebst einer Mitgift von Millionen Gold auch bedeutende Kunstschätze aus ihrem damit so gesegneten Heimathlande nach Düsseldorf brachte und fortan ihren Gemahl in seinem grossartigen Unternehmen, eine hochbedeutende Kunstanstalt zu errichten, auf das Eifrigste unterstützte. Ausser im Sammeln von Kunstwerken, zu deren Ankauf vertraute und bewährte Kunstkenner ausgesandt wurden, wetteiferte das Fürstenpaar jetzt auch in der Berufung berühmter Meister, welche zum Theil, wie Douven, nun ihren ständigen Wohnsitz wählten, zum Theil wenigstens längere Zeit in Düsseldorf wirkten.

Der grössten Gunst des prunkliebenden Hofes erfreute sich besonders Adrian van der Werff, geboren im Kralinger Amt bei Rotterdam (1659—1722). Als Johann Wilhelm 1696 nach dem Haag kam, besuchte er auch van der Werff zu Rotterdam, kaufte verschiedene seiner Bilder und bestellte ihm noch einige andere mit der Weisung, nach Vollendung dieselben in Person nach Düsseldorf zu bringen. Als der beglückte Künstler im folgenden Jahre sich dieses ehrenvollen Auftrages entledigte, erwarb er sich damit so sehr die Zufriedenheit des Churfürsten, dass dieser ihn auf sechs Monate des Jahres gegen ein Gehalt von 4000 Gulden holländisch in Dienst nahm. Seit dieser Zeit blieb van der Werff dauernd in naher Beziehung und Verbindung zum Düsseldorfer Hofe sowie auch zur Stadt. Viele seiner besten Werke fanden Aufnahme in der neugegründeten Gallerie und wenn dieselben auch heutzutage wegen der ihnen anhaftenden Süsslichkeit und Geleektheit nicht mehr die übertriebene Würdigung finden, welche ihnen zur Zeit ihrer Entstehung zu Theil wurde, so dürfen sie immerhin doch als eine Zierde der glänzenden Sammlung betrachtet werden[1].

Die feierliche Eröffnung der Gallerie, deren kunstgerechte Anordnung hauptsächlich durch die Meister

---

[1] Dass übrigens auch zu jener Zeit nicht Alle so begeisterte Verehrer der van der Werff'schen Muse waren wie der Churfürst, zeigt sich schon in folgender Beurtheilung eines Zeitgenossen, welcher schreibt: „ein Maler, der zwar durch seine Werke einen grossen Ruhm erworben, aber dennoch sie mit einer so peinlich gezwungenen Sorgfältigkeit ausgeführt hat, wie die Michel Angelo, die Raphael, die Titian von ganzem Herzen verabscheuten. Ueberlasset, sagten diese grossen Genies, diese kindischen Spielereien den Fläminger, welche nichts als Sclavenarbeit thun, weil ihre Kaltsinnigkeit unerschöpflich ist."

Douven und van der Werff bewerkstelligt worden war, erfolgte 1710 und Tausende von Bewunderern strömten nun durch die fünf prachtvollen Säle in der Beletage hochentzückt von dem Anblick des wundervollen Farbenzaubers. Einer der Säle war vollständig mit Rubens'schen Meisterwerken angefüllt, ein anderer enthielt fast nur solche van der Werffs; auch Rembrandt und Gerhard Dow fanden sich sehr reich vertreten. Im ersten Saal (der Niederländer) hing oben an das prächtige Bild von Douven „Churfürst Johann Wilhelm hoch zu Ross in voller Rüstung, mit freundlichem Antlitze seinem Volke Frieden und den Künsten Schutz verkündend." — In zwei Sälen des Erdgeschosses waren die Modelle der erhabensten Statuen und Antiken Italiens enthalten. Jene so zahlreiche und herrliche Gemäldesammlung bildete nur einen Theil der unschätzbaren Kunstkammer, zu welcher der Sammlerfleiss und die Kunstliebe des Churfürsten mit ausserordentlichem Kostenaufwande das Düsseldorfer Schloss umzugestalten wusste. Auch beschäftigte Johann Wilhelm ausser den beiden genannten, vorzugsweise unter den Strahlen seiner Gunst lebenden Künstlern noch eine grosse Anzahl von Künstlern und Künstlerinnen in seinem Dienste. Von niederländischen Künstlern werden hervorgehoben Jan Weening (1644—1719), ein Bildniss-, Thier- und Blumen-Maler von Amsterdam, Anton Schoonians aus Antwerpen (1655—1726), durch genaue Kenntniss und glückliche Anwendung des Halbdunkels berühmt, wohnte bis zum Tode Johann Wilhelms in Düsseldorf und malte für die Gallerie sieben Bilder; Gottfried Schalken aus Dortrecht (1643—1706), besonders durch seine Nachtstücke mit grellem Lichteffect berühmt, wohnte in Düsseldorf auf der Flingerstrasse und malte vier Bilder für die Gallerie; Johann van Kessel aus Antwerpen (1644—1708) malte während mehrerer Jahre verschiedene Decorationen im Schlosse; Hermann van der Meyn aus Amsterdam, der drei Blumenstücke und Jan van Nickelen, der zwei Architekturbilder für die Gallerie verfertigte; ferner des letzteren Schwiegersohn Wilhelm Trost, ein flüchtiger Porträtmaler, sowie seine Tochter Jacobe Maria van Nickeln, eine talentvolle Blumen- und Früchtemalerin und ihr ebenbürtig zur Seite die Amsterdamer Malerin Rachel Ruysch, die auch verschiedene Aufträge des Churfürsten in Düsseldorf ausführte.

Von italienischen Malern, die längere oder kürzere Zeit in Düsseldorf lebten, werden genannt Antonio Bellucci aus Venedig (1654—1716), von dem sich drei Bilder in der Gallerie befanden; Antonio Pellegrini aus Padua (1675—1741) malte Bilder und Deckengemälde in Düsseldorf, so namentlich einen englischen Gruss in der Garnisonkirche für den Hauptaltar und die Decken (bis 1840 daselbst befindlich ; Domenico Zanetti, Historienmaler; sodann der Freskomaler Antonio Bernardi aus Bologna, Antonio Milanese, Architektur- und Perspectivmaler; ferner zwei Emaillemaler, vier andere Miniaturmaler und noch zwei Elfenbeinschnitzer.

Eine sehr hervorragende Persönlichkeit des damaligen Kunstlebens in Düsseldorf war der Bildhauer, spätere Chevalier Grupello aus Mailand (1643—1730). Sein Hauptwerk war die Bronzestatue des Churfürsten. Wie der Letztere in effigie auf dem Douven'schen Gemälde stolz und hoch zu Ross dem in die Gallerie Eintretenden gewaltig imponirend entgegenritt, so sollte nun auch auf dem Hauptplatz der Stadt, auf dem öffentlichen Markt, sein in Erz gegossenes Bildniss jedem Beschauer, jedem Besucher Düsseldorfs als hervorragendstes Wahrzeichen seiner Sehenswürdigkeiten zu unvergesslichem Eindruck in die Augen fallen. Bei dem kolossalen Ehrgeize Johann Wilhelms war es wohl selbstverständlich, dass er in hohem Masse die menschliche Schwäche besass, sich gerne beweihräuchern zu lassen. Keine grössere Freude konnte ihm also jedenfalls gemacht werden, als indem ihm von seinen Unterthanen in Stadt und Land als Zeichen der Dankbarkeit für die Wohlthaten seiner Regierung, namentlich der Stiftung der Gallerie, jenes imposante Monument, seine Reiterstatue, errichtet wurde. Und leicht erklärlich ist es danach auch, dass er dem vortrefflichen Künstler, welcher dasselbe so sehr zu seiner Zufriedenheit auszuführen verstanden hatte, Zeit seines Lebens eine ganz besondere Munificenz angedeihen liess. Davon bringt die Geschichte mehrfache augenscheinliche Beweise, wogegen sie im Uebrigen über das Leben und Wirken eines Künstlers von der Bedeutung eines Grupello auffallend wenig authentisches Material liefert. Um so lebhafter hat sich der Volksmund mit seiner Person beschäftigt, und weiss noch heutzutage eine Menge ganz märchenhaft klingender Geschichten von ihm zu erzählen, so dass er danach fast zu einer mythischen Figur geworden ist.

Das Piedestal der Reiterstatue Johann Wilhelms ist nicht nach dem ursprünglichen Project, welches noch wesentlich grossartiger war, vollendet worden. Nach diesem Entwurf waren bereits im Modell hergestellt vier grosse Löwen, zu deren Guss der Churfürst schon den Befehl ertheilt hatte, sammt der Lapidarinschrift, welche das Piedestal zieren sollte; in symbolischer Darstellung wurden von diesen vier Löwen die vier Cardinallaster Hoffart, Geiz, Neid und Völlerei unterdrückt. Ausser jenem Standbild wurden von Grupello eine hohe Pyramide in Bronce sowie ein anmuthiger Springbrunnen mit Aktäon und Diana nebst ihrer Umgebung, den lieblichen Nymphen, welche auf dem Galleriehofe in Düsseldorf ihre Aufstellung fanden, hergestellt. Ferner verfertigte er im Auftrage Johann Wilhelms eine grosse Anzahl kleinerer Arbeiten, wie Bronze- und Marmorstatuen, Porträts, Basreliefs, Modelle zu biblischen Gegenständen, Heiligenbildern, Thier- und Jagdstücken, Möbelverzierungen u. dergl. mehr.

Der auf das Grossartige gerichtete Sinn Johann Wilhelms, der sich in allen seinen Bestrebungen bethätigt hat, zeigt sich vor allem auch in dem Project eines neuen kolossalen Palastes, welcher im Anschluss der Lorettokapelle, also auf der heutigen Wegelinie bis zur Neustadt errichtet werden sollte. Der Entwurf, im hiesigen Archiv aufbewahrt, legt noch heute Zeugniss davon ab, wie bedeutend Düsseldorf damals schon hätte erstehen können. Ein Tourist aus jener Zeit schreibt: „Ich habe den Plan eines neuen Palastes gesehen, dessen Bau beabsichtigt war; derselbe würde, ausgeführt, sicher eines der grossartigsten Gebäude Europas geworden sein." Johann Wilhelm liebte sein Düsseldorf ungemein und sein gewaltiger Ehrgeiz träumte kühn von der ihm vorschwebenden Errungenschaft, es in die Reihe der ersten, berühmtesten Kunst- und Weltstädte erhoben zu sehen, nicht bedenkend, dass zu einem solchen grandiosen Unternehmen nicht die Lebenskraft eines Einzelnen, und sei sie noch so thatenreich, ebenso wenig wie die materiellen Mittel ausreichen. Noch in voller Beschäftigung mit der Ausführung seiner enormen Projecte begriffen, wurde er plötzlich durch den Tod dahingerafft.

Wie in der Regel ein Extrem das andere hervorruft, wie der übertriebenen Aktion schleunigst die Reaktion folgt, so geschah es auch hier. Der verschwenderischen Prachtliebe Johann Wilhelms gegenüber stellte sich das engherzige Sparsamkeitsprinzip seines Nachfolgers, seines Bruders Carl Philipp, im denkbar schärfsten Contrast. Nicht genug, dass die gewaltigen Pläne des Verstorbenen unausgeführt blieben, es sollte auch möglichst das von ihm Ausgeführte wieder vernichtet, respective zu baarem Gelde umgewandelt werden; wenigstens sollte es nicht in Düsseldorf verbleiben. Johann Wilhelms ganzer Nachlass wurde mit Beschlag belegt, alle Kostbarkeiten, Gemäldesammlung, Möbel etc. nach den Residenzen Neuburg und Mannheim-Schwetzingen des neuen Churfürsten fortgeführt. Sogar die Reiterstatue auf dem Marktplatz sollte zu dem Zweck zerschnitten werden, welch letzterer Befehl jedoch zurückgenommen wurde; man beschränkte sich auf die Wegnahme der fertigen Theile des bestimmungsmässigen Postaments in Grupellos Laboratorium, der vier Löwen, sowie des Springbrunnens und der Pyramide. Nur die Bildergallerie blieb unangetastet.

War in dem Sonnenglanz der Gunst des vorigen Churfürsten die Stadt schnell zu üppigster Prachtentfaltung erblüht, so sank sie unter der kalten Abwendung seines kargen Nachfolgers, der ihr während seiner sechsundzwanzigjährigen Regierungszeit keinen einzigen Besuch abstattete, noch schneller zu siechem Hinwelken dahin. Namentlich das künstlerische Leben war auf ein Minimum reduzirt und wies nicht einen Vertreter von Bedeutung auf. Als Direktor der Gallerie fungirte Hofmaler Gerhard Joseph Karsch. Auswärtige Künstler, durch die Schätze der Gallerie angezogen, hielten sich Studiums halber nur vorübergehend in Düsseldorf auf. Es war etwas wie eine nebelgraue Aschermittwochsstimmung über die heitere buntfarbige Residenz gekommen; auf den herrlichen sonnigen Feiertag schien eine endlose trübe Nacht folgen zu sollen. Die Saat aber, welche Johann Wilhelm, der illustre Beschützer seiner Residenz, in so überreichem Masse ausgestreut hatte, konnte doch nicht von dem plötzlich hereinbrechenden Rauhfrost gänzlich vernichtet werden. Sie schlummerte nur dem kommenden Frühlingserwachen traumbefangen entgegen. Der erlauchte Säemann hatte den Acker vorzüglich bestellt und mit trefflichen Mitteln die Fruchtbarkeit des Bodens geweckt. Nur hatte sein glühender Eifer, um die schönste Frucht zu erndten, ihn hingerissen, zu früh und zu sehr mit übervollen Händen die keimfähigen Saatkörner auszustreuen. Noch viele rauhe, kalte und stürmische Tage hielten das lustige Emporkeimen der im Boden Schlummernden mit barscher Strenge zurück.

Nach dem Tode Carl Philipps succedirte Carl Theodor, welcher Düsseldorf und seiner Gallerie wieder mehr Aufmerksamkeit wie sein Vorgänger zuwandte und sie auch zeitweise mit seinem Besuche beehrte. Seine hohe Gunst für die Stadt zeigte sich vor allem in der für sie so hochbedeutsamen Weise, dass er im Jahre 1767 hier mit unmittelbarem Anschluss an die Gemäldegallerie eine Kunstakademie errichtete. Zum Director der neuen Anstalt wurde Johann Lambert Krahe (1720—1790), Hofmaler und Professor der Akademien zu Rom und Florenz, ein geborener Düsseldorfer, ernannt. Seinem Rufe und seinen eifrigen Bemühungen gelang es bald, junge Talente heranzuziehen und so war 1774 die Anstalt vollständig organisirt und ausser von Deutschen selbst von Engländern, Franzosen und Holländern besucht. War nun aber auch ohne Zweifel Krahe ein in seiner Art strebsamer, kenntnissreicher und tüchtiger Charakter, so mangelte ihm doch die selbstständige schöpferische Kraft, welche den bedeutenden Künstler macht. An diesem Mangel krankte, wie überhaupt die damalige Zeit, so auch die seinem Directorium unterstehende Akademie; sie war wie alle übrigen eine Zopfakademie. Unter dem directen Einfluss der prächtigen Gemäldegallerie bezeichnet die damalige Kunstrichtung eine schwankende Mittelstufe zwischen decorativer Zopfkunst, dem neu sich regenden Classicismus und niederländischen Anklängen. Immerhin aber war ein bedeutungsvoller Anfang, der erste Schritt zu einem frischen Aufstreben gemacht. So konnte also die Stadt aus dem fünften Jahrhundert ihres Bestehens, das in seinem Anfang ebenso glorreich wie in seinem weiteren Verlaufe betrübend gewesen war, nun mit einer hoffnungsfrohen Aussicht auf die Zukunft in das sechste Jahrhundert übertreten. Das letztere sollte ungefähr den umgekehrten Verlauf wie das vorangegangene nehmen; es brachte zu Anfang die niederschmetterndsten Schicksalsschläge für die Stadt und ihre Kunst, führte dagegen im weiteren Verlaufe bis zum Schluss eine stetig wachsende Entfaltung ihres Aufblühens mit sich. Und in dieser stetigen, gesunden Entwickelung liegt einerseits die Begründung für die tiefgehende Bedeutung gerade dieses Zeitraumes im Gegensatz zu den vorangegangenen Jahrhunderten, anderntheils aber auch die Gewähr für die Dauerhaftigkeit der daraus hervorgegangenen Errungenschaften. Diesen Unterschied zwischen der Entwickelung der Düsseldorfer Kunst im letzten Jahrhundert und der der früheren Zeit in das rechte Licht zu rücken, das ist die eigentlich grundlegende Absicht dieser Schrift. Sie tritt somit jetzt in einen neuen Abschnitt, in den zweiten und Haupttheil ihrer Aufgabe ein, in einem Ueberblick, wenn auch nur gedrängt und skizzenhaft, wie es bei der Beschränktheit des Raumes nicht anders möglich ist, die vollständige Verschiedenartigkeit zu zeichnen, welche sich in dem Wesen dieses Jahrhunderts gegen die früheren und namentlich das vorletzte äussert. Dieser Unterschied kennzeichnet sich am klarsten in dem schon vorhin erwähnten Vergleich mit dem Ausstreuen der Frucht auf den urbar gemachten Acker und dem Emporwachsen der demselben entkeimten Pflanze. So von aussen hinein, von oben herab ist nach langem, dunklem Winter von emsiger Hand das Saatkorn in den fruchtbaren Boden gebracht worden und nachdem es eine Zeit lang darin geruht, ist erst in diesem Jahrhundert die reiche Saat zu herrlichem Erblühen aus demselben emporgesprossen, nun erst hat sie in diesem ihrem Boden, ihrer Mutter Erde Wurzel gefasst, nun erst kann sie wirklich mit Stolz ihren Namen „Düsseldorfer Kunst" tragen. Diese Berechtigung hat sich denn auch im Laufe des letzten Jahrhunderts in der ganzen Welt die vollste Geltung, den besten Klang verschafft.

Nach dem Tode Krahes (1790) wurde Johann Peter Langer, geboren zu Calcum bei Düsseldorf, zum Director der Akademie und Gallerie ernannt. War seine Bedeutung als Künstler zwar auch nicht viel höher anzuschlagen als die seines Vorgängers, so gewann sein Directorium doch eine grössere Wichtigkeit zunächst schon dadurch, dass sein weit berühmterer Sohn Robert, der 1806 Professor der Münchener Akademie wurde, im vorigen Jahrhundert Schüler der Düsseldorfer Akademie war, sowie vor Allem aber dadurch, dass Robert Langers Altersgenosse und Mitschüler kein geringerer als Peter Cornelius (geboren zu Düsseldorf 1787) war, also Derjenige, welcher für die Glanzperiode der Düsseldorfer Kunst als der eigentliche Grundpfeiler zu betrachten ist.

Bevor aber mit diesem Namen die Lenzessonne der neuen Kunst der vielgeprüften Stadt aufging, sollte erst noch einmal eine recht finstere Sturmnacht mit allen ihren Schrecken niederschmetternd und zerstörend über sie dahinbrausen, um sie vor ihrer Erhebung bis zur tiefsten Verwüstung herabzuwürdigen. Von einer stolzen Residenzstadt, die sich vermass, den grössten Städten der Welt den Rang ablaufen zu können, war Düsseldorf schon seit langer Zeit, namentlich nach der Vereinigung der kurpfälzischen Lande mit Bayern, immer mehr zu einer bescheidenen stillen Provinzialstadt herabgesunken. Sein einziger Stolz war nur noch seine weltberühmte Gemäldegallerie. Schon hatte sie einmal beim Bombardement der Stadt (1758) nach Mannheim geflüchtet werden müssen, war aber bei hergestellter Ruhe 1761 unversehrt zurückgeführt worden. Sie zog ausser den Malern auch die Koryphäen anderer Künste zeitweise nach Düsseldorf, so Lessing, Wieland, Claudius, Heyse, Humboldt, Herder, Bürger, Hölderlin und vor allem den Grössten, Goethe, zum Besuche seines Freundes Joh. Heinr. Jakobi. Da zog das schwere Ungewitter der französischen Revolution über die erschreckten Lande dahin; mit infernalischer Gewalt prasselte es auch auf das unbeschützte Düsseldorf nieder. Bei dem Bombardement am 6. October 1794, welches viele Gebäude zerstörte und beschädigte, war glücklicherweise die schon vorbereitete Flüchtung des Gallerieschatzes kurz vorher bewerkstelligt. Die Sammlung wurde über Bremen nach Glückstadt gebracht und kam erst nach dem Lüneviller Frieden nach Düsseldorf zurück (1801). Aber die ob der Wiederkunft laut jubelnde Bürger- und Künstlerschaft sollte sich ihres theuersten Schatzes nicht lange in Ruhe erfreuen. Kaum begannen die friedlichen Gaue wieder aufzuathmen, da fuhr aufs Neue und mit vermehrter Vehemenz wie die wilde Jagd ein Heer von Furien. Alles mit Schrecken, Entsetzen und Graus erfüllend, von Frankreich her über das zitternde Europa dahin. Und zum dritten Male musste die Düsseldorfer Gallerie geflüchtet werden (1805). Diesmal – wie es in dem allerhöchsten, vom Präsidenten von Hompesch bestätigten Befehle aus München heisst – weil „von den andringenden feindlichen Preussen ein Ueberfall zu befürchten stehe." Und diesmal war es auf Nimmerwiedersehen. Der Schatz gelangte unter grossen Gefahren bis nach München und hier verliebte man sich derart in ihn, dass man sich nicht mehr von ihm trennen konnte. Wie sehr der Schmerz Düsseldorfs um den unersetzlichen Verlust ein tiefer, ein ungeheurer war, das beschreiben zu wollen würde stets ein vergeblicher Versuch bleiben. Dem von Johann Wilhelm gepflanzten, prächtigen Baume, der seinem Acker zu Nutz und Schutz gedeihen sollte, dem aber schon so mancher schöne Zweig entrissen wurde, war jetzt die Krone geraubt und sein Lebensmark bis ins Innerste zerstört worden. Die Grösse dieses Leids war so tödlich verwundend, dass sie sich kaum noch steigern liess, als nun auch die mit der Gallerie verbundene Kunstakademie ihrem Schatze folgen und ebenfalls nach München verpflanzt werden sollte. Der Director Langer und sein Sohn Robert sowie der Inspector Bouillot zogen bereits 1806 nach dorthin ab.

So schien die junge Düsseldorfer Akademie glücklich entschlafen; in dem Staatskalender von 1805 geschah des Instituts schon keiner Erwähnung mehr, und blieb es auch faktisch noch bestehen, so gab es doch kaum ein Lebenszeichen mehr von sich. Nur ein paar untergeordnete Lehrer, die mit dem Namen Akademie ein kümmerliches Dasein fristeten, waren übrig geblieben. In diesem desolaten scheintodähnlichen Zustande gelangte das arme

Düsseldorf in den Besitz der gefürchteten „feindlichen Preussen". Damit sollte nun wohl endgültig sein Todesurtheil gesprochen sein.

Die barbarischen Preussen schienen aber doch seltsamerweise ein menschliches Rühren zu fühlen. Sie erkundigten sich bald ganz theilnehmend nach dem Befinden des im Scheintod schlummernden Pfleglings. Unter'm 5. December 1816 forderte das Ministerium des Innern einen Bericht ein „über den Zustand der Kunstakademie und deren Sammlungen" und in dieser Forderung ergab sich die Handhabe zur weiteren Verfolgung des Gedankens einer Neubegründung der Düsseldorfer Kunstakademie. Allerdings war jenes Mitgefühl anfangs nur eine schwache Regung, die noch lange mit allerhand praktischen Bedenken und Erwägungen zu kämpfen hatte, ehe sie sich so weit erwärmen konnte, dass sie zu einem klaren definitiven Entschluss kam. Und bei diesem Zögern und Ueberlegen wäre beinahe die Gunst des Augenblicks ungenutzt vorübergegangen.

In Erwägung der wenig günstigen Finanzlage und der daraus resultirenden Sparsamkeitsrücksicht hatte nämlich die königliche Regierung zu Düsseldorf einen praktischen Vorschlag gemacht. Sie fand ganz richtig in der Berufung tüchtiger Künstler an die neu zu gründende Anstalt die beste Gewähr für deren Aufblühen und da „auf eine nicht sehr reichliche Ausstattung zu rechnen" war, welche ausgezeichnete Männer ihr zuzuwenden geeignet gewesen wäre, so machte man Rechnung auf den Umstand, dass zwei damals sich hervorthuende Künstler aus hiesiger Gegend gebürtig waren und sich von ihnen annehmen lassen durfte, dass vielleicht die Liebe zur Heimath sie geneigt machen möchte, eine Anstellung hier anderen vortheilhaften Anträgen vorzuziehen. Die beiden in's Auge gefassten Personen waren der Bildhauer Flathes in Paris, gebürtig aus Crefeld, und der Maler Peter Cornelius in Rom aus Düsseldorf.

Diese Annahme zeigte sich denn auch als durchaus gerechtfertigt. Auf eine Anfrage erklärte Cornelius in einem Briefe vom 2. Mai 1818 sich sehr bereit, die Leitung der neueinzurichtenden Kunstschule zu übernehmen, indem er als Hauptgrund seine Liebe zur Heimath und seine Anhänglichkeit an den preussischen Staat, an welchen er „mit allen seinen Angehörigen durch wahrhaft innige Bande geknüpft sei", betonte. Aber trotz der diesen Brief begleitenden warmen Empfehlung Niebuhrs, der kein Bedenken trug, Cornelius „den ersten Maler zu nennen, der seit dem 16. Jahrhundert erstanden und dessen Werth man bis dahin in Deutschland noch lange nicht hinreichend kennen zu lernen Gelegenheit gehabt habe" und „der unter den Malern sei, was Goethe unter den Dichtern", und trotz der eifrigen Befürwortung der königlichen Regierung zu Düsseldorf konnten die gegenstehenden Bedenklichkeiten nur langsam zertheilt werden. Erst auf ein nochmaliges dringenderes Schreiben Niebuhrs vom 5. Juni 1819 hatte die preussische Regierung sich entschliessen können, Cornelius für die Directorsstelle an der Akademie zu Düsseldorf in Aussicht zu nehmen und mit dieser ihm zugleich das Anerbieten zu machen, sich an der Ausmalung des neuerbauten Schinkelschen Schauspielhauses zu betheiligen. Ungefähr kam dieser Entschluss aber jetzt zu spät. Cornelius war inzwischen von Rom nach München übergesiedelt und es war schon lange kein Geheimniss mehr, dass er durch die Huld des kunstliebenden Kronprinzen Ludwig, die ihn durch grossartige Aufträge dahin gezogen, nun dort auch vollständig gefesselt werden sollte. Ergriffen von dem Anblick der für die Glyptothek angefertigten Cartons hatte der Kronprinz dem Künstler die Erfüllung aller seiner Wünsche auf die huldvollste und aufmunterndste Weise bewilligt. Cornelius ging erneute Verpflichtungen ein und glaubte dieselben nicht lösen zu können, ohne Ehre und Gewissen zu verletzen. So war also die äusserste Gefahr in Verzug, dass München, welches dem wetteifernden Düsseldorf schon seine Gallerie und seine erste Akademie entführt hatte, ihm nun auch noch seine schönste Hoffnung für die Erstehung der neu zu gründenden Akademie vorweg nehmen würde. Cornelius aber, der treue Sohn Düsseldorfs, gerieth andrerseits in schmerzlichen Conflict, dem ehrenvollen Ruf in das geliebte Vaterland, in seine theure Heimathstadt nicht folgen zu sollen. Lag ihm doch das hier zu beginnende reformatorische Werk nicht minder am Herzen wie die eigene Kunstthätigkeit. Da entschloss sich der preussische Minister zu einem Akt freisinniger Protection der Kunst und liberaler Behandlung des Künstlers. Cornelius war nämlich der Meinung, dass in Düsseldorf Bau und Einrichtung so weit zurück seien, dass wohl noch zwei Jahre hingehen könnten, bis alles vorbereitet sei; inzwischen könne er in München seine Arbeit fördern, in Berlin sich berathen und in Düsseldorf leiten und ordnen. Er verkannte den Nachtheil dieser Abwesenheit nicht, glaubte ihn aber aufgewogen durch den Vortheil, den eine grosse Arbeit auf Lehrer und Schüler habe; die Fähigeren sollten unmittelbar Antheil an derselben nehmen und in der lebendigen

Ausübung der Kunst, mit Wort und Lehre verbunden, die wirksamste Art gefunden werden, an einem Orte, wo die Kunst keine Geschichte und weder heimische noch fremde Werke mehr aufzuweisen habe, ein neues Kunstleben zu erwecken und ihm Richtung und Dauer zu geben.

„Und wenn dann — äusserte er — meine jetzige Arbeit vollendet sein wird und ich mir die Schule angezogen habe, so kann das nähere Vaterland ferner über uns gebieten; es wird noch Zeit, Kunst und Lebenskraft übrig sein, zu leisten und zu lehren." — Hardenberg ging auf alle Vorschläge ein; Cornelius wurde zum Director der Kunstakademie in Düsseldorf vom 1. October 1819 ab ernannt und erhielt die von ihm zur Bedingung gemachte Erlaubniss, während zweier Jahre die Sommermonate hindurch in München zur Vollendung der dort bedungenen Arbeiten zubringen zu dürfen.

So war denn für Düsseldorf die junge geniale Kraft, welche sich seinem Erblühen so gerne mit voller Sohnesliebe gewidmet hätte, wenigstens nicht ganz verloren gegangen; nachdem es so vieles vollständig hatte abgeben müssen, durfte es seinen Cornelius wenigstens theilen mit dem glücklicheren München. So war nun der Regenerator zugleich für beide Kunststädte gewonnen, welche denn auch hinfort die beiden Stätten wurden, an denen sich die Glanzperiode der deutschen Kunst entfalten sollte. Ende Januar 1820 folgte er einer Einladung nach Berlin zum Zweck der Vereinbarung der Reorganisation der Düsseldorfer Schule. Der ausführliche Plan zu einer solchen, den er mit dem Kupferstecher Mosler zusammen ausgearbeitet hatte, fand im Ganzen Billigung. Cornelius war der Ansicht, dass der Mangel an Kunstwerken in Düsseldorf nur durch eine liberale, den alten Kunstschulen ähnliche Lehrart einigermassen ersetzt werden könnte und dass von dem Meister in den Verzweigungen der Schule eine Thätigkeit unterhalten und angeregt werden müsste, die soviel als möglich die Erzeugung zu einem angegebenen Zwecke bestimmter Werke zum Ziele habe.

Die Gediegenheit und Grossartigkeit seiner Arbeiten im Göttersaal der Münchener Glyptothek, welche mit Beihülfe talentvoller Schüler zum grossen Theile bereits vollendet waren, verschafften dem Meister einen rasch sich verbreitenden Ruf, und dies äusserte bei seinem Amtsantritt in Düsseldorf sofort seine Wirkung. Zu den einheimischen Eleven, darunter C. Schorn und der vielversprechende A. Eberle, die namhaftesten, gesellten sich mehrere tüchtige auswärtige Schüler, worunter

C. Stürmer und H. A. Stilke, sowie des Meisters Lieblingsschüler J. Götzenberger, im folgenden Jahre auch W. Kaulbach, C. Hermann, H. Anschütz, Chr. Ruben und mehrere Andere. Freilich war nun diese Anstalt weniger Akademie als Corneliusschule und ihr Haupt weniger Director als Meister, um welchen sich die Schaar der Jünger mit begeisterter und doch wieder familiärer Hingebung drängte. Alles Reglement fiel und mit den Theorien war es vorüber: Lehren und Rath des Hauptes dagegen, unsystematisch und mehr gelegentlich hingeworfen, eingestreut in gemeinsame Arbeit wie in unterhaltende Gespräche, wirkten wahrhaft orakelhaft auf dem empfänglichen Boden. Auch die von Cornelius nach Düsseldorf gezogenen Lehrer, Mosler und Wintergerst, standen ganz unter seinem Einfluss und waren die treuen Dolmetscher seiner Intentionen. Kein Wunder, dass in Kurzem die ganze Schule wie aus einem Gusse dastand. Von jedem Besuch, den die Schüler in des Meisters Atelier machten, wo ein Carton nach dem andern für die Glyptothekfresken entstand, kehrten sie angeregt, geläutert zurück, angefeuert durch das ernstfreundliche Wort, das Cornelius an jeden zu richten wusste und befestigt in dem Wunsche, nach demselben Ziele zu streben. Es gab aber für den Meister nur ein Ziel: die monumentale Kunst. Diese fasste er jedoch keineswegs in einen engbegrenzten Rahmen, sondern betrachtete Antike, Sage, das religiöse Gebiet und die Geschichte als ebenbürtig. Auch von einem Anlehnen an eine bestimmte Kunstrichtung war keine Rede mehr. Tüchtige Naturstudien sollten das Mittel sein, die Ideen zum Ausdruck zu bringen; sonst empfahl er besonders die Antike und die grossen Cinquecentisten als Correktiv. Hinsichtlich der Stoffwahl rieth er im allgemeinen von Dichter-Illustrationen ab: „Es taugt nicht, den Dichtern nachzudichten. Unsere Kunst ist frei und muss sich frei gestalten. Erwärmen sollen wir uns an der Begeisterung der Dichter, das ganze Leben muss von ihnen durchdrungen sein: aber wo wir dichten, sollen wir selbst dichten und nicht für uns dichten lassen. . . . Scenenmalerei ist Nachdruck: die freie Kunst muss sich dessen schämen." — Das waren goldene Worte, denn Selbstständigkeit um jeden Preis, stolzes Selbstbewusstsein, das war es, was der Kunst vor allem Noth that und namentlich der überall nur nachäffenden Malerei.

So war denn in Düsseldorf als Pflanzstätte endlich eine erfreuliche Saat aufgegangen, die anfing kräftig Wurzeln zu schlagen. Es hatte nun eine Schule mit tüchtigen selbstschaffenden Künstlern, die zwar noch zum grössten Theil Zugvögel waren, die die Sommermonate in München arbeiteten, aber doch auch einen guten Theil ihrer Kraft der Düsseldorfer Kunstthätigkeit widmeten. Die erste monumentale Bethätigung der Schule war die Ausmalung der Aula der Bonner Universität durch Götzenberger, Hermann und Förster. Unvollendet blieb das jüngste Gericht für die Decke des Assisensaales zu Coblenz, welches Stilke, Stürmer und Anschütz übertragen war; ebenso ging's mit einigen Privatbestellungen für Schlösser in der Umgegend Düsseldorfs; denn mit der ganzen Herrlichkeit der jungen aufblühenden Schule war's plötzlich wieder zu Ende. Als der alte Langer, der Director der Münchener Akademie, 1824 starb und nun Cornelius zur Annahme dieser Stellung durch seinen Protector König Ludwig auf das energischste gedrängt wurde, waren die Gründe, welche dafür sprachen, so überwiegender Natur, dass sie doch ausschlaggebend wirken mussten und über die treue Heimathsliebe siegten. Bevor der Meister jedoch — schweren Herzens — seine junge Schöpfung verliess, gab er sich alle Mühe, ihren Bestand in der von ihm begründeten Richtung zu sichern. Er ermahnte seine Schüler, auch nach seinem Abgange von der Anstalt rüstig in seinem Sinne fortzuarbeiten, aber die überwiegende Mehrzahl und gerade die hervorragenderen derselben erklärten mit E. Förster: „Die Anstalt, zu der wir gekommen, sind Sie; wohin Sie gehen, folgen wir Ihnen!"

So stand denn die Düsseldorfer Kunstakademie abermals verwaist, verödet da, doch sollte dieses neue Missgeschick nur die Einleitung sein zu einem grösseren glänzenderen Glücke. Nach einem kurzen Interregnum, während welcher Zeit Mosler die Leitung der Anstalt übernommen hatte und es damit allerdings recht kläglich bestellt war, wurde 1826 Wilhelm Schadow zum Director der Akademie berufen und in ihm war eine Lehrkraft und ein organisatorisches Talent von so hervorragender Bedeutung für die neue Kunstanstalt gewonnen, wie sie eines solchen zu frischem Emporblühen dringend bedurfte. So hebt denn auch mit Schadow eine stetige und gedeihliche Entwickelung der Düsseldorfer Kunst an.

Cornelius und Schadow — das sind für die Düsseldorfer Malerschule die beiden hell leuchtenden Koryphäen, wenn auch in ganz verschiedener Richtung geworden. Es wäre ein vergebliches Unterfangen, Schadow zur künstlerischen Höhe eines Cornelius emporschrauben zu wollen. Es sind eben zwei verschiedene Dinge, ein grosser Künstler und ein tüchtiger Lehrer zu sein, ebenso wie es zwei ganz verschiedene Dinge sind, was der Künstler lernen kann und was er von Hause aus mitbringen muss. Die Akademie kann niemals einen Künstler erziehen, wenn nicht bereits die Hauptsache, die künstlerische Beanlagung, vorhanden ist. Den grossen Künstler macht die ihm innewohnende Gewalt der Idee, die schöpferische Phantasie. Sie muss von Anfang an in ihm leben, sie muss ihn zum Ausdruck treiben; um aber den Ausdruck dieser inneren Idee in einer möglichst vollendeten äusseren Form zu ermöglichen, dafür lernt er die Form d. i. das Technische. Dies ist es demnach vor allem, worin eine künstlerische Lehranstalt ihre Eleven zu fördern hat, wenngleich sie damit auch keineswegs die Entwickelung der ideellen Beanlagung ausser Acht lassen darf. Es liegt somit in der Natur der Sache, dass der grosse Künstler, getrieben von dem verzehrenden Feuer der zum Ausdruck drängenden Idee, weniger befähigt ist für eine direkte Lehrthätigkeit, so sehr er sich auch stets einer Menge geistiger Zöglinge erfreuen wird, deren innere Gluth von dem vorleuchtenden Flammenzeichen zum Nachstreben solcher unbewussten Führer hingerissen wird. Der geringere Künstler wird in der Regel aber ein viel nüchternerer Denker, ein praktischerer Mann sein und darum mehr befähigt, auf das rein Technische, das Handwerksmässige sein Augenmerk zu richten und mit aller Ruhe darin auch lernbegierige Zöglinge zu unterweisen. So überwog denn in der That auch nach Schadows Uebernahme des Directoriums die Cultivirung und Weiterbildung in der Technik des Malens das eigentlich artistische Interesse der Schüler und es ist nicht zu leugnen, dass viele Haupterfolge der Düsseldorfer diesem Umstande zu danken sind. Es waltete eben ein günstiges Geschick über die neuerstandene Düsseldorfer Akademie, dass ihr zur Leitung gleich zu Anfang der grösste Künstler und der grösste Lehrer folgerichtig nacheinander beschieden wurden, wodurch die Namen Cornelius und Schadow überhaupt die Leitsterne der Düsseldorfer Kunst geworden sind.

Die von Schadow gebrachte Neuerung, mehr Werth auf das Technische zu legen, führte zugleich den nicht zu unterschätzenden Vortheil mit sich, dass man dadurch zu gesteigertem Bestreben angeregt ward, auch in jeder anderen formalen Hinsicht dem errungenen Vortheile gleichzukommen und dass der Düsseldorfer Boden dadurch wesentlich vorbereitet ward, in der folgenden Periode der Realistik und Coloristik doppelte Früchte zu tragen.

Schadow konnte sie noch sehen und trotzdem, dass er sich frühzeitig in Folge zunehmender nazarenischer und propagandistischer Gesinnung mit den weiteren Fortschritten in einseitige Opposition stellte, 1862 den Ruhm mit sich in's Grab nehmen, doch durch die von ihm begründete Schulrichtung den Weg zur neuesten Kunst mit gebahnt zu haben.

Schadow fand bei seinem Eintritt ein Feld vor, auf dem alles wild und kraus durcheinander wuchs und das desshalb des Umackerns und der Neusaat bedurfte, um gesunde Früchte zu tragen. Je mehr dieses der Fall war, um so mehr muss man die Weisheit und Zweckmässigkeit seiner Anordnungen anerkennen, welche in nicht zu langer Zeit die glücklichste Umgestaltung der Verhältnisse zu Stande brachte. Um die formelle Künstlererziehung hat er sich so verdient gemacht, dass seine Methode als wahres Muster überall empfohlen worden ist.

Die Einflüsse aus dem Lustrum des Cornelius-Directorats, mit welchem Schadow etwa zu rechnen gehabt hatte, waren kaum nennenswerth. Wenn in der ersteren Zeit etwas im Geiste des Cornelius geschah, so war es namentlich die durch Mosler durchgesetzte Bestimmung des 1829 gegründeten Kunstvereins für die Rheinlande und Westfalen, dass ein Fünftel der Jahresbeiträge in den sog. öffentlichen Fonds fliessen sollte, welcher zur Herstellung monumentaler Arbeiten bestimmt war und seinen Zweck vielfach glänzend erreichte, wie z. B. die Gemälde Rethels im Aachener Rathhause, die Overbeck'sche Himmelfahrt Mariä im Dom zu Köln, der Bendemann'sche Fries in der Realschule zu Düsseldorf u. s. w. beweisen. Es zeigte sich darin, wie Recht Cornelius hatte, als er in dem 1819 entworfenen Plan zur Organisation der Kunstakademie die Einrichtung eines solchen kunstfördernden Vereins als ein dringendes Bedürfniss hinstellte und zum Schlusse sagte: „Wir getrauen uns für unsere Heimath und die Rheinischen Provinzen überhaupt den guten Erfolg eines auf die Unterstützung öffentlicher Kunstthätigkeit gerichteten Vereins voraus zu bürgen. Die in dieser Hinsicht zu machenden Vorschläge müssen wir uns indessen noch vorbehalten bis auf bessere Musse und Selbstanwesenheit am Rhein zur Rücksprache mit den dortigen noch eifrigen Kunstfreunden, deren Trieb durch den Mangel einer allgemeinen Thätigkeit und eines gemeinschaftlichen Unterstützungsplans sich in der Liebhaberei zu Privatsammlungen einzeln zersplittert, ohne im Ganzen zu fruchten. Die Organisation der einzelnen zersplitterten und auf das Kleinliche gerichteten Thätigkeit des Kunsttriebes zu einer öffentlichen, allgemeinen und grossartigen durch einen freiwilligen Verein, der sich an unsere Anstalt anlehnte und sich unserm Einfluss zu entziehen niemals Ursache haben soll; dies hängt nothwendig mit dem Organisationsplan der Kunstunterrichtsanstalt zusammen. Wir müssten uns ein Gewissen daraus machen, mehr Künstler zu erziehen, als wir hoffen, dass beschäftigt werden." — Hier ist es ersichtlich, wie sehr Cornelius auch die practische Seite wohl zu würdigen wusste, nur verlor er sie bei seiner Hauptbestrebung leicht wieder aus dem Auge; anders bei seinem Nachfolger. Je weniger in Düsseldorf von einer Cornelianischen Tradition die Rede sein konnte, um so durchgreifender entfalteten die Mitglieder der von Schadow eingerichteten Meisterklasse ihre schulbildende Thätigkeit, sofort achtunggebietend durch ihre Geschlossenheit, neidlose Gegenseitigkeit und gemeinsame Bestrebung wie durch glückliche Verbindung verschiedenartiger Talente.

Schadow wählte als Künstler vorwiegend das biblische Stoffgebiet; darin am nächsten, obzwar Protestant, stand ihm R. J. B. Hübner, welcher sein gleichstrebender Genosse, wie eine gleichfalls verwandte Erscheinung, Chr. Köhler sein Lieblingsschüler war. Wie letzterer an Schadow, so schloss sich Ed. Bendemann an Hübner an, auf welchen letzteren übrigens des Schülers unstreitig grösseres Talent reichlich zurückwirkte. Als in ähnlicher Richtung wirkend, sind hier noch Rob. Reinik, O. Mengelberg und J. Niessen anzuführen. Ausserdem liessen sich hier noch eine lange Reihe von Künstlern namhaft machen, die vielleicht zu ihrer Zeit als Vertreter der biblisch-historischen Richtung sich für fulminante Lichter hielten, aber wo ist ihr Glanz geblieben? — An Namen hat es in der That nicht gefehlt, noch viel weniger an Werken, aber wie wenig eigentliche Ausbeute! Das meiste liegt hier freilich an dem Eklekticismus der ganzen Richtung. Nur eine geringe Anzahl von Mitgliedern der Schule bildete zu dieser oberflächlichen Aeusserlichkeit einen wohlthuenden Gegensatz durch ihre ernste, wahre Strenggläubigkeit. Als Haupt dieser frommen Schaar, deren Richtung als die nazarenische bezeichnet wird, ist Ernst Deger zu nennen, eine edle, keusche, reine Natur, wie man sie selten findet.

Die genialste Künstlerkraft erstand der Schule auf dem Felde der profanen Geschichtsmalerei in dem unglücklichen Alfred Rethel. Er ist wohl die glänzendste Erscheinung der Düsseldorfer Schule; seine

Schöpfungen gehören zu dem Grossartigsten, was die Kunst je hervorgebracht hat. War der Schule in Rethel der grösste Genius aufgegangen, allerdings leider nicht zur vollen Entwickelung ausgereift, so erblühte ihr in Karl Friedrich Lessing das grösste und zugleich vielseitigste Talent und zwar in voller ausgiebigster Kraftentfaltung; er leistete gleich Bedeutendes auf dem Felde der Historien-, Genre- und Landschaftsmalerei. Seine Werke waren als der vollendetste und prägnanteste Ausdruck der damaligen Düsseldorfer Schule ihr höchster Stolz. Speciell auf dem Felde der Schlachtenmalerei that sich namentlich Wilhelm Camphausen aus Düsseldorf hervor.

Eine andere Richtung, die gewissermassen den Uebergang von der Historie zum Genre bildet und die idealisirte Natur als das Ziel ihres Strebens erkannte, fand in Carl Sohn und Theodor Hildebrandt ihre Hauptvertreter, die als überzeugte Naturalisten auch die berufensten Porträtmaler waren. In ihnen und Lessing besass die junge Schule unzweifelhaft ihre anregendsten Kräfte.

Schon in der Zeit ihrer Blüthe rief die übertriebene romantische Richtung eine leichterklärliche Reaction hervor, die sich namentlich im Genre in humoristisch-satirischer Weise äusserte. Der Hauptvertreter dieser Gegenströmung war Ad. Schrödter, der geistreiche Verherrlicher des Don Quijote, Falstaff, Eulenspiegel, Münchhausen und ähnlicher köstlicher Gestalten. Ihm würdig zur Seite stand P. Hasenklever. Unter den Malern des Volks zeichnete sich Rudolf Jordan, der Helgoland sich als Domäne erwählte, besonders aus. Eine andere Gruppe der Düsseldorfer Genremaler suchte seine Stoffe mehr in der Nähe im häuslichen Kleinleben der bürgerlichen wie der bäuerlichen Sphäre. Als das hervorragendste Talent muss hier jedenfalls Ludwig Knaus, welcher noch heute als Altmeister der Genremalerei den ersten Ehrenplatz einnimmt, genannt werden.

Mit besonderem Stolz durfte die rheinische Kunstschule auf ihre Landschaften blicken, denn gerade für diesen Zweig hatte sie vortreffliche Talente gefunden und gebildet. Als eigentlicher Begründer der historisch-stylistischen Richtung darf Joh. Wilh. Schirmer betrachtet werden. Die zu ihm stehende Gruppe, welche gewissermassen die Poesie der Reflexion zum Ziele hatte, wurde bei weitem überflügelt von den naturalistischen Landschaftsmalern, welche die Poesie der Wahrheit, der Kraft, der Fülle auf ihre Fahne geschrieben hatten. Die glänzendsten Vertreter dieses Kreises waren die

Brüder Andreas und Oswald Achenbach, das leuchtende Doppelgestirn der Landschaft, dem eine lange Reihe tüchtiger Talente folgte auf der verlockenden Bahn. Einen bedeutenden Aufschwung nahm auch die Kupferstecherschule, seitdem Joseph Keller an ihre Spitze trat; er bildete eine zahlreiche Schülerschaar.

In der ersten Zeit des Schadow'schen Directoriums, in den dreissiger Jahren, schien der jungen Schule eine ähnliche Einseitigkeit und Abgeschlossenheit wie der Cornelianischen gefährlich werden zu sollen. Es war von vornherein Sitte, dass alle Künstler im Akademie-Gebäude arbeiteten, keiner dachte daran, selbst dann, wenn er in technischer Beziehung nichts mehr zu lernen hatte, sein eigener Herr und Meister zu werden.' Diese Künstlerwirthschaft hatte etwas äusserst Gemüthliches. Einer hockte neben dem andern im Atelier, selbst die Erholung bei der Arbeit war höchstens dem Besuch in einer andern Werkstätte gewidmet. Unter diesen Umständen kann es nicht auffallen, wenn die Ideen gewissermassen ansteckend wirkten, wenn eine seltsam kindliche, naiv anmuthige Uebereinstimmung nicht allein im Stoffe, sondern auch in der Farbengebung zur Erscheinung kam. Aber diese biedere Urgemüthlichkeit blieb nicht lange ungestört und heute darf man sagen, zum guten Glück der Düsseldorfer Kunst, die denn doch höhere Ziele zu erreichen hatte. Was alles für Zündstoffe mitwirkend waren, um das schöne idyllische Zusammenleben auf der Akademie auseinander zu sprengen, lässt sich nicht mit ein paar Worten erzählen. Alte und neue Beschuldigungen wurden hervorgesucht und dienten zum Vorwande, die geliebten Räume, in denen die Jugendarbeiten gewachsen waren, zu verlassen. Eine grosse Anzahl der besten Künstler bezog die Werkstätten ausserhalb der Akademie und damit trat eine neue höchst bedeutungsvolle und heilsame Wendung in der Geschichte der Düsseldorfer Kunst ein. Die etwas sehr das Treibhaus verrathende Pflanze fasste von jetzt ab in dem gesunden Mutterboden immer mehr und fester Boden. Und das merkte man ihren Blüthen an, die eine immer kräftigere Naturfarbe zeigten, einen immer würzigeren Duft spendeten. Sie athmeten die frische freie Rheinluft und so gewann jetzt bald ihre Bezeichnung als Erzeugniss der „Düsseldorfer Kunst" einen immer eigenartigeren, bedeutenderen Klang.

Die vierziger und fünfziger Jahre waren eine Vorbereitung auf die kommende erhebende Zeit, die überall ersehnt und voraus geahnt wurde, ebenso auf dem Gebiete der Politik wie auf dem der Kunst. Wie viel

Ahnendes durchklingt nicht die Worte, mit denen 1853 W. Müller von Königswinter sein vortreffliches Buch über die Schadow'sche Schule abschliesst: „Haben die Düsseldorfer nun freilich auf den Gebieten der Genremalerei und der Landschaft die grösste Vielseitigkeit entwickelt, so soll damit nicht gesagt sein, dass sie nicht auch eine künftige Berechtigung zur geschichtlichen Kunst haben. Hoffentlich werden wir wieder einmal ein geschichtliches Volk, wie wir es vor Zeiten waren. Dann wird uns auch die Geschichte in Bild, Drama, Epos nicht fehlen. Damit diese frommen Wünsche aber in Erfüllung gehen, ist es durchaus an der Zeit, dass die Regierung mehr für die hiesige Schule thue, wie besonders in der letzten Zeit geschehen ist. Vor allem bedarf die alternde Akademie eine Erfrischung im Lehrpersonal und in ihren Einrichtungen. — Es ist auch nöthig, dass an einem solchen Institut in der Geschichte, Kunstgeschichte und Literatur von tüchtigen Leuten unterrichtet werde, damit ein höherer Schwung in die Ideen, die zu genrehaft sind, kommt. Ueberdies könnte es nicht schaden, wenn gleichfalls Lehrer für die Genremalerei und Skulptur angestellt würden. Und könnte nicht die Historienmalerei dann und wann durch Bestellungen, die der Staat gibt, gefördert werden?"

Alle diese frommen Wünsche sind nun in Erfüllung gegangen; die heissersehnte Zeit ist gekommen, der Traum der vierziger und fünfziger Jahre zur Wirklichkeit geworden. Die grosse Wandlung, die sich auf politischem Gebiete vollzog, die glänzende Erstehung des neuen deutschen Reiches, hatte auch die Erhebung auf den meisten anderen Gebieten, so auch auf dem der Kunst zur Folge. In Düsseldorf vollzogen sich gewaltige fortschrittliche Veränderungen, die langsam vorbereitet mit immer lebhafterer Bewegung vor sich gingen. Der Hauptanstoss dazu war, wie erwähnt, schon in der Loslösung der Künstlerschaft von der Akademie gegeben worden. Nach und nach liessen sich ganze Schaaren von Künstlern, die durch kein Schulverhältniss und keine Traditionen mit der Düsseldorfer Akademie verknüpft waren, vielmehr Privatschüler, die ihr bedeutender Ruf angezogen, in ihren eigenen Ateliers bildeten, sodass die Begriffe Düsseldorfer Schule und Düsseldorfer Kunstakademie sich längst nicht mehr deckten, da das Kunstleben Düsseldorfs der Akademie über den Kopf gewachsen war. Die nächstliegende Folge war, dass die freie Künstlerschaft sich auch einen Sammelpunkt zu errichten suchte und dies durch die Gründung des Künstlervereins „Malkasten"

(1848) dokumentirte, der durch seine liberale Tendenz des gemeinsamen collegialischen Wirkens eine segensreiche Thätigkeit entfaltete und allein schon durch seine glänzenden und geistreichen Feste einen wesentlichen Factor im Culturleben der Kunststadt ausmachte. Eine nicht minder erspriessliche Wirksamkeit wurde durch andere vereinigende Institute, die Kunstgenossenschaft sowie den Verein der Düsseldorfer Künstler zu gegenseitiger Unterstützung und Hülfe erzielt. Eine heitere Seite einträchtlichen Zusammenwirkens fand in den „Düsseldorfer Monatsheften", die eine Zeit lang ganz Deutschland mit lustigen Künstlerschwänken versorgten, zum Ausdruck. Um für die unwiederbringliche alte Gemäldegallerie einigen Ersatz zu schaffen, wurde eine Städtische Gemäldegallerie ins Leben gerufen und zwar aus vorzüglichen Werken der eigenen Schule. Hatte sie durch ihr Emporblühen doch eklatant gezeigt, dass sie das direkte Vorbild der Alten entbehren konnte. Ja es war hier das auffallende Faktum zu konstatiren, dass eben das Emporblühen sich eigentlich gerade von der Entführung der alten Gallerie her datiren liess, während zur Zeit der Anwesenheit derselben kein rechtes Kunstleben gedeihen wollte, ebensowenig wie noch heute in Städten, z. B. Dresden und Kassel, die die schönsten Gallerien der Welt besitzen. Auch Münchens Kunst hat von dem geraubten Schatz nur sehr zweifelhafte Vortheile gehabt. Sehr wohl verdient war es demnach, dass die preussische Regierung der Stadt und Künstlerschaft zur Entschädigung für das vollständige Aufgeben der Ansprüche auf die alte Gallerie eine Summe zur Erbauung einer neuen Kunsthalle überwies und dass in ihr der städtischen Gallerie eine würdige Aufnahme bereitet wurde.

Diese sich nach und nach vollziehenden günstigen Veränderungen blieben natürlich nicht ohne Rückwirkung auf die Akademie, deren sich nun auch der Staat mehr annahm, namentlich seitdem die Leitung des preussischen Kultusministeriums aus den Händen von Mühlers in die überall energisch eingreifenden Hände Falks übergegangen war. Vor allem wurde die so nöthige Vervollständigung des akademischen Lehrkörpers vorgenommen, theils durch die anerkanntesten der selbstständig in Düsseldorf lebenden Künstler, theils durch die hervorragendsten Schüler der Akademie selbst, theils durch von auswärts berufene Lehrer, welche bis dahin nicht vertretene Fächer lehrten. Im Jahre 1862 wurde endlich die bis dahin nur auf dem Papier stehende Bildhauerklasse zu wirkungsreichem Leben erweckt und die junge Pflanze hat sich heute bereits zu einem recht kräftigen und fruchtbringenden Stamm entwickelt. Bald wurde auch ein Lehrstuhl für Anatomie, sowie für Kunstgeschichte und Literatur errichtet. Nachdem endlich auch mit der Ernennung eines Professors der Genremalerei ein vielversprechender Anfang gemacht worden, folgte dieser Berufung bald die Heranziehung einer Reihe der tüchtigsten jüngeren Künstler als Lehrkräfte nach, namentlich auch für das historische Fach; waren die Deutschen doch jetzt ein geschichtliches Volk geworden. Der glänzendste Erfolg dieser wichtigen Neuerungen, ein überall sichtbarer begeisterungsvoller und thatkräftiger Aufschwung liess nicht lange auf sich warten. Und so kann Düsseldorf, das mittlerweile sich aus dem kleinen, Lindenblüthenduft durchzogenen Landstädtchen zu einer weit ausgedehnten, handel- und industriereichen prächtigen Hauptstadt des Rheinlandes mit weit über 100000 Einwohnern emporgeschwungen hat, mit vollberechtigter Genugthuung das Prädicat einer Kunstmetropole in Anspruch nehmen. Die treue gute Mutter, die sie der Kunst allzeit war, darf mit Stolz auf die vorzüglichen Meisterwerke ihrer Söhne blicken, deren Ruhm die ganze Welt durchklingt, sie darf mit hoffnungsfreudigem Wohlwollen für ihre Benjamine, für den vielversprechenden Nachwuchs, das „jüngste Düsseldorf", zuversichtlich heiter in die Zukunft schauen und, die herzlichen Glückwünsche ihrer Getreuen entgegennehmend, mit zufriedenem Lächeln in ihr siebentes Jahrhundert eintreten.

Nicht besser lässt sich demnach diese Betrachtung schliessen als mit den schönen, bei der Enthüllung des Cornelius-Denkmals gesprochenen Worten Wilhelm Camphausens:

„Wir dürfen alle mit Stolz heute empfinden, dass wir auf Düsseldorfer Boden stehen, der sich denn doch als Pflanzstätte der bildenden Kunst so fruchtbar erwiesen hat. Ihre grossen Pfleger und Hüter, Cornelius wie Schadow, haben beide, jeder in seiner Weise, zu ihrem Wachsthum und Weltruhm mächtig gewirkt und unser Düsseldorf sendet nach wie vor die allwärts begehrten Apostel ihres Lehramtes weit und breit hinaus ins ganze Reich. Ueberall treibt, grünt und blüht ein frischer thatenlustiger Nachwuchs und die verklärten Geister derer, welche das Hohepriesteramt deutscher Kunst hier geübt haben, dürfen sich der Frucht ihrer Aussaat wahrlich in alle Ewigkeiten freuen!"

b) Buchdruck und Buchhandel in Düsseldorf.*)

(Verzeichniss der in Düsseldorf erschienenen Druckwerke bis zum Jahre 1750.)

Von

L. Merländer.

ehr als hundert Jahre waren seit dem Auftreten Guttenbergs verflossen, ehe die Kunst des Bücherdrucks in Düsseldorf heimisch wurde. Die Stadt war zu Ende des 15. Jahrhunderts noch zu unbedeutend, das geistige Leben in ihr noch nicht genügend entfaltet, als dass eine Buchdruckerei, für deren Erzeugnisse bei den ungenügenden Verkehrsmitteln und dem noch in der ersten Entwicklung sich befindenden Buchhandel hauptsächlich auf Absatz in der Stadt selbst und in den nächstliegenden Ortschaften gerechnet werden musste, Aussicht auf ein lohnendes Fortbestehen hätte haben können; auch mag die Nähe der Stadt Köln, der Hauptpflegestätte rheinischen Bücherdrucks, in welcher bereits seit dem Jahre 1462 diese Kunst erfolgreich betrieben wurde, und die eine grosse Anzahl wohleingerichteter und bedeutender Druckereien besass, das Bedürfniss nach einer Druckerei in Düsseldorf nicht haben aufkommen lassen. So sind denn auch die ältesten noch vorhandenen gedruckten Düsseldorfer Regierungs-Verordnungen vom Jahre 1475 und spätere behördliche Druckschriften bis in die zweite Hälfte des 16. Jahrhunderts in Köln hergestellt worden.

*) Eine Fortsetzung der Geschichte des Buchdrucks und Buchhandels in Düsseldorf, enthaltend die Druckwerke, welche nach dem Jahre 1750 in Düsseldorf erschienen sind, wird von demselben Verfasser in Jahrbuch IV und event. V des Düsseldorfer Geschichts-Vereins gebracht werden. Den Schluss des Ganzen wird ein Verzeichniss derjenigen Düsseldorfer Drucke bilden, welche eine Angabe des Druckers nicht enthalten.

Wann die erste Druckerei in Düsseldorf entstand, ist urkundlich nicht festzustellen; der älteste Düsseldorfer Drucker, Jacob Baethen, scheint mit seinem Unternehmen kein Glück gehabt zu haben, da er bald nach Erscheinen des einzigen von ihm bekannten Druckes vom Jahre 1556 (s. u.) einer zweiten Druckerei den Platz räumen musste, deren Fortbestehen für einen Zeitraum von mehr als 60 Jahren nachweisbar ist.

Das Aufblühen der gelehrten Schule unter Monheims Leitung in der Mitte des 16. Jahrhunderts begünstigte wesentlich die Entwicklung des Bücherdrucks in Düsseldorf und ermöglichte die Existenz einer neuen Officin, die in unmittelbarer Beziehung zu dieser Gelehrtenwelt stand und ihr auch ihr Entstehen verdankt.

In Nachstehendem soll nun zum ersten Male versucht werden, über die in Düsseldorf bis zum Schlusse des 18. Jahrhunderts gedruckten und erschienenen Werke eine Aufstellung zu geben, die allerdings bei dem fast vollständig fehlenden bibliographischen Material über gerade diesen Theil des Bücherwesens, sowie bei der Seltenheit der meisten Düsseldorfer Drucke, die mit geringen Ausnahmen nur in einer verhältnissmässig kleinen Auflage hergestellt sind, den Anspruch auf Vollständigkeit nicht machen kann.[1]

Das älteste Düsseldorfer Druckerzeugniss, aus der Officin von

Jacob Baethen

stammend,

1. Van Gottes Gnaden / vnser Wilhelms Hertzogen zu Gulich / Cleue vnd Berge / Grauen zu der Marck vnd Rauenßberg / Herrn zu Rauenstein etc.
Ordnung des Gerichtlichen Proceß / wie es damit hinfurter inn vnser Graffschafft Rauenßberg gehalten werden soll / im iar tausend fünfhondert vnnd sechsvndfünfftzig außgangen.
Gedruckt zu Dusseldorff bey Jacob Baethen. M. D. Lvi.

ein Druck in Folioformat, wird in Buininck, Tentamen p. 93 erwähnt, doch gelang es nicht, ein Exemplar ausfindig zu machen.

Wohl auf Veranlassung seines Schwagers Johannes Oridryus, der ein Lehrer an der Monheim'schen Schule war, errichtete gegen das Ende des Jahres 1557

---

[1] Besitzer hier nicht aufgeführter Düsseldorfer Drucke werden freundlichst gebeten, Angaben über dieselben an den Verfasser dieser Abhandlung oder an den Vorstand des Düsseldorfer Geschichts-Vereins gelangen zu lassen.

Albert Buys die bereits erwähnte neue Druckereiwerkstätte, als deren Erstlingserzeugniss nachstehendes in der Königlichen Landesbibliothek zu Düsseldorf aufbewahrtes Werkchen gilt.

2. Tabulae Joannis Mormellii ruremundensis in artis componendorum versuum rudimenta ad primam auctoris editionem diligenter recognitae et ex eadem auctae. Adiecimus in puerorum gratiam et usum ualde necessarium, de ratione distinguendi, ex Joanne Riuio uiro doctissimo breuem praeceptionem.
Dusseldorpii Excudebat Albertus Buys, Anno MD.LVIII.

Format klein 8°, Type römisch Cursiv, 61 nicht bezeichnete Seiten, mit Custoden und Signaturen.

Der ihm von der herzoglichen Regierung anvertraute Druck

3. Ordnung, wes unser Wilhelms Hertzogen zu Gülich / Cleue vnd Berge / Grauen zu der Marck vnd Rauenßberg / Herren zu Rauenften etc. Ambtleut vnd Beuelhaber in bedienung jrer Ambter fich zu halten.
Getruckt zu Duffeldorff durch Albertum Buyß. Anno MDLVIII. fol. II. p. 122. [1]

scheint indessen nicht zur Befriedigung des Bestellers ausgefallen zu sein, da spätere amtliche Schriftstücke wieder in Köln gedruckt wurden; es ist aber auch möglich, dass ein Contract mit der Officin Erben Birckmans und Jacob Soter in Köln, die bis 1563 die herzoglichen Verordnungen druckte, eine Ueberweisung dieser Arbeiten an den städtischen Drucker nicht zuliess.

Gar bald empfand Buys das Bedürfniss, für sein Unternehmen eine wissenschaftlich gebildete Persönlich-

---

[1] Abkürzungen:
A = Juliae Montiumque Comitum, Marchionum et Ducum Annalium. Colonia 1731.
B = G. J. Buininck, Tentamen historicum de Ordinationibus provinc. Juliacensibus Montensibus. Dusseldorpii 1794.
G = Th. Georgi, Allgem. Europäisches Bücher-Lexicon. Leipzig 1742/58.
H = W. Heinsius, Allgem. Bücher-Lexicon. Leipzig 1793/94.
E = J. S. Esch, Handbuch der deutschen Literatur, Amsterdam und Leipzig 1812/14.
L = M. Lipenii Bibliotheca realis. Francofurti 1682.
V = D. Melch. Voets, Historia Juris civilis Juliacensium et Montensium. Dusseldorpii 1714.
WN = Gülich und Bergische Wöchentliche Nachrichten. Ueber die biographischen Notizen vergl. „Zeitschrift des Düsseldorfer Geschichts-Vereins" 1883 Nr. 3: „Buchdruck und Buchhandel" von Dr. Tönnies.

keit zu gewinnen, welche als Corrector an der Leitung desselben theilnahm. Zu diesem Zwecke nahm er 1558 seinen Schwager als Theilhaber in sein Geschäft auf, welches von Beiden unter der Firma

Johannes Oridryus & Albertus Buys

weitergeführt wurde.

Die Officin war verhältnissmässig gut eingerichtet. Sie besass ein ausreichendes Schriftmaterial, bestehend aus Schriften in 3 Graden Antiqua, 2 Graden römisch Cursiv, 4 Graden Fractur, 1 Grad Griechisch und je 2 Alphabeten grosser Initialen in Antiqua und Fractur. Ausserdem brachte sie 6 verschiedene kleinere und grössere Kopfleisten, die zum Theil recht schön geschnitten waren, sowie 8 Schlussvignetten zur Verwendung. Die Drucke sind durchgehends sauber und schön hergestellt und bekunden die Sorgfalt eines geübten Fachmannes.

Aus der gemeinsamen Thätigkeit der beiden Schwäger gingen hervor:

4. D. ERASMI ROTERODAMI DE CONSTRVCTIONE LIBELLUS, Henrici Primae scolijs illustratus.

Gerardi Listrii octo figurae constrvctiones cum Annotatiunculis Petri Vvinellij Harderuicensis. Cum accessione quadam non infrugifera ex Despauterio.

DUSSELDORPII Excudebant Johannes Oridryus et Albertus Buys Affines. Anno 1558.

kl. 8°. Cursiv Römisch, Antiqua und Griechisch. 109 nicht bezeichn. Seiten, mit Cust. und Sign.

5. FRANCISCI FABRICII MARCODVRANI ANNOTATIONES in sex Terentii comoedias.

In qvibvs et veralectio ratione subiecta constitvitvr, et mvlta interpretatione explicantvr.

DVSSELDORPII Excudebaux Johannes Oridryus et Albertus Buys, Affines. An. M.D.LVIII.

kl. 8°. Röm, Cursiv, Antiqua und Griechisch. 218 nicht bez. Seiten mit Cust. und Sign.

6. Epitome christianae et evangelicae veritatis plurimam partem ex Erasmi Roterodami scriptis theologicis excerpta. Dusselderpii 1558.

kl. 8°. Römische Cursiv und Antiqua.

7. PVBLIVS TERENTIVS A. M. Antonio Mvreto locis prope innvmerabilibvs emendatvs.

Cvm eivsdem Mvreti argvmentis ad singulas comoedias et Franc. Fabricii Marcodurani annotationibus.

Praemis. epist. nvncvpatoriam ad Jo. Vlattenvm Dvsseldorpii 1558.

kl. 8°. Röm. Cursiv.

8. CATECHISMVS, in qvo christianae religionis elementa sincere simpliciterque explicantvr, avctore Jo. Monhemio. Dvsseldorpii excvdebant Jo. Oridryvs et Albertvs Buysivs, Affines. 1560.

kl. 8°. 117 Blätter.

9. C. Lycosthenis parabolae sive similitud. ab Erasmo Rot. coll. Düsseldorpii 1561.

kl. 8°.

10. P. Lagneri sententiarum (et apophthegm.) insign. thesaurus ex Cicerone etc. Dusseldorpii Orydrius et A. Buyssius 1562.

kl. 8°. 500 Seiten.

11. PVBLIVS TERENTIVS A. M. Antonio Mvreto locis prope innvmerabilibvs emendatvs. Cvm eivsdem Mvreti argvmentis ad singulas comoedias et Franc. Fabricii Marcodurani annotationibus. DVSSELDORPII Excudebant Johannes Oridryus et Albertus Buysius Affines. Anno M. D. LXIII.

kl. 8°. Röm. Cusiv. 14 unbez., 391 bezeich. und 13 unbez Seiten mit Cust. u. Sign. Auf dem Titel das Druckersignet (s. u.).

12. Franc. Fabricii Ciceronis epistolarum select. libri 2. Dusseldorpii Excudebant Johannes Oridryus et Albertus Buysius Affines. 1565.

kl. 8°. Antiqua und Röm. Cursiv.

13. Des Durchleuchtigen Hochgeborenen Fursten vnd Herrn / Herrn Wilhelm Hertzogen zu Gulich, Cleve vnnd Berg / Grauen zu der Marck vnd Rauenßberg / Herrn zu Rauenstein etc. Rechts ordnung vn Reformation, sampt andern Constitutionen Edicten vnd erklerungen etlicher felle / wie es in beiden jrer F. G. Furstenthumben Gulich vnd Berg gehalten / geurtheilt vnd erkandt werden soll / auffs new renidirt vnd gebessert.

Mit einem neuwen Register / auch etlichen Formulen so vorhin mit dabei gewesen.

Mit Keyserl. Maii Freiheit vnd Privilegio in zehen jaren nitt nachzudrucken.

Gedruckt in jrer F. G. Stat Duffeldorff durch Joannem Oridryum vnd Albertum Buyß. Anno M. D. LXV.

fol. Deutsche Type, Fractur. Titel roth und schwarz gedruckt, auf dem Titel das herzogliche Wappen in Holzschnitt. 2 Seiten Privilegium, 12 unbez. Seiten Register, 1 Seite weiss, 211 bez. Seiten. Mit einem blattgrossen Holzschnitt mit Monogramm HE, Justitia, Pax, Misericordia, Veritas sowie das herzogl. Wappen darstellend. Auf S. 99 ein blattgrosser Holzschnitt, Baum der Sippschaft, 14 Kopfleisten, 13 Schlussvignetten in Holzschnitt.

14. Franc. Fabricii Disciplina Scholae Dusseldorpiensis Dusseldorpii Joannes Oridryus & Albertus Buyssius 1566.

8°. L. bibl. Philosoph. I. p. 103.

15. Ciceronis Orationes pro lege Manilia de haruspicum responsis, de provinciis consularibus, in L. Calp. Pisonem, pro A. Milone, pro Ligario adnotat. illustr. Dusseldorpii 1569.

kl. 8°. Röm. Cursiv und Antiqua.

16. Ordnung / welcher gestalt es mit der zu den Furstenthumben Gulich vnd Berg hieuor geleister / vnd jtzo auffs new bewilligter achtiariger Accyß vnd auflage zuhalten / vnd wie dieselbe von einer jeden whar aufzuheben. M. D. L. XX.

fol. B. p. 98 ohne Bezeichnung des Druckers.

Das Signet (Buchdruckerzeichen) der Officin zeigt einen auf einem Berge stehenden vielästigen Baum, an welchem zwei sich kreuzende Anker hängen; eine Anspielung auf den Namen Oridryus (= Bergwald).

Im Jahre 1572 verzog Oridryus nach Wesel, wo er bis 1584 Rector der neuen reformirten Schule an der jetzt evangelischen Willibrordikirche war, und Buys setzte das Unternehmen für seine alleinige Rechnung fort. Eifrig bedacht, den gesteigerten Ansprüchen, die an dasselbe gestellt wurden, zu entsprechen, legte er sich noch eine neue Fracturschrift zu, die in Nr. 31 (s. u.) zur Anwendung kam. Auch erfreute er sich nunmehr, nachdem ihm bereits 1564 für den Druck der Rechtsordnung ein Privilegium auf 10 Jahre ertheilt worden war, der Zuweisungen des herzoglichen Hofes, welcher sämmtliche amtlichen Drucksachen in seiner Werkstätte anfertigen liess. Das im Auftrage des Herzogs Wilhelm herausgegebene Prachtwerk des Gramináus, die sogenannte „Jülich'sche Hochzeit" ist indessen nicht von ihm, sondern in Köln hergestellt worden, da Buys die für den Kupferdruck nothwendigen Einrichtungen nicht besass.

Wieder unter der früheren Firma

Albert Buys

erschienen:

17. Des Durchleuchtigen Hochgebornen Fursten vnd Herrn / Herrn Wilhelms Hertzogen zu Gulich / Kleue vnd Berg / Grauen zu der Marck vnd Rauensberg / Herrn zu Rauenstein / rc. Rechtsordnung vnd Reformation /

Mit allerhandt nützlichen vnd nötigen darzu gehörigen vnd hiebeuor publicirten / aber doch niemals dabei getruckten Edicten vnd gemeinen beuelhen jtzo auffs new außgangen.

Mit Keyserl. Maii. Freiheit vnd Priuilegio in zehen jaren nit nachzutrucken.

Getruckt zu jrer, F. G. Statt Dusseldorff durch Albertum Buyß / Anno M. D. LXXIIII.

fol. Titel roth und schwarz gedruckt, mit dem herzogl. Wappen in Holzschnitt. Fractur.

18 unbez. S. (Register), 1 blattgrosser Holzschnitt (wie in Nr 13), 1 Seite leer, 188 bez. S., wovon die letzte leer.
Auf S. 84 ein blattgr. Holzschnitt „Baum der Sippschaft". Mit schönen Holzschnitt-Initialen, Kopfleisten und Vignetten, wie Nr. 13.

18. Statuta quarundam Illustrissimi Principis ac Domini D. Guilielmi Juliacensium Clivorum, ac Montensium Ducis, Comitis Marchiae et Rauensburgi, Domini in Rauenstein etc. Collegiatarum Ecclesiarum, authoritate Apostolica correcta et confirmata.
Anno M. D. LXXV Dusseldorpii excudebat Albertus Busius. Anno M. D. LXXV.
B. p. 98.

19. Veterum aliquot Rituum seu Consuetudinum Ecclesiae Collegiatae Dusseldorpensis ad normam aequitatis reformatarum Declaratio.
Dusseldorpii. Excudebat Albertus Busius. Anno M. D. LXXV.
B. p. 100.

20. Veterum aliquot Rituum seu Consuetudinum Ecclesiae Collegiatae Monasteriensis Eiffliae ad normam aequitatis reformatarum Declaratio.
Dusseldorpii. Excudebat Albertus Busius. Anno M. D. LXXV.
B. p. 101.

21. Veterum aliquot Rituum seu Consuetudinum Ecclesiae Collegiatae Juliacensis ad normam aequitatis reformatarum Declaratio.
Dusseldorpii. Excudebat Albertus Busius. Anno M. D. LXXV.
B. p. 102.

22. Veterum aliquot Rituum seu Consuetudinum Ecclesiae Collegiatae Heinsbergensis ad normam aequitatis reformatarum Declaratio.
Dusseldorpii. Excudebat Albertus Busius. Anno M. D. LXXV.
B. p. 102.

23. Veterum aliquot Rituum seu Consuetudinum Ecclesiae Collegiatae Sittardensis ad normam aequitatis reformatarum Declaratio.
Dusseldorpii. Excudebat Albertus Busius. Anno M. D. LXXV.
B. p. 102.

24. Veterum aliquot Rituum seu Consuetudinum Ecclesiae Collegiatae Wassenbergensis ad normam aequitatis reformatarum Declaratio.

Dusseldorpii: Excudebat Albertus Busius. Anno M. D. LXXV.
B. p. 102.

25. Polizey sambt andern Ordnungen vnd Edicten des Durchleuchtigen Hochgebornen Fürsten vnd Herrn / Herrn Wilhelms Hertzogen zu Gulich / Cleue vnd Berge / Grauen zu der Marck vnd Rauenßberg, Herrn zu Rauenstein / ꝛc. Jetzo aber mit nutzlichen zusetzen zum andernmall außgangen. Getruckt zu jrer F. G. Stat Dusseldorff durch Albertum Buyß, Im jahr Funffzehenhundert Einvndachtzig.

fol. Fractur 83 Seiten.
Erste Düsseldorfer Ausgabe der Polizeiordnung. (1558 Köln, Soter, 1563 Köln, Soter.) Vergl. B. p. 78. Historisches Politisches Handbuch Theil III Pfalz § 81.

26. Polizey sambt anderen Ordnungen vnd Edicten des Durchleuchtigen Hochgeborenen Fürsten vnd Herrn Wilhelms Hertzogen zu Gulich / Cleue vnd Berg / Grauen zu der Marck vnd Rauensberg: Herren zu Rauenstein. Auch Ordnung / wes Jhrer Fürstl. Gnaden Amptleute vnd Befelhaber in bedienung ihrer Ämpter sich zu halten. Jtzo aber mit nutzlichen zusetzen zum andermahl außgangen. Getruckt in Jhrer Fürstl. Gnaden Statt Dusseldorff Durch Albertum Buyß / im Jahr 1581.

fol. Fractur. 99 S. V. p. 122.
Zweite Ausgabe der Polizeiordnung aus demselben Jahre.

27. Des Durchl. Hochgeb. Fürsten vnd Herrn / Herrn Wilhelms Hertzogen zu Gulich / Cleue vnd Berg / Grauen zu der Marck vnd Rauenßberg / Herrn zu Rauenstein ꝛc. Rechts Ordnung vnd Reformation, mit allerhand nützlichen vnd nötigen darzu gehörigen vnd vor dato herunter gesetzt publicirten / aber dieser Rechtsordnung bis anhero niemahls beygefügten Edicten vnd gemeinen beuelhen, jetzo auffs newe außgangen. Mit Kayl. Maj. Freyheit vnd priuil. in 10 jaren nit nachzudrucken, gedruckt zu jrer F. G. Statt Dusseldorff durch Alb. Buyß 1582.

fol. 191 S., B p. 86.
Dritte Ausgabe der Rechtsordnung.

28. EXHORTATIO DE ESSEQVENDA CALENDARII CORRECTIONE QVAM S. D. N. GREGORIVS XIII. PONT. MAX. EDI PROMVLGARI ET PER ITALIAM caeterasque orbis Christiani partes Anno MD l x x x i j. obseruari mandauit. AD SACRAM CAESAREAM MAJESTATEM IMPERII ELECTORES AC PRINcipes caeterosq. status: Praecipuè verò ad serenissimum Reuerendissimumqĕ principem Ernestum, recens electum Archiepiscopum Coloniensem, Principem Electorem ect. Nec non ad Illustrissimum et Reuerendissimum D. Joannem Wilhelmum, Postulatum Administratorem Monasteriensem, Iuliae, Cliuiae et Montium et Ducem

haereditarium, Dominos suos clementissimos, directa
et scripta.
Per Theodorum Graminaeum, Philosophiae Doc-
torem J. Licentiatum, Illustrissimi ac Reuerendissimi
Principis ac Domini D. Joannis Wilhelmi Administra-
toris Monasteriensis etc. consiliarium. DVSSELDORPII
Excudebat Albertus Busius Anno 1583.

4⁰ ganz in Cursiv gedruckt 44 unbez. S.
Auf der Rückseite des Titels das Wappen der Rechtsordnung
von 1565.

29. Bernardi Molleri historicum Tapetum pro Joannis
Wilhelmi Juliae, Cliviae, Montiumque Ducis et Jacobae
Marchionissae Badensis nuptiis. Dusseldorpii 1585.
4⁰. Nach J. Th. Brosii. Annales Coloniae 1731.

30. Binz. Thomasius, Der Seelen Speiß, Düsseldorf Albertus
Buyß 1585.
8⁰.

31. Die Pſalmen Dauids / Wie die hiebevor in allerley art
Reymen vnd Melodeyen / durch den Herrn CASPARVM VLEN-
BERGENSIVM in Truck verfertigt / newlich abgeſetzt / vnd
allen anfangenden Schülern der Muſic zu Dienſt einfeltig mit
vier Stimmen zugerichtet: Durch CVNRADVM HAGIVM
RINTELEVM. Dieſer Zeit des Durchleuchtigen / Hochgeboren
Furſten vnd Herrn / Herrn Johans Wilhelmn / Hertzogen zu
Gülich / Cleue vnd Berg / Grauen zur Marck vnd Rauensberg
/ Herrn zu Rauenſtein / ꝛc. MVSICVM.
Werdet voll des Heiligen Geiſtes / vnd redet vntereinander
von Pſalmen / vnd Lob / vnd Geiſtlichen Geſengen / Singet
vnd Lobſinget dem Herrn in ewrem Hertzen. Epheſ. v.
Gedruckt zu Düſſeldorff durch Albert Buyß / im jahr nach
Chriſti Geburt / fünffzehenhundert neun vnd achtzig.

gross 4⁰. Fractur mit 5linigem Notensatz.
3 unbez. S. (Vorrede) 311 nubez S. Text. Mit Sign.
Auf der letzten Seite ein Holzschnitt, König David mit der
Harfe zwischen zwei Spielleuten darstellend.

Mit diesem Drucke schliesst die mehr als dreissigjährige Thätigkeit des Albert Buys. Bei seinem bald
darauf erfolgten Tode vererbte sich das Geschäft auf
seinen Sohn

Bernhard Buys,

der indessen nicht den Unternehmungsgeist des Vaters
besass und die Druckerei ziemlich vernachlässigte, so dass
solche bald in Verfall gerieth. Seine Drucke sind weniger
sorgfältig behandelt und lassen eine nachlässigere Ausführung unschwer erkennen.

32. Ordnung vnſer Johans Wilhelms von Gottes gnaden Hertzogen
zu Gulich / Cleue vnd Berg / Grauen zu der Marck vnnd Rauen

berg / Herrn zu Rauenstein ꝛc. Landschreiber / darinnen auch
etliche puncten, so vnsere Gulichische / Bergische vnd Rauensbergische
Ambtleuth, Vogt / Scholtheissen / Richtere, Dingere vnd andere
Dienere betreffen, wie dieselbe bei den Bruchten verhoeren vnnd
sonsten sich zuuerhalten.

    Gedruckt jn jrer F. G. Stat Dusseldorff Durch Bernardum
Buyß Jm jahr funffzehen hundert Sieben vnd neuntzig.

    fol. B p. 90. V. N. 376.

33. M. TULLII CICERONIS EPISTOLARVM SELEC-
TARVM LIBRI DVO.
DVSSELDORPII Excudebat Bernardus Busius Anno
M. D. XCVIIII.
    kl. 8⁰. Antiqua u. Cursiv. 4 u. 82 unbez. S. mit Cust. u. Sign.
    Auf dem Titel das Buchdruckerzeichen von No. 11.

34. IOANNIS PITSII ANGELI SACRAE THEOLOgiae
Doctoris de Peregrinatione libri septem, Iam primum
in lucem editi.
    Psalmo 67. Mirabilis Deus in sanctis suis.
Cum Gratia et Privilegio S. Caes. Maiestatis.
DVSSELDORPII Apud Bernardum Busium Anno
CIƆ IƆ CIV.
    12⁰. Antiqua u. Cursiv. 16 unbez. S. (Vorrede), 12 unbez. S.
(Index. 1 Bl. weiss, 528 bez. S., 2 unbez. S. (Errata), 3 Vignetten.
    Auf dem Titel eine kleine Vignette (Löwenkopf).

35. Ordnung vnd Reformation des Durchleuchtigen / Hochgebornen
Fursten vnd Herren / Herrn Wilhelms Hertzogen zu Gulich /
Cleue vnd Berg / Grauen zu der Marck vnd Rauenßberg / Herrn
zu Rauenstein etc. Neben andern Constitutionen / Edicten vnd
erklerungen etzlicher felle / wie es derenthalben in beiden jrer
F. G. Furstenthumben Gulich vnd Berg gehalten / geurtheilt vnd
erkandt werden soll.

    Jtzo auß gnedigem beuelch des auch Durchleuchtigen Hoch-
gebornen Fursten vnd Herren / Herrn Johans Wilhelm
Hertzogen zu Gulich Cleue vnnd Berg / Grauen zu der Marck /
Rauenßberg vnd Moerß / Herrn zu Rauenstein / etc.
    auffs new reuidirt / vnd mit etzlichen zugesetzten Edicten in
truck bracht. Mit einem vermehrten Register.
    Mit Keyſ. May. Freiheit vnd Priuilegio in zehen jaren nit
nachzutrucken.
    Getruckt in jrer F. G. Statt Dusselldorff durch Bernhardt
Buyß. Im jahr thausent sechshondert vnd sechs.

    fol. Vierte Ausgabe der Rechtsordnung. B p. 111.

36. Polizey Ordnung des Durchleuchtigen / Hochgeborenen Fürsten
vnd Herrn / Herrn Wilhelms Hertzogen zu Gülich / Cleue vnd
Berg / Grauen zu der Marck vnd Rauensberg / Herren zu Rauen-
stein ect. sambt anderen Ordnungen vnd Edicten / wie sich Jhrer
Fürstl. Gnaden Amptleuthe vnd Befehlhaber in bedienung ihrer
Ämpter zu halten.

Jetzo auffs new auß gnädigen Befelch des auch Durchleuchtigen / Hochgebornen Fürsten vnd Herren / Herrn Johans
Wilhelmen Hertzogen zu Gülich / Cleve vnd Berg / Graven zu
der Marck / Ravensberg vnd Moerß / Herren zu Ravenstein etc.
mit zusatz etlicher hiebevoren außgangener Edicten vnd Befelch-
schrifften vermehrt vnd sambt angehessster Bruchten Ordnung in
truck verfertigt.
    Mit einem newen Register.
    Getruckt in Jhrer Fürstl. Gnaden Statt Dusseldorff durch
Bernhardt Buyß im Jahr 1608.
    fol. V. p. 123. Dritte Ausgabe der Polizeiordnung.

37. Copia Schreibens Hrn. Ernst / Marggrafen zu Brandenburg vnd
Hrn. Wolffgang Wilhelms / Pfalzgrafen am Rhein de dato
Düsseldorff 10. Aug. an die Röm. Kays. Majest in puncto
Possessionis. Düsseldorf 1609.
    4º. L. Bibl. philos. I,768.

38. APPELLATIO PRIMA. Appellation vnd Provocation beyder
Vnierten gewaldtmächtigten Fürsten in den Gülichschen / Clevischen /
vnd zugehörigen Landen.
    Wie dieselb von Jhren F. F. G. G. dem Herren Churfürsten
von Meyntz vnd anderen zugeschickt worden. Mit ihren Beylagen.
    Erstlich gedruckt in J. F. F. G. G. Statt Düsseldorff /
durch Bernharden Buyß / Jm Jahr M. DC. X.
    4º. 116 bez. S. auf dem Titel eine kleine Vignette, auf S. 83
der Titel der Appellatio secunda.

39. Copey Herrn Ernsten Marggraffens zu Brandenburg / vnd
Herrn Wolffgang Wilhelms Pfaltzgrafen / etc. Schreibens / an
Röm. Kay. May. sampt beygelegtem Instrument provocationis
et oblationis.
    4º. Fractur 4 unbez. S., 1 Kopfleiste, 1 Initiale, ohne Ort-
und Jahresangabe (1610 von Buys gedruckt).

40. Appellation Hr. Ernsten Marggrafen zu Brandenburg / vnd Hr.
Wolffgang Wilhelm Pfaltzgraffen von wegen der in dem Gü=
lichischen Fürstenthum geworbenen Kriegsleuten in causa reti-
nendae Possessionis. Düsseldorff 1610.
    4º. Lip. Bibl. philos. I No. 768.

41. Phil. Ludovici Com. Palatini Refutatio eorum quae
contra Jus suum afferuntur. Dusseldorpii 1611.
    4º. L. Bibl. juridica I No. 404.

42. Resolutio Iohannis Casimiri in Causa Tutelae Electoralis Palatinae data, quorundam Germaniae Principum,
quia Ludovico Electore, Tutores nominabantur in
Testamento Legatis anno 1584. Dusseldorpii 1611.
    4º. L. Bibl. jurid. I No. 175.

43. Ferner vnd vollkommener Bericht / von des Hn. Philipp Ludwigen /
Pfaltzgraffen bey Rhein / etc. Rechten / so J. F. G. wegen der
angefallenen Tutel gebührt etc. Düsseldorff 1611.
    4º. L. Bibl. philos. II. No. 1084.

44. Ulterior et plenior Informatio in causa administrationis Electoratus Palatini, cum refutatione praetensae Tutelae Testamentariae pro Dn. Philippo Ludovico, Comite Palatino Rheni. Dusseldorp.

4⁰. ohne Druckjahr (1611) L. bibl. jur. I No. 175.

45. DE LA CHARGE ET DIGNITÉ DE L'AMBASSADEVR: PAR JAN HOTMAN Sieur de Villiers. Troisième edition augmentée et meilleure.
AVEC VNE LISTE DES Auteurs qui ont escrit en ce mesme sujet, et VN EXTRAIT DE L'ANTI-COLAZON. A DVSSELDORP Par Bernard Busius MDCXIII.

12⁰. Antiqua. 10 unbez. S. (Vorrede) 274 bez. S.

46. Legatus Gallicus Ioannis Hotmanni Villerii Franc. F. Utrag. editio Gallica anni MDCIII et anni MDCIV nunc verò longé melior et auctior eadem lingua. Dusseldorpii apud Bernhardum Busium. M. D. CXIII.

8⁰. Erwähnt in: Jan Hotman, de la Charge de l'Ambassadeur Dusseldorf 1613.

Mit dem Tode Bernh. Buys, der vor 1620 erfolgt sein muss, hört das Geschäft auf; Werkzeuge und Schriftmaterial wurden verkauft, und finden sich aus letzterem einige Schriftsorten in den Drucken von

Heinrich Ulenberg

wieder. Ulenberg ist der erste Düsseldorfer Drucker, der den Titel „Herzoglicher Buchdrucker" führt, der ihm indessen erst nach mehrjähriger Thätigkeit verliehen worden sein muss, da seine älteren Drucke diese Bezeichnung nicht enthalten.

47. EXTRACTVS DIVERSARVM EXTINCTIONVM PROXIMIS XXX. ANNIS circa Monasterium B. Mariae Virginis Ordinis Regularium Nouesiensium attentatarum. DVSSELDORPII Imprimebat Henricus Vlenbergius. ANNO M. DC. XXIV.

4⁰. Antiqua, Cursiv und Fractur. 98 bez. S., 1 Kopfleiste. Auf dem Titel eine Vignette.

48. SCHEDION APOLOGETICVM AC REFVTATIO INFAMIS LIBELLI; Titulo: Piae ac justae Defensionis etc. Sub Persona et fictitio Nomine PHILADELPHI VEREMENTANI HAGIOPOLITANI euulgati:
Ad responsum Juris, in Causa CANONICORVM REGVLARIVM NOVESIANORVM, contra nonnullos Officiatos Archifraternitatis Sanctae Crucis Coloniensis. PER WERNHERVM THVMMERMVTH ADVOCAT etc

Esaiae 9. vers. 19. Vir fratri suo non parcet. Et diclinabit ad dextram, et esuriet et comedet ad sinistram, et non saturabitur: vnusquisque carnem brachii sui vorabit; Manasses Ephraim et Ephraim Manassen, etc.

DVSSELDORPII, Typis excudit Henricus Vlenbergius, ANNO M. DC. XXIIII.

4⁰. Antiqua u. Cursiv, 86 bez. S., 2 Kopfleisten, 3 Vignetten.

49. COPIA Des Vertrags / so zwischen Jhrer Churfl. Durchl. zu Brandenburg / vnd Pfaltz Newburg / den neundten Martij Anno 1629 abgehandelt. Gedruckt Jm Jahr M. DC. XXIX.

4⁰. 13 unbez. S., Fractur. Titel mit kleiner Vignette.

50. Svccessio Principvm Ivliae, Cliviae ac Montivm ex quo Comitibus in Duces evecti sunt. Item Dominorvm Heinbergensivm, qvi annis qvingentis et supra eidem dominio cum imperio pra fuere tanguam majoris operis delineatio.

Accedvnt Tetrasticha in comites ac dvces clivenses cum notis Avthore R. D. Petro à Streithagen canonico Heinsbergensi.

Omnis pro patria Labor et pro principe sumptus. Dusseldorpii, Typis Henrici Vlenbergij Ducalis Typographi. Anno 1629.

4⁰. Antiqua. 2 S. u. 25 bez. S. 2 Kopfleisten. 1 Schluss-Vignette. Titel nach dem handschriftlich ergänzten Exemplar der Kgl. Landesbibliothek zu Düsseldorf.

51. Tetrasticha in Comites ac Duces Clivensis, cum notis. Authore R. D. Petro à Streithagen canonicus Heinsbergensi.

Dusseldorpii, Typis Henrici Vlenbergij, Ducalis Typographi. Anno 1629.

Ebensowenig wie über Ulenberg besitzen wir Nachrichten über seinen Nachfolger

Christoph Ort,

dessen Wirksamkeit nur den Zeitraum weniger Jahre umfasst. Während sein Name auf den Drucken vom Jahre 1632 ohne jede weitere Bezeichnung vorkommt, tritt O. uns in der Rechtsordnung von 1635 als „Fürstlich Pfaltz Newb. Buchtrucker" entgegen. Nur wenige seiner Drucke sind uns erhalten worden.

52. Specvlvm vitae, vel statvs conivgalis, sive memorabilia exempla plurium Sanctorum, vel pissimorum Coniugum praeclare ab eis in eo statu gestorum selecta ex editis S. S. rebus gestis et S. Scriptura studio boni communis in lucem data industria.

Casparis Zephyrini, Art. Lib. Magistri, et Ecclesiastae. Dvsseldorpii, Excudebat Christophorus Ort. M. DC. XXXII.

8⁰. Antiqua. 29 unbez. S. (Dedication, Inhalt und Vorrede), 338 bez. S. 1 Blatt weiss, 8 unbez. S. Register, 1 Schlussvignette.

53. R. D. Casparis Zephyrini Artium liberalium Magistri. Elegiarvm liberi III
(Vignette)
Dvsseldorpii, Excudebat Christophorus Ort. M. DC. XXXII.

8⁰. Antiqua. 206 bez S., wovon S. 128 leer. Einige kleine Randleisten und Vignetten.

54. Sphaerae Terrestris quadripartitae Siue Historia metricae IV. Partium Orbis Europae, Asiae, Aphricae, Americae libri IV.
Ad IV. Sacri Romani Imperij Principes Ecclesiasticos. Authore Caspare Zephyrini, Art. Lib. Mag.
Dvsseldorpii, Apud Christophorum Ort / Anno 1632.

8⁰. Römisch Cursiv. 14 unbez. S. (Dedication und Vorrede), 222 bez. S. 3 Kopfleisten, 2 Vignetten. Auf dem Titel eine kleine Vignette.

55. Rechts- Lehen Gerichtschreiber Vnd Reformation Ordnung Des Durchleuchtigen Fürsten vnd Herren Herrn Wilhelms, Hertzogen zu Gülich / Cleue vnd Berg / Graffen zu der Marck vnd Rauenßberg / Herrn zu Rauenstein / ꝛc.
Neben andern Constitutionen Edicten vnd erklärungen etlicher Fälle / wie es derenthalben in beyden Fürstenthumben Gülich vnd Berg gehalten / geuertheilt vnd erkandt werden soll.
Jetzund auß gnädigsten Befelch Des auch Durchleuchtigen Fürsten vnd Herrn / Herrn WOLFGANG WILHELMS Pfaltzgraffen bey Rheyn / in Bayern / zu Gülich / Cleue vnd Berg Hertzogen / Graffen zu Veldentz / Sponheimb / der Marck / Rauenßberg vnd Moerß / Herrn in Rauenstein ꝛc. Auffs new vber sehen / mit fleiß corrigirt / vnnd jedermenniglichen zum besten wiederumb in Truck bracht.
Mit zweyen nutzlichen Register.
Cum Gratia et Priuilegio Ducali.
Dusseldorff / Getruckt vnd verlegt durch Christoff Ort / Fürstl. Pfaltz Newb. Buchtrucker / Im Jahr nach der gnadenreichen geburt Jesu Christi 1635.
Fünfte Ausgabe der Rechtsordnung.
fol. V. N. 23. B. p. 121.

Es ist nicht zu verwundern, dass die Wirren und Nachwirkungen des dreissigjährigen Krieges, der Deutschland in wirthschaftlicher wie auch geistiger Beziehung tiefe Wunden geschlagen hatte, sich gerade auf dem Gebiete des Bücherwesens besonders bemerkbar machten und einen Rückgang des Buchhandels zur Folge hatten, der die kleineren Druckwerkstätten am empfindlichsten traf; jedenfalls dürfte hierin der Grund zu finden sein für das fast vollständige Aufhören buchhändlerischer Unternehmungen in Düsseldorf während eines Zeitraumes von mehr als 30 Jahren. Zwar erschienen vereinzelt in jener Epoche einige Drucke (s. u.) meist politischen Inhaltes, doch ist auf denselben ein Drucker nicht namhaft gemacht, und dürfte es zweifelhaft sein, ob sie sämmtlich in Düsseldorf gedruckt worden sind.

Gegen Ende der sechsziger Jahre tritt uns in einem nicht datirten Drucke, dessen Vorrede vom Jahre 1667 stammt, zuerst der Name des Druckers

Arnold Schleuter

entgegen, mit welchem die nunmehr ununterbrochene Reihe der Düsseldorfer Drucker wieder eröffnet wird. Kurfürst Johann Wilhelm unterstützte ihn, mehr aber noch seinen Sohn und Nachfolger Johann Christian Schleuter, indem er die Rechts- und Polizei-Ordnungen Herzog Wilhelms mit Zusätzen versehen aufs Neue herausgeben lässt und einen mehrmaligen Druck derselben veranlasst.

Von Arnold Schleuter sind uns nur zwei Drucke bekannt:

56. HISTORIA JURIS CIVILIS JVLIACENSIUM ET MONTENSIUM, Nunc secundum edita et APPENDICE aucta ac locupletata. Opus omnibus, qui in Judiciis Ducatuum Juliae et Montium Causas agunt et Jus dicunt, apprimè utile et necessarium AVTHORE Serenissimi Principis et Domini DOMINI JOHANNIS WILHELMI Comitis Palatini, Rheni, Bavariae, Juliae, Cliviae ac Montium Ducis etc.

Consiliario intimo, causarum feudalium Directore, Aulici judicii Commissario et Ducalis Archivi Custode D. MELCHIORE VOETS ICto.

Prostant DVSSELDORPII Apud ARNOLDUM Schleuter.

fol. ohne Angabe des Druckjahres (Vorrede datirt von 1667). Fractur und Antiqua. 6 unbez. S. (Vorrede) 124 bez. S., 8 unbez. S. (Index), 2 Kopfleisten, 3 Vignetten. Auf S. 9 das herzogl. Wappen.

57. Ordnung Des Hoch-Fürstlichen Gülich und Bergischen Hoff Gerichts zu Duesseldorf /

Sambt denen an gemeltem Hoff Gericht nach und nach publicirten gemeinen Bescheiden /

Aus gnaedigstem Befelch Des Durchleuchtigsten Fuersten und HERRN JOHAN WILHELMEN / Pfaltzgraffen bey Rhein / in Baeyern / zu Gülich Cleve und Berg / Hertzogen / Graffen

zu Feldentz / Sponheimb / der Marck / Ravenßberg und Moerß / Herren zu Ravenstein etc.
Jn Truck verfertigt.
Getruckt zu Dueſſeldorff / Bei Arnold Schleuter 1684.
fol. Erste Ausgabe der Hofgerichtsordnung.

Im Jahre 1693 übernahm
Johann Christian Schleuter
das Geschäft seines Vaters, welches er unter seiner eigenen Firma fortsetzte. Die vorhandenen alten Lagerbestände liess er nachträglich noch mit der neuen Firma versehen, wie dies ein im Historischen Museum zu Düsseldorf befindlicher Druck von Nr. 56 zeigt, dessen Titel die Bezeichnung
DVSSELDORPII, Prostant apud Johannem Christianum Schleuter. Anno 1693.
trägt, nachdem die ursprüngliche Druckangabe überklebt worden war. Seinen Verlag eröffnet er mit nachstehendem Werke von D. Melchior Voets, dessen erste Auflage in Köln gedruckt worden war.

58. TRACTATUS DE JURE REVOLUTIONIS AD LUCEM ORDINATIONIS JUDICIARIAE, Cap. Beſchluß von Succession 88.

Daß nach altem Herkommen und Gebrauch der Fürstenthumben (Gülich) und Berg / die Güter fallen und erben sollen hinder sich an die nächste Erben, daher sie kommen.

In quo Praecipua REVOLUTIONIS Capita tanguntur, Exemplis, Praejudiciis et rebus judicatis illustrantur, nec non Materia Successionis ab instetato accurate et nervose enucleantur AUTHORE D. MELCHIORE VOETS IC, Ducali Juliae et Montium Consiliario Intimo et Vice-Cancellario, Nec non Aulici Judici Dusseldorpiensis Commissario et Ducalis Archivi Praefecto.

Accedit ejusdem Authoris Tractatus ad Observationes Feudalis. Editio Secunda Correctior.

DVSSELDORPII Typis et impensis JOHANNIS CHRISTIANI SCHLEUTER Anno M. DC. XCIV.

fol. Titel roth und schwarz gedruckt, mit kleiner Vignette Fractur und Antiqua. 4 unbez. S. (Vorrede), 63 bez. S. (Text), 7 unbez. S. (Index), 44 bez. und 4 unbez. S. (Observationes), 4 Kopfleisten, 8 Vignetten. Grosse Holzschnitt-Initialen.

59. Gülich und Bergiſche Rechts Lehrer Gerichtsſchreiber Brüchten-Policey und REFORMATION-ORDNUNG Des Durchleuchtigſten Fürſten und Herrn, Herrn Wilhelms / Hertzogen zu Gülich / Cleve und Berg / Graffen zu der Marck und Ravensberg / HERRN zu Ravenſtein etc.

Neben anderen Constitutionen, Edicten und Erklärungen etliche Fälle wie es derenthalben in beyden Fürstenthumben (Gülich und Berg gehalten / geurtheilt und erkannt werden soll. Jetzund auß gnädigstem Befelch des auch Durchleuchtigsten Großmächtigsten Chur Fürsten und Herrn Hrn. JOHAN WILHELMS, Pfaltzgraffen bey Rhein / Des Heil. Röm. Reichs Ertz Schatzmeisters und Churfürsten / in Bayern / zu Gülich, Cleve und Berg Hertzogen / Graffen zu Veldentz / Sponheimb / der Marck / Ravensberg und Moerß / Herren zu Ravenstein / etc. Auffs new übersehen / mit Fleiß corrigirt und jedermänniglichen zum besten wiederumb in Truck gebracht. Mit zweyen nützlichen Registern. DUSSELDORFF / Getruckt und Verlegt durch JOHANN CHRISTIAN SCHLEUTER Im Jahr MDCXCVI.

fol. Sechste Ausgabe der Rechtsordnung.
Mit dem churfürstl. Wappen auf dem Titel. 6 unbez. S. (Register), 185 bez. S., 16 unbez. S. (Blattweiser), 8 Kopfleisten, 5 Vignetten. Auf Fol. 75 ein Kupfer-Baum der Sippschaft. Grosse Initiale O im Worte Ordnung. Jede Seite mit Ueberschrift: „Rechts- etc. Ordnung."
J. C. Schleuter's erste Ausgabe.

60. Gülich und Bergische POLYZEY-ORDNUNG / Des Durchleuchtigsten Fürsten und Herrn / Herrn Wilhelms / Hertzogen zu Gülich / Cleve und Berg / Graffen zu der Marck und Ravensberg / HERRN zu Ravenstein / etc.
Sampt anderen Ordnungen und Edicten, wie sich Jhrer Fürstl. Gnad. Ambtleuthe und Befelchhabere in Bedienung ihrer Aembter zu verhalten.
Anjetzo auffs new auß gnädigstem Befelch des auch Durchleuchtigsten Großmächtigsten Chur-Fürsten und Herrn / Hrn. JOHAN WILHELMS, Pfaltzgraffen bey Rhein / des Heil. Röm. Reichs Ertz Schatzmeisters und Churfürsten / in Bayern zu Gülich / Cleve und Berg Hertzogen / Graffen zu Veldentz / Sponheimb / der Marck / Ravensberg und Moerß / Herrn zu Ravenstein / etc.
Mit Zusatz etlicher hiebevorn außgangner Edicten und Befelch Schrifften vermehrt / und sambt angehengten Brüchten Ordnungen in Truck gebracht. Mit zweyen Registern derer der erste die Titulen / der andern die Materien begreifft. DUSSELDORFF / Gedruckt und Verlegt durch JOHANN CHRISTIAN SCHLEUTER Im Jahr MDCXCVI.

fol. Vierte Ausgabe der Polizeiordnung (erste Ausgabe von Schleuter).
6 unbez. S. (Register), 101 bez. S., 16 unbez. S. (Register). 6 Kopfleisten, 4 Vignetten.
Grosse Initiale O im Worte Ordnung. Jede Seite mit Ueberschrift „Polizey-Ordnung".

61. Ordnung DES Hoch Fürstlichen Guelich und Bergischen Hoff Gerichts zu Duesseldorf / Sambt denen an gemeltem Hoff Gericht nach und nach publicirten gemeinen Bescheiden /.
Aus gnaedigstem Befelch Des Durchleuchtigsten Fuersten und Herrn / HERRN JOHAN WILHELMEN, Pfaltzgraffen bey Rhein / in Baeyern / zu Guelich / Cleve und Berg Hertzogen /

(Graffen zu Velbentz / Sponheimb / der Marck / Ravensberg und Moerß / Herrn zu Ravenstein etc.
Zu Truck verfertigt
Nach dem Exemplar 1684
Gedruckt zu DUSSELDORF Bey Johann Christian Schleuter.

Zweite Ausgabe der Hofgerichtsordnung.
fol. 2 unbez. S. (Index), 48 bez. Seiten. Mit dem churfürstlichen Wappen auf dem Titel. Auf S 1 eine 5 cm hohe, 14 cm breite Kopfleiste, die Justitia darstellend, auf S. 26 eine schöne Schlussvignette (Adam und Eva).
Der Druck dieser „Ordnung" stammt aus dem Jahre 1696 und wurde gleichzeitig mit Nr. 59 vorgenommen.

Diese ersten Ausgaben von Schleuter scheinen nur in einer geringen Anzahl von Exemplaren hergestellt worden zu sein, sodass man bald zum Drucke einer zweiten Auflage schreiten musste. Die zweiten Ausgaben tragen zwar die Jahreszahl 1696, sind aber höchst wahrscheinlich ein oder zwei Jahre später veranstaltet worden. Der Satz derselben ist von denen der ersten Ausgabe abweichend.

62. Gülich und Bergische Rechts- Lehen Gerichtschreiber Brüchten- Polizey- und Reformation ORDNUNG / Des Durchleuchtigsten Fürsten und Herrn / Herrn Wilhelms / Hertzogen zu Gülich / Cleve und Berg / Graffen zu der Marck und Ravensberg, Herrn zu Ravenstein etc.
Neben anderen Constitutionen, Edicten und Erklärungen etlicher Fälle / wie es derenthalben in beyden Furstenthumben Gülich und Berg gehalten / geurtheilt und erkant werden soll. Jetzund auß gnädigstem Befelch des auch Durchleuchtigsten Großmächtigsten Chur Fürsten und Herrn / Hn. JOHAN WILHELMS, Pfaltzgraffen bey Rhein / des Heil. Röm. Reichs Ertz Schatzmeisters und Churfürsten / in Bäyern / zu Gülich / Cleve und Berg Hertzogen / Graffen zu Veldentz / Sponheimb / der Marck / Ravensberg und Mörß, Herrn zu Ravenstein etc.
Auffs new übersehen/mit Fleiß corrigirt und jedermänniglichen zum besten wiederum in Truck gebracht.
Mit zwehen nützlichen Registern. Bey diesem Truck mit einem Zusatz verscheidener Ordnungen / Edicten, Befelchen und Recessen, vermehret.
Düsseldorff / Gedruckt und Verlegt durch Johann-Christian Schleuter. Im Jahr 1696.

Siebente Ausgabe der Rechtsordnung; zweiter Druck derselben von Schleuter.
fol. Fractur und Antiqua. Mit dem churfürstl. Wappen auf dem Titel.
6 unbez. S. (Register), 185 bez. S., 16 unbez. S. (Blattweiser), 8 Kopfleisten, 5 Schlussvignetten, abweichend von der ersten Ausgabe. Auf S. 75 ein blattgrosser Kupferstich „Arbor Consanguinitatis." Die Seiten ohne Ueberschriften.

63. Gülich und Bergische POLIZEY ORDNUNG Des Durchleuchtigsten Fürsten und Herrn / Herrn Wilhelms / Hertzogen zu

Gülich Cleve und Bergh / Graffen zu der Marck und Ravenß-
berg / Herrn zu Ravenstein etc.
Sampt anderen Ordnungen und Edicten / wie sich Ihrer
Fürstl. Gnad. Ambtleuthe und Befelchhabere in Bedienung ihrer
Aembter zu verhalten.
Anjetzo auffs new auß gnädigstem Befelch deß auch Durch-
leuchtigsten Großmächtigsten Churfürsten und Herrn, Hn. JOHAN
WILHELMS, Pfaltzgraffen bey Rhein / deß Heil. Röm. Reichs
Ertzschatzmeister und Churfürsten / in Bäyern / zu Gülich / Cleve
und Berg Hertzog / Graffen zu Veldentz / Sponheim / der Marck /
Ravenßberg und Mörß / Herrn zu Ravenstein / etc. Mit Zusatz etlicher
hiebevorn außgangner Edicten und Befelch-Schrifften vermehrt /
und sambt angehengten Brüchten Ordnungen in Truck gebracht.
Mit zweyen Registern dern der erste die Titulen / der andere
die Materien begreifft.
Düsseldorff / Gedruckt und verlegt durch Johann Christian
Schleuter. Im Jahr 1696.

Fünfte Ausgabe der Polizeiordnung, zweiter Druck derselben
von Schleuter.

fol. Fractur. 6 unbez. S. (Register), 101 bez. S. (Text), 16
unbez. S. (Register), 7 Kopfleisten, 3 Schlussvignetten. Auf dem
Titel fehlt das Wappen, die Seiten ohne Ueberschrift.

64. ORDNUNG DES Hoch Fürstlichen Gülich- und Bergischen Hoff-
gerichts zu Düsseldorff. Sambt denen an gemeltem Hoffgericht
nach und nach publicirten gemeinen Bescheiden / Auß gnädigstem
Befelch Des Durchleuchtigsten Fürsten und Herrn / HERREN /
JOHAN WILHELMEN, Pfaltzgraffen bey Rhein / in Bäyern / zu
Gülich / Cleve und Berg Hertzogen / Graffen zu Veldentz / Sponheimb /
der Marck / Ravenßberg und Mörß / Herren zu Ravenstein / etc.
In Truck verfertigt.
Nach dem Exemplar 1684.
Getruckt zu Düsseldorff / Bey Johann Christian Schleuter.

Dritte Ausgabe der Hofgerichtsordnung, zweiter Druck von
J. C. Schleuter.

fol. 2 unbez. S. (Index), 28 und 24 bez. S. (Text), 2 unbez.
S. (Index). Mit dem Churfürstl. Wappen auf dem Titel. Auf S 1
eine 2½ cm hohe 12½ cm breite Kopfleiste, auf S. 28 eine Schlussvignette (Adam und Eva).

65. Zusatz Einiger Ordnungen / Befelchern / Edicten und Recessen,
Welche auff gnädigsten Befelch des Durchleuchtigsten Groß-
mächtigsten Churfürsten und Herrn Hn. JOHAN WILHELMS
Pfaltzgraffen bey Rhein / des H. Röm. Reichs. Ertz Schatzmeisters
und Churfürsten / in Bäyern / zu Gülich / Cleve und Bergh
Hertzogen / Graffen zu Veldentz / Sponheimb / der Marck / Ravenß-
berg und Mörß / Herrn zu Ravenstein / etc.
Der Gülich- und Bergischen Rechts, Policey- und Reformations-
Ordnung beyzusetzen gnädigst verordnet.
Neben einem Register der Ordnungen / Befelchen / Edicten, etc.
Gedruckt zu Düsseldorff Bey Johan-Christian Schleuter, Im
Jahr 1697.

fol. Fractur und Antiqua.
Mit dem churfürstl. Wappen auf dem Titel. 2 unbez. S.
(Register), 50 (davon 29—32 doppelt), 16 und 15 bez. S., 4 Kopfleisten.

22*

66. Inquisitions-Recess in Criminalibus, 1695 11. Junii.
fol. Fractur. 8 bez. S. ohne Druckangabe; 1697 gedruckt.
67. Ihrer Churfürstl. Durchl. zu Pfaltz Nachmahlige ferner gnädigste Erläuterung über Vorige außgangene Taxa- und Licent-Ordnung zu Düsseldorff.
Bey Johan Christian Schleuter 1701.
4°. Fractur. 5 unbez. S. Auf dem Titel eine kleine Vignette.
68. ANADEMA Floribus et Gemmis intertextum, quo SERENISSIMUM et POTENTISSIMUM PRINCIPEM ac DOMINUM D: JOANNEM GUILIELMUM, COMITEM PALATINUM RHENI Sacri Romani Jmperii Archithesaurarium, et ELECTOREM, Bavariae, Juliae, Cliviae, et Montium Ducem, Comitem Veldentiae, Sponhemii, Marchiae, Ravenspurgi, et Moersiae, Dominum Ravenstenii etc. etc.
IN NATALI EJUSDEM SOLENNITATE coronabat JOANNES BUCHELS Electoralis Celsitudinis Bibliothecarius.
Dusseldorpii imprimebat Joh. Christianus Schleuter.
4°. Antiqua und Cursiv. 31 unbez. S., 1702 gedruckt.
69. ROSAE NEOBURGICAE MARIAE SOPHIAE ELISABETHAE serenissimae ac Potentissimae Lusitanae Reginae piis manibus parentatur Dusseldorpii à SERENISSIMO & POTENTISSIMO JOANNE GUILIELMO COMITE PALATINO RHENI, Sacri Romani Imperii Archithesaurario & Electore, Bavariae, Juliae, Cliviae & Montium Duce, Comite Veldentiae, Sponheimii, Marchiae, Ravenspergae & Moersiae, Domino in Ravenstein etc.
Offerebat devotissimus Cliens Joannes Buchels, Julio-Linnichius.
Dusseldorpii imprimebat Joh. Christianus Schleuter.
4°. Antiqua und Cursiv. 22 unbez. S., gedruckt 1702.

Da Buchdruckereien häufig erbliches Besitzthum ein und derselben Familie bildeten und vom Vater auf den Sohn übergingen, — die Geschichte des Buchhandels liefert hierfür zahlreiche Belege — so darf man wohl die Vermuthung aussprechen, dass die

Wittwe Beyer

oder Bayer, welche Schreibart auch vorkommt, eine Tochter Schleuter's gewesen sei, da in ihren Drucken sich die Typen der Schleuter'schen Officin wieder finden. Ob ihr Mann, Friederich Caspar Beyer, selbst der Officin vorgestanden hat, was nur ganz kurze Zeit, in den Jahren 1702 oder 1703 gewesen sein könnte, oder noch zu Lebzeiten Schleuters an dessen Geschäfte betheiligt gewesen ist, muss dahingestellt bleiben. Anfänglich führte die Wittwe Beyer den Titel „Chur-Fürstliche Hoff-Buchdruckerinn", der im Jahre 1708 sich in „Churfürstl. Hoffund Stadt-Buchdruckerinn" geändert hat.

70. Vorgeschlagene CONDITIONES Für die Übergebung der Vestung Kayserswerth ' Statt ' Schlosses / und angehörigen Schäntzen / sowohl dieß alß jenseith des Rheins.

(Am Schluß:) Gedruckt und zu finden zu Düsseldorff / bey der Wittwe Beyers Chur Fürstlicher Hoff Buchdruckerinn.
4°. Fractur. 7 unbez. S. 1 Schlussvignette. Ohne Angabe des Druckjahres (1703).

71. JUSTITIA Possessiones PALATINAE Super CAESARIS JNSULA Vulgö Kayserswerth ET APPERTINENTHS Impressa DÜSSELDORPH Typis Viduae Friderici Caspari Beyer Typographi Electoralis. Cum Speciali Privilegio de non reimprimendo in terris Electoralibus sub poena confiscationis exemplarium et 50 Florenorum aureorum. 1703.
fol. Fractur und Antiqua.

72. Deutliche und gründliche Erklärung der Adelichen und Ritterlichen freyen Fecht Kunst / Lectionen auff den Stoß / und deren Gebrauchs eigentlicher Nachricht. Auff die rechte Italiänische Art und Manier, in dieses Tractätlein verfasst / und mit nothwendigen Kupffer Stücken nach Möglichkeit gezieret / und vor Augen gestelt / Erstlich hervorgebracht durch JEANN DANIEL L'ANGE Churfürstl. Pfältzischen Hoff- und Dero Löbl. Universität bestelten Fechtmeistern.

Anjetzo zum zweyten mahl im Truck herauß gegeben durch CHARL L'ANGE, Jhrer Churfürstl. Durchl. zu Pfaltz Maiorn und Exercitien Meistern.

Düsseldorff / getruckt bey der Wittib Bayers Churfürstl. Hoffund Statt Buchtruckerin. Jm Jahr 1708.
Erstes Düsseldorfer Kupferwerk.
Quer Folio. Fractur. 1 Portrait L'Ange's (E. v. Lennep etc.) 4 unbez. S. (Vorrede), 126 unbez. S. mit 61 grossen Kupfern von C. Metzger, 2 unbez. S. (Inhalt)

73. CATECHISMUS Oder Kurtzer Unterricht Allgemeiner Christlicher Lehr darinnen der Reformirten Heidelberger Catechismus nach seiner eigentlichen Weiß in erklär und bestättigung der Frag und Antworten also geprüfet wird / daß alles / was der allgemeiner Christlichen Lehr gemäß / behalten / jenes aber / was dieser Lehr zuwieder / verworffen / und an deffen statt die wahre Lehr Christi gesetzt / und mit Zeugnußen der göttlichen heiligen Schrift bewiesen wird.

Durch F GEORGIVM BAUSSVMER deß H. Ordens der Armen Franciscaner Recollecten Cöllnischer Provintz Priestern.

Mit Chur-Fürſtlicher Pfaltz Freyheit etc.
Düſſeldorff getruckt bey der Wittib Beyers Churfl. Hoff und Statt Buchdr. 1709.

8⁰. Fractur und Schwabacher. Mit dem churf. Wappen auf dem Titel.

4 unb. S. Antiqua (Approbation), 10 unb. S (Vorrede), 432 und 32 bez. S., 2 kleine Vignetten und mehrere Schlussstücke aus Versatzrosetten.

74. Chur Pfaltziſche RELIGIONS-DECLARATION vom 21. Novembris 1705.

fol. Fractur. 34 bez. S., 1 Kopfleiste, 1 grosse Initiale ohne Druckbezeichnung, aber aus der Beyer'schen Officin stammend.

Bereits 1714 heisst der Besitzer der Beyer'schen Druckerei

Johann Leonhard Weyer.

75. HISTORIA JURIS CIVILIS JULIACENSIUM ET MONTENSIUM Nunc secundum edita ET APPENDICE AUCTA AC LOCOPLETATA. Opus omnibus, qui in Judiciis Ducatuum Juliae et Montium Causas agunt & Jus dicunt, apprimé utile et necessarium.

Avcthore Serenissimi Principis & Domini Domini JOHANNIS WILHELMI COMITIS PALATINI RHENI, BAVARIÆ, JULIÆ, CLIVIÆ AC MONTIUM DUCIS etc. Consiliario intimo, causarum feudalum Directore, Aulici judicii Commissario & Ducalis Archivi Custode D. MELCHIORE VOETS JCto.

DUSSELDORPII, Typis & Expensis JOHANNIS LEONARDI WEYER, Anno MDCCXIV.

fol. 4 unbez. S. (Vorrede), 124 bez. S., 8 unbez. S. (Index), 3 Kopfleisten, 3 Vignetten. Fractur, Antiqua und Cursiv. Auf S. 9 das herzogliche Wappen der Rechtsordnung von 1565 in Holzschnitt.

76. TRACTATUS DE JURE REVOLUTIONIS, AD LUCEM ORDINATIONIS JUDICIARIAE, CAP. Beſchluß von Succession 88.

Daß nach altem Herkommen und Gebrauch der Fürſten thumben Gülich und Berg / die Güter fallen und erben ſollen hinder ſich an die nächſte Erben / daher ſie kommen.

In quo Praecipua REVOLUTIONIS Capita tanguntur Exemplis, Praejudiciis & rebus judicatis illustrantur, nec non Materia Successionis ab intestato accuraté & nervosé enucleantur. AUTHORE D. MELCHIORE VOETS, J. C. Ducali Juliae & Montium Consiliario Intimo & Vice-Cancellario, Nec non Aulici Judicii Dusseldorpiensis Commissario & Ducalis Archivi Praefatio. Accedit ejusdem Authoris Tractatus

Buchdruck und Buchhandel in Düsseldorf. 343

ad Observationes Feudales. EDITIA TERTIA Correctior.
DUSSELDORPII, Typis & Impensis JOHANNIS LEONARDI WEYER, Anno M. DCC. XX.
fol. 4 unbez. S. (Vorrede), 62 bez. S., 6 unbez. S. (Index), 14 bez. und 4 unbez. S (Observationes) 6 Kopfleisten, 2 Vignetten.

77. Kirchen AGENDA ODER Formulire Bey denen Evangelisch-REFORMIRTEN üblich. DUSSEYDORF Bey Johann Leonhard WEYER 1726.
4⁰. Fraktur. Titel mit einer Vignette (König David). 124 bez. S. 1 Bl. Register. 6 Kopfleisten, 2 Vignetten.

78. HISTORIA JURIS CIVILIS JULIACENSIUM ET MONTENSIUM Nunc secundum edita ET APPENDICE AUCTA AC LOCUPLETATA. Opus omnibus, qui in Judicii Ducatuum Juliae, et Montium Causas agunt & Jus dicunt, apprimé utile et necessarium.
Avthore Serenissimi Principis & Domini Domini JOHANNIS WILHELMI COMITIS PALATINI RHENI, BAVARIAE, JULIAE, CLIVIA AC MONTIUM DUCIS etc.
Consiliario intimo, causarum feudalium Directore, Aulici judicii Commissario & Ducalis Archivi Custode D. MELCHIORE VOETS JCto.
DUSSELDOPII, Typis & Expensis JOHANNIS LEONARDI WEYER, Anno MDCCXXIX.
fol. 4 unbez. S. (Vorrede), 123 bez. S., 9 unbez. S. (Index), 2 Vignetten.

79. Des Durchleuchtigen Hochgebohrenen Fürsten und Herrn / Herrn Wilhelms Hertzogen zu Gülich / Cleve und Berg / Graffen zu der Marck und Ravensberg / Herrn zu Ravenstein etc. Rechts Ordnung und Reformation / Sampt anderen Constitutionen, Edicten und Erklärungen etlicher Fälle / wie es in beyden Ihrer F. G. Fürstenthumben Gülich und Berg gehalten / ge-urtheilt und erkant werden soll.
Auffs neuw revidirt / und gebessert. Mit einem neuwen Register auch etlichen Formulen / so vorhin nit dabey gewesen. Gedruckt im Jahr M. D. CC. XXIX.
Achte Ausgabe der Rechtsordnung. fol. auf dem Titel das churfürstl. Wappen. Voets, historia juris, civilis, 1729, p. 7.

80. Zusatz Einiger Ordnungen Befehlern / EDICTEN und RECESSEN, Welche auff gnädigsten Befehl des Durchleuchtigsten Churfürsten und Herrn Hn. JOHAN WILHELMS Pfaltzgraffen bey Rhein / des H. Röm. Reichs Ertz Schatzmeisters und Chur fürsten / in Bäyern / zu Gülich / Cleve und Berg Hertzogen Graffen zu Veldentz / Sponheimb / der Marck / Ravensberg und Moertz / Herrn zu Ravenstein etc. Der Gülich- und Bergischen Rechts Policey- und Reformations-Ordnung beyzusetzen gnädigst

verordnet. Neben einem Register der Ordnungen, Befehlen
Edicten etc.
Gedruckt zu Düsseldorff Bey JOHANN LEONHARD
WEYER, Anno 1731.
fol. Fractur. Auf dem Titel das churfürstl. Wappen. 2 unbez.
S., Registern, 54 bez. S. (davon 45—48 doppelt), 16, 15 und 8 bez. S.
(Text), 4 Kopfleisten.

Eine gefährliche Concurrenz erwuchs der Beyerschen
Officin mit der Errichtung einer zweiten Druckerei im
Jahre 1715 durch

Tilman Liborius Stahl,

dessen Nachkommen bis auf den heutigen Tag im Besitze
derselben geblieben sind.

Durch seine Ernennung zum „Churfürstlichen Hof-
und Cantzley Buchdrucker" mit Privilegium vom 17. November 1723 und Uebertragung des Druckes der officiellen
Schriftstücke an ihn wird am besten bekundet, wie sehr
Stahl es verstanden hat, in verhältnissmässig kurzer Zeit
seinem Geschäfte die Ausdehnung und Bedeutung zu
geben, die einen Wettkampf mit dem älteren Geschäfte
ermöglichten, welcher zur Verdrängung des letzteren
führte. Tilman Liborius Stahl ist es auch, dem Düsseldorf seine erste Zeitung, die Stadt-Düsseldorfer Post-
Zeitung verdankt (s. u.).

81. DICAEOLOGIA DE DUOBUS CONTRACTIBUS
REALIBUS MUTUO, COMMODATO SUBNEXIS RE-
MISSIVIS SCHOLIIS Implorato JEHOVAE Suffragio
Ejusque Entheâ gratiâ PRAESIDENTE D. LUDOLPHO
HENRICO HAKE J. U. D. de Authoritate et Clemen-
tissimo Serenitatis suae Electoralis Palatinae &etc.
Consensu Lycei Privato — Juridcii, Nomophylace, In
medium juridico — Exercitatoriae dialexis palaestram
Succinctissimé Prolata à PRAE-ET NOBILIBUS ac
PERQUAM ERUDITIS JURIUM CANDIDATIS D.
Arnoldo Friderico PICKARTZ Gerresheimiensi, D.
Christiano Petro KOCH Confluentino, D. Joanne
Adolpho WÖLTING Essendiensi, D. Joanne Baptista
Stephano RASIGA Düsselano.

DUSSELDORPII Die (23) Mensi Septemb. Anno
1715 ab horâ 9. matutina usq: ad undecimo et secunda pomerid. usq; ad quartam.

Impressum à TILLMANNO LIBORIO STAHL.

4⁰. Antiqua und Cursiv. 13 unbez. S., 1 Kopfleiste.

82. VITA PRODIGIA ET MORS SANCTI SVVIBERTI
EPISCOPI * WERDENSIS MONASTERIENSIS

APOSTOLI SIGNIS PER CELEBRIS * ORATORIE
QVONDAM A Coaevo svo et socio * Divo Marcellino
Presbytero exarata * Modo vero versibvs conscripta *
ab aliquvo eivsdem Beati antistitis cliente *
ANNO qvo soles divvis Svvibertvs Mille beatvs
pervixit svperis post sva fata thronis.
DUSSELDORPII Typis TILMANNI LIBORII STAHL.

8⁰. Antiqua und Cursiv. 18 unbez. S. (Widmung und Vorrede), 120 bez. S., 3 Kopfleisten; ohne Druckjahr. Titel in 7fachem Chronogramm (1717).

83. VITA S. SWIBERTI EPISCOPI WERDENSIS Frisiorum, Saxonum, Westphalorum, et in primis URBIS MONASTERIENSIS APOSTOLI, primum scripta à Beato Marcellino Presbytero Coaevo et Socio ejus, expost aucta à S. Ludgero I^{mo}. Monasteriensi episcopo Fidâ relatione de miraculis et Canonizatione ejusdem SANCTI, denuò recusa ANNO MILLenarIo à DIe obItVS sanCtI SVIbertI.
DUSSELDORPII, Typis TILMANNI LIBORII STAHL.

8⁰. Antiqua und Cursiv. 12 unbez. S. (Index und Vorrede), 152 bez. S., ohne Druckjahr (1717).

84. Actenmäßige FACTI SPECIES Juxta annorum seriem Cum DEDUCATIONE JURIUM IN ACTIS ALLEGATORUM. In Sachen: Seiner Churfürstl. Durchlaucht zu Pfaltz Als Hertzogen zu Gülich und Berg / etc. Contra Ihre Churfürstl. Durchlaucht Und Ein Hoch-würdiges Thumb Capitul zu Cöllen Citationes Kayserswerth betreffendt.
Düsseldorff / gedruckt bey Tilmanno Liborio Stahl Churfürstl. Priveligirter Hoff- und Cantzley Buchdrucker 1722.

fol. 4 unbez. S., 262 bez. S., 1 Tabelle, 1 Kopfleiste.

Titel Wahrscheinlich erst im Jahre 1723 gedruckt, da auf dem schon die Bezeichnung Privileg. Hofbuchdrucker vorkommt.

85. Allerunterthänigste REPRAESENTATIO GRAVAMINUM RELIGIONIS Der Römisch Catholischen Im Hertzogthumb Cleve Auch Graffschaft Marck und Ravensberg Cum JUSTIFICATIONIBUS Erstattet von Ihro Churfürstl. Durchl. zu Pfaltz Gülich und Bergischer Regierung.
Düsseldorff Getruckt bey Tilmanno Liborio Stahl / Churfürstl. privilegiirter Hoff- und Cantzley-Buchtrucker 1723.

fol. Fractur und Antiqua. 176 (mit S. 5 anfangend), 168 und 180 bez. S.

86. Allerunterthänigste Summarische Wiederholung GRAVAMINUM RELIGIONIS Deren Römisch-Catholischen Im Fürstenthumb Cleve Und Graffschaften Marck und Ravensberg / JUNCTIS ADDITIONALIBUS NOVIS.

fol. Fractur und Antiqua. 6 unbez. S., 52, 90, 16 und 68 bez. S., 4 Kopfleisten, 2 Vignetten, ohne Druckjahr (1727).

87. Catholisches Gesang-Buch / Zu vielen Alten und Neuen Liedern bestehend / Nicht nur zum Dienst Deren andächtigen Pilgern / Welche Jährlich An verschiedene Gnadenreiche Oerter wallfahrten / Sondern auch Allen andächtigen Christen / in denen Kirchen und zu Hauß, zu nützlichen und täglich bequemen Gebrauch / zusammen getragen.
Cum speciali Privil. Seren. Electoris Palatini.
Düsseldorff / Bey Tilman Libor Stahl / Churfürstl. Hoff Buchtrucker 1728.
12°. Fractur und Antiqua. 334 bez. S., 6 unbez. S. (Register).

88. Marianische Andacht Und Deroselben Ordnung So in der Vor Düsseldorff bey Billich Gelegenen Lauretanischen Mutter GOttes Capellen / Bey Dero H. Gnaden-Bildnuß Unter dem Titul: Hülff der Christen / gehalten wird / und eingerichtet ist Von Einem Priester der Gesellschafft JEsu Permissu Superiorum.
Düsseldorff Getruckt bey Tilman Libor. Stahl (Churfürstl. Hoff Buchtrucker 1730.
8°. Fractur. Auf dem Titel eine Vignette mit IHS in Kupferstich;
16 unbez S. (Vorrede), 104 bez. S. und 50 unbez. S. (Gesänge).
2 Kupfer, das Gnadenbild mit der Kapelle und die Maria Lauretana darstellend. 4 Vignetten.

89. Der Liebe Kauffmanschafft Oder (Glücklich) getroffener Liebes-Wandel bei dem Hochzeitlichen Ehren-Feste des Wohl-Edlen, Vorachtbaren Herrn / HERRN THEODOR De KRYTTER Wohlbenahmten Kaufman in Düsseldorff / Weyland Sr. Hoch Edl. des Herrn / Hn. ARNOLD DE KRYTTER Fern berussenen Kauffmanns in Wesel nachgelassener Ehlicher Sohn, Als derselbe Anno 1730 den 17. Martii Mit der auch Wohl Edlen / Viel Ehr- und Tugendsamen Frauen / FRAUEN Annen Margarethen Berg, Weyland Sr. Wohl Edl Herrn / Herren Arnolden SEBUS Wohlbenahmten Kauff- und Handelsmann in Düsseldorff / Nachgelassenen Wittiben / Sich durch Priesterliche COPULATION Ehlich verbinden ließ; Gab der Wohlmeinende Dichter mit diesen geringfügigen Glückwünschungs-Zeilen zu erkennen seine Freund Willigkeit.
fol. 4 Seiten ohne Druckbezeichnung (gedruckt von Stahl 1730).

90. TRACTATIO DE USUFRUCTU CONSUETUDINARIO JULIAE - MONTENSI IN GRATIAM EORUM.
Qui in foro Ducatuum Juliae & Montium causas agunt, Conscripta à Joanne Christiano Schütz J. U. L. & Advocato Legali in Patria Montensi adjecto Judici rerum & verborum locupletissimo.
Dusseldorpii, Apud Tilmannum Liborium Stahl, Aulae Typographum. MDCCXXXI.
fol. 26 bez. S., 2 unbez. S., Antiqua. 1 Kopfleiste.

91. Wahrhaffte Bestättigung Deren Ihrer Römisch Kays. auch Königl. Cathol. Maj. In denen Jahren 1723 und 1727. Von

Ihrer Churfürstlichen Durchlaucht zu Pfaltz (Gülich) und Bergischer Landes-Regierung Allerunterthänigst repraesentirter auch Junctis Additionalibus novis summariter wiederholter Clev-Marckisch und Ravensbergischer Religions - Gravaminum nebst Handgreifflicher Wiederlegung, Mehrist per Anonymus Von Clevischer Regierung In denen Jahren 1721. 1723. 1724 und 1733 auffgelegter Anmaßlicher Ablehnungen sub Rubricis: Begründete Antwort / Gründliche Beantwortung / Richtige Anzeig.

Und Reichs Constitutions- auch Provincial-Religions-Recessmäßige Erinnerung und Vortrag / Fort Special und General Anweisung der ohne Grund in denen Jahren 1719 1729 und weiter vorgebildeter (Gülich) und Bergischer Evangelischer Religions Beschwerden. Durch eine unverfälschte Gegenhaltung vorgestelt / und mit unverneinlichen Beylagen gerechtfertigt Von Wiederhohlter Chur-Pfältzischer Regierung. Im Februario Jahrs 1735.

Düsseldorff gedruckt bey Tilmann Liborius Stahl, Churfürstl. Privil. Hoff Buchdrucker.

fol. Fractur und Antiqua. 157 zweispaltig bedruckte bez. S. 1 Blatt weiss, 84 bez. S., 1 Blatt weiss, und 54 bez. S. 2 Kopfleisten, 1 Schlussvignette.

92. Religions - Vergleich Welcher zwischen Dem Durchleuchtigsten Fürsten und Herrn / Herren Friedrich Wilhelmen / Marggraffen zu Brandenburg / des H. Röm. Reichs Ertz Cämmerern / und Churfürsten / in Preussen / zu Magdeburg / Gülich / Cleve Berge / Stettin / Pommeren der Cassuben und Wenden / auch in Schlesien / zu Crossen und Jägerndorff Hertzogen / Burggraffen zu Nürnberg / Fürsten zu Halberstatt / Minden und Camin / Graffen zu der Marck und Ravensberg / Herren zu Ravenstein / und der Lande Lawenburg und Bulau / etc.

Und dem Durchleuchtigsten Fürsten und Herren / Herren Philipp Wilhelmen / Pfaltz Graffen bey Rhein / in Bayern / zu Gülich / Cleve und Berg Hertzogen / Graffen zu Veldentz / Sponheim / der Marck / Ravensberg und Moerß / Herren zu Ravenstein / etc.

Ueber Das Religions- und Kirchen Wesen In denen Hertzogthumben Gülich / Cleve und Berg / auch Graffschafften Marck und Ravensberg respective am 26. Aprilis 1672 zu Cöllen an der Spree, und am 30. Julii 1673 zu Düsseldorff auffgerichtet worden.

Düsseldorff / Getruckt bey Tilm. Vibor. Stahl. Churfürstl. Privil. Hoff und Cantzley Buchdr. 1735.

4°. Fractur und Antiqua. 62 bez. S. (mit S. 5 anfangend).

93. Provisional - Vergleichung Zwischen Dem Hochwürdigsten / Durchleuchtigsten Churfürsten und Herrn / Herrn Ferdinanden, Ertz Bischoffen zu Cöllen / und Churfürsten / Bischoffen zu Paderborn / Lüttig und Münster / Administratorn Dero Stifter Hildesheimb und Berchtesgaden / Fürsten zu Stabul, Pfaltz Graffen bey Rhein, in Ober- und Nieder Bayern, Westphalen, Engern und Bullion Hertzogen, Marg-Graffen zu Franchimondt, etc.

Und dem Durchleuchtigsten Fürsten und Herrn / Herrn Wolffgang Wilhelmen, Pfaltz Graffen bey Rhein / in Bayern / zu Gülich / Cleve und Berg Hertzogen / Graffen zu Veldentz Sponheim der Marck / Ravensberg und Mörß / Herren zu Ravenstein, etc. Wie es mit der Geistlichen Jurisdiction in den Gülichschen Fürstenthumen und Landen biß zur haupt sächlichen und endlichen Abhandlung zu halten.
  Nach dem Exemplar Anno 1621.
  Düsseldorff / Gedruckt bei Tilm. Libor. Stahl. Churfl. Privil. Hoff und Cantzley Buchdr. 1735.
  4°. Fractur und Antiqua. 15 bez. S.

94. Neben Recess Zwischen Dem Durchleuchtigsten Fürsten und Herren / Herren Friederich Wilhelmen / Marggraffen zu Brandenburg / des H. Röm. Reichs Ertz-Cämmerern / und Churfürsten / in Preussen / zu Magdeburg / Gülich / Cleve / Berge / Stettin / Pommern der Cassuben und Wenden / auch in Schlesien / zu Crossen und Jägerndorff Hertzogen / Burggraffen zu Nürnberg / Fürsten zu Halberstatt / Minden und Camin / Graffen zu der Marck und Ravensberg / Herren zu Ravenstein / und der Lande Lawenburg und Butau
  Und Dem Durchleuchtigsten Fürsten und Herren / Herren Philipp Wilhelmen / PfaltzGraffen bey Rhein / in Bayern / zu Gülich / Cleve und Berge Hertzogen / Graffen zu Veldentz / Sponheim / der Marck / Ravensberg und Mörß / Herren zu Ravenstein.
  Ueber den Punctum Religionis und andere Geistl. Sachen / in denen Gülich-Clevischen und angehörigen Landen.
  Nach dem Exemplar vom Jahr Christi 1666.
  Düsseldorff, getruckt bey Tilm. Lib. Stahl Churfl. Privil. Hoff Buchdr. 1735.
  4°. Fractur und Antiqua. 41 bez. S.

95. Gründlicher Bericht Uber das Kirchen Und RELIGIONS-Wesen In den Fürstenthumben Gülich, Cleve und Berg / Auch Zugehörigen Graffschafften Marck und Ravensberg / etc.
  Düsseldorff / Gedruckt und zu finden bey Tilman Liborius Stahl, Churfürstl. Privil. Hoff und Cantzley Buchdrucker. Anno 1735.
  4°. Fractur, Schwabacher und Antiqua. 32 unbez. S. 1 Schlussvignette.

96. Abermahlige Wiederhohlung Aller Derjenigen EDICTEN Und GENERAL Verordnungen Welche Wegen der in beyden Hertzogthumben Gülich und Berg Ublicher Steuer Collectionen Und darin einschlagender Materien vor und nach ausgangen seynd.
  Düsseldorff / Getruckt bey Tilmann Liborio Stahl / Churfürstl. Hoff- und Cantzley Buchdrucker 1738.
  fol. 2 unbez. S. 212 bez. S. 18 unbez. S. (Register). 2 Kopfleisten. 3 Vignetten. Mit Tabellen.

97. Ausführliche und Gründliche SPECIFICATION Derer vortrefflichen und unschätzbaren Gemählden / Welche In der GALERIE der Churfürstl. Residentz zu Düsseldorff in grosser Menge anzutreffen seynd.

Gedruckt Bey) TILMANN LIBOR Stahl / Churfl. Privilegirter Buchdrucker.

8., ohne Druckjahr. 8°. Fractur. 5 unbez. S. (Vorrede und Widmung). 48 unbez.

Erster Katalog über die Düsseldorfer Gemälde-Gallerie, verfasst von Gerhard Joseph Karsch. Vor 1742 gedruckt.

Ausser dem im Besitze des Herrn Carl Guntrum in Düsseldorf sich befindenden Exemplare soll noch ein zweites in München existiren.

98. TRACTATUS DE JURE REVOLUTIONIS AD LUCEM ORDINATIONIS JUDICIARLÆ. Cap. Beschluß von Succession 88.

Daß nach altem Herkommen und Gebrauch der Fürstenthümer Gülich und Berg die Güter fallen und erben sollen hinder sich an die nächste Erben, daher sie kommen.

In quo PRAECIPUA REVOLUTIONIS CAPITA tanguntur, EXEMPLIS, PRAEJUDICIO ET REBUS judicatis illustrantur, nec non Materia Successionis ab instetato accuraté et nervosé enucleantur AUTHORE D. MELCHIORE VOETS JC. Ducali Juliae et Montium Consiliario Intimo et Vicecancellario, nec non Aulici Judici Dusseldorpiensis Commissario et Ducalis Archivi Praefecto.

Accedunt Ejusdem Authoris OBSERVATIONES FEUDALES.

EDITIO NOVISSIMA. Prioribus omnibus multò emendatior et castigatior.

DÜSSELDORPII, Typis et Expensis Tilmanni Liborii Stahl, Aulae Typographi Anno 1743.

(Text), fol. Fractur und Antiqua. 4 unbez. S. (Vorrede), 62 bez. S. 6 unbez. S. (Index), 40 bez. und 4 unbez. S. (Observationes). 2 Kopfleisten, 2 Vignetten.

99. Die in einer ausserordentlichen Beleuchtung brennende Liebe und Ehrfurcht

Als unfre Sonn, die sich so lang schien zu verbergen, Durch ihre Gegenwart bestrahlt das Haupt der Bergen, Das ist: Als Der Durchleuchtigster Fürst und Herr Herr CARL THEODOR, Pfalz Graf bey Rhein, des H. Röm. Reichs Erb-Schatzmeister und Churfürst, in Bayern, zu Gülich, Cleve und Berg Herzog, Fürst zu Mörß, Marquis zu Bergen Op-Zoom, Graf zu Veldentz, Sponheim, der Marck und Ravensperg, Herr zu Ravenstein etc.

Mit Der Durchleuchtigsten Fürstin und Frauen Gemahlinne, Fr. MARIA ELISABETH AUGUSTA Sambt dem Durchleuchtigsten Fürsten und Herrn, Hn. FRIDERICH Pfalzgrafen bey Rhein, Herzogen in Bayern, Grafen zu Veldentz, Sponheim und Rappoltstein, Herrn zu Hoheneck etc. etc. Sr. Churfürstl. Durchl. zu Pfalz beyder, nemblichen der Leib Garde zu Pferd, und Schweitzer Leib Garde, so dan sämbtlichen übrigen Trouppes zu

Roß und zu Fuß, Commandirendem Generalissimo, Rittern des Ordens S. Huberti, auch Obristen über ein Regiment zu Fuß etc. etc.

Und der Durchleuchtigsten Fürstinne und Frauen Gemahlinne Fr. FRANCISCA DOROTHEA etc. etc.

Durch Höchst Deroselben den 15 Octobris 1746 beglückte Ankunft Die Haupt- und Residentz Stadt Düsseldorff Erfreueten, Durch selbiger Haupt und Residentz Stadt unterthänigster Magistrat, wie auch sämbtliche getreuiste Bürgerschaft vorgestellet, Auf Anordnung gemelten Magistrats nach vorher gegangener Sammlung der dabey an den von Rath und Stadt wegen aufgeführten Ehren Pforten, wie auch sonst an den Häusern der Stadt angebrachten Sinn-Bildern und Beyschriften zum Druck gebracht.

Getruckt bey Tilmann Libor Stahl, Churfürstl. Hof Buchtrucker, 1747.

fol. Titel doppelseitig. Fractur. 175 bez. S. 1 Kopfleiste, 1 Vignette. Am Schluss das grosse Monogramm Stahl's T.L.S.

100. **Kurtze und nützliche Anmerckungen** Bey den Bitt- oder Wallfahrten / Und an allen Heil- und Miraculosen Orten. In völliger Versamblung / Oder für sich allein / mit Betten oder Singen zu gebrauchen / Gemacht und eingerichtet durch ANTONIUM Doninger Processions-Brudermeistern.

Düsseldorff / Bey Tilmano Liborio Stahl Churfürstl. Hoff Buchtruckern.

12⁰. Fractur. 60 bez S., ohne Druckjahr (1728).

101. **Stadt-Düsseldorffer Post-Zeitung.**

4⁰. Fractur, 4 S. mit Vignette (Stadtansicht) am Kopfe. Erschien vom 1. Januar 1745 ab wöchentlich 2mal, des Dienstags und Freitags. Näheres über diese Zeitung s. „Beiträge zur Geschichte des Niederrheins", II. Band.

Die Baugeschichte von Düsseldorf.*)

Von

Ottomar Moeller, Königl. Baurath.

In der baulichen Entwickelung Düsseldorfs bildet die Mitte des 16. Jahrhunderts in mehrfacher Hinsicht eine Scheidelinie. Der Massivbau, bisher im Wesentlichen auf die öffentlichen Gebäude, d. h. das Schloss, die Kirchen und das Rathhaus beschränkt, gewinnt Verbreitung und wird insbesondere bei den bürgerlichen Wohnhausbauten mit Vorliebe angewandt. Zugleich werden in Nachahmung des von anderen niederdeutschen Städten gegebenen Beispieles die ersten Versuche gemacht, die Formen der Renaissance einzuführen, wennschon dieselben, soweit die Schauseiten der Häuser in Betracht kommen, mit grosser Einfachheit auftreten, wie wir an mehreren aus jener Zeit stammenden, in ihrer ursprünglichen Form noch jetzt erhaltenen Häusern sehen. Ferner gewinnt von der Mitte des 16. Jahrhunderts ab das Bestreben allgemeinere Verbreitung, durch Anlegung geschlossener Strassen den bisherigen überwiegend ländlichen Charakter der Stadt mehr und mehr zu beseitigen.

Aus allen diesen Gründen ist es angezeigt, den genannten Zeitpunkt als Grenze der ersten Periode in der baulichen Entwickelung Düsseldorfs anzunehmen.

---

*) Das historische Material ist folgenden Werken entnommen: Lacomblet, Urkundenbuch — v. Schaumburg, Historische Wanderung durch Düsseldorf — Wilhelmi, Panorama von Düsseldorf — Strauven, Geschichte des Schlosses zu Düsseldorf — Ferber, Das Landsteuerbuch Düsseldorfs von 1632 — Bayerle, Die katholischen Kirchen Düsseldorfs. — Die Stadtpläne (Fig. 1, 3, 8 und 9) sind Copien der im historischen Museum aufbewahrten Originalzeichnungen von F. Custodis. Da in letzteren die Strassenbezeichnungen fehlen, ist ein Stadtplan aus der Gegenwart mit eingetragenen Strassennamen beigefügt (Fig. 12, Schluss des Werkes).

Für die Grenzbestimmung der folgenden Periode erscheint die Zeit am geeignetsten, in welcher als Folge der Festsetzungen des im Jahre 1801 abgeschlossenen Friedens zu Luneville die Stadt nach jahrhundertelanger Einschnürung durch Festungswerke von diesen befreit und in die Lage gesetzt wurde, sich auszudehnen, und sich durch Anlegung von freien Plätzen, breiten Strassen mit schattigen Baumreihen und von mustergültigen Parkanlagen zu verschönern.

Die dritte Periode, in welcher sich Düsseldorf zur Grossstadt ausbildet, reicht vom Anfange des Jahrhunderts bis zur Gegenwart und wird zugleich durch die Umgestaltung der Bahnhofsanlagen abgeschlossen, welche der räumlichen Entwickelung der Stadt für lange Zeit die Linie vorschreibt, innerhalb welcher sie sich zu bewegen haben wird.

I. Die bauliche Entwickelung Düsseldorfs bis zum Jahre 1550.

Ueber den Ursprung Düsseldorfs sind verbürgte Nachrichten nicht auf uns gekommen. Es ist zwar von einigen Geschichtsschreibern behauptet worden, dass von Grimlinghausen und Niederkassel aus, wo sich Castelle der Römer befanden, eine römische Niederlassung auf der Stelle der jetzigen Stadt Düsseldorf gegründet worden sei, indess ist kein einziger stichhaltiger Beweis für die Richtigkeit dieser Behauptung beigebracht worden. Dagegen steht es zweifellos fest, dass römische Legionen auf ihren Zügen in das innere Germanien unsere Gegend wiederholt betreten haben; ein Beleg für ihre Anwesenheit ist uns ausser durch verschiedene in Oberbilk und Klein-Eller gefundene Gefässe und Münzen durch einen im Anfange des vorigen Jahrhunderts hier ausgegrabenen Denkstein gegeben, der 1739 in das Museum nach Mannheim überführt ist und folgende Inschrift hat:

D. M.
P. GRATINI
PRIMI. VETR.
LEG. XXXvv[1]
II. F. G.

Weit früher als vom eigentlichen Düsseldorf erhalten wir zuverlässige Nachrichten von dem jetzt vollständig mit der Stadt vereinigten Vororte Bilk. Wenn wir von der nicht gerade unwahrscheinlichen, aber doch auch

---

[1] Die 30. Legion gehörte zu dem von Hermann im Teutoburger Walde geschlagenen Heere des Varus, welches seinen Rückzug nach dem Niederrhein nahm.

nicht glaubhaft verbürgten Angabe absehen, dass der
Mönch Suitbertus[1]), der das Kloster Kaiserswerth gestiftet
hat, auch die Pfarrkirche in Bilk eingeweiht habe, so
finden wir die erste urkundliche Erwähnung Bilks in
einem Schenkungsbriefe des Erzbischofs Heribert von
Köln, der im Jahre 1018 der Abtei zu Deutz bei ihrer
Stiftung einen Hof zu Bilk als Eigenthum zuwies. Die
Annahme dürfte zulässig sein, dass der Name des jetzt
noch in der Nähe der Bilker Kirche vorhandenen „Deutzer
Hofes" auf jene Schenkung zurückzuführen ist.

Die erste sichere Kunde[2]) von dem Dasein desjenigen
Theiles unserer Stadt, welcher den Kern derselben bildet,
nämlich des an der rechten Seite der Mündung des nördlichen Düsselarmes[3]) in den Rhein belegenen Ortes, giebt
uns eine vom Papste Urban IV. ausgestellte Urkunde vom
4.[4]) Mai 1159, in welchem derselbe dem Stifte der heiligen
Ursula in Köln das Einkommen von 5 Schillingen Duisburger Münze aus „Düsseldorpe" bestätigt.

Der Grund und Boden dieser Ansiedelung gehörte
dem Ritter Arnold von Tyvern oder Tevern, der seine
Besitzung Düsseldorp[5]) nebst den Gütern Holthusen, Buske,
Kruthofen, Eickenbüren, Wald, Monheim, Hongen und
Himmelgeist zu Ende des 12. Jahrhunderts gegen 100
Mark Silber dem Grafen Engelbert von Berg abtrat. Die
Erwerbungsurkunde ist ohne Datum und u. a. von Otto
von Heldorp und Daniel von Erkerode mit unterzeichnet.

Düsseldorf wurde nebst den übrigen vorgenannten
Gütern mit der Grafschaft Berg vereinigt und begann
von dieser Zeit an sich allmälig, wenn auch zunächst
nur in sehr bescheidenen Grenzen, zur Stadt zu entwickeln. Gegen Ende des 13. Jahrhunderts wurde der
damals noch unbedeutende und in Urkunden äusserst
selten erwähnte Ort durch den Grafen Adolf V. von Berg

---

[1]) Die Kirche ist nach demselben benannt, ebenso die von
der Kirche nach Thal Bilk führende Strasse.
[2]) Nach O. v. Müllmanns Statistik soll der Ort Düsseldorf
urkundlich bereits um 950 n. Chr. bestanden haben; die bezügliche
Urkunde ist indess nicht angeführt.
[3]) Dieser Arm der Düssel bildet die südliche Grenze des
Ketil-Waldes und des Keldach-Gaues.
[4]) v. Schaumburg a. a. O. datirt die Urkunde vom 23. Mai.
[5]) Strauven a. a. O. vermuthet, dass die Burg zu Düsseldorf
an derselben Stelle errichtet sei, wo der alte Sahlhof lag, aus
welchem das Dorf und später die Stadt hervorgegangen ist, lässt
es aber unentschieden, ob die Erwerbung des Grafen von Berg von
dem Herrn von Tevern etwa als eine Erweiterung des zum Sahl-
hofe bereits gehörenden Gebietes oder als Erwerbung des Sahl-
hofes selbst anzusehen ist.

mit Gräben und Wällen und, zur Zeit oder kurz nach seiner Erhebung zur Stadt mit Mauern und Thürmen befestigt.

Als die Erhebung bald nach dem von Adolf über den Bischof von Köln errungenen Siege bei Worringen mittelst Freibriefes vom 14. August 1288 erfolgte, hatte Düsseldorf einen noch sehr geringen Umfang: es

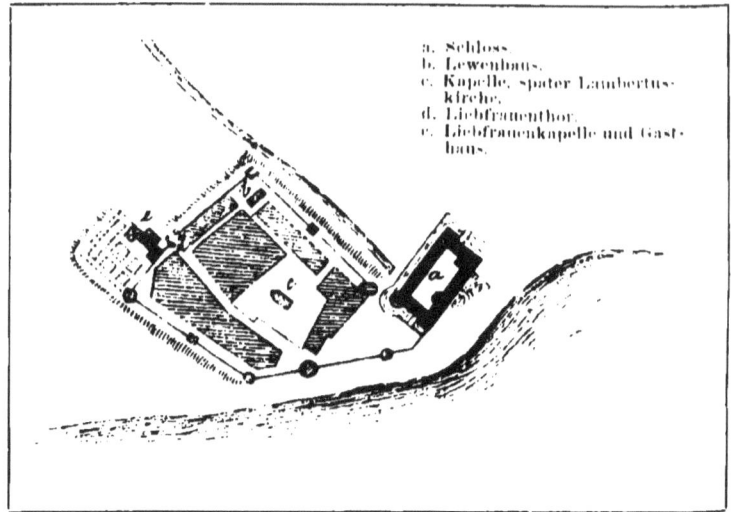

a. Schloss.
b. Lewenhaus.
c. Kapelle, später Lambertuskirche.
d. Liebfrauenthor.
e. Liebfrauenkapelle und Gasthaus.

Fig. 1. Düsseldorf gegen Ende des XIII. Jahrhunderts.

beschränkte sich auf die noch jetzt die „Alte Stadt" genannte Strasse, die Lewengasse[1], die von dem Oberkellnerei-Gebäude, dem sogenannten Lewenhause[2] nach der Lambertus-Kirche führende „Gasse" und die nur auf der Ostseite bebaute, gegen den Rhein durch eine Mauer abgeschlossene Krämerstrasse. Die letztere sowie die Lewengasse und die später ausgebaute untere Ritterstrasse waren ursprünglich Bürgergänge hinter den Gräben, später den Mauern der Stadt.

In der Nähe der Krämerstrasse stand eine Kapelle, welche im Anfange des 13. Jahrhunderts zur Pfarrkirche erhoben sein soll, zu deren Patron der heilige Lambertus erwählt wurde. An der Stelle dieser Kapelle ist die jetzige Lambertus-Pfarrkirche erbaut.

[1] Später Liefergasse genannt.
[2] Das Lewen- oder Lieferhaus hat nach Strauven a. a. O. schon lange Zeit vor Erhebung Düsseldorfs zur Stadt und vor Erbauung der Ringmauern bestanden.

Die Burg der bergischen Grafen lag ausserhalb der Gräben bezw. späteren Ringmauern an derselben Stelle, an der noch jetzt die dunkeln Ruinen des Schlosses in die Lüfte ragen; sie stand mit dem am südlichen Ende der Krämerstrasse befindlichen Thore durch einen Weg in Verbindung, der mittelst einer Brücke über die das Schloss umfliessende Düssel führte. Ein anderer vom Schlosse ausgehender Weg lief entlang des linken Düsselufers nach der vor der Stadt [1] gelegenen Mühle.

An der dem Schlosse entgegengesetzten Seite der Stadt, da, wo die „Alte Stadt" und die Liefergasse zusammenstossen, also am Anfange der jetzigen Ratingerstrasse, stand ein anderes Hauptthor, das Liebfrauenthor, und vor demselben eine Kapelle, deren Ursprung jedenfalls in eine sehr frühe Zeit zurückreichte. Sie hiess die Liebfrauenkapelle [2] und barg in ihrem Innern ein wunderthätiges Marienbild, das eine grosse Menge von Gläubigen aus allen benachbarten Gauen anzog, weshalb unmittelbar daneben zur Aufnahme und Pflege der Pilger ein Gasthaus errichtet war, das zugleich zum Hospital diente. Das Liebfrauenthor trennte die Stadt von der „Vurstadt", unter welch' letzterer wir uns indess noch keinen geschlossenen Stadttheil, sondern nur zerstreute Gehöfte zu denken haben. Ein drittes Thor „an der Lindentrappe" befand sich auf der Nordwestseite der Stadt und vermittelte den Zugang von der „Alten Stadt" zum Rheine. Ob dieses Thor indess schon, wie die beiden vorhergenannten, zur Zeit der Erhebung Düsseldorfs zur Stadt bestanden hat, ist mindestens zweifelhaft.

Noch unter der Regierung des Grafen Adolf wurde der Stadt ein Aussenbezirk zugelegt, der die Besitzungen des Ritters Adolf von Vlingeren und Rumpolds von Pempelfort umfasste, von denen erstere aus der am jetzigen Friedrichsplatze belegenen Mühle an der Düssel nebst Garten und Wiesen, letztere aus dem Pempelforter Hofe, dem späteren Jägerhofe bestanden.

Im Jahre 1377 verlegte Graf Wilhelm den bisher vor dem Duisburger Walde erhobenen Rheinzoll nach Düsseldorf. Zugleich wurde die Regulirung des Rheinufers in Verbindung mit der Errichtung eines Werftes vorgenommen und an der nordwestlichen Ecke der Stadt an der Stelle, an welcher später die Schlachthalle stand, ein Wacht-

---

[1] Am jetzigen Friedrichsplatze.
[2] Die Liebfrauenkapelle, welche v. Schaumburg (a. a. O. S. 17) und Bayerle (a. a. O. S. 23) „Kreuzkapelle" nennen, wurde laut Urkunde Herzog Gerhards von Jülich-Berg vom 14. August 1443 dem von ihm gestifteten Kreuzbrüder-Kloster überwiesen.

thurm zur Erhebung des Zolles und daneben zwischen der heutigen Kirche der barmherzigen Schwestern und der Ritterstrasse ein Eder oder Lagerhaus erbaut. Der später zur Aufbewahrung von Pulver benutzte Wachtthurm flog in der Nacht vom 31. Juli 1634, vom Blitz entzündet, in die Luft, wodurch an der Stifts-, jetzigen Lambertuskirche und an vielen Häusern, besonders des nördlichen Stadttheiles, erhebliche Beschädigungen verursacht wurden [1]. In der unmittelbaren Nähe des Lagerhauses stand auch das erste Bürgerhaus, in welchem die Schöffen ihre Versammlungen hielten und zu Gericht sassen [2].

Im Laufe des 14. Jahrhunderts war die Stadt allmälig nach Süden vergrössert worden; die Mühlenstrasse, die Kurze Strasse [3], die untere Bolkerstrasse und ein Theil des Burgplatzes wurden angebaut und bildeten einen Stadttheil, der im Gegensatze zu der innerhalb der Ringmauern liegenden alten Stadt die Bezeichnung „neue Stadt" erhielt und dieselbe auch bis zum Anfange des 17. Jahrhunderts führte.

Den obenerwähnten Aussenbezirken wurden im Jahre 1384 durch den ersten Herzog von Berg, Wilhelm I. [4], welcher Düsseldorf zur dauernden Residenz wählte, die Dorfschaften Golzheim, Derendorf und Bilk und zehn Jahre später das Dorf Hamm hinzugefügt.

Der weitere Ausbau der Stadt wurde durch Wilhelm I. dadurch angeregt, dass er nach einer Urkunde vom Jahre 1394 den Platz zwischen der Oberdüssel, dem Rheine und der neuen Stadt den Bürgern zur Bebauung anwies, in Folge welcher Aufforderung allmälig die Flinger-, Berger- und Rheinstrasse entstanden. Eine wesentliche Unterstützung der auf Vergrösserung der Stadt gerichteten Bestrebungen des Herzogs wurde dadurch erzielt, dass derselbe den zwischen der Stadt und der Oberdüssel sich Anbauenden 1395 die Ermächtigung verlieh, behufs Deckung der Pflaster- und Brückenbaukosten von allem durchgehenden Fuhrwerk eine Abgabe zu erheben. — Zu dieser Zeit war auch die „neue Stadt" bereits mit Mauern und Gräben umgeben, welche beim Hinzutritt der zuletztgenannten drei Strassen abermals erweitert wurden.

Gleichwie in den meisten deutschen Residenzstädten der Character ihrer baulichen Entwickelung durch ihre Fürsten bestimmt worden ist, so verdankt auch die Stadt

---

[1] Es sollen über 50 Häuser zerstört und eine noch grössere Anzahl beschädigt worden sein.
[2] Die Glocke aus diesem Bürgerhause vom Jahre 1545 hängt im jetzigen Rathhausthurme.
[3] In älteren Urkunden „Kottenstrasse" genannt.
[4] Kaiser Wenzel hatte ihn 1380 zum Herzoge von Berg erhoben.

Düsseldorf ihr Aufblühen ihren Herrschern, den tapferen und hochgebildeten bergischen Grafen und Herzögen, welche ihre ganze Energie daran gesetzt hatten, ihre Herrschaft bis zu den Ufern des schönen Stromes auszudehnen, dessen Silberglanz ihnen bis zu den heimischen Bergeshöhen hinauf lockend entgegengeblinkt hatte. Nachdem die Stadt, wie oben gezeigt ist, durch Herzog Wilhelm I. nach Süden erheblich erweitert worden war, erfuhr sie unter der Herrschaft Gerhards II. eine umfangreiche

Fig. 2. Kreuzbrüderkirche mit Kapelle.

Vergrösserung nach Osten. Der Herzog hatte 1443 die Kreuzbrüder nach Düsseldorf berufen[1]) und ihnen an der Stelle einen Platz zur Erbauung eines Klosters angewiesen, an welcher die schon erwähnte Liebfrauenkapelle und das Hospital standen. Neben dieser Kapelle[2]) wurden

---

[1]) v. Schaumburg a. a. O. S. 16.
[2]) Der Abbruch derselben hat 1811 stattgefunden.

die Kreuzbrüderkirche (Fig. 2) das jetzige Montirungsdepot) und das Kloster erbaut, das Hospital wurde nach der Ecke der Flinger- und Mittelstrasse, später (1709) nach der Kasernenstrasse und zuletzt (1772) nach der Neustadt verlegt, wo es noch jetzt besteht.

Zur Zeit der Erbauung des Kreuzherrenklosters waren an der jetzigen Ratingerstrasse, also ausserhalb des damals am Ende der Altestadt belegenen Liebfrauenthores, bereits einige Gehöfte mit in den Urkunden besonders erwähnten Gärten und mehrere Häuser vorhanden; nach Angabe eines Heberegisters aus dem Jahre 1424 sollen in der „Vurstadt" vor dem Liebfrauenthore bereits 25 (in der Altestadt 48 und in der Neuen Stadt 76) zinspflichtige Häuser gestanden haben. Der Bau des Klosters veranlasste die weitere Besiedelung des nach Ratingen[1] führenden Weges, an dessen östlichem Ende schon zu Anfang des Jahrhunderts ein zweites Thor, die Ratinger Pforte, errichtet worden war.[2] Ferner wurde behufs Herstellung einer directen Verbindung mit der neuen Stadt der Bau einer neuen Brücke über die Düssel nöthig, welcher wiederum Veranlassung zur Anlegung einer neuen Strasse, der Neubrückstrasse, gab. Das Mühlengässchen, welches die Verbindung mit dem auf der Nordseite der Stadt vorhandenen, aber noch nicht bebauten Wege, der jetzigen Ritterstrasse, vermittelte, mag zu derselben Zeit entstanden sein.

Wir haben oben gezeigt, welchen Umfang die Stadt im Jahre 1288 hatte; im Laufe weiterer 2 Jahrhunderte hatte sie sich um ungefähr das Fünffache ihres damaligen Umfanges vergrössert. Die nördliche Grenze bildete, von dem an der nordwestlichen Ecke der Stadt stehenden Zollthurme ausgehend, der noch unbebaute Weg, welcher an die Gärten hinter den Häusern der Altestadt grenzte und bis zu dem am Eiskeller stehenden, die nordöstliche Ecke der Stadt bildenden Thurme[3] reichte. Die Ostgrenze erstreckte sich vom Thurme am Eiskellerberge bis zu dem Thurme am Stadtbrückchen und setzte sich aus dem Mühlengässchen und einem von da[4] über den Friedrichsplatz und hinter den Gärten der Hunsrücken-

---

[1] Gegen 800 Hrotinga, 848 Hratuga, Hretinga, 1165 Razzinga, 1193 Rattengen, 1209 Rascengen, 1276 Ratingen (v. Mühmann a. a. O. S. 143).
[2] Die Ratinger-Portze kommt nach v. Schaumburg (a. a. O. S. 17) zuerst 1425 vor.
[3] Die Fundamente dieses Thurmes liegen im jetzigen Eiskellerberge.
[4] Ratinger Mauer.

strasse¹), entlang bis zur Ecke der Neu- und Wallstrasse führenden Wege zusammen. Ebenso wie am Ende der Ratingerstrasse stand auch am Ausgange der Flingerstrasse ein fester Thorthurm, ferner befand sich zwischen beiden in der Gegend des heutigen Friedrichsplatzes ein vorspringender fester Thorthurm, jedoch ohne Thoröffnung. Die Südgrenze bildete keine gerade Linie, sondern lief vom Thore am Stadtbrückchen in südwestlicher Richtung bis zum Zusammenstoss der jetzigen Hafen- und Akademiestrasse, wo ursprünglich das nach dem Bergischen Lande führende Bergerthor stand, und wandte sich von da nordwestlich durch die Akademie- und Rheinstrasse zu dem am Ausgange der letzteren stehenden Rheinthore. Die Südgrenze war durch 2 Thürme befestigt. Die Westgrenze wurde durch den Rhein, bezw. durch den bis an letzteren sich erstreckenden, damals auf der westlichen Seite noch unbebauten Marktplatz, durch das Schloss und die Krämerstrasse gebildet. Nahe der südlichen Ecke stand das Zollthor.²)

Die innerhalb der vorbeschriebenen Grenzen liegenden, oben bereits in der Reihenfolge ihrer Entstehung namentlich aufgeführten Strassen waren am Ende des 15. Jahrhunderts, ja auch noch bis zur Mitte des 16. Jahrhunderts nichts weniger als geschlossene Strassen. Die Häuserreihen zeigten stellenweise noch sehr erhebliche Lücken, welche durch mehr oder minder umfangreiche Gärten, Felder und Wiesen ausgefüllt wurden. Dies war aus dem früher bereits erwähnten Umstande zu erklären, dass Herzog Wilhelm I. viele Bewohner der Dorfschaften Golzheim, Derendorf, Bilk und Hamm veranlasst hatte, sich Häuser innerhalb der Ringmauern zu erbauen und von da aus ihr früheres Gewerbe, das hauptsächlich in Garten- und Feldbau bestand, fortzusetzen. Viele dieser eingewanderten Bauern hatten es indess für zweckmässig befunden, ausser auf ihren in den Vororten belegenen Grundstücken auch auf dem bei ihren städtischen Häusern befindlichen Grund und Boden der früheren Beschäftigung nachzugehen, Getreide und Gemüse zu bauen und Vieh zu ziehen, und so kam es, dass innerhalb der Ringmauern bis ungefähr zur Mitte des 16. Jahrhunderts der land

¹) Neustrasse.
²) Das Liebfrauen- und das Lindentreppenthor waren ausser den vorgenannten 5 Thoren ebenfalls noch vorhanden. Da ein Plan der Stadt aus dem Anfange des 16. Jahrhunderts nicht beigegeben werden kann, so mag auf den nachfolgenden Plan vom Jahre 1620 (Fig. 3) hingewiesen werden, aus welchem sowohl der vorbeschriebene Umfang der Stadt als auch die Lage der obenerwähnten 5 Thore (1-V) ersichtlich ist. Siehe auch Fig. 4, 5, 6 und 7.

wirthschaftliche Betrieb in hoher Blüthe stand. Einen wirklich städtischen Charakter erhielt Düsseldorf erst in der folgenden Periode.

Von den öffentlichen Bauwerken dieser annähernd drei Jahrhunderte umfassenden Periode der Baugeschichte Düsseldorfs sind ausser dem Thurme der Bilker Kirche, der Lambertus-, der Kreuzherrenkirche und dem Schlossthurme nur geringfügige Reste auf uns gekommen. Da auch die urkundlichen Nachrichten über die Architektur jener frühesten Zeiten äusserst spärlich bemessen sind, so mangelt es an Anhaltspunkten, welche objectiv zu sicheren Schlüssen über Stil und Bauart der Bauwerke dieser Periode berechtigen. Mit Gewissheit lässt sich nur behaupten, dass die Kapellen und Kirchen vollständig massiv erbaut waren. Ob auch in jener Zeit Profanbauten bestanden haben, zu deren Herstellung ausschliesslich Steinmaterial verwendet worden war, ist zweifelhaft; am zutreffendsten dürfte die Annahme sein, dass die hervorragenderen Bauwerke, wie das Schloss, das Bürgerhaus, das Lagerhaus u. a. m. im unteren Geschosse massiv erbaut waren,[1] dass aber die auf das Erdgeschoss aufgesetzten Bautheile aus Fachwerk bestanden. Die Wohnhäuser mit ihren Nebenbauten mögen in jener frühesten Zeit wohl ausschliesslich aus Fachwerk errichtet gewesen sein.[2]

Was die bei den öffentlichen Bauten angewendeten Stilformen betrifft, so gehörten dieselben bis zur Mitte des 13. Jahrhunderts dem romanischen, von da ab dem gothischen Stile an; die Renaissanceformen treten erst in der folgenden Periode auf, doch ist nicht ausgeschlossen, dass bereits bei der im Jahre 1538 vorgenommenen bedeutenden Erweiterung und Reparatur des Schlosses die ersten Versuche gemacht worden sind, die Renaissance in Düsseldorf einzuführen.

Als älteste Bauwerke Düsseldorfs müssen die eben bereits erwähnten Kirchen und Kapellen, nämlich die Bilkerkirche, die Muttergottes-[3], und die Liebfrauenkapelle angesehen werden.

Wann die Bilker Kirche erbaut ist, lässt sich nicht mehr genau feststellen, es kann nur als in hohem Grade wahrscheinlich bezeichnet werden, dass sie bereits im 10. Jahrhundert vorhanden gewesen ist und von Anfang an in ihrem jetzigen Umfange bestanden hat. Die Kirche

---

[1] Die Thürme am Schlosse sind allem Anscheine nach vollständig massiv erbaut worden.
[2] Wilhelmi a. a. O. S. 25.
[3] Aus welcher die Lambertus-Pfarrkirche hervorging.

ist ursprünglich als romanische Basilika errichtet, deren Schiffe und Chor indess im Laufe der Zeiten wiederholt durch Brand zerstört und vor ungefähr 20 Jahren im gothischen Stile restaurirt worden sind. Der romanische Thurm ist, wenn auch mit neuer Tuffsteinverblendung, in seinen ursprünglichen Architekturformen bis auf die Gegenwart erhalten geblieben. Die Schiffe haben jetzt gewölbte Decken, es ist indess anzunehmen, dass sie anfangs flach gedeckt gewesen sind, da gewölbte romanische Basiliken am Niederrhein erst um 1100 auftreten. Obgleich die Kirche nur eine geringe Grösse hat, so macht sie doch, namentlich im Innern, durch die schönabgemessenen Raumverhältnisse auf den Beschauer einen überaus günstigen Eindruck.

Die Muttergottes-Kapelle wird etwas später als die Bilker Kirche errichtet sein, ihre Fundamente haben sich im Chor der Lambertuskirche vorgefunden, als ein Todtenkeller zur Beerdigung verstorbener Kanonichen hergestellt werden sollte. Beinahe an derselben Stelle, an welcher diese Kapelle gestanden hat, wurde später eine Kapelle zu Ehren der Heiligen Lambertus, Severinus und Anno erbaut, welche, als im Jahre 1206 das Dorf an der Düssel zur Pfarre erhoben wurde, die Pfarrkirche dieses Dorfes wurde und von der Zeit an Lambertuskirche hiess. Die im gothischen Stile erbaute Kirche hatte sehr bescheidene Grössenverhältnisse und wurde, als Graf Adolf VII. bei Errichtung des Collegiatstiftes eine Vergrösserung derselben vornahm, als Chor der neuen Kirche beibehalten, während der jetzt noch bestehende Thurm neu gebaut wurde. Die Sacristei der früheren Lambertuskirche war gegenüber der jetzigen Sacristei zur Seite des dritten Pfeilers gelegen; ihre Eingangsthür ist an den hinter den Chorstühlen noch vorhandenen Thürgewänden von Haustein erkennbar.

Im Jahre 1392 wurde durch Herzog Wilhelm eine Vergrösserung des Stiftes und zugleich eine Erweiterung der Kirche vorgenommen; die durch Graf Adolf erbauten Seitenwände der Kirche wurden in ihrem unteren Theile weggebrochen und durch Pfeiler ersetzt. Zu beiden Seiten der ursprünglichen Kirche wurden unter Beibehaltung des Thurmes und des Chores die jetzt noch vorhandenen Nebenschiffe, und zwar durchweg aus Ziegelsteinen erbaut, während die wiederbenutzten Theile der alten Kirche, nämlich der Thurm, die auf den Mittelpfeilern ruhenden Ueberreste der ehemaligen Umfassungsmauern und der Chor theils aus Tuffstein, theils aus Ziegeln hergestellt sind.

Die erweiterte Kirche wurde als Hallenkirche, d. h. mit annähernd gleich hohen Schiffen in zwar einfachen, aber der herrlichen Entwicklung, welche die gothische Baukunst im 14. Jahrhundert erreicht hatte, entsprechend schönen Formen ausgeführt. Das Innere der Kirche war mit zahlreichen, jetzt nicht mehr vorhandenen Altären ausgestattet, die Wände waren mit reichen Malereien geschmückt, welche indess ebensowenig wie die kunstvollen Glasmalereien der Fenster der Gegenwart erhalten sind.

Ueber die Zeit der Erbauung des Schlosses fehlen zuverlässige Nachrichten. Die Annahme ist nicht ungerechtfertigt,[1] dass die ungünstigen Veränderungen, welche der Lauf des Rheines bei Düsseldorf erlitten hat, durch die im Jahre 1260 stattgefundene Ueberschwemmung herbeigeführt worden sind, und dass das Schloss oder die Burg bereits vor dieser Zeit an dem damals noch günstiger gestalteten Ufer erbaut worden ist. Auch haben sich an den Hausteinen des Unterbaues Steinmetzzeichen vorgefunden, wie sie um 1150 am Rheine üblich gewesen sind. Der älteste Theil des Schlosses hat sich auf der Westseite des Platzes befunden, auf dem später das Ständehaus stand; seine im ganzen schwachen Mauern waren aussen mit Sandsteinquadern bekleidet und erhielten später[2] innere Verstärkungen von Ziegelstein-Mauerwerk. Oestlich von diesem ältesten unregelmässigen Baue wurde bei der ersten Vergrösserung des Schlosses im 13. Jahrhundert ein Flügel angefügt, der ein längliches Viereck mit an der Nordostecke an der Krämerstrasse vorgelegtem, schweren Thurme bildete; südwestlich von diesem Flügel stand ein zweiter Thurm von rechteckigem Grundriss. Dem noch bestehenden runden Eckthurme ist 1499 ein weiteres Stockwerk aufgesetzt worden, das wahrscheinlich ein einfaches Helmdach trug.

Die zweite, gegen Ende des 14. Jahrhunderts vorgenommene Vergrösserung des Schlosses bestand in der Erbauung des südlich von dem älteren Theile, parallel dem Rheine gelegenen Langhauses und des südlichen Schlossflügels mit einem, die Mühlen- und Kurzestrasse, den Burg- und Marktplatz beherrschenden viereckigen Thurme. Der untere Theil dieser bei der zweiten Vergrösserung zugefügten Bauwerke bestand ebenso wie der des bereits früher erbauten Flügels aus Basaltblöcken,

---

[1] Strauven a. a. O. S. 5 u. f.
[2] Ungefähr um die Mitte des 14. Jahrhunderts.

deren Zwischenräume indess nicht mehr wie bei dem erstgenannten Vergrösserungsbau mit Tuffsteinen und Ziegelbrocken, sondern nur mit Ziegelsteinen ausgefüllt waren. Die oberen Stockwerke sämmtlicher zum Schlosse gehörenden Bauten sind mit Ausnahme der durchweg massiven Thürme, wie bereits oben erwähnt ist, höchst wahrscheinlich von Fachwerk hergestellt gewesen. Die südlich an das Schloss bis zum Zollthor sich anschliessenden Häuser gehörten ebenfalls zu ersterem und waren hauptsächlich als Wohnungen des Dienstpersonals benutzt.[1]

Im Jahre 1511 wurden der zwischen dem runden Thurme an der Krämerstrasse und dem Rheine liegende Schlossflügel und die angrenzenden Bautheile grösstentheils durch Feuer zerstört; der Wiederaufbau der niedergebrannten Theile nahm mehr als ein volles Jahrzehnt in Anspruch. Eine fernere bedeutende Reparatur bezw. Erweiterung des Schlosses fand im Jahre 1538 statt.

Ueber die Architektur der Façaden des Schlosses in dieser ersten Periode lässt sich hinsichtlich des ältesten Theiles gar nichts Zuverlässiges ermitteln. Die späteren Um- und Anbauten sind, wie aus der ältesten bekannten Ansicht des Schlosses in Graminäus „Beschreibung der Hochzeit des Herzogs Johann Wilhelm mit Jacobe von Baden" (1585) hervorgeht, im Stile des Ueberganges aus der Gothik zur Renaissance erbaut.

Das letzte bedeutende öffentliche Bauwerk dieser Periode, die im Anschluss an die bereits mehrere Jahrhunderte alte Liebfrauenkapelle erbaute Kreuzbrüderkirche nebst dem Kloster stammt aus dem Jahre 1443 (Fig. 2). Sie besteht aus zwei Schiffen von je sechs Gewölbefeldern, welche ersteren auf der Ostseite mit je einem aus dem halben Zehneck gebildeten Chor abgeschlossen sind. Zwischen beiden Schiffen stehen zur Unterstützung der Deckengewölbe fünf achteckige Pfeiler mit je zwei vorgelegten Diensten, welche ebenso wie die entsprechenden dreiviertelkreisförmigen Dienste der Wandpfeiler Blattkapitäle tragen. Die Kirche ist durchweg aus Ziegelsteinen erbaut, nur zu den Gesimsen ist rother Sandstein verwandt. Auf der Ostseite zwischen beiden Chören steht der viereckige Thurm, der wie die Schiffe bis zur Höhe der Hauptgesimse der letzteren in einfacher gothischer Architektur ausgeführt ist. Auf den gothischen Unterbau des Thurmes sind noch zwei Stockwerke in späten Renaissanceformen aufgesetzt, welche von einer Laterne

[1] Im Jahre 1545 wurde hier die sogenannte Katsbahn errichtet, in welcher die fürstlichen Herrschaften sich mit dem Katsspiel (ähnlich dem Kricket) vergnügten.

gekrönt werden. Auf der hier beigefügten Abbildung der Kirche, welche jetzt zum Montirungsdepot benutzt wird, sind ausser den (jetzt zugemauerten) hohen gothischen Fenstern auch der früher an der Südwestecke vorhanden gewesene Treppenthurm und die 1811 abgebrochene Liebfrauenkapelle dargestellt.

Hier ist auch noch das in der Ratinger Strasse gelegene Haus „zum schwarzen Horn" zu nennen, welches bis zum 16. Jahrhundert als Bürgerhaus (Rathhaus) benutzt wurde. Die Façaden-Architektur des mehrfach umgebauten Hauses stammt aus der zweiten Hälfte des 16. Jahrhunderts. Im Giebel befindet sich ein aus Stein gefertigtes Horn und das herzogliche Wappen mit dem Wahlspruche: in deo spes mea Ao. 71.

Von den nicht mehr vorhandenen öffentlichen Gebäuden dieser Periode, nämlich dem Lieferhause, dem Eder- und dem Bürgerhause am Lindentrappenthore, sind weder Abbildungen noch sonstige nähere Nachrichten auf uns gekommen, so dass über deren Bauart und Stilformen keine Auskunft gegeben werden kann.

II. Die Vergrösserung der Stadt und die Bauten in der Zeit von 1550–1801.

Von der Mitte des 16. Jahrhunderts an, unter der Regierung Herzog Wilhelms III., bedingten das Wachsen der Einwohnerzahl und die dauernde Niederlassung zahlreicher Beamten und wohlhabender Privatpersonen eine vermehrte Herstellung von Wohngebäuden, wodurch der Stadt der ländliche Charakter allmälig genommen wurde, so dass in den letzten Jahren des 16. Jahrhunderts die Strassen fast gänzlich geschlossene Häuserreihen aufwiesen.

Eine ganz ansehnliche Zahl von Häusern aus jener Zeit am Burgplatze, in der Kurzen- und Bolkerstrasse mit den Jahreszahlen 1584, 1589, 1595 u. a. m. sind bis zur Gegenwart erhalten worden, auch das Haus an der Krämerstrasse mit dem erkerartig übergebauten oberen Geschosse stammt aus dieser, wenn nicht vielleicht schon aus noch früherer Zeit, ebenso das alte Bürgerhaus in der Ratingerstrasse und vor allem das heutige Rathhaus auf dem Marktplatze.

So gross auch in der Zeit von 1550–1600 die Veränderungen gewesen waren, welche die Stadt im Innern erfahren hatte, so waren doch die Grenzen und der äussere Umfang gänzlich unverändert geblieben. Erst mit dem Beginn des 17. Jahrhunderts trat in dieser Hinsicht eine Aenderung ein, welche durch die im Jahre 1614 vom

Die Baugeschichte von Düsseldorf. 365

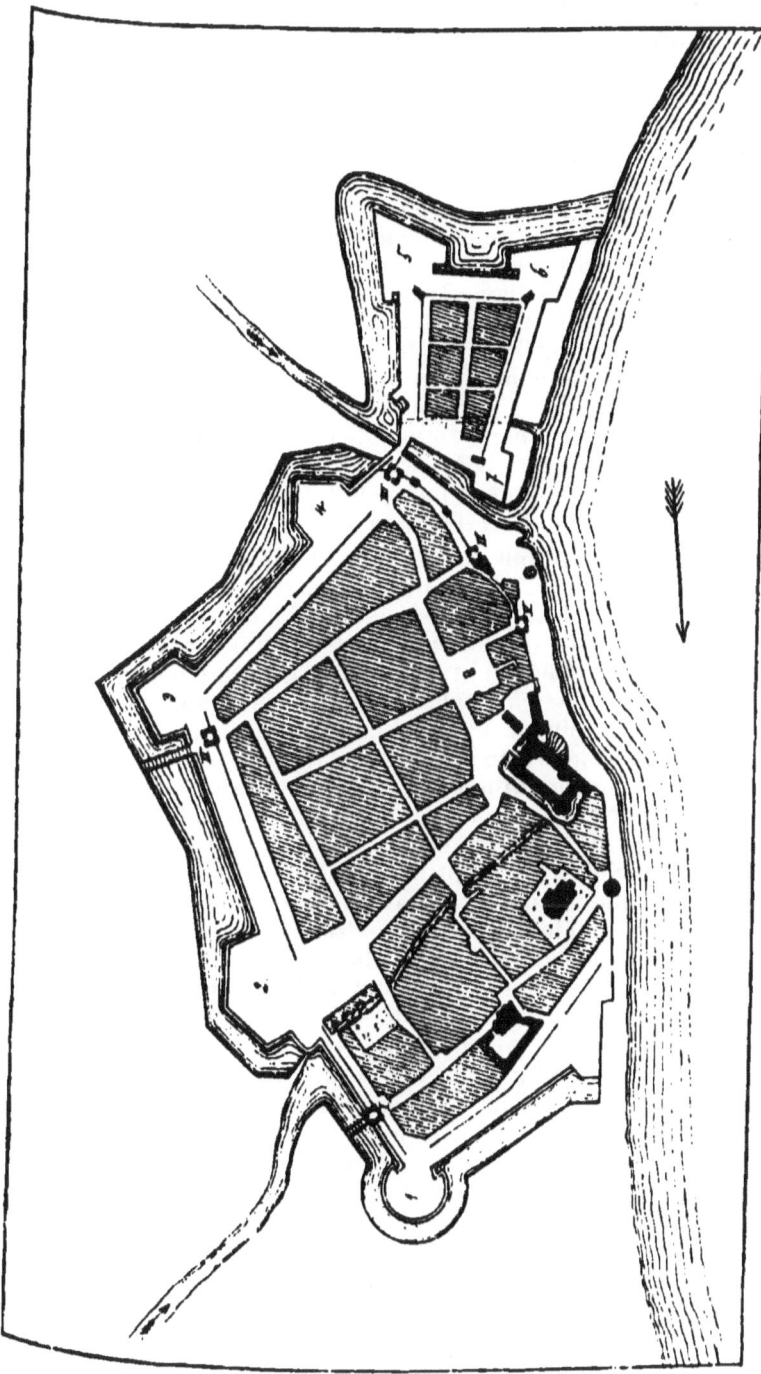

Fig. 3. Düsseldorf im Jahre 1620.

Pfalzgrafen Wolfgang Wilhelm begonnene, im Jahre 1620 fortgesetzte Erweiterung der Fortification veranlasst war (Fig. 3). Durch dieselbe wurden die bisher als Wallgänge bestandene Neu- und Wallstrasse, sowie der Parade- jetzige Friedrichsplatz, geschaffen. Ausser den vier Bastionen am Eiskeller, am Mühlenplätzchen, am alten Flingerthore und am Bergerthore (Fig. 3 No. 1—4) wurde auch die bereits 1552 begonnene Citadelle auf der Südwestseite der Stadt mit zwei Bastionen nach der Neustadt hin und mit einer Bastion am damaligen Hafen (Fig. 3 No. 5—7) gegenüber dem Rheinörtchen, ausgebaut. Auch hatte dieser Umbau der Festungswerke die Verlegung des Flingerthores an das Ende der neuangelegten Communicationsstrasse und des Bergerthores in die Courtine der Citadelle, wo es noch jetzt steht, zur Folge. Zum Zwecke der Verbindung der Stadt mit der Citadelle wurde an der dort gelegenen Mühle[1] eine Brücke hergestellt. Die Besiedelung der Citadelle wurde 1641 begonnen.

In der zweiten Hälfte des 17. Jahrhunderts wurden die Hafenstrasse, die Citadellstrasse mit ihren Nebengassen,[2] die Dammstrasse und im Jahre 1709 die Neustadt angelegt. In letzterer beabsichtigte Kurfürst Johann Wilhelm mit Rücksicht auf den beginnenden Verfall des alten Schlosses ein neues Schloss von gewaltigem Umfange nach einem in reicher italienischer Renaissance gehaltenen Entwurfe zu bauen, der noch jetzt im historischen Museum aufbewahrt wird. Er gab aber diese Absicht wieder auf, was die Gegenwart Grund hat, tief zu bedauern. Die Erbauung eines Schlosses auf der Südseite der Stadt in unmittelbarer Nähe des Rheines würde eine gesunde und kräftige Entwickelung der an den Strom stossenden Stadttheile zur Folge gehabt haben, wie solche in sämmtlichen Rheinstädten von einiger Bedeutung stattgefunden hat und auffallender Weise nur in Düsseldorf unterblieben ist.[3] Die verkümmerte, zum Theil hassliche Gestaltung der meisten am Rheine gelegenen Strassen des südlichen Theiles der Stadt würde unmöglich gewesen sein und Düsseldorf vom Rheine her einen erfreulicheren Anblick als jetzt bieten, wenn der Bau des neuen Schlosses nach dem dafür bestimmten Entwurfe zur Ausführung gekommen wäre.

[1] Hofmühle.
[2] Die letztgenannten auf dem Terrain des alten Schlossgartens, wovon die Orangeriestrasse ihren Namen erhalten hat.
[3] Die Ausnahme hiervon, welche der Marktplatz mit seiner nächsten Umgebung macht, ist auf die Nähe des alten Schlosses zurückzuführen.

Auch die sonstigen, auf Erweiterung der Stadt nach Süden gerichteten Pläne des Kurfürsten konnten nicht zur Ausführung gebracht werden, weil die Stände die Bewilligung der Kosten verweigerten. Die Ausdehnung der Festungswerke, die sogenannte Extension, wurde deshalb auf eine Linie beschränkt, welche ungefähr an der Ecke der heutigen Königsallee und Königsstrasse bei den alten Festungswerken begann, bis zur Gegend der Bahnhöfe lief und von da die Richtung nach dem Schwanenmarkt nahm und sich an die Citadelle wieder anschloss.

Zur Verbindung der Stadt mit der Extension wurde das Stadtbrückchen angelegt; eine zweite nach der Citadelle führende Brücke war am Franziskanerkloster, der jetzigen Max-Pfarrkirche, vorhanden.

Wenn somit auf den im grossen Stile gehaltenen Plänen und Absichten Johann Wilhelms, seine Residenz zu vergrössern, offenbares Missgeschick ruhte, so waren seine Bemühungen um die Verschönerung der damals bestehenden Stadt, in der er Künste und Gewerbe zu einem vorher nicht gekannten Aufschwunge gebracht hatte, um so mehr mit Erfolg belohnt. Viele aus älterer Zeit stammende Häuser wurden im Aeussern verschönert, Lücken in den Häuserreihen ausgefüllt und überhaupt eine regelmässige Bauart sowie die Innehaltung gerader Fluchtlinien in den Strassen vorgeschrieben, desgleichen wurde das erste Reglement für Reinigung und Beleuchtung der Strassen erlassen. Nach dem im Jahre 1716 erfolgten Tode Johann Wilhelms trat in der baulichen Entwickelung Düsseldorfs eine Jahrzehnte lange Ruhepause ein: es wurden zwar in und ausser der Stadt eine grössere Anzahl öffentlicher Gebäude, wie z. B. die Galleriegebäude, der Marstall, das Gouvernementshaus, der Jägerhof u. A., zum grössten Theile unter Leitung des Grafen Goltstein aufgeführt, aber neue Strassen und Plätze sind bis 1787 nicht angelegt worden. In diesem Jahre ward eine in ihren Folgen noch in der Gegenwart sehr wichtige und bedeutungsvolle Aenderung angebahnt.

Da durch den oben erwähnten weiteren Ausbau der Festungswerke nach Südosten die bisherige Südfront vom Flinger- bis zum Bergerbastion entbehrlich geworden war, so begab man sich daran, diese Front zu schleifen, das Terrain einzuebnen und auf der gewonnenen grossen Fläche ein neues Stadtviertel, die Karlsstadt, anzulegen. (Vergl. Fig. 8 und 9.) Die Pläne zur Bebauung waren auf Veranlassung der Regierung durch mehrere Artillerie- und Genieoffiziere entworfen worden. Anfänglich wurde

Fig. 1. Das Zollthor vor dem Umbau.

Fig. 5. Das ehemalige Ratinger Thor nebst der Windmühle auf dem älteren Thore.

Fig. 6. Das ehemalige Rheinthor.

Fig. 7. Das ehemalige Flingerthor.

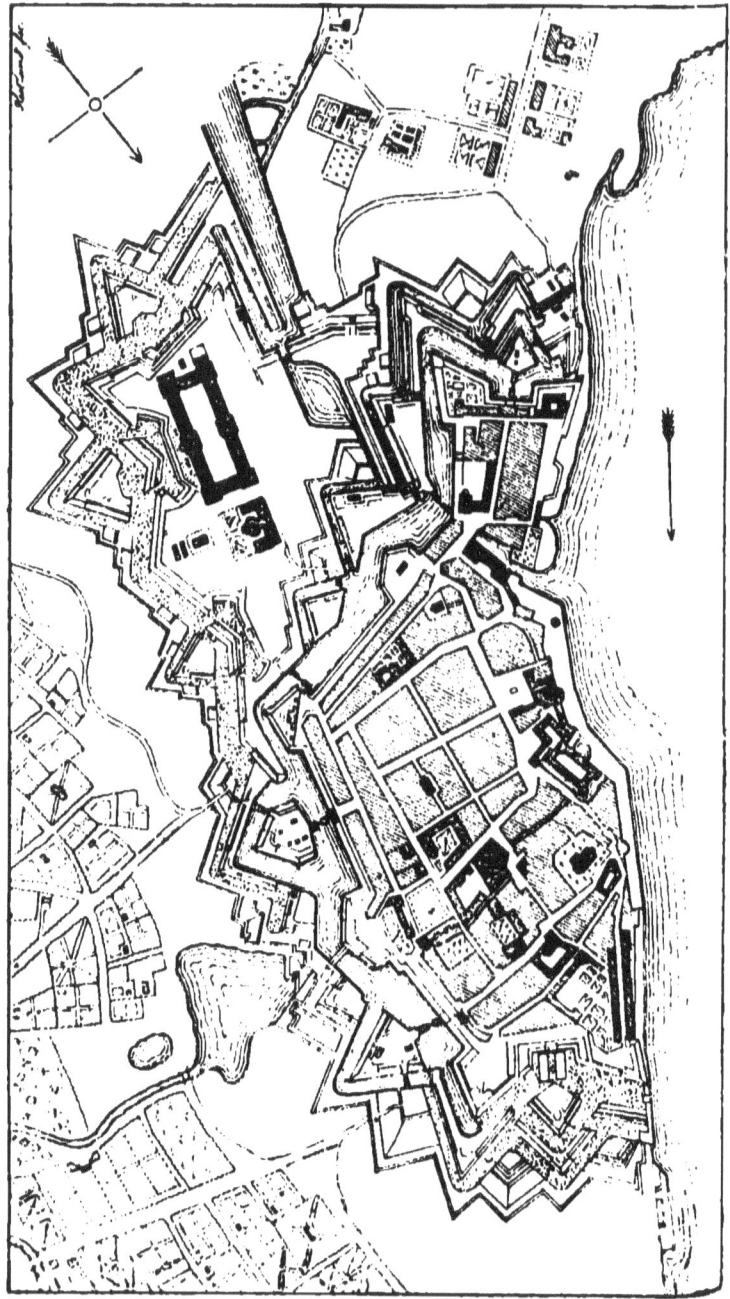

Fig. 8. Düsseldorf im Jahre 1764.

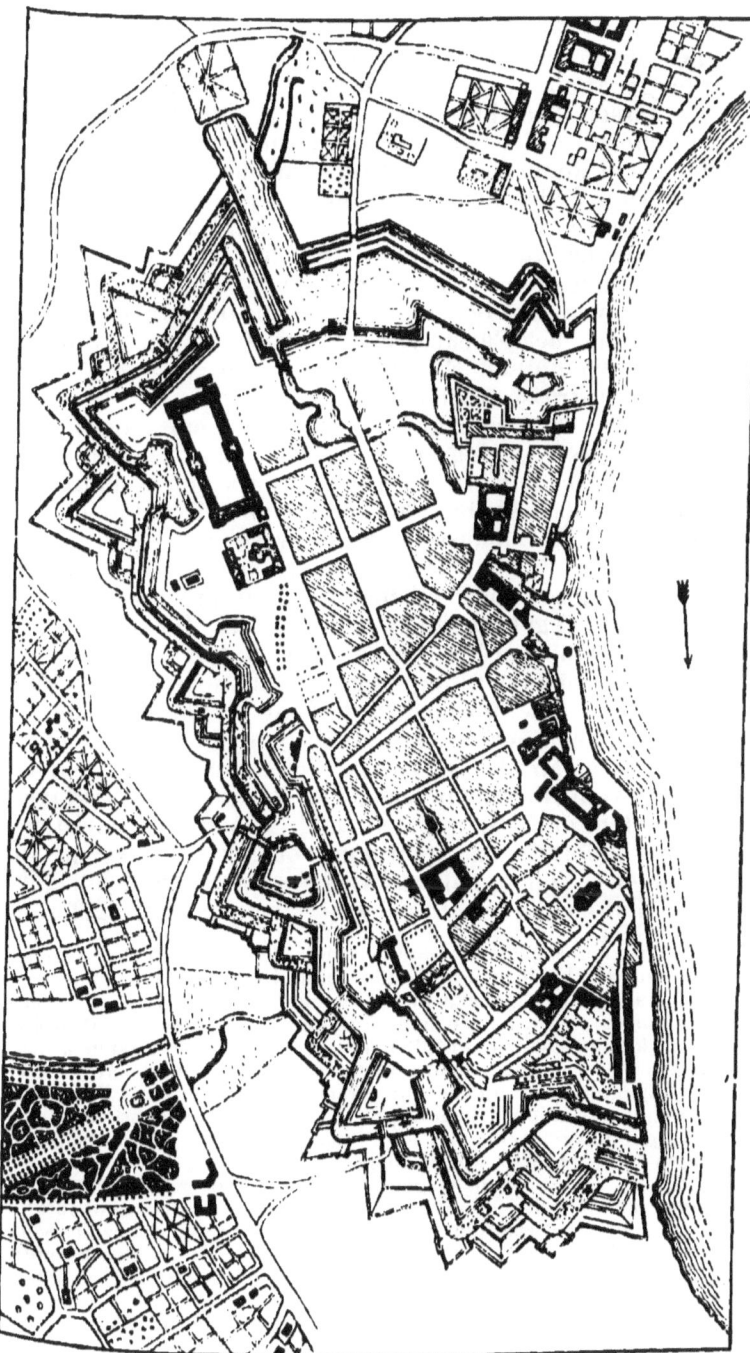

Fig. 9. Düsseldorf im Jahre 1796.

die Baulust der Privatleute durch den für die Quadratruthe Grund und Boden geforderten Preis von 1 Thlr. zurückgehalten, nachdem man diese Forderung aber hatte fallen lassen und den Bauenden 20jährige Steuerfreiheit zugesichert worden war, die Regierung überdies die Auffüllung und Planirung der Strassen ausführen liess, machte die Bebauung des neuen Viertels so rasche Fortschritte, dass im Jahre 1791 die Karlsstadt bereits 86 Häuser hatte. Es entstanden der Karlsplatz und im Anschlusse daran die Kasernen-, die Anfänge der Hohen-, Bilker- und Poststrasse, sowie die Benrather- und Bastionsstrasse nebst einem Theile der Südstrasse als Grenze. Ferner wurden auf dem zugefüllten Festungsgraben die heutige Mittel- und Grabenstrasse angelegt. (Fig. 9 u. 12.)

Werfen wir einen kurzen Rückblick auf Bauart und Stil der Häuser, welche diese Periode charakterisiren, so müssen wir nochmals hervorheben, dass von Anfang der Periode an das Streben hervortrat, bei Errichtung der bürgerlichen Wohnhäuser und deren Nebengebäude mehr und mehr die Feuersicherheit zu erhöhen und zu diesem Zwecke solidere Constructionen und Materialien zu wählen, als bis dahin gebräuchlich waren. Der Holz- und der Fachwerksbau wurden durch den Massivbau allmälig merklich zurückgedrängt, auch war man seit dem Eintritte in das 17. Jahrhundert besonders darauf bedacht, die gefährlichen Strohdächer zu beseitigen und die Dächer mit Pfannen einzudecken.[1] Als Steinmaterial verwendete man den vom Oberrhein bezogenen Basalt, die Basaltlava, verschiedene Sandsteinsorten und namentlich meistens sehr gut geformte und gebrannte Ziegelsteine, welche in der früheren Zeit annähernd das Format unserer jetzigen Ziegel hatten, in späterer Zeit aber grösser geformt

---

[1] In einer „Rechtsordnung und Reformation des Durchleuchtigen Hochgebornen Fürsten und Herrn, Herrn Wilhelms Hertzogen zu Gulich, Cleve und Berg etc." vom Jahre 1606 ist vorgeschrieben: „Die Gebelen oder Vorhaupter der heuser, so an die strassen kommen sollen, wa nit gantz, jedoch zum wenigsten zehen oder zwelff fuess ungefehrlich hoch, auss dem grundt mit steinen aufrichtig und ohne einiche übersetzt gemacht werden. Doch soll man sich sovil möglich befleissigen, das die Gebelen vorhaupt, mit steinen gar ausgemacht, und in die höchde mit den andern heusern gezogen vnd gebracht werden mögen.

So soll man auch nach gelegenheit der heuser vnd plätz vber das dritt und vierdte hauss vngefehrlich, sovil möglich, notturfftige Brandtmauren, mit rhat der Werckmeister legen und erbawen lassen.

Gleichfals sollen zu mehrer verhütung des Fewrs vnd Brandtschadens, alle Tächer hinfurter mit Leyen oder Pfannen, vnd nit mehr mit Stroh gedeckt werden.

Die Schewren und Ställ soll man nit zuhart an die heuser, sondern so weit als immer möglich, davon bawen.

wurden. Mit der Einführung der Renaissanceformen in die Architektur zu Anfang dieser Periode hatte man, wenigstens hinsichtlich der Façadengestaltung, kein besonderes Glück; es ist aus dieser ganzen Periode kein einziges öffentliches oder Privat-Gebäude mit hervorragend künstlerisch ausgeführter Façade vorhanden. Die Anwendung der neuen Stilformen, die übrigens bei öffentlichen Gebäuden meistens der römischen, bei den Privatgebäuden fast ausschliesslich der deutschen Renaissance entnommen wurden, beschränkte sich hauptsächlich auf die Ausschmückung der Giebel und Portale und zwar bei ersteren meistens auf die Herstellung einer mittelst starkgeschwungener Voluten gebildeten Giebel-Silhouette. Ausserdem wurden wohl auch am Giebel oder an dem häufig vorkommenden Mittelrisalite dorische oder toskanische Anten, unter den Fenstersohlbänken Consolen mit oder ohne Festons angebracht, aus welchen Kunstformen in vielen Fällen die gesammte künstlerische Ausschmückung der Häuserfronten bestand.

In Herstellung ästhetisch wirksamer Innen-Architekturen war man erfolgreicher. Ausser in einigen Kirchen und profanen öffentlichen Gebäuden wurden auch in Privathäusern in auffallend grosser Zahl künstlerisch ausgestattete Räume geschaffen, insbesondere zeigte sich in der Anfertigung von Stuckdecken, Hausteintreppen und schmiedeeisernen Geländern eine nicht gering zu schätzende Geschicklichkeit.

Die gothischen Formen wurden, je weiter man in dieser Periode vorschritt, mehr und mehr verlassen und kamen in der zweiten Hälfte derselben nur noch vereinzelt als Ornamente in Renaissance-Façaden vor.

Bevor wir uns zu den hervorragenderen, in dieser Periode entstandenen öffentlichen Gebäuden wenden, müssen wir nochmals das bedeutendste aller überhaupt vorhandenen Bauwerke, das herzogliche, später kurfürstliche Schloss erwähnen, welches von der Mitte des 16. bis zum Ende des 18. Jahrhunderts mehrfache, zum Theil sehr eingreifende Veränderungen erlitt.

Obwohl gegen Ende des 16. Jahrhunderts das Schloss sich in recht schlechtem baulichen Zustande befunden haben muss,[1]) so wurden doch nur die dringend nothwendigen Instandsetzungen ausgeführt und erst nach dem Jahre 1634, als durch das schon erwähnte Auffliegen

---

[1]) Die Stände scheinen dem Herzog Johann Wilhelm die Mittel zur Instandhaltung des Schlosses verweigert zu haben, denn er war 1595 genöthigt, zur Bestreitung von Reparaturkosten 3 Häuser zu verkaufen. (Strauven a. a. O. S. 30.)

eines Pulverthurmes auch an den Gebäuden des Schlosses Schaden angerichtet worden war, erfolgte eine gründliche Reparatur. Wesentliche Umbauten liess der Kurfürst Johann Wilhelm vornehmen, der 1693 seine Residenz von Heidelberg nach Düsseldorf verlegte; unter anderem liess er den Thurm im Hofe nebst den anstossenden, am Hauptflügel befindlichen schmalen Gängen abbrechen und an Stelle der entfernten Bautheile die Colonnaden errichten, welche sich bis zu dem grossen Brande am 19. März 1872 erhalten haben. Eine Umänderung der nach dem Rheine gelegenen Ansichtsseite des Schlosses fand indess nicht statt, was aus einer Zeichnung des letzteren vom Jahre 1713 hervorgeht, welche noch die alte Façade, aber ohne den Thurm im Hofe, zeigt. Dagegen wurde das Galleriegebäude zur Aufnahme der weltberühmten Gemäldesammlung des Kurfürsten errichtet und erhielten die von letzterem und seiner Gemahlin bewohnten Räume des Schlosses eine so prachtvolle und kostbare Ausstattung, dass Fremde aus weiten Entfernungen nach Düsseldorf reisten, um das Innere des Schlosses und die daselbst aufgehäuften Kunstschätze und Kostbarkeiten zu besichtigen.

Ueber die äussere Erscheinung des Schlosses sagt Strauven (a. a. O. S. 40), dass es zwar mit zahlreichen und regelmässigen Fensteröffnungen versehen gewesen sei, aber durchaus keinen kasernenartigen Eindruck gemacht habe. Das Erdgeschoss hatte Fenster von der doppelten Breite zur Höhe, im ersten Geschosse waren die Fenster im gleichen Verhältniss, aber grösser als diejenigen des Erdgeschosses angelegt und im zweiten Geschosse waren sie ungefähr eben so hoch wie die des Erdgeschosses, aber nur halb so breit. Die Fenster des Erd- und ersten Geschosses hatten vollständige Kreuze, diejenigen des zweiten Geschosses nur Querriegel zwischen Fenster und Oberlicht. Um das ganze Gebäude, sowohl aussen als im Hofe, liefen über dem Hauptgesimse mit Zinnen versehene Brustwehren, an deren verschiedenen Ecken erkerartige Vorsprünge angebracht waren. Das steile Dach wurde hin und wieder durch Staffelgiebel und Schornsteine unterbrochen. Sämmtliche Fronten waren in Ziegelrohbau aufgeführt, von dem sich die aus Haustein gefertigten Fenstereinfassungen, Gesimse und Erker malerisch abhoben.

Eine wesentliche bauliche Umgestaltung, namentlich auch der äusseren Ansichten, erhielt das Schloss unter Kurfürst Carl Theodor, welcher 1755 durch Baumeister Nosthofen die gothischen Architekturformen durch Re-

Die Baugeschichte von Düsseldorf. 375

naissanceformen ersetzen liess. Die bis dahin auf vorspringenden gothischen Bogenstellungen ruhenden Brustwehren des Daches wurden nebst letzterem, aber unter Beibehaltung der gothischen Bögen, entfernt, ein zu Wohnräumen für die Dienerschaft eingerichtetes viertes Geschoss und darüber ein neues, schweres, französiches Dach von 3 Speichergeschossen aufgeführt. (Fig. 10 u. 11.) Beim Bombardement von 1794 brannte das Schloss im Innern fast gänzlich aus und der nördliche Flügel zwischen dem Thurme an der Krämerstrasse und dem Rheine wurde bis auf den Grund zerstört. Der Wiederauf- resp. Ausbau des Schlosses erfolgte erst in unserem Jahrhundert behufs Einrichtung der für die Versammlungen der Stände und für die Kunst-Akademie erforderlichen Räume, welche den gedachten Zwecken bis zu der 1872 stattgehabten, fast vollständigen Zerstörung des Schlosses durch Feuer dienten.

Als die bedeutendsten der in dieser Periode errichteten Gebäude sind zu nennen:

Das Rathhaus. Es wurde 1567 unter Leitung des aus Duisburg berufenen Baumeisters Heinrich Tuschmann im Bau begonnen und zeigt die Formen des Ueberganges vom gothischen zum Renaissance-Stil. Es ist als einfacher Putzbau mit Hausteingliederungen ausgeführt, hat einen Uhrthurm und zwei Front- und einen Seitengiebel. Im Innern ist ausser dem schönen schmiedeeisernen Treppengeländer aus dem 17. Jahrhundert nichts architektonisch Bemerkenswerthes vorhanden.

Die Andreaskirche. Ein Ziegelputzbau mit kräftig wirkender, nicht unschöner Haustein-Architektur in später römischer Renaissance. Die beiden den Chor flankirenden massiven Thürme mit Kuppeldächern gewähren mit der dahinter liegenden kuppelgewölbten Begräbnisskapelle eine malerische Ansicht des Bauwerks. Die Grundsteinlegung fand 1622 statt, die Vollendung fällt in das Jahr 1629.[1]

Das Innere ist dreischiffig, auf starken Pfeilern überwölbt mit gleichfalls überwölbten Emporen und mit schöner, etwas überladener, doch streng im Charakter

---

[1] Bayerle a. a. O. S. 132; dagegen geht aus einem Briefe des Herzogs Wolfgang Wilhelm an den Amtmann von Angermund vom 6. Juni 1635 hervor, dass zu dieser Zeit die Kirche noch nicht vollständig fertig war, indem er am Anfang des Briefes sagt: „demnach man zu dem Kirchenbauw den wir hierselbst vor die PPes Societatis Jhesu zu der ehren Gottes auf unsere Kösten verfertigen lassen, etlicher auf sichere weiss gewachsener bawholtzer vonnoeten hat." (Archiv Heltorf.)

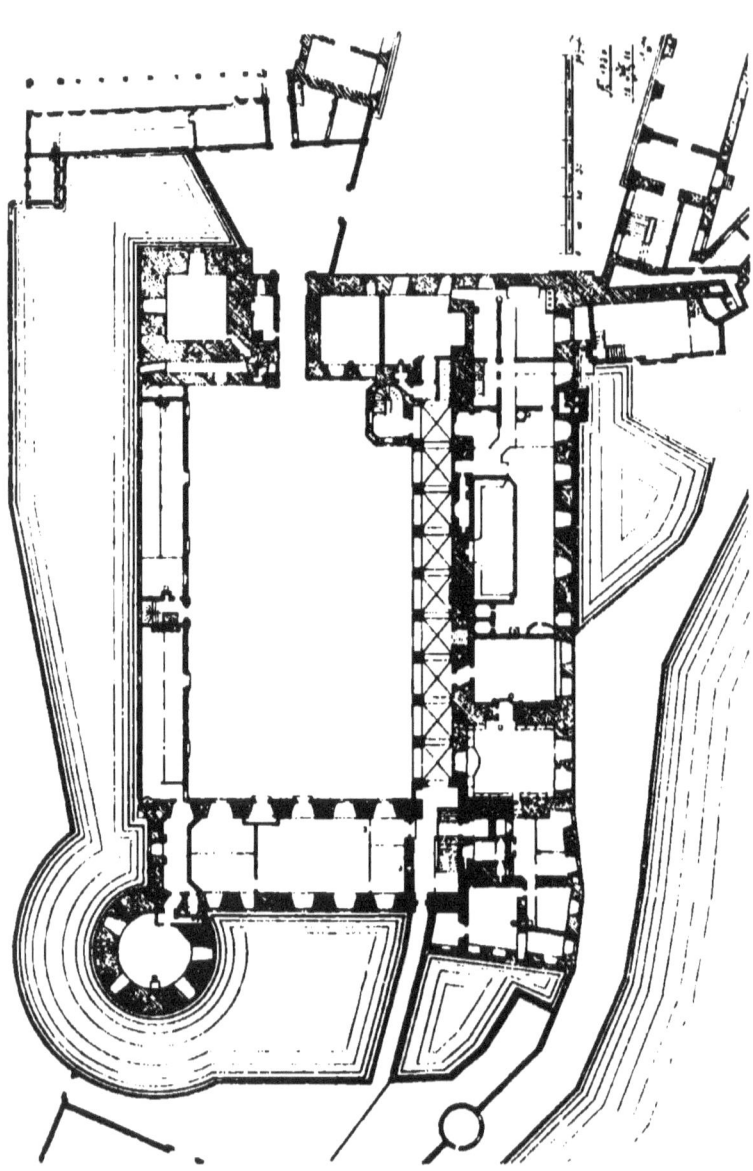

Fig. 10. Grundriss des Schlosses. Erdgeschoss. 1736.

Die Baugeschichte von Düsseldorf.

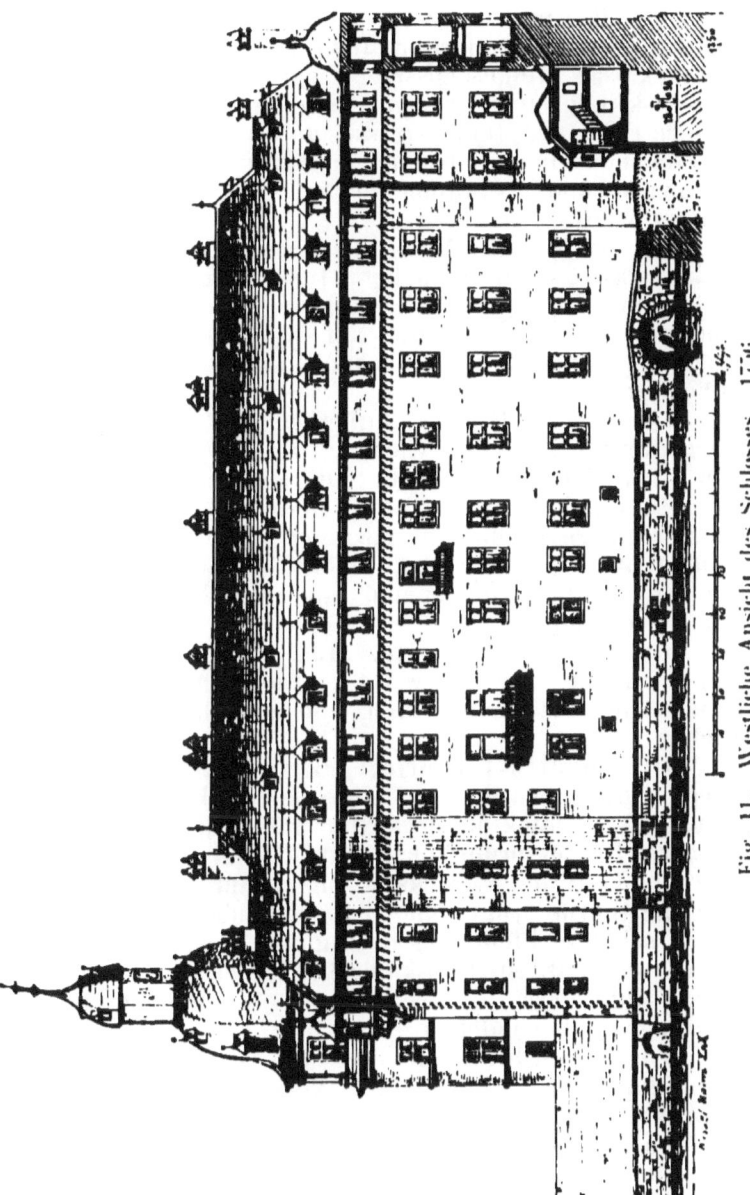

Fig. 11. Westliche Ansicht des Schlosses. 1756.

des Stils durchgeführter farbiger Stuckdecoration in reicher Vergoldung.

Das Regierungsgebäude, ehemaliges Jesuitenkloster, dessen Grundstein 1625 gelegt wurde, ist ein schmuckloser, dreigeschossiger Ziegelputzbau, der mit der Andreaskirche einen grossen viereckigen Hof umschliesst. An der Ecke der Mühlenstrasse, am Friedrichsplatze, hat das Gebäude einen thurmartigen Aufbau, der ehemals als Sternwarte und als Station für den optischen Telegraphen benutzt worden ist.

Die evangelische (reformirte) Kirche an der Bolkerstrasse. Ein einfacher, 1683 begonnener Ziegelrohbau in spätrömischer Renaissance mit flachgewölbter Spalierdecke und Emporen auf eisernen Säulen. Der massive Kuppelthurm zeichnet sich durch hübsche Silhouette aus.

Die evangelische (lutherische) Kirche an der Bergerstrasse. Sie ist, wie auch die vorgenannte, rings von Gebäuden umschlossen. Die Kirche, deren Grundstein 1687 gelegt wurde, ist ein in deutscher, mit fremden Elementen gemischter Renaissance aufgeführter Ziegelrohbau ohne Thurm. Das Innere ist mit Spalier-Stichbogengewölbe überdeckt und hat zwei Reihen Emporen auf Holzpfosten.

Die Rochus-Kapelle. Ein kleines Bauwerk in Barockstil aus dem Jahre 1667. Die Kapelle hat einen kreuzförmigen Grundriss und eine gewölbte Decke ohne Pfeiler.

Die Loretto-Kapelle, jetzige Bilker Pfarrkirche. Diese Kirche wurde im Jahre 1686 als Putzbau mit Haustein-Architektur in später römischer Renaissance erbaut. Der ursprünglich gerade Giebel und das Portal wurden 1740 im Barockstile umgebaut. Der massive Vierungsthurm trägt eine Zwiebelhaube. Das Innere, durch schwere Pfeiler in drei gleich breite, überwölbte Schiffe getheilt, ist in toskanischer Renaissance der Kirche della santa casa in Loretto, aber in einfacherer Ausstattung, nachgebildet.

Die Derendorfer Kirche. Sie ist 1692 erbaut und wird durch eine Verbindung verschiedener Stilformen charakterisirt. Die Kirche hat drei Schiffe, von denen die beiden seitlichen niedriger sind als das Hauptschiff; von den 3 Thürmen stehen zwei am Portal, der dritte befindet sich am Chor.

Der Hontheimer Hof[1] in der Akademiestrasse,

---

[1] Ehemals dem Freiherrn von Hontheim zugehörig.

ein nüchterner, dreistöckiger Putzbau, der aus annähernd derselben Zeit wie die vorgenannten Kirchen stammt und im Laufe der Zeit, nach Aufgabe des Besitzes durch die Hontheim'sche Familie, verschiedenen öffentlichen Zwecken gedient hat. Ausser dem Land- und dem Friedensgerichte hat auch die Kunstakademie zeitweise[1]) ihren Sitz in einem Theile dieses Gebäudes gehabt, dessen anderer, nördlicher Theil schon im Jahre 1752 zum Gefangenhaus eingerichtet wurde.

Das Ursulinenkloster, dessen Grundsteinlegung 1685 stattfand, ist ein einfacher Putzbau, welcher eine kleine, 1702 erbaute, mit flacher Putzdecke versehene Kirche umschliesst.

Das Carmelitessenkloster. Im Jahre 1642 erhielten die Carmelitessen an der Stelle, an welcher der in die Luft geflogene Pulverthurm gestanden hatte, einen Platz zur Gründung einer Niederlassung angewiesen. Der Bau des jetzigen Klosters wurde 1706, der Bau der Kirche 1712[2]) begonnen. Die letztere wurde, wie die meisten Kirchen jener Zeit, in spätrömischer Renaissance aufgeführt und hat keinen Thurm; der Grundriss ist kreuzförmig.

Die Infanterie-Kaserne[3]) ist im Jahre 1735 als Putzbau unter Vermeidung ornamentaler Ausschmückung erbaut und 1771 durch Aufbau eines Stockwerks vergrössert.[4]) Die an der Strasse in der Fluchtlinie der Kaserne stehende Garnisonkirche ist gleichfalls 1735 im Zopfstil erbaut und hat kreuzförmigen Grundriss mit abgerundeten Kreuzarmen.

Die Maximilianskirche. An Stelle der 1655 bis 1659 erbauten Franziskanerkirche nebst Kloster wurden die jetzt noch bestehende Kirche und das Kloster in den Jahren 1734—1737 errichtet. Die Kirche ist ein Ziegelrohbau in römischer Renaissance mit schönem und zierlichem Zwiebelthurm. Die Klostergebäude wurden in späterer Zeit als Gymnasium und zu Wohnungen der Pfarrer und der Hülfsgeistlichen benutzt.

Das Präsidialgebäude. Es ist zwischen 1760 und 1766 an Stelle mehrerer niedergerissenen Häuser zugleich mit dem Marstalle erbaut, welch letzterer 1794 in Folge des Bombardements niederbrannte. Das vom Feuer gänzlich unberührt gebliebene stattliche Gebäude, früher die Residenz genannt, ist jetzt Sitz des Präsidiums der

---

[1]) Bis 1806.
[2]) Schnumburg a. a. O. S. 44.
[3]) Ehemals auch Artillerie-Kaserne.
[4]) 1816 wurden mehrere Flügelbauten hinzugefügt.

Königlichen Regierung; es ist in spätem Barockstil als Putzbau mit besonders hervorgehobenem Portal in Hausteinarchitektur aufgeführt.

Das Jägerhofschloss, ebenfalls zwischen 1760 und 1766 erbaut, war kurfürstliches Jagdschloss und zu Zeiten Wohnung des Jülich- und Bergischen Oberjägermeisters. Das Gebäude hat einen grossen im Zopfstil errichteten Mittelbau mit zwei später hinzugefügten Seitenflügeln. Trotz seiner einfachen Stilformen macht das Schloss einen recht gefälligen Eindruck, der durch seine freundliche Lage zwischen dem wohlgepflegten Schlossparke und dem Hofgarten noch erhöht wird. Der anstossende Marstall zeichnet sich durch drei mit reichen Holzschnitzereien geschmückte Frontispice aus.

Von den in dieser Periode erbauten, jetzt nicht mehr vorhandenen öffentlichen Gebäuden sind nachfolgende die bemerkenswerthesten:

Das Kapuzinerkloster in der Flingerstrasse. Der Bau der Kirche dauerte von 1621—1624. Im Jahre 1803 wurde das Kloster aufgehoben.[1]

Das Seminar wurde 1623 auf dem Friedrichsplatze an der Stelle erbaut, wo jetzt die Kunsthalle steht.

Das Tummelhaus. Es war 1636 erbaut und lag auf dem Grund und Boden des jetzigen Präsidialgebäudes, der Eingang zu demselben befand sich in der Ratingerstrasse und führte durch das Thor der jetzigen evangelischen Schule.

Das Celliten-Nonnenkloster auf dem Hunsrücken. Die Kirche wurde 1699 eingeweiht und 1786 erweitert.

Das Theater am Rathhause.

Das Opernhaus in der Mühlenstrasse neben dem alten Marstalle in der Nähe des Tummelhauses.

III. Die Stadterweiterung und die Bauten des 19. Jahrhunderts.

Durch die im Friedensschlusse zu Laneville 1801 festgesetzte Schleifung der Festungswerke in Düsseldorf wurde der Vergrösserung und Verschönerung der Stadt ein günstiges Feld eröffnet. Der Churfürst Maximilian Joseph erkannte die hohe Bedeutung der Stadterweiterung für die zukünftige Entwickelung seiner Residenz und ernannte durch Erlass vom 28. Januar 1802 eine besondere Com-

---

[1] 1807 kaufte Posthalter Georg Lejeune die Kirche und baute an ihrer Stelle ein neues Haus.

mission für die Leitung der Bebauungs-Angelegenheiten [1], an deren Spitze der Hofrath Jacobi [2] stand.
In dieser Zeit, und zwar bis zum Jahre 1809, entstanden die Breite- und die Elberfelderstrasse [3]. Die Verlängerung der Hohenstrasse wurde durch Austrocknung eines Theiles des sogen. Karlsstädter Sumpfes ermöglicht (etwa 1805—1806). Gleichzeitig, ungefähr mit der Niederlegung des alten Flingerthores [4] (1808—1810) erfolgten auch die ersten Anbauten auf dem Terrain der heutigen Alleestrasse, die Anlage des boulevard Napoléon; der weitere Ausbau desselben fand aber erst in Gemässheit des Kaiserlichen Decrets vom 17. December 1811 statt, durch welches die alten, nach 1801 schon theilweise demolirten Festungswerke nebst den Glacis behufs Umschaffung in Baumanlagen und öffentliche Promenaden der Stadt geschenkt wurden und zugleich auch die Erweiterung des Rheinwerftes bis zum neuen Hafen [5] angeordnet ward. In diese Zeit der beginnenden Verschönerung Düsseldorfs fällt auch die erste Anlage der Kaiserstrasse (rue de l'empereur). Einer späteren Periode dagegen (etwa seit 1816) gehört die Bebauung des Kälbermarktes, jetzigen Schadowplatzes und des Steinwegs, der jetzigen Schadowstrasse an, von welch' letzterer indess bis 1848 erst der bei weitem kleinere Theil vorhanden war. Ferner sind in den Jahren nach 1830 die Jägerhof- und die Hofgartenstrasse und nach 1850 die Victoria-, Bleich-, Goltstein- und Jacobistrasse entstanden. Etwas später (um 1860 herum) ist die Bebauung der Duisburger- und der Feldstrasse, sowie der Mehrzahl der übrigen Strassen des nördlichen Stadttheils begonnen worden. Im Süden entstanden seit 1830 etwa die Haroldstrasse, der Schwanenmarkt und ein Theil der Südstrasse, desgleichen, wenn auch etwas später, die zum westlichen Theile der Stadt zu rechnenden Strassen am Karlsthor und die Bergerallee, jüngeren Ursprungs sind in diesem Stadttheile die Wasser- und die Kavalleriestrasse mit den sie durchkreuzenden Nebenstrassen.
Wie aber die Königs-Allee, den Namen vom König

---

[1] Besonderes Verdienst um die Stadterweiterung haben sich die Herren Hofbaumeister Huschberger, Garteninspector Weyhe, der spätere Oberbaurath Bauer und Hauptmann von Douwe erworben.
[2] Nachher Regierungsrath, Sohn des Philosophen.
[3] Der Plan der Stadt Düsseldorf vom Jahre 1809, welchen der Ingenieur-Kapitain Guffroi anfertigte und W. Breitenstein in Kupfer stach, weist im ganzen 51 Strassen auf.
[4] Nur das Wachthäuschen blieb stehen.
[5] Der Sicherheitshafen war von der Hafenstrasse an die nördliche Grenze der Stadt verlegt worden.

Friedrich Wilhelm IV. führend, erst von 1840 ab bebaut wurde, so auch die Hauptstrasse der nach demselben König benannten Friedrichstadt, die Friedrichstrasse. Die übrigen Strassen dieses Stadttheiles, die Louisen-, Herzog-, Elisabeth-, Kraut- (jetzt Reichs-) Strasse gehören derselben, der Fürstenwall und dessen Nebenstrassen der neuesten Zeit an.

In der jetzigen Oststrasse standen 1848—50 erst einige wenige, damals einstöckige Häuser mit Vorgärten in der Nähe der Einmündung der Bismarckstrasse. Die Bahnstrasse wurde zu der vorgenannten Zeit angelegt. Der Königsplatz und die angrenzenden Theile der Bismarck- und Marienstrasse sowie die Klosterstrasse, früher die Pfannenschoppenstrasse genannt, sind erst nach 1850 und zwar auf dem Terrain des ehemaligen Schnable'schen Gutes angelegt; die übrigen Strassen des östlichen Stadttheiles sind erst in den letzten zwei Jahrzehnten erbaut worden.

Was die in dieser letzten Periode vorherrschende Bauart betrifft, so tritt ebenso wie in den vorhergehenden beiden Jahrhunderten das Streben hervor, den zerstörenden Wirkungen von Feuersbrünsten durch Verbesserung der Bau-Constructionen und Materialien möglichst vorzubeugen, es werden aber ausserdem auch durch die allgemeine Einführung des Eisens und des Cementes in die Reihe der Baumaterialien ganz neue Bahnen betreten, die sowohl auf die innere wie auf die äussere Gestaltung der Bauwerke einen ganz erheblichen Einfluss ausüben. Obwohl die Verwendung des Cementes bei Herstellung der Schauseiten der Häuser in den letzten Jahrzehnten hier am Orte ganz allgemein üblich geworden ist, so muss doch anerkennend hervorgehoben werden, dass auch die sogenannten echten Materialien[1] vielfach zur Anwendung gelangen, wodurch sowohl die Festigkeit und Feuersicherheit der Gebäude, als auch die ästhetische Wirkung der zur Ausschmückung gewählten Kunstformen bedeutend erhöht wird.

Auch darf die Pflege, welche die Glasmalerei in neuerer Zeit in Düsseldorf gefunden hat und deren Wiederaufnahme unter die Zahl architektonischer Schmuckmittel nicht unerwähnt bleiben, sie findet nicht nur bei kirchlichen Bauwerken, sondern auch in profanen öffentlichen Gebäuden und in Wohnhäusern, insbesondere bei den Fenstern von Treppenfluren und im altdeutschen Stile eingerichteten Zimmern vielfache Anwendung.

[1] Hausteine und Verblendziegeln.

Was aber in baulicher Hinsicht unserem Jahrhundert den grössten Vorzug vor seinen Vorgängern giebt, das sind die feuer-, gesundheits- und baupolizeilichen Anordnungen, die zur Förderung des öffentlichen Wohles für die Anlage von Häusern und Strassen getroffen sind. Im Gegensatz zu der Menge dumpfer und lichtarmer Strassen innerhalb des ehemaligen Festungsringes sind nach der Schleifung der Festungswerke eine grosse Zahl heller, breiter, zum Theil sogar mit Baumreihen besetzter Strassen geschaffen, und wenn auch in den letzten Jahrzehnten in einzelnen Fällen hierbei noch Fehler gemacht worden sind,[1] so ist man doch nie wieder zu so geringer Breite zurückgegangen, wie solche noch viele Strassen der alten Stadt aufweisen. Es würde zu weit führen, die grosse Zahl der sonstigen hierher gehörenden, zum Zwecke der Beförderung des Gesammtwohles ergriffenen Massregeln aufzuzählen, nur die wichtigste aller in der Neuzeit getroffenen baulichen Verbesserungen, die Abführung der Tage- und Schmutzwässer mittelst unterirdischer Canäle aus der Stadt, verdient besondere Erwähnung. Die Einführung der Canalisation bringt Düsseldorf jetzt schon grossen Nutzen, sie wird der Stadt aber in Folge des günstigen Einflusses auf die Verbesserung der sanitären Verhältnisse zum ganz besonderen Segen dann gereichen, wenn Düsseldorf das Doppelte und Dreifache seines jetzigen Umfanges erreicht haben wird.

In Hinsicht der Entwickelung der Architektur nach der ästhetischen Seite in unserer Stadt kann von der ersten Hälfte unseres Jahrhunderts nicht viel Rühmenswerthes mitgetheilt werden. Die Nachwirkungen der schweren Verluste, welche Deutschland während der Kriegsjahre im Beginn dieser Periode erlitten hat, machten sich auch in Düsseldorf ganz besonders auf dem Gebiete des öffentlichen und privaten Bauwesens geltend. Nüchternste Einfachheit, begünstigt durch die in den ersten Jahrzehnten herrschende classische Richtung in der Architektur, war der Hauptgrundzug in allem, was gebaut wurde. Erst von der Mitte des Jahrhunderts ab ging man, wenn zunächst auch noch mit grosser Vorsicht, in der Ausschmückung der Bauwerke etwas weiter und erst, als sich im Laufe der sechsziger Jahre die Renaissance allgemein wieder Bahn gebrochen hatte, schloss man sich auch in Düsseldorf der neuen Richtung anfangs mit Wohlwollen, später mit heller Begeisterung an.

Bei den öffentlichen Bauwerken überwiegt die italienische, bei den Privatbauten die deutsche Renaissance;

---

[1] z. B. Kloster- und Immermannstrasse.

die Gothik ist nur in vereinzelten Fällen zur Anwendung gekommen. Wenn sich auch noch an einigen Façaden wichtigthuende Geschmacklosigkeit, an anderen wilde Zügellosigkeit breit machen, so ist doch auch schon viel Schönes zu sehen; erfreulicherweise muss zugestanden werden, dass es in diesem Punkte mit jedem Jahre besser wird, dass der Cultus der edlen Schönheit eine stetig wachsende Zahl von Anhängern gewinnt und auf Grund dieser Wahrnehmungen kann die freudige Hoffnung ausgesprochen werden, dass, wenn die architektonische Entwickelung auf den in neuester Zeit betretenen Pfaden weiter fortschreitet, Düsseldorf in Kurzem zu den schönsten Städten Deutschlands gehören wird.

Die im gegenwärtigen Jahrhundert entstandenen bedeutenderen öffentlichen Bauwerke, auf deren Besprechung ihrer grossen Zahl wegen hier verzichtet werden muss, sind folgende: die beiden Thorgebäude zwischen der Ratingerstrasse und dem Hofgarten, die Husarenkaserne, das Gymnasium, das Realgymnasium, das Haupt-Postamt, die Tonhalle mit dem Rittersaale, die Franziskaner-Klosterkirche, das Justizgebäude, das Staatsarchiv, das Bergisch-Märkische Bahnhofsgebäude, die Ulanenkaserne, das Kunstakademie-Gebäude, das städtische Theater, die Kunsthalle, die Johanniskirche, das Marienhospital, die Synagoge, das Ständehaus, die Dominikanerkirche, das evangelische Krankenhaus, die Lambertus-Schule, die höhere Bürgerschule, die Kunstgewerbeschule und der Erweiterungsbau des Rathhauses.

Theater und Musik.

Von

Dr. G. Wimmer.

Dass die Musen schon frühzeitig in Düsseldorf ihren Einzug gehalten und festen Wohnsitz gegründet haben, darauf weist schon die geographische Lage dieser Stadt hin. Die deutsche Musik und Poesie steht bis zur Zeit der Renaissance entschieden unter dem herrschenden Einflusse Frankreichs; dies zeigt besonders unsere höfische Kunstpoesie, die sich eng an die westlichen Vorbilder anschliesst. Von Frankreich aus fanden die bald feurigen, bald geistreich prickelnden Weisen der Troubadours, sowie die reich verschlungenen epischen Stoffe der Trouvéres der nördlichen Provinzen Eingang und bald auch Nachahmung und Fortentwickelung bei uns. In Frankreich sehen wir auch die ersten Musikdramen — ich brauche hier nur an das bekannte Schäferspiel des Pikarden Adam de la Hale „Si jeus de Robin et Marion" zu erinnern — ihre Entstehung und erste Entwickelung nehmen. Der Niederrhein bildet während einer langen Zeit das vermittelnde Band zwischen dem Westen und Osten, macht dem Osten die Blüthe der in Frankreich schnell aufspriessenden feineren Cultur und Gesittung zugänglich.

Die Musik selbst fand im vierzehnten, fünfzehnten und sechszehnten Jahrhundert am Niederrhein ihre erste kunstmässige Ausbildung; hier ist die Heimath eines Ockenheim, Josquin de Prés, Hadrian Willaert und Orlandus de Lassus, welche die edle Kunst bald nach dem Innern Deutschlands und nach Italien verpflanzten.

Düsseldorf dürfte schon wegen seiner günstigen geographischen Lage von allen diesen Bestrebungen auf dem Gebiete der Kunst und Poesie nicht unberührt geblieben sein, und in der That deuten verschiedene uns überlieferte Nachrichten darauf hin, dass besonders die Musik hier schon frühzeitig eine Pflegstätte gefunden hat. Doch sind diese Nachrichten theils nur spärlich und lückenhaft überliefert, theils von sagenhaften Zuthaten so eng durchflochten, dass es kaum möglich sein dürfte, feste geschichtliche Thatsachen aus der Ueberlieferung auszuschälen.

Die ersten ausführlichen Nachrichten über die hiesigen Musikverhältnisse sind uns aus der Regierungszeit des Pfalzgrafen Wolfgang Wilhelm überliefert, ein mit feinem Kunstverständniss begabter Regent, welcher in Düsseldorf seine feste Residenz hatte. Die nachfolgenden Notizen über diese Periode sind, aus alten Urkunden und Acten zusammengestellt worden, welche das Königliche Archiv aufbewahrt hat.

Wolfgang Wilhelm unterhielt trotz der bedrängten Zeiten des dreissigjährigen Krieges eine tüchtige geschulte Kapelle von reich besoldeten italienischen Sängern und deutschen Musikern, mit denen er die grossen geistlichen Compositionen der italienischen Schule zur Aufführung brachte. In verschiedenen uns erhaltenen Listen der Hofbeamten sind uns ihre Namen überliefert. Der Kapellmeister Negri und die Solosänger erhielten ausser einem für jene Zeiten ganz bedeutenden Gehalte von durchschnittlich etwa 200 Reichsthalern wöchentlich noch zwei Goldgulden für Kostgeld, sowie täglich zwei Maass Wein, zwei Maass Bier und zwei Weizenbrote aus der churfürstlichen Oberkellnerei geliefert; die übrigen Musiker mussten sich mit etwa dem vierten Theile dieses Gehaltes begnügen. Im Ganzen zählte die Kapelle 8 italienische Sänger und 20 Musiker, die Trompeter mit eingerechnet. Die scheussliche Sitte, die Sopranpartien von Castraten singen zu lassen, war noch nicht aufgekommen, und da es anderseits noch nicht statthaft war, diese Partien Frauen zu übertragen, was doch das Natürlichste gewesen wäre, so erfahren wir aus dem gleich noch näher zu besprechenden italienischen Briefwechsel zwischen Egidio Hennio, Canonicus und Cantor an der St. Johanniskirche zu Lüttich, und Wolfgang Wilhelm, dass für die Sopran- und Altpartien Knaben sorgfältig ausgebildet wurden. Am 23. September 1637 schreibt nämlich der Pfalzgraf dem Hennio folgenden Brief, der in deutscher Uebersetzung so lautet: „Da ich vernommen habe, dass Ihr in Eurem Hause zwei Knaben habt, denen Ihr die Musik lehrt, so haben Wir Euch hiermit bedeuten wollen, dass, sobald sie zum Dienst für unsere Kapelle fähig sein werden, Wir jedem derselben hundert Pattaconi (etwa 600 Mark)

zahlen werden." Hennio sendet ihm den einen der Knaben
schon mit dem nächsten Briefe.

Egidio Hennio spielt um diese Zeit eine ganz hervorragende Rolle in dem Musikleben Düsseldorfs, da er
nach einer Urkunde vom 12. April 1638 zum Superintendenten
über die Hofkapelle ernannt wurde. Diese lateinische
Urkunde lautet in der Uebersetzung folgendermassen:
„Wir von Gottes Gnaden Wolfgang Wilhelm, Pfalzgraf
des Rheins, Herzog von Baiern, Jülich, Cleve und Berg
u. s. w. thun Allen kund und zu wissen, dass wir in
Anerkennung seiner ausgezeichneten Pflichttreue und
Anhänglichkeit an Uns, sowie seiner hervorragenden
Geistesgaben und Kenntnisse sowohl in geistlichen Angelegenheiten, als auch besonders in der Musik, den Egidio
Hennio, Canonicus und Cantor an der St. Johanniskirche
zu Lüttich, in Unsern Dienst genommen und ihm die
Oberaufsicht über unsere Musik übertragen haben, so dass
er auf besondere Aufforderung hier zu erscheinen hat,
oder auch ohne eine solche Aufforderung, falls Zeit und
Musse es ihm gestattet, hier sich ganz niederlassen darf.
Als Besoldung für seine zu leistenden Dienste haben Wir
verfügt, dass dem benannten Hennio jährlich 100 Goldgulden ausbezahlt werden."

Der nun folgende Briefwechsel zwischen Beiden, welcher
sich bis zum Jahre 1650 ununterbrochen fortzieht, ist
hochinteressant, nicht nur wegen der Aufschlüsse über
Düsseldorfer Kunstverhältnisse, sondern auch besonders
wegen der culturhistorischen Bilder, welche derselbe vor
unsern Augen enthüllt, und es ist zu bedauern, dass hier
nicht der Ort ist, denselben ganz mitzutheilen. In einem
Briefe vom 7. Mai 1644 entschuldigt sich der Pfalzgraf,
dass er nicht im Stande gewesen sei, dem Hennio den
fälligen Gehalt auszuzahlen, da durch die Stürme des
noch immer tobenden Krieges seine Einkünfte so zusammengeschrumpft seien, dass, wenn Gott nicht bald helfe,
er gezwungen sein werde, seine Ausgaben auf das Allernothwendigste zu beschränken. Hennio erwidert in einem
ausführlichen Briefe, er habe nicht nur überhaupt noch
kein Gehalt ausbezahlt erhalten, sondern auch nicht einmal die Unkosten für Reisen, Abschreiben von Noten,
Unterricht und Kost zweier Knaben für die Hofkapelle
u. s. w. seien ihm ersetzt worden. Wolfgang Wilhelm
weist nun seinen Zollpächter Haen zu Urmond an der
Maass an, dem Hennio aus den Zöllen den rückständigen
Betrag auszuzahlen. Erst nach vielen Aufforderungen und
Drohbriefen kann derselbe bewogen werden, für den
verlangten Zweck Geld herzugeben.

Egidio Hennio stammt aus der Schule des grossen Palestrina; seine Werke, von denen mehrere auch im Druck erschienen, gehören fast ausschliesslich dem Gebiete der Kirchenmusik an. Regelmässig pflegte er zu den hohen Festen passende Compositionen dem Pfalzgrafen zu senden, der dieselben dann durch seine Sänger und Musiker zu Gehör bringen liess. Leider sind dem Verfasser von allen seinen Werken keine zu Gesicht gekommen, doch dürften sich in Lüttich noch viele seiner Werke handschriftlich erhalten haben. Theils um eine Idee von der Fruchtbarkeit dieses Meisters zu geben, theils um zu zeigen, welcher Art die Musik war, welche um diese Zeit hier in Düsseldorf cultivirt wurde, mag hier eine Liste von Compositionen folgen, welche Egidio Hennio in den Jahren von 1638 bis 1646 dem Pfalzgrafen zur Aufführung gesandt hat: 1. Missae quatuor solennes octo vocum stylo hilari ac pleno; Antverpiae impressae. 2. Missa à 8, sei voci è doi Violini. 3. Missa à 5 cum Trombonis. 4. Missa à 8 da Cacciatori. 5. Missa à 5 è doi Violini; tertii toni. 6. Missa à 6 voci è sei instrumenti. 7. Missa à 6 voci pro defunctis. 8. Jubilate deo à 12 voci. 9. Ut primum tribularis à 8 voci con doi Violini. 10. Laudate dominum in sanctis à 8 voci. 11. Gaudeamus à 8 voci. 12. Cantabo Altissimo à 12 voci. 13. Venite exultemus domino à 8 voci. 14. Inviolata intacta à 7 voci. 15. Angelus domini à 10 voci. 16) O quam tu pulchra es Hierusalem à 7 con 2 Violini. 17. Laudemus dominum à 6, 3 voci B. T. A., 2 Violini è un Fagotto. 18. O caelestis amor à 5 voci. 19. Ferte à 7 in Nativitate domini. 20. Dulcis Jesu et amande domini à 5 voci. 21. O me miserum dolentem à 10. 22. In deo inbilemus omnes à 10 voci, 2 Violini. 23. Anima mea caelum dum admiraris à sei. 24. Quam dilecta tabernacula tua à 6; 4 voci è 2 Violini. 25. Cuius Deus pater est à 5. 26. Qui Mariam adamatis à 4; 2 Violini, 2 Canti. 27. O sponse mi, ô lilium à 3. 28. O bone Jesu ô dulcedo à 3. 29. Parvum quando cerno deum à 3. 30. Virgo decora sole convertita à 3. 31. Tota pulchra es à 2. 32. Fulcite me floribus à 2 tenori. 33. Jesu mi tu amor es à 2. 34. Quaesivi te mi Jesu à 2. 35. Silens taces verbum parens à 2. 36. Tenelle mi, ocella mi à 2. 37. In lectulo meo à 2. 38. Ignis aeterne qui semper à 2.

Aus der nächstfolgenden Zeit fliessen die Nachrichten wieder spärlicher, doch geht aus einer Notiz bei Clarendon, Histoire de la rébellion d'Angleterre, vol. VI, p. 316 der französischen Ausgabe (à la Haye 1709) deutlich hervor, dass auch der Nachfolger Wolfgang Wilhelms die Kunst schützte und förderte. Im October 1654 nämlich stattete der vertriebene König Karl II. von England, der damals in Köln lebte, dem Pfalzgrafen Philipp Wilhelm einen Besuch in Düsseldorf ab und wurde von diesem auf das freigebigste aufgenommen und bewirthet. Bei der Schilderung dieses Besuchs bemerkt Clarendon (der Kanzler des Königs, der seinen Herrn in die Verbannung begleitet hatte): „Les repas furent très-longs selon l'usage de l'Allemagne, avec des musiques différentes de voix et d'instrumens; et si elles n'étoient pas excellentes, du moins elles étoient nouvelles, le roi n'ayant pas accoutumé d'en entendre de semblables."

In das 17. Jahrhundert fällt auch die erste Ausbildung und Vollendung der italienischen Oper, welche sich durch die Gunst der Höfe bald Eingang in Deutschland verschaffte; in Düsseldorf wurde dieselbe verhältnissmässig schon sehr früh, nämlich 1687 von Karl Philipp eingeführt. Dieser Fürst setzte sich im Sommer dieses Jahres in brieflichen Verkehr mit dem am Hofe zu Heidelberg lebenden Componisten Sebastiano Moratelli, ein um diese Zeit an den deutschen Höfen sehr beliebter Musiker, um mit ihm die Aufführung von neuen Opern, welche derselbe componirt hatte, in's Werk zu setzen. Ausser mehreren Briefen aus den Sommermonaten des Jahres 1687 ist uns noch der Plan einer Oper handschriftlich erhalten, welche ihren Stoff aus der Odyssee entlehnt hat. Im folgenden Jahre wurde ein zur Feier der Hochzeit Karl Philipps mit der Fürstin Ludovica Charlotte Radzivill von Moratelli componirtes Musikdrama, die Dido, vor einer glänzenden Versammlung in Scene gesetzt; das italienische Textbuch erschien im October 1688 bei Giorgio Maria Rapparini in Düsseldorf. Ob sich die italienische Oper am Hofe zu Düsseldorf längere Zeit erhalten hat, darüber schweigen die Nachrichten, doch scheint dies unzweifelhaft der Fall gewesen zu sein. So berichtet uns Brosius „Geschichte der Herzöge von Jülich, Cleve und Berg" Folgendes: Am 25. Mai 1660 wurde dem Herzoge Philipp Wilhelm ein Prinz Ludwig Anton zu Düsseldorf geboren. Bei seiner Taufe fanden grosse Lustbarkeiten, Musik von Blas- und anderen Instrumenten, Bälle und Feuerwerk statt. Zehn Pferde, welche zwei Jahre dazu unterrichtet worden waren, führten nach dem Schalle der Trompeten Tänze aus; dieses Schauspiel hatte eine Menge Kölner nach Düsseldorf gezogen (vgl. Brosius p. 168). Als am 19. Juni 1697 Johann Gaston, Grossherzog von Etrurien, der die Wittwe des Pfalzgrafen Philipp Wilhelm zur Ehe genommen hatte, nach Düsseldorf kam, ging der Jülich- und Bergische Adel und die vornehmsten aus der Ritterschaft demselben entgegen, und unter Kanonendonner und Glockengeläute zog derselbe in die Stadt ein. Am 2. Juli fand eine grosse Hochzeit statt, wobei allerlei öffentliche Lustbarkeiten gehalten und Theaterstücke (ludi theatrales) aufgeführt wurden, welche das Publicum so entzückten, dass die Musik von Orpheus und der Amphione selbst eingerichtet zu sein schien. Der erste Adel führte auf der Rennbahn Reiterspiele auf, kurz, sagt Brosius, es fehlte nichts, was die Augen, die Ohren und den Gaumen weidete (p. 208).

Von ähnlichen Festlichkeiten berichtet der Chronist p. 214, als am 16. Sept. 1703 der König Karl von Spanien nach Düsseldorf kam. So erzählt uns auch Johanna Balz: „Düsseldorfer Musikantengeschichten, Festgabe zum Niederrheinischen Musikfeste 1887" nach beglaubigten Quellen, wie im Jahre 1710 Lully's Hauptwerk „Les fêtes de l'amour et de Bachus", Text von Quinault, mit welchem der berühmte Componist die grosse Oper in Paris eröffnet hatte, am Hofe aufgeführt wurde. Ferner ist noch bekannt, wie Händel im Jahre 1719 auf einer Reise nach dem Continente, um hier bedeutende Sänger für seine italienische Oper in London zu engagiren, auch nach Düsseldorf kam und hier den zu jener Zeit hoch berühmten Baldassari gewann. Doch fehlen genauere Nachrichten über den Verlauf und das schliessliche Schicksal der italienischen Oper zu Düsseldorf.

Im Gegensatze zu der vom Hofe gepflegten Oper begann seit der Mitte des vorigen Jahrhunderts eine mehr für die Interessen der grösseren Massen des Bürgerstandes berechnete öffentliche Schaubühne in Düsseldorf festen Boden zu gewinnen. Die Werkstätte, welche 1706 dem Ritter von Grupello erbaut war, um darin die jetzt auf dem Markte stehende Reiterstatue des Churfürsten Johann Wilhelm zu giessen, war im Jahre 1747 bei der Anwesenheit des Churfürsten Karl Theodor für einige Wochen zu einem Theater umgestaltet worden. Seit dem Jahre 1751 wurden hier regelmässig jeden Winter von einer fahrenden Schauspielertruppe öffentliche Vorstellungen gegeben und bis zur Erbauung des neuen Theatergebäudes im Jahre 1874 hat das alte Gebäude ununterbrochen diesem Zwecke dienen müssen. Die früheste Erwähnung des alten Schauspielhauses geschieht am 27. Oktober 1751, wo der Prinzipal einer fahrenden sächsischen Komödianten-Gesellschaft, N. Schuch, die Erlaubniss erhält, während des folgenden Winters seine Trauer- und Schauspiele aufführen zu dürfen. 1753 bis 1755 führt eine italienische Gesellschaft unter Geovazio Sillani Lustspiele auf. Am

7. Januar 1758 petitionirt der Direktor Karl Theophilus Doebbelin um die Ueberlassung des alten Ballhauses zur Aufführung von Komödien. Dies wird ihm auch gestattet; da sich dieser Saal aber in einem sehr heruntergekommenen Zustande befindet, auch keinerlei Heizvorrichtung enthält, so wird kurz darauf um Einräumung des Komödienhauses gebeten, in dem allerdings augenblicklich die durchmarschirenden Franzosen (wir befinden uns in der Zeit des siebenjährigen Krieges) ihre Kriegsvorräthe aufgespeichert haben. Doebbelin erbietet sich, dieselben auf eigene Kosten nach dem Ballhause transportiren zu lassen. Auch dies wird ihm erlaubt, aber unter der Bedingung, dass er kein höheres Entree nehme, als die letzt hier gewesene Wallrodische Gesellschaft. Am 7. September 1758 „Supplie très humblement Pierre Jacques Ribou, directeur d'une troupe de comédiens français qu'il plaise à Votre Excellence (Churfürst Karl Theodor) de vouloir bien lui accorder la permission de représenter ses spectacles dans la ville de Düsseldorf, ainsi que la salle des dits spectacles aux charges et conditions qu'il plaira à Votre Excellence de lui imposer;" sein Gesuch wird ihm unter der Bedingung gewährt, dass er das Komödienhaus nächsten Ostern so verlässt, wie er es vorgefunden hat.

In den nun folgenden Jahren bis 1781 scheint das Theater mehr und mehr gesunken zu sein, indem Gesellschaften der niedrigsten Art mit Seiltänzern, Equilibristen, Pantomimen u. s. w. abwechseln. Auch französische Truppen treten in diesem Zeitraume wiederholt auf. Bisher war den Schauspielern das Theater, wie es scheint, ohne irgend eine feste Abgabe überlassen worden; nur wurde ihnen wiederholt aufgegeben, das Gebäude in demselben Zustande zu verlassen, wie es ihnen jedesmal übergeben worden war. Das mochte sich wohl auf die Dauer als unpraktisch erweisen, und so wurde denn dem Schauspieldirektor Arn. Heinr. Porsch, welcher zum ersten Male 1767 Düsseldorf mit seiner Truppe besuchte, das Schauspielhaus nur unter der Bedingung überlassen, dass er von jeder Vorstellung einen Dukaten an die Brüchten-Kasse bezahlen sollte; diese Abgabe wurde für die Zukunft zur feststehenden Bedingung gemacht. Trotzdem kam das Theatergebäude, da es noch an jeder besonderen kompetenten Aufsichtsbehörde fehlte, allmählich immer mehr in Verfall. Diese beiden Umstände, die verhältnissmässig hohe Abgabe und der elende Zustand des Gebäudes mochten erdrückend für die Schauspielunternehmer wirken, so dass sich schliesslich keine einigermassen anständige Gesellschaft mehr nach Düsseldorf wagte. Wie schlimm es um diese Zeit mit dem Theaterwesen gestanden haben muss, geht am Deutlichsten aus der folgenden Cabinets-Verfügung Karl Theodors vom 28. März 1775 hervor: „Nachdeme Wir die dem Directorn Teutscher Schauspieler Josephi gütigst ertheilte Concession weg verschiedenen unanständig aufgeführten Piecen einzuziehen gütigst bewogen worden (und) anbey gütigst wollen, dass demselben weitere aufführung deren Comoedien dahier und in samtlichen hiesigen Landen für beständig verbotten seyn solle: Als befehlen euch gütigst, gen. Josephi die fernere aufführung der Comoedien angesicht dieses zu untersagen, und dass dieses geschehen, mit Bemerkung obiger Ursach an hiesigen Comoedien Hauss so fort affigiren lassen sollet."

Trotz dieses Verbotes finden wir in den nächsten Jahren die Josephische Truppe wieder in Düsseldorf; ausser ihr traten noch andere Gesellschaften auf, welche aber kaum besser gewesen zu sein scheinen, so dass das Theater von dem besseren Theile der Bürgerschaft mehr und mehr vernachlässigt wurde. Hülfe war dringend nothwendig, wenn nicht das Theater ein Schandfleck für Düsseldorf bleiben sollte. Einsichtsvolle Bürger wandten sich deshalb mit einem Gesuche, in dem die traurigen Theaterverhältnisse, welche besonders durch den Zustand des Thalientempels verschuldet zu sein schienen, geschildert wurden, an den residirenden Pfalzgrafen Karl Theodor mit der Bitte um Abhülfe. Dieser kunstliebende Fürst erliess nun in Folge dessen am 9. Oktober 1781 die wichtige Verfügung, dass das Theaterwesen in Zukunft dem Polizei-Commissar von Neorberg unterstellt werden sollte; das Gebäude selbst wurde einer gründlichen Reparatur unterzogen, neue Decorationen wurden aus der Privatschatulle des Pfalzgrafen angeschafft und den Direktoren einige Erleichterung gewährt. Die Abgaben aber wurden auf neun Gulden für jede Vorstellung erhöht, von denen sechs für die Unterhaltung des Theaters und drei für die Armenkasse verwendet werden sollten. Da jedoch die Directoren häufig nicht im Stande waren, diese hohe Abgabe zu erschwingen, so musste ihnen dieselbe oft theilweise oder ganz erlassen werden. Trotz dieser Nachsicht gelang es nicht, bessere Gesellschaften auf eine längere Zeit an Düsseldorf zu fesseln. Um die Art der Vorstellungen zu illustriren, welche um diese Zeit in Düsseldorf zur Aufführung gelangten, mögen folgende Theaterzettel aus den achtziger Jahren des vorigen Jahrhunderts, welche uns zufällig erhalten sind, hier einen Platz finden: „Am

Mittwoch den 19. dieses Monats Februar (1783) wird die allhiesige Schauspieler-Gesellschaft zum Besten und Wohl hiesiger betrangten Stadt-Armen das Trauerspiel Hamlet aufführen: Abonnement suspendu. Nur ein Hamlet kann den Zuschauer erstarrend machen, sein Herz in die Presse nehmen und alle seine Sinne mit der Ewigkeit bekannt machen. Dieses Trauerspiel ist eine wahre schreckliche Geschichte Dännemarks, und enthält schaudernd das Widervergeltungsrecht: der Geist eines ermordeten Königs kommt aus seinem unterirdischen Behältniss, erscheint um Mitternacht, ob dem verabscheuungswürdigen Bubenstück seines Oheims, entdeckt ihm die frefelhafte Ermordung. Hamlet, von Wuth, Rache und Wehe durchdrungen, stürzt wüthend auf seinen meuchelmörderischen Oheim, durchbohrt ihn, rächet den Tod seines Vatters und besteigt seinen rechtmässigen Thron (sic!). Wo hatte es noch einen Menschen gegeben, der nicht gern Hamlet gesehen, bewundert, ihm seinen Besuch und Beyfall geschenket hatte." Es handelt sich hier um eine sogenannte Armenvorstellung, da den Direktoren häufig gestattet wurde, anstatt drei Gulden für jede Vorstellung an die Armenkasse zu entrichten, im Verlaufe der Saison zwei Vorstellungen zu geben, deren Ertrag ganz den Armen zu Gute kommen sollte; die naive, etwas marktschreierische Reclame kommt also in diesem Falle den Armen zu Gute. Bezeichnend genug ist auch folgender Zettel aus dem Jahre 1784: „Mit gnädigster Erlaubniss werden die hier anwesende bekannte Italiänische Virtuosen, in hiesigem Churfürstlichem Comedienhauss heute Sonntag den 19. December 1784 aufzuführen die Ehre haben: eine hier noch nie gesehene Opera Buffa in zwei Aufzügen, betittelt: der Hypochondrist, verzweifelt über die Doctoren, wird hernach aus Rach ein französischer Pferdearzt. Die Musik ist von Herrn Sarti, Kapellmeister von der Kaiserin von Russland. Das Leggeld: auf der Gallerie, der gewesenen Churfürstlichen Loge, und dem Parquett zahlt die Persohn 30 Stüber, auf der zweiten Gallerie 20 Stüber, auf dem Parterre 10 Stüber, auf dem letzten Platz 5 Stüber (1 Stüber ist etwa 5 Pfennig)."

In der darauf folgenden Periode der französischen Revolution wurde das Theatergebäude von durchziehenden Truppen, welche wiederholt in dasselbe einquartirt wurden, arg beschädigt. Die Wittwe Böhm, welche schon früher Vorstellungen in Düsseldorf gegeben hatte, erhält am 8. August 1798 die Erlaubniss zur freien Benutzung des Theaters für den folgenden Winter unter der Bedingung, dass sie das von den Franzosen verwüstete

Schauspielhaus auf ihre eigenen Kosten wieder in den Stand setzt.

Düsseldorf war im letzten Jahrzehnt des vorigen Jahrhunderts der Sammelplatz von französischen Flüchtlingen, unter denen sich auch viele hervorragende Männer befanden, so dass sich hier bald ein reges geistiges und gesellschaftliches Leben entwickelte. Bemerkenswerth ist noch aus dieser Zeit, dass am Karoli-Tag 1794 von der Gesellschaft des Schauspieldirectors Hunnius hier zum ersten Male Mozarts Zauberflöte zur Aufführung gebracht wurde.

Am 25. Februar 1806 nahm Napoleon für seinen Schwager Mürat Besitz vom Herzogthum Berg; dass die Fremdherrschaft äusserst deprimirend auf ein deutsches Theater wirken musste, ist selbstverständlich; wie völlig bar man aber damals noch jedes Nationalbewusstseins war, zeigt sich in einem besonders grellen Lichte auf dem Theater zu Düsseldorf. Man benutzte hier die Bühne dazu, den gefährlichsten Feind deutscher Sitte und Cultur, den Kaiser Napoleon den Ersten, zu vergöttern. Wie schamlos man dabei zu Werke ging, möge uns folgende kurze Inhaltsangabe eines Prologs zur Feier des St. Napoleon-Tages, aufgeführt auf dem bergischen National-Theater zu Düsseldorf den 15. August 1806, vorführen: Die Scene ist eine ländliche Gegend. Landleute, festlich geschmückt, bringen einen Lorbeerbaum, verziert mit Bändern und Kränzen, und setzen ihn in die Mitte der Bühne. Ein Greis hält eine schwungvolle Lobrede auf Napoleon; eine feierliche Musik ertönt -- Minerva lässt aus den Wolken sich herab --- die Landleute drängen sich ehrfurchtsvoll zu beiden Seiten der Scene und fallen auf die Kniee. Minerva preist Napoleon als den grössten Sohn der Zeiten, der Götter Liebling, der Menschheit Schirm und Stolz u. s. w. Darauf erhebt sich die Göttin in die Wolken. Unter einer sanften Harmonie verwandelt sich die Scene in den strahlenden Tempel des Nachruhms. Napoleons Brustbild, colossal, über demselben ein Stern in einem Oval, von Lorbeerzweigen umgeben, ruht auf den Schultern der Europa, die ihren Arm über die alte Hemisphäre ausstreckt. Es folgt ein Quartett der Priester, dann wieder eine Lobrede des Greises; unter den Klängen einer jubelnden Musik erscheint schliesslich der Genius des Friedens. Das Ganze endet mit einem Recitativ und Schlusschor. -- Nun, für diese Kriecherei machten sich die hier anwesenden Franzosen auch weidlich lustig über die Düsseldorfer Bühne, die ihnen zur Zielscheibe ihres

Witzes diente; in einer Flugschrift „Séance au Parnasse sur le Théatre de Dusseldorf" wird dieselbe auf das schärfste gegeisselt. —

Mit der Besitzergreifung Preussens beginnt eine neue Periode für das Düsseldorfer Theater, da laut einer Schenkungs-Urkunde vom 11. April 1818 das Theatergebäude in den Besitz der Stadt überging. Seit der Erhebung Deutschlands gegen die fremde Gewaltherrschaft begann überall ein neues, frisches Leben emporzublühen. Dieser frische Hauch machte sich besonders in Düsseldorf fühlbar, welches bald der Sammelplatz von bedeutenden Männern auf dem Gebiete der Kunst und Literatur wurde. Aus den Kreisen der wohlhabenden Kaufleute hatte sich schnell ein Theater-Actionär-Verein gebildet, der es sich zur Aufgabe machte, das Theatergebäude im baulichen Zustande zu erhalten, sowie für die Garderobe und die sonstigen Requisiten die Mittel zu beschaffen. Bald tauchte auch der Plan auf, ein neues Theatergebäude zu errichten. Schon im Jahre 1812 hatte der Baurath v. Vagedes einen Plan im grossen Stile entworfen, welcher für eine Einwohnerzahl von 40 000 Seelen berechnet war (Düsseldorf zählte fünf Jahre später, im Jahre 1817, nur etwas über 15 500 Bewohner). Für dieses Theater war ein freier und geräumiger Platz an der Ostseite der Alleestrasse gewählt worden; die Ungunst der Zeiten verhinderte die Ausführung. Auf Wunsch des Präsidenten, Herrn v. Pestel, verfertigte v. Vagedes darauf im Mai 1817 einen neuen Plan, der auf der Stelle des alten Theaters am Markt zur Ausführung kommen sollte. Man begann schon, auf das alte Theater und das daranstossende Gebäude des Appellationshofes (die alte Kanzlei) als Hypothek gestützt, den Baufonds vermittelst Actien zu sammeln. Auf Wunsch der Actionäre wurde aber der bedeutende Architect Weinbrenner aus Karlsruhe, welcher sich eines grossen Rufes im Theaterbauwesen erfreute, nach Düsseldorf berufen, um hier an Ort und Stelle einen neuen Plan zu entwerfen. Beide Pläne wurden sodann der Königl. Regierung zur Begutachtung vorgelegt, von dieser jedoch als unpractisch verworfen. Man wandte sich nun an den berühmten Oberbaurath Schinkel in Berlin, welcher einen dritten Plan entwarf; die Ausführung dieses Planes erforderte aber bedeutend mehr Mittel, als man vorgesehen hatte. Trotzdem sollte der Bau schon im Jahre 1822 beginnen, als plötzlich das ganze Unternehmen wieder in's Stocken gerieth. Nach jahrelangem unerquicklichem Kampfe wurde das, was die Einsichtsvolleren wollten, der Neubau, verworfen und aus missverstandener Sparsamkeit die Beibehaltung des alten Rumpfes nur mit neuer Ausschmückung beschlossen.

Sehr launig schildert uns Immermann in seinen Maskengesprächen (Deutsche Pandora III, Stuttg. 1840 p. 61) den Zustand des alten Theaters bei seiner Ankunft in Düsseldorf im Frühling des Jahres 1827: „Nachmittags hörte ich in meinem Gasthofe, es sei hier auch Theater. Der Name der Gesellschaft wurde mir genannt, die, im Herbst zusammengestoppelt, den Winter durch sich für das Wohl der Menschheit bemühe, und im Frühling, wenn die Schwalben kommen, wieder auseinander fliege. Der zweite Gang war also Abends in's Schauspielhaus. Es war nicht leicht, in das Allerheiligste dieses Tempels vorzudringen, denn Dunkel, wie es sich für die Avenüen zu Mysterien ziemt, waren die Korridors, denen hin und wieder die Bedielung fehlte, so dass man in dieses und jenes Loch trat, und gegen manchen rohen Pfosten stiess man in der Dunkelheit."

„Ein nichtswürdiges Lokal war's in der That, das alte Gieshaus, worin sie damals spielten", fiel der Papageigrüne ein. „Man wusste gar nicht, was man im Parterre unter den Füssen hatte, ob es noch Bruchstücke von ehemaligen Bohlen waren, oder der reine Müll. Einmal bricht ein dicker Mann mit seinem Beine durch den Fussboden seiner Loge durch; eine Dame, die in dem Raume darunter sitzt, fällt in Ohnmacht vor Schreck über den dunkeln Körper, der da so plötzlich vor ihrem Gesichte hängt, der arme Mann renkt sich aber das Bein aus. Indessen sass sich's doch recht hübsch darin, und man war einmal daran gewöhnt. An den Bogenbrüstungen umher standen auch die Namen der Theaterschriftsteller und der Komponisten angeschrieben: die Theaterschriftsteller schwarz, und die Komponisten roth. Das sah recht gut aus."

„Wenn man sie nur hätte deutlicher lesen können!" rief der schwarze Domino (Immermann). „Aber, Lieber, der Kronleuchter verbreitete doch ein gar zu zartes Dämmerlicht. — Sie gaben an jenem Abende ein Stück, ich weiss nicht mehr welches. Darauf folgte eine Merkwürdigkeit. Ein Gastwirth aus der Nähe, der sich bewusst war, dass die Ader des Schönen in ihm rinne, deklamirte den Ausbruch der Verzweiflung von Kotzebue."

Endlich wurde im Jahre 1832 diesem traurigen Zustande des Theatergebäudes ein Ende gemacht, indem am 1. Juni dieses Jahres 20000 Thaler für die Wiederherstellung von der Stadtverordneten-Versammlung bewilligt wurden. Man überzog die Sitzlehnen mit rothem

Tuch, versah Gallerie und Decke mit zierlichem Anstrich, verbesserte die Beleuchtung und pflanzte, um durch äusseres Ansehen den Thalientempel zu rechtfertigen, einen Porticus (6 Fuss weit) aus vier jonischen Säulen mit Frontispiz vor den Giebel.

Ehe wir uns der Glanzperiode des Düsseldorfer Theaters unter Immermanns Leitung zuwenden, haben wir uns noch kurz mit dem Manne zu beschäftigen, der es zum ersten Male verstand, durch eine lange Reihe von Jahren hindurch eine feste Schauspielersruppe zusammenzuhalten und das Düsseldorfer Theaterunternehmen auf eine sichere pekuniäre Grundlage zu stellen. Es ist dies der Direktor Derossi, welcher mit Ausnahme der Jahre 1834—37, wo Immermann die Leitung des Theaters übernommen hatte, vom Jahre 1817—1840 Pächter und Direktor des hiesigen Theaters war und mit geschäftskundiger Hand die vielen Schwierigkeiten, an denen seine Vorgänger meist gescheitert waren, zu überwinden verstand. Schon seit dem Jahre 1814 war er an der Düsseldorfer Bühne als Schauspieler und Regisseur unter seiner Vorgängerin, der Madame Caroline Müller thätg gewesen, welche um diese Zeit regelmässig mit ihrer Truppe während der Wintermonate Düsseldorf besuchte und das Publikum gewöhnlich wöchentlich drei Mal mit theatralischen Vorstellungen unterhielt; er kannte also bei der Uebernahme der Direktion die Schwierigkeiten, welche gerade Düsseldorf einem solchen Unternehmen bot. Denn während auf der einen Seite möglichst hohe künstlerische Anforderungen an ihn gestellt wurden, hatte er andererseits auf keine pekuniäre Unterstützung von Seiten der Stadt zu hoffen. Die Abgaben, welche die Direktoren als Miethe an den Theater-Baufonds, sowie an die Armenverwaltung zu entrichten hatten, waren von jeher äusserst drückend für dieselben gewesen. Die Armenabgabe wurde auf verschiedene Weise erhoben, indem bald von jeder Vorstellung ein bestimmter Betrag, um diese Zeit meist zwischen 2 und 3 Thalern schwankend, entrichtet werden musste, bald die Bestimmung getroffen wurde, dass während jeder Saison zwei Armenvorstellungen gegeben werden sollten; zu anderen Zeiten wurden 5% von der Brutto-Einnahme jeder Vorstellung für diesen Zweck erhoben; dazu kam die Theatermiethe, welche nach der Restauration des Gebäudes im Jahre 1832 von $2\frac{1}{2}$ Thaler auf das Doppelte erhöht wurde. Da dem Direktor ausserdem, wie schon oben erwähnt, keine pekuniären Erleichterungen von Seiten der Stadt zu Theil wurden, so ist es wenigstens theilweise zu entschuldigen, wenn

Derossi bei seinem Unternehmen sich ganz nach dem Geschmacke des gewöhnlichen Theaterbesuchers richtete, da irgend welche höhere, ideale Bestrebungen sicher seinen pekuniären Ruin herbeigeführt haben würden. Um seine Truppe während des ganzen Jahres zusammen halten zu können, war er genöthigt, besonders während der Sommermonate abwechselnd in Elberfeld und Crefeld Vorstellungen zu geben, welche auch dazu dienten, ein etwa vorkommendes Defizit des Düsseldorfer Unternehmens wieder auszugleichen.

Dem Geschmacke des gebildeten Publikums, welches wie überall, so auch in Düsseldorf die verschwindende Minderheit bildete, konnten seine Leistungen keineswegs genügen; der Mangel eines tüchtigen Theaters machte sich gegen das Ende der zwanziger Jahre immer mehr fühlbar. Als Wilhelm Schadow im Jahre 1826 an Cornelius Stelle die Leitung der Kunstakademie übernahm, wurde sein Haus bald der Sammelpunkt eines regen geistigen Verkehrs, dessen Seele Immermann wurde. Um den Mangel an höheren theatralischen Kunstgenüssen zu ersetzen, hielt dieser während der folgenden Jahre dramatische Vorlesungen im Kreise der Künstler und Literaten, welche sich damals in so bedeutender Anzahl um Schadow zu versammeln begannen; dann räumten ihm die Maler ein Atelier im alten Akademiegebäude ein, in dem er nun öffentlich Vorlesungen hielt; dieses Atelier musste sich vor jeder Vorstellung kurzweg in den kerzenhellen Salon verwandeln, dessen graue Wände freilich mit allerhand Zeichnungen, Farbenskizzen, Kartons besteckt blieben. Immermann selbst sagt in den oben erwähnten Maskengesprächen Folgendes über diese Vorlesungen: „Die dilettantischen Versuche, die bei Schadow angestellt, oder durch ihn herbeigeführt wurden, halfen in dem exclusiven Kreise den Sinn für das Dramatische erregen, der sich nun nur um so ekler von den Komödianten abwendete, da die Liebhaber dem Bedürfniss, wenn auch keine künstlerisch zubereitete Speise, doch etwas natürlich Geistreiches boten. Meine Vorlesungen kamen dazu. Diese neue Art, ein dramatisches Gedicht zu rezitiren, ist von Tieck erfunden und zu einer Kunst gemacht, Holtei und Andere sind ihm gefolgt; ich schloss mich gleichfalls solcher Richtung an, und hin und wieder ist mir der charakteristische Vortrag eines Werkes gelungen. Es bleibt freilich immer eine Zwitterkunst, und der Geschmack daran kann sich nur in Zeiten finden, denen die Partitur entkommen ist. Die Darstellung nämlich ist die volle Instrumentalmusik, ein gutes Spiel auf dem

Flügel aber eine derartige Vorlesung — im glücklichsten
Falle, der auch nur eintrifft, wenn Organ und Individualität
des Vorlesers gerade besonders zum Gedichte passen.
Eine Klippe des Gelingens sind fast immer die weiblichen
Rollen, bei deren Vortrag eine gewisse Affectation kaum
zu vermeiden ist. Leicht wird auch die zarte Grenz-
linie, welche dieses Genre von der Action scheidet, über-
sprungen. — Iphigenie, Blaubart, Wallenstein, König
Johann, Romeo, Leben ein Traum, standhafter Prinz,
Däumchen, Hamlet, Prinz von Homburg, gestiefelter Kater,
König Oedipus und Oedipus in Kolonos wurden während
zweier Winter vorgelesen."

Bevor wir uns nun zu dem künstlerisch bedeutendsten
Abschnitte der Geschichte des Düsseldorfer Theaters
wenden, mag es uns gestattet sein, mit kurzen Zügen
den Mann vorzuführen, durch dessen unerschöpfliche
Thatkraft und liebevolle Hingabe an einen idealen Zweck
die Düsseldorfer Bühne, wenn auch nur für eine kurze
Zeit, zu einer Musteranstalt von der höchsten Bedeutung,
zu einer Pflegestätte alles wahrhaft Schönen und Grossen
geworden ist.

Karl Lebrecht Immermann stammt aus einer jener
kernigen preussischen Beamtenfamilien, in denen ein fest
ausgeprägtes Pflichtbewusstsein sich mit Gottesfurcht und
Anhänglichkeit an das Königshaus harmonisch verbinden
und zu einem scharf ausgeprägten Ganzen vereinigen.
Am 24. April 1796 zu Magdeburg geboren, wo sein Vater
die Stelle eines Kriegs- und Domänenraths inne hatte,
bezog er nach einer im elterlichen Hause streng überwachten Jugend die Universität zu Halle, um dort Jura
zu studiren. Obgleich er sich schon seit der frühesten
Jugend zum Dramatischen hingezogen fühlte, so war es
ihm doch erst hier und in dem nahe gelegenen Bade
Lauchstätt vergönnt, in den Darstellungen der Weimari-
schen Gesellschaft korrekte, kunstgemässe Wiedergabe
bedeutender Werke auf sich wirken zu lassen. Von dem
Eindrucke, den diese Aufführungen auf ihn machten,
zeugen am besten seine eigenen Worte: „Von Vergnügen
war da nicht die Rede, sondern entzückt war ich und
verzückt. Die alte Kirche, worin man die Bühne eingerichtet hatte, war mir eine geweihte Halle, und form-
gebend für meine ganze spätere Zeit sind diese Eindrücke
gewesen."

Die gewaltige Zeit der Befreiungskriege war gerade
nicht geeignet, die nöthige Musse für innere Concentration
und Reflexion zu gewähren, welche nöthig sind, ein noch
im Werden begriffenes Talent der Reife entgegen zu

führen. Etwa im Beginne des August 1813 ordnete Napoleon bei einem nächtlichen Durchzuge durch Halle die Schliessung der Universität an. Am andern Morgen zerstreute sich die akademische Jugend in alle Winde. Das Feuer der Begeisterung riss auch Immermann mit fort und er trat als Freiwilliger in das preussische Heer ein. Ein heftiges Nervenfieber, welches ihn noch vor dem eigentlichen Aufbruch seines Regiments ergriff, hinderte diesmal seine Theilnahme an dem grossen Werke der nationalen Befreiung. Niedergeschlagen kehrte er nach Beendigung des Feldzuges zu seinen Studien zurück, als plötzlich die Nachricht von der Entweichung Napoleons von Elba und bald darauf der Aufruf des Königs an die Freiwilligen eintraf. Immermann stellte sich mit einer kleinen Anzahl von Freunden sofort in seiner Vaterstadt. Die Erinnerungen aus diesem Feldzuge, das bunte wechselvolle Soldatenleben, welches nun folgte, sind in seinem Tagebuche, welches er während der ersten Wochen des Feldlebens führte, in den lebhaftesten Farben plastisch dargestellt. Er kämpfte bei Belle Alliance mit und nahm auch später an dem Einzuge der Truppen in Paris Theil.

Als Offizier entlassen, kehrte Immermann nach Beendigung des Krieges zu seinen Studien zurück, um dieselben jetzt mit Musse beendigen zu können. Nachdem er das erste juristische Examen im Beginn des Jahres 1818 bei dem Oberlandesgericht in Halberstadt abgelegt hatte, trat er in den Staatsdienst ein. Nach vorübergehendem Aufenthalte in Oschersleben und Magdeburg wurde er als Auditeur für die Garnison nach Münster versetzt, wo er im November des Jahres 1819 eintraf. Hier lernte er nach einiger Zeit die hochgebildete und für die Poesie zart empfängliche Frau des aus den Freiheitskriegen als Führer einer Freischaar so bekannt gewordenen Lützow kennen, welcher seit Juli 1817 als Brigadegeneral der Garnison in Münster vorstand. Lützow war ein tüchtiger Soldat, aber nichts weniger als feinfühlend oder für höhere geistige Genüsse empfänglich. Das mochte wohl der innere Grund sein, weshalb das eheliche Verhältniss immer kälter wurde, da Lützow im geselligen Kreise von Freunden und Kriegskameraden am Stammtische Zerstreuung suchte. Von dem rohen Wesen ihres Gemahls abgestossen, fühlte sie sich immer mehr zu Immermann hingezogen, dessen Dichtungen sie ein feines Verständniss entgegenbrachte. Ohne dass er es sich zu gestehen wagte, erwachte in Immermann eine tiefe Leidenschaft für diese Frau; so liess er sich unbewusst in immer unhaltbarere Zustände treiben, welche seine Versetzung und die bald darauf folgende Ehescheidung in unmittelbarem Gefolge hatten.

Die folgenden Jahre verlebte Immermann in seiner Vaterstadt Magdeburg, wohin ihm auch seine Freundin unter ihrem elterlichen Namen als Gräfin Elisa von Ahlefeld nach einiger Zeit gefolgt war. Jetzt und auch später drang er wiederholt in sie, ihm öffentlich am Altare die Hand zu reichen, um das Verhältniss, welches leicht zu öffentlichem Aergerniss Veranlassung gab, vor der öffentlichen Meinung zu schützen, aber sie war jetzt und auch später nicht dazu zu bewegen, sei es, dass sie ihre Freiheit nicht durch ein neues Ehebündniss sich verkürzen wollte, oder dass in Folge einer sorglosen Erziehung die öffentliche Meinung sie gleichgültig liess. Als Immermann nun im Frühling 1827 als Landgerichtsrath nach Düsseldorf kam, folgte sie ihm bald nach und liess sich auf einem reizenden Landgute in Derendorf nieder, welches nach seinem früheren Besitzer gewöhnlich Kollenbachs Gut genannt wurde. Immermann gab bald darauf seine Wohnung hinter dem sogenannten Napoleonsberge auf und folgte seiner Freundin nach Derendorf. Hier, an der nördlichen Seite des Hofgartens, in dem freundlichen im Garten versteckten Hause, haben die meisten und besten von Immermanns Dichtungen das Licht der Welt erblickt, hier bildete sich auch bald eine Versammlungsstätte der hervorragendsten Männer Düsseldorfs, welche sich als Schriftsteller oder Künstler in weiteren Kreisen einen Namen erworben haben.

Immermanns bedeutendste Leistungen liegen nicht auf dem dramatischen Gebiet der Poesie; doch hatte, wie wir gesehen haben, die Bühne schon frühzeitig eine grosse Anziehungskraft auf ihn ausgeübt, und seine ersten selbstständigen dramatischen Versuche fallen schon vor seine Uebersiedelung nach Düsseldorf. Hier erhielten seine Bestrebungen im Kreise von Künstlern und hervorragenden Literaten, wie Uechtriz und Schnaase, die kräftigste Förderung; ein neues Leben ging ihm auf: „Aus dumpfer Arbeitsstube trat ich in einen heitern Kreis, dessen Arbeit auf die Schönheit ging, und hatte selbst Musse; aus formlosen Umgebungen unter solche, denen unter den Händen Alles zur Form wurde, nicht allein ihr geistiges Leben und Weben, sondern auch des Alltags Ernst, Scherz, der geringste Einfall. — Ein zweites Studentenleben führten wir damals, aber kein rüdes, sondern ein phantasievolles." Nachdem das allgemeine Interesse für die Bühne durch Vorlesungen im engern und weitern Kreise geweckt und durch die Restauration des alten Theaters ein würdiger

Musentempel geschaffen worden war, bildete sich auf
Immermanns Anregung im Herbst 1832 ein neuer Theaterverein unter dem Protectorate des Prinzen Friedrich von
Hohenzollern, dem fünfzehn Männer von hervorragender
Bildung, die zum Theil den vornehmsten Kreisen Düsseldorfs angehörten, beitraten. Die Aufgabe war keine
leichte, zumal da der Director Derossi sich auf seine
wohlerworbenen Rechte stützend anfangs allen Neuerungen und Eingriffen in seine Wirkungssphäre Widerstand
leistete; nur der siegreichen Energie Immermanns war
es möglich, die vielen Schwierigkeiten zu überwinden,
und so wurden noch im Laufe dieses Winters vier Subscriptions- oder Mustervorstellungen, wie sie im Publikum
hiessen, in das Repertoir eingeschoben.

Interessant ist die Art, wie Immermann die Stücke
mit den Schauspielern einstudirte. Von der Ueberzeugung
ausgehend, dass, wie des Dichters Werk aus einem Haupte
entspringe, auch die Reproduction desselben vernünftiger
Weise nur aus einem Haupte hervorgehen könne, machte
er das vollendete Ensemble zum Grundprincip seines
Wirkens. Der Satz von der künstlerischen Freiheit der
darstellenden Individuen ist zwar nicht ganz zu verneinen,
darf aber nur eine sehr beschränkte Anwendung finden.
Von dem Ueberwuchern jenes falschen Princips leitete
Immermann die Verwilderung der Bühne her. Er hat
auf das glänzendste den Beweis geliefert, dass mit mittelmässigen Subjecten, die einem Haupte folgen, sich correcte
Darstellungen liefern lassen, die den wahren Kunstfreund
zu erfreuen im Stande sind, während wir anderer Orten
das Gedicht durch grosse Talente zerfleischen sehen.
Zuerst las Immermann das Stück, welches gegeben werden
sollte, den Schauspielern vor. Dann hielt er mit jedem
Einzelnen Special-Leseproben, aus denen sich die allgemeine Leseprobe aufbaute. Ertönten in dieser noch
Disparitäten des Ausdrucks, so wurden die schadhaften
Stellen so lange nachgebessert, und wo nichts Anderes
half, vorgesprochen, bis das Ganze in der Recitation als
fertig gelten konnte. Die Action stellte er darauf zuerst
in Zimmerproben fest, die oft nur einzelne Acte, zuweilen
nicht mehr als ein paar Scenen umfassten, damit der
Darstellende in den nackten, nüchternen Wänden seine
Phantasie um so mehr anspannen lernte, und die falschen
Geister, die nur zu leicht sich auf der Bühne breit machen,
die Dämonen des Gespreizten, Rhetorischen, oder der
hohlen Handwerksmässigkeit, nicht verwirrend auf ihn
einwirkten. Stand das Gedicht so ohne alle illusorische
Nothkrücke fertig da, dann ging er erst mit den Leuten

auf das Theater. Gegeben wurde das Stück nicht eher, als bis Jeder, bis zum anmeldenden Bedienten herab, seine Sache wenigstens so gut machte, wie Naturell und Fleiss es ihm nur irgend verstatteten. Sinn und Begeisterung für das Ganze eines Werkes, und der feste Muth, diesen Sinn durchzusetzen, bewirkten eine gemeinsame Raschheit des Spieles, eine Rundung des Ensembles, ein Ineinandergreifen aller einzelnen Theile, die man damals auf den ersten Theatern unseres Vaterlandes vergeblich suchte. „Man fühlte," sagt Uechtritz, „dass ein poetischer und bedeutender Geist, nicht der prosaische Handwerkersinn eines gewöhnlichen Regisseurs oder gar der blinde Zufall das Ganze der Darstellung leite. Als Ein grosses, harmonisch concentrirtes Bild, nicht als ein Gemengsel vortrefflich und erbärmlich, in den verschiedensten Manieren, den verschiedensten Tempos gespielter Rollen trat sie dem Beschauer entgegen. Was auch im Einzelnen zu vermissen und selbst als verfehlt zu rügen blieb, die durchschmetternde Wirkung des Ganzen söhnte damit aus, während es sich auf manchen andern Bühnen gerade umgekehrt verhält, wo die hervorschreiende Trefflichkeit eines einzelnen Spielers uns das Unzusammenhängende oder Laue der ganzen Darstellung nur um so fühlbarer macht."

Emilia Galotti, die erste Mustervorstellung, war ein Ereigniss für die Stadt. Alles war wochenlang gespannt darauf, man wusste nicht, was dabei denn so grossartiges herauskommen sollte. Die „gelehrte Bühne", dieses Spottwort wurde von den elenden Widersachern zuerst ausgesprochen. Als der Vorhang endlich fiel, war man erstaunt, dass die Schauspieler da droben auf der Bühne nicht so schrieen, predigten, durcheinander strudelten und stolperten, wie sonst, sondern wie Menschen sprachen und sich betrugen, und zwar wie Menschen, welche die Handlung, die sie darstellten, etwas anginge. Anfangs blieb das Publikum still. Von dem Disput zwischen Oppiani und Marinelli aber an entzündeten sich die Zuschauer und wurden frei von dem Zwange, der sie eingeschnürt hatte. Nun fiel Scene für Scene, ja Rede für Rede der Applaus, der endlich bis zum Jubel stieg, in dem Alle hervorgerufen wurden.

Im folgenden Sommer leitete Felix Mendelssohn das fünfzehnte Rheinische Musikfest in Düsseldorf. Es gelang, den Künstler, welcher sich schon eines bedeutenden Rufes erfreute, durch die Uebertragung der Stelle eines städtischen Musikdirectors für längere Zeit an Düsseldorf zu fesseln. In Immermann tauchte sofort der Plan auf, denselben auch zugleich für das Theater zu gewinnen. Er fühlte, dass die weitere Entwickelung der Düsseldorfer Bühne nur in dem Falle möglich war, wenn es gelang, das Orchester und die Oper in derselben Weise wie das Schauspiel zu heben. Mendelssohn war natürlich die geeignetste Persönlichkeit, mit mittelmässigen Kräften — denn für grosse Virtuosen waren keine Mittel vorhanden — das für die Oper zu leisten, was Immermann für die Schaubühne zu leisten unternommen hatte. Mendelssohn, der schon im October sein neues Amt übernahm, trat sofort in den Theaterverein ein, und es wurde mit Rücksicht auf die schon vorgeschrittene Jahreszeit beschlossen, vorläufig die Mustervorstellungen des vorigen Jahres in erweiterter Form fortzuführen, indem sich Mendelssohn zur artistischen Leitung der Oper bereit erklärte.

Beim Beginne der Saison machte sich ganz unerwarteter Weise zum ersten Male eine Opposition gegen Immermanns Bestrebungen geltend. Die Reihe der Mustervorstellungen sollte nämlich diesmal mit der Aufführung des Don Juan unter Mendelssohns Leitung am 19. December eröffnet werden; drei Tage vorher war kein Billet weder zu den Logen noch zu den gesperrten Sitzen zu erhalten. In freudigster Erregung sah man dem Abende entgegen, an dem Mendelssohn zum ersten Male am Dirigentenpulte erscheinen würde; Niemand ahnte den unangenehmen Zwischenfall, der das ganze Unternehmen von vornherein in Frage stellte. Der Abend nahte, und schon gegen halb fünf Uhr hatte sich die zuströmende Menge durch die Eingangsthüren gedrängt, so dass um halb sechs Uhr alle Räume gefüllt waren. Hoch und höher wurde die Erwartung gesteigert; die Mitglieder des Orchesters suchten sich zu fassen, da erschien Mendelssohn und ein tumultuarisches Geräusch, welches sich gleich anfangs erhoben hatte, legte sich plötzlich. Während der Ouvertüre, die auf das Glänzendste gelang, blieb Alles ruhig, als aber der Vorhang sich hob, da brach der Widerwille des rohen ungebildeten Pöbels gegen das höhere Streben sich freie Bahn. Es wurde geheult, gepfiffen, getrommelt, der Director vorgefordert; die Bestie war los. Nur mit der äussersten Anstrengung, unter häufigen Unterbrechungen aus dem Parterre und der Gallerie gelang es, die Oper zu Ende zu führen. Die äussere Veranlassung zu dem Tumulte war die Erhöhung der Eintrittspreise gewesen, welche den Zweck hatte, den Schauspielern für die viele Mühe und Anstrengung, welche ihnen aus diesen Vorstellungen im Besonderen erwuchsen, in Form von Prämien für besonders gute Leistungen eine Belohnung zu bieten und sie zu weiteren Studien anzuspornen. Immermann war auf das Aeusserte empört: „Nach unserer Ansicht", schrieb er dem Comite, „kann das Schöne ohne eine entschiedene Gesinnung Anderer für dasselbe sich nie verwirklichen; ohne eine solche muss namentlich das höhere Dramatische der gemeinen Gesinnung gegenüber, die im Theater keine Erhebung des Geistes, sondern nur leeren Zeitvertreib oder einen Tummelplatz für ihre niedrigen Leidenschaften sucht, noch schutzloser dastehen, als es ohnehin leider schon der Fall ist." Mendelssohn erklärte, die nächste Oper, zu der schon alle Billets verkauft waren, nicht leiten zu können, wenn ihm nicht vorher die Garantie geleistet werde, dass ähnliche Störungen nicht wieder vorkommen würden; die Orchestermitglieder ihrerseits erklärten, nicht ohne Mendelssohn spielen zu wollen. Es herrschte die äusserste Verwirrung, und die zweite Aufführung der Oper musste vorläufig unterbleiben. Die Zeitungen boten Alles auf, den Schaden wieder gut zu machen, und der Verein zur Beförderung der Tonkunst erliess ein Manifest, in dem um die Wiederholung der Oper dringend gebeten wurde. Das Theater-Comite zeigte an, dass es sich sofort auflösen werde, sobald bei der nächsten Aufführung die geringste Störung eintreten werde, und so kam denn schliesslich die Wiederholung zu Stande, die diesmal auf das glänzendste verlief. Mendelssohn wurde bei seinem Erscheinen applaudirt und auf Verlangen des Publicums mit einem dreimal wiederholten Tusch empfangen.

Ausser dem Don Juan kamen in diesem Winter noch Egmont, Nathan, Wasserträger, Braut von Messina und Andreas Hofer von Immermann zur Aufführung.

Als das Ende der Saison heranrückte, arbeitete Immermann auf das Lebhafteste an der Bildung eines grösseren Theater-Vereins; am 3. April 1834 war das Programm schon völlig ausgearbeitet: das Theater in Düsseldorf sollte aufhören, eine Privatunternehmung zu sein. Die Stadt als Eigenthümerin des Schauspielhauses sollte dasselbe als städtische Anstalt neu gründen und weiter führen. Mendelssohn und Immermann erklärten sich zur Uebernahme der artistischen Leitung bereit. Es wurden von Personen aus den höchsten Kreisen sofort 10,000 Thaler in Actien zu je 250 Thaler unterzeichnet, mit denen das Unternehmen ins Werk gesetzt werden sollte. Der bisherige Director Derossi trat seine Rechte gegen Entschädigung an die Gesellschaft ab, und mit froher Erwartung sah man der Eröffnung der neuen Saison entgegen. Immermann selbst hatte sich einen einjährigen Urlaub von den Staatsgeschäften genommen, um sich ganz der neuen Aufgabe widmen zu können. Auf einer grösseren Reise, die er eigens zu dem Zwecke unternommen hatte, suchte er sich die Schauspieler für die neue Bühne aus, welche auf seinen besonderen Wunsch dauernd engagirt werden sollten. Mitte October war die Gesellschaft beisammen; es fanden sich mehrere hübsche, frische Talente darunter, kein einziges grosses Genie, zu dessen Engagement die Mittel fehlten, aber auch kein einziger Unfähiger.

Kaum war die Bühne eröffnet, als sie auch schon von einem harten Schlage getroffen wurde, indem Mendelssohn vierzehn Tage später erklärte, dass er sich von den Geschäften der Intendanz befreit zu sehen wünsche, weil seine Gesundheit und seine übrigen Arbeiten darunter litten. Er hatte nie ein grosses Interesse für die Oper empfunden und war nur durch Immermanns Einfluss zu der Uebernahme der ihm so lästigen und zeitraubenden Arbeit bewogen worden. An seine Stelle trat der jugendliche Musikdirector Julius Rietz, welcher zum Glück mit grossem Talent und regem Eifer für die eigentlich musikalischen Leistungen eintrat. Den innern Grund des raschen Bruches bezeichnet Emil Devrient in seiner Geschichte des Theaters in kurzen, treffenden Worten: „Immermanns herbe und eisenstirnige Natur und Mendelssohns verwöhnte Reizbarkeit stiessen zusammen. Immermann war gewohnt, allen Widerstand zu besiegen, Mendelssohn keinen zu ertragen."

Schon am Ende dieser ersten Saison zeigte es sich, dass sich das neue Unternehmen ohne schwere Opfer nicht würde weiter führen lassen, da die Bilanz am Ende derselben ein starkes Deficit aufzeigte. Bei der grossen Menge, die schliesslich doch nur Zerstreuung suchte, hatte sich das Interesse für das Unternehmen bald bedeutend vermindert, so dass nicht nur ein Ueberschuss von tausend Thalern, welcher bis Ende Januars gemacht worden war, am Schlusse des Theaters am 4. Juli 1835 wieder aufgebraucht war, sondern es musste sogar ein neuer Griff in den Actienfonds gemacht werden, der durch das Inventar und die übrigen Vorausgaben schon wesentlich geschmälert war.

War so das pekuniäre Resultat ein ziemlich drückendes gewesen, so hatte es doch von den verschiedensten Seiten nicht an Anerkennung und Aufmunterung gefehlt. Grabbe, welcher auf Immermanns Einladung Anfangs December 1834 von Frankfurt nach Düsseldorf übergesiedelt war, gehörte zu den Ersten, welche die Bedeutung und die Eigenthümlichkeiten der werdenden Bühne begriffen. Seine

Kritiken, welche ursprünglich in einem Lokalblatte erschienen, hat er später zu einem eigenen Aufsatze über die Düsseldorfer Bühne ausgearbeitet und erweitert. Fremde Gäste spendeten derselben auch mehr Anerkennung als die Einheimischen, namentlich spricht der Dichter Zedlitz seine höchste Bewunderung über eine Aufführung des Egmont aus, die ihm eine ganz unerwartete Vollendung gezeigt hatte.

Um die Truppe während der Sommermonate beschäftigen und das entstandene Deficit ausgleichen zu können, hatte Immermann gleich am Anfange des Jahres 1835 um die Erlaubniss nachgesucht, in Bonn Vorstellungen geben zu dürfen; dort hoffte er von dem gebildeten und leicht erregbaren Publikum auf ein reges Interesse und zahlreichen Besuch. Diese Erlaubniss wurde aber nicht gegeben, und so wurde denn beschlossen, bis zur Wiedereröffnung der Bühne die Truppe in Crefeld und Elberfeld zu beschäftigen. Aber namentlich an dem letzteren Orte, wo in Ermangelung eines besseren Raumes die Vorstellungen in einer Reitbahn, welche die Kunst des Düsseldorfer Maschinisten und die mitgebrachten Decorationen nothdürftig in einen anständigen Saal verwandeln mussten, wurden die Kosten nicht gedeckt, trotz unsäglicher Anstrengung von Seiten Immermanns, der drei Monate lang ein wahres Campagneleben zwischen Düsseldorf und Elberfeld führte.

Im nächsten Winter hatte Immermann zu den schweren aufreibenden Geschäften der Intendanz auch noch sein Amt als Landgerichtsrath zu verwalten, da ihm sein Gesuch um Verlängerung seines Urlaubes abgeschlagen worden war. Diese zweite Saison zeigte noch deutlicher, wie schwierig es sein würde, das Unternehmen finanziell auf eigene Füsse zu stellen. In einer Versammlung der Actionäre vom 13. Februar 1836 verzichten diese unbedingt auf die Zinsen und willigen darein, dass das letzte Drittel des Actiencapitals zur Fortführung des Unternehmens verwendet werde. Aber auch dieses Opfer genügte nicht; am 11. März wurde ein Circular an die Freunde und Gönner des Theaters gesandt, um freiwillige Beiträge einzusammeln; diese steuerten denn auch 2479 Thaler bei; ausserdem wurde von einigen Freunden gegen Uebertragung des Inventars die Summe von 1500 Thalern vorgeschossen; nur so war es möglich, diese Saison zu Ende zu führen.

Immermann war nur durch die Bitten und Ermunterungen seiner Freunde zu bewegen, die Intendanz noch ein Jahr weiter zu führen, obschon die Unhaltbarkeit des Unternehmens erwiesen war, da ein wirkliches Kunstinstitut nicht von den Almosen einiger reichen Gönner bestehen kann, wodurch seine Existenz beständig dem Zufalle preisgegeben sein würde. Den Sommer über wurden wieder Vorstellungen in Crefeld und Elberfeld gegeben; doch reichten auch diesmal die Einnahmen nicht hin, die Kosten des Instituts zu decken; die neue Saison musste daher mit einem Deficit beginnen. Am 16. Januar 1837 waren alle Mittel erschöpft, und es musste daher eine neue Appellation an das Wohlwollen der Theaterfreunde gemacht werden, um wenigstens die eingegangenen contractlichen Verpflichtungen und andere unvermeidliche Ausgaben decken zu können; ein neuer Zuschuss von 1400 Thalern war schon aufgebraucht. Aber die Geduld der Gönner, an welche fortwährend so grosse Anforderungen gestellt wurden, zeigte sich erschöpft; so wurde denn der Schluss der Bühne auf den 31. März 1837 festgesetzt. Die Hergänge dieses Winters hat Immermann in Form eines Tagebuches niedergeschrieben, so dass wir gerade über diese letzte Zeit am besten unterrichtet sind. Immermann sorgte dafür, dass die Bühne im höchsten Glanze unterging; die Schauspieler selbst unterzogen sich den grössten Anstrengungen, weil sie es für ihre Pflicht hielten, die Ehre des Instituts zu retten. Neben der übrigen Tageswaare, welche als eine Concession an das grosse Publikum stets mit den grösseren klassischen Werken abwechselte, wurde noch im letzten Monate Julius Cäsar, Iphigenie und Griseldis von Halm ganz neu einstudirt.

Der Grund, weshalb die Düsseldorfer Bühne unterging, ist also kein innerer, sondern der allermateriellste: „Nicht an einem innern Leiden," sagt Immermann in den schon mehrfach erwähnten Maskengesprächen, „sondern einzig und allein daran ist sie gestorben, dass ihr ein jährliches Subsidium von 4000 Thalern fehlte, dessen sie etwa zu ihrem Fortbestande bedurfte."

Devrient hat Immermann und seiner Schule den Vorwurf gemacht, dass er die Schauspielkunst nicht als Lebendigmachung des poetischen Gedankens anerkenne, dass er nicht wahrhaft schöpferisch die Gedanken seiner Rolle in einer Weise ausbilde, wie sie dem Dichter nur dunkel vorgeschwebt habe. Dieser Tadel trifft aber, wie Putlitz in seiner Biographie Immermanns sehr richtig bemerkt, nur theilweise zu, wenn es sich nämlich um die Wiedergabe von Werken, wie namentlich der Dramen Shakespeares handelt, in denen die Worte häufig nur höchst unvollständig die innern Gewalten zum Ausdruck

bringen, während das Tiefste und Feinste zwischen den
Zeilen gelesen werden muss; hier muss allerdings dem
darstellenden Genie ein freierer Spielraum zugestanden
werden. Völlig berechtigt ist aber Immermanns Methode
bei der grossen Mehrzahl der deutschen Klassiker, namentlich Schillers, welche in breiter Ruhe die Gedanken in
der Rede ausspinnen; er unterdrückte bei der Wiedergabe dieser Werke jede individuelle Selbstständigkeit der
Schauspieler, indem er dieselbe den höheren Zwecken
des einheitlichen Ensembles opferte. — Aeusserlich beherrschte er die Schauspieler vollständig; irgend welche
Nachlässigkeit, Unordnung oder Unfolgsamkeit wurde auf
das Empfindlichste mit grösseren oder geringeren Geldstrafen geahndet. Doch übte seine eigene, unermüdliche
Energie allein schon einen belebenden Einfluss auf die
Ausdauer derselben aus. Er hatte eine solche Gewalt
über sie, dass die vornehmsten Schauspieler, wenn er es
vorschrieb, in den unbedeutendsten Nebenrollen auftraten,
und Alle zeigten sich zu Anstrengungen willig, welche
die Kräfte des Menschen zu übersteigen schienen. Viermal wurde in der Woche gespielt, und jedes Stück konnte
nur ein- oder höchstens zweimal wiederholt werden. Ungeachtet der Nothwendigkeit, unaufhörlich neues zu bringen,
durfte doch kein dramatisches Werk ohne mehrere, höchst
gründliche Proben die Bühne betreten. Während sich so
die Darsteller ihrem Intendanten völlig unterordneten,
vertrat dieser mit grosser Energie ihre Interessen. Bezeichnend für das Verhältniss zwischen Immermann und
den Darstellern sind die Worte, welche er ihnen am
13. Januar 1837 in das Circularheft schrieb: „Es macht
mir übrigens Freude, bei dieser Gelegenheit (der Kün-
digung des gesammten Personals) auszusprechen, dass
derjenigen, mit welchen unzufrieden zu sein ich gerechte
Ursache habe, nur Einzelne sind, und dass die Mehrzahl
der Mitglieder, und namentlich diejenigen, welche Hauptfächer bekleiden, sich beeifert, der Anstalt zu nützen,
mir in meinem Wirken entgegen zu kommen, und selbst
ungewöhnliche Anstrengungen nicht zu scheuen. Diesen
ehrliebenden und wohlgesinnten Künstlern danke ich hiermit; in ihrem Zutrauen und in ihrer Neigung finde ich
den Lohn für dreijährige, mühselige Arbeit, von ihnen
werde ich, wenn unser Verhältniss hier sich auflöst, als
Freund von Freunden scheiden, meine besten Wünsche
werden sie begleiten, und wo ich kann, werde ich ihnen
in der Nähe und Ferne nützlich sein.

Immermanns Bemühungen hatten für Düsseldorf die
nachhaltige Wirkung, dass dem Theater in Zukunft von

Seiten der Behörden eine grössere Aufmerksamkeit geschenkt wurde, welche sich äusserlich darin zeigte, dass eine Commission, theils aus den Bürgern der Stadt, theils aus den Mitgliedern des Stadtrathes, erwählt wurde, welche aus 12 Mitgliedern bestand und Theatercomitee genannt wurde. Dies Theatercomitee, welches sich bis auf den heutigen Tag bewährt hat, sollte nach einer Verfügung des Oberpräsidenten der Rheinprovinz die Bestimmung haben, darüber zu wachen, dass bei der Wahl der aufzuführenden Stücke die Pflichten gegen den Staat und gegen Moral und Sitte nicht verletzt würden und dass überhaupt ein öffentliches Aergerniss von der Bühne entfernt bleibe. Dazu kamen bald noch besondere Befugnisse, welche vom Stadtrath hinzugefügt wurden; es fällt dem Comitee bei der jedesmaligen Erledigung der Direction die Wahl eines neuen Directors zu, welche gewöhnlich nach dem Ausschreiben einer freien Bewerbung vollzogen wird; es setzt die Bedingungen des Vertrages fest, welche jedem neuen Director von der Stadt vorgeschrieben werden. Ferner wacht es über das Repertoire und die Wahl der Stücke; es hat dafür zu sorgen, dass unfähige Darsteller durch bessere ersetzt werden; es hat das Recht, ernste Verwarnungen zu ertheilen und selbst mit der Entziehung der Concession zu drohen, wenn sich der Director grober Vergehen schuldig macht; doch hat nur der Stadtrath das Recht, die Drohung zur Ausführung zu bringen.

Die letzte Periode des Düsseldorfer Theaters nach dem Untergange des städtischen Unternehmens unter Immermanns Leitung bietet wenig Erfreuliches zu berichten dar. Vorläufig trat der schon früher erwähnte Director Derossi in seine Stellung wieder ein. Sein Nachfolger im Jahre 1841, der bisherige Regisseur W. Henkel, war beim Publicum wenig beliebt; im Jahre 1845 konnte er seinen Verpflichtungen nicht mehr nachkommen. Auch seine Nachfolger Grabowsky (1845—46), Gustav Brauer (1846—47), W. Böttner (1847—49), W. Löwe (1849—50) konnten das Theater auf keine sichere Grundlage bringen und traten nach grossen pecuniären Verlusten zurück. Nicht viel besser erging es dem Director Ludw. Kramer (1850—54), welcher wegen Mangels an Betheiligung, woran zum Theil wohl die schlechten Leistungen Schuld sein mochten, freiwillig die Direction niederlegte, da ihm die Stadt keine Erleichterungen gewähren wollte.

Ihm folgte E. Th. L'Arronge (1854—55), bisher Director des Stadttheaters in Aachen. Nach Immermann ist er der bedeutendste Leiter der Düsseldorfer Bühne gewesen, aber auch ihm gelang es trotz der weitgehendsten Unterstützung von Seiten der Stadt nicht, die Ausgaben durch die Einnahmen zu decken. Die Miethe von 6 Thalern für jede Vorstellung wurde ihm ganz erlassen; als einzige Bedingung blieb nur die Verpflichtung, während jeder Saison zwei Benefizvorstellungen für die Armenkasse und eine für den Pensionsfonds des städtischen Orchesters zu geben. Er zog es schon nach einer Saison vor, die ihm mehr Aussicht auf pecuniären Erfolg bietende Stelle als Director des Danziger Theaters zu übernehmen. Georg Jacob Meisinger (1855—59) trat an seine Stelle; dieser stand bei dem Publicum als Darsteller unter Derossi und später unter Immermann noch im besten Andenken und man setzte die grössten Hoffnungen auf ihn, besonders da ihm zu gleicher Zeit von der Regierung die Concession für Elberfeld ertheilt worden war. Da er sich als einen sehr tüchtigen Dirigenten zeigte, so wurde ihm nicht nur das Orchesterbenefiz erlassen, sondern auch ein jährlicher Zuschuss von 300 Thalern zu den Beleuchtungskosten bewilligt. Trotzdem hatte er gleich im ersten Monate der Saison ein Deficit von 1500 Thalern, so dass sich das Theatercomité veranlasst sah, am 25. October 1855 unter Hinweis auf die ausserordentlichen Bestrebungen Meisingers zur Hebung der Bühne das Publicum zu zahlreicherem Besuche der Vorstellungen aufzufordern; er konnte sich trotz der grössten Anstrengungen nur bis zum Jahre 1859 behaupten.

Nach seinem Rücktritte folgte der Director Greiner (1859—61); dann Bensberg (1861—64). Der Letztere endigte mit völligem Ruin; um das Haus zu füllen, wendete er schliesslich das verfängliche Mittel an, Billete zu den Logen und Sperrsitzen unter dem Preise zu verschleudern; dazu gab er gerechte Klage über mangelhaftes Personal und noch mangelhaftere Leistungen. Die Folge war, dass er am 25. März 1864 heimlich entwich, eine grosse Schuldenlast und völlige Verwirrung zurücklassend. Um die unglücklichen Schauspieler, welche den grössten Theil ihrer Gage eingebüsst hatten, vor gänzlichem Elend zu schützen, wurden denselben von der Stadt 500 Thaler als Unterstützung bewilligt und der Regisseur Denkhausen mit der Fortführung der Direction bis zum Ende der Saison beauftragt.

In dieser peinlichen Lage nahm man das Anerbieten des L'Arronge dankbar an; dieser hatte nach seiner Rückkehr von Danzig vom Jahre 1858—63 das Stadt- und Thaliatheater in Köln geleitet und dort ausserdem das Victoriatheater aus eigenen Mitteln erbaut und in demselben von 1861—63 während der Sommermonate Vorstellungen gegeben. Seine Rückkehr wurde mit Freuden begrüsst, da man unter seiner Direction einen neuen Aufschwung des Theaters nach der letzten Misswirthschaft erwartete. Damit das Düsseldorfer Theater nicht zu einer Filiale von Köln herabgedrückt werden könnte, musste er sich verpflichten, für Düsseldorf ein selbstständiges Personal zu halten und seinen Wohnsitz hierher zu verlegen. L'Arronge bot in der nächsten Saison Alles auf, dem Publicum gediegene Kunstleistungen zu bieten; bedeutende Gäste wie Döring traten wiederholt auf; zugleich gab er im Laufe des Winters die Direction in Köln ganz auf, um seine Kraft dem hiesigen Theater allein widmen zu können in der Hoffnung, sich hier eine dauernde Heimath zu gründen. Das Theater, an dem Immermann gewirkt hatte, hörte nicht auf, seine Anziehungskraft auszuüben. Trotz eines Zuschusses von 400 Thalern von der Stadt hatte er schon am Ende der ersten Saison einen Verlust von 3000 Thalern. Aber dennoch liess er sich nicht entmuthigen; er hoffte, durch eine Verbindung mit einigen benachbarten Städten in der nächsten Saison das entstandene Deficit wieder decken zu können. Im nächsten Winter (1865—66) gab er daher zu gleicher Zeit in Essen und Duisburg Vorstellungen. Da er hier einen gewissen Ueberschuss erzielte und da ihm ausserdem von December an ein monatlicher Zuschuss von 400 Thalern bewilligt wurde, von dem die Orchestergage bezahlt werden sollte, so kam er durch diese Saison glatt hindurch. Im nächsten Sommer gab er selbst mit seiner Frau an fremden Bühnen Gastrollen und setzte die Aufführungen in Duisburg und Essen fort, so dass er mit frischem Muthe die neue Saison in Düsseldorf antrat. Aber es war dies die letzte; am Ende derselben legte er die Direction nieder, um nach Amerika auszuwandern, wo er ein ergiebigeres Feld für sein Talent zu finden hoffte.

Es folgen nun der Direktor Sasse aus Stettin (1867—71), Franz Kullak (1871—73), Scherbarth (1873—76), welche ohne Ausnahme zu Grunde gingen. Unter Scherbarths Direktion wurde endlich das lange ersehnte neue Theatergebäude vollendet. Wie wir gesehen haben, reichen die ersten Projekte eines Neubaues bis zum Jahre 1820 zurück. Nachdem sich nun immer mehr herausgestellt hatte, dass es nicht möglich sei, im alten Theatergebäude eine den gerechten Ansprüchen Düsseldorfs entsprechende Gesellschaft zu halten, tauchten schon im Jahre 1864 die ersten Gedanken an den Bau eines neuen Theatergebäudes wieder auf. In einer Flugschrift, welche in diesem Jahre erschien, wies A. Fahne auf die Schäden hin, welche das viel zu kleine alte Gebäude im Gefolge hatte; nach Immermann hatten die Directoren nur ausnahmsweise Gutes, meist sehr Mittelmässiges, oft ganz Unwürdiges geliefert. Fremde Kräfte auftreten zu lassen, war für die Directoren nicht ohne die grössten Opfer möglich gewesen, da die mögliche Totaleinnahme wegen des beschränkten Raumes die durch ein Gastspiel hervorgerufenen Mehrkosten nicht decken konnte. Der bessere Theil der Gesellschaft hielt sich überhaupt von dem Theater fern. Noch im Dezember desselben Jahres folgte eine Petition an den Ober-Bürgermeister, welche die Namen der angesehensten Bürger zur Unterschrift hatte. Die Folge war, dass am 21. Februar 1865 die Stadtverordneten-Versammlung 120000 Thaler für einen Neubau bewilligte, welche durch eine Anleihe gedeckt werden sollten. Der Entwurf des Prof. Giese erhielt schliesslich nach einigen Aenderungen den Vorzug. Aber die Verhandlungen kamen, nachdem noch am 26. November 1867 die Mehrkosten von 18000 Thalern für die Ausführung des Giese'schen Planes bewilligt worden waren, wieder ins Stocken. Erst am 15. Juli 1873 wurde die Ausführung dieses wieder und wieder umgeänderten Planes, welche jetzt auf 270000 Thaler berechnet wurde, endgültig beschlossen und schon im September in Angriff genommen. Am 1. November 1875 war der Bau so weit vollendet, dass die Vorstellungen darin begonnen werden konnten. Wir lassen hier einen interessanten Bericht folgen, welcher zur Eröffnungsfeier in einer Lokalzeitung erschien: „Die Gründungsarbeiten begannen im September 1873 und zwar unter sehr erheblichen Schwierigkeiten, da sowohl der Baugrund selbst, als auch das reichlich vorhandene Wasser der Bewältigung arge Hindernisse entgegenstellten; besonders in ersterer Beziehung ergab sich der Uebelstand, dass der auszuhebende Grund ausschliesslich aus ausgefülltem Boden und ausgeschütteten Festungsgräben bestand und deshalb sogar Sprengarbeiten vorgenommen werden mussten, um einen bauwürdigen Grund für die 144 Grundpfeiler zu gewinnen, auf denen das ganze Gebäude fundirt ist. Die Sohle der meisten dieser Pfeiler befindet sich bis zu acht Meter unter der Krone der Alleestrasse, weil man erst in solcher Tiefe auf gewachsenen Boden stiess, ja einzelne Gebäudetheile sind sogar direkt auf altes Festungsmauerwerk gesetzt, in welchem man Wölbungen und Wendeltreppen (von einem früheren Treppenthurm herrührend) vorfand. Die Grundpfeiler sind durch starke Wölbungen mit einander verbunden. Trotz aller dieser Schwierigkeiten konnte doch im April 1874 mit dem Oberbau begonnen werden und schon gegen Mitte September 1875 war die Aufstellung sämmtlicher Dächer beendet." — „Der Zuschauerraum ist für 1500 Personen berechnet. Das Orchester fasst bequem 50 Musiker. Es hat eine vorzügliche Resonanz, wie denn überhaupt die Akustik im ganzen Hause eine vortreffliche genannt werden kann. Zu beiden Seiten des Orchesters sind die sog. Stimmzimmer angebracht, welche den wohlthätigen Zweck haben, dem Publikum den sehr zweifelhaften Ohrenschmaus des Instrumentenstimmens zu ersparen." — „Die Bühne selbst ist 15,70 Meter tief und 22,50 Meter breit. Die Breite der Bühnenöffnung beträgt 10,50 Meter. Die Bühneneinrichtung hat Herr Maschinenmeister Brandt von Darmstadt geleitet. Es ist dies derselbe berühmte Meister, welcher auch von Richard Wagner nach Bayreuth berufen wurde, um dessen Meisterbühne für die Darstellung der Nibelungen-Trilogie einzurichten; es verdient daher die grösste Anerkennung, dass die Lösung dieser für ein Theater wichtigsten Aufgabe solch einer eminent befähigten Kraft anvertraut wurde. — Die Bühneneinrichtung des hiesigen neuen Theaters ist aber auch geradezu vollendet zu nennen und genügt allen Anforderungen, welche heutzutage in potenzirter Form an die Bühnentechnik gestellt werden, in der erschöpfendsten Weise. Die Gardinen und Prospekte können ungerollt in voller Höhe aufgezogen werden. Die zusammengehörigen Dekorationen sind durch Maschinerien derartig miteinander verbunden, dass sie durch eine einfache Kurbeldrehung zu gleicher Zeit, d. h. also mit einem Ruck zusammengestellt auf der Scene erscheinen. — Hinter der eigentlichen Bühne ist noch ein grosser Raum, welcher nöthigenfalls noch als Fortsetzung der Bühne benutzt werden kann. In dem Bühnenpodium sind fünf Versenkungen und mehrere sogenannte Kassettenklappen angebracht, welch' letztere zum Versenken von Versatz- und Dekorationsstücken dienen. Unter diesem Podium befindet sich die ganze Untermaschinerie in zwei Etagen, auch sind in diesem Raume Ausgänge nach dem Orchester und der Eingang zum Souffleurkasten angebracht. Ueber der Hinterbühne befindet sich der geräumige Malersaal, in welchem die Prospekte und Gardinen in voller Grösse ausgebreitet gemalt werden." „Fügen wir schliesslich noch hinzu, dass das ganze Haus durch sieben Kaloriferen nach neuestem, rauchunmöglichem System, mit Wasserverdampfung (von Reinhardt in Würzburg) geheizt wird, so haben wir ein ungefähres Bild von der Grösse, Schönheit und Zweckmässigkeit des neuen Gebäudes. Im Ganzen sind auf den Bau selbst über eine Million Mark verwendet worden."

Die Hoffnung, das Theaterwesen durch diese grossen Opfer endlich auf eine sichere Grundlage gebracht zu haben, sollte sich jedoch vorläufig noch nicht verwirklichen. Der Director Scherbarth wurde, trotzdem er zu gleicher Zeit im alten Theater Vorstellungen gab, noch im Laufe der ersten Saison bankerott, da er seinen Verpflichtungen nicht nachkommen konnte; sein sehr reichhaltiges Inventar, bestehend in der Theaterbibliothek, Garderobe und anderen Requisiten, ging für die Summe von 20,000 Mark in den Besitz der Stadt über. Der Director Ubrich in Aachen lehnte die ihm angebotene Direction ab, da er ohne grosse Verluste nicht durchzukommen fürchtete. In dieser Noth nahm man die Bewerbung Karl Erdmanns an, welcher sich als erster Tenor unter Kullack einer grossen Beliebtheit bei dem Publikum erfreut hatte; die Befürchtung, dass er sich nicht lange behaupten werde, verwirklichte sich schon am Ende der ersten Saison, trotzdem ihm am 5. Dezember 1876 die Theatermiethe auf unbestimmte Zeit erlassen worden war.

Ihm folgte Albert Schirmer (1877—1880), welcher zwar den gesteigerten Ansprüchen des Publikums gerecht wurde und das gänzlich geschwundene Vertrauen des besseren Publikums wiederzugewinnen verstand, aber doch so grosse pecuniäre Verluste erlitt, dass er am 10. Nov. 1880 um Aufhebung des Contractes bat. Das Theater-Comité sprach sich in seiner Sitzung vom 12. Nov. d. J. dahin aus, dass eine Aufhebung des Vertrages mit Schirmer nicht wünschenswerth sei, da nicht gehofft werden könne, dass für die Theaterverhältnisse dadurch irgend eine Besserung eintreten werde, da für jeden kommenden Theaterdirector die nämlichen Schwierigkeiten sich darbieten würden, wie für Herrn Schirmer. Eine wesentliche Unterstützung von Seiten der Stadt, welche vom Comité vorgeschlagen wurde, ging jedoch in der Stadtverordneten-Versammlung nicht durch; das Entlassungsgesuch wurde angenommen.

Am 18. Jan. 1881 bewarb sich nun Karl Simons, ein geborener Kölner, um die Direction. Er war lange Zeit als Sänger und Regisseur an den ersten Theatern Deutschlands, wie z. B. München, Köln, Breslau und Hamburg thätig gewesen und hatte schon die Leitung des Flora-Theaters in Köln und zuletzt das Grand Théatre in Gent mit Erfolg in den Händen gehabt. Sein Anerbieten wurde angenommen, und damit endlich das Unternehmen auf eine sichere, geschäftsmässige Grundlage gestellt. Die wichtigsten Bestimmungen des mit ihm abgeschlossenen Vertrages sind folgende: die Pacht beträgt jährlich 8000 Mark; jedoch wird dem Director das Gas (75000 Kubikmeter) und das Wasser von der Stadt frei geliefert. Finden im Theater von der Stadt veranstaltete öffentliche Feste statt, so erhält der Director für jeden Abend 2000 Mark Vergütung. Büffet und Restauration gehören dem Pächter. Für das städtische Orchester hat derselbe monatlich 3000 Mark zu zahlen; den Dirigenten hat er selbst zu stellen. Zur Ergänzung des Inventars werden ihm Forderungen bis zur Höhe der Pacht jährlich vergütet, aber 30 % unter dem Selbstkostenpreis. Zur Sicherheit hat der Director eine Caution von 12 000 M. zu hinterlegen.

Der geschäftskundigen Hand und dem eifrigen Streben des Karl Simons, welcher keine Mühe und Opfer scheut, wenn es gilt, dem Publikum durch das Auftreten der ersten Capazitäten oder durch Inscenirung der besten Novitäten einen erhöhten Kunstgenuss zu verschaffen, verdankt das Düsseldorfer Theater seine endlich nach langen Kämpfen und Wirren gegründete Lebensfähigkeit.

Es bleibt uns jetzt noch übrig, auf die musikalischen Verhältnisse Düsseldorfs im Laufe dieses Jahrhunderts einen Blick zu werfen; dass gerade in Düsseldorf sowohl von Seiten der Stadt als auch durch Privatvereine für die Musik mehr als in irgend einer anderen Stadt von gleicher Ausdehung geschehen ist, steht als Thatsache fest. Die Einrichtung der gediegenen wöchentlichen Concerte der städtischen Capelle in der Tonhalle für einen Preis, der sie jedem Bürger zugänglich macht, hat nicht wenig zum Ruhme Düsseldorfs als eine Stadt der Kunst und der Musen beigetragen.

Das Grösste, was am Rhein zur Verbreitung und Popularisirung der Musik geschehen ist, sind bekanntlich die Niederrheinischen Musikfeste, welche zwar von dem Musikdirector Schornstein aus Elberfeld im November des Jahres 1817 zuerst angeregt wurden, aber doch an Düsseldorf den nachhaltigsten Rückhalt gehabt haben, da bekanntlich Elberfeld seit dem Jahre 1827 aus der Reihe der Städte ausgeschieden ist, welche jährlich zur Zeit des schönen Pfingstfestes abwechselnd das Musikfest in ihren Mauern feiern, sodass nur Düsseldorf, Köln und Aachen, welches 1825 dem Bunde beitrat, übrig geblieben sind.

Die geschichtliche Entwickelung dieser Feste ist schon mehrfach behandelt worden; wir möchten den Kunstfreund, welcher Genaueres über den Verlauf derselben zu erfahren wünscht, auf folgende beiden Schriften verweisen: 1) Dr. jur. Becher: Aesthetische und historische Abhandlung über die Niederrheinischen Musikfeste, 1836. 2) Blätter der Erinnerung an die fünfzigjährige Dauer der Niederrheinischen Musikfeste, Köln 1868 (von Hauchecorne, einem der Gründer dieser Feste verfasst); in der letzteren Schrift gibt der Autor eine vollzählige Liste der bis dahin aufgeführten Programme, sowie die Namen der mitwirkenden Solisten und Dirigenten. Die hervorragendsten Kräfte haben gerade den Düsseldorfer Aufführungen durch ihre persönliche Leitung einen besonderen Glanz verliehen. Es sind dies der Reihe nach Burgmüller, Spohr und Ries, Mendelssohn, Rietz, Schumann, Hiller und Tausch. Einige biographische Bemerkungen über diese Männer, soweit sie Düsseldorf im Besonderen interessiren, mögen den Schluss dieser Skizze bilden.

Aug. Friedr. Burgmüller (geb. 1760 zu Magdeburg, † 21. Aug. 1824 zu Düsseldorf) siedelte schon im Jahre 1806 als städtischer Musikdirector über; zu gleicher Zeit war er als Gesanglehrer am Königlichen Gymnasium angestellt. Er war ein äusserst thatkräftiger Mann und vortrefflicher Dirigent, wegen seines ausgezeichneten Humors ausserordentlich beliebt. Einige recht interessante Anekdoten hat uns Wolfgang Müller von Königswinter im 1. Bande seiner „Erzählungen eines Rheinischen Chronisten" nach mündlichen Traditionen überliefert. Er war einer der thätigsten Gründer der Niederrheinischen Musikfeste gewesen. Ein hochbegabter Musiker war sein leider so früh verstorbener Sohn Norbert, dem in dem eben erwähnten Buche ein schönes Denkmal von Freundeshand gesetzt worden ist. Norbert hinterliess eine grosse Anzahl tief empfundener Compositionen; namentlich sind seine Lieder wegen ihrer zarten Innigkeit einer grösseren Verbreitung werth. Er selbst hatte in seiner kindlichen Bescheidenheit nicht daran gedacht, die ihm im Uebermass zuströmenden musikalischen Gedanken der Oeffentlichkeit zu übergeben; erst der Verlagshandlung von Fr. Kistner gebührt das Verdienst, seit 1872 umfangreichere Veröffentlichungen aus seinem reichen Nachlasse veranstaltet zu haben.

Nach einigen Unterbrechungen wurde im Jahre 1833, wie schon früher erwähnt, Felix Mendelssohn-Bartholdi als städtischer Musikdirector für einige Jahre (1833—1835) an Düsseldorf gefesselt. Die Düsseldorfer Musikfeste hat er nach seinem Fortgange noch bis zum Jahre 1842 ganz oder theilweise geleitet. Ihm folgte Julius Rietz, welcher schon einige Jahre die Direction der Oper an dem Theater Immermanns in den Händen gehabt hatte. Er übernahm 1836 in dem jugendlichen Alter von 25 Jahren die städtische Musikdirectorstelle. Immermann schätzte den jungen Künstler sehr hoch, der sich durch Armuth und schwere Hindernisse siegreich durchkämpfend schnell eine geachtete Stellung erworben hatte. Viele seiner besten Compositionen sind hier im geistig belebenden Verkehr entstanden. Die Leitung der städtischen Concerte, sowie der Niederrheinischen Musikfeste war gerade geeignet, sein eminentes Directionstalent völlig zu entwickeln. Leider gelang es nicht, den tüchtigen Mann dauernd an Düsseldorf zu fesseln, da er schon im Jahre 1847 einem ehrenvollen Rufe als Kapellmeister am Stadttheater zu Leipzig und zugleich als Leiter der dortigen Singakademie Folge leistete.

Ihm folgte im Jahre 1850 Robert Schumann (1810—1856) als städtischer Musikdirector. Anfangs fühlte sich dieser grosse Meister in seiner neuen Stellung recht behaglich; aber nur zu bald kam es zu Misshelligkeiten, in Folge dessen der Verwaltungsrath des Düsseldorfer Musikvereins ihn plötzlich seiner Function als städtischen Musikdirector enthob. Sein unglückliches Ende, welches von unheilbarer Krankheit herbeigeführt wurde, ist allbekannt; nach seinem Tode liess sich seine Wittwe Clara Schumann für einige Zeit in Düsseldorf nieder. An seine Stelle trat Julius Tausch, welcher im Jahre 1827 in Dessau geboren, schon seit 1846 in Düsseldorf als Pianist und Leiter der Künstler-Liedertafel einen geachteten Namen sich erworben hatte. In den Jahren 1853—1855 übernahm er die Vertretung R. Schumanns, zu dessen Nachfolger er 1855 endgültig ernannt wurde. Seine zahlreichen Compositionen, bestehend aus Kirchenmusiken, Ouverturen und anderen Orchestercompositionen, sowie aus gemischten Chören, Männerchören, Liedern und Clavierstücken sind bei weitem noch nicht alle im Druck erschienen. Gar manchen schönen und gediegenen Kunstgenuss verdankt ihm das Düsseldorfer Publikum, sowohl als Leiter (seit 1853) der Abonnementsconcerte, als auch Mitdirigent der in Düsseldorf gefeierten Niederrheinischen Musikfeste.

Geschichte der militärischen Verhältnisse der Stadt Düsseldorf.

Von

Hauptmann **Kohtz**.

Adolf VII., Graf von Berg, beabsichtigte nach der für ihn so ruhmreichen Schlacht von Worringen am Rhein einen neuen festen Platz zu gründen, als Ersatz für die zerstörten Vesten Monheim und Mülheim. Aus diesem Grunde ertheilte er am 18. August 1288 dem Flecken Düsseldorf den Freibrief und machte ihn zur Stadt. Die Ausdehnung der damaligen Stadt war sehr gering, auf dem rechten Ufer der nördlichen Düssel zog sich die Ringmauer am Rhein beginnend bis zur Liefergasse, dann im rechten Winkel bis zur Ritterstrasse, von wo sie sich bis zur Krämerstrasse erstreckte und parallel dem Rhein ihren Abschluss fand. Durch die Vorliebe der Herzöge von Berg für Düsseldorf vergrösserte sich die Stadt, die, wie eine alte Chronik sagt, „eine schöne und lustige fürstliche Burg" war. Es ist anzunehmen, dass das Schloss schon zur Zeit der Ertheilung des Freibriefes, wenn auch in geringerem Umfange, bestand. Die älteste bekannte Urkunde, in welcher des Schlosses Erwähnung gethan wird, ist aus dem Jahre 1386 und werden in derselben für die Entwickelung Düsseldorfs wichtige Bestimmungen getroffen. In dieser Urkunde sind die Verhandlungen über Rheinzoll enthalten, welcher früher bei Monheim und dann bei Angerort erhoben wurde, und der nun auf Düsseldorf überging. Herzog Wilhelm bestimmte das Schloss Düsseldorf als denjenigen Ort, wo ihm alle auf diesen Zoll bezüglichen Zustellungen gemacht werden sollten. Die Einkünfte dieses Zolles, die verschiedenen kirchlichen

Gründungen zu dieser Zeit, die Erhebung des Grafen Wilhelm zum Herzog, bewirkten die Vergrösserung der Stadt, die jedoch zu der Zeit die nördliche Düssel nicht überschritt. Um eine Erweiterung der Stadt nach Süden herbeizuführen, erliessen Herzog Wilhelm und seine Gemahlin Anna von Baiern im Jahre 1394 eine Urkunde, welche allen denen Vortheile und Erleichterungen gewährte, welche sich zwischen den beiden Düsselarmen anbauen möchten. Sie erhielten ebenfalls städtische Freiheiten und alle Privilegien der ersten Bürger Düsseldorfs, indem sie vom Schöppenstuhl zu Bilk an den Schultheiss und Bürgermeister von Düsseldorf überwiesen wurden und auf 24 Jahre von allen Abgaben befreit wurden. Diese neue Stadt wurde auch mit Graben und Mauern versehen, doch scheint ihre Ausdehnung noch gering gewesen zu sein. Die Herzöge von Berg nahmen mit der Zeit im Schloss zu Düsseldorf ihren dauernden Wohnsitz, auch blieb nach deren Aussterben 1511 unter Clevischer Herrschaft Düsseldorf Hauptstadt. Wilhelm III., Herzog von Cleve, sah sich in den dreissiger Jahren des 16. Jahrhunderts veranlasst, die Befestigung von Düsseldorf umzugestalten, da freistehende Stadtmauern, mit Thürmchen besetzt, gegen die eingeführten und verbesserten schweren Feuergeschütze keinen Schutz mehr boten. Die Einführung von Erdwerken mit Bastionen war geboten, und nahmen solche Werke mehr Raum in Anspruch, wie die steinernen Mauern. Die Stadt erhielt 5 Thore, deren Lage ein Bild von der Ausdehnung der Befestigung geben. Das Ratinger Thor stand einige hundert Schritte rückwärts seiner jetzigen Lage, das Flingerthor am östlichen Ausgang der Flingerstrasse, das Bergerthor da, wo die Akademiestrasse die Hafenstrasse trifft, das Rheinthor zwischen Arresthaus und Freihafen, das Zollthor an seiner jetzigen Stelle. Noch besser wird eine Wanderung innerhalb der Mauern die Ausdehnung der Stadt veranschaulichen. Das alte Schloss lag an der nordwestlichen Seite des jetzigen Burgplatzes auf dem rechten Ufer der Düssel; die Krämerstrasse war nur auf der östlichen Seite bebaut und stand am alten Schlachthause der Zollthurm. Von hier aus gelangte man gegen Osten hin durch die Strasse „achter der Mauer am Pulverthurm", die jetzige Ratingerstrasse und die Strasse „achter der Mauer bei den Mönchen" zur nordöstlichen Ecke der Stadt, wo sich in der Nähe des heutigen Eiskellers abermals ein Thurm befand. Von hier aus nach Süden zu bildet das heutige Mühlengässchen, die Ratinger-Mauer und etwa die Neustrasse bis zum Stadtbrückchen die Grenze, das Ratinger-

und Flingerthor war durch grosse, feste Thorthürme geschützt, desgleichen befand sich zwischen beiden Thoren, etwa zwischen Kunsthalle und Theater, ein vorspringender Thurm. Den östlichen Abschluss machte am Stadtbrückchen wieder ein Thurm. Von hier aus zum Bergerthor gelangte man durch die jetzige Wallstrasse und findet sich auf diesem Wege, etwa in Höhe der kleinen evangelischen Kirche, wieder ein vorspringender Thurm. Vom Bergerthor, welches durch den „Portmanns-Thurm" gedeckt war, gelangte man durch die Strasse „achter der Mauer am Bergerthor" (jetzt Akademiestrasse), wo auch ein Thurm lag, zum Rheinthor, gleichfalls durch Thorthurm befestigt. Von hier führte die Strasse „achter der Mauer am Reinkes Oertchen" zum Rhein, wo ein fester Thurm wiederum die Ecke bildete, am Rhein entlang kam man am Zollthor mit festem Thurm vorüber. Der jetzige Markt und Burgplatz waren nach der Rheinseite zu noch unbebaut und gelangte man so wieder zum Schloss, nachdem man die zur Krämerstrasse führende Brücke über die Düssel überschritten hatte.

Die Citadelle wurde nach Vollendung der Stadtbefestigung im alten Schlossgarten angelegt, sie scheint ein Erdwerk mit trockenem Graben gewesen zu sein und entstand hierdurch der Hafen an der Stelle, wo heute der sogenannte Freihafen und das Arresthaus sich befinden. Dass die Citadelle bereits 1583 angelegt war, ist aus dem Werke des Landschreibers Graminäus zu ersehen, welcher „die Jülich'sche Hochzeit" bildlich verewigt hat. Auf einem Kupfer des Werkes sieht man, wie von der Citadelle her ein Tross von einziehenden Reisigen mit Freudenschüssen empfangen wird. Unter der Regierung der letzten Herzöge von Cleve, besonders unter Johann Wilhelm, scheint die Verwaltung des Militärhaushalts und des Festungswesens sehr schlecht gewesen zu sein, wie aus noch vorhandenen Verfügungen, Berichten und Beschwerden hervorgeht. In einem Schreiben vom 26. August 1583 wendet sich der Fürstlich Jülich'sche Artilleriemeister Schultheiss Hartych Breckewolt an die ehrenhaften und grossgünstigen Herren Räthe mit dem Vorschlage, man möge in Düsseldorf doch ein Fähnlein von 200—300 Knechten errichten, damit desto besser Regiment zu halten, denn wo die Knechte nicht bei einem aufgerichteten Fähnlein gelobt und geschworen, möchte nicht leichtlich gute Tüchtigkeit gefunden werden. Und 200—300 Knechte wären nöthig, denn mit 100 Soldaten möchte diese Stadt Düsseldorf sammt dem fürstlichen Schloss nicht, wie es sich gezieme, besetzt werden; sintemal sich ein Theil der Bürger allhier

zu verlauten gelüsten lassen, dass wenn sein gnädiger
Herr Knechte hineinlegen werde, so wollten sie dieselben
wieder herausjagen. Wie denn ihm noch gestern Hochstein
allhier im schwarzen Horn angesagt im Beisein des Amt-
manns Blankenberg, dass er, Hochstein, von Andern
gehört hätte, wie sich etliche Bürger allhier sollten haben
verlauten lassen, sofern Knechte hierherkämen, so wollten
sie die Knechte mit sammt dem Schultheiss todtschlagen.
Unterm 24. August 1584 schreibt Breckewolt wieder an
die fürstlichen Räthe und schlägt ihnen vor, die 12 Soldaten, wovon täglich 6 die Wache an den Thoren hatten,
auch zu den Nachtwachen heranzuziehen, namentlich auf
dem Schloss und zur Aufsicht eines oder zweier Bürger,
damit sie daselbst keine langen Finger machten. Dann
sollten sie auch Nachts mit den Bürgern an den schwächsten
Stellen des Walles Wache thun, es wäre rathsam, wenn
auch 2 oder 3 Soldaten des Herzogs, von denen welche
zu Willich lägen, dem Schultheiss untergeordnet würden,
um unbekannte oder verdächtige Personen, die sich in
der Stadt betreffen liessen, nöthigenfalls einzuziehen, indem
dies nicht Sache der Bürger sei, die ihrer Nahrung nach-
gehen müssten. In einem dritten Schreiben ohne Datum
beklagt sich der Artilleriemeister, dass er seit 1583 mehrere
Jahre hindurch vergeblich um Verbesserung der zur Fortification der Stadt Düsseldorf nöthigen Utensilien und
Geräthe gebeten habe, er ergreife daher die Gelegenheit,
die Herren Räthe nochmals darauf aufmerksam zu machen,
da nämlich die Winterzeit dazu geeignet sei, Verbesserungen vorzunehmen. Dem Augenschein nach würden
die Wände des Artilleriehauses binnen 14 Tagen einfallen
und das Dach desselben sei so baufällig, dass die noch
vorräthigen Geschütze, Haken, Rohre und andern Dinge
vergänglich und zerstört würden, auch könne er nicht
dafür einstehen, falls etwas vorkäme oder gestohlen
würde. Er müsse die desfallsige Schuld allein auf den
Burggrafen zurückweisen, der keiner seiner Vorstellungen
bisher Gehör gegeben habe. Der Giebel des Werkhauses
drohe dem Einsturz; es sei auch nicht ein Pfund Lunte
vorhanden und müssten wenigstens 200—300 Pfund bestellt werden. Der Büchsenmeister bedürfe zweier lederner
Pulversäcke. Bei Ankäufen von Salpeter durch den Burggrafen solle der Pulvermeister zugezogen werden, um die
Qualität zu untersuchen. Der Artilleriemeister oder
Artillerie-Schmied solle sich vor der Anfertigung des
Pulvers mit dem Pulvermacher über die anzufertigenden
Sorten benehmen und das fertige Pulver vor der Abliefe-
rung probiren. Schliesslich bemerkt er noch: auf dem

Walle wäre grosse Unordnung, Ferkel, Schafe, Ziegen spazieren darauf herum, wie es doch keiner Orten gebräuchlich sei, auch Kinder, wie Jung und Alt träten die Brustwehren nieder; die Wallthüre stände jederzeit offen, auch habe Jedermänniglich, geistlichen und weltlichen Standes, Schlüssel davon und gebrauche sie, deswegen wäre es sehr nöthig, dass sein gnädiger Fürst und Herr die fürstlichen Räthe in allen diesen Dingen bessere Ordnung bestellten.

In einem vierten Schreiben beklagt Breckewolt sich nochmals dringend über den schlechten Zustand des Artilleriewesens, da ein Theil des Geschützes, besonders des auf dem Rheinörtchen, so beschaffen sei, dass man es noch „zur Freuden, zu Schimpf oder Ernst" aber nicht mehr gebrauchen könne. Von 5 Feldschlangen und 6 Serpentinen, die auf den Wällen ständen, seien die Achsen und Boden so verfault, dass die darauf liegenden Stücke durchfielen. — Das Schreiben schliesst wie alle mit dringlicher Bitte um Reparatur.

Bei Antritt der Regierung des letzten Herzogs Johann Wilhelm von Cleve reicht Breckewolt nochmals ein Verzeichniss aller Uebelstände ein, zugleich verwahrt er sich gegen die Folgen der Nachlässigkeit und bittet mit allem Fleiss zu erwägen, dass den Schäden abgeholfen und Material angeschafft werde; auch möge Gott verhüten, schreibt er weiter, dass man Geschütze und Werk zum Ernst gebrauchen müsse. — Endlich entschliesst sich die Verwaltung im Jahre 1596 zu einer Besichtigung. „Am 25. Juli 1596 ist der Herr Canzler Broill sammt dem Vice-Canzler L. Pütz neben dem Hauptmann Caterbach, Schultheiss Breckewolt und Bürgermeister zu Düsseldorf, auch dem Baumeister Pasqualin über den Stadtwall allhier, gleichfalls die Citadelle gegangen, um die Gelegenheit und Mängel zu besichtigen." Ueber die Besichtigung erfolgte ein ausführlicher Bericht, aus welchem zur Zeit der geringe Werth der Festung ersichtlich ist. Es wird hervorgehoben, dass an vielen Stellen, aus Mangel an Leuten, die Schildwachen fehlen; ein Wachthaus ist durch „die Beesten" verunreinigt, kein Tisch noch Brettchen sei darin, daher müssten die Wachmannschaften auf der Erde in Koth und Unflath aufeinander liegen, da sonst, wenn Tisch und Bretter darin wären, sie etwas anwenden könnten, damit sie wach blieben. Der Bürgermeister will für Abstellung sorgen. Ferner wäre es gut, wenn keine Kühe auf die Wälle kämen, so dieselben beschädigten. Die Gräben auf den Wällen sollen besser im Stande gehalten werden, damit nicht in Regenzeiten, wie es geschehen, das Wasser stehen bleibe und nicht, wer solche Brustwehren vertheidigen solle, im tiefen Schmutz zu stehen habe, und auch wenn es friere und dann das Wetter abgehe, die Brustwehr nicht einfalle. Am Mühlenbastion sei der Wall so niedrig und draussen so hoch, dass man vom Felde auf die innere Stadtmauer und den Mühlenplatz sehen könne; da solle der Graben vertieft und die Erde auf den Wall geworfen; ferner an unterschiedlichen Orten Mauern mit Hameye (Stakete) angebracht werden, damit nicht Jeder auf den Wall laufe.

Trotz dieses Berichtes entschloss sich die Verwaltung doch nicht zu durchgreifenden Verbesserungen, nur wurde am 7. October desselben Jahres ein Edikt erlassen, wonach Sträflinge zum Festungsbau verwandt werden sollten.

Werfen wir bei Beginn des 17. Jahrhunderts einen Blick auf Düsseldorf, so finden wir, dass der äussere Umfang etwa derselbe geblieben ist, nur haben die Festungswerke, wie schon gesagt, eine andere Gestalt erhalten. Im Jahre 1527 erschien das erste deutsche Buch über Befestigungskunst, verfasst von Albrecht Dürer. In diesem „Unterricht zur Befestigung der Schloss, Stadt und Flecken" wurde gelehrt, statt der Mauern Wälle und statt der Thürme Rondeils anzulegen. Johann III. hatte bei der Belagerung von Münster 1535 die Vortheile dieser neuen Befestigungsart kennen gelernt und ist anzunehmen, dass der Anfang zur Neubefestigung von Düsseldorf in der angegebenen Art auf Johann III. zurückzuführen ist. Sein Nachfolger Wilhelm III. wurde durch seine kriegerischen Unternehmungen genöthigt, seine Hauptstadt bestens zu befestigen. Auf den Landtagen von 1540 an wird vielfach mit den Ständen über die Mittel zum Festungsbau verhandelt, 1560 wird sogar die für damalige Zeiten sehr hohe Summe von 30 000 Thalern bewilligt. Die Thürme wurden in Rondeils verwandelt, auch wurden Bastione mit casemattirten Flanken angelegt. Wir finden solche Bastionen am Mühlenplatz, am heutigen Alleeplätzchen, am Bergerthor, mit der Spitze bis auf den heutigen Carlsplatz auslaufend, und am Rhein das Rhein-Oertchen.

Am Rhein wurde das Werft vom Rhein-Oertchen bis zum Schlosse ausgebaut. Die nördliche Front blieb unverändert und diente der feste Thurm am Rheine als linke, das Rondeil auf dem Eiskeller als rechte Flankendeckung. Wir haben gehört, in welcher mangelhaften Verfassung die Werke sich bei Beginn des 17. Jahrhunderts befanden, jedoch scheinen in den Jahren 1599 bis 1602 Verbesserungen ausgeführt worden zu sein, da sich die Stände mit der Regierung über die Kosten im Zwiespalt befinden. Zum Schutz der Festung waren die Bürger in 4 Compagnien, strassenweise formirt, an deren Spitze je ein Rathsmitglied als Hauptmann, mit Lieutenant und Fähnrich stand. Sie sollten den Wachdienst ausüben und hatten auf den Wällen ihren bestimmten Platz. Graminäus zeigt sie uns, zum Theil mit Feuerröhren, zum Theil mit Spiessen bewaffnet. Johann Wilhelm, der letzte Clevische Herzog, starb kinderlos am 25. März 1609. Der Hofjunker Adolf von Eynatten wurde sofort zum Kaiser nach Prag geschickt, um Botschaft von diesem wichtigen Ereignisse zu bringen, er kehrte nach 14 Tagen mit näheren Befehlen des Kaisers zurück. Inzwischen hatte der Kurfürst von Brandenburg durch seinen Bevollmächtigten Stephan von Hartefeld in Begleitung des Notars Gerhard Beckmann aus Köln und der mitgebrachten Zeugen von Düsseldorf Besitz ergreifen lassen und wurde das Brandenburgische Wappen an die „Bergerporz" angeschlagen. Am nächsten Tage wird auch das Wappen von Pfalz-Neuburg an die „Bergerporz" angeschlagen, ausserdem wollte der Kaiser die Clevischen Lande als erledigtes Reichslehen einstweilen für sich in Beschlag nehmen. Im Vergleich zu Dortmund wird eine Einigung dahin erzielt, dass vorläufig gemeinschaftliche Verwaltung durch Brandenburg und Pfalz-Neuburg eintritt. Markgraf Ernst von Brandenburg und Pfalzgraf Wolfgang Wilhelm von Neuburg hielten am 16. Juni 1609 als Bevollmächtigte ihrer Fürsten ihren feierlichen Einzug in Düsseldorf und wohnten zusammen im Schlosse. Dieses Condominat hatte aber keinen langen Bestand, namentlich nachdem Markgraf Ernst gestorben und Kurprinz Georg Wilhelm ihm folgte. Im Jahre 1613 kam der Kurfürst Johann Sigismund selbst nach Düsseldorf, um die entstandenen Zwistigkeiten auszugleichen und um Wolfgang Wilhelm mit Anna Sophia, seiner Tochter, zu verloben. Hier soll nun beim Mittagsmahle der Kurfürst dem Wolfgang Wilhelm eine Ohrfeige gegeben haben.

Von nun ab war ein Zusammenwohnen nicht mehr möglich; die Brandenburger verlegten ihre Residenz nach Cleve, wogegen Wolfgang Wilhelm in Düsseldorf verblieb. In aller Eile liess er an der weiteren Befestigung der Stadt arbeiten, es wurden viele Gärten eingezogen, welche in Erdwerke („halbe Monde") verwandelt wurden; wir finden solche vor dem Ratinger Thor, dem Mühlenrondell und am Rhein. 1620 wurde die ganze Befestigung einer gründlichen Revision unterworfen. Der damals entworfene Plan zeigt uns 4 Bastionen am Eiskeller, am Mühlenplatz, am alten Flingerthor und am alten Bergerthor, ausserdem die 1552 begonnene Citadelle in vervollständigter Form mit 2 Bastionen nach der heutigen Neustadt hin und einer Bastion am damaligen Hafen, gegenüber dem Rhein-Oertchen. Bei diesem Umbau wurden auch Flinger- und Berger-Thor an ihre jetzigen Stellen verlegt. Stadt und Citadelle wurden durch eine Brücke an der dort gelegenen Mühle verbunden. Zwischen dem Zollthor und dem Schlosse finden wir noch 2 Thürme und da, wo das ehemalige Schlachthaus stand, einen Eckthurm, welcher als Pulverthurm diente. Wolfgang Wilhelm versuchte nun auch, sich in den Besitz von Jülich zu setzen, was aber misslang. Der Kurprinz Georg Wilhelm erhielt hiervon Kenntniss und stieg in ihm der Gedanke auf, sich dafür durch eine Ueberrumpelung von Düsseldorf zu rächen. In einer Märznacht des Jahres 1614 erschienen 400 Mann der Besatzung von Meurs mit Sturmleitern vor Düsseldorf, geführt durch den Brandenburgischen Oberst von Schwiegel. Die Wachsamkeit der Posten verhinderte den Handstreich und als die Bürger-Compagnien bewaffnet auf den Wällen erschienen, zog das Ueberrumpelungs-Corps ab. Die Stärke der Besatzung hat sich in diesen Jahren oft geändert. Im Jahre 1617 bestand die Garnison aus 6 Compagnien zu Fuss und 1 Compagnie Reiter, in Summa mit Weibern und Kindern etwa 1800 Köpfe. Die Garnisonliste von 1625 ergiebt hingegen nur 440 Söldner mit 212 Weibern und 257 Kindern. 1628 wurde die Garnison um 400 Mann zu Fuss und 2 Compagnien zu Pferde verstärkt. Durch den dreissigjährigen Krieg, ausgenommen die letzten Jahre, hat Düsseldorf nicht zu leiden gehabt, die Stadt wurde sogar 1630 durch die holländischen Generalstaaten als „Residentz-Statt, Cantzeln, Archival und Rechen-Kammer" für neutral erklärt und entging auf diese Weise den vielfachen Geldcontributionen und Lasten der Einquartirung. Am 30. August 1634 entlud sich über Düsseldorf ein schreckliches Gewitter und schlug der Blitz in den schon erwähnten Pulverthurm. Ueber 50 Häuser wurden zerstört, das Schloss und die Lambertuskirche stark beschädigt, viele Menschen verloren das Leben und soll sogar eine Kanone über den Rhein geschleudert worden sein.

In den Jahren 1639 bis 1642 hatte Düsseldorf durch Einquartirung Kaiserlicher Kriegsvölker unter dem Oberst Meutter und dem Stabsoberstlieutenant von Koppstein, sowie unter den Kaiserlichen Feldherren Lamboy, Hatzfeld, Pappenheim und Piccolomini viel zu leiden. Noch schlechter erging es aber der Stadt Neuss, welche 1642 von den Hessen eingenommen war, die in Gemeinschaft mit den Weimaranern und Franzosen die ganze Umgegend beunruhigten. Eine Unternehmung der Neusser Besatzung 1643 in dunkler Nacht zu Schiff gegen Kaiserswerth wurde durch die Wachsamkeit des Düsseldorfer „Auslegers", eines kleinen Kanonenbootes, welches im Frieden zur Handhabung des Zolles, im Kriege zur Vertheidigung des Platzes diente, verhindert. Hierfür rächte sich die Neusser Besatzung im Juli 1647, indem 50 Reiter eine Kaiserliche Compagnie „Feuerröhrer" in der Nähe von Düsseldorf überfielen, 14 Mann niederhieben und den Fähndrich mit 58 Gefangenen nach Neuss transportirten.

Einquartirung von Freund und Feind muss zu jener Zeit wegen der mangelhaften Disciplin der Truppen in gleicher Weise lästig gewesen sein. So hatte Düsseldorf 1649 das auf dem Durchmarsch befindliche Brandenburgische Dragoner-Regiment von Goldstein mit Stab und Bagage einzuquartiren und erfahren wir, dass sich das Regiment grobe Ausschreitungen „mit Schlagen und Verwunden" zu Schulden kommen liess. Ebenso sollen sich in der Aussenbürgerschaft die Pfalz-Neuburgischen Reiter betragen haben. Als im Jahre 1651 sich Wolfgang Wilhelm und der grosse Churfürst in Folge Religionsstreitigkeiten entzweit hatten, schickte letzterer den General von Sparre mit einer Heeresabtheilung, um einen Ueberfall auf Düsseldorf zu versuchen. Zunächst wurde Ratingen genommen und drangen Brandenburgische Abtheilungen schon bis Pempelfort vor. Weitere Unternehmungen wurden aufgegeben, nachdem beide Fürsten in einer persönlichen Zusammenkunft in Angermund einen Waffenstillstand schlossen, dem weitere Vergleichsverhandlungen folgten. Wolfgang Wilhelm starb 1653 im Alter von 75 Jahren und folgte ihm sein Sohn Philipp Wilhelm, unter dessen Regierung am 9. September 1666 zu Cleve ein Erbvergleich zu Stande kam. Pfalz-Neuburg erhielt Jülich und Berg, Brandenburg das Uebrige; beide Fürsten sollten jedoch den ganzen Titel führen und die beiderseitigen Unterthanen mit den Worten „Liebe Getreue" bezeichnen dürfen, auch sollte der Schaden, welcher einem dieser Lande zugefügt würde, von beiden Theilen gemeinschaftlich getragen werden. Philipp Wilhelm machte sich sehr verdient um das Emporkommen der Stadt, er liess das Rheinthor erweitern und unterhalb des Schlosses eine Bastion, „das neue Werk", errichten; die alte Stadtmauer wurde dort abgebrochen und auf diesem gewonnenen Terrain baute er die Reuterkaserne und das Zeughaus. Als im Jahre 1685 Philipp Wilhelm Churfürst von der Pfalz wurde, verlegte er seine Residenz nach Heidelberg, liess jedoch den Churprinzen Johann Wilhelm in Düsseldorf, welcher nach dem Tode seines Vaters 1690 dort einen glänzenden Hof hielt und so die Stadt zu grossem Ansehen brachte. Zunächst richtete er sein Augenmerk auf die stärkere Befestigung der Stadt. Die Werke wurden nach dem System Vauban verändert und erweitert, er liess den Plan zur Extension entwerfen. Dieselbe sollte sich an das Flinger-Bastion, die Gegend des heutigen Stadtbrückchens, anschliessen, in der Richtung auf die Bahnhöfe hin sich erstrecken, dort einen Winkel bilden, im Bogen etwa über den heutigen Friedensplatz, die Neustadt umschliessen und am Rhein endigen. Auf dieser Linie sollten 5 Bastionen erbaut werden. Da die Geldmittel nicht reichten und die Stände die Kosten nicht aufbringen wollten, so bestimmte eine neue Verordnung nur die Ausdehnung bis zu den jetzigen Bahnhöfen. Es entstanden 4 neue Bastione, Christianus, eigentlich nur Contre-Garde des Flinger-Bastions, dann Anna (auch Josephus, weil die heutige Garnisonkirche sowohl der heiligen Anna, wie dem heiligen Joseph geweiht ist) auf dem heutigen Exercierplatz, hieran anschliessend als südöstliche Ecke das Bastion Petrus (auch St. Karl) und endlich am Ausgang der Kasernenstrasse das Bastion St. Paulus. Hier schloss sich die weitere Befestigung, von der südlichen Düssel umflossen, mit verschiedenen kleineren Werken an die Contre-Gardedes südlichen Bastions der Citadelle „Dimentstein" (benannt nach dem Grafen gleichen Namens) an. Am Rheine lag das Thomas- oder Gouvernements-Bastion der Citadelle mit dem Gouvernementshaus. Am südlichen Ende des heutigen Freihafens lag die Andreas-Batterie, das Bastion Spee schloss die Citadelle hier gegen die Stadt. Das Stadtbrückchen wurde zur Verbindung mit der Extension erbaut, zur Citadelle führte die schon früher erwähnte Brücke an der jetzigen Franziskaner-Kirche. Auf der Nordfronte finden wir am Rhein das Bastion Schaesberg (benannt nach dem Grafen gleichen Namens) oder Karl Theodor und den Eiskeller oder Elisabeth-Augusta, an der Ostfronte das Mühlen-Bastion oder Friedericus (erhalten in Mühlenstrasse und Friedrichsplatz) und das Flinger-Bastion oder Rosenthal, auch Maria Franziska (erhalten in Flingerstrasse), zwischen beiden ein Ravelin, auf welchem die jetzige Elberfelderstrasse liegt. Auf der Südfronte lag gegen die Extension hin am heutigen Carlsplatz das Berger-Bastion, auch St. Elisabeth und Carl August benannt (die Namen sind in Carlsplatz und Bergerstrasse erhalten), der Rhein und der Eingang zum Hafen wurden durch die Mathias-Batterie am Rhein-Oertchen bestrichen. Zum grösseren Schutze der Festung und zur sicheren Aufnahme der vom Churfürsten etablirten fliegenden Brücke baute derselbe auf dem linken Rheinufer im Gebiete des Erzstiftes Cöln, ohne Rücksicht auf das fremde Gebiet, eine Art von Festungswerk, das Fort Düsselburg. Dasselbe war mangelhaft gebaut, die Wälle waren statt mit Mauerwerk nur mit Faschinen bekleidet, innerhalb befanden sich zwei kleine Kasernen und ein Wachthaus, deren mit der Zeit überdeckten Fundamente im Jahre 1854 bei Anlage des linksrheinischen Bahnhofes zu Tage traten. Der Hauptübelstand des Baues war der, dass das Hochwasser oft in das Fort trat, ja es soll sogar bis drei Fuss im Erdgeschoss der Kaserne gestanden haben. Als am 3. Februar 1716 der zugefrorene Rhein aufbrach, wurde das Fort so stark beschädigt, dass es demnächst abgetragen wurde. Johann Wilhelm soll 1702 den Bau der jetzigen Infanterie-Kaserne begonnen haben, dieselbe wurde erst unter seinem Nachfolger Carl Philipp vollendet. Leider sind die Verhandlungen der Militär-Verwaltung und der Gendarmerie von 1700 bis 1820, welche auf die Organisation und die persönlichen Verhältnisse des Grossherzoglich Bergischen Militärs Bezug hatten, sowie die General-Registerbücher des respectiven Kriegsministeriums unterm 26. September 1854 vom hiesigen Königlichen Staatsarchiv an das Kriegsministerium zu Berlin eingereicht worden. Allem Anscheine nach ist die Kaserne erst 1738 vollendet worden, da sie in diesem Jahre dem Inspector Wuesthoff mit einem Gehalt von 129 Thaler übergeben wird. Sie hatte dieselbe Ausdehnung wie jetzt, jedoch fehlten die beiden Zwischenflügel, welche den innern Raum in drei Theile theilen. Die Kaserne hatte nur Erdgeschoss und 1 Stockwerk, an den vier Ecken befanden sich zweistöckige Gebäude, ebenfalls war das Gebäude über dem jetzigen Mittelportal zweistöckig. Diesem gegenüber befand sich eine Kapelle, deren Altar nach dem Exercierplatz aus der Front der Caserne heraustrat, wie deutlich auf alten Plänen der Festung Düsseldorf zu ersehen ist. Als Johann Wilhelm 1716 starb, folgte ihm sein Bruder Karl Philipp, welcher seine Residenz nach Neuburg, dann nach Heidelberg, Schwetzingen und zuletzt nach Mannheim verlegte. Er liess sich in Düsseldorf durch den Marquis d'Ittre vertreten. Beim Leichenbegängniss Johann Wilhelm's werden folgende Regimenter erwähnt: Am 3. August gegen Abend wurde die Leiche in der Jesuitenkirche beigesetzt. Der Leichenzug ging um 9 Uhr Abends vom Schlosse aus, in den Strassen bildeten die beiden Regimenter der Leibgarde und das Regiment Norprath mit ihren in Trauerflor gehüllten Fahnen Spalier. Den Zug eröffnete ein Detachement der Leib-Guarde zu Fuss mit verkehrtem Gewehr. Es folgten dann Hausarme, Studenten, Magistrat, Clerus, Hofchargen, die Churfürstlichen Musikanten, Pauker und Trompeter etc. Vor der Leiche gingen Trabanten mit verkehrten Hellebarden und die Leib-Guardes in zwei Reihen. Alsdann folgten der Ordens-Herold, die Ordensritter St. Huberti und Hofchargen. Den Schluss bildete ein Detachement von der Leib-Guarde. Johann Wilhelm war der letzte der landesherrlichen Fürsten, welche zu Düsseldorf ihre Ruhestätte fanden. Zu erwähnen ist noch, dass Johann Wilhelm den im Jahre 1444 von Herzog Gerhard von Jülich und Berg gestifteten und hierauf allmälig in Vergessenheit gerathenen Hubertusorden ins Leben zurückrief. Der Orden, dem er Statuten gab und zu dessen Grossmeister er sich selbst erklärte, bestand aus fürstlichen Personen von unbeschränkter Anzahl und aus 12 Rittern gräflichen und freiherrlichen Standes, sodann aus einem Kanzler, Vicekanzler, Sekretär, Schatzmeister, Herold und Garderober. Den Rittern lag die Pflicht ob, dem Churfürsten treu und hold und gegen die Armen barmherzig zu sein. Mit dem Churfürsten liessen sich seine Verwandten und die vornehmsten Adeligen in den Orden aufnehmen und erlegten das statutenmässige Geschenk von 100 Dukaten an die Armen. Die Obersten der drei Hubertus-Regimenter waren gehalten, den zehnten Pfennig von ihren Einkünften zum Vortheil des Hubertushospitals anzugeben. Aus der Militär-Kriegskasse wurden zur Unterhaltung von 28 Personen zu 3 Stüber täglich die sogenannten Hospital-Fettmännchen ausgezahlt, auch die Militärstrafgelder flossen dem Hubertushospital zu. Das Hospital oder das sogenannte Gasthaus mit Kirche wurde 1709 erbaut. Die Gebäude stehen jetzt noch als Theile der Artillerie-Kaserne und als Garnisonkirche, die in ihrer jetzigen Gestalt erst 1735 vollendet wurde, und welche bis auf unsere Tage im Munde alter Leute noch als Gasthauskirche fortlebt.

Die von Johann Wilhelm projectirte und mit Eifer betriebene Erweiterung der Festungswerke schritt, wenn auch in geringerer Ausdehnung, unter seinem Nachfolger langsam fort, da die Stände mit grosser Zähigkeit Geld verweigerten. Aus jener Zeit finden wir zwei Notizen,

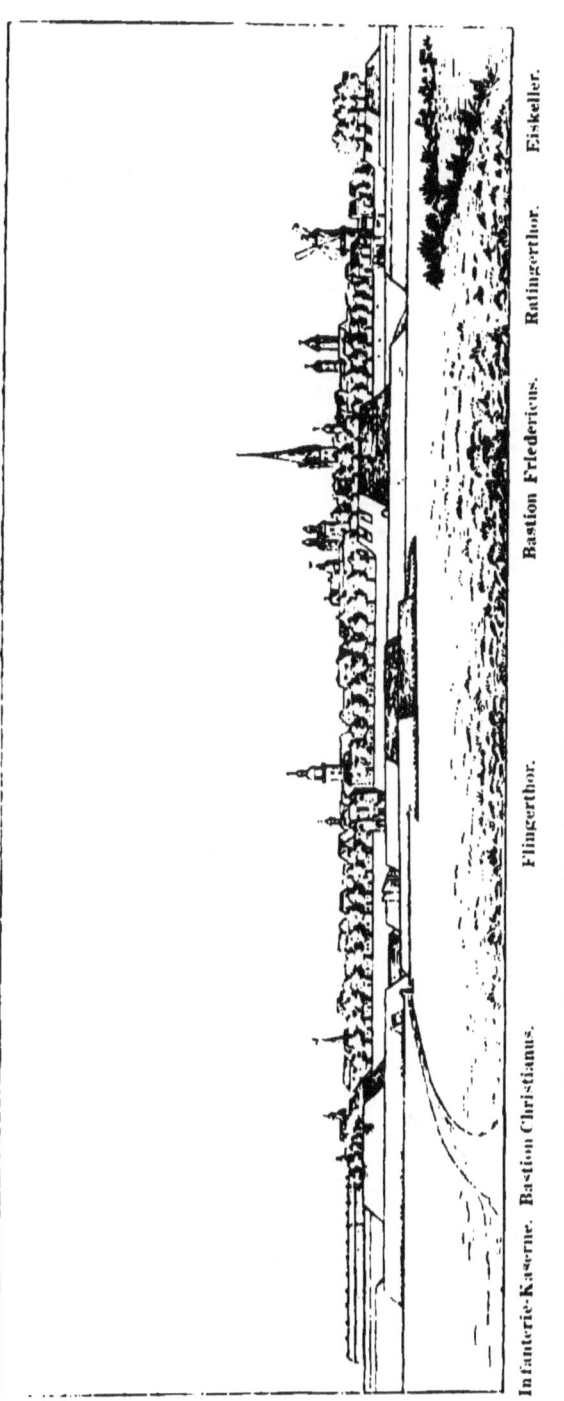

Ansicht der nördlichen Front der Festung Düsseldorf im 18. Jahrhundert.

welche die Festung Düsseldorf betreffen. Die erste ist vom 14. October 1744 datirt und nennt uns alle in der Festung befindlichen Kriegsrequisiten und Vorräthe. Sie ergiebt 207 Kanonen vom 24pfünder bis zur 8löthigen Feldschlange, 22 Mörser, 100 Handmortiers; die Zeughausvorräthe sind notirt mit: 2613 reparirten, guten und brauchbaren Musketen, 1 Justizschwert, 5 alten Turnier-Harnischen, 88 Stück alten Grenadirkappen (mit Bärenhäuten) vom General Hillersheim'schen Regiment und 2 ausgestopften wilden Pferden. Die zweite Notiz besagt, dass auf Befehl in den Jahren 1748 und 1749 die Wälle mit Bäumen bepflanzt wurden, um damit die schlechten Giebel der Häuser zu verdecken. Aus diesen Jahren stammt auch noch eine Abhandlung über eine sachverständige Besichtigung der Befestigungen von Düsseldorf durch den französischen Ingenieur le Roige. Dieser giebt zunächst eine Characteristik der Stadt, beschreibt dann eingehend die einzelnen Werke, zählt alle Fehler und Schwächen des Platzes auf, theilt dann seine Meinung über Angriff und Vertheidigung mit und macht schliesslich Vorschläge zur Verbesserung der Festung, was in einem Kostenanschlage mit 434,100 Gulden zu bewirken sei. — Stellt man eine kritische Betrachtung der Befestigungen von Düsseldorf an, so findet man sogleich, dass weder die topographische noch die politische Lage die Stadt zur Festung geeignet erscheinen lässt. Die Häuser gehen bis dicht an das Ufer des Rheines, die Flussseite ist die schwächste der Festung, das andere Rheinufer ist nicht im Besitz des Churfürsten, der nothwendige Brückenkopf fehlt; aus diesem Grunde können, wie wir sehen werden, auf dem linken Rheinufer mit Leichtigkeit Batterien erbaut werden, welche ausserdem durch den Rheindamm bei Obercassel gegen das Feuer der Festung gedeckt sind. Düsseldorf war daher nicht für einen energischen Widerstand geeignet. Das ganze Festungssystem war nicht nach einem einheitlichen Plane angelegt, nach und nach war der Bau ausgeführt und so entstand eine ganz unregelmässige Befestigung, die ausserdem zahlreiche Fehler im Grundriss aufwies und deren Profile sehr mässig waren. Zudem waren die Höhenverhältnisse theilweise sehr schlecht berechnet; wir haben schon gehört, dass das Mühlenbastion vom Felde aus eingesehen werden konnte, auch überragten an vielen Stellen die vorliegenden Werke den Hauptwall, so dass von hier aus nicht einmal das Glacis bestrichen werden konnte, in welchem sich auch noch Löcher und Gruben befanden, welche dem Angreifer gute Deckung darboten. Bombensichere Räume waren nur in geringer Zahl vorhanden, auch genügten dieselben nicht zur Aufnahme der Besatzung, zudem war die Citadelle nicht dazu angethan, die Stadt zu beherrschen, auch bot sie der Garnison keinen letzten sichern Zufluchtsort. Da die Wassergräben durch die Düssel ihren Zufluss erhielten, so konnten sie durch Ableitung dieses Baches leicht trocken gelegt werden und dem Angreifer die förmliche Belagerung erleichtern. Aus den angegebenen Gründen ist zu ersehen, dass die Befestigung Düsseldorfs ein Missgriff war; der Festungsbau und Unterhalt erforderte jährlich etwa 30000 Thaler, die anderweitig besser hätten verwerthet werden können. Düsseldorf hat nur dann Bedeutung gehabt, wenn es in der Hand des Besitzers des linken Rheinufers war, weil es für diesen ein starker Brückenkopf war, um sein Vordringen auf dem rechten Ufer wirksam zu unterstützen. Unter Karl Theodor, dem Nachfolger Karl Philipps, wurde in Folge des Oesterreichischen Erbfolgekrieges beschleunigt an den Festungsbauten gearbeitet, auch wurde zu jener Zeit das Bergerthor in seiner jetzigen Gestalt renovirt, wie die daran befindliche Inschrift besagt. Der siebenjährige Krieg sollte auch nicht spurlos an Düsseldorf vorübergehen. Die Franzosen, welche während des österreichischen Erbfolgekrieges mit Kurpfalz verbündet waren, kamen nach Düsseldorf und sind auch noch nach dem zu Aachen geschlossenen Frieden hier geblieben, erst einige Jahre später zogen sie ab, um jedoch mit Ausbruch des siebenjährigen Krieges als Verbündete der Kaiserin Maria Theresia wieder hier einzurücken. Düsseldorf wurde Hauptwaffenplatz und schalteten und walteten sie hier nach eigenem Ermessen ohne Rücksicht auf die Landesregierung. Der General Clermont liess die Werke von Düsseldorf mit aller Sorgfalt armiren. Ein Aufruf an die Ritterschaft, sich zur Landesvertheidigung zu rüsten, war erfolglos, da nur der Freiherr von Dalwig zu Unterbach am festgesetzten Tage mit zwei bewaffneten Dienern am Sammelplatz an der Rochuskapelle zu Pempelfort erschien. Nach der Schlacht von Crefeld am 23. Juni 1758 suchte der Herzog Ferdinand von Braunschweig aus diesem Siege möglichsten Nutzen zu ziehen; zur Belagerung von Wesel fühlte sich der Herzog nicht stark genug, da ihm das nöthige Kriegsmaterial fehlte, es blieb ihm daher nichts anderes übrig, als eine Unternehmung gegen Düsseldorf zu wagen. Sie empfahl sich zugleich als eine Vorbereitung zum Angriff auf Wesel, weil durch den Besitz von Düsseldorf das feindliche Heer durchschnitten wurde, und weil der Herzog hoffte, hier noch genügendes Belagerungsmaterial zu finden. Von einem Bombardement von Düsseldorf konnte er sich viel versprechen, da die Garnison schwach war, zwar nicht der Zahl nach, denn sie bestand aus 12 Bataillonen, allein der grösste Theil derselben und der Gouverneur selbst waren Pfälzer. Es erschien nicht glaubwürdig, dass weder diese noch ihr Hof mit Gleichgültigkeit zusehen würden, dass die schöne Stadt und die Archive, sowie die kostbare Gallerie in Rauch aufgingen und dies nur gegen die Aussicht eines sehr zweideutigen Vortheils, nämlich, um die Franzosen zu verbinden, die so schon dem ganzen Lande sehr lästig fielen und die man nach ihrer eiligen Flucht von Crefeld schon aufgehört hatte zu fürchten. Der Herzog beeilte sich daher, dem schon in Neuss stehenden General von Wangenheim den Befehl zu schicken, die Stadt Düsseldorf am 27. Juni unter Bedrohung, unverzüglich in Brand gesteckt zu werden, zur Uebergabe aufzufordern. Da die Uebergabe verweigert wurde, legte Wangenheim seine Batterien und seine Kessel in der Nacht vom 27. zum 28. Juni vor dem Dorfe Heerdt an und eröffnete am Morgen des 28. Juni ein lebhaftes Feuer mit Bomben und glühenden Kugeln. Die Besatzung antwortete zwar durch ein ausserordentlich starkes Feuer von der Rheinseite her, ohne jedoch Schaden anzurichten. Die Kugeln der Belagerer fielen aber in die Stadt, zündeten vielfach und thaten grossen Schaden. Der Gouverneur fand sich nun bereit, die unterbrochenen Unterhandlungen wieder aufzunehmen und so kam es denn zu einer vorläufigen Capitulation. Der Gouverneur stellte Geiseln und erhielt die Erlaubniss, an seinem Hofe in Mannheim Verhaltungsbefehle einzuholen. Nach Rückkunft des Couriers wurde am 7. Juli alles Uebrige bald berichtigt und die Capitulation förmlich vollzogen, obgleich sich der französische Commandant Graf von Bergeik heftig hiergegen sträubte.

Die Capitulations-Bedingungen lauten wie folgt:

Capitulation.

Nachdem zwischen endes unterzeichneter Generalität und zwaren von seiten Ihrer Churfürstlichen Durchlaucht zu Pfaltz, Carl Theodor, Pfaltzgrafen bey Rhein, des heiligen Römischen Reiches Ertzschatzmeister an Chur Fürsten in Bayern, zu Gülich, Cleve und Berg Hertzogen, Fürsten zu Moers, Marquisen zu Bergen ob Zoom, Grafen zu Veldentz, Sponnheim, der Mark und Ravensberg, Herrn zu Ravenstein etc. etc., General Lieutenant und commandirenden Obristen über ein Regiment zu Fuss, auch

Gouverneur daher, Freyherr von Isselbach an einer, sodann von Seiner Königlichen Majestät Gross brittanien deutscher Armee General Major Freyherr von Wangenheim an anderer seiten, wegen hiesiger Stadt und Vestung folgende Capitulationen geschlossen worden:

Art. 1. Soll den Chur Pfältzigen sowohl als Französischen Truppen der freye Abzug mit allen militärischen ehrenbezeugungen, bagage, Kassen, und allen denen Officiers und Soldaten gehörigen Baarschaften und effecten sammt ihrem Ober- und Untergewehr, Regiments - Feldstücken, Munition und dabei gehörigen Artilleristen, nicht weniger, dass diejenigen, welche krank zurückbleiben, nicht als Kriegsgefangene anzusehen, sondern nach ihrer Genesung mit pässen zu ihren respectiven Corps ohngehalten gehen können. (Randbemerkung.) Accordirt in allen Puncten.

Art. 2. Dass Ihre Churfürstlichen Durchlaucht alle tableaux der Gallerie, wie auch den Meublen frey und ohngehalten transportiren lassen dürfen. (Randbemerkung.) Accordirt, wobei heilig versichert wird, dass, wenn auch alles in status quo bleibe, nicht ein stück angerühret oder veräussert werden wird.

Art. 3. Dass in Regierungs-Form nichts geändert, mithin Güllich- und Bergischer geheimer Rath, fort übrige Dicasteria in Churfürstlichem höchsten Namen, auch der Magistrat und die Bürgerschaft bey ihren von alters hergebrachten Privilegien und Freyheiten beybehalten und geschützet werden sollen. (Randbemerkung.) Alles in diesem Articul benannte soll in den jetzigen Umständen bleiben, auch niemand an denen Privilegien gekränket, vielmehr geschützet werden.

Art. 4. Mithin Landes- Regierungs- Justiz- Religions-Policeysachen, und das Postwesen in jetzwesentlichem Lauf belassen, auch alle, und jeden Landes Einwöhner, so wohl Land-Stände, als Noblessen und unterthanen von ihren Privilegien, baarschaft, liegend und fahrend, und häuslicher respective nahrung nicht Unordnungen, sondern dabey gehandhabet, auch kein unterthan wider seinen willen zu Kriegsdiensten gezwungen werden. (Randbemerkung.) Accordirt in allen benannten umständen, absonderlich dass zu Kriegsdiensten gezwungen werden solle.

Art. 5. Dass das dahier zu Düsseldorf befindliche Zeughaus, sammt allen Zubehörungen ohngestört gehalten und daraus nichts entzogen werden solle. (Randbemerkung.) Die Artillerie Zeug- und rüsthaus uns getreulich überliefert werden, welches alles beysammen gehalten werden soll.

Art. 6. Dass die etwaigen Contributiones nach erträglichkeit des sehr erschöpften Vermögens-Standes der Unterthanen auf ein gewisses regulirt werden mögen. (Randbemerkung.) Da man hierinn nur wegen der Stadt Düsseldorf tractiret, so gehören diese zwei Artikulen nicht in die Capitulation, massen wegen einer Stadt und nicht wegen Landen tractirt wird; inzwischen werden die etwa zu fordernden Contributiones nach Billigkeit angesetzet werden, der letztere Articul aber bey existirenden Cas gar keine Schwierigkeiten finden.

Art. 7. Dass nach geendigten Troublen Stadt und Länder Seiner Chur-Fürstlichen Durchlaucht zu Pfalz in demjenigen Stande, wie es dermalen sich befindet, ohne einigen an- und Zuspruch loss, liber und frey aus und eingeräumet werden sollen.

Art. 8. Sollte wegen mangel der führen oder sonst einfallender Hindernüss die Bagage fort, sonsten, sodann die Kranken nicht transportiret werden können, solle die bagage getreulich verwahret, die Kranken auch in denen Lazaretten wohl und fleissig bis zu ihrer genesung verpfleget, und demnächst nach gelegenheit abgeführet werden. Zu ein- so anderer obsorge sollen zwey subalternen Officiers mit nöthigen Feldscherern zurückbleiben. (Randbemerkung.) Der bagage und allem, was zurückbleibt, soll all Schutz und Schirm geleistet werden, nicht weniger können die Kranken bis zu ihrer Genesung verbleiben, jedoch dass solche auf Kosten Seiner Chur-Fürstlichen Durchlaucht unterhalten werden.

Art. 9. Von Chur-Pfältzischer Seite wird versichert, dass die für unterhabende Truppen noch vorräthig fourage und munition getreulich angegeben und nichts davon ruinirt werden solle: wobey aber die Vorbehaltung geschieht, dass von diesem Vorrath nichts veräussert, noch weniger, dass die zum Chur-Fürstlichen Marchestall nöthige fourage nicht angegriffen werden, sondern diese mit den Chur-Fürstlichen Intraden zum behuf höchstgemeldeter Seiner Churfürstl. Durchlaucht aufbehalten und verbleiben solle. (Randbemerkung.) Alle munition und fourage muss fidelement angezeiget werden; von letzteren können die Chur-Pfältzischen Truppen sich auf die Marschtäge besorgen, das übrige bleibt zum Stützen der allirten Armee.

Art. 10. Die sämmtliche Besatzung wird übermorgen, den 9ten dieses morgens ohngefehr acht uhren ausziehen, alsdann die Schlüsseln dem General Freyherrn von Wangenheim sollen überliefert werden, oder welchen Seine Durchlaucht der Herzog darzu beordern wird. (Randbemerkung.)

Die sämmtliche Besatzung muss höchstens morgen den 8ten abziehen: ein jedes Regiment aber kan Officiers und überhaupts einen Stabsofficier nachlassen, um dasjenige zu besorgen, was nicht hat in ordnung gebracht werden können. Und weil

Art. 11. Die vorläufige einrückung und abwechselung der alliirten Truppen in hiesiger Vestung zu allerhand ohnordnung und verbitterung anlassgeben wird, so hat man die Zuversicht, dass höchstgemelte Seine Fürstliche Durchlaucht mit allsolcher einrückung und abwechselung so lang einhalten werden, bis dahin die Besatzung abgezogen. (Randbemerkung.) Es wäre ohnerhört und gereichte zum nachtheile der alliirten Armee, wenn gegen den Kriegsbrauch nach Vollziehung der Capitulation nicht sofort possesson genommen werden sollte. Es soll also noch heute durch ein Detachement Grenadiers ein solches vollzogen werden: wobey ich repondire, dass abseiten der unter meinem commando stehenden Truppen keine ohnordnung angefangen werden soll.

Art. 12. Dass alle zur Garnison gehörige Officirs und sonstige bediente, welche den ausmarche aus hiesiger Vestung nicht mitmachen können, keineswegs als Kriegsgefangene angesehen, sondern dahier ruhig belassen, oder nach verlangen der ausmarche frey und ohngehindert gestattet werden soll. (Randbemerkung.) Alle zur Garnison gehörigen und zurückbleibenden müssen sich mit keiner Correspondenz oder dergleichen meliren, alsdann sie ohngehindert bleiben können.

Art. 13. Die Churfürstlichen sowohl in als um die Stadt, und auf dem Land gelegenen Lust-Schlösser oder Jagdhäuser, auch Jagd-Zeug-hauss zu protegiren und im mindesten nicht zu ruiniren, dem Chur Fürstlichen Jäger-Corps zu erlauben, ihre forst vor wie nach, auch conservation deren waldungen zu besorgen und ihnen büchsen und flinten zu erlauben, auch falls die wilddiebe überhand nehmen sollten, ihnen die assistenz zu leisten, und die Chur Fürstliche Wildbann und leibgeheeg zu verschonen. Je dennach all Wildbrett, so von einer hohen Generalität verlangt wird, solle ohne anstand geliefert werden. (Randbemerkung.) Allen Chur-Fürstlichen Schlössern und Gebäude, auch Chur-Fürstlichen Bedienten solle nicht das geringste Leid zugefügt werden, ebenfalls können die jagtbedienten bey ihren Functionen bleiben.

Art. 14. Dass Bürger und unterthanen nicht disarmiret werden oder wann disarmiret werden sollten, bey restitution deren Landen das gewehr zurück zu geben. (Randbemerkung.) Solange die unterthanen sich ruhig verhalten, wird man zu solchen mitteln nicht schreiten: sollte es aber geschehen müssen, so wird das gewehr auf die Aemter geliefert, und daselbst bis zu anderweiter veränderung der sachen aufbehalten werden.

Art. 15. Dass die Seiner Königlichen Majestät in Frankreich zugehörige Artillerte und alle Kriegsmunition und gereithschaft den Rhein hinauf bis Cölln ohne Hinderniss oder widerstand gebracht werden können, alles jedoch auf Kosten seiner Königlichen Majestät. (Randbemerkung.) Ausser denen Regimentsstücken muss die übrige artillerie, munition und übrige gereitschaft in Düsseldorf verbleiben.

Art. 16. Dass die in denen Spitälern oder Lazaretten befindenden Kranken sowohl Officiers, als Soldaten (worunter die aufsichter, Directeurs, Controlleurs, Medici, Feldscherer und Kranken-warter, und was sonsten dazu gehörig, mitbegriefen, so bald sie im stand seyn werden, hinwiederum nach der französischen Armee abgeschickt werden sollen, keineswegs aber für Kriegsgefangene angesehen werden, ihnen auch bey der abreise hinlängliche Pass für ihre Person sowohl als für ihre effecten mitgetheilet, die fuhren sollen jedoch von dem König bezahlt werden. (Randbemerkung.) Accordirt, und ist schon im ersten Articul mit eingeführet.

Art. 17. Sollte dem Kriegs-Commissarius Seiner Königlichen Majestät erlaubt seyn, so bald nur möglich, alle Seiner Majestät dem König zugehörigen effecten, wie auch alle früchten, mehl und haaber, zu welchem ende ihm ein hinlänglicher pass ertheilet und die nöthigen Schiffe gegen baare Zahlung angeschafft werden sollen, auf den Rhein nachher Cöllen zu überbringen. (Randbemerkung.) Wird mit den Königlich Französischen truppen sowie denen Chur pfältzsischen gehalten, nemlich dass sie sich auf dem marche versorgen und das übrige zurücklassen.

Art. 18. Weilen der ausmarche terminus für das Garnison allzu anberahmet, das General-Isselbachische Regiment aber mit feld equipage-Waagen und Zelten nicht versehen, die fuhren aber in der geschwinde zu Führung der bagage dahier nicht beyzubringen; so wird gebetten den nechstgelegenen Aemtern zu eintreibung benöthigter fuhren auszuschicken: den Detachement pass zu ertheilen, und auch zu erlauben, wenn dahier Schiffe zu bekommen wären, dass die bagage dieses Regiments zu wasser von hier bis Mannheim transportirt werden könnte. (Randbemerkung.) Dem Regiment des General von Isselbach soll allmöglicher Vorschup geschehen, und die fuhren herbeigeschaffet werden.

Art. 19. Man reservirt sich fernere separirte articulen fals wegen etwaiger Uebereilung und Kürze der Zeit ein oder anderes vergessen worden. Und dann diese hier inde überleget, fort die schlüssigen obigen Capitulationes darauf erfolget, so ist gegenwärtiges in duplo ausgefertiget, und beiderseits eigenhändig nebst beygedrucktangebohrnem pettschaft unterschrieben worden den siebenten Juli 1758."

Die Bedingungen der Capitulation scheinen nicht überall gehalten worden zu sein, es sollen Geschütze vernagelt und zerschlagen und viele tausend Centner Pulver ins Wasser geworfen worden sein. Nach andern Aufzeichnungen wurde an der Neustadt aus mehreren Schiffen der Hafer in den Rhein geschüttet. Im Marstall in der Neustadt lag der Hafer kniehoch, Hammer Bauern kauften für wenig Geld grosse Mengen. Desgleichen wurde in der Stadt Hafer, Mehl und Reis verschleudert und verdorben. Schuhe, von denen etliche tausend vorhanden waren, wurden für 1 bis 2 Stüber verkauft. Am 8. Juli Morgens begann der Ausmarsch der Besatzung, 150 hannover'sche Grenadiere besetzten sofort das Rheinthor und konnte Generalmajor von Wangenheim dem Commandanten seine Aufwartung machen. Er wurde jedoch durch den Generallieutenant von Hardenberg abgelöst, um an der Erft weitere Unternehmungen zu leiten. Hardenberg liess nach einigen Tagen mit Trommelschlag auch in Hamm ankündigen, dass alle von den Franzosen gekauften Gegenstände zurückgegeben werden müssten. Der Stadt wurde eine Contribution von 150,000 Thalern auferlegt und wurden am 18. Juli sechs vornehme Herren als Geissel hierfür nach Hannover geschickt, wo einige von ihnen über ein Jahr in Gefangenschaft verblieben. In dieser Zeit waren die Franzosen wieder in den Besitz von Neuss gelangt. Am 1. August Nachts 12 Uhr liessen dieselben drei brennende Flösse, welche bei Urdenbach gefertigt waren, gegen die Brücke bei Düsseldorf schwimmen, wodurch diese vollkommen zerstört wurde. Hierfür belegte Hardenberg die Bewohner von Hamm mit einer Contribution von 2000 Thalern, da sie die brennenden Flösse rechtzeitig in Düsseldorf hätten melden können, wodurch das Zerstören der Brücke verhindert worden wäre. Da Herzog Ferdinand mit seiner Armee in der Nacht vom 9. zum 10. August den Rhein bei Hoch-Elten überschritt, beschlossen die Hannoveraner einen heimlichen Abzug. In der genannten Nacht zogen sie durch das Ratingerthor ab, nachdem sie vorher noch auf dem Mühlenplatz einen neuen Galgen errichtet hatten. In der Stadt liessen sie das Gerücht ausbreiten, es sollten in selbiger Nacht noch fünf aufgehängt werden; hierdurch wollte man die Bürger in Schrecken versetzen, und ihre Aufmerksamkeit vom Abzuge ablenken. Am Nachmittag des 10. August zogen dann wieder Pfälzer und Franzosen ungehindert in Düsseldorf ein; General von Hardenberg zog sich auf Lippstadt zurück und vereinigte sich demnächst wieder mit der Armee des Herzogs Ferdinand. Das Verlangen des Versailler Cabinets ging nun dahin, dass Düsseldorf von französischen Truppen allein besetzt würde und nur 100 bis 150 Pfälzer zum Wachtdienst am Schloss aufgenommen werden sollten. Durch dieses Verfahren gedachte man, in Erinnerung des von General von Isselbach beobachteten Verfahrens, der Treue des Churfürsten versichert zu sein. Die Ansichten desselben und seiner Regierung entsprachen jedoch nicht den Wünschen Frankreichs und steigerten sich im Laufe der desshalb auch mit Oesterreich angeknüpften Besprechungen bis zu der Drohung, die Klage vor Kaiser und Reich zu bringen, wenn Frankreich auf seinen Forderungen bestehe. Im weiteren Verlauf dieser Angelegenheit wurde endlich der Vertrag bezüglich der Zahlung der Hülfsgelder französischerseits aufgekündigt und demgemäss löste sich auch das Verhältniss der pfälzischen Truppen zur französischen Armee auf, sie betrachteten sich aber noch bis 1762 als Herren von Düsseldorf.

Wie sehr auch Düsseldorf durch das Bombardement gelitten haben mag, so scheinen doch die Lasten und die Sorgen, welche die französische Besatzung in den nächsten 4 Jahren der Stadt und der Bürgerschaft bereitet hat, grösser gewesen zu sein. Es mögen hier einige Notizen aus den Raths-Protokollen dieser Jahre folgen, aus denen ersichtlich ist, dass die Garnison sich allerlei Ausschreitungen auf Kosten der Bürger und der Stadt zu Schulden kommen liess. Raths-Protokoll vom 11. Jan. 1760: Dem Gastgeber im schwarzen Pferd sind verbotene Geldspecies von den Franzosen aufgedrungen worden, desgleichen dem Bäckermeister im weissen Bären. Die Leute bitten um Verhaltungsmassregeln für künftighin. Der Magistrat entscheidet, es liesse sich hiergegen nichts machen, so lange den Franzosen die Ausgabe derselben nicht verboten sei.

Erst am 22. März wird eine Verfügung herbeigeführt, wonach den Franzosen die Annahme und Ausgabe der verrufenen Münzsorten verboten wird. Am 18. Januar werden die Müller angewiesen, Tag und Nacht auf Wind- und Wassermühlen für die französischen Truppen zu mahlen. Unterm 22. Januar wird bestimmt, dass alle Spieler und Comödianten einen proportionirten Theil als Abgabe an das Hospital abliefern müssen, ausgenommen die französischen. — Beschwerden über Einquartirung kommen vielfach vor.

Unterm 15. März beschwert sich der Kameralpächter zu Derendorf, desgleichen unterm 25. April Abt und Conventualen zu Düsselthal, sie übergeben nähere Vorstellung über Hauptmann Roberz und Lieutenant Heydkamp in Pempelfort, welche die Einquartierung zu regeln hatten. (Düsselthal war von allen Lasten befreit, wie aus der als Anhang beigegebenen Schenkungsurkunde von Johann Wilhelm I. zu ersehen ist.) Die genannten Offiziere erscheinen vor dem Magistrat und wollen über die von der Abtei Düsselthal Einquartierungs halber geführte Beschwerde ihre Verantwortung ablegen. Roberz sagt aus, er habe der Abtei mit Billet keine Einquartierung zur Last gelegt. Vor etwa Monatsfrist seien in Pempelfort allein 1000 Mann Schweizer eingerückt, Lieutenant Heydkamp müsse wissen, ob dabei die Abtei beschwert worden sei. Adjutant Heydkamp erwidert, diese 1000 Mann seien ohne Ordre des Bürgermeisters, sondern auf Befehl ihres Generals eingerückt und hätten eilends Quartier verlangt. Es sei nicht möglich gewesen, sie mit Billets ordnungsmässig in Pempelfort allein unterzubringen. Das geringste Haus habe 30 Mann erhalten. Wie nicht alle untergebracht werden konnten, habe sich ein Offizier mit einer Compagnie eigenmächtig in Düsselthal einbillettirt. Die Abtei sei wegen Liegenschaften in hiesiger Bürgerschaft mit 109 Thalern in Anschlag gebracht und müsse daher ihre Last gleich andern tragen, wenn nicht, so sei hierzu speciellem Beschluss des Magistrats nöthig. Das Raths-Protokoll vom 4. Februar erwähnt eines Reglements des Duc de Broglio, Commandantenchef über Bequartierung der französischen Truppen und über Austheilung von Fourage, welches am 27. Januar 1760 publicirt worden ist.

Raths-Protokoll vom 27. Januar 1760: Hiesige Bürger beschweren sich, sie seien übermässig mit Einquartierung belastet und nicht im Stande, ihren Handel und Nahrung zu treiben. Ihre Wirthsstuben und Zimmer seien voll Soldaten, die nicht leiden, dass Bürger $\frac{1}{2}$ Maass trinken und sich setzen. In den Casernen sei noch Platz, dorthin könne ja das Regiment von Rochefort gelegt werden, da die Bürger bereits durch Artilleristen, Sappeurs, Mineurs, Pontonniers, Domestiques, Chirurgieurs etc. belastet seien.

Anton Pauls zeigt an: Durch den Corporalen zu Pempelfort Henric Clausen seien ihm 24 Mann einbillettirt, annebst eine Wacht von 1 Lieutenant und 22 Mann ins Haus gelegt. Er muss hierfür Feuer und Licht stellen und bittet hierfür um Vergütung. Hauptmann Roberz erhält durch den Magistrat den Befehl: 1. Die in Pempelfort liegenden Dragoner selbst zu billettiren. 2. Keine Corporales zur Billettirung zu gebrauchen. 3. Billettirungsliste bei einer Strafe von 10 Thalern in nächster Rathssitzung einzuschicken.

Im Raths-Protokoll vom 16. Januar 1761 finden wir, dass der Commerzienrath Jakobi eine Rechnung übergiebt über 525 Paar Leinentücher und Laken, welche er in die Casernen zum Behuf der französischen Völker geliefert hat. Peter Thissen und Wittib Adolf Schmitz zu Volmerswerth erhalten Entschädigung wegen ihrer im Dienst verdorbenen Pferde. Bäckermeister Heinrich Weingartz in der Neustadt präsentirt Rechnung über Holz ad 16 Thaler 15 Stüber, geliefert für die Regimenter Vastan und Veaubecourt. Henric Burgel übergab Rechnung für Fourage an französische Artilleriepferde ad 13 Thaler 12 Albus. Die Bataillone Chalons und Paris haben Fuhren requirirt, ohne dafür reçus auszustellen. Die Schreinerzunft fordert Zahlung für die dem Regiment Caruman in der Neustadt gelieferten Arbeiten. Der Magistrat sendet Bericht nebst Rechnung und Anzeige, dass die Arbeit in Gefolg Mandati de 9. December 1758 angefertigt, an die französische Militärbehörde. Der Magistrat werde von dieser, bei Kriegszeiten mit Anschaffungen hart belästigten Zunft, täglich behelligt und müsse umsomehr auf Zahlung anstehen, als Magistrat mit keinen baaren Mitteln versehen sei, woraus dergleichen besondere Zahlungen verfügt werden könnten. Geliefert hatte die Schreinerzunft Tische, Bänke und Mantelstöcke. In der Sitzung vom 12. März 1761 präsentirt der Bürgermeister eine gestrenge Verordnung vom 11. März, wonach aus hiesigen Landen zur französischen Armee 600,000 Rationen Heu zu beschaffen seien. Ohne Unterschied auf Klöster und Rittersitze sei eine General-Visitation vorzunehmen und eine gewissenhafte specification des vorräthigen Heus, die Portionen zu 18 pariser Pfund columnen weise einzureichen, so dass in 1. Col. Vorrath, 2. Col. eigen Nothwendigkeit, 3. Col. Ueberschuss enthalten ist. In jedem Kirchspiel wird mittelst eines Glockenschlages verboten, ohne schriftliche Erlaubniss des Bürgermeisters den Vorrath an Heu bei einer Strafe von 10 Thalern zu verbringen. Am 2. April 1761 theilt der Bürgermeister mit, es sei befohlen worden, sofort einen

Stall für 30 Pferde für den General de Chevert an der Franziskaner-Mauer zu errichten. Den Franzosen wird zur Antwort unter wiederholter Vorstellung der Bedrängniss der Stadt und Bürgerschaft, dass der Magistrat den Stall unverzüglich in Arbeit stelle, seiner Kurfürstlichen Durchlaucht aber anheimstellen werde, aus welchem Fundo die Arbeitsleute und Kosten zu zahlen und herzunehmen wären.

Wie vielseitig die Gesuche an den Magistrat waren, geht ferner aus dem Protokoll vom 13. und 17. April 1761 hervor.

Der Schreinergeselle Maul zeigt an, dass ihm bei Anwesenheit des Schweizer Regiments Comte ein darunter gestandener, dann desertirter Soldat Crojan ein kleines Kind von 3 Jahren hinterlassen. Weil er aber unmöglich im Stande sei, das Kind zu erziehen, so begehre er, dass ihm die Alimentations-Kosten ex publico fundo hergereicht würden. Es wird beschlossen, ihm aus Stadtmitteln ad interim 2 Thaler zu verreichen.

Es würde zu weit führen, noch mehr aus den vorhandenen Raths-Protokollen zu erwähnen. Der Landesfürst Karl Theodor ist nur 2mal in Düsseldorf gewesen, nämlich im Jahre 1746 und 1785. Seine Anwesenheit wurde mit grossen Festlichkeiten gefeiert, namentlich wurde ihm im letzteren Jahre ein grosses militairisches Schauspiel bereitet. Die Besatzung von Jülich und Düsseldorf, 4 Regimenter Fussvolk und ein Regiment Reiter bezogen auf der Haide zwischen Golzheim und Kalkum ein Lustlager und führten im Beisein des Churfürsten Kriegsübungen aus. Ihre Stärke betrug 5000 Mann Fussvolk und 600 Reiter.

An der Festung war weitergebaut worden, wodurch die bisherige Südfront vom Flinger- bis zum Berger-Bastion entbehrlich wurde. Sie wurde 1787 geschleift und auf diesem Terrain zwischen Cidatelle und Kaserne ein neues Stadtviertel angelegt, denjenigen, welche sich hier anbauen wollten, wurde 20jährige Steuerfreiheit in Aussicht gestellt. Die Garnison bestand Anfang der 90er Jahre aus dem 4., 7. und 13. Füsilier-Regiment zu ungefähr 500 Mann mit den Namen de la Motte, Graf von der Wahl, Fürst Isenburg, hinzu kam ein Grenadier-Bataillon, das Kürassier-Regiment Graf Seyssel d'Aix und eine Kompagnie Fussartillerie. Die Uniformen sollen geschmackvoll gewesen sein. Die Infanterie und Cavallerie hatten weisse Röcke, das 4. Regiment hatte dunkelblaue, das 7. grüne, das 13. schwarze, das Grenadier-Bataillon hellblaue, die Cavallerie rothe Aufschläge, die Artillerie hatte hellblaue Waffenröcke mit schwarzen Abzeichen. Alle Truppen trugen Caskets mit wallendem Rossschweif, der bei den Füsilieren und Artillerie schwarz, bei den Grenadieren und Kürassieren weiss war. Der General von Dalwigk war Commandant von Düsseldorf, Major de la Treille Platzmajor. Die Mannschaften waren sämmtlich in Kasernen untergebracht, die Grenadiere und Füsiliere in der heutigen Infanterie-Kaserne, die nunmehr das zweite Stockwerk erhalten hatte. Das alte Gasthaus zu beiden Seiten der Garnisonkirche diente als Lazareth und wurden in einem Schuppen hinter der Kirche die kupfernen Geschütze aufbewahrt. Die Cavallerie hatte eine Kaserne in der Neustadt, der jetzigen, welche erst 1822 vollendet wurde, gegenüber. Die Artillerie lag in der Reuterkaserne, welche sich am Rhein unterhalb der Lambertuskirche befand. Drei Pulverthürme befanden sich in unmittelbarer Nähe der Infanterie-Kaserne. Die Hauptwache war auf dem Burgplatz in einem besonderen Gebäude vor dem Schloss, ausserdem gab es wie in allen Festungen Thor- und Kasernenwachen.

Düsseldorf hatte sich einer etwa 30jährigen Ruhe zu erfreuen gehabt, in welcher Zeit die Stadt sich rasch entwickelte, umsomehr, da die Festungswerke wie schon gesagt sehr ausgedehnt worden waren. Die Unruhen in Frankreich sollten aber für Düsseldorf auch bedeutsam werden. Nachdem die Oesterreicher im October 1794 an verschiedenen Stellen, so auch bei Düsseldorf, den Rhein überschritten und hier sehr von dem General Bernadotte bedrängt worden waren, erschienen am 6. October Morgens gegen 9 Uhr mehrere französische Ingenieur-Offiziere begleitet von einem Infanterie-Piquet am linken Rheinufer am Kölnischen Zollhaus, welches etwa da lag, wo jetzt die Wirthschaft von Schwarz sich befindet. Sie pflanzten dort nach republikanischer Sitte einen Freiheitsbaum mit Jakobinermütze und der Revolutionsfahne auf. Dies wurde von der Festung aus beobachtet und feuerten auf Befehl des Pfalzbaierischen Commandanten General Lamotte die Oesterreicher am Zollthor ihre Geschütze gegen diesen Baum hin ab. Hierdurch wurde ein Capitain getödtet und mehrere Soldaten verwundet, was die Franzosen in die grösste Aufregung versetzte. Sofort wurde Meldung in's Hauptquartier zu Neuss entsendet und soll der unter General Bernadotte befehligende Divisions-Commandeur gerufen haben: „Die Oesterreicher und Pfälzer haben mir guten Morgen gewünscht, ich werde ihnen guten Abend bieten." Sofort wurden Anstalten getroffen, um diese Herausforderung zu züchtigen. Am Nachmittag kamen mehrere hohe Officiere nach Obercassel, um das Ufer zu recognosciren, 4 schwere Geschütze wurden bei Anbruch der Dunkelheit in einem Graben des abgetragenen Forts Düsselburg gebracht und begann um 10 Uhr aus dieser nahen Entfernung ein heftiges Bombardement. Um Mitternacht brannten schon Schloss, Marstall, Kirche und Kloster der Cölestinerinnen, sowie viele Privathäuser. Es entstand eine schreckliche Angst in der Stadt, an löschen dachte Niemand, die Bewohner flüchteten nach Aussen oder suchten in den Kellern Schutz gegen die niederfallenden Geschosse. Die Churpfälzer hatten sofort die Stadt verlassen und machten erst in Elberfeld und Barmen Halt. Die Churfürstliche Regierung, an der Spitze der Minister von Hompesch, verliess gleichfalls Düsseldorf. Das Bombardement hörte gegen Morgen auf, hatte aber der Stadt in dieser kurzen Zeit einen Schaden von mehr als einer Million Thalern zugefügt. Aber nicht nur das Feuer, sondern auch Diebe und dergleichen Gesindel hatten in der Stadt arg gehaust; Churpfälzer waren zurückgeblieben, die gemeinsam mit Oesterreichern in der allgemeinen Verwirrung zu plündern begannen.

Die Landrentmeisterei und die Kellerei wurden erbrochen, es wurden an baarem Gelde 2729 Reichsthaler 40 Stüber gestohlen, 63 Ohm Wein wurden vernichtet oder gestohlen, im Keller soll man bis an die Knöchel im Wein gewatet haben. Die Regierung erlitt einen Verlust von 612993 Reichsthalern 30 Stüber, der Verlust der Privaten ist nicht abgeschätzt worden. Die Franzosen schienen mit der genommenen Vergeltung zufrieden zu sein, denn sie überschritten den Rhein nicht, sondern errichteten auf dem linken Ufer nur ein Denkmal ihrer That mit der Inschrift: „Landrecy y vengé par les soldats de la république", welches darauf Bezug hatte, dass diese Festung an der Sambre am 30. April desselben Jahres von den Oesterreichern unter dem Prinzen von Coburg genommen worden war. Die Pfälzer rückten im April 1875 unter General von Zettwitz wieder zur Besetzung von Düsseldorf ein. Die Oesterreicher hatten sich in der Gegend von Düsseldorf nur durch Batterien gesichert und bezogen mit den Pfälzern gemeinsam die Kasernen, welche sehr überfüllt waren, da bis zu vier Mann in einem Bett schlafen mussten, auch die Treppenabsätze und Speicherräume belegt worden waren. Der Festungsdienst wurde streng gehandhabt und zwar mit solcher Stille, dass nicht mal getrommelt werden durfte. Im Juli 1795 beschlossen endlich die Franzosen unter dem général en chef Jourdan die Offensive zu ergreifen. Sie bauten zum Schutze eines Rheinüberganges grossartige Angriffsbatterien bis nach Uerdingen. Der Festung Düsseldorf gegenüber warfen sie drei grosse Batterien auf, mit Scharten versehen und durch Laufgräben verbunden. Sie enthielten 27 Geschütze, die oberste Batterie, genannt batterie de la citadelle, von 8 Geschützen, bestrich mit einer Scharte das Glacis, mit den 5 folgenden die Werke der Citadelle, mit der 7. die Hafenmündung, mit der 8. das Schloss; die zweite, batterie du chateau, hatte 9 Geschütze, von denen 7 auf das Schloss und 2 auf das Bastion „Karl Theodor" gerichtet waren; die dritte, batterie de la forteresse, hatte 10 Geschütze, welche die nördliche Front bestrichen. Ausserdem waren bei Heerdt 2 und am Ausfluss der unteren Erft auf den Neusser Weiden 3 kleine Batterien mit zusammen 15 Geschützen. Im September 1795 erschien bei Heerdt eine französische Division und fuhr Batterien auf zur Beschiessung der Stadt. In der Nacht zum 5. September unternahmen die Franzosen den Rheinübergang bei Uerdingen, die Division Lefèbre landete um 12 Uhr auf dem rechten Rheinufer auf neutralem Gebiet, ihr folgte die Reserve-Division Tilly und gegen 6 Uhr Morgens die Division Grenier. Der österreichische General Graf Erbach, dem die Vertheidigung des Rheinufers übertragen worden war, liess sich durch die gleichzeitig bei Düsseldorf erfolgende Kanonade täuschen, er vermuthete, dass die Franzosen hier übersetzen würden, er setzte sich daher mit 4 Compagnien und 2 Schwadronen Ulanen von Calcum aus in Marsch nach Düsseldorf, erhielt aber schon unterwegs vom Oberstlieutenant Graf Salaro die Meldung, dass der Feind bei Hamm viele Truppen übergesetzt hätte und bereits nach Düsseldorf zöge. Graf Erbach kam Morgens gegen 4 Uhr nach Düsseldorf und vertrieb die Franzosen aus den Gassen der Neustadt in die Häuser, von wo aus sie ein mörderisches Feuer unterhielten. Inzwischen unterhandelten, eingeschüchtert durch die Drohung, Düsseldorf durch ihre 27 Feuerschlünde in einen Schutthaufen zu verwandeln, der Minister von Hompesch, der General von Zettwitz als Militär-Gouverneur der Provinz und der General von Dalwigh als Commandant der Festung mit dem Citoyen Louis Denizot, Beigeordneter der Generaladjutanten für die französische Republik, über die Bedingungen der Capitulation, so sehr auch Graf Erbach widersprach. Die Beschiessung der Stadt geschah nur aus zwei Stücken der batterie de la citadelle, Schaden wurde nicht angerichtet. Die Capitulations-Bedingungen waren folgende:

„Wir Unterschriebenen, mit Vollmacht Versehenen etc. haben also festgesetzt:

Art. 1. Die Garnison wird jedoch bewaffnet und mit allen Kriegsehren, desgleichen Beibehaltung der Bagage und zwar sogleich ausmarschiren, derselben steht frei, dahin zu ziehen, wo sie es für gut befindet, jedoch mit der Bedingung, vor einem Jahr und Tag weder wider die Armee der französischen Republik, noch ihrer Bundesgenossen Waffen zu führen.

Art. 2. Es sind der Garnison 16 Cavalleriepferde, von denen, die in der Festung sind, zugestanden, die übrigen werden den Franzosen überliefert, die Offizierpferde und die des Marstalles ausgenommen, der letzteren Zahl darf aber 15 nicht übersteigen.

Art. 3. Alle Kanonen und was zur Artillerie gehört, mag es Namen haben wie es will, so wie auch die Nachen und Schiffbrücken, welche im Hafen liegen, werden den Franzosen übergeben.

Art. 4. Der Gouverneur soll einem Offizier den Auftrag geben, dem Agenten der französischen Republik den genauen Stand von allen Magazinen, Munition, Feuerschlünden und alle Karten und Pläne, besonders welche auf Mienen Bezug haben, zu überweisen.

Art. 5. Der Gouverneur soll von jedem Corps einen Beauftragten zurücklassen, welcher Equipage nachschicken wird, sobald die Oesterreichische Armee sich hinter die Sieg retiriret haben wird; zugleich sind den Generalen, welche Truppen führen, zwei unbedeckte Wagen zugestanden.

Art. 6. Alle Oestreichischen Militair-Individuen, welche sich in der Stadt befinden, sind in gegenwärtige Capitulation nicht mit einbegriffen und werden von diesem Augenblicke an als Kriegsgefangene angesehen.

Art. 7. Der Gouverneur von Düsseldorf soll alle französischen Emigranten, welche in der Stadt sein könnten, angeben und der Macht der Franzosen überliefern.

Art. 8. Die Sicherheit des Eigenthums und der Personen der Einwohner der Stadt Düsseldorf wird unter den Schutz der französischen Republik gegeben.

Art. 9. Dem vorbenannten dirigirenden Minister wird die Freiheit zugestanden, entweder mit seiner Familie in Düsseldorf zu verbleiben, oder sich dahin zu verfügen, wo er es für gut befinden möge.

So geschehen zu Düsseldorf den 20. Fructidor nach der Zeitrechnung der französischen Republik oder nach der allgemeinen den 6. September 1795 und haben unterzeichnet:

        Denizot. Hompesch. Zettwitz. Dalwigh.

Somit war Düsseldorf in den Händen der Franzosen und blieb darin bis zum Frieden von Lüneville 1801.

Am Nachmittage des 6. September trafen die Generale Lefébre und Kleber in Düsseldorf ein; am 7. wurden zwei Schiffbrücken geschlagen, über welche fortwährend französische Truppen durch Düsseldorf rückten. Hier blieb nur eine schwache Besetzung unter dem Obersten Winter zurück. In den folgenden Monaten wird an den Festungswerken mit grossem Eifer gearbeitet, die benachbarten Gemeinden wurden zur Schanzarbeit berufen, Bürger und Landleute mussten die schwersten Arbeiten verrichten, die Waldungen wurden verwüstet, sogar Obstbäume brauchte man zu Faschinen und Pallisaden. Welche Lasten die Stadt zu dieser Zeit zu tragen hatte, geht daraus hervor, dass vom 6. September 1795 bis zum 31. Mai 1801 die Zahl von 3257694 Einquartierungstagen für Mannschaften und 420121 Einquartierungstagen für Pferde berechnet worden sind. Die Franzosen wollten Düsseldorf zum grossen Waffenplatz für eine Besatzung von 36000 Mann erweitern und umgaben die Festung daher mit einem weiten Halbkreise von Verschanzungen, welcher sich vom Rheinufer bei Flehe um Bilk herum zum Wehrhahn bei Pempelfort und Derendorf vorbei bis Golzheim erstreckte und am Rhein endigte. Im Ganzen sollten 62 Batterien und Schanzen entstehen, welche mit 268 Geschützen zu besetzen waren und an welchen bis zum Jahre 1799 gearbeitet wurde. Ferner wurde noch an der Stelle des ehemaligen Forts Düsselburg ein starker Brückenkopf angelegt. Die Festungsbauten wurden durch General Kleber und am 10. März 1796 durch den général en chef Jourdan, welcher in Bonn sein Hauptquartier hatte, besichtigt. Einem feierlichen Einzuge folgte grosse Heerschau, Feste, Gelage und Feuerwerke, alles auf Kosten der Bürger, welche noch gute Miene zum bösen Spiel machen mussten. Dass die Bürger schliesslich nicht mehr im Stande waren, die Einquartierung zu verpflegen und dass die Soldaten dies selbst einsahen, geht aus der Erzählung eines in den 50. Jahren noch lebenden Augenzeugen hervor. Derselbe berichtet:

„Ich begleitete eines Tages ein Bataillon der Division Lefébre zu einer Uebung hinaus, welche auf den Sandhügeln von Iklak vor sich gehen sollte, die zu gleichen Zwecken auch heute noch von den Truppen häufig besucht werden. Die Kompagnien waren aufgestellt und das Exercitium sollte beginnen, als wie auf Commando die Soldaten die Gewehre niederlegten. Der Bataillons-Chef ruft die Kompagnie-Chefs zusammen und fragt sie nach der Ursache dieses massenhaften Excesses — sie wissen sie nicht. — Darauf lässt der Chef das Bataillon ein Viereck formiren, ruft die Unterofficiere vor und verlangt von ihnen Auskunft. Diese erklären denn im Namen und aus Auftrag der Kompagnie, dass sie der Republik dienten, diese aber auch verpflichtet sei, sie zu unterhalten; solches sei aber seit nunmehr einem halben Jahre nicht mehr geschehen, vielmehr lägen sie ihren Quartiergebern auf eine unerträgliche Weise zur Last und nach ihrer Ueberzeugung könnten dieselben sie nicht mehr mitunterhalten. — Inzwischen hat eine Meldung nach Düsseldorf den befehligenden General herbeigerufen, welcher selbst die Klage der Leute vernimmt und ihnen eröffnet, dass sie in Zeit von 24 Stunden und fortan regelmässig ihre täglichen Portionen erhalten würden. Die Soldaten sind zufrieden gestellt und die Uebung geht ohne weitere Indisciplin in bester Ordnung vor sich. Im Herbst des Jahres 1797 wurde der Karlsplatz ausgefüllt und planirt und diente der Garnison als Exercier- und Paradeplatz. Im Jahre 1799 wurde mit dem grössten Eifer an den Befestigungen gearbeitet, jeder Amtsbezirk musste 150 Arbeiter und 10 Fuhren stellen. Im Herbst wurde die Arbeiterzahl erst auf 2400 und dann auf 1400 herabgesetzt. Ferner mussten 50000 Pallisaden, 15000 Faschinen und 2000 Eichenstämme durch das Land geliefert werden. Endlich machte der Frieden zu Lüneville am 9. Februar 1801 der Herrschaft der Franzosen auf dem rechten Rheinufer ein Ende, auch enthielt er die für Düsseldorf segensreiche Bestimmung, dass die Festungswerke geschleift werden sollten. Nach den getroffenen Festsetzungen sollten die Franzosen am 31. März 1801 das rechte Rheinufer räumen, jedoch sollten vorher die Festungswerke geschleift und der Rest der Kriegssteuern bezahlt werden. Die Landstände weigerten sich zunächst, an den Kosten und der Arbeit theilzunehmen, da es sich ja nur um Verschönerung von Düsseldorf handle. Hiermit drangen sie aber nicht durch, da nach Ansicht der Franzosen die Ausführung der Friedensbedingungen Aufgabe des ganzen Landes sei. Die Franzosen selbst zerstörten nun die Hauptwerke, indem sie Kasematten und Mauerwerk mit Pulver sprengten. Die für Ausbau und Instandhaltung der Festung jährlich vom Bergischen Lande ausgeworfenen 30000 Thaler wurden in diesem Jahre zum letzten Male erhoben, um nun aber die Kosten der Zerstörung zu decken. Es gelang, durch freiwillige Arbeit bis zum Mai die Sache soweit zu fördern, dass die Franzosen sich befriedigt erklärten und am letzten Mai abzogen. Hiermit verliert Düsseldorf seine militärische Bedeutung. Fast wäre Düsseldorf nochmals dem Schicksal verfallen, Festung zu werden. Als im Spätherbste des Jahres 1811 Napoleon nach Düsseldorf kam, unterwarf er die Stadt und Umgegend einer persönlichen Rekognoscirung, um zu untersuchen, ob sich dieselbe zur nochmaligen Befestigung eigne. Er stand jedoch vollständig wegen der ungünstigen Lage der Stadt von diesem Unternehmen ab und gab das wichtige Dekret, in welchem die geschleiften Festungswerke nebst dem Glacis der Stadt zu Verschönerungszwecken geschenkt wurden. Im Jahre 1806 wurde bekanntlich der Churfürst Maximilian Joseph, welcher von 1799 ab in hiesigen Landen herrschte, vom Kaiser Napoleon I. zum König von Bayern erhoben. Zugleich erging das Dekret, wonach Joachim Mürat zum Grossherzog von Berg ernannt wurde. Dieser kam bald nach seiner Ernennung nach Düsseldorf und residirte gewöhlich im Schloss von Benrath. Unter ihm wurden die Planirungsarbeiten mit Eifer fortgesetzt und hatten hierzu die Landstände jährlich 40000 Franken bewilligt. Auf dem Hauptwall entstand die Alleestrasse, damals „Boulevard Napoléon" genannt. Zu gleicher Zeit entstand die heutige Königsallee, der Ananasberg wurde durch Galeerensclaven angefahren, der Napoleonsberg verdankt dem neuen Hafen seine Entstehung. Der Exercierplatz an der Infanterie-Kaserne scheint als solcher im Jahre 1809 hergestellt worden zu sein, da in diesem Jahre 7781 Francs 2 Centimes zur Planirung desselben an verschiedene Fuhrleute gezahlt worden sind, desgleichen erhielt die Infanterie-Brigade für geleistete Arbeit 74 Francs 17 Centimes. Joachim Mürat blieb nur 2 Jahre hier, da er am 15. Juni 1808 vom Kaiser zum König von Neapel ernannt wurde. Nunmehr blieb das Grossherzogthum Berg unter französischer Herrschaft, da der neue Grossherzog Louis Napoléon erst 5 Jahre alt war. Am 1. Juni 1809 erschien eine Instruction zur Ausführung der Gesetze und Reglements über die Conscription, welche in der Druckerei des Gouvernements gedruckt worden war. Dem französischen Text ist die deutsche Uebersetzung beigegeben. Es ist bekannt, mit welcher Strenge dieses Gesetz gehandhabt und durchgeführt wurde. Alle jungen Leute von 20 Jahren gehörten zur Conscription des betreffenden Jahres. Artikel 2 sagt: Kein Stand, kein Verhältniss, es möge Namen haben wie es wolle, begründet eine Ausnahme. — Nur diejenigen sind völlig eximirt, welche bei den Protestanten zum Predigeramte, bei den Katholiken zum Subdiakonate gelangt sind. Artikel 5 lautet: Die Dienstzeit ist in Friedenszeit auf 5 Jahre festgesetzt. In Kriegszeiten kommt es darauf an, ob die Umstände es gestatten, dass nach Ablauf der 5jährigen Dienstzeit der Abschied ertheilt werde. Die Instruction wird mit den Worten eingeführt: Seine Majestät der Kaiser haben durch allerhöchstes Dekret, datirt von St. Cloud, den 21. October 1808 zu verordnen geruht, dass die französischen Conscriptions-Gesetze und Reglements, ihrem ganzen Umfang nach, in dem Grossherzogthum zur Anwendung gebracht werden sollen. Unterzeichnet ist die Instruction durch den Minister des Innern, Graf von Nesselrode.

Wie schon erwähnt, befand sich das Militär-Lazareth in den Gebäulichkeiten zu beiden Seiten der Garnisonkirche. Diese Kirche wurde 1772 der Garnison übergeben, sie führte den Namen St. Anna-Kirche. Die Pfarrer hatten ein eigenes Pfarrsiegel und hatten amtliche Anerkennung bei allen geistlichen und weltlichen Behörden. Sie bezogen ihr Gehalt von 400 Thalern, sowie die Cultuskosten aus der Militärkasse, zudem hatten dieselben, wie auch der Küster, freie Wohnung in der Caserne. In der Kirche befindet sich ein Hochaltar von Marmor mit Stuck, er stammt aus der Klosterkirche der Cölestinerinnen her, die 1795 bei dem Bombardement zerstört wurde. Das Altarbid, die Taufe Jesu darstellend, ist im Jahre 1847 durch den Maler Ittenbach zum Preise von 800 Thalern gemalt worden. Die Kosten hat zu zwei Drittel der Kunstverein für Rheinland und Westphalen getragen, das letzte Drittel ist durch Sammlung unter beiden Confessionen beschafft worden.

Die beiden Nebenaltäre stammen aus der Kapuzinerkirche; einer ist der heiligen Anna, der andere dem heiligen Johannes von Nepomuck geweiht. Auf diesem Altar befindet sich auch noch die Statue des heiligen Johannes, des Schutzpatrons der Krieger, insbesondere des der Infanterie. Durch Allerhöchste Cabinetsordre vom 30. September 1824 wurde bestimmt, dass die Kirche als evangelische Garnisonkirche zu betrachten sei, wobei sie jedoch auch fernerhin den Namen heilige Anna-Kirche beibehalten sollte. Die Kirche ist dem Kriegsministerium überwiesen, welches für die Unterhaltung sorgen und die Ausübung des katholischen Gottesdienstes in derselben gestatten soll. Die Garnisonkirche wurde 1815 zur Unterbringung französischer Gefangener benutzt, demnächst bis 1816 als Magazin. Im Jahre 1818 wurde die Infanterie-Caserne durch Zwischenflügel erweitert; hierzu wurden die 2500000 Ziegelsteine, welche eigentlich zum Bau des

Nordcanals bei Neuss bestimmt waren, verwendet. Im nächsten Jahre wurde die Artilleriecaserne, von welcher bis dahin bekanntlich nur der westliche Theil mit kurzen nach Norden und Süden angesetzten Flügeln bestand, im Viereck bis zum Excercierplatz ausgebaut, auch wurde eine Lieferung von 11 200 000 Steinen zum Bau der Caserne in der Neustadt ausgeschrieben. Dieser Bau wurde im Jahre 1822 vollendet. Der Stall auf der westlichen Seite der Casernenstrasse wurde 1834 gebaut. Zwischen der Infanterie-Caserne und der jetzigen Post standen im Anfang dieses Jahrhunderts hölzerne Stallungen. 1813 waren dieselben mit polnischen Lanciers belegt. Diese erhielten nach der Schlacht bei Leipzig Befehl, nach Frankreich zu marschiren. Um dem zu entgehen, zündeten sie die Stallungen an, wobei etwa 82—86 Pferde verbrannten. Die ganze Equipage des Führers ging hierbei zu Grunde. Beim Bau des Hintergebäudes der Post stiess man im Anfang der fünfziger Jahre auf eine Menge Knochen; es stellte sich heraus, dass nach dem damaligen Brande die Pferde dort vergraben worden waren.

Aus dem Jahre 1810 wird uns von einem grossen Feuer berichtet, welches am 16. December auf dem Excercierplatz angezündet wurde, um die englischen Waaren zu verbrennen, deren Verkauf in Folge der Continentalsperre untersagt war. Die Waaren wurden an diesem Tage aus dem alten Schloss, in welches sie geschafft worden waren, unter Begleitung eines Piquets der Gendarmerie und unter Trommelschlag durch die Stadt zum Marsfelde, so hiess damals der Exercierplatz, gefahren. Die Verbrennung geschah Mittags zwischen 12 und 2 Uhr in Gegenwart einer Menge Volkes unter Aufsicht des Bataillons-Chefs Hemskirch. Zugegen waren: Der Präfect Graf von Borcke, Stadt-Commandant Bonnet, die Präfectur-Räthe und Departements-Chefs, der Maire Freiherr von Pfeill, der General-Zolladministrator und viele Zollbeamten. In Mindels Wegweiser durch Düsseldorf vom Jahre 1817 finden wir, dass sich das Militär-Bekleidungs-Depot (später Montirungs-Depot, jetzt Bekleidungs-Amt genannt) schon in der Kreuzbrüderkirche und in dem zugehörigen Kloster, welches zur Zeit abgebrochen wird, um einem Neubau zu weichen, befindet, ein Theil des Militär-Bekleidungs-Depots befand sich noch im Akademiegebäude des alten Schlosses. Für den Gebrauch der Garnison waren ferner bestimmt: Die neue Caserne (im Gegensatz zur Reutercaserne), das Militär-Lazareth, das Commiss-Backhaus in der Citadellstrasse und die Hauptwache. Diese befand sich bis zum Anfang der fünfziger Jahre auf dem Burgplatz in einem freistehenden Gebäude, welches zum alten Schlosse gehörte. Wegen Baufälligkeit und da man die Reparaturkosten von 1500 Thalern nicht aufwenden wollte, musste das Gebäude geräumt werden. Es schwebten Unterhandlungen wegen Verlegung der Hauptwache in das alte Schloss oder in das Marstall-Gebäude, welches neben dem Regierungsgebäude in der Mühlenstrasse lag. Schliesslich erhielt die Wache ihren jetzigen Platz. Mindel zählt auch den Düsseldorfer Militär-Etat des Jahres 1817 auf; derselbe setzte sich zusammen aus 1. Landwehr-Inspection vom Regierungsbezirk Düsseldorf, Commandeur General-Major von Rödlich. 2. Stamm des Rheinischen Grenadier-Landwehr-Bataillons, Commandeur Major von Bork. 3. Dritte Abtheilung der 7. Artillerie-Brigade mit einer reitenden und vier Fuss-Compagnien, Commandeur Major von Gieseler. 4. Rheinische Provinzial-Invaliden-Compagnie, Commandeur Oberst-Lieutenant von Rolshausen. 5. Stamm-Mannschaft des 2. Bataillons vom 1. Düsseldorfer Landwehr-Regiment, Commandeur Major von Romberg. 6. Garnison-Geistlichkeit. Hierunter sind folgende Personen aufgeführt: Hartmann, Consistorialrath und lutherischer Garnison-Prediger, Frau Gemmer, Küsterin, Custodis, katholischer Garnison-Prediger, Neubauer, Küster und Unteroffizier in der Invaliden-Compagnie. Unter Nr. 7 sind Casernen- und Lazareth-Verwaltung aufgeführt. Die Gensdarmerie bestand aus dem Hauptmann und Brigade-Chef von Forell, einem Obersergeanten, einem Unteroffizier und einem Gefreiten, ausserdem aus 5 Cavalleristen und 3 Infanteristen. — Die Truppen der Garnison hatten in früheren Jahren ihre Schiessstände im Hofgarten hinter dem Napoleonsberg. Als im Jahre 1847 die 7. Jäger-Abtheilung von Wetzlar nach Düsseldorf verlegt wurde, leistete die Stadt Zuschüsse zur Errichtung von Schiessbahnen im Bilkerbusch, welcher sich zwischen Oberbilk und Klein-Eller befand. Diese Schiessstände wurden bis zum Jahre 1876 benutzt, mussten jedoch eingehen, da die Cultur sich nach jener Gegend hin immer mehr erstreckt hatte und da sie die Eisenbahn, welche in nicht zu weiter Entfernung hinter denselben vorbeiführte, gefährdeten. Die jetzigen Schiessstände, 12 an der Zahl, liegen bekanntlich im Aaperwalde und werden seit dem Jahre 1876 von den Truppentheilen der Garnison benutzt.

Die Abtei Düsselthal.

Johann Wilhelm, Churfürst zu Pfalz, gründete im Jahre 1707 zu Düsselthal bei Düsseldorf eine aus der Abtei Orval im Herzogthum Luxemburg ausgegangene Niederlassung Cisterzienser-Mönche von der strengen Observanz und stiftet und begiftet sie reichlich; dieselbe ist sodann im Jahre 1714 zur Abtei erhoben worden.

Wir Johann Wilhelm, von Gottes Gnaden Pfalzgraf bei Rhein, des heiligen Römischen Reiches Erzschatzmeister und Churfürst, Herzog in Baiern, zu Jülich, Cleve und Berg, Fürst von Mörs, Graf zu Veldenz, Sponheim, der Mark und Ravensberg, Herr zu Ravenstein u. s. w.

Allen, die Gegenwärtiges lesen, unsern Churfürstlich gnädigen Gruss. Wenn wir bei der Regierung unsrer getreuen Unterthanen vorzüglich darauf sehen, dass die heilige Genossenschaft der Mönche in ungestörter Sicherheit Gott um so treuer und würdiger dienen könne, so thun wir dies im kindlichen Vertrauen auf den Herrn, dass sie in stiller Einsamkeit durch ihr inständiges Gebet und ihren eifrigen Dienst die göttliche Barmherzigkeit uns um so eher zuwenden werden, in Betracht wir selbst durch weltliche Sorgen und des Krieges Unruhen immerfort behindert sind, den geistlichen Uebungen sowie wir wünschten obzuliegen. Nachdem wir daher erwogen die Widerwärtigkeiten, Sorgen und Beschwerden, denen die geistlichen Väter des Cisterzienser-Ordens von der strengen Observanz, welche neulich von dem Canonikus an der Metropolitankirche zu Köln, dem ehrwürdigen Herrn Dämen nach der unterhalb unsrer Churfürstlichen Residenz gelegenen Insel Lürich berufen worden, durch eine unvorhergesehene Ueberschwemmung daselbst leicht ausgesetzt sein könnten: so haben wir bei uns beschlossen, für die Sicherheit dieser Väter, soviel wir mit der Gnade Gottes vermögen, Sorge zu tragen und jeglicher Furcht und etwaigem Unheil bei Zeiten vorzubeugen; demgemäss haben wir auf den Wunsch und mit Zustimmung des genannten Herrn Dämen, dessen frommer Absicht wir durch gegenwärtige Schenkung nicht nur nicht entgegen zu treten, sondern in Gründung eines Klosters kräftigst Vorschub zu leisten gesonnen sind, hinsichtlich eines andern mehr gelegenen Ortes huldreichst Vorsorge getroffen und erachteten wir den unterhalb dem Grafenberg gelegenen Wald, welcher gemeiniglich der Unterflingerbusch und Broich genannt wird, hierzu für geeignet.

Wir liessen zu dem Ende diesen Wald nebst den dazu gehörenden Wiesen und Weideplätzen der Länge nach von der Zoppenbrück über den Communalweg bis zum Fuss des genannten Berges, und der Breite nach von der erwähnten Brücke über die Düssel bis zu den Wiesen von Derendorf und diesseits des Flusses bis vor die sogenannten Speckerhöfe und von da wiederum bis zu dem Fusse des angeführten Berges, sowie es das darüber aufgenommene Protokoll und die Grenzsteine besagen, durch unsere Commissare abgrenzen.

Sodann übermachen und schenken wir den obengenannten Vätern im Hinblick auf die ewige Vergeltung hierdurch huldreichst die beiden bereits erwähnten Speckerhöfe und deren Ländereien, nachdem sie nebst dem oben beschriebenen Walde zu einem angemessenen Preise unser Eigenthum geworden; ferner noch das anderseitige Ufer des genannten Flüsschens, vordem Lebel und Andern angehörend, zum Theil urbargemachtes Land, von der Zoppenbrück bis zu eben diesen Höfen, zugleich mit dem Wege, über welchen sonst die Viehheerden aus unserer Stadt Düsseldorf in den genannten Wald geführt worden, anfangend gleich bei Pempelfort bis hinter die sogenannte Schiffruthe; mit allen dazu gehörigen Liegenschaften, Rechten, Privilegien, Einkünften, Renten und Gefällen. Wir haben hierbei die Absicht im Auge, jene Väter zu ermächtigen, daselbst eine Abtei nach der ursprünglichen Anordnung zu errichten, ihr Kloster nebst Kirche und sonstigen durch die Statuten oder Regel vorgeschriebenen Gebäulichkeiten, auch eine Mühle, jedoch nur zum eignen Gebrauch zu bauen. Demnach sollen die an Zahl wie an Frömmigkeit wachsenden Brüder gehalten sein, ungestört Gott allein, dessen Dienste sie sich zu ihrem Heile gewidmet haben, in stiller Abgeschiedenheit und im Geiste der Busse ihrem Gelübde gemäss zu dienen, auch das heilige Opfer für unsere und unsrer geliebtesten Gemahlinn der Frau Grossherzoginn von Etrurien Anna Ludovica und unsres churfürstlichen Hauses Wohlfahrt, sowie für das Heil unsrer Vorfahren und Nachfolger ununterbrochen darzubringen.

Wir erklären und genehmigen hiermit, dass jenes neue Kloster, sein Oberer und die Genossenschaft aller jener Befreiung, Exemtionen, Freiheiten, Rechte, Privilegien und Befugnisse, deren auch die übrigen Vorsteher und Klöster desselben Ordens sich zu erfreuen haben, theilhaftig werden können und sollen. Wir entbinden und befreien daher den Ort, die Personen, nicht weniger das den genannten Vätern angehörende Vieh, für alle Zeiten von jeder weltlichen Gerichtsbarkeit, Verpflichtung oder sonst irgend einer Belastung, Beschwerde oder Abgabe, mag dieselbe aufgelegt sein oder noch aufgelegt werden.

Ebenso befreien wir deren zu ihrem eignen Lebensunterhalte dienenden Güter, sowie die zum Aufbau des Klosters, der Kirche und übrigen Gebäulichkeiten erforderlichen, zu Wasser oder Land herbeizuschaffenden Materialien innerhalb der Grenze unseres Gebietes von jeglicher Entrichtung eines Zolles oder sonstigen Auflage; mit dem Vorbehalte jedoch, dass sie gehalten seien, nach 20 Jahren diese Steuerbefreiung wieder nachzusuchen und zu erneuern.

Und weil es uns gefallen hat, dieselben Väter von nun an unter unsern besondern churfürstlichen durchlauchtigsten Schutz zu stellen, so wollen wir sie auch mit besondern Gnaden und Begünstigungen huldvollst beschenken, indem wir gestatten, dass jegliches Besitzthum, Ländereien, Wiesen, Wälder, Weinberge oder sonst irgend ein Gut, welches ihnen entweder zu Geschenk übergeben oder auf eine andere rechtliche Weise zu Theil geworden, von jeder Belastung, der dasselbe vielleicht früher unterworfen war (mit Ausnahme der Zehnten), frei und entbunden sei, von dem Zeitpunkte an, wo es ihr Eigenthum geworden, bis dahin, dass fünfzig Mönche aus den Einkünften der erworbenen Güter anständig sich erhalten können, auf die Person jährlich fünf Reichsthaler gerechnet, was die Väter bei Strafe des Verlustes dieses ertheilten Privilegiums uns und unsern Nachfolgern baldigst anzuzeigen gehalten sind. Endlich wollen wir denselben gnädigst gestatten, dass sie oberhalb des geschenkten Territoriums von dem Düsselbach Gebrauch machen dürfen, sowie zur Aufführung einer Mühle, als zum Bau einer Brücke und zu anderweitigen Bedürfnissen, und dass sie eine Schafsheerde in die bei der Stadt gelegenen Weideplätze, sowie auch in den sogenannten Staperwald zum Weiden schicken und dort belassen können, gleichwie auch Andere dasselbe Recht und Privilegium geniessen, ohne dass dadurch irgend Jemand beeinträchtigt werde.

Es ist unser ernster Wille, dass durchaus Niemanden das Recht zustehe, die erwähnten Väter oder deren Nachfolger im Besitze dieser freiwilligen Schenkung resp. Befreiung zu behelligen, weder ihre Güter und Besitzthümer zu belasten, einzuziehen oder die eingezogenen unrechtmässiger Weise zurückzuhalten, noch sie selbst irgendwie zu quälen und zu prellen, sondern Alles dasjenige, was ihren Bedürfnissen angemessen erscheinen dürfte, soll ihnen und ihren Nachfolgern unversehrt und unbekümmert erhalten bleiben.

Sollte jedoch irgend Jemand sich erdreisten, dieser unsrer Schenkung oder Anordnung frech entgegenzuhandeln, den treffe unser und unser Nachfolger (deren Gewissen wir die genaueste Befolgung dieses hiermit aufbürden und die sich vor dem höchsten Richter hierüber zu verantworten haben werden) nachdrücklicher Zorn und für so unerhörte Verwegenheit die härteste und unerlässliche Strafe.

Damit aber zur Ehre Gottes, zur Erbauung seiner Kirche und zum Heile der Brüder die daselbst bestangeordnete Zucht für ewige Zeiten aufrecht erhalten bleibe, bestimmen wir hiermit und behalten uns und unsern Nachfolgern ausdrücklich vor, dass in dem neu zu errichtenden Kloster die Einfachheit, die Armuth und die Regel des heiligen Benedikt unverbrüchlich beobachtet werde, gemäss jenem Ordensmuster, welches die ursprünglichen Cisterzienserväter in der ersten Zeit ihres Ordens rühmlichst aufgestellt und noch rühmlicher durch ihr Leben bewährt haben und welches auch jetzt noch die Richtschnur der obengenannten Brüder auf jener Insel ist. Wir erwarten, dass hierüber uns und unserer Regierung, sowie dem Gasthaus hier in Düsseldorf jedem ein geschriebenes Exemplar zugestellt werde, zur Aufbewahrung in unsrer geheimen und in unsrer Regierungs-Kanzlei, wie auch im Gasthaus zu Düsseldorf.

Sollte der Fall sich ereignen, dass die also geschilderten Brüder aus menschlicher Schwachheit oder durch teuflische Verführung (was fern sei) in der buchstäblichen oder strengen Befolgung ihrer Regel erschlaffen und ihr Gelübde ausser Acht lassen und nachdem sie auf vorausgegangene canonische Ermahnungen, von Rechtswegen und von ihrem Orden zu Rede gestellt, nicht in sich gehen, ihre Sitten nicht bessern und zum frühern Lebenswandel gemäss der uns, unsrer Regierung, sowie unserm Gasthaus zu Düsseldorf abschriftlich übergebenen Urkunde nicht sofort zurückkehren; so sollen der Obere sowohl als die übrigen Mönche des gedachten Klosters unter die verschiedenen Klöster der reinern oder erwähnten frühern Observanz zerstreut werden, und sollen in das besagte Kloster, wenn anderwo Mönche desselben Ordens zu finden sind, gesucht und berufen werden, welche sich zu der ursprünglichen Einrichtung bereitwillig bekennen.

Wenn aber ungeachtet angewandter Mühe solche nicht mehr zu finden sind, so sollen alsdann alle sowohl bewegliche als unbewegliche Güter des besagten Klosters dem hiesigen Gasthaus zu Düsseldorf ohne Widerrede zufallen, mit Vorbehalt eines jährlichen Gehaltes für die zerstreuten Mönche jenes Klosters auf Lebzeit.

Damit nun deren Nachfolger nicht Unkenntniss dieser unserer Verfügung leichtsinnig vorschützen können, so beschliessen und verordnen wir hiermit, dass dieses Decret und jene Satzung, nach welcher die oft erwähnten Brüder, zwölf an der Zahl (wie diess statutgemäss feststeht), zu leben verpflichtet sind, der im Kapitel gesetzlich bestehenden Regel angehängt und eine Abschrift davon uns, unsrer Regierung, sowie auch den Provisoren des hiesigen Gasthauses zu Düsseldorf in der Frist eines Jahres übergeben werde, um dieselbe beständig vor Augen zu haben.

Zur Beglaubigung Alles und jedes Einzelnen haben wir Gegenwärtiges eigenhändig unterschrieben und mit unserm Churfürstlichen Siegel bestätigen lassen.

Gegeben zu Düsseldorf, den 1. August 1707.

Johann Wilhelm, Churfürst.

Handel und Industrie der Stadt Düsseldorf.
Von
Handelskammer-Sekretär P. Schmitz.

I. Periode. Von der Verleihung der Stadtrechte bis zum Jahre 1798.

Die ersten Spuren über die Entwickelung des Handels und der gewerblichen Verhältnisse unseres Platzes greifen zurück bis zum Jahre 1288.

In der Urkunde, in welcher Graf Adolf von Berg dem an der Düssel gelegenen Flecken die Stadtrechte feierlichst verbriefte, ertheilte er nämlich seinen Bewohnern nebst anderen Freiheiten auch die Erlaubniss, jährlich zwei Jahrmärkte abzuhalten, zu Pfingsten und am Lambertustage, und ausserdem an zwei Tagen jeder Woche einen freien Korn- und Wochenmarkt. Zur Belebung des inneren städtischen Verkehrs und Ausnutzung der durch die Märkte der Stadt verliehenen Privilegien fehlte es derselben aber an einer für die damalige Zeit noch wesentlichen Vorbedingung, nämlich einer gefeierten Kirche. Eine solche war um so nothwendiger, als Düsseldorf nicht aus eigenem Drange und innerer Nothwendigkeit sich entwickelte, vielmehr als eine künstliche Schöpfung seiner Landesherren erscheint.

Die unmittelbaren Nachfolger des Gründers der Stadt erachteten es daher als ihre vornehmste Aufgabe, für eine nach Aussen glänzend erscheinende Kirche ihren ganzen Einfluss einzusetzen. Gegen Ende des 14. Jahrhunderts waren ihre Bemühungen auch mit Erfolg gekrönt. Sie erhielten nämlich von den benachbarten Kirchen, namentlich von Köln, so viele Reliquien, dass, wie die Limburger Chronik zum Jahre 1394 meldet, von diesem Jahre an „der Ablass und die Römerfahrt zu Düsseldorf anging". Der Zweck der Landesherren, auf diese Weise Handel und Verkehr nach Möglichkeit zu beleben, war erreicht, denn schaarenweise pilgerte man von Nah und Fern zur jungen Stadt.

In gleicher Intention war derselben schon 1371 das Recht zur Erhebung des Maass- und Waagegeldes verliehen; sechs Jahre später wurde der Rheinzoll, der bis dahin vor dem Duisburger Walde erhoben worden war, nach Düsseldorf verlegt.

Aus diesem Anlass wurde unterhalb des Schlosses das Rheinufer regulirt, mit dem Werftbau begonnen und in der Nähe des ehemaligen Pulverthurmes — jetzigen Karmelitessenklosters — ein Zoll- und Lagerhaus — Ederhaus genannt — erbaut.[1)]

Die erste Einrichtung geschah zweifellos auf Kosten des Landesherrn, für dessen Rechnung auch der Zoll erhoben wurde. Sehr bald aber, und schon vor dem Jahre 1426, „begnadigte" Herzog Adolf die Stadt mit dem Rechte, von jedem der rheinauf- und abwärtsfahrenden Schiffe 2 Weisspfennige zu erheben, gegen Uebernahme der Verpflichtung, das Werft dafür zu unterhalten. „Darumb burgermeister ind rath den warf auch erfflich bow haftig halden sullen", wie es in dem Bestätigungsbriefe des Herzog Gerhard II. vom 13. Mai 1446 heisst.[2)]

Nach einem Heberegister aus der Zeit von 1566—1617 soll das Werftgeld im 16. Jahrhundert durchschnittlich 150 Mark, nach unserer Währung, das Eder- oder Lagergeld aber viel weniger betragen haben.

Im Jahre 1437 wurden der Stadt die Accise und die Einkünfte der Grüt, oder das Bierbrauergerechtsam überlassen, auf die „Bede"-Zahlung von 400 Mark, welche bei der Aufnahme von Bilk in die städtischen Freiheiten bedungen war, verzichtet, und die Fischerei in den Stadtgräben bis Pempelfort freigegeben, im Jahre 1489 am St. Margarethentage auch die Rheinfischerei und die Städtische nebst der Rumpels-Mühle in Bilk der Stadt in Erbpacht überlassen. (5. Band der von Redinghoven'schen Handschriftensammlung in der Königlichen Staatsbibliothek in München.)

Dem Umstande, dass die Stadt erst in verhältnissmässig später Zeit durch künstliche Förderung der Landesherren sich entwickelte, ist es auch zuzuschreiben, dass wir Kämpfen zwischen den Zünften und dem Adel, Streitigkeiten zwischen einem aus sich selbst hervorgegangenen kräftigen Bürgerthume und der Landesherrschaft hier nicht begegnen, daher wir aber auch Handelsverbindungen, wie sie andere rheinische und westphälische Städte durch

---

[1)] Der Pulverthurm explodirte 1634 und zerstörte gleichzeitig das Ederhaus.
[2)] Die betreffende Urkunde ist nicht auf uns gekommen.

den Bund der Hansa damals aufzuweisen hatten, hier am Platze nicht kennen.

Doch bald gewann die Stadt an räumlicher Ausdehnung und Einwohnerzahl. Demgemäss nahmen auch der Handelsverkehr und die Gewerke einen entsprechenden Aufschwung. In der Mitte des 15. Jahrhunderts stand das Handwerk hier schon in einiger Blüthe. Die Chronik berichtet uns von den Privilegien der Schneider, Schuster, Schmiede und Wüllengewandschneider, der Zunft der Kaufleute, den Vorrechten der Zimmermannsgilde, Schreiner, Maurer, Pliesterer, Dachdecker und Steinhauer, der Fassbinder und Schrödter, der Bäcker, Gold- und Silberschmiede und der Verfertiger chirurgischer Instrumente.

Leider fehlen uns ebensowohl specielle Mittheilungen über den Inhalt der diesen Zunftgenossenschaften ertheilten Privilegien, als über ihre Leistungsfähigkeit, insbesondere auch über die vorzugsweise von ihnen verfertigten Specialitäten.

Gegen Ende dieses Jahrhunderts, etwa um 1498, suchte Herzog Wilhelm II. den Handel der Stadt dadurch zu heben, dass er ihr den Krahnen zur freien Benutzung und mit der alleinigen Auflage überliess, denselben ihm zur Verfügung zu stellen, so oft ein Floss mit Wein für ihn ankomme. Dieser Krahnen[1]) befand sich in der Nähe des vorhin erwähnten ehemaligen Pulverthurmes.

1556 wurde ein zweiter Krahnen vor dem Zollthore, wohin um diese Zeit auch das Zollhaus verlegt wurde, errichtet, und gleichzeitig hierselbst auch ein neues Werft erbaut, so dass wir von diesem Jahre ab das sogenannte alte und neue Werft haben, welche beide durch das Schloss getrennt wurden.

Die ältesten bekannten Verhandlungen über unsere Werftbauten datiren aus dem Jahre 1595. In demselben fand hierselbst eine grossartige Ueberschwemmung statt, die zur Folge hatte, dass Stadtmauer und Werft so sehr beschädigt wurden, dass eine sorgfältige Ausbesserung unbedingt nöthig erschien. Von der herzoglichen Regierung zu deren Vornahme ersucht, weigerte die Stadt sich beharrlich, indem sie ausführte, dass die herzogliche Hofkammer durch Bepflanzung der Lauswarth den Strom des Rheines direct auf die Stadt geleitet habe und den dadurch entstandenen Schaden auch selbst ausbessern müsse. Ihre Weigerung hatte indessen wenig Erfolg. Ohne Rücksicht auf die von ihr geschilderte traurige Finanzlage wurde sie wiederholt und so eindringlich zur

---

[1]) Nach einer privaten Mittheilung war derselbe auf Schiffen errichtet.

Inangriffnahme der Reparaturen angehalten, dass sie sich schliesslich zur Ausführung derselben vom neuen Krahnen — also vom Zollthore — bis zum Schlosse anschickte. Sie beklagte zwar bei der ersten Gelegenheit, als sie den neuen Landesherren von Brandenburg und Pfalz-Neuburg ihre Huldigung darbrachte, die ihr aufgebürdeten Lasten, und bat dieselben, Werft- und Eidergelder selbst einzuziehen, gegen Uebernahme der Verpflichtung, Werft und Eider dafür zu unterhalten, damit, wie es in der betreffenden Urkunde heisst: „wir also absulchen hoch beschwierlichen lasten ferner geübrigt sein und pleiben." Ihre diesbezüglichen Vorstellungen und Bitten scheinen indessen nur den Erfolg gehabt zu haben, dass der Fürst zu den Werftbauten 2000 Thaler beisteuerte. Ein fürstlicher Beamter, Freiherr von Märken, soll sogar hierzu um das Jahr 1611 bemerkt haben, „wenn in Folge der erwähnten starken Strömung das Schloss und die fürstlichen Gebäude nicht in Gefahr gekommen wären, würde man die Stadt haben allein zappeln lassen."

Weitere ältere Verhandlungen über die hiesigen Werftbauten konnten vom Verfasser nicht aufgefunden werden. Einer privaten Mittheilung zufolge findet sich jedoch in einem Protokolle über die Eröffnung der Werftbüchse vom Jahre 1731 folgende bemerkenswerthe Stelle:

„welches Werftgeld von einem hochlöblichen Magistrate altem Herkommen gemäss des Endes beständig empfangen worden, dass hingegen davor um den Krahnen bis an den Bogen vor dem Schloss am Rhein das Werft in gutem Zustand halten und conserviren müssen."

Hiernach lässt sich mit einiger Sicherheit annehmen, dass bereits vor dem Jahre 1731 die Werftbaufrage dahin ihre Erledigung gefunden, dass die Stadt gegen Bezug des Werftgeldes das eigentliche Handelswerft (vom Schlossbogen aufwärts bis zum Krahnen) zu unterhalten hatte, dass hingegen die Unterhaltung des alten, inzwischen verlassenen Handelswerftes vom Knabenhause — jetzt Pfandhaus — bis zur alten Fleischhalle, so wie es vom Landesherrn allein aus den Zollgefällen errichtet worden, auch aus Landesmitteln bestritten wurde, während endlich die Instandhaltung des dazwischen liegenden kleinern Theils vor dem Schlosse dem Domänenfonds oblag. Eine Bestätigung dieser Annahme dürfte darin zu finden sein, dass die Kosten einer im Jahre 1788 durch Baumeister Köhler vorgenommenen grösseren Werftreparatur thatsächlich nach diesem Massstabe vertheilt wurden. Soweit unsere Kenntniss über die Errichtung und Unterhaltung unserer Werftanlagen aus der Zeit der vergangenen Jahrhunderte! —

Aus Herzog Johann III. Regierung haben wir die seltsame Kunde, dass der Wind als ein Ausfluss der landesherrlichen Rechte galt. Nach einer Urkunde vom 29. September 1512 erhielt die Stadt nämlich die Befugniss, eine Windmühle anlegen zu dürfen, und will der Herzog ihr diesen Bau „gnädigst verwilligen, gönnen und ihr dazu den Wind geben und verlehnen". (Schauenburg, Wanderung durch Düsseldorf 1856.)

Um dieselbe Zeit führte Herzog Johann Wilhelm zu Gunsten der Wüllen-Gewandschneider- und Krämerzunft eine Wollenweber-Ordnung ein und veranlasste die Errichtung einer Tuchhalle auf dem Rathhause.[1] Hiernach war ausserhalb der Zeit der gewöhnlichen Jahrmärkte jegliches Hausiren in der Stadt mit den in den hiesigen Kram- und Kaufläden befindlichen Waaren bei Strafe der Confiskation derselben verboten. Auch waren die fremden Kauf- und Handelsleute gehalten, alle zum Verkaufe hierhin gebrachten wüllenen, seidenen und sonstigen Krämerwaaren bei deren Einbringung sofort einem vom Magistrat für die Tuchhalle bestellten Aufseher — Hallenstreicher genannt — anzugeben, ihre Waaren in der Tuchhalle niederzulegen, und davon die vorgeschriebene Gebühr zu entrichten.

Den Kölner Kaufleuten war das Hausiren in hiesiger Stadt stets verboten, wahrscheinlich, weil Köln, die damals so mächtige Handels-Metropole und Beherrscherin des ganzen Niederrheins, nichts unversucht liess, der Ausdehnung des Düsseldorfer Handels möglichst grosse Schwierigkeiten zu bereiten. Es sei hier gleich bemerkt, dass in späterer Zeit das Recht des Hausirens von der Erwerbung des Bürgerrechts in einer der Handelsstädte des Herzogthums und von der Etablirung eines Waarenladens daselbst abhängig gemacht wurde.

Um die Mitte des 17. Jahrhunderts scheint der Handel und Verkehr Düsseldorfs schon einige Lebhaftigkeit angenommen zu haben, denn eine im hiesigen Stiftsarchiv befindliche Urkunde aus dem Jahre 1658 berichtet uns, dass Düsseldorf damals ohne die Aussenbezirke 648 Häuser hatte, und seine Einwohnerzahl nach mehreren Tausenden zählte.

Gleichzeitig meldet der Chronist, dass in diesem Jahre eine Commission, aus den Herren: Grafen von Spee, von Nesselrode, Freiherrn von Hochkirchen, Robertz und D. Contzen bestehend, zum Besten des Handels in Erwägung gezogen habe:

[1] Nach einer andern Mittheilung befand sich diese Halle auf dem Marktplatze unmittelbar vor dem Rathhause.

„dass, da viele Kauf- und Handelsleute neuerlich in die Stadt gezogen und das Commercium extendirt worden, nöthig sei, den Bürgern zur mehreren Sicherheit des Gewerbes die Einquartierung zu nehmen; auch müsse der Hafen vergrössert, das Gebäu[1]) auf der Citadelle befördert und diese und andere Einrichtung den Agenten in Köln, Brüssel, Haag und Maestricht bekannt gegeben werden."

Ueber die Frequenz auf den damals von hier ausgehenden Verkehrsstrassen, sowie über die Bedeutung der damaligen Verkehrsmittel haben wir ausser dürftigen Nachrichten über die ersten Postwagencourse und vereinzelten Mittheilungen über die Rheinschifffahrt, keine weiteren Aufzeichnungen.

Hiernach soll der erste Postwagen[2]) im Jahre 1668 von hier nach Nymwegen abgefahren und dem Fuhrmann Maurenbrecher die Erlaubniss zur Unterhaltung dieser Verbindung ertheilt worden sein.

Schon bald folgen nun weitere regelmässige Postverbindungen mit Jülich, Aachen, Köln, Wesel, Bremen, Hannover, Berlin und Hamburg. Der Personen-Fahrpreis betrug bis Jülich 5 Schilling, bis Köln $1/2$, Aachen 1, Wesel 2, Hannover $5^3/4$, Bremen $6^3/4$, Hamburg $7^1/2$ und Berlin 10 Reichsthaler. Für Beförderung der Waaren wurde $1^1/2$ Reichsthaler per Centner entrichtet.

Das Briefporto war für Köln wie für Aachen auf 4 Albus festgesetzt.

In welch' gemüthlicher Weise damals auf den Postwagencours aufmerksam gemacht wurde, geht aus folgender Bekanntmachung hervor:

„Einem hiesigen geehrten Publikum und sämmtlichen Reisenden dient hiermit zur Nachricht, dass ich dermalen meine neue Behausung in der Carlstadt bezogen habe, und das bisher auf der Zollstrasse bestandene

---

[1]) Eine Giesserei.
[2]) In ältester Zeit gab man Reisenden, wandernden Krämern und Handwerkern, die gerade des Weges gingen, wohin man Briefe befördern wollte, solche mit; insbesondere übernahmen die Metzger dergleichen Aufträge, weil dieselben, um Vieh zu kaufen, vielfach in die entlegendsten Gegenden reisten. Der entsprechende Lohn wurde vom Absender bedungen und bezahlt. Als das Besorgen der Briefe durch die sogenannten „Metzger-Posten" bekannt wurde, kündeten dieselben ihre Ankunft auf kleinen Jagd- oder Waldhörnern an, worauf die Einwohner in dem Ablager (Herberge) des Angekommenen sich einfanden, um die mitgebrachten Briefe zu empfangen und die zu versendenden zu übergeben. Wegen des bequemen Gebrauches und ihres weit schallenden Tones wurden diese Waldhörner im Jahre 1615 zuerst bei den Thurn und Taxisschen Posten, später in ganz Deutschland eingeführt.

Postcomptoir des Aachener und Weselschen Wagens von dem heutigen Dienstag an gerechnet, in der auf die Franziskaner Kirche stossenden Strasse anzutreten sein wird, woselbst der Secretär bei offener Thür jederzeit zur Hand ist; diejenigen also, welche sich der bei mir abgehenden Wagen bedienen wollen, belieben sich hierselbst oder bei verschlossenem Comptoir vorn in der Hauptstrasse an meiner Behausung zu melden. Uebrigens ersuche ich nochmalen, die Päcke frühzeitig und längstens vor 8 Uhr Abends einzugeben, damit aller durch Ueberschnellung und Unzeit entstehender Unordnungen vorgebogen bleibe.   Wittib Maurenbrecher."

Im Anschluss an vorhin erwähnte Post-Fahrpreise dürfte es nicht uninteressant sein, aus folgender Tabelle den Courswerth der damals im Herzogthum geltenden Münzen zu ersehen:

Jülich-Clevisch-Bergische Münzen.

Reichsthaler	Reichsort	Schilling	Blaffert	Stüber	Albus	Fettmännchen	Füchse	Heller
1	4	8	20	60	80	120	240	960
	1	2	5	15	20	30	60	240
		1	2½	7½	10	15	30	120
			1	3	4	6	12	48
				1	1⅓	2	4	16
1 Berg. 230 Rchspf.					1	1½	3	12
1 Reichspfennig ungefähr 4⅘ Heller.						1	2	8
							1	4

Geldüberfluss war damals hier am Platze nicht zu finden, was daraus hervorgeht, dass der Zinsfuss 12 Procent betrug.

Zur bessern Verbindung der beiderseitigen Rheinufer wurde jetzt — in der zweiten Hälfte des 17. Jahrhunderts —

eine fliegende Brücke hierselbst errichtet, deren Baukosten, einer Verordnung vom Jahre 1689 zufolge, durch Erhebung einer besondern Steuer vom ganzen Herzogthum Berg zu tragen waren. (Scotti, Düsseldorf 1821.)

Auch wurde zur Heranziehung und Ansiedelung neuer Einwohner allen, welche im Weichbilde der Stadt sich anbauen wollten, 26jährige Steuerfreiheit und Exemtion von Wache und Einquartierung zugesichert.

Einen etwas komischen Eindruck für eine Stadt mit mehreren tausend Einwohnern macht eine für Gasthäuser und Herbergen in dieser Zeit erlassene Polizeiverordnung, welche lautet: „Den Wirden sall nit zugelassen syn, so duyr zu tzappen, als sie willen; — des Sommers zu neun uhren, und des winters zu sieven des abents, sollen alle Gelägen nit allein gerechent, sondern auch uff un us sin, uff ein peen einem jederen einen goltgulden un dem Wirde zween". Nach einer weitern etwas später ergangenen Verordnung durften Gastwirthe für die Mittagsmahlzeit nach Maassgabe ihrer Güte nicht mehr als 30, 20, 15, 10 und 7½ Stüber nehmen; den Weinwirthen war bei Strafe von 25 Goldgulden verboten, ein Fass Wein zum Verkauf anzuzapfen, bevor ein zu diesem Zweck bestellter Küfermeister den Inhalt des Fasses geprüft und dessen Preis bestimmt hatte.

Ganz vorzüglich liest sich dagegen eine zum Schutze einer geordneten Gewerbethätigkeit erlassene Verfügung. Nach derselben war der sogenannte „Blaue Montag" streng verpönt und waren die Gesellen gehalten, am ersten ebenso wie an jedem andern Tage der Woche zu arbeiten, bei einer Strafe von 15 Stüber im ersten, 30 Stüber im zweiten und 8tägiger Arreststrafe im dritten Uebertretungsfalle. Die mit ihnen feiernden Meister wurden in jedem Falle mit der doppelten Strafe belegt und im Wiederholungsfalle sogar des Rechtes zur ferneren Ausübung ihres Handwerkes verlustig erklärt.

Vom Jahre 1769 an geben die „Jülich Bergischen Wochenblätter" — herausgegeben auf der Neustrasse am Paradeplatz von dem Steuer-Canzlei-Verwandten Zehnpfennig — höchst schätzenswerthe Mittheilungen über manche der damaligen gewerblichen Verhältnisse unseres Platzes.[*]

---

[*] Die erste Zeitung wurde hierselbst von dem Hofkammerrath T. L. Stahl im Jahre 1745 herausgegeben. Dieselbe war betitelt: „Stadt-Düsseldorfer-Post-Zeitung" und erschien wöchentlich zweimal, bis zum Jahre 1756. Den oberen Theil der ersten Seite jeder Nummer nahm eine in Holzschnitt ausgeführte Ansicht der Stadt Düsseldorf ein. Dieselbe wurde später durch das Jülich- und Bergische Doppelwappen ersetzt. Ein vollständiger Abdruck der ersten Nummer dieser Zeitung befindet sich im Besitze des Herrn Gantrum hier.

Zunächst wird über den Fremdenverkehr nach den Aufzeichnungen erwähnten Jahres berichtet, dass in 19 in der Fremdenliste damals regelmässig genannten Hotels und zwar vom Mai 1769 bis zum Mai 1770 logirten:
im Monat Mai 1769 101 Personen, worunter 55 Kaufleute,

Juni	123	„	„	63	„
Juli	139	„	„	66	„
Aug.	92	„	„	32	„
Sept.	125	„	„	62	„
Octbr.	153	„	„	70	„
Novbr.	91	„	„	35	„
Decbr.	93	„	„	52	„
Jan. 1770	99	„	„	53	„
Febr.	112	„	„	59	„
März	96	„	„	49	„
April	85	„	„	57	„

Die in erster Linie interessirenden Kaufleute kamen zum grössten Theil aus dem Wupperthal und von Köln, vereinzelt aus Holland und aus Westfalen. Erwähnte Hôtels, oder richtiger bezeichnet, Gasthäuser lagen begreiflicher Weise sämmtlich im alten Düsseldorf. So finden wir auf der Bolkerstrasse die Gasthöfe: Zum Pfau, zum schwarzen Pferd, den Zweibrücker Hof, zum Anker, zum Klotz und goldenen Berg; auf der Rheinstrasse haben wir das Gasthaus zum Antonio, auf der Bergerstrasse zum Heidelberger Fass, auf der Flingerstrasse zum Schellfisch, Kurzestrasse zum Raben; auf der Ratingerstrasse in dem vormaligen Rathhaus von Düsseldorf das Gasthaus zum schwarzen Horn; auf der Citadellstrasse befindet sich der Französische Hof, auf der Kurzestrasse das alte Kaffeehaus, auf dem Burgplatz der Gasthof von Cüstoll; ausser diesen werden noch als Gasthöfe genannt der Bönn'sche Hof auf der Hafenstrasse; ferner die Gasthöfe zur Stadt Siegburg, zum Posthaus, der „Prinz von Oranien" und der Trier'sche Hof.

Ueber die höfliche Form, in welcher die Gasthofbesitzer sich damals dem reisenden Publicum zu empfehlen pflegten, melden die „Bergischen Wochenblätter" beispielsweise Folgendes: „Auf der Citadelle dahier, im Französischen Hofe, bei Gastgebern Boulanger, logirt man zu Fuss und Pferd, seind auch genugsam Remisen für Equipagen, man findet bei ihm allezeit alles dasjenige, was man zu essen begehren wird, er macht auch alle Sorten von Gebackenem nach dem Geschmack des Publikum, wenn er nur wenig zuvor avertirt worden, diejenige, welche bei ihm Tafel halten wollen, brauchen ihm nur zuvor zu avertiren und werden alsdann wohl aufgewartet werden; er hat auch alle Sorten in- und ausländischer Weine, schöne Zimmer für die Noblesse und welche Tractemente geben wollen, und wird alle, welche ihn mit ihrem Besuch beehren, in billigem Preiss zu accommodiren und zu vergnügen suchen. Jacob Uhlenberg „à la bonne Esperance" empfiehlt seinen Gästen ausser der Güte seines Gasthauses zur weitern Bequemlichkeit einen fidelen Reitklepper."

Als gewerbliche Etablissements werden uns um diese Zeit in erster Linie drei Spinnereien genannt, unter welchen diejenige des im Jahre 1784 zum besoldeten Commerzienrath ernannten Herrn G. Brügelmann deshalb besonders erwähnt zu werden verdient, weil ihr Besitzer das seltene Glück hatte, für eine von ihm erfundene Kratz-, Spinn- und Hand-Maschine einen Patentschutz zu erwirken, wie er heute wohl nicht mehr ertheilt wird. In einer kurfürstlichen Verordnung vom 24. August 1784 heisst es nämlich:

„Nachdem Se. Churfürstl. Durchlaucht dem Fabrikanten Johann Gottfried Brügelmann auf dessen neu angelegte Kratz-, Spinn- und Handmaschinen ein gnädigstes Privilegium exclusivum auf zwölf Jahre in der Maasse gnädigst ertheilet haben, dass dieselbe weder nachgemacht, noch die dazu gehörende Arbeitsleute dessen Fabrike auf keinerlei Weise entzogen, verführet oder verleitet werden sollen, dass sodann derjenige, welcher dem zuwider sich beigehen lassen wird, die zu solcher Fabrik-Maschine gehörende Leute, unter welchem Vorwande es auch immer sey, zu verführen, mit tausend Ducaten Straf unnachlässig beleget und im Miszahlungsfalle zum Kaiserswerther Zuchthaus lebenslänglich abgegeben werden solle: So wird solches zu jedermanns Wissenschaft und Warnung bekannt gemacht und gemeldtem Brügelmann erlaubet den Inhalt dieses, wo und wie derselbe dienlich erachtet, verkünden zu lassen.

Aus Seiner Churfürstlichen Durchleucht sonderbarem gnädigsten Befehl
       Carl Graf von Nesselrod.
          v. Reinertz."

Herr Brügelmann nahm an der allmäligen Entwickelung des Handels und der Industrie gegen Ende des vorigen und im Anfange dieses Jahrhunderts einen hervorragenden Antheil. Auch war er es, der durch Errichtung seiner mechanischen Baumwollspinnerei in Cromford — der ersten in Deutschland — die Emancipation vom englischen Garnmarkte herbeizuführen versuchte.

Von den beiden andern Spinnereien wurde die eine als Kattunspinnerei 1774 auf der Flingerstrasse im Franciscus angelegt, und konnten in derselben gemäss Bekanntmachung vom Mai d. J. Kinder von 6—8 Jahren bei einem Wochenverdienst von 30 Stüber Beschäftigung finden; die dritte, „Spinnstube" genannt, war für die im hiesigen Gefängniss Detinirten schon seit 1755 eingerichtet. Eine vierte Spinnerei wurde gegen Ende des vorigen Jahrhunderts zur Beschäftigung der Stadtarmen im Armenhause — heutigen Leihhause — hierselbst errichtet [1]. Neben diesen Spinnereien existirten damals hier — höchst wahrscheinlich in sehr beschränktem Umfange — eine Seil-, Strumpf- und Gazefabrik, eine Seifensiederei, mehrere Weinessig- und eine Senffabrik, eine Färberei, eine Tabakfabrik, eine Kupfer- und mehrere Buchdruckereien.

Dass neben den Gasthofbesitzern auch die Vertreter der Gewerbe ihre Fertigkeiten den Kauflustigen anzupreisen verstanden, zeigt folgende, den vorhin gegebenen Stilblüthen sich ebenbürtig anschliessende Offerte eines

[1] Ueber die Armenunterstützung gegen Ende des vorigen Jahrhunderts liegt ein Aufruf des Medicinalrathes A. J. Varnhagen vom 3. April 1787 vor, in welchem derselbe zur Unterstützung eines Armen-Kranken-Institutes, wie folgt, ersucht:

„Die Casse der werkthätigen Menschenliebe zur Verpflegung armer Kranker beläuft sich dermalen auf 153 Rthaler 47 Stbr. — — — Es ist nun nicht mehr zu zweifeln, dass ich bald einen kleinen Anfang mit einer einstweilen zur Miethe zu beziehenden und gänzlich einzurichtenden Krankenwohnung um so gewisser machen könne, als dieses Institut anjetzo durch die aus allen Ständen und Glaubens-Bekannten ganz neu entstandene Philantropische Societät, deren würdige Mitglieder sich zum Besten derselben verwenden und als Aufseher und unparteiische Zeugen der quartaliter verfügt werdenden Berechnung gütigst anerboten haben, sein vollkommnes Gewicht und Ansehen erhalten hat. Die würdigen Mitglieder sind:

Wie sehr wäre es nunmehr zu wünschen, dass der zum Besten des Instituts sich so rühmlichst verwendende Verfasser des hiesigen wöchentlichen Anzeiger diese Einrichtung zur Aufmunterung des auswärtigen Publici in seinen Anzeigen einzurücken, wieder berechtigt würde."

1793 genehmigte der Bergische Geheimrath die Satzungen einer von den Bewohnern der Carlstadt für ihre Armen errichteten Unterstützungskasse. Die Mitglieder dieses Wohlthätigkeitsvereins durften monatlich nur 5 Stüber in die Casse zahlen; wer mehr geben wollte, musste den betreffenden Betrag heimlich an den Cassirer abliefern; auch wurde bei der Eintragung eines solchen Betrages der Name des Gebers nicht angegeben. Anspruch auf Unterstützung hatte jeder Arme, welcher sechs Wochen lang in der Carlstadt gewohnt hatte. In der Casse sollten am Jahresschlusse nicht mehr als 100 Thaler sein; für den Mehrbetrag wurden Kleidungsstücke gekauft und an arme Kinder der Carlstadt verschenkt. — Seit dem Jahre 1820 ist die Armenpflege, wie gegenwärtig, nach Bezirken eingetheilt.

hiesigen Seifensieders. Dieser Künstler macht nämlich im Januar 1799 bekannt:

„Ein sehr erfahrener und auf die Chemie gegründeter Seifensieder, welcher nicht nur aus gutem Unschlitt, sondern auch aus existirenden Oehlen, sogar aus der verdorbensten Schmierseife die allerbeste harte oder spanische Seife verfertigen lernt, wie auch mit allen Farben die Seife zu marmoriren und allerhand Blumen und Figuren in dieselbe auf eine ganz leichte Weise zu bringen weiss und alle verdorbene Seife wieder zurecht machen kann, entbietet denjenigen, welche diese Kunst zu erlernen wünschen, seine Dienste an; Liebhaber belieben sich an die Expedition dieser Nachrichten franco zu adressiren."

Von den grösseren Waarengeschäften wird nach den Angaben der vorhin citirten Wochenblätter bis zum Jahre 1800 nur eine Tapetenhandlung genannt, was um so mehr zu verwundern ist, als die Spedition damals hier schon florirte, und der hiesige Getreidehandel nach einer Mittheilung vom Jahre 1776 in jener Zeit hier in hoher Blüthe stand. Der Buchhandlungen waren 1770 schon vier hier. Erwähnenswerth ist auch noch die hier bestehende Kurfürstliche Handlungs-Akademie, von welcher die Wochenblätter unter dem 21. Mai 1778 mittheilen, dass das jährliche Kostgeld für die Zöglinge von 300 auf 200 Gulden herabgesetzt sei und Unterricht ertheilt werde im Schreiben, Rechnen, der doppelten Buchführung, in allen bei der Handlung erforderlichen Arbeiten, in der deutschen, französischen, englischen, italienischen und holländischen Sprache und in der Geographie.

Ueber den damaligen Rheinverkehr, soweit Düsseldorf an demselben betheiligt war, melden die Wochenblätter, dass in den letzten 30 Jahren des verflossenen Jahrhunderts monatlich durchschnittlich 70 Schiffe den hiesigen Hafen anliefen, von denen 30 directe Ladung für Düsseldorf hatten. Dieselbe bestand vorzugsweise aus Kaufmannsgütern aller Art, aus Weinen, rohem Zucker, Tabak und Früchten, welch' letztere wöchentlich regelmässig durch die sogenannten Neusser- und Grimmlinghauser-Wochenfähren hierhin gebracht wurden; ferner wurden Eisen, Blei, Holz, schwarzer Brand und Steine hier mit Erfolg abgesetzt. Die von hier per Schiff abgehenden Sendungen waren nach erwähnten Mittheilungen äusserst selten und beschränkten sich fast ausschliesslich auf Wein und den oben genannten schwarzen Brand.

Folgende Verkehrsstrassen — vorzugsweise für Frachtfuhrwerk — wurden nach einer Mittheilung des ehemaligen Kreis-Polizei-Inspectors C. H. Mindel vom Jahre 1817 gegen Ende des Jahres 1760 durch den Kur-Pfalz-Baierischen Statthalter, Grafen Goldstein, von hier aus angelegt:

1. Eine Strasse über Elberfeld und die Grafschaft Mark in's nördliche Deutschland, vom Wehrhahnen ausgehend;
2. über Benrath, Mülheim a. Rhein und Frankfurt a. Main in's obere Deutschland;
3. über Derendorf in zwei Richtungen, östlich über Ratingen, Kettwig, Mülheim a. d. Ruhr und Münster, westlich über Kaiserswerth, Duisburg und Wesel nach Holland;
4. von der Neustadt ausgehend bis Volmerswerth [1]) an den Rhein nach Grimlinghausen auf die Chaussee, welche von Neuss über Dormagen nach Köln führt;
5. etwas später endlich wurde eine Landstrasse über Kloster Meer, Crefeld und Cleve nach Holland geführt.

II. Periode. Vom Jahre 1798 bis zur Rheinschifffahrts-Convention im Jahre 1831.

Mit dem Jahre 1798 tritt der Handel Düsseldorfs in eine neue Phase seiner Entwickelung. Gegen Ende dieses Jahres erwählte nämlich eine aus den Notabeln der damaligen Kaufmannschaft bestehende Gesellschaft, welche die Förderung des Handels sich zur Aufgabe gestellt hatte, die Herren Hofkammerrath Lentzen, Commercienrath C. Brügelmann, F. H. Clostermann, F. W. Camphausen, C. A. Ditges, F. W. Carstanien, C. G. Jaeger und W. Zeller zu ihren Vertretern und ertheilte ihnen die Vollmacht, die hiesige Kaufmannschaft von jetzt ab in allen den Handel und die Schifffahrt betreffenden Angelegenheiten rechtsverbindlich zu vertreten. Diese, aus freiem Entschluss der hiesigen Interessenten hervorgegangene neue Handelsrepräsentation, bestand im Anfange aus 8 Mitgliedern. Nachdem sie als solche im Jahre 1805 gemäss Erlass des damaligen bergischen Ministers und Landes-Commissars, Freiherrn von Hompesch, die landesherrliche Anerkennung erhalten, wurde die Zahl ihrer Mitglieder auf 6 festgesetzt, von denen 2 alljährlich ausschieden. Auch wurden ihr seitens der Regierung wie der Stadtverwaltung Commissare beigeordnet, welche über alle in den Sitzungen verhandelten Handelsangelegenheiten ihren Behörden unverzüglich Bericht zu er-

---

[1]) Wie in Hamm war auch in Volmerswerth eine fliegende Brücke.

statten hatten.[1]) Vom Jahre 1818 ab führte der Oberbürgermeister in den Sitzungen des Handlungsvorstandes den Vorsitz.

Die Hauptthätigkeit dieser neu gebildeten Handelsvertretung, welche ihre Sitzungen in dem am früheren Paradeplatz gelegenen Börsensaale abhielt, erstreckte sich zunächst auf die Herbeiführung einer regelmässigen Schifffahrt zwischen Düsseldorf, Amsterdam, Rotterdam und später auch Dortrecht einerseits und Frankfurt und Mannheim anderseits.

Zu diesem Zwecke wurde zunächst mit der Kaufmannschaft der genannten niederrheinischen Handelsplätze die sogenannte Rang- oder Beurt-Schifffahrt vereinbart, beziehungsweise contractlich geregelt. Nach diesen Abmachungen ging regelmässig alle 14 Tage von hier ein Schiff nach Holland und umgekehrt von dort eins nach hier ab.

Die Hauptverpflichtung der Beurt-Schiffer bestand darin, nur für Düsseldorf oder für hiesige Spediteure bestimmte Güter hierhin zu befördern, wie sie anderseits Güter anderer, als hiesiger Kaufleute nur dann hier einladen durften, wenn sie durch einen hiesigen Spediteur zu besorgen waren. Als Gegenleistung übernahm der hiesige Handelsstand, bei Zahlung einer Conventionalstrafe von 25 Reichsthalern im Uebertretungsfalle — welcher Betrag in die Handelskasse floss — die Verpflichtung, seine Waarensendungen durch die Beurt-Schiffer ausschliesslich besorgen zu lassen.

Nach Regelung der Beurtfahrt, soweit die damaligen Verhältnisse eine solche zuliessen, veranlasste der Handlungsvorstand die Aufstellung eines Reglements für alle Rheinarbeiter, für die Zunft der Rheinfuhrleute, Päckelchenträger und Karrenbinder. Erstere hatten die per Schiff angekommenen Güter dem Empfänger an's Haus und die von dort abzusendenden an den Rhein zu besorgen; die Päckelchenträger waren auf dem Werfte, die Karrenbinder im Lagerhause beschäftigt.

Durch seine eigenen Leute konnte der Kaufmann nämlich die per Schiff angekommenen Güter nur dann vom Rheine abholen lassen, wenn dieselben bei ihm ausser Lohn auch Kost erhielten, und wenn er ein eigenes Geführ zur Verfügung hatte.

Neben der Erledigung mannigfacher anderer Arbeiten, beispielsweise der Ertheilung von Rechtsgutachten, Ver-

---

[1]) Die Regierung committirte zu diesem Zwecke im Jahre 1805 den Geheimrath Windscheid, die Stadtverwaltung den Schöffen Rheinbach.

mittlung von Stundungen für schwache Zahler, Festsetzung der bei Havarien entstandenen Schäden etc., war der Handlungsvorstand gleich nach seiner Constituirung bestrebt, ein den Verhältnissen in etwa entsprechendes Lagerhaus hierselbst zu errichten. Nach baldiger Verständigung mit der Regierung wurde zu diesem Zwecke das ehemalige Hofbräuhaus, das auf dem jetzigen Packhofe des Hauptsteuer-Amtes sich befand, von dem Handlungsvorstande zu dem Preise von 9000 Reichsthaler käuflich erworben. Derselbe führte die Verwaltung, berichtete aus den Intraden, da der Ankauf ein Actienunternehmen der Handlungsgesellschaft war, die Zinszahlung an die Actionäre und bestritt die Kosten für die Unterhaltung des Gebäudes. Zeitweise hatte das Lagerhaus eine ständige, aus 3 Pfälzer Invaliden bestehende, und von einem Corporal befehligte Wache.

Einen hervorragenden Theil seiner Thätigkeit verwendete der Handlungsvorstand auf die Befreiung der Düsseldorfer Schifffahrt vom Kölner Stapel. Das sogenannte Kölner Stapelrecht bestand in der angeblichen Befugniss Kölns, von jedem den Rhein herauf und herunter fahrenden Schiffer zu verlangen, dass er beim Passiren der Stadt den Kölner Hafen anlaufe, seine Ladung dort verzolle, in andere ober- oder unterrheinische Schiffe umlade, und seine Waare zu Gunsten der stapelstädtischen Consumenten während dreier Tage feilbiete. Letztere Forderung war bereits im Laufe der Jahre in Wegfall gekommen.

Gegen dieses eigenartige Recht oder Unrecht, wie Windscheid „Commentatio de Stapula Düsseldorpii 1775" dasselbe bezeichnet, erhoben die Herzoge von Berg in Gemeinschaft mit den gleichfalls interessirten Regierungen der Niederlande und der Helvetischen Republik unausgesetzt, aber vergeblich, Einspruch.

Wenn wir die historische Entwickelung des Stapelrechts uns vergegenwärtigen, müssen wir uns zurückversetzen in die Zeiten des Faustrechts, in jene Zeiten, in welchen jedweder kleine Potentat sich erlaubte, wie den Handel auf dem Festlande so auch den Verkehr auf dem Rheine durch vollständig willkürliche Entnahme von Zöllen zu stören und zu erschweren. Damals flüchtete sich der Handel in die Städte unter den unmittelbaren Schutz der Kaiser. Die Kaufleute staffelten daselbst ihre Waaren auf, ohne dass dafür eine besondere Abgabe erhoben worden wäre. Allmählich erst gingen Köln, Mainz und Strassburg, gestützt auf ihr Ansehen und ihre damalige Macht, dazu über, das Stapelrecht in dem oben angeführten Umfange auszubilden. Köln insbesondere verlangte in Ausübung desselben, wie in einer im Anfange dieses Jahrhunderts erschienenen Brochüre mitgetheilt wird, sogar, dass jedes von Holland kommende Schiff, welches für Düsseldorf Waaren mit sich führte, zunächst in seinem Hafen allen mit dem Stapel verbundenen Belästigungen sich unterziehe und dann erst mit seiner Ladung zum hiesigen Platze zurückfahren solle.

Schon im Februar 1687 hatte der Kurprinz Johann Wilhelm — als Vertreter seines Vaters — gegen diese Anmassungen protestirt und diesen Protest in den Jahren 1679 und 1694 mit Nachdruck wiederholt, jedoch, wie schon vorher angedeutet, ohne Erfolg. Anfangs 1701 erging an den Stadtschultheissen von Düsseldorf der Befehl, alle, den Bürgern der Stadt Köln zugehörenden, den Rhein auf- und abfahrenden Schiffe so lange mit Arrest zu belegen, bis den diesseitigen privilegirten Markt-Schiffern von der Stadt Köln wegen der dortigen Ausübung des Stapelrechtes geziemende Genugthuung geleistet werde. Im Jahre 1703 wurde dieser Befehl durch die weitere Bestimmung verschärft, dass alle hier gelegenen Güter und Gefälle von Magistrat- und Privatpersonen der Stadt Köln sequestrirt und verkauft werden sollten. Der Verkauf fand aber nicht statt, auch wurde der Sequester bald aufgehoben, die geschilderten Chikane und Belästigungen blieben aber zum grossen Schaden unseres Platzes bestehen.

Durch den Lüneviller Frieden, nach welchem das linke Rheinufer an Frankreich überging und die Schifffahrt auf dem Rheine freigegeben, alle bestehenden Zölle und insbesondere das Stapelrecht abgeschafft wurden, erwartete man die endliche Beseitigung der geschilderten Uebelstände. Allein auch nach diesem Friedenstractate und der hinsichtlich der Freiheit der Rheinschifffahrt getroffenen klaren Vereinbarung bestand Köln noch auf der Ausübung seines Stapelrechtes. Der hiesige Handlungsvorstand wandte sich daher, da die Handelsvertretung der Stadt Köln auf Unterhandlungen sich überhaupt nicht einliess, mit seiner Klage an das Französische Ministerium. Unterstützt wurden seine Vorstellungen durch den in Paris beglaubigten kurpfälzisch-baierischen Gesandten Cetto, durch gleichzeitige Intervention der niederländischen und der schweizerischen Republik, schliesslich noch durch Verwendung des ebenfalls hierum ersuchten preussischen Ministers von Struensee. Billiger Weise hätte man nun erwarten sollen, dass die Kölner Rheinkommissarien, welchen die eventuelle Execution bei Nichtbeachtung der

Stapelvorschriften oblag, während der Zeit dieser Verhandlungen mit möglichster Milde und Schonung gegen die Düsseldorfer Schiffer vorgegangen wären. Anstatt dessen überschritten dieselben aber die von ihnen selbst bisher noch beobachtete Grenze, indem sie ein in Mülheim vor Anker liegendes Schiff, welches regelmässige Fahrten zwischen diesem Platze und Düsseldorf unternahm, eines Tages nach Köln abzuführen suchten, um dort die Stapelgebühren zu erzwingen. Solche Früchte hatte der Kölner Stapel bis jetzt noch nicht gezeitigt; nach diesem Präcedenzfall durften alle erdenklichen Ausschreitungen erwartet werden. Daher begab sich der baierische Hofkammerrath Bertoldi nunmehr persönlich zu dem auf dem linken Rheinufer commandirenden General Ph. Jacobé und bat ihn, den Kölnern zu weiteren Executionen, wie sie solche in Mülheim vorgenommen, wenigstens kein Militär zur Verfügung zu stellen. Allein auch diese Vorstellung hatte wenig Erfolg, dagegen schreckten die Stapelbelästigungen die hiesigen Schiffer so sehr ab, dass schliesslich Niemand mehr den Muth hatte, an der Stadt Köln vorbeizufahren und ein oberrheinischer Schiffer gedungen werden musste, um unter dem Schutze von bergischen Dragonern die Vorbeifahrt an der Stadt Köln zu wagen. Die Fahrt gelang auch bis Deutz, dort aber angekommen, wurden die Bedeckungsmannschaften verjagt und das betreffende Schiff auf das französische Ufer herübergeholt.

Diese, für den Schiffer wie Kaufmann des rechten Rheinufers so trostlosen Verhältnisse schildert der damalige herzogliche Geheimrath Jacobi mit den Worten: „Für den diesseitigen Uferbewohner ist kein Handel mehr auf dem Rhein und nichts ist dem Deutschen von seinem vaterländischen Strome übrig, als die Ueberschwemmungen."

Nach der ersten Occupation des Herzogthums Berg durch die Franzosen im Jahre 1795 wird Düsseldorf zuerst als wichtiger Speditionsplatz in den Annalen der Schifffahrtsgeschichte aufgeführt. Es hatte die verhältnissmässig sehr schnelle und glückliche Entwickelung dieses Industriezweiges ihren Grund in dem eigenmächtigen Auftreten der französischen Douaniers, die zwar unter der Devise der Freiheit und Gleichheit die diesseitigen Ufer besetzten, hinsichtlich der Zollerhebung sich jedoch eine Willkür gestatteten, welche die grösste Erbitterung in den Kreisen der Kaufleute wie Schifffahrttreibenden hervorrief. Von Köln aus beherrschten die Douaniers den ganzen Niederrhein, daher der Kölner Hafen nun dieserhalb sowohl, als wegen der vielen mit dem dortigen Stapel verbundenen und mit Recht gefürchteten Chikane geflissentlich gemieden wurde. Kein Wunder, dass in Folge dessen die Landstrasse des rechten Rheinufers zum Vortheile Düsseldorf's fast belebter wurde, als der Rhein. Ein grosser Theil der zu Berg fahrenden Güter wurde nämlich am hiesigen Platze gelöscht und mit Umgehung des Kölner Stapels und der französischen Douaniers von hier per Achse nach Zündorf — oberhalb Köln — gebracht, um von dort wieder per Schiff an den Oberrhein, meist nach Frankfurt überführt zu werden. Oder aber die Güter wurden direct von hier per Achse bis Frankfurt befördert. Ungeachtet der bedeutenden, in Folge dieses unnatürlichen Verkehrs entstehenden Spesen, hatte derselbe zwischen Düsseldorf und Frankfurt um diese Zeit eine so grosse Ausdehnung, dass im Anfange dieses Jahrhunderts 104745 Centner holländischer Güter hier eingingen, die alle, nach Abzug dessen, was davon hier am Platze und in der Umgegend consumirt wurde, auf dem vorhin bezeichneten Wege über Zündorf rheinaufwärts gingen. Gegen diese bevorzugte Stellung Düsseldorf's gingen aber bald die Duisburger sowohl wie die Kölner Kaufleute und Spediteure vor, indem erstere bei dem damaligen preussischen Minister von Struensee eine Verfügung erwirkten, nach welcher das Hauptzoll-Amt in Emmerich gehalten war, von jedem auf Düsseldorf fahrenden Schiffe einen ungleich höheren Zoll zu erheben, als von den für Duisburg bestimmten, um auf diese Weise sowohl den Waarenverkehr zum Oberrhein über den Duisburger Hafen zu führen, als auch die Spedition des damals schon bedeutenden bergischen Landes von seinem naturgemässen Hafen abzulenken.

In gleicher Weise suchte die Kölner Handelskammer die hiesigen Bemühungen, den Transit immer mehr auf das rechte Rheinufer zu ziehen, zu vereiteln. Sie bemühte sich nämlich, durch Rundschreiben ihren auswärtigen Handelsfreunden begreiflich zu machen, dass die gegenwärtig beliebte Beförderung der Güter per Achse über Zündorf mit nicht geringeren Belästigungen verbunden sei, wie der Versandt per Schiff über Köln und Mainz, wo nur einige Zoll-Formalitäten zu erfüllen wären.

Verhältnissmässig günstiger als zu Wasser, war die Verbindung Düsseldorfs in damaliger Zeit mit den benachbarten, wie entfernteren Handelsplätzen, zu Lande. Nach den Mittheilungen der Jülich-Bergischen Wochenblätter haben wir nämlich in der zweiten Hälfte des 18. Jahrhunderts folgende regelmässige Postverbindungen:

Zweimal in der Woche fuhr der sogenannte Kaiserliche Reichs-Postwagen, vom Reichsposthause in der Liefergasse hier, nach Köln ab, traf gegen 1 Uhr dort ein, und setzte nach kurzer Rast seine Reise nach Bonn fort, wo er gegen 5 Uhr Abends ankam. Der sogenannte kurpfälzisch-privilegirte Wagen stellte die Verbindung mit Aachen her und fuhr dreimal in der Woche von hier nach dort ab und wiederum hierhin zurück. Vom Jahre 1787 ab war es möglich, diese Tour in einem Tage zu machen. In Aachen hatte die Verbindung Anschluss nach Lüttich, Maestricht und Brüssel. Der Weseler Wagen ging zweimal in der Woche von hier über Wesel nach Arnheim und Amsterdam, wo er am zweiten bezw. dritten Tage ankam.

Das Postbureau für diese Touren wurde im Jahre 1790 von der Zollstrasse zur heutigen Poststrasse verlegt.

Im Jahre 1784 theilt das hiesige Kur-Kölln hochfürstlich Münster'sche Postamt mit, dass zweimal in der Woche ein Wagen von hier über Münster nach Hannover, Braunschweig, Hamburg und Bremen abgehe, das Kurfälzische Münster'sche macht aufmerksam auf eine neue Verbindung über Dormagen nach Köln.

Vom Jahre 1806 ab ist das Postwesen durchaus geregelt. Neben den fahrenden Posten, welche von diesem Jahre ab von dem Posthalter Le Jeune von der Flingerstrasse — Kaiserliche Reichspost — von dem Postmeister Maurenbrecher in der Carlsstadt und von der Posthalterin Rettig von der Citadell abgingen, und den Personen- und Güterverkehr mit dem gesammten bergischen Lande sowohl wie weit über dessen Grenzen hinaus vermittelten, haben wir von jetzt ab auch reitende Posten, welche tagtäglich nach aller Herren Länder abgehen. Ausserdem erwähnen die Jülich-Bergischen Wochenblätter von 1789 an auch Postkarren, namentlich zur Unterhaltung des Verkehrs zwischen Düsseldorf und dem Jülicher Lande.

Endlich haben wir um jene Zeit Postboten, welche den Packet- und Briefverkehr Düsseldorf's mit solchen Orten insbesondere vermittelten, welche von den reitenden und fahrenden Posten nicht berührt wurden.

Innerhalb der Stadt wurde das heutige Droschkenfuhrwesen durch die Zunft der sogenannten Porte Chaisen-Traeger ersetzt; dieselben erhielten für das Tragen einer Person, von welcher sie für eine ganze Woche gedungen waren, 7 Reichsthaler; für ihre Dienstleistungen für einen ganzen Tag — 12 Stunden — 1 Reichsthaler 35 Stüber und für jeden einzelnen Gang in der Stadt 35 Stüber.

Für den Handel waren inzwischen, nachdem das Herzogthum Berg zum zweitenmal von den Franzosen occupirt war, Verhältnisse eingetreten, die seine Entwickelung keineswegs günstig beeinflussen konnten. Schon der mehrfache Wechsel der Landesherrschaft innerhalb 20 Jahren und die mit demselben verbundene immerwährende Abänderung der für den Handel bestehenden Vorschriften musste nothwendiger Weise seiner Ausdehnung höchst hinderlich sein. Hierzu kam noch als weiteres ungünstiges Moment die Unzufriedenheit der Einwohner mit den neuen Verhältnissen, die wenig guten Beziehungen zu den benachbarten Verkehrsstaaten, endlich die von Napoleon verhängte Continentalsperre. Durch Verordnung vom Jahre 1803 war schon für das Gebiet der französischen Republik die Einfuhr von Colonialwaaren, welche aus englischen Colonien stammten, oder unmittelbar oder mittelbar aus England kamen, verboten worden. Diese Sperrmassregel wurde im Jahre 1806 noch dadurch verschärft, dass Frankreich die britischen Inseln in Blokadezustand erklärte, den Handel mit denselben gänzlich verbot und Briefe und Packete, die in englischer Sprache geschrieben waren, ohne weiteres confisciren liess. Jeder auf französischem Gebiet betroffene Engländer galt als Kriegsgefangener, sein Eigenthum war gute Prise. Im October 1810 endlich erging die Verfügung, dass alle im Grossherzogthum Berg und Holland, in den Hansestädten, in Italien, in den illyrischen Provinzen — dem Königreich Neapel und den besetzten spanischen Provinzen befindlichen englischen Waaren verbrannt werden sollten. Hier in Düsseldorf fand die Verbrennung dieser Waaren, wie ein noch lebender Augenzeuge berichtet, auf dem Exercierplatz hinter der Infanterie-Caserne statt. Wenige Tage vorher war eine Publication erlassen worden, nach welcher von allen im Grossherzogthum Berg vorhandenen Colonialwaaren innerhalb zehn Tagen eine Abgabe entrichtet werden musste, widrigenfalls sie confiscirt und nach Düsseldorf gebracht werden sollten. Dagegen sollten Handel und Verkehr im Innern gefördert und von manchen bisher bestandenen Beschränkungen frei werden. Es wurden daher zunächst alle vorhandenen Zollbureaus, deren es eine stattliche Anzahl damals gab, aufgehoben, desgleichen alle Inlandszölle, diejenigen ausgenommen, die für Unterhaltung von Brücken und Wegen etc. bestimmt waren.

Ferner wurden durch Decret vom 3. Dezember 1809 alle Privilegien der Kaufleute, alle Vorrechte der Zünfte und Innungen abgeschafft. Das Zunftwesen hatte nunmehr seine Bedeutung verloren, insofern es Jedem freistand, nach Entrichtung der betreffenden Steuer — der sogenannten Patentsteuer — jegliches Geschäft zu eröffnen, jedes Handwerk zu betreiben. In dem darauf folgenden Jahre wurde angeblich zum Schutze der heimischen Textil-Industrie eine Belohnung von 100000 Franken für denjenigen ausgesetzt, welcher die Indigo-Pflanze hier so cultiviren würde, dass der daraus gewonnene Indigo dem von auswärts bezogenen an Qualität gleich käme. Ferner sollte mit einer Million Franken beschenkt werden, wer die tauglichste Maschine zur Flachsspinnerei, wie solche bei der Baumwollverarbeitung schon eingeführt war, erfinden würde.[1]) Dagegen wurden im wirklichen Interesse der Unterthanen mannichfache Verordnungen zur Beschaffung guter Nahrungsmittel erlassen. Beispielsweise war nach einem Decret vom März 1807 der Verkauf des Bieres nicht eher erlaubt, bis ein vom Polizei-Amte dazu bestellter Probemeister von dessen Güte sich überzeugt und hiernach den Preis auf 6, 4 und 3 Stüber festgesetzt hatte. Zur Beschaffung guter Backwaaren wurden die Müller gehalten, nach einer von der Stadtbehörde ihnen alljährlich vorgelegten Probe zu mahlen, und durften die Bäcker nur nach diesem Muster Gemahlenes verbacken. Aehnliche Bestimmungen ergingen für die Metzger, welche schon mit 24 stündigem strengen Arrest bestraft wurden, sofern nur ein schlechtes Stück Fleisch in ihrem Hause vorgefunden wurde. Alle diese zum Schutze des inländischen Handels wie der einzelnen Unterthanen getroffenen Maassnahmen konnten jedoch den Schaden nicht aufwiegen, den die Continentalsperre verursachte.

Von industriellen Anlagen werden um 1810—1812, nach einem in der damaligen Dänzer'sche Buchhandlung erschienenen Kalender, 2 Bleiweissfabriken, 2 Essigfabriken, 6 Hut- und 3 Instrumentenfabriken, 2 Kratzen- und 6 Lichterfabriken, 4 Liqueur-, 2 Möbel-, 1 Parapluie-, 1 Schreibfedern-, 4 Seifen-, 2 Senf- und 2 Wagenfabriken, 1 Siamosen-, 3 Tabakfabriken und eine Zuckerfabrik angeführt. Ausserdem werden 13 Colonial- und 5 Materialwaarenhändler erwähnt, 19 Spediteure, 4 Wechselgeschäfte, 14 Weinhandlungen und eine Bierbrauerei, 164 Wirthe und 7 Besitzer von Kaffeechäusern, 6 Apotheken, 5 Buchhändler, 7 Drucker und 3 Fruchthändler. Insbesondere wird eine in der ehemaligen Cisterzienser Abtei in Düsselthal präparirte Stahl-Essenz als courante Waare angepriesen und scheint dieselbe als Handelsartikel auch guten

---

[1]) Thatsächlich waren diese Massregeln gegen England gerichtet.

Absatz gehabt zu haben. Die Handelsgesellschaft, welche den Handlungsvorstand wählte, soll damals 160 Mitglieder gehabt und die Einwohnerzahl überhaupt 14472 betragen haben. In diese Zeit fällt auch der Ausbau unseres am Hofgarten gelegenen Sicherheitshafens, welcher auf Verfügung Napoleons I., nachdem der alte, an der Hafenstrasse gelegene, zugeworfen war, von französischen Galeerensclaven ausgeschachtet wurde. Napoleon hatte nämlich 1811 bestimmt, dass aus der Grundsteuer des damaligen Herzogthums Berg eine Summe von 100000 Franken alljährlich zur Verschönerung von Düsseldorf und zu nützlichen Anlagen, unter Anderem zur Anlage eines Sicherheitshafens verwendet werden sollte. — Aus den bei der Ausschachtung zusammengefahrenen Erdmassen entstand der Napoleonsberg.

Eine der letzten Verordnungen Napoleons für den Handel Düsseldorfs wie des gesammten Grossherzogthums Berg betraf die Einführung eines Tabakmonopols. Nach demselben war der Anbau, die Einfuhr und Verarbeitung fremden Tabaks hierselbst verboten. Sämmtliche vorhandenen Vorräthe und Maschinen zur Zubereitung desselben mussten der Regierung gegen entsprechende Entschädigung eingeliefert werden und fand der ausschliessliche Verkauf des Tabaks unter Aufsicht der Pariser General-Zoll-Administration statt. Die Hauptniederlage für das Herzogthum Berg, welche ihren Bedarf von der Regie aus Paris bezog, war in Düsseldorf. Den Hauptvertrieb hatte am hiesigen Platze der Kaufmann Jacob Peltzer; eine Filiale befand sich auf der ehemaligen Napoleonsstrasse, zwischen der Elberfelderstrasse und dem alten Paradeplatz.

Gegen Ende des Jahres 1813 lösten sich endlich die Fesseln, welche der Entwickelung des gesammten rheinischen Handels so lange hinderlich gewesen waren. Am 15. November 1813 kündigte der russische Generallieutenant Graf von Priest der Stadt Düsseldorf an, dass das Grossherzogthum von den Alliirten besetzt und die Fremdherrschaft beseitigt sei. In demselben Monate noch erfolgte die Aufhebung des unnatürlichen, die Freiheit des Handels zerstörenden Continentalsystems, die Einfuhr der englischen Waaren wurde wieder erlaubt und ein im Jahre 1808 von Napoleon erlassenes und für den Handel recht unbequemes Zollgesetz abgeschafft.

Das Herzogthum Berg erfreute sich auch schon bald eines lebhaften Aufschwunges, nur Düsseldorf, die ehemalige Residenz, sollte an diesem Aufblühen keinen besonderen Antheil nehmen, obgleich der Handlungsvorstand sowohl als die Stadtverwaltung sich alle erdenkliche Mühe gaben, Handel und Verkehr nach Möglichkeit zu fördern, was um so leichter versucht werden konnte, als der Oberbürgermeister seit dem Jahre 1818 wiederum den Vorsitz bei den Verhandlungen des Handlungsvorstandes führte, in gleicher Weise, wie vor der französischen Zeit ein Mitglied des pfalzbayerischen Geheimraths.

Insbesondere vermochte man gegen den Störenfried des gesammten Niederrheins -- man darf sagen wundersamer Weise --- nichts auszurichten. Mit der wiedererwachenden Freiheit des Handels erhob nämlich das Kölner Stapelrecht, welches während der französischen Zeit weniger zur Geltung gekommen war, wieder kühn sein Haupt. Noch vor endgültiger Vereinigung des Grossherzogthums mit der Krone Preussens ersuchte zwar der Handlungsvorstand gemeinschaftlich mit der Stadt Frankfurt den damaligen Gouverneur von Berg, Justus Gruner, um endliche Befreiung von diesen Belästigungen; auch wurde gleich nach der Inbesitznahme der Rheinprovinz ein von dem Fürsten von Hardenberg über die Unrechtmässigkeit des Kölner Stapels ausgearbeitetes Promemoria in Berlin übergeben in der Erwartung, endlich billiges Gehör zu finden. Man gab sich um so mehr dieser Hoffnung hin, als das Präsidium des Handlungsvorstandes, bestehend aus dem Präsidenten, Staatsrath Arnold Masset und dem Mitgliede Wilhelm Niesstrass von Sr. Majestät dem Könige Friedrich Wilhelm III., als sie ihm in Aachen Namens des hiesigen Handelsvorstandes den Eid der Treue leisteten, auf's huldvollste empfangen worden waren.

Die endliche Befreiung erschien aber auch um so nöthiger, als Düsseldorf nach der neuen Zollordnung befürchten durfte, den ihm bis jetzt verbliebenen Landtransport über Zündorf, und damit seine gesammte Spedition der niederrheinischen und oberrheinischen Güter zu Gunsten Kölns zu verlieren.

Die in dem Promemoria geschilderten misslichen Verhältnisse wurden denn auch an höchster Stelle anerkannt und der Deputation die Abschaffung des Stapels zu wiederholten Malen zugesagt. Aber kaum war die frohe Kunde hierüber bis an den Rhein gedrungen, als auch schon bald nachher eine entgegengesetzte Mittheilung derselben folgte. Düsseldorf konnte nicht einmal vorübergehend die freie Fahrt bei Köln erhalten, der Stapel blieb vielmehr in Uebung bis zur Rheinschifffahrts-Convention im Jahre 1831.

Im August 1816 ereignete sich sogar der Fall, dass die Kölner einem von Coblenz kommenden Schiffe, welches

Getreide aus dem dortigen Königlichen Magazin zur Vertheilung an die hiesigen Armen hierhin brachte, die Vorbeifahrt an ihrer Stadt so lange verweigerten, bis der Schiffsführer 158 Francs Stapelgebühren erlegt hatte, obgleich derselbe zum Schutze gegen jegliche Belästigung einen von der Militärbehörde ihm übergebenen Pass vorzeigte.

Nach einer Aufstellung des schon erwähnten C. H. Mindel vom Jahre 1817 hatte Düsseldorf um diese Zeit 15587 Seelen, der Stadtbezirk — einschliesslich der Aussenorte — 22653. Von Letzteren gehörten 19909 der katholischen Confession an, 2440 der evangelischen und 303 der israelitischen; hierzu kam noch ein Menonit. Von Gewerbetreibenden waren nach diesen Mittheilungen damals hier ansässig:

Bäcker 54, Barbire 14, Branntweinbrenner 38, Büchsenmacher 3, Drechsler 6, Färber 5, Fechtmeister 1, Fuhrleute 35, Fruchtmesser 6, Gelbgiesser 3, Goldarbeiter 15, Glaser 12, Holzschneider 3, Hutmacher 13, Hufschmiede 8, Instrumentenmacher 5, Karrenbinder 4, Kürschner 3, Kupferschmiede 4, Makler 5, Maurer 23, Musikanten 43, Optiker 2, Perückenmacher 17, Pliesterer 21, Posamentirer 5, Putzmacherinnen 3, Sattler 22, Schänker 70, Schuster 163, Schneider 176, Schreiner 100, Schlosser 36, Schlächter 52, Schiffer 19, Schiffbauer 13, Silberarbeiter 4, Tapezirer 5, Tanzmeister 3, Uhrmacher 10, Vergolder 6, Weber 19, Winkelirer 44, Zimmerleute 9, Zuckerbäcker 10. Die Zahl der Gasthöfe, Weinstuben und Kaffeehäuser hat sich 1817 nicht geändert. Unter den Handlungshäusern werden 166 als bedeutende genannt.

Sechs Zeitungen wurden nach Mindel im Jahre 1816 hier herausgegeben, nämlich: Das Amtsblatt der Königlichen Regierung, die Düsseldorfer Zeitung von Professor Krämer, bei Herrn Bögemann gedruckt, das Düsseldorfer Abendblatt, welches täglich, das Düsseldorfer Intelligenzblatt, welches wöchentlich bei Hofkammerrath T. Stahl erschien, die Niederrheinischen Blätter bei Franz Friedrich Stahl und die Monatsrosen vom Instructionsrichter von Haupt, gedruckt bei Fäurer.

Aus dem Jahre 1816 ist noch zu erwähnen, dass die Thurn und Taxisschen Posten, welche damals, wie in ganz Deutschland, so auch bis 1806 im Grossherzogthum Berg und von 1814 ab in der preussischen Rheinprovinz eingeführt waren, durch Königlich Preussische Posten ersetzt wurden. In diesem Jahre trat nämlich der Fürst von Thurn und Taxis gegen eine bestimmte Entschädigung seine sämmtlichen Postanstalten an Preussen ab. Die

Uebernahme der Postanstalten durch die beiderseits Bevollmächtigten, geschah hierselbst am 28. Juni 1816. Zu den vorhin geschilderten, durch die Stapelbelästigungen herbeigeführten Calamitäten, kam nun noch hinzu, dass die Aufhebung des hiesigen Freihafens durch die Königliche Regierung beschlossen wurde.

Ein solche Verfügung, die der Spedition unseres Platzes unersetzbare Verluste bringen musste, war um so unerklärlicher, als Düsseldorf Jahrhunderte lang im Besitze eines Freihafens gewesen war.

Während Köln erst im Jahre 1798 durch die Franzosen einen Freihafen erhielt, hatte Düsseldorf dieses Privilegium schon seit 1465. Graf Adolf von Berg empfing nämlich in diesem Jahre von der Stadt Düsseldorf ein freies Geschenk in baarem Gelde. Hierfür sicherte er derselben als Gegenleistung auf ewige Zeiten den Besitz eines Freihafens zu. Seitdem verblieb unserem Platze dieses Recht nicht nur Jahrhunderte lang vollständig unangefochten, es erhielt vielmehr im Laufe der Jahre auch seine weitere Sanction durch die Regenten der im Herzogthum einander folgenden Herrscherstämme.

Nach dem Erlöschen des altbergischen Fürstenhauses und dem Eintritt der Kurbrandenburg- und Pfalz-Neuenburger Linie in die Regentschaft des Herzogthums wurde durch Erbvergleich vom 9. September 1699 zu Gunsten der Landesbewohner die Beibehaltung aller hergebrachten Privilegien und Freiheiten, damit auch implicite die des bisherigen Freihafens vereinbart. In der That hat denn auch die Pfälzische Regierung, während ihrer nahezu 200jährigen Dauer in diesen Landen, das Freihafenrecht der Stadt Düsseldorf weder beanstandet, noch zu beeinträchtigen versucht, im Gegentheil: dasselbe wurde durch eine Kurfürstlich bayerische Verordnung vom 30. October 1805 nochmals feierlichst bestätigt und zu Gunsten der Stadt näher interpretirt.

Selbst unter französischer Herrschaft wurde dieses Recht anerkannt. In einer Verfügung des grossherzoglich bergischen Finanzministeriums vom 17. September 1807 heisst es nämlich in § 5: „In Folge der beschlossenen Aufhebung der Freiheiten kann die Stadt Düsseldorf nicht mehr von den Zollgefällen befreit sein, welche nunmehr wie anderwärts bei dem Aus- und Einladen am Rheine erhoben werden sollen, jedoch ohne dass der Hafen seine Freiheit verliert." In Uebereinstimmung mit diesem Zugeständnisse wurde auch bei der Organisation des Zollwesens durch Napoleon im Jahre 1810 dieses Vorrecht unversehrt erhalten.

Bei Einführung der neuen Zollordnung durch den schon erwähnten bergischen General-Gouverneur Justus Gruner im Jahre 1814 endlich wurde der Besitz fraglicher Berechtigung abermals anerkannt. Ungeachtet dieses vielhundertjährigen Besitzstandes und ohne Rücksicht auf die bei höheren und höchsten Behörden versuchten Vorstellungen, wurde dem Handlungsvorstande am 14. April 1826 durch das hiesige Obersteuer-Amt mitgetheilt, dass die bisherige Befreiung von Durchgangszöllen für die in den Freihafen eingeführten, für den Transit bestimmten Waaren, aufgehoben sei. Der Handlungsvorstand erhob zwar durch einen Notar gegen die erste erzwungene Zahlung für Verzollung der durchgehenden Waaren feierlichst Protest, indess vergeblich. Alles Demonstriren wie auch eine allerunterthänigste Vorstellung an Se. Majestät den König war ohne Erfolg. Durch königliches Decret vom 13. Februar 1827 wurde vielmehr der bisherige Freihafen definitiv für aufgehoben erklärt.

Vor Abschluss dieser Periode ist noch einer weiteren Schädigung zu Ungunsten unseres Platzes Erwähnung zu thun. Nach einer Verordnung vom 28. December 1828 war die Bestimmung getroffen, dass alle Schiffe, welche zwischen Düsseldorf und Emmerich fahren und an den Zwischenplätzen ein- und ausladen würden, von dieser Binnenfahrt nichts zu bezahlen haben sollten. Diese Bestimmung wurde nun zu Gunsten der Schiffer, welche unterhalb Düsseldorf Ladung nahmen, dahin erweitert, dass dieselben bei Emmerich vorbeifahren durften, ohne den üblichen Wasserzoll daselbst zu entrichten, während die von hier abgehenden Schiffe ihre Waaren dort verzollen mussten. Dies hatte zur Folge, dass sich unterhalb Düsseldorf, bei Golzheim ungefähr, eine Beurtschifffahrt bildete, welche alle bergischen Güter anstatt von Düsseldorf, von Golzheim nach Holland beförderte. Die Aufhebung dieser Missstände war eine der letzten Aufgaben, der sich der Handlungsvorstand nach 32jähriger segensreicher Wirksamkeit unterzog. Im November 1831 nämlich schloss derselbe seine Thätigkeit, nachdem er sein Archiv und was er sonst an Eigenthum besass, an die Stadtverwaltung abgegeben hatte.

III. Periode. Vom Jahre 1831 ab.[1])

Der Rheinschifffahrts-Convention vom Jahre 1831 verdankt Düsseldorf, wie der erste Bericht der in jenem Jahre errichteten Königlichen Handelskammer[2]) ausführt, das beginnende Aufblühen seines Handels und seiner Schifffahrt. Beseitigt sind jetzt alle Monopole und Vorrechte, die seit länger als einem Jahrhundert zum grössten Nachtheile unseres Platzes bestanden hatten, die so sehr ersehnte Freiheit der Schifffahrt ist endlich errungen, die rheinischen Städte sind von jetzt ab zu gleicher Theilnahme an dem Wettkampfe auf der gemeinsamen Verkehrsstrasse berufen.

Für Düsseldorf hatte diese Verkehrserleichterung insbesondere zur Folge, dass es nunmehr die commerciellen Vortheile, welche seine bevorzugte Lage im Mittelpunkte der gewerbreichen Kreise Elberfeld, Solingen und Lennep einerseits und Crefeld und Gladbach andererseits ihm darbot, entsprechend ausnutzen konnte. Die in den letzten Jahren einigermassen in Verfall gerathenen Rangfahrten zwischen hier und den niederländischen Handelsplätzen Amsterdam, Rotterdam und Arnheim wurden daher nach den Bestimmungen des mit der Convention erlassenen neuen Rheinschifffahrtsreglements wieder hergestellt und dadurch eine prompte und möglichst schnelle Güterbeförderung bei billig stipulirten Frachtsätzen zwischen Holland und hier bewirkt. Eine gleiche Rangfahrt wurde mit Coblenz und Mainz vereinbart und vermittelst der Mosel mit Trier und Metz erstrebt. Die Folge davon war eine solch' erhebliche Vermehrung der Güterzufuhr, dass die vorhandenen Freihafen-Anlagen bei weitem nicht mehr ausreichten. Die schleunigste Errichtung eines, wenn auch zunächst nur provisorischen Freihafengebäudes, war aber auch um so nöthiger, als Düsseldorf, welches gleich Köln durch die Convention einen Freihafen erhalten hatte, in Folge noch mangelnder Freihafengebäude seiner alten Concurrentin Köln gegen-

---

[1]) Der nun folgende Theil der Abhandlung gibt in aller Kürze eine gedrängte Uebersicht über den Aufschwung unseres Handels nach und in Folge der Rheinschifffahrts-Convention. Eine ausführliche Darstellung dieser Entwickelung wie eine Beschreibung der in Laufe der Jahre hier entstandenen Industriezweige bleibt einer Fortsetzung dieser Abhandlung vorbehalten. — Der dem Verfasser für die Bearbeitung seiner Aufgabe zu knapp bemessene Raum gestattete nicht, eine auch nur annähernd erschöpfende Darstellung des Handels und der Industrie während der letzten 40 Jahre in diesem Jahrbuche erscheinen zu lassen.

[2]) Die Handelskammer trat mit erheblich erweiterter Competenz an die Stelle des aufgelösten Handlungsvorstandes.

über sich sehr benachtheiligt sah. Während nämlich die für Köln bestimmten Schiffe bei den Grenzsteuer-Aemtern in Emmerich und Coblenz nur eine Abschrift ihres Schiffsmanifestes zu hinterlegen brauchten und dann ihre Waaren unter Begleitung nach Köln in den Hafen einführen konnten, waren die Düsseldorfer Schiffe gehalten, in Emmerich und Coblenz eine specielle Declaration einzureichen und nach Gutbefinden der Steuerbeamten ihre Waaren daselbst einer Revision zu unterwerfen, welcher bei ihrer Ankunft im hiesigen Hafen eine zweite folgte. In Folge dessen gelangte Köln mehrere Tage früher in den Besitz der gleichzeitig mit den unsrigen vom Ober- oder Niederrhein abgegangenen Güter. Diese Unzuträglichkeit führte soweit, dass Elberfelder Handlungshäuser nur, um der mehrmaligen Revision zu entgehen, bedeutende Parthien englischer Garne an Düsseldorf vorbei nach Köln bringen liessen, um sie von dort nach Elberfeld zu schaffen. Die Freihafengebäude, für welche sogleich, nachdem deren Errichtung nothwendig geworden, ein Platz vor dem Zollthore, in der Nähe des ehemaligen Ballhauses bestimmt war, wurden, nachdem der Handelsstand mit den für den Bau in Frage kommenden Behörden sich geeinigt hatte, an dieser Stelle aufgeführt. Gleichzeitig wurde eine bedeutende Erweiterung des Ausladeplatzes für steuerfreie Güter vorgenommen. Diese Anlage war dadurch nöthig geworden, dass der hiesige Handel schon im ersten Jahre nach der Convention sich so sehr gehoben hatte, dass bei dem Hauptsteueramte hierselbst gegen das Vorjahr eine Mehreinnahme von 50000 Thalern erzielt wurde. In diesem Jahre — 1832 — kamen 1455 Schiffe, worunter 229 Dampfschiffe, hier an. Die gesammte Gütereinfuhr betrug 704 470 Centner gegen 120 529 im Vorjahre, 1831.

Die weiteren grossartigen Erfolge für Handel und Schifffahrt in den nun folgenden Jahren möge nachstehende Aufstellung in etwa veranschaulichen:

Jahr	Einfuhr Centner		Ausfuhr Centner	Insgesammt Centner	durch Schiffe
1831	120 529		21 597	142 126	—
1832	704 470		33 937	738 407	1455
	Handelsgüter	244 567			
	Getreide	113 815			
	Steinkohlen	346 088			
		704 470			

Handel und Industrie der Stadt Düsseldorf. 487

Jahr	Einfuhr Centner		Ausfuhr Centner	Ins- gesammt Centner	durch Schiffe
1833	715 048		52 375	767 423	1637
	Handelsgüter	268 829			
	Getreide	95 240			
	Steinkohlen	310 979			
	Consumtibilien	40 000			
		715 048			
1834	1 035 460		57 019	1 092 479	1901
	Handelsgüter	381 664			
	Getreide	93 600			
	Tannen-Holz	82 400			
	Steinkohlen	398 280			
	Stroh und Heu	34 000			
	Salz	10 700			
	Obst	5 650			
	Verschiedenes	29 166			
		1 035 460			
1835	876 200		67 053	943 253	1799
	Handelsgüter	388 109	Liqueure		
	Getreide	87 280	Spiritus		
	Steinkohlen	280 291	Extracte		
	Baumaterialien	60 300	Fabrik-		
	Heu und Stroh	33 000	waaren		
	Holz	1 040			
	Salz	10 180			
	Verschiedenes	16 000			
		876 200			
1836	855 542		113 144	1 107 186	1606
	I. Vom Oberrhein				
	Handelsgüter	73 464			
	Baumaterialien	105 578			
	Getreide	102 414			
	Obst und Heu	18 680			
		300 136			
	II. Vom Niederrhein				
	Handelsgüter	245 588			
	Getreide	2 492			
	Salz	11 738			
	Steinkohlen	295 588			
		555 406			
		300 136			
		855 542			

Jahr	Einfuhr Centner		Ausfuhr Centner	Ins- gesammt Centner	durch Schiffe
1837	1 026 465		154 177	1 180 642	1562
	I. Vom Oberrhein				
	Handelsgüter	81 272			
	Getreide	69 070			
	Baumaterialien	128 183			
	Obst, Fourage	24 271			
		302 796			
	II. Vom Niederrhein				
	Handelsgüter	302 932			
	Getreide, Oelsamen	14 714			
	Salz	11 562			
	Steinkohlen	394 461			
		723 669			
		302 796			
		1 026 465			
1838	1 079 043		189 374	1 268 417	1881
	I. Vom Oberrhein		Fabrik-, Manufak- tur-Waaren Weine Liqueure		
	Handelsgüter	138 128			
	Getreide	83 500			
	Baumaterialien	82 081			
	Fourage	18 690			
		322 399			
	II. Vom Niederrhein				
	Handelsgüter	366 693			
	Getreide	28 500			
	Holz	3 140			
	Salz	9 912			
	Steinkohlen	378 399			
		756 644			
		322 399			
		1 079 043			
1839	1 070 738		192 028	1 262 766	2119
	I. Vom Oberrhein				
	Handelsgüter	103 999			
	Getreide	112 444			
	Baumaterialien	104 478			
	Fourage	37 080			
		358 001			
	II. Vom Niederrhein				
	Handelsgüter	316 639			
	Getreide	23 980			
	Holz	7 940			
	Salz	10 076			
	Steinkohlen	317 374			
	Fourage	6 728			
		712 737			
		358 001			
		1 070 738			

Jahr	Einfuhr Centner		Ausfuhr Centner	Insgesammt Centner	durch Schiffe
1840	1 160 952		135 825	1 296 777	2763
	I. Vom Oberrhein				
	Handelsgüter	101 849			
	Getreide	135 500			
	Baumaterialien	132 008			
	Fourage	22 110			
		390 467			
	II. Vom Niederrhein				
	Handelsgüter	332 213			
	Getreide	16 650			
	Holz und Lohe	17 478			
	Salz	11 829			
	Steinkohlen	365 155			
	Heu u. Kartoffeln	26 160			
		770 485			
		390 467			
		1 160 952			

Hiernach wurden im ersten Jahrzehnt nach der Convention von 17 023 Schiffen 9 799 476 Centner Güter hier an- und abgefahren.

Im Einzelnen wurden von den vorzugsweise während der Zeit vom Jahre 1832 bis 1840 per Schiff hier angekommenen Gütern und Rohstoffen folgende Quantitäten gelöscht:

	1832	1833	1834	1835	1836	1837	1838	1839	1840
	Centn.	Centn.	Centn.	Centn.	Centn.	Centn.	Centn.	Centn.	Centn.
Twiste	61394	43682	—	63496	51882	75057	99043	84254	81249
Rohe Baumwolle	15410	9528	19927	14500	19240	20177	21000	17923	16863
Baumwollengarne	—	—	103	48824	—	—	—	—	—
Krapp-Galläpfel	—	—	24102	47914	28909	32203	46172	64553	137802 4680
Farbholz	—	—	10775	16327	16101	9371	14831	16569	22775 22389
Sumach-Quercitron	—	—	—	—	10751	12463	17236	18753 27987	17884
Thran	11349	7966	14614	13594	9957	16150	13390	14054	20226
Oel zu Fabrikzwecken	—	—	9767	14300	10771	17564	24000	23064	11801	18385
Porzellan	—	—	—	—	10074	9945	11031	11790	12457	8823
Wein	—	—	25144	19030	17630	12366	14767	11421	17469
Raps	9871	15380	8347	—	—	—	—	—	—
Kaffee	11813	12562	16701	19041	15509	17137	19063	18598	19294
Reis	3970	4655	3832	6588	4326	6178	5731	7162	11287
Zucker	4451	3742	—	5860	10926	—	5810	5856	12239
Südfrüchte	—	—	2168	3883	2564	2971	3879	1696	3810
Schmiedeeisen	—	1225	—	2784	2684	6516	40040	603	7978
Rohes Gusseisen	—	—	—	3205	—	—	—	—	—
Rohes Eisen	—	—	—	—	566	2566	615	1730	—
Maschinen	—	1181	—	—	—	3105	2305	—	—
Kupfer	—	1661	—	2190	—	1126	1266	847	1600
Blei	—	2114	—	1211	275	4560	9350	2170	7190

Neben dieser Schiffsverbindung, bei welcher sich die Niederländische, die Rhein-Yssel- und die Dampfschifffahrts-Gesellschaft für den Nieder- und Mittelrhein vorzugsweise betheiligten, nahm auch das Frachtfuhrwesen an der Güterbeförderung einen wesentlichen Antheil. Es wurden nämlich per Achse alljährlich durchschnittlich 100000 Centner hier an- und 300000 Centner von hier abgefahren. Letztere waren meistens Speditionsgüter, insbesondere Fabrik- und Manufacturwaaren, Wein, Liqueure und Spiritus. Im Jahre 1834 repräsentirten dieselben einen Werth von 65000 Thalern.

Die hiesigen Spediteure liessen es aber auch weder an Billigkeit der Spesenberechnung, noch an Umsicht und zweckmässigen Einrichtungen und Erleichterungen für den Gütereigner fehlen, um mit anderen Rheinhafenstädten die Concurrenz bestehen zu können. In Folge dessen florirte dieser Industriezweig vor allen andern in einer Weise, dass in sämmtlichen Berichten über die damaligen Handelsverhältnisse von einer stets fortschreitenden Entwickelung der Spedition die Rede ist.

Ein gleicher Aufschwung wird von dem hiesigen Banquiergeschäft gemeldet, dessen Umschlag für das Jahr 1836 auf 6 Millionen Thaler geschätzt wird, wobei noch ein bedeutender Theil in Staatspapieren und Actien unberücksichtigt bleibt.

Neben diesen ganz hervorragend in der Entwickelung begriffenen Geschäftszweigen sind in den ersten dreissiger Jahren als verhältnissmässig bedeutend der Grosshandel in Colonial-, Farb- und Materialwaaren, im Droguenund Getreidegeschäft zu erwähnen. Denselben reihen sich als annähernd ebenbürtig folgende Fabriken, beziehungsweise Etablissements mit fabrikmässigem Betriebe, an: verschiedene Zuckerraffinerieen, Bleiweiss-, Tabakund Wagenfabriken, Gerbereien, Tuch- und Siamosen-Manufacturen und einige Seifensiedereien; 10 Liqueurfabriken, welche im Jahre 1833 12000 Ohm inländischen Branntweins veredelten und daraus für annähernd 250000 Thaler Fertigfabrikate herstellten, welche Summe im Jahre 1834 sogar auf 400000 Thaler stieg. Unter den Wagenfabriken, die circa 180 Arbeiter beschäftigten, ist besonders die im Jahre 1818 von einem damaligen Oberpostsecretair Willmanns eingerichtete Königl. Postwagenfabrik zu erwähnen, welche alljährlich 210—225 Postwagen fertigstellte. Im Anfange hatte sie nur den Zweck, die am hiesigen Platze erforderlichen Wagen zu unterhalten; bald aber wurden ihre Leistungen so sehr anerkannt, dass der Bau wie die Reparaturen sämmtlicher Postwagen

Rheinlands und Westphalens ihr übertragen wurden, in Folge dessen sie im Jahre 1851 für die Unterhaltung von 600 auf den verschiedenen Routen unserer westlichen Provinzen kursirenden Wagen zu sorgen hatte. Die meisten Arbeiter — annähernd 200 — beschäftigte die Kattundruckerei und Weberei von F. A. Deus. Ueber 100 Arbeiter fanden ihren Unterhalt in der damals berühmten lithographischen Anstalt von Arnz & Cie., eine fast gleiche Anzahl in einer Woll-Kratzenfabrik. Unter letzteren befanden sich viele Kinder, welche in der städtischen Freischule, unter steter Aufsicht in zwei Abtheilungen, abwechselnd täglich 8—9 Stunden in der Weise beschäftigt wurden, dass der eine Theil Unterricht in den Elementargegenständen erhielt, während der andere Handarbeit verrichtete.

Die Gesammtzahl der im Jahre 1834 hier beschäftigten Fabrikarbeiter soll 1021 betragen haben. Die Anzahl der Kaufleute mit kaufmännischen Rechten betrug damals 145, während 420 Kaufleute ohne kaufmännische Rechte hierselbst domicilirt waren.

Zwei Jahre später — 1836 — melden die Berichte der Handelskammer zuerst von der Anlage zweier Dampfmaschinen, in dem Etablissement der Firma Deuss & Moll und in einer Kammfabrik, wozu im Jahre 1837 noch eine dritte in einer Fournirschneiderei hinzukommt.

In diesem Jahre fand auch die erste Düsseldorfer Gewerbeausstellung statt, welche in 33 Tagen von 9555 Fremden besucht wurde. Dieselbe wurde auf Veranlassung eines schon im Jahre 1834 zum Schutze des hiesigen Gewerbes gegründeten Vereins, welcher sich vorzugsweise mit der Heranbildung der Lehrlinge und Gehülfen des Bauhandwerks befasste, abgehalten. Durch Vermittelung dieses Vereins erhielten die betreffenden Lehrlinge unentgeltlichen Unterricht in der Mathematik, Physik und Chemie, auch stand denselben im Vereinslokale ein Lesecabinet mit entsprechenden Fachschriften zur Benutzung offen.

Das durch die erste Ausstellung erzielte günstige Resultat veranlasste im Jahre darauf einen hiesigen Industriellen, Schimmelbusch, eine Gewerbe- und Industrie-Ausstellung des Regierungsbezirks Düsseldorf auf seine eigene Kosten zu arrangiren, welche gleichfalls von Nah und Fern gut besucht wurde.

Der Kleinhandel hatte an dem geschilderten mehr und mehr hervortretenden Aufblühen einen nur geringen Antheil. Vom Beginne des vorigen Jahrhunderts an beklagt er ohne Unterlass und mit Recht die seine Existenz gefährdenden öffentlichen Waaren-Auctionen, wie das

Hausiren durch Reisende von Haus zu Haus. Letztere Klagen wurden aber auch bald bei den Grossisten laut, deren Geschäfte durch holländische Grosshändler dadurch höchst nachtheilig beeinflusst wurden, dass dieselben durch ihre Agenten und Provisionsreisenden in hiesiger Gegend in Colonial- wie in anderen Waaren bei den Consumenten Aufträge in den kleinsten Quantitäten entgegennahmen und solche auch sofort effectuirten.

Die vorhin erwähnte günstige Verbindung Düsseldorfs mit den ober- wie niederrheinischen Plätzen vermittelst der Segel- wie Dampf-Schifffahrt sollte im Jahre 1837 eine erhöhte Bedeutung durch eine directe überseeische Verbindung mit London erfahren. Zu diesem Zwecke hatte sich am hiesigen Platze, in Crefeld, Gladbach und in Köln eine sogenannte „deutsch-englische Dampfschifffahrts-Gesellschaft" gebildet, welche in kurzer Zeit zur Inangriffnahme ihres Planes ein Capital von 100 000 Thalern zusammenbrachte. Aber schon im folgenden Jahre musste das Project aufgegeben werden, weil innerhalb des Comitees durch die Kölner Mitglieder Differenzen herbeigeführt wurden, welche das ganze Unternehmen zum Scheitern bringen mussten.

Mit um so grösserer Energie wurde das schon im Jahre 1832 hier aufgetauchte Lieblingsproject einer Eisenbahnverbindung Düsseldorfs mit Elberfeld durchgesetzt. Der Verkehr zwischen diesen Handelsplätzen war damals ein so sehr ausgedehnter, dass an der Rentabilität des neuen Unternehmens nicht gezweifelt werden konnte, weshalb es auch überall in den interessirten Kreisen Anklang fand. Das im Jahre 1836 auf der Düsseldorf-Elberfelder Landstrasse beförderte Güterquantum erreichte nahezu eine Million Centner. Die Personenfrequenz war so gross, dass der Postverkehr zwischen hier und Elberfeld nächst demjenigen von Berlin und Köln mit ihrer Umgebung der bedeutendste in der ganzen preussischen Monarchie war; in gedachtem Jahre wurden auf dieser Strecke 12 500 Personen befördert, gleich 34 pro Tag.

Sehr günstig und viel versprechend war dem Projecte die schon erwähnte, auf gemeinsame Anregung der Elberfelder und hiesigen Handelskammer am 22. September 1836 ins Leben gerufene Dampfschifffahrts-Gesellschaft für den Nieder- und Mittelrhein, der Bau unseres Freihafens, die vorgesehene Errichtung der Schiffbrücke und die von der Stadt Neuss vollführte Schiffbarmachung der Erft bis zu ihrer Mündung unweit Düsseldorf. Letztere Anlage war von Bedeutung wegen des nunmehr schnellen und wohlfeilen Getreidetransportes von dem damals bedeutendsten Fruchtmarkte unserer Provinz zu dem ostrheinischen Fabrikbezirke.

Die erste Fahrt auf der im Jahre 1838 bis Erkrath fertiggestellten Eisenbahn fand am 15. October, dem Geburtstage des damaligen Kronprinzen statt, während der eigentliche Tag der Betriebseröffnung der 1. Dezember dieses Jahres war.

Im folgenden Jahre wurde während der günstigen Jahreszeit zweimal wöchentlich, sonst nur an Sonntagen gefahren. Am 10. April des Jahres 1841 war die Strecke Erkrath-Vohwinkel ausgebaut, und am 3. September dieses Jahres konnte die ganze Strecke bis Elberfeld dem Betriebe übergeben werden.

In gleicher Weise, wie der Ausbau dieser, wurde kurze Zeit nachher der Bau einer Bahn aus dem Kohlenrevier der Ruhr über Kettwig nach hier, ferner einer Bahnverbindung Düsseldorfs mit Köln, sowie einer solchen durch den Canton Sittard nach der Maass, zum Anschluss an das grosse belgische Eisenbahnnetz und den Hafen von Antwerpen geplant. Letzterer Ausbau wurde um so mehr erstrebt, als man auf diese Weise eine Schutzwehr gegen das mächtige holländische Schiffs-Monopol zu erhalten hoffte.

In diese Zeit fällt auch die Anlage einer Gasfabrik und Errichtung eines Fruchtmarktes hierselbst. Aus letzterem Anlass wurde in der Nähe des Schwanenmarktes eine Fruchthalle zur Aufnahme desjenigen Getreides erbaut, welches am Markttage nicht verkauft werden konnte, und gleichzeitig für Beschaffung eines Fonds gesorgt, aus welchem entsprechende Vorschüsse auf die nicht verkauften Quantitäten gegeben werden sollten. Ein hiesiger Banquier erbot sich, der Stadtverwaltung hierzu die nöthigen Geldmittel gegen Zahlung von $4\frac{1}{2}$ Procent zur Verfügung zu stellen; dieselbe konnte indessen bei der Abneigung der Regierung gegen dieses Project von dem Anerbieten keinen Gebrauch machen. Nach Schluss des Marktes hatte der Marktmeister der Handelskammer unverzüglich schriftlichen Bericht über die Anfuhr des Getreides sowohl, als den Verkauf und die erzielten Preise zu erstatten. Die Marktwaare kam ausschliesslich zu Wasser an, das per Fuhre gebrachte Getreide gelangte selten auf den Markt; es wurde meist den Consumenten direct zugeführt.

Vorstehende Daten sind die erwähnenswerthesten aus dem ersten Jahrzehnt nach der für Düsseldorfs Entwickelung so bedeutsam gewordenen Rheinschifffahrts-Convention. Die Oberbürgermeisterei hatte in diesem Jahre 32000, die Stadt Düsseldorf 24000 Einwohner.

Ein detaillirtes Bild über den Gesammt-Güterverkehr während dieser Zeit bis zum Jahre 1851, ergibt die am Schlusse angeführte Tabelle. Dieser rege Güteraustausch hatte im nächsten Jahrzehnt zur Folge, dass der Frei- und der Sicherheitshafen, welch' letzterer im Jahre 1839 noch vergrössert worden war, den Anforderungen des Verkehrs nicht mehr genügten. Die Stadtverwaltung kaufte daher die sogenannte Golzheimer Insel, woselbst sie, neben dem bestehenden einen zweiten Sicherheitshafen anzulegen beabsichtigte. Das zwischen beiden Häfen liegende Terrain sollte zu einer Anlage für Schiffsbauwerfte eingerichtet werden. — Leider ist das Project nicht zur Ausführung gelangt. Die geplanten Erweiterungen erschienen namentlich wegen des ungeahnt grossartigen Aufschwungs, den die Dampfschifffahrt in kurzer Zeit genommen, als ein unabweisbares Bedürfniss. Bis zur Mitte der vierziger Jahre florirte zwar noch die Segelschifffahrt, besonders auf der Stromstrecke von den holländischen Häfen nach Düsseldorf. Nach dieser Zeit zeigte es sich jedoch immer mehr, dass das schwerfällige, und in seinen Bewegungen zu langsame Segelschiff dem leicht beweglichen Dampfschiffe gegenüber die Concurrenz nicht mehr auszuhalten vermöge. Der hiesige Handelsstand bemühte sich daher, da die Bedeutung der Dampfschifffahrt, insbesondere der Dampfschleppschifffahrt, für den ferneren Verkehr auf dem Rhein wie für die Entwickelung der einzelnen Rheinhafenstädte entscheidend zu werden schien, für Düsseldorf eine eigene Dampfschleppschifffahrt zu erhalten, was um so nöthiger war, als eine in Köln schon bestehende Gesellschaft die Frachtsätze für Düsseldorf ganz unverhältnissmässig hoch angesetzt hatte. Die schon mehrfach erwähnte, vorzüglich eingerichtete Dampfschifffahrts-Gesellschaft für den Nieder- und Mittelrhein, welche den Güterverkehr rheinaufwärts bis Mainz, (wo weiter directer Anschluss mit Basel bestand) und rheinabwärts mit Rotterdam vermittelte, (von wo directe Verbindung mit der englischen General-Steam-Navigation-Company gegeben war), konnte das vorhandene Bedürfniss nicht befriedigen. Es wurde daher die heutige Dampfschleppschifffahrts-Gesellschaft gebildet, deren Erfolge für die Entwickelung des Handels unseres Platzes eine gleiche Bedeutung erhielten, wie diejenigen der Gesellschaft für den Nieder- und Mittelrhein.

Die Zahl der in den Jahren 1841—1850 im hiesigen Hafen ein- und ausgegangenen Schiffe beträgt 38 274 mit 15 006 165 Centner Güter gegen 17 023 Schiffe mit 9 799 476 Center während der Zeit vom Jahre 1831—1841.

Handel und Industrie der Stadt Düsseldorf. 495

In den einzelnen Jahren kamen an:
1841: 3154, worunter 1841 Dampfschiffe mit 1 357 859 Ctr.
1842: 3510 „ 2180 „ „ 1 385 233 „
1843: 3839 „ 2512 „ „ 1 552 112 „
1844: 4257 „ 2911 „ „ 1 505 083 „
1845: 4019 „ 2697 „ „ 1 742 296 „
1846: 4055 „ 2803 „ „ 1 757 432 „
1847: 3951 „ 2717 „ „ 1 668 982 „
1848: 3727 „ 2742 „ „ 1 255 976 „
1849: 3734 „ 2825 „ „ 1 200 151 „
1850: 4028 „ 2880 „ „ 1 581 541 „

38274   15 006 165

Die Haupteinfuhr-Artikel bildeten Handelsgüter, Getreide, Steinkohlen und Holz. Vorzugsweise wurden in den einzelnen Jahren folgende Waaren und Rohstoffe hier eingeführt:

	Im Jahre								
	1841	1842	1843	1844	1845	1846	1847	1848	1849	1850
	Ctr.	Ctr.	Ctr.	Ctr.	Ctr.	Ctr.	Ctr.	Ctr.	Ctr.	Ctr.
Twiste	99640	86675	97252	53584	—	76997	50170	51358	66526	70377
Rohe Baumwolle	12616	14866	16114	13214	—	18698	12216	20994	14660	16998
Krapp	40169	55505	56472	29205		51917	54497	24675	52119	44642
Farbholz	24180	26668	21301	18825		18673	20388	17337	21174	33698
Farbmaterialien und Droguen	1901	2164	3353	2665		3179	2140	5654	5194	9755
Quercitron, Curcuma, Sumach		24529	20929	13244		12418	19582	20198	14986	16177
Indigo		2433	1754	2624	—	3295	2760	1710	5250	4489
Kreide, Bleiweiss	674	5207	7484	6356		6200	7455	5321	6400	9255
Pottasche, Soda, Alaun, Vitriol	822	10868	17330			9640	10994	10968	20051	25386
Thran	17212	14856	16415	15454		10967	15210	16356	19060	14800
Fabriköl	11060	—	29847	21312		20627	21420	16776	29740	26786
Porzellan, Steingut	11751	11948	6946	8067		10330	544	700	9880	11894
Wein	19605	18355	21052	12798		22060	23394	22249	18840	35867
Kaffee	22616	20925	21691	22052	—	21160	20860	16465	27040	15460
Reis	8934	13767	9927	9782		9760	20800	7900	9646	7040
Zucker	6347	9423	19323	8805		10703	11602	20923	7606	7941
Südfrüchte		5673	7650	4956		3506	5659	4552	8524	8806
Getreide	167510	143154	123976	171080		363150	258801	59770	37680	151953
Salz	7840	13993	9341	10990		10000	11197	10000	8590	11732
Holz, geflösstes Schmiede- und Roh-Eisen	61438	78585	83696	69942		100088	91368	99640	78556	147568
	5250									
		19158	51605	29704	—				27539	19054
Steinkohlen	290409	366811	342659	448068	446334	305813	362528	221196	118632	194241
Kupfer, Blei, Zinn, Zink	585	17721	9498	8039		9336	15557	15910	15182	12504

Die Ausfuhr, welche 1841: 124 609 Ctr., 1842: 148 578 Ctr., 1843: 219 647 Ctr., 1844: 114 338 Ctr., 1845: 206 360 Ctr., 1846: 200 113 Ctr., 1847: 201 021 Ctr., 1848: 233 504 Ctr., 1849: 227 023 Ctr., 1850: 350 862 Ctr. betrug, umfasste zum grössten Theil Handelsgüter, Kalksteine, Dachschiefer, Getreide und Kartoffeln.

In den hiesigen Fabriken, Engros- und Detail-Geschäften traten während der vierziger Jahre folgende Aenderungen ein: Es bestanden hier am Platze im Jahre 1850 gegen 1840 (eingeklammerte Zahlen) Bankgeschäfte 6 (5), Kaufleute en gros 40 (17), Spediteure, Speditions- und Commissionsgeschäfte, zum Theil in Verbindung mit Colonial- und Materialwaaren-Geschäften 59 (16 Spediteure), Bijouterie-Handlungen 9 (8), Destillationen 12 mit 60—65 Arbeitern (9), Tuchhandlungen 9 (5), Buch- und Kunsthandlungen 17 (9), Färbereien 2 mit 28—30 Arbeitern (2), Türkischrothfärbereien seit 1843 1 (3), Tabakfabriken 5 mit 250 Arbeitern (1848 2 mit 78 Arbeitern), Kattundruckereien 4 mit 320 Arbeitern und ca. 1800 Nesselwebern in Westfalen (1842—48: 2 mit 200 Arbeitern), Fabriken für baumwollene und mit Wolle gemischte Waaren 6 mit 13 Webern, 700 Spulern und 600 Webern in Wesfalen (entstanden Ende der 40er Jahre), Getreidehandlungen 18 (1843: 10), Weinhandlungen 16 (2), Holzhandlungen 12 (1842: 2), Schönfärberei und chemische Waschanstalt 2 (1), Bleiröhren-, Zinnröhren-, Walzblei- und Bleidraht-Fabrik 1 seit 1847, Bonbon- und Zuckerwaarenfabrik 1 seit 1844, Holzschneidereien 2, Ziegeleien 3, Kalkbrennereien 1, Eisengiessereien 1 mit 10—13 Arbeitern (bis 1849 2), Kleinkrämer 307 (278), Trödler 32 (32), Kohlenhändler 17 (17).

Aus dieser Aufstellung in Verbindung mit vorstehender Tabelle und den weiteren Angaben über die Ein- und Ausfuhr geht hervor, dass Handel und Industrie unseres Platzes während des II. Jahrzehntes nach der Rheinschifffahrts-Convention sich nicht weniger günstig entwickelten als während der vorhergegangenen Periode. Dies trifft in erster Linie für die Spedition zu, welche mit der in den vierziger Jahren erfolgten Eröffnung der verschiedenen, Düsseldorf berührenden Bahnen, wie mit der immer mehr und mehr sich vollziehenden Entwickelung und Vervollkommnung unserer Dampfschifffahrt naturgemäss von Jahr zu Jahr an Bedeutung gewinnen musste.

In gleicher Weise hatte der Colonialwaarenhandel, dessen Artikel einem beständigen Wechsel unterworfen sind, weil sie zum grossen Theil als rohe Naturproducte in den Handel kommen, und darum von klimatischen und örtlichen Verhältnissen, wie von dem Erfolge der jedesmaligen Ernte abhängen, zufriedenstellende Abschlüsse. Ein Beweis hierfür ist schon in der Vermehrung der Engros-Geschäfte für die Artikel dieser Branche zu erblicken, wie in dem weiteren Umstande, dass, ungeachtet der dadurch hervorgerufenen Concurrenz, über Mangel an Absatz nicht geklagt wird.

Auch der Handel mit Farbmaterialien, Droguen und Farbholz, mit Thran, Fabriköl und Wein ist keineswegs unbedeutend.

Recht gut war während des jetzt zu beschreibenden Zeitraumes die Textilindustrie beschäftigt. Die Kattundruckereien stellten beispielsweise im Jahre 1846 über 100000 Stück fertiger Waaren her; sie würden diese Zahl noch sehr überschritten haben, wenn es nicht an dem nöthigen Rohstoff, an rohem Nessel gefehlt hätte. Die Türkisch-Roth-Färbereien, in der ersten Hälfte der vierziger Jahre ein blühender Industriezweig, gingen vom Jahre 1846 ab, in welchem ihre Production auf circa 5 Millionen Pfund Garne geschätzt wird, immer mehr zurück, weil auf Twiste und Farbstoffe ein so hoher Eingangszoll gesetzt war, dass dadurch die Concurrenz dem Auslande, namentlich Belgien gegenüber, nicht behauptet werden konnte. Bei gleichen Einkaufspreisen mit dem Engländer hatte der hiesige Fabrikant nämlich pro 1000 Pfd. 47 Thaler Bezugs- und Zollkosten, gleich $16\frac{1}{2}\%$ des Werthes des Rohstoffes zu tragen. In Folge dessen, namentlich auch, weil ein für die Ausfuhr der gefärbten Garne erbetener Rückzoll nicht gewährt wurde, gingen mehrere hiesige Fabrikanten dazu über, in Belgien, wo erwähnte Eingangszölle nicht gezahlt wurden, Filialen ihrer Fabriken zu errichten.

Sehr belebt war in der Mitte der vierziger Jahre der Fruchtmarkt. Im Jahre 1846 wurden circa 150000 Centner mehr hier angefahren als im Jahre 1845. Hierbei machte sich der Mangel geeigneter Räume zum Aufspeichern der Früchte so sehr bemerkbar, dass mehrere für Düsseldorf bestimmte Schiffe zum Unterbringen ihrer Ladungen nach Neuss dirigirt werden mussten. Die Handelskammer bemühte sich daher für die Beschaffung entsprechender Localitäten in der Nähe der sogenannten Reuterkaserne, sowie auf freien hierzu geeigneten Plätzen vor dem Bergerthore.

Von noch grösserer Bedeutung für den hiesigen Handel, namentlich für die Sicherheit des Transportes und zugleich auch zur Beseitigung der französischen Concurrenz wurde die auf Veranlassung der Handelskammer im Jahre 1842 ins Leben gerufene Gesellschaft für den See-, Fluss- und Landtransport, welche im Jahre 1845 auf 8750 Policen einen Werth von circa $11\frac{1}{3}$ Millionen Thaler versicherte. Vom Zeitpunkt der Eröffnung ihres Betriebes an entwickelte diese Gesellschaft fortschreitend eine immer grössere Thätigkeit.

In das allgemeine Aufblühen fast aller Industrie- und Handelszweige brachte das Jahr 1848 durch die politischen Unruhen eine früher nie in diesem Masse gekannte Störung. Mit den besten Hoffnungen war man in dieses Jahr eingetreten. Der Erndtesegen des abgelaufenen Jahres hatte der arbeitenden Klasse wohlfeile Nahrungsmittel verschafft, namhafte Aufträge gaben der Gewerbethätigkeit neuen Aufschwung und verhiessen der Arbeit gebührenden Lohn. Da kam die Kunde von den Februar-Ereignissen in Paris. Der ersten Ueberraschung folgte schon bald die Ueberzeugung, dass die Revolution des Nachbarlandes auch für Deutschlands politische Gestaltung wie sociale Lage von grossem Einfluss sein würde. Die gehegten Befürchtungen für den Handel zeigten sich auch schon recht bald als wohlbegründet. Es trat eine allgemeine Geschäftsstockung ein. Das Silber verschwand, die Goldsorten stiegen, Papiergeld diente fast allein zur Ausgleichung der Verbindlichkeiten, Eisenbahnactien und Staatspapiere sanken im Course bis zu 30 und 40 Procent, Waaren und Immobilien waren kaum zu verwerthen, Wechsel in langer Sicht fanden keine Nehmer.

Da griff die Staatsregierung ein, indem sie zum Schutze des Handels und der Industrie Unterstützungs- und später Darlehnskassen einführte. Düsseldorf wurden aus diesem Anlass 8000 Thaler bewilligt, welche als Vorschüsse meist an kleine Gewerbetreibende gegeben wurden. Am meisten hatten am hiesigen Platze unter diesen Calamitäten der kleine Handwerkerstand, wie die im Baufache beschäftigten Arbeiter, zu deren Unterhaltung die Stadt grosse Summen aufwenden musste, zu leiden.

Die durch die Eisenbahn im zweiten Jahrzehnt nach dem Abschluss der Rheinschifffahrts-Convention veranlasste Güterbewegung am hiesigen Platze wird in der Fortsetzung dieser Abhandlung in tabellarischer Uebersicht veranschaulicht werden. Schon jetzt sei hierzu für die Strecke Düsseldorf-Elberfeld bemerkt, dass auf derselben vom 1. September 1841 bis 1. September 1842 von hier aus 136 615 Personen befördert wurden und 241 091 Ctr. Güter, während die Personenfrequenz in demselben Zeitraume von Elberfeld nach hier 125 196 betrug und das Gesammtgewicht der beförderten Güter nur 14 654 Ctr. ausmachte. Als sehr förderlich für den hiesigen Verkehr erwies sich die Anlage von Geleisen zur Verbindung des Elberfelder Bahnhofes mit dem Rheine, bezw. unserem Zollhofe. Hierdurch war es ermöglicht, die per Schiff angekommenen Güter direct auf die Eisenbahnwaggons und umgekehrt vom Waggon in's Schiff überladen zu können. Von gleichem Vortheil für Düsseldorf war die im Jahre 1849 vorgenommene Vereinigung der Düsseldorf-Elberfelder mit der inzwischen ausgebauten Bergisch-Märkischen Bahn. Am 20. December 1845 schon war die Verbindungslinie

Handel und Industrie der Stadt Düsseldorf. 499

Deutz-Düsseldorf der Köln-Mindener Eisenbahn-Gesellschaft eröffnet worden; im Februar 1846 war der Ausbau derselben über Düsseldorf bis Duisburg und im Mai 1847 bis Hamm vollendet, worauf am 15. October 1847 die ganze Strecke von Deutz bis Berlin dem Betriebe übergeben werden konnte. Im Jahre 1852 endlich wurde die Aachen-Düsseldorfer Bahn zunächst bis Gladbach und im Januar des darauf folgenden Jahres bis Aachen fertig gestellt. Mit der Vollendung letzterer wurde Düsseldorf, durch seine geographische Lage schon der naturgemässe Hafen für das bergische Land, zu einem wichtigen Stapelplatze für die Industrie des gesammten Niederrheins.

Summarische Uebersicht
über den Rheinschifffahrts-Verkehr zu Düsseldorf vom Jahre 1831—1851.

Jahr	Handels- u. andere Güter	Einfuhr			Ausfuhr			Einfuhr und Ausfuhr
		Ge- treide	Stein- kohlen	Im Ganzen	Diver- se Gü- ter	Stein- kohlen	Im Gan- zen	
	Centner	Centner	Centner	Centner	Centner	Centner	Centner	Centner
1831	—	—	—	120529	21597	—	21597	142126
1832	244567	113815	346088	704470	33937	—	33937	738407
1833	268829	95240	310979	715048	52375	—	52375	767123
1834	543574	93660	398280	1,035460	57019	—	57019	1,092479
1835	508629	87280	280291	876200	67053	—	67053	943253
1836	455048	104906	295588	855542	113444	—	113444	1,107186
1837	548220	83784	394464	1,026465	154177	—	115177	1,180642
1838	618644	142000	328399	1,079043	189374	—	189374	1,268417
1839	586940	136121	317374	1,070738	192028	—	192028	1,262766
1840	643647	152450	365155	1,160952	135825	—	135825	1,296777
1841	675329	167512	390109	1,233250	124609	—	124609	1,357859
1842	725940	143434	366844	1,236455	148578	—	118578	1,385233
1843	826430	123976	382059	1,332465	219647	—	219647	1,552112
1844	694182	171060	448068	1,311310	193773	—	193773	1,505083
1845	876428	213460	446638	1,535926	206370	—	206370	1,742296
1846	788356	363450	305812	1,557319	200143	—	200143	1,757432
1847	846632	258801	362524	1,467961	201021	—	201021	1,668982
1848	711456	59770	224196	1,022122	167041	66463	233504	1,255926
1849	816716	37680	118632	973028	153577	73546	227123	1,200151
1850	944485	151953	134241	1,230679	184524	166338	350862	1,581541
1851	990129	174586	116138	1,280853	202078	246127	448205	1,729058

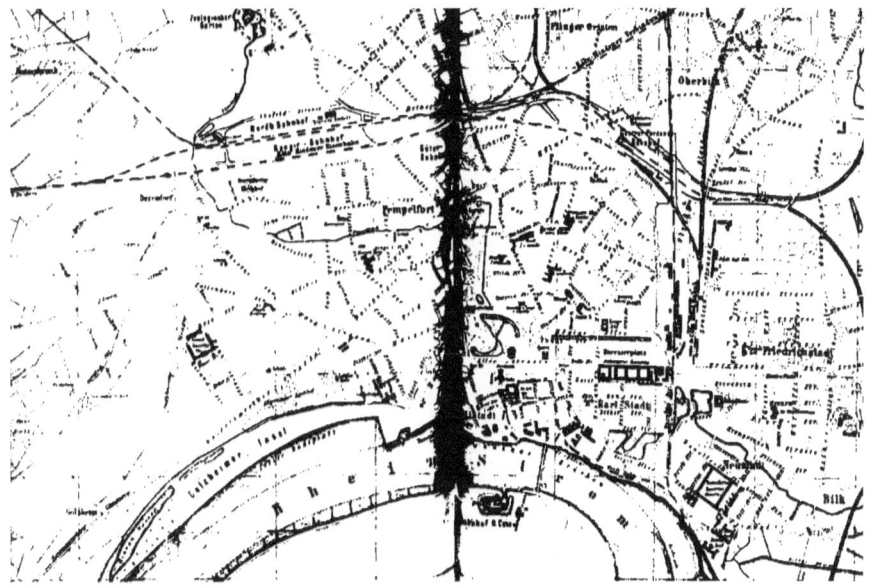

www.ingramcontent.com/pod-product-compliance
Lightning Source LLC
Chambersburg PA
CBHW051159300426
44116CB00006B/375